고려대장경의 새로운 이해

고려대장경의
새로운 이해

金潤坤 著

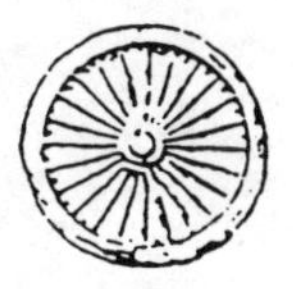

불교시대사

책 머 리

역사연구에 있어서 사료의 중요성은 아무리 강조해도 지나치지 않다. 즉, 사료의 수집과 정리, 사료의 고증과 성격에 대한 분석, 사료에 대한 해석, 사료의 적절한 활용, 새로운 사료의 발굴들이 곧 역사연구의 출발이자 맺음이라 해도 과언은 아닐 것이다.

필자의 지난 역사연구의 여정도 이러한 사료의 미망에서 결코 자유로울 수 없었다. 특히 사료를 현재적 관점에서 재해석하고 조망하는 작업은 곧 필자의 역사인식을 가감없이 드러내는 것이기에 그 조심스러움과 고민스러움은 항상 달고 다니는 지병과 같은 것이었다. 또한 어느 역사학자나 마찬가지겠지만, 필요한 사료가 원하는 곳에 항상 자리해 있지 않다는 현실은 글 한 줄을 더 보태는데, 숱한 날밤을 지새게 한다.

학문과 더불어 한 지난 40여 년의 시간 속에 필자에게 짐지워진 화두는 역사발전에 있어서 하층민의 의미와 그 역할이었다. 그 대상시기를 한국 중세로 한정한 것이 걸림이 되었던지, 항상 지니고 있었던 아쉬움은 관찬사료와 소량의 문집 및 일부 금석문으로 제한된 연구사료의 부족함이었다. 즉, 기존의 사료에서 채록되는 하층민의 삶과 관련한 자

6

료는 매우 단편적이고 제한적이어서 항상 추론을 강요한다는 느낌을 지울 수 없었다. 이러한 문제 해소를 위한 고민은 오랜 기간 지속되었으며, 결국 그 돌파구의 하나로서 '강화경판 고려대장경'에 각인된 보시자와 각수의 이름에 착목하게 되었던 것이다. 과거 대장경 영인본을 지척에 두고서도 무심코 지나쳤던 이들 명단에 대한 관심이 그간 거듭된 고민의 답으로서 다가왔던 것이다. 그리고 그 분석의 결과는 '경이롭다'는 표현이 과하지 않을 정도로 우리에게 망외의 것들을 보여주었던 것이다. '강화경판 고려대장경'이 지닌 바의 가치가 단순히 박제된 문화재가 아니라 당시 고려민중의 불심이 그대로 녹아있는 결정체라는 것을 확인한 것 또한 그 소득의 일부일 것이다.

　이제 우리는 우선 《고려대장경(高麗大藏經)》의 경판에서 대장경의 조성시기에 살았던 3,600여 명의 사람과 만날 수 있다. 대장경의 각판(刻板)을 자세히 살펴보면 판외(板外)에 경판을 직접 각(刻)했거나 보시한 사람들의 인명을 확인할 수 있는데, 그 확인되는 최소한의 숫자가 그러하다는 것이다. 이들은 비록 관찬자료에 그 이름을 남길 정도로 알려지지는 못했지만, 《고려사(高麗史)》나 《고려사절요(高麗史節要)》 등 관찬자료에 실린 연인원보다 훨씬 많은 수이다. 더구나 《고려사》나 《고려사절요》 등의 역사서가 고려시대가 끝난 조선시대에 와서 쓰여졌다는 것을 고려할 때, 우리는 고려시대의 대장경 조성시기에 살았으며, 자신의 이름을 직접 경판에 판각한 현실을 살아온 많은 민초들을 만날 수 있다는 것이다. 이들이 본서의 연구대상이었으며, 이들을 통하여 살펴 볼 수 있는 최소한의 논의들로 본문을 구성하였다.

　이 책의 성격은 우선 〈고려대장경(高麗大藏經)의 조성기구와 각수(刻手)의 성분(性分)〉〔《民族史의 展開와 그 文化》上, 李佑成敎授 定年退職記念論叢)〕이라는 논문을 작성한 후, 10여 년에 걸친 '대장경' 관련연구를 모아서 재정리한 것이다. 즉, 이 책에 수록된 글들은 이미 여러 학회지를 통하여 발표되었던 것을 부분 또는 전면 개고(改稿) 한 것이다. 특히 개별논문 중 부분적으로 중복 설명이 된 경우 및 책의 목차 구성 등 편제의 문제, 논문 발표 이후의 재검토과정에서 발생한 수정 보완의 필요성 등이 그러한 수고를 요구하였다. 특히 각수와 그들의 판각량을 재검토하는 과정에서 숫자상의 차이와 오류가 적잖게 노정되었는데, 이의 교정은 필자의 지난 작업들을 관심있게 읽어준 동학들에 대한 송구스러움이 보태어진 괴로운 과정이었다. 본 서에 명기된 숫자를 지난 작업에 덧씌우게 된 저간의 사정을 헤아려주기 바랄 뿐이다.

서론에서는 대장경에 대한 지금까지의 연구동향과 성과를 간략히 정리하였으며, 본론의 1편에서는《고려내장경》의 체제와 조성기구에 대한 내용을 다루었다. 그리고 이 책이 그나마 독자들에게 읽힐만한 가치가 있다고 한다면, 그 공은 아마 2편에서 다룬《고려대장경》조성의 참여형태와 참여계층에 대한 분석에 있을 것이라고 판단해 본다. 다음으로 3편에서는《대반야경(大般若經)》·《금광명경(金光明經)》·《대승대교왕경(大乘大敎王經)》 등을 대상으로 대장경 조성에 대한 사례분석을 하였다.

다만 대장경 조성사업의 큰 축인 불교계의 역할과 시기적 이해가 본론에서 충분히 다루어지지 않은 채, 글의 탈고를 서두른 것은 하나의 아쉬움이다. 본서의 말미에 굳이 '여언(餘言)'의 사족을 덧붙이게 된 소이(所以)가 여기에 있다. 즉, 향후 대장경의 연구에 대한 방향제시의 한 시도로서, 또 동학들과 앞으로 고민해 나갈 문제의 하나로서 관심을 제기하는 수준에서나마 미진한 글의 아쉬움을 달래고자 하였던 것이다.

필자는 본서를 향후 계속될 후학들의 연구 기초로 인식하고 있으며, 그로 인한 성과물은 각자의 몫일 것이다. 필자 또한 계속된 연구를 통하여 '강화경판 고려대장경' 이해의 지평을 확장해 나가고자 한다.

이 책이 나오기까지는 실로 많은 분들의 도움을 받았다. 은사이신 벽사 이우성 선생님께서는 대장경의 보시자와 각수에 대한 자료의 발굴과 새로운 이해에 관심을 두고 있다는 필자의 뜻을 접하시고는 격려와 지속적 관심을 아끼지 않으셨다.

다음 류영철 박사는 서론편을 새롭게 정리하였고 또 정동락 군과 함께 편제 구성에 따른 조언과 직접 다듬는 노고를 하기도 하였다. 또한 한국중세사학회의 여러 회원들은 필자의 논고에 관심과 조언을 아끼지 아니 하였고, 특히 김재원 박사는 불교와 관련한 자료 수집에 늘 노고를 싫다하지 아니하였다. 최영호·최연주·백인호·이경희·배상현 박사는 잘못된 구절과 글자를 고쳤고 또 홍무흠 군은 바쁜 사업의 경황 중에도 불교시대사와의 인연에 가교 역할을 해주었다. 모두에게 고마움을 전하며, 아울러 편집과 교정과정을 함께 해준 후학들에게도 감사의 마음을 전한다.

끝으로 여러 가지 어려운 출판 여건 하에서도 책의 출간을 선뜻 응낙해 주신 불교시대사 김병무 사장과 성책이 될 수 있도록 수고해 주신 출판사의 모든 관계자분께 감사의 뜻을 전한다.

2002년 4월 일

안지랑 학사에서 著者 金潤坤

차 례

제2부 · 江華京板 《高麗大藏經》 조성의 참여형태와 참여계층

序 論

1. 초기 연구자들의 연구동향
2. 한국인 연구자들의 연구동향

序 論

13세기 중엽, 당시 고려인들은 내부적으로는 무인정권의 파행적 정국운영과 외부적으로는 몽고의 침략이라는 이중의 난제를 떠 안고 있었다. 이러한 건국이래 최대의 현실모순과 민족적 위기상황에서 조성된 것이 강화경판《고려대장경》[1]이었다. 이는 결국 당시 고려인들이 민족적 위기상황의 해결방안으로서 강화경판의 조성을 선택하였다는 뜻이다. 이민족의 침략으로부터 조국을 수호한다는 의식의 소산에서 당시 전 고려인들이 단결하여 재보시(財布施)와 몸보시(身布施)를 통해 자발적으로 참여한 결과 강화경판은 완성될 수 있었다. 이러한 과정에서 각성된 강화경판에는 우리의 전통문화 의식에 바탕을 둔 민족 수호정신과 통일정신이 반영되어 있다. 즉 불교가 국교로 기능한 고려사회에서

---

1) 본서에서 사용하고 있는 江華京板《高麗大藏經》의 명칭에 대해서는 金潤坤, 〈《江華京板 高麗大藏經》의 체제에 관한 一考〉《釜山女大史學》10·11, 1993, 170~171쪽 및 본서 2부 1장 1절, 결론의 서두 부분을 참조. 그리고 이하에서는 강화경판《고려대장경》의 명칭을 서술의 편의를 위해 '江華京板'으로 줄여서 사용키로 한다.

강화경판은 단순한 불교 조형물이 아니라, 13세기 중엽 전 고려인이 염원·실천하였던 민족적 수난과 현실모순의 극복 노력이 반영되어 있다고 볼 수 있다. 이같은 사실에서 강화경판 각성사업의 중요성을 발견할 수 있다.

이러한 대장경 조성사업의 중요성과 관련하여 근대적인 역사학 연구방법이 도입된 1900년대부터 현재에 이르기까지 국내외의 많은 연구자들에 의한 연구성과들이 축적되어 왔다.[2] 연구 논문의 수적 증가는 본 주제가 가지는 중요성을 반증하는 것이다. 그러나 수치상의 증가에 비하여 연구의 내용은 상당히 제한적이었다. 연구 분야는 대개 서지학·불교문화·국문학·인쇄기술사 등에 편중되어 있으며, 역사학 분야의 경우는 주로 무인 최씨집권자의 반몽항쟁이나 정권안정 및 불교계 운용과 연관지어 다루고 있다. 이같은 편중 현상은 강화경판의 가치를 심화시키는 결과를 가져왔던 반면, 그 속에 담겨져 있는 다양한 내용의 구명에는 미흡하였음을 의미한다.

1. 초기 연구자들의 연구동향

다른 분야와 마찬가지로 강화경판에 대한 초기의 근대적 연구는 일제 식민지시대부터 시작되었으며, 이능화(李能和)[3]·박봉석(朴奉石)[4]

---

2) 강화경판과 관련한 연구성과의 검토는 기존의 연구들에서 부분적으로 언급이 있었으며, 특히 최영호에 의해 종합적인 검토가 이루어진 바가 있어 참고가 된다(《江華京板 高麗大藏經》 刻成事業의 연구》, 영남대 박사학위논문, 1996). 따라서 여기서는 본 연구의 방향과 관련하여 기존 연구성과의 경향성, 즉 연구 분야를 중심으로 간략하게 언급하기로 한다.

같은 일부 한국인 연구자가 있기는 하였으나 총독부의 관리나 일제의 식민주의 학자들이 연구자의 주류를 이루고 있었다.

강화경판은 일본인 연구자들 사이에서도 여러 장경 가운데 학술상 가장 우수한 것으로 정평이 나 있다.[5] 이같은 강화경판에 대해 초기부터 일본인 연구자들이 관심을 갖게 된 이유는, 총독부 관리들이 대장경판의 실태 조사[6]나 일제 왕실의 어사(御寺)인 경도(京都) 동산(東山)의 천용사(泉湧寺)에 인경본을 시납하기 위한 준비작업[7]에서 비롯되었다. 이러한 과정에서 이들은 고려시대 대장경의 판각 연대나 회차(回次)에 대한 규명, 대장경이 대륙에서 반도로 전래한 사실과 반도에서 3자례 소소(雕造)·인성(印成)된 사실 및 어기에 관련된 어타의 관심사항을 파악하였다.[8] 그런데 이러한 요인은 이 분야의 연구에 대한 외형적인 요소에 불과하며, 실제로는 세계적 문화 유산의 수탈을 위한 사전 실태조사와 대장경의 각성사업이 상징하고 있는 외적 격퇴와 같은 진호국가(鎭護國家)나 국난극복(國難克服)의 역사성을 평가절하 내지 왜곡하여 한국인의 독립의식을 약화시키기 위함에 있었던 것이다.

일본 국왕, 또는 서부 지방의 호족들이 표면적으로 우리나라에 고려대장경을 청구한 것은 창왕 원년(1389) 7월부터이며, 이들은 고려대장경[9]의 양여 요구가 받아들여지지 않았을 때는 우리나라에 대한 침략

---

3) 李能和,〈大法寶海印大藏經板〉《朝鮮佛敎通史》, 신문관, 1918, 420~430쪽.
4) 朴奉石,〈高麗藏高宗板の傳來攷〉《朝鮮之圖書館》1934년 11월호, 1934.
5) 池內宏,〈高麗朝の大藏經(上)〉《東洋學報》13-3, 1923 ;《滿鮮史硏究》中世2, 1937, 487쪽.
6) 村上龍佶,《海印寺大藏經版調查報告》, 1910.
7) 小田幹治郎,〈大藏經奉獻顚末〉, 1915 ;《小田幹治郎遺稿》, 1931, 75쪽.
8) 池內宏, 위의 논문, 1923, 484쪽.
9) 이들이 청구한 고려시대의 대장경에는 강화경판이 포함되어 있었다.

야욕을 드러내기도 했던 것이다.[10] 또한 임진왜란 때 풍신수길(豊臣秀吉)은 고려대장경의 인경본을 약탈하여 전리품으로 가져갔으며,[11] 일제시대에는 일본인들이 강화경판을 인경하여 일제 왕실의 어사인 경도 천용사에 시납하고,[12] 이후 만주국의 황제에게 선사한 사실[13]이 있다. 이같은 사실에서, 일본인은 과거 여말선초부터 일제 식민지시대까지 세계적 문화유산인 강화경판을 일본으로 유출 내지 수탈하기 위하여 집요하게 관심을 가지고 있었다는 것을 알 수 있다. 이러한 관심이 일제로 하여금 한국 침략 초기부터 관련 자료를 수집·조사하게 만드는 요인으로 작용하였던 것이다. 여기서 강화경판에 대한 일제의 수탈 의도를 살필 수 있다. 그리고 이는 일제 식민지시기에 해인사 소장의 대장경판을 일본으로 유출하려는 시도가 있었다는 사실에서도 알 수 있다.

한편 초기의 일본인 연구자 중에는 강화경판이 몽고 침략의 격퇴를 기원하는 목적에서 조성된 것으로 해석하기도 하였다. 이는 소전간치랑(小田幹治郎)이 그 조성 이유를 이규보(李奎報)의 〈대장각성판군신기고문(大藏刻板君臣祈告文)〉의 내용을 인용하여, "역사를 살펴봄에 당시 몽고는 신흥 세력을 갖추어 자주 고려를 침략하여 고종 19년 드디어 수도를 개성으로부터 강화에 옮겼다. 각장(刻藏)은 곧 천도 후에 불력을 빌려 적병을 양척(壤斥)하려고 하였으며, 이에 희세(稀世)의 사업을 이룩한 것이다"[14]라고 한 사실에서 확인할 수 있다.

그러나 대부분의 일본인 연구자들은 그 사실을 누락하거나 왜곡·과소평가하였는데, 이는 수 차례에 걸쳐 관련 논문을 발표한 불교철학자

---

10) 李載昌, 〈麗末 鮮初의 對日 關係와 高麗大藏經〉《佛敎學報》3·4, 1966.
11) 常盤大定, 〈大藏經彫印攷〉《哲學雜誌》28-316, 1913, 655~656쪽.
12) 小田幹治郎, 앞의 책, 1931, 75쪽.
13) 小野玄妙, 〈高麗大藏經雕印考〉《佛典硏究》1-4, 1929.
14) 小田幹治郎, 앞의 책, 1931, 53쪽.

상반대정(常盤大定)과 1920년대까지 관련 논문을 종합·정리한 지내굉(池內宏)의 연구성과를 통해서 알 수 있다. 상반대정은 현종·문종 때의 각장 배경〔《符仁寺藏 大藏經板》, 즉 초조대장경의 조성 배경〕을 "암묵간에 북방 거란(契丹)의 각장(刻藏)에 길항(拮抗)하고, 국력에 있어 뒤지나 문화상으로 우월하다는 포부에서 실행된 것"으로 해석하고, 아울러 이규보의 기고문에 나타난 외적(거란병) 격퇴의 기원을 미신적 분자가 혼입된 것[15]으로 평가하고 있다. 또한 지내굉은 각성사업이 가지는 문화 방면의 업적을 높이 평가하면서도, 오히려 그 조성 배경인 몽고 침략의 격퇴에 대한 기원을 고려 군신의 종교상 미신으로 평가절하 내지 왜곡하기도 하였다.[16] 요긴대 초기 일본 연구자들의 대다수가 강화경판이 내포하고 있는 호국적 성격을 왜곡 내지 평가절하 하였던 것이다. 뿐만 아니라 각성사업이 가지고 있는 호국성을 약화시키기 위해 지내굉은 《고려사(高麗史)》 권129. 최충헌(崔忠獻) 부(附) 항전(沆傳)과 같은 책, 권100, 정세유(鄭世裕) 부(附) 안전(晏傳) 등을 주된 분석 자료로 활용하여 각성사업의 주체를 국가가 아닌 최이 부자(崔怡父子)[17]와 그의 사위〔실제는 최이의 사위가 아니라 생질임〕인 정안(鄭晏)[18] 등과 같은 개인적 차원으로 이해하고 있다. 이러한 이해 방식은 식민지배 하에서 성장하고 있던 민족해방 운동세력의 독립의식과 실천을 무력화시키고자 하는 목적과 일치된 것이다.

---

15) 常盤大定,〈大藏經彫印攷〉《哲學雜誌》28-321, 1913, 1164쪽.
16) 그는 다른 부분에서도 강화경판의 조성 목적을 고려 군신의 종교적 미신이나 불교의 탐닉에 인한 것으로 설명하고 있다(池內宏,〈高麗朝の大藏經(下)〉《東洋學報》13-3, 1923;《滿鮮史研究》中世2, 1937, 567쪽).
17) 池內宏, 위의 논문, 569~571쪽.
18) 池內宏,〈高麗朝の大藏經に關する1·2の補正〉《東洋學報》14-4, 1924;《滿鮮史研究》中世2, 1937, 634쪽.

다음으로 초기 일본 연구자들은 강화경판에 대한 과거 일본의 역사적 과오를 은폐하고 있다. 이는 재조대장경, 즉 강화경판을 강화도에서 해인사로 이안(移安)한 이유 중의 하나가 '왜구(倭寇)의 침략' 때문이었다는 사실[19]을 누락하거나, 또는 그 구체적인 용어를 대신하여 '병선(兵燹, 兵火)을 피하기 적당한 지구(地區)' 와 같이 모호하게 설명하고 있다는 점,[20] 그리고 이안 이유나 배경보다 그 시기나 경로에 대해 집중적으로 설명하고 있다는 점에서 알 수 있다. 여기서 이들은 과거 한국의 국보 문화재에 대한 지속적인 약탈 사실이나 역사적 과오를 은폐·축소하고 있음을 알 수 있다.

또한 강화경판의 문화적 가치성을 높이 평가하고 있으나, 고려 문화의 내적 능력이나 발전 수준을 부인하여 대륙의 전래성이나 모방성을 강조하고 있다. 이는 지내굉의 견해에서 확인할 수 있는데, 그는 강화경판이 현존 여러 장경판(藏經板) 중 가장 완비되고 또한 정확하다는 점, 이로써 현존하지 않는 고경본(古經本)의 모습을 살필 수 있다는 점, 보존 상태가 매우 양호하다는 점 등을 들어, 그 서지학적·불교문화사적·보관 기술적 우수성을 인정하고 있다. 그런데도 한편으로는 고려 문화의 내적 능력이나 발전 수준을 부인하고 대륙의 외래성이나 모방성을 강조하고 있다. 이는 상반대정이 재조대장경의 조성을 거란의 각장에 길항한 것으로 이해하고 있는 점이나 지내굉이 고려대장경의 각성을 대륙의 대장경 전래에 따른 것으로 파악하고 있다는 점과 동일선상에 있다. 특히 상반대정은 재조대장경의 판각 성격을 소위 초조대장경, 즉 《부인사장 대장경판》의 복각본으로 파악하고 있는데,[21] 이같

---

19) 朴泳洙, 〈高麗大藏經의 研究〉《白性郁博士頌壽紀念 佛敎學論文集》, 동국문
　　화사, 1959, 446~447쪽.
20) 小田幹治郞, 앞의 책, 1931, 55쪽.

은 사실은 그가 13세기 중엽 고려 불교계의 발전 수준이나 내적 문화 능력을 부인하고 있음을 의미한다.

마지막으로 이들 초기 연구자들은 대부분 서지학적이나 불교문화사적 방법론에서 연구를 진행하였다. 이는 상반대정이 처음 소개한 계선(界線) 소재(所在)의 인명(人名)과 법명(法名)을 판본(板本)의 판각 성격이나 각성(刻成)의 회차(回次)를 밝히는 자료로 활용하고 있다는 섬에서 알 수 있다. 이 사료가 참여자의 출신 성분이나 의식 및 사업의 진행 과정 등을 밝힐 수 있는 중요한 것인데도 그는 단순히 판본의 성격이나 판각 회차를 규명하는데 활용하고 있을 뿐이다. 여기서 이들의 연구 방법이나 시각이 서지학이나 불교문화사에 미물리 있었다고 볼 수 있을 것이다.

특히 초기의 연구 내용을 대부분 정리하였던 지내굉도 서지학적 시각이나 방법론을 기초로 하여 자신의 논지를 전개하고 있다. 즉 그가 자신의 연구 논문에서 다룬 내용 가운데 강화경판이 담고 있는 역사적 성격과 관련하여 설명한 부분은 조성 동기와 주체의 내용에 한정되어 있으며, 나머지 대부분은 서지학이나 불교 문화적 측면에서 개관하고 있다. 이러한 측면에서 지내굉의 연구 방법론도 서지학이나 불교 문화적 범주에서 크게 탈피하지 못하고 있음을 알 수 있다.

이상에서 살핀 바와 같이 비록 초기 연구의 한계성을 인정한다고 할지라도, 여기에는 몇 가지 문제점이 있다. 그것은 과거 일본의 역사적 과오를 은폐·축소하고, 대장경이 가지는 외적 격퇴와 같은 현실극복의 상징성을 종교적 미신으로 왜곡하고 있다는 점, 범국가적 사업으로 추진된 사실을 개인적 차원으로 평가절하하고 있다는 점, 여기에 반영된 고려 불교 문화의 내적 능력과 수준을 부인하여 대륙의 외래성이나

---

21) 常盤大定, 앞의 논문, 1913, 1178~1180쪽.

24

모방성을 강조하고 있다는 점, 연구 시각이나 방법론이 서지학이나 불교문화 및 출판·인쇄술에 편중되어 있다는 점 등이다. 따라서 초기 일제 식민주의 연구자들은 강화경판의 연구에도 한국 역사나 문화의 내적 발전 능력을 부인하는 주변성·타율성을 적용하고 있다는 것을 알 수 있다.

2. 한국인 연구자들의 연구동향

이능화(李能和) 등 일부를 제외하면, 대부분의 한국인 연구자는 강화경판에 대해 해방 이후부터 본격적인 관심을 가지게 되었다. 해방 이후 한국인 연구자들은 일부가 초기 일제 연구자의 시각이나 내용을 그대로 수용하기도 하였으나, 대부분은 이를 극복하기 위한 노력을 보여왔다. 이같은 노력은 80년대까지만 하더라도 서지학·불교문화사·출판인쇄학 분야[22]에서 주류를 이루고 있었으며, 일부를 제외한 대부분의 역사 연구자는 80년대 후반부터 본격적으로 관심을 가지게 되었다.

---

22) 權憙耕, 《高麗寫經의 硏究》, 미진사, 1986.
　　金斗鍾, 〈高麗板本에 대하여〉《古文化》1, 1962.
　　김자연, 《《팔만대장경》의 출판문화사적 가치〉《력사과학》11호, 1985.
　　朴相國, 〈高麗大藏經〉《東國文化》6-11, 1984.
　　＿＿＿, 〈大藏都監의 板刻性格과 禪源寺問題〉《韓國佛敎文化思想史(上)》, 伽山李智冠스님華甲紀念論叢, 1992.
　　＿＿＿, 〈海印寺 大藏經板에 대한 再考察〉《韓國學報》33, 1983.
　　朴尙均, 〈高麗時代 經典 輸傳에 대한 考察〉《奎章閣》3, 1979；《高麗大藏經研究資料集(2)》, 高麗大藏經研究會, 1989.
　　朴泳洙, 앞의 논문, 1959.

초기 일제 식민주의 연구 내용이나 시각에 대하여 해방 이후 한국인 연구자들의 극복 노력을 주제별로 구분하여 살펴보면 다음과 같다.
　우선, 조성 동기나 배경을 초기 일제의 학자들이 불교적 미신에 있었다고 평가절하한 설명에 대해, 해방 이후 일부 한국인 연구자가 수용하

徐首生,〈伽倻山 海印寺 八萬大藏經 硏究(1)〉《慶大論文集(人文 社會)》12, 1968.
　　　,〈八萬大藏經과 佛敎文化思想의 價値性 및 保存性〉1987;《高麗大藏經硏究資料集(2)》高麗大藏經硏究會, 1989.
　　　,〈大藏經의 補遺藏經板 硏究(1)〉《慶北大論文集》22, 1976.
　　　,〈海印寺 大藏目錄板의 內容的 價値批判〉《성봉김성배박사 화갑기념논집》, 1976.
　　　,〈八萬大藏經의 補遺藏經板 硏究(上)〉《東洋文化硏究》3, 경북대, 1976.
　　　, 〈大藏經의 二重板과 補遺板 硏究〉《東洋文化硏究》4, 1977.
　　　,〈八萬大藏經板 硏究-특히 二重板과 補遺板에 대하여-〉《韓國學報》9, 1977.
安啓賢,〈大藏經의 雕板〉《한국사》6, 국사편편위원회, 1975.
윤용태,〈《팔만대장경》목판의 보존 경위에 대하여〉《력사과학》1993년 제2호(누계 제146호), 1993.
李家源,〈大藏經刻板과 그 傳說〉《東國思想》, 1958.
李箕永,〈高麗大藏經의 文化史的 意義〉1987;《高麗大藏經硏究資料集(2)》高麗大藏經硏究會, 1989.
　　　,〈高麗大藏經, 그 歷史와 意義〉《高麗大藏經》48, 동국대학교역경원, 동국대출판부, 1976.
이혜성,《八萬大藏經》, 보성문화사, 1986.
鄭駜謨,〈高麗大藏目錄考〉《圖書館學》17, 한국도서관학회, 1989.
千惠鳳,《羅麗印刷術의 硏究》, 경인문화사, 1980.
　　　,〈高麗再雕大藏經의 書誌學的 視覺〉1987;《高麗大藏經硏究資料集(2)》, 高麗大藏經硏究會, 1989.
　　　,〈목판본〉《韓國書誌學》, 민음사, 1991.
崔凡述,〈海印寺寺刊鏤板目錄〉《東方學志》11, 1970.

기도 하였지만 대부분은 이를 극복하고 있다. 북한의 연구자 송영종과 조희성은 각성사업의 동기에 대해, "불교 교리를 선전하며, 부처의 힘을 빌어 외적을 물리치려는 종교적 미신에서 발기한 것"[23]으로 이해하여, 초기 일제 식민주의 역사학자 지내굉이나 불교학자 상반대정의 연구 시각을 수용하고 있음을 알 수 있다. 그러나 이러한 이해 방식은 식민지 시기 민족해방운동 세력의 독립 의식이나 실천을 약화시키기 위한 목적과 달리, 북한의 통치 이념을 합리화함에 있었다고 볼 수 있다. 이는 북한 연구자 김자연이 "(팔만대장경은) 부처의 힘을 빌어 나라와 백성들을 보호한다는 미명 아래 각판한 것"[24]이라고 한 사실과도 같은 맥락이다.

이에 대해 한국 대부분의 연구자는 이규보의 〈대장각판군신기고문〉에서 염원하고 있었던 침략군 몽고의 격퇴를 당시 고려 지배층의 일치된 기원의 표시였다[25]는 전제 아래 그 각성 동기를 파악하고 있다. 이기영(李箕永)은 그 동기가 "오로지 불법을 숭봉하는 맑고 바른 마음에서 정성을 다하여 국가와 민족을 수호하고자 함"[26]에 있었으며, 안계현(安啓賢)도 "불력(佛力)에 의해 침략군을 격퇴하려는 고려인의 절실한 염원에 있다"[27]라고 하였다. 그리고 최근 김윤곤(金潤坤)은 "불력을 빌어 전국의 통치조직의 운영을 원활히 하여 몽고의 침략을 격퇴하려는

---

23) 송영종 · 조희승, 《조선수공업사》, 공업출판사, 1990, 374쪽.
24) 김자연, 앞의 논문, 1985, 43쪽.
25) 李佑成, 《韓國中世社會硏究》, 一潮閣, 1991, 240쪽.
26) 李箕永, 앞의 논문, 1976, 9~10쪽.
　　鄭駬謨, 앞의 논문, 1989, 15~16쪽.
27) 安啓賢, 앞의 논문, 1975, 43쪽.
　　朴尙均, 앞의 논문, 1979, 256쪽.
28) 金潤坤, 〈高麗大藏經의 彫成機構와 刻手의 性分〉《民族史의 展開와 그 文化》
　　上, 碧史李佑成教授 定年退職紀念論叢, 1990, 226~227쪽.

데 있었음"[28]을 강조하였다. 이러한 호국적 동기에 입각한 이해 방식은 현재 우리 학계나 일본에서까지 정설로 되어 있는 것이며,[29] 초기 일본 연구자들의 견해를 극복한 것이다.

그런데 민현구(閔賢九)는 조판 동기가 무인 최씨정권의 수복기원(壽福祈願), 호국불교의 측면에 있었으며, 조판 배경이 고려 불교계의 수준향상, 교선(敎禪)의 접근으로 인한 경전에 대한 공통적(共通的) 중시(重視), 화엄종(華嚴宗)의 전통 확립을 위한 노력에 있었다[30]고 하여, 그 동기나 배경을 호국 불교의 측면 이외, 무인 최씨정권의 수복기원이나 불교계의 동향과 관련짓기도 하였다. 나아가 민영규(閔泳珪)는 위기에 처한 무인 최씨정권이 국론통일의 명분을 확보하기 위함에 있었던 것[31]으로 파악하였다. 유영숙(兪瑩淑)은 불력에 의한 국난극복을 표면적 명분으로 보고, 최이(崔怡) 개인의 안녕을 기원하려 한 것이 실질적인 목적이었으며, 불교세력의 통합과 민심의 결속을 통한 정권안정도 기대한 것으로 이해하였으며,[32] 허흥식(許興植)은 국민의 신앙심을 고취시켜 장기적으로 항전을 지속할 수 있도록 민심을 결집시키기 위한 국가적 차원의 효용성을 그 표면적 동기라고 하고, 근본적 경위를 교종인 화엄종의 협력 확보 등에 있었다[33]고 이해하였다.

그리고 채상식(蔡尙植)은 명분상으로는 국가적·민족적 위기를 불교신앙으로 극복하려는데 있었으나, 그 이면에는 무인 최씨정권에 대

---

29) 金杜珍, 〈高麗時代 사상 및 학술〉《韓國史論》23, 국사편찬위원회, 1993, 380쪽.
30) 閔賢九, 〈高麗의 對蒙抗爭과 大藏經〉《韓國學論叢》1, 1978, 47 및 50~51쪽.
31) 閔泳珪, 〈一然重編 曹洞五位 重印序〉《學林》6, 1984, 5쪽.
32) 兪瑩淑, 〈崔氏武人政權과 曹溪宗〉《白山學報》33, 1986, 180~182쪽.
33) 許興植, 〈高麗高宗官版大藏經의 造成經緯와 思想性〉《歷史敎育論集》13·14합집, 1990;《韓國中世佛敎史硏究》, 一潮閣, 1994, 164~168쪽.

립적인 사회계층과 연결된 불교세력을 통합하고 통제하기 위한 의도도 개재되어 있다고 하여, 무인 최씨정권의 지속적인 유지를 위한 정치적 의도[34]로 파악하였다. 특히 문경현(文暻鉉)은 그 동기가 무인 최씨정권의 안보와 강화도 천도의 합리화, 정권의 수취체계 유지와 사상계의 장악, 민심의 수습과 일체감의 강조에 참 목적이 있다고 보고, 또한 불력의 가호로 최가정권(崔家政權)의 영원한 부귀영화를 위한 공덕의 쌓음에 있었다고 파악하였다. 아울러 그는 국태안민(외적격퇴)의 도모는 부차적인 목적에 불과한 것으로 이해하였다.[35] 또한 박상국(朴相國)은 그 배경이 신앙심을 반몽항전으로 승화시키기 위한 정치적 목적에 있다[36]고 하였으며, 김광식(金光植)은 무인 최씨정권이 반몽항전의 일환으로 정권안정 및 지배층과 일반 민들을 결속시키기 위한 방책에서 대장경 조판사업을 추진한 것[37]으로 파악하였고, 최영호(崔永好)는 무인 최씨정권의 결여된 정통성의 보완, 사조직체의 이탈방지 및 결집을 통하여 정권 안정을 도모함에 있다[38]고 해석하였다.

이와 같이 상당수의 연구자들이 각성사업의 동기를 몽고 침략의 격퇴

---

34) 蔡尙植,〈信仰結社의 유행과 주도세력〉《高麗後期佛敎史硏究》, 一潮閣, 1991, 21쪽.

35) 文暻鉉,〈高麗大藏經 周雕의 史的 考察〉《佛敎의 歷史》, 이기영박사 고희기념논문, 1991, 449, 529쪽.

36) 朴相國,〈大藏都監의 板刻性格과 禪源寺 問題〉《韓國佛敎文化思想史(上)》 伽山李智冠스님 華甲紀念論叢, 1992, 1005쪽.

37) 金光植,〈對蒙抗爭期의 寺院政策〉《高麗 崔氏武人政權의 佛敎界 運用에 關한 硏究》, 건국대 박사학위논문, 1992, 205쪽.

38) 崔永好,〈武人政權期 崔氏家의 家奴와《高麗大藏經》판각사업〉《釜山女大史學》10·11, 1993.
_____,〈崔氏武人政權의 國家的 土木事業의 운영형태와 그 정치적 목적〉《청강이형규박사고희기념논총》, 마산전문대, 1994.
_____, 앞의 박사학위논문, 1996.

라는 진호국가 이외, 무인 최씨정권의 정권운용이나 안정, 반몽항전의
운용 실태, 그리고 당시 불교계의 동향이나 재편 등과 관련지움으로써
그 연구 내용이나 방법론에서 진일보할 수 있는 계기를 마련하였다.

그런데 이러한 견해는 각성사업의 가장 핵심적 요소인 현실극복의 내
용이 부차적으로 이해되고 있다는 점, 그리고 그 시각이 무인 최씨집권
자의 정권운용과 같은 정치사 분야에 편중되어 있다는 점에서 문제점을
노출하고 있다. 이는 조기 연구자 지내굉이 국가적 사업을 최이 부자와
정안의 개인적 사업으로 평가절하한 시각이나 방법론을 분명히 극복하
지 못하고 있다는 한계도 가지고 있다. 뿐만 아니라 조국을 방어하고,
문명(文明, 佛法)을 수호하는 의식의 소산[39]에서 전 고려인의 싱하가
일치단결하여[40] 자발적으로 각성사업에 참여[41]하였던 사실, 그리고 각
성사업에는 민족 수호정신과 통일정신[42]이 반영되어 있다는 사실을 충
분히 설명할 수 없다는 한계성을 지니고 있다. 마찬가지로 이 문제는
13세기 고려인이 각성사업의 참여를 통해 현실 모순을 극복하고자 한
노력에 대해서도 설명할 수 없다는 한계를 지니고도 있다. 이런 점에서
본다면 각성사업의 조성 동기나 배경은 무인 최씨집권자의 정권 안보
내지 유지라는 측면에 무게 중심을 두고 파악할 것이 아니라, 13세기
중엽 고려사회가 처해 있던 민족적 위기나 현실모순의 극복형태와 연관
하여 이해할 필요가 있을 것이다.

---

39) 李佑成, 앞의 책, 1991, 208쪽.

40) 徐首生, 앞의 논문, 1968, 174쪽 참조.

41) 金潤坤, 앞의 논문, 1990.
　　　____, 《고려대장경》의 각판과 국자감시 출신〉《國史館論叢》46, 국사편찬
　　　위원회, 1993.

42) 金潤坤, 《大般若經》의 刻成과 反蒙抗戰〉《한국중세사연구》2, 한국중세사연
　　　구회, 1995, 127쪽.

다음으로 일제 초기 연구자 지내굉이 판각 주체 내지 주도자를 국가가 아닌 최이 부자와 정안의 개인적 사업으로 평가절하하여 파악하고 있는데도 해방 이후 한국인 연구자 중 일부[43]를 제외한 대다수는 이를 발전적으로 수용하고 있다. 이들 연구자들이 자신의 논지를 뒷받침하기 위해 제시하고 있는 주된 근거는 이미 지내굉이 활용한 《고려사》 권 129, 최충헌 부 항전과 같은 책, 권100, 정세유 부 안전 및 최이·정안의 사간(私刊) 경판에 있는 내용 등이다. 그리고 이들은 무인 최씨집권자의 원찰인 선원사(禪源寺)를 대장도감, 정안의 원찰인 정림사(定林社)를 분사도감의 소재처로 각기 파악하고 있으며, 진주지방에 도감을 설치한 이유를 무인 최씨정권의 세습적 식읍과 관련짓고 있다. 뿐만 아니라 정안의 정치 성향이나 외척 유대가 무인 최씨정권과 밀접하게 연관된 것으로 해석하고 있다.

그런데 이같은 이해 방식은 몇 가지 문제점을 가지고 있다. 우선, 각성사업은 국가 내지 국왕이 주도하였다는 사실을 간과하고 있다는 점이다. 이 사업을 국가 내지 국왕이 주도하였음은 이규보가 찬술한 군신기고문(君臣祈告文)이나 현존 각 경판의 간기에 '고려국 … 봉칙조조(高麗國 … 奉勅雕造)'라고 명확히 밝혀 놓은 것에서 알 수 있다. 그리고 이는 무인 최씨정권이 각성사업의 원활성을 기하기 위하여 국가적 명분이나 조직망을 활용하였다는 점을 통해서도 알 수 있다. 특히 분사도감의 경우 지방의 통치 조직인 안찰사나 계수관 체제를 중심으로 설치, 운영되고 있었다.[44] 이런 점으로 본다면, 분사도감은 최이 부자나 정안이 주도적으로 운영한 것이 아니라, 국가 내지 국왕이 주도한 것으로 파악할 필요가 있을 것이다.

---

43) 李箕永, 앞의 논문, 1976, 10쪽.
44) 金潤坤, 앞의 논문, 1990.

  그리고 이들 연구자들은 무인 최씨정권이 개인적 차원에서 사업을 추진할 경우, 각 계층이 광범위하게 반발하고 있었다는 사실을 간과하고 있다는 점이다. 무인 최씨정권의 개인적 차원에서 추진한 토목사업이나 불사(佛事)는 관인, 지식인, 승려, 그리고 일반 군현민에게 상당한 비판이나 반발 및 저항을 받고 있었다. 그 하나의 예로 최항(崔沆)이 김구(金坵)에게 《원각경(圓覺經)》의 발문(跋文)을 짓게 하니, 김구가 이를 거부하고 작시(作詩)하여 비판한 것[45]을 들 수 있다. 이같은 정국 상황에서 무인 최씨정권이 각성사업을 개인적 차원에서 추진하였다면, 당연히 많은 반발을 초래하였을 것이다. 따라서 각성사업을 무인 최씨정권의 개인적 자원으로 이해함에는 많은 문제짐이 있다고 볼 수 있다.

  다음으로 이들 연구자들이 제시한 근거는 재고의 여지가 있다는 점이다. 첫째, 최이의 원찰인 강화경의 선원사가 각성사업을 주도하고 경판의 대부분을 판각한 대장도감이 아니라는 점이다. 각성사업은 1236년(고종 23)에 시작하여 1237년부터 완성된 경판이 산출되었다. 그리고 선원사는 1245년(고종 32)에 창건되었다.[46] 이런 점에서 본다면, 각성사업이 시작된 10년 이후에 선원사가 창건되었다. 이로써 각성사업을 주도한 대장도감은 선원사에 위치하지 않았음을 알 수 있다. 둘째, 무인 최씨정권은 각성사업에 소요되는 막대한 경비나 노동력을 충당하지 않았다는 점이다. 이는 조판사업에 소요된 경비와 노동력은 각계 각층의 시재(施財)와 '몸' 보시 등에 의해 충당되었다는 점, 최씨가(崔氏家)의 진양(晉陽) 식읍(食邑)에서 나온 세공(稅貢)이 분사도감의 경비로 충당되지 않았다는 점[47]에서 알 수 있다. 셋째, 각성사업

---

45) 《高麗史》 卷106, 金坵傳 및 《止浦集》 卷3 附 年譜 7년 정미.
46) 《東文選》 卷117, 〈臥龍山慈雲寺王師贈諡眞明國師碑銘〉.

과정에서 정안을 무인 최씨정권의 협조자로 이해할 수 없다는 점이다. 정안이 각성사업에 관여한 시기는 그가 무인 최씨정권에 의해 견제되고, 비판적 입장을 견지하고 있을 때이다.[48] 이런 점에서 정안의 각성사업 참여는 무인 최씨정권과의 우호적 관계 내지 협조적 입장으로 이해될 수 없다고 볼 수 있다.

따라서 각성사업은 최이 부자나 정안의 개인적 차원, 또는 정권차원에서 이해할 것이 아니라, 그 주체를 국가나 국왕으로 설정하는 것이 보다 타당성을 가질 수 있을 것이다. 특히 재조관료층, 재향세력, 문인 지식층, 불교세력 등의 다양한 계층의 각성활동 참여 사실에 주목해야 할 필요성이 있다.[49] 다만 최이 부자나 정안 등은 도감의 설치와 정책적 기능의 담당 및 사재 시납과 같은 중요 역할자의 일원으로 파악할 필요가 있다.

그리고 강화경판의 각성사업은 중국이나 거란으로부터 전래된 한역 대장경에서 영향을 받은 것은 사실이다. 그러나 초기 일본인 연구자들이 인식하는 것처럼 중국이나 거란으로부터의 영향이나 자극이 절대적인 계기가 된 것이 아니라, 몽고 침략의 격퇴를 기원하기 위한 고려 내부의 요구, 13세기 중엽 고려인의 불교 문명의 수호 의식, 전통문화의

---

47) 金潤坤, 앞의 논문, 1993, 76쪽.
_____, 〈高麗國 分司大藏都監과 布施階層〉《民族文化論叢》16, 영남대 민족문화연구소, 1996.
48)《高麗史》卷100, 鄭世裕 附 晏傳.
49) 金潤坤, 앞의 논문, 1990.
_____, 앞의 논문, 1993.
_____, 〈《高麗大藏經》 조성의 참여계층과 雕造處〉《인문과학》12, 경북대 人文科學硏究所, 1998.
金潤坤·金晧東, 《《江華京板 高麗大藏經》 刻成活動의 參與階層〉《한국중세사연구》3, 1996.

창조적 발전성을 반영하고자 하는 욕구 등이 보다 큰 비중을 차지하였
다. 이는 강화경판의 각성사업이 몽고의 침략으로부터 조국을 방위하
고, 야만인의 파괴로부터 문명을 수호한다는 의식의 소산에 있었다는
점,[50] 대장목록 내의 경전 즉 '내장(內藏)'이 전통 체제를 고수한 것이
라면 '외장(外藏)'은 고려 불교문화의 발전과 교계의 변화를 항시 수용
할 수 있도록 구성되어 있었다[51]는 사실, 13세기 중엽에는 이미 중국
과 거란의 대상경을 충분히 이해하고 그 정오(正誤)를 밝힐 수 있는 불
교의 교학적(敎學的) 수준과 능력이 성숙해 있었다는 사실,[52] 그리고
'내장'과 '외장'에 입장된 경판의 판식(板式)과 그 구성 내용이 국내에
서 판각된 전통석 양식을 기반으로 하고 있다는 점에서도 일 수 있다.

　이와 아울러 상반대정이 강화경판의 판본 성격을《부인사장 대장경판
(符仁寺藏 大藏經板)》의 복각본(覆刻本)으로 해석하고 있는 점도 역
시 역사적 사실을 곡해하고 있는 부분이다. 이는 강화경판에 입장된 경
판의 피휘결획(避諱缺劃)이《부인사장 대장경판》보다 덜 나타나고, 이
자(異字)나 오자(誤字)도 다르게 나타나고 있다는 점, 간기의 유무 차
이가 있다는 점,《대반야바라밀다경(大般若波羅蜜多經)》·3본《대방
광불화엄경(大方廣佛華嚴經)》의 경우《부인사장 대장경판》과 재조본
의 본문 항자수(行字數) 등에서 차이가 있다는 점[53]에서 알 수 있다.

---

50) 李佑成, 앞의 책, 1991, 208쪽.
51) 金潤坤, 앞의 논문, 1993, 173쪽.
　　　　, 〈江華京板《高麗大藏經》內·外藏의 특징〉《民族文化論叢》18·19,
　　영남대 민족문화연구소, 1998.
52) 13세기 중엽 고려에서는 이미 중국이나 거란 대장경의 교학적 내용을 충분히
　　이해하고 그 正誤를 밝힐 수 있는 불교계의 발전 능력이 갖추어져 있었음은
　　守其 등이 宋本·契丹本·國本 등을 저본으로 하여 校勘한《高麗國新雕大藏
　　校正別錄》30권(俊~密函)을 강화경판에 대체·삽입한 사실에서 알 수 있다
　　(安啓賢, 앞의 논문, 1975, 54쪽).

특히 상반대정이 주된 자료로 삼았던 계선(界線) 소재의 인명이나 법명
은 13세기 이전에 활동한 인물이 아니라, 13세기 중엽 당시 생존·활
동하면서 각성 활동에 직접 참여한 인물이라는 점[54]에서도 이같은 사실
을 충분히 짐작할 수 있다. 이런 사실은《부인사장 대장경판》과 재조본
에 각각 입장되어 있는《본사경(本事經)》권7(籍函), 제21장의 계선
소재 인명의 차이를 통해서 알 수 있다.《부인사장 대장경판》의 경우는
앞 계선과 판수제(板首題) 사이의 하단에 '이보(里寶 또는 實)'가 재조
본에는 이와 다른 인명인 '선균(善均)'이 판수제 하단에 판각되어 있
다. 여기서 계선 소재의 인명이나 법명은 경판의 각성사업 당시에 참여
한 인물임을 알 수 있다. 따라서 강화경판의 계선에 판각된 의천(義天)
은 대각국사(大覺國師) 의천(義天)이 아니라, 13세기 중엽에 활동하
면서 각성사업에 직접 참여한 승려이며, 그 판본 성격도《부인사장 대
장경판》의 복각본이 아님[55]을 알 수 있다.

또 다른 하나로 강화경판의 해인사로의 이안(移安) 배경 내지 원인을
은폐한 초기 일본인 연구 내용에 대하여, 박영수(朴泳洙)는 그 이유 중
의 하나가 '왜구의 침략에 있었다는 사실'을 분명히 하였으며,[56] 이재

---

53) 千惠鳳·朴相國,《湖林博物館所藏 初雕大藏經調查研究》, 成保文化財團,
1988, 14~17쪽.

54) 金潤坤, 앞의 논문, 1993.
崔永好,《江華經板 高麗大藏經》邊界線 소재인명의 판각사업 참여형태〉《한
국중세사연구》2, 1995, 170쪽.
______, 〈華嚴宗系列의《江華經板 高麗大藏經》각성사업 참여〉《釜山史學》
29, 1995, 86쪽.

55) 崔永好, 앞의 논문, 1993.
______, 앞의《江華京板 高麗大藏經》邊界線 소재인명의 판각사업 참여형태〉
논문.
______, 앞의〈華嚴宗系列 승려의《江華京板 高麗大藏經》각성사업 참여〉논
문.

창(李載昌)은 새로운 연구 방법 및 시각을 통해 이를 극복하였다.[57) 이재창은 그 이안 시기나 경로에 편중되어 있던 연구 내용과 시각을 극복하여, 여말선초의 한일관계에서 고려대장경이 차지하는 비중과 역할을 규명하였는데, 그 내용은 고려 충정왕대에서부터 조선 세종대까지 한일관계를 규정짓는 가장 중심적인 매개체인 고려대장경이 왜구의 해소와 피로인(被虜人)의 송환, 조선초기 양국의 교역뿐 아니라 우리 불교 문화의 일본 전래에도 큰 역할을 한 것으로 파악한 것이다.

요컨대 초기 일제 연구자들에 의해 각성사업의 역사성이나 가치성이 왜곡 내지 평가절하된 내용과 시각은 해방 이후 한국인 연구자들의 관련 사료 제시와 새로운 연구 내용 및 방법론을 통하여 싱딩히 극복되있음을 알 수 있다. 뿐만 아니라 해방 이후 한국인 연구자들은 그 연구 내용을 확대·심화하거나 재검토하고, 서지학·불교 문화사·출판 인쇄학적 우수성과 가치성을 더욱 명확하게 증명하였다. 이로써 각성사업에 대한 새로운 연구 방향을 모색할 수 있었던 것이다.

그러한 극복 노력으로 주목되는 것은 먼저 새로운 연구 자료의 발굴·정리와 활용이 있었다. 그 대표적인 사례는 박상국이 현존하는 각 경판의 권말(卷末)에 판기되어 있는 간기를 발굴·활용한 것,[58) 그리고 김윤곤이 계선에 판각된 인명과 법명 및 여타의 사실(史實)을 정리하여 다각도로 활용하고 있는 경우[59)이다. 이로써 현재 자료상의 한계에 처해 있는 각성사업의 연구는 새로운 전기를 마련하고 있다.

---

56) 朴泳洙, 앞의 논문, 1959, 446~447쪽.
57) 李載昌, 앞의 논문, 1966.
58) 朴相國, 앞의 논문, 1983.
 　　　　, 앞의 논문, 1992.
59) 金潤坤, 앞의 논문, 1990.
 　　　　, 앞의 논문, 1993.

다음으로 연구 내용의 확대와 다양화가 모색되었다. 앞서 산발적으로 설명한 연구 내용을 다시 정리하면 다음과 같다. 즉 그 내용은 대장경 조성이 반몽항전에 끼친 영향,[60] 당시 고려인의 문명관이나 민족 의식,[61] 무인 최씨정권의 불교계 운용과 재편[62] 및 정치적 목적[63]이나 대몽항쟁기의 성격 및 당시 고려 불교의 수준과 전통적 저력[64]을 관련지어 파악한 연구가 있었다. 그리고 보판(補版)의 범위, 정판(正板)과 보판에 반영된 사상성을 당시 불교계의 현실성과 각 종파의 사원과 연결시켜 이해한 것[65]도 있으며, 최근에는 '내장'과 '외장'의 문화 유산적 가치성이나 그 체제를 설명하기도 하였고,[66] 또한 처음으로 대장도감과 분사도감의 조직 체계가 언급되었다.[67] 특히 김윤곤의 연구 내용은 박상국[68]과 김광식[69]이 수용하고 있다.

_____, 앞의 논문, 1995.

_____, 앞의 논문, 1998.

金潤坤·金晧東, 앞의 논문, 1996.

60) 金潤坤, 앞의 논문, 1995.

61) 李佑成, 앞의 책, 1991.

62) 兪瑩淑, 앞의 논문, 1986.

蔡尚植, 앞의 책, 1991.

金光植, 앞의 박사학위논문, 1992.

_____, 〈鄭晏의 定林社 創建과 南海分司都監〉《建大史學》 8, 1993.

崔柄憲, 〈高麗時代 華嚴學의 變遷〉《韓國史研究》 30, 1980.

_____, 〈高麗時代 華嚴宗團의 展開過程과 그 歷史的 性格〉《韓國史論》 20, 1990.

63) 文暻鉉, 앞의 논문, 1991.

崔永好, 앞의 논문, 1993.

64) 閔賢九, 앞의 논문, 1978, 51~52쪽.

65) 許興植, 앞의 책, 1994, 164~168쪽.

66) 金潤坤, 앞의 논문, 1993.

_____, 앞의 논문, 1998.

67) 金潤坤, 앞의 논문, 1990.

마지막으로 새로운 연구 시각이 모색되고 있다. 강화경판의 각성사업이 추진되었던 13세기 중엽 고려는 건국이래 최대의 민족적 위기나 현실 모순을 경험하고 있었다. 따라서 당시 전 고려인은 이같은 위기와 모순을 극복하기 위한 다양한 실천을 경주하고 있었으며, 그 한 과정에서 범국가적으로 추진된 각성사업에 적극 참여하였던 것이다. 이같은 사실을 고려한다면 각성사업은 최이 부자나 정안의 개인적 차원이나 정권 유지와 같은 방식에서만 이해될 수 있는 것이 아니다. 따라서 최근 새로운 연구 시각이 모색되고 있는데, 김윤곤은 각성사업이 성공적으로 완성될 수 있었던 배경을 무인 최씨정권의 사업주도나 정치적 목적이 아니라, 당시 민족적 위기의 극복과 왕정 복고를 갈구히는 전 민족 구성원의 자발적인 동참에 있었던 것으로 파악하고, 아울러 각성사업의 주체 또한 국가 내지 고려 국왕으로 이해하고 있다.

13세기 중엽 당시 고려사회는 몽고의 침략으로 인하여 농민 동원체제가 붕괴되어 있었으며, 무인 최씨정권의 완력에 의한 각성사업의 추진도 반발을 초래하고 있었다. 뿐만 아니라 무인 최씨정권에 저항하는 왕정복고 세력도 광범위하게 존재하고 있었다. 이같은 시대 상황 속에서, 최이 부자가 각성사업을 자신들의 정치적 이해 관계를 관철하기 위한 일방적 형태로 추진하였다면 이 때문에 오히려 많은 반발을 초래하였을 것이다. 따라서 각성사업에 대한 연구 방식이나 시각은 무인 최씨 집권자의 개인적 차원이나 정권적 요소에서 파악할 것이 아니라, 범민족적 불교사업이라는 전제 아래 당시 민족적 수난이나 현실 모순의 극복에 무게 중심을 두고 살펴볼 필요가 있다. 이러한 점이 정리된다면, 초기 일제 식민주의와 1960~70년대 군사정권 시대의 연구 내용이나

---

68) 朴相國, 앞의 논문, 1992.
69) 金光植, 앞의 논문, 1993.

시각은 극복할 수 있을 것이며, 각성사업에 담겨져 있는 우리 불교 문명의 가치성이나 민족·현실적 역사성을 보다 객관적으로 이해할 수 있는 계기가 마련될 것이다.

제1부

江華京板《高麗大藏經》의 체제와 조성기구

제1장 江華京板《高麗大藏經》의 체제
— 內·外藏의 특징을 중심으로 —

　　강화경판(江華京板)은 세계문화유산의 하나로서 현재 널리 인식되고 있기는 하나, 우리 고·중세 사회의 문화, 특히 불교 문화와 그 변천 등을 밝혀줄 수 있는 자료의 보고임을 인식하고 이를 활발히 활용하고 있는 경향이라고 말할 수는 없을 것이다. 그러나《삼국사기》와《고려사》등에 고승전을 포함한 중요 불교관계 자료들이 수록되어 있지 않는 현실에서, 강화경판은 당시의 불교문화 연구자료로서 비중이 더욱 높을 수밖에 없다.

　　따라서 강화경판이 한국불교의 연구자료로서 어떤 가치를 가지고 있는가를 살펴보기 위해, 그 속에 내재되어 있는 불교 전적 중에서 한국불교와 직접적인 관계가 있는 서목(書目)부터 먼저 발췌해 보면 대략 〈표 1-1-1〉과 같다. 〈표 1-1-1〉의 ①~④와 ⑥·⑨ 등은 비록 당(唐)·동진(東晋)·양(梁)·송(宋) 등 나라 학승들의 찬술이지만 신라와 고구려 고승들의 행적에 관한 서술을 많이 남겨 놓아 그들의 구법 과정과 불교계의 국제적 교류양상 등을 살펴 볼 수 있는 중요한 자료들

〈표 1-1-1〉 강화경판의 한국관련 불교전적[1]

番號	佛典		卷數	撰者	撰述時期	內容
	固有番號	經名				
①	k.1072	大唐西域求法高僧傳	2	義淨	7세기 말	승려 60여 명의 傳. 그 가운데 신라 慧輪法師 등 신라승 8명이 입전되어 있다.
②	k.1073	高僧法顯傳	1	法顯	5세기 초	東晋의 法顯, 慧景 등 4인이 于蘭·葱嶺 등 30국을 여행한 見聞記.
③	k.1074	高僧傳(梁傳)	14	慧皎	6세기 중엽	6세기 중엽 梁의 慧皎 撰.
④	k.1075	續高僧傳	30	道宣	7세기 중엽	645년까지를 포괄하는 144년간에 생존한 414명의 고승들을 기본으로 하고 부차적인 명승들을 덧붙여 소개하고 있다. 특기—㉠ 권13에 신라의 圓光·圓安 등을 포함한 16명이 입전. ㉡ 권14에 고구려 實公에 대한 것이 입장. ㉢ 권15에 實公과 印公에 관한 기록이 있다. ㉣ 권24에 신라 慈藏이 포함되어 있다.
⑤	k.1402	高麗國新雕大藏校正別錄	30	守其	1250년	校勘記.
⑥	k.1499	宗鏡錄	100	延壽	10세기중엽	신라 義湘에 관한 논술이 포함되어 있다.
⑦	k.1501	金剛三昧經論	3	元曉	7세기 중엽	고려 이전의 우리 불교저술로 유일하게 대장경 판본에 완본으로 전해지고 있다. 저자는 《金剛三昧經》을 講釋함에 있어 처음에는 大意를 서술하고, 다음에 經宗을 분별하며, 제목이름을 풀이하고, 經說의 本文을 해석하고 있다.
⑧	k.1502	法界圖記叢髓錄	2	未詳	고려중엽 이후?	의상의 《法界圖》를 해석한 신라의 고승들인 법융, 진수, 지통, 고려의 균여 등의 記文들을 일정한 체계로 정리해 놓았다.
⑨	k.1503	祖堂集	20	靜筠 2人	10세기 중엽	250여 명의 명승과 그 계보를 밝히고 있다. 그 가운데에는 10여 명의 신라·고려의 고승이 포함되어 있다.
⑩	k.1505	禪門拈頌集	30	慧諶	1226년	無衣子(慧諶)가 49세 되는 고종 13년(1226) 겨울에 曹溪山 修禪社에서 제자 眞訓 등과 함께 禪家의 옛 화두 1,125則과 이에 대한 여러 선사들의 拈·頌·上堂 등 要語를 모아서 30권으로 집성한 것이다. 현재 고려대장경 판본에는 본래의 1,125칙에 다시 그 제자 정진국사 夢如가 347칙을 더 첨가하였다고 하나 현재 1,463칙이 수록되어 전하고 있다.
⑪	k.1507	十句章圓通記	2	均如	10세기 중엽	신라 의상의 스승인 智儼의 華嚴疏要意 중에 들어 있는 10句에 圓通首座 均如가 記釋을 가한 것이다. 현재 고려대장경 판본은 고종 13년(1226)에 本講和尙인 天其가 계룡산 甲寺의 옛 藏書에서 찾아내어 직접 方言을 제거하고 잘못된 곳을 바로잡아 고종 19년(1232)에 두 권으로 간행하였다.

⑫	k.1508	華嚴經旨歸章圓通	2	〃	〃	화엄경의 綱要를 10門 10義로 밝힌 唐 法藏의 화엄지귀를 균여가 주석한 것이다. 본강화상 천기가 고종 21년(1234)에 開泰寺에 머물면서 찾아 내었다. 그가 입적하자 제자들이 고종 35년(1248)에 스승의 뜻을 받들어 東泉社에서 방언을 제거하고 학인들을 위해 개간하였다.
⑬	k.1509	華嚴經三寶章圓通記	2	〃	〃	唐 法藏의《華嚴經明法品內立三寶章》2권을 주석한 것으로 역시 본강화상 천기에 의해 세상에 알려지게 되었다.
⑭	k.1510	釋華嚴教分記圓通	10	〃	〃	唐 法藏의《華嚴經教分記》를 均如가 강설한 것을 기록한 것이다. 이 역시 본강화상 천기가 몇몇 필사본을 얻어 교정한 것을 뒤에 제자들이 고종 38년(1251)에 정서하여 간행하였다.

이다. 이 자료를 통하여 당시 불교문화의 국제적 교류 상황뿐만 아니라 고승대덕들이 이억만리까지 찾아가서 구법활동을 하지 않을 수 없게 하였던 고뇌와 시대적 요구 등이 어떠하였던가를 살펴 볼 수 있을 것으로 생각된다. 다음 ⑤·⑦·⑧과 ⑩~⑭ 등은 모두 신라와 고려의 고승대덕에 의하여 찬술된 것이다. 이 저술들은 당시 불교문화의 정체성과 고승대덕의 시대적 역할 등을 파악하는데 귀중한 자료들이다.

　종전까지 강화경판에 입장(入藏) 되어 있는 경전의 성격을 분류하면서 〈표 1-1-1〉의 ①~⑤는 원장(原藏)·정장(正藏)·정판(正版)으로, ⑥~⑭는 부장(副藏)·보유판(補遺板)으로 각각 분류 호칭하여 왔다. 여기서 소위 원장·정장·정판으로 호칭하는 불전의 찬자는 모두 당(唐)·동진(東晋)·양(梁) 등의 사람들이었으나, 부장 혹은 보유판으로 호칭하는 불전 중에는 단지 ⑥·⑨ 등 2종을 제외하면 모두 신라·고려의 고승들에 의해서 찬술된 것이다.

　한편 정장과 부장 등으로 분류 호칭하는 것 자체에도 많은 문제가 있으며, 이에 필자는 관련 논고를 발표하여 정리한 바 있다.[2] 여기 강화

---

1) 이 표는 물론 本書 중에서 k.00 등의 번호는 동국대학교에서 영인해 낸《高麗大藏經》에 부여된 일련번호를 지칭한다.

경판이란 이름은 "강화경(江華京)에서 새로운 경판 조성의 계획이 수립되고 판각의 전체 공역이 지휘 감독되었을 뿐만 아니라 외침에 굴하지 않는 민족적 자긍심을 느끼게 할 수 있는 역사성이 깃든 이름이 될 성싶다"고 한 바 있다. 그리고 "정장과 부장 등으로 분류 표현하게 된 것은 주로《대장목록(大藏目錄)》에 입장되어 있는가의 여부를 기준으로 붙인 명칭에 불과한 것으로 판단된다. 만약 이것이 사실이라고 한다면 차라리 정장은《대장목록》에 편입된 경장이란 뜻인 내장(內藏)으로, 또 부장은《대장목록》에 편입되어 있지 않고 밖에 있는 경장이란 뜻인 외장(外藏)으로 각각 호칭하는 것이 좋을 듯 하다"는 의견을 제시한 바 있다.

강화경판[3]의 체제를 2등분하고 전자는 정장(正藏)으로 후자는 부장(副藏)으로 각각 호칭한 것은 특히 후자에 대해 전자보다 품격이 한층 떨어지는 장경(藏經)으로 격하시킨 것이 문제이다. 그렇게 파악하게

---

2) 金潤坤,〈江華京板《高麗大藏經》의 체제에 관한 一考〉《釜山女大史學》10·11, 1993.

3) 현재 대장경에 대한 연구성과가 증대하면서 그 명칭에 대해서도 새로운 관심을 갖게 되었다. 이제까지는 八萬大藏經板, 再雕大藏經板, 海印寺大藏經板 등으로 불러 왔으며, 근래에는 高麗高宗官版大藏經이란 명칭을 붙이기도 하였다(許興植,〈高麗高宗官版大藏經의 彫成經緯와 思想性〉《歷史敎育論集》13·14, 1990). 그 명칭의 각각에 따른 타당성이 없는 것은 아니지만, 다른 면에서 보면 명칭과 사실이 서로 부합되지 못한 면도 없지 않다. 이에 따라 종전의 명칭에 대한 비판이 나오기도 했다(朴相國,〈海印寺大藏經板에 대한 再考察〉《韓國學報》33, 1983). 여기서는 江華京板《高麗大藏經》이란 새로운 이름을 붙이기로 한다.
이 대장경판의 각판과 몽병의 침략은 서로 불가분의 관계가 있고, 피난 수도인 江華京에서 새로운 경판 조성의 계획이 수립되고 판각의 전체 공역이 지휘 감독되었음도 주지의 사실이다. 그러므로 강화경판《고려대장경》이란 새로운 이름을 붙이는 것이 타당할 듯하다. 이에 비해 종전의 명칭은 역사적 사실과 어긋남이 있다. 再雕大藏經板이란 명칭을 예로 들면, 이 명칭은 고려 현종 때 각

된 배경에는 국간(國刊)이 아닌 '사간(私刊) 또는 사간(寺刊)'이란 것에 기준을 두고 있다. 사간〔寺(私)刊〕은 "국가적인 차원에서 판각된 분사판(分司板) 또는 해인사대장경판(海印寺大藏經板)으로 취급될 수 없는 것이다"고 한 것은 그 일례이다. 혹은 강화경판의 후자는 "보판(補板) 또는 장경(藏經) 보유판(補遺板)이란 명칭이 더 이상 필요없는 것이다"고 한다. 이것은 후자를 강화경판의 편제에 계속 포함시켜 두는 것이 부당하다는 말인 것이다. 이같은 주장이 나오게 된 가장 큰 요인은 그 경전들이《대장목록》에 수록되어 있지 않고 또 사간(私刊) 혹은 사간(寺刊)이라고 오인하게 된 것에 있는 듯하다. 더욱이 후자의 목록 즉《보유목록(補遺目錄)》이 작성된 시기가 조선조 말엽인 고종 2년(1865, 을축)이었다는 점이 그 경판의 값을 평가절하 한 큰 요인으로 작용하는 것 같다.《보유목록》은 후대에 이루어졌던 것은 사실이지

판한 것을 初雕大藏經이라 명명하고, 그 다음 두번째로 雕造했다는 뜻으로 붙인 이름이다. 만약 이 명칭을 용인한다면, 현종 2년(1011)에 경판 조성을 착수한 이래로, 문종대를 거쳐오면서 형성된 고려대장경과 강화경판《고려대장경》사이에 단절을 인정하는 결과가 되며, 또한 고려대장경의 지속적인 발전과정에서 소위《續藏經》을 소외시키는 단점이 노정된다. 사실 강화경판《고려대장경》은 고려 불교의 지속적인 발전의 산물이요, 현종 때 대장경판 조성 이래로 판각 조성의 기능적 향상과 大覺國師 義天의 소위《속장경》조성으로 경판 체계의 발전 등을 계승한 대장경의 결정판인 것이다.
다음 海印寺大藏經板이란 명칭도 현재 해인사에서 경판을 보관하고 있기 때문에 붙인 이름이다. 그렇다면 그 명칭은 수시로 변경될 가능성이 있게 되는 것이다. 이 대장경판은 원래 江華 · 漢陽 등지를 전전하다가 왜구의 노략질로 인한 피해를 막기 위해 해인사로 옮긴 것이다. 만약 이 곳이 안전하지 못하면 다른 지역으로 옮기는 것이 당연하며, 그 때 마다 명칭을 바꾸지 않으면 안될 것이다. 그러나 강화경판《고려대장경》의 이름은 고정 불변이며, 외침에 굴하지 않은 민족적 자긍심을 느끼게 할 수 있는 역사성이 깃든 이름이 될 성싶다(金潤坤, 앞의 논문, 1993, 170~171쪽).

만, 여기에 입장되어 있는 경판은 이미 강화경 시대에 거의 대부분 판각된 것임에도 불구하고 후대에 이르러 조성된 것으로 오인하고 있는 점이 문제이다.

본 장에서는 '국본(國本)'의 목록으로 간주되고 있는 구(舊)《대장목록》의 원형을 규명하여 그 특징을 살펴보기로 한다. 강화경판에 편입되어 있는 경전의 권수제(卷首題)·권미제(卷尾題)와 그 총 목차인 《대장목록》을 서로 비교해 보면 경명과 경순 및 권수 등이 상호 틀리기도 하고 어긋나는 부분이 상당히 많이 발견되고 있는데, 그 원인 규명은 구《대장목록》의 원형을 발견할 수 있는 방안의 하나가 될 성싶다. 그리고《보유목록》에 편입된 장경의 판각시기에 대한 것을 재조사하고 또 강화경판의 편제와 그 의의에 대해서 생각해 보기로 한다.

제1절 符仁寺藏 大藏經과 강화경판의 內藏

1. 부인사장 대장경의 조성시기

강화경판이 조성되기 전에도 '국본(國本)' 대장경이 존치하고 있었던 사실은 누구나 이미 알고 있으나, 그 중에서 국전본(國前本)과 국후본(國後本) 등 각기 다른 2본이 있었다는 것은 수기(守其)의《고려국신조대장교정별록(高麗國新雕大藏校正別錄)》〔이하《교정별록(校正別錄)》으로 약칭〕에 의해서 알 수 있다. 그런데 이 2본의 구분에 대한 이설이 많다. 먼저 국전본은 (가) 현종 때에 조각한 초조대장경(初雕大藏經),[4] (나) 고려 현종 때까지로 일단 판각을 끝낸 국본,[5] (다) 송(宋)의 개보칙판(開寶勅板)을 저본으로 현종조와 거란판이 수입되었

던 문종 17년 이전에 판각한 초조본,[6) (라) 현종 및 문종개판(文宗開
板) 초조본[7) 등이라고 하였으며, 국후본은 (가)-1 문종 때에 계각(繼
刻)한 초조대장경, (나)-1 국전본이 현종 때 완성된 뒤에 보충 판각된
부분, (다)-1 거란판이 수입된 이후 그것을 저본으로 판각한 초조본,
(라)-1 개판자(開板者)와 그 시기는 미상이지만 부인사본(符仁寺本)
등이라고 했다.

  위 4인의 주장을 종합해 보면 국본 중에서 국전본과 국후본의 구분은
판각시기와 저본으로 나눈 점에 있어서는 공통적이며, 국전본은 현종
때 송본(宋本)[8)을 저본으로 조성되기 시작한 초조대장경이며, 국후본
은 문종대 이후로 단본(丹本)[9)을 저본으로 조성된 초조본 등으로 대별
할 수 있을 듯하다. 그 중에서 (다)·(다)-1의 천혜봉이 타인의 견해
까지 전체를 포괄하여 주장하고 있으며 그 구분의 시기가 가장 선명하
다. 이 주장에 따르면 국전본은 현종때부터 문종 17년(1063)이전까
지 송본을 저본으로, 또 국후본은 문종 17년부터 초조본이 일단 마무
리된 선종 4년(1087)까지 거란본을 저본으로 각각 판각된 것이라 했
다.[10)

---

4) 金斗鍾,《韓國古印刷技術史》, 探求堂, 1980, 66쪽.
5) 윤용태,〈고려국신조대장교정별록〉《역사과학》133, 1990, 38쪽.
6) 千惠鳳,《羅麗印刷術의 硏究》, 경인문화사, 1980, 68쪽.
7) 二楞學人,〈高麗顯宗及文宗開板の 古雕大藏經〉《佛典硏究》제1권 제1호.
8) 唐 開元 18년(730)에 西崇福寺 智昇이 편찬한 佛典目錄인《開元釋敎錄》
   에 의거하여 조성한 소위 北宋 開寶勅版大藏經을 지칭한 것이다. 이 송본과
   강화경판의《대장목록》을 서로 대비해 보면 양자는 天函~英函까지가 상호 유
   사한 부분인데, 이중 15종 43권이 새롭게 추가 수록되어 있고, 7종 35권이
   제외되었다고 한다(鄭駜謨,《高麗佛典目錄硏究》, 亞細亞文化社, 1990).
9) 거란본 대장경은 문종 17년(1063)경에 입수하게 된다(《高麗史》卷8, 문종
   17년 3월 병오).

국전본은 송본을, 국후본은 거란본을 각각 저본으로 삼았다면 저본과의 동질성 여부가 문제될 수 있다. 수기는 대장경을 교감하면서 "국전본급송본(國前本及宋本)" 또는 "국후본급단본(國後本及丹本)"[11] 등으로 그 참고문헌을 예시하고 있다. 만약 국전본과 송본, 국후본과 단본 등이 완전 동일하였다면 2본을 동시에 열거하지는 않았을 것이다. 이 뿐만 아니라 동서 영함(暎函)의《대루탄경(大樓炭經)》권제1을 교감하면서 "송본과 단본의 두 대장경본 모두 15행의 글이 빠져 있어 국본에 의하여 보완하였으며, 구송단장(舊宋丹藏)은 보는 이를 위하여 그 문(文)을 아래에 모두 수록해 둔다"[12]고 했다. 그리고 "국본에 의하여 보완하였다"는 표현은 같은 책의 여러 곳에서 허다하게 볼 수 있다. 이 모두 국본 즉 국전본·국후본과 송본·단본 등은 서로 큰 차이가 있었음을 증언하고 있는 것이라고 생각한다.

국본 대장경은 "현(顯)·문(文) 양조(兩朝)에서 각각 공히 한 벌씩 조조되었다"[13]는 2회설의 주장이 일찍부터 있어 왔으며, 그에 대한 논박이 뒤따르기도 하였다. 이 2회설의 논박 중에서 최근의 한 예만 들어보기로 한다. 현종의 사후 15년 뒤에 문종이 즉위하게 되는데 이 짧은 기간에 "그 거장(巨藏)을 또 다시 판각했다는 것도 상식을 벗어나는 추리가 될 것"이며, "초조본의 조조는 현종 2년(1011)에 시작되어 선종 4년(1087)까지 76년을 걸려 일단락시킨 셈"[14]이라고 하여 소위 초조

---

10) 千惠鳳, 앞의 책, 79쪽.
11)《校正別錄》卷30 傾函의《根本說一切有部毗奈耶破僧事》(k.1390)의 校勘記 참조.
12)《校正別錄》卷17 暎函의 k.662《大樓炭經》卷第1.
13) 小野玄妙,〈高麗 祐世僧統 義天の 大藏經板 雕造의 事蹟〉《東洋哲學》第18編 第2號(明治 44年 1月).
14) 千惠鳳, 앞의 책, 67〜68쪽.

대장경은 1회로 완성된 것이라는 주장을 하고 있다.

소위 초조대장경—부인사장 대장경[15]이 선종 4년(1087)에 완성되었다고 단정하기에 이른 자료는 아래와 같다.

    A)-① 幸開國寺 慶成大藏經(《高麗史》卷10, 선종 4년 2월 갑오)

      ② 王如興王寺 慶成大藏殿(같은 책, 동년 3월 기미)

      ③ 幸歸法寺 慶成大藏經(같은 책, 동년 4월 경자)

위의 A)-①·②·③은 선종 4년의 2월부터 4월까지 잇달아 개국사와 홍왕사 및 귀법사 능지에서 대상경의 각성과 대장전의 낙성 등에 따른 경축행사가 있었음을 증언해 주는 자료이다. 그러나 "이것이 바로 초조(初雕) 정장(正藏)의 고흘(告訖)이라고 보는 것", 또는 "문종 37년(1083) 3월에 송으로부터 가져온 송조대장경(宋朝大藏經) 중에 포함된 새로 번역한《대송신번경론(大宋新飜經論)》등을 추가 조인(雕印)하여 선종 4년에는 현종 이래의 제1차 주조사업을 완성하고 그 인본들을 3사(寺)에 분납케 한 경축회를 갖게 된 것"[16]이라고도 한다.

그러나 위 A)-①·②·③의 자료가 소위 초조대장경판의 전체 완성을 증언해 주고 있다는 주장에는 동의할 수 없으며, 그 뒤 숙종 때에 이르기까지 국본 조성은 계속 이어지고 있었던 것을 아래의 언급에서 알 수 있을 것이다. 대장경판의 조성에 따른 경축행사를 ①·③ 등으로 나누어 치르게 된 사정은 이들 사원이 각기 분담하고 있었던 판각사업을

---

15) 符仁寺藏 大藏經은 소위 "初雕大藏經"이란 명칭 대신에 사용하기로 한다(金潤坤,〈高麗國 分司大藏都監과 布施階層〉《民族文化論叢》16, 1996, 81쪽). 符仁寺藏 大藏經은 곧 國本이며, 이것은 國前本과 國後本을 총칭하는 명칭이다.

16) 千惠鳳, 앞의 책, 67~68쪽.

동일 날짜에 완료하지 못하였기 때문이었을 것이다. 다시 말하면 ① 개
국사는 선종 4년 2월 11일에 완료하였으나, ③ 귀법사는 동년 4월 19
일에 완료하였기 때문에 개국사보다 두 달 늦게 경축행사를 행할 수밖
에 없었을 것으로 생각한다. 이것은 당시 대장경판의 조성이 단일적 조
직 기구에 의해서 이루어졌던 것이 아니라 각 사원 단위로 분산·복합
적으로 이루어졌음을 증언하고 있는 것이 된다. 국본 중에 복본(複本)
과 결본(缺本) 등이 많았던 것은 각 사원 단위로 분산적으로 경판이 조
성되었기 때문에 나타난 현상으로 볼 수 있다. 국본 중에서 복본과 결
본 등의 하자가 많았음은 수기의《교정별록》에서 볼 수 있으며, ①·③
등 이후로 경판의 조성이 계속될 수밖에 없었던 사정이 바로 여기에 있
었을 것이다. 숙종 때 이르러 교장도감(敎藏都監)의 설치는 경판 조성
사업에 있어 획기적 발전의 계기가 되었을 성싶다. 이 도감의 설치는
소위 속장경(續藏經)을 조성하기 위한 것이지만, 그 기능과 영향력은
국후본의 조성이 계속될 수 있도록 크게 기여했을 것으로 짐작된다.

A)-②에서 선종 4년 3월 7일에 흥왕사에서 대장전의 낙성식을 행
하게 된 것은 그 동안 새로 조성된 경판의 증가로 더 넓은 입고(入庫)
장소가 필요하였기 때문이었을 것이다. ② 대장전의 낙성식은 당시
경판 조성의 누적으로 인하여 장경고를 신축하고, 그 경축행사로 간
주한 것을 만약 용납할 수 있다면, 숙종 6년(1101) 2월에 왕이 "홍원
사(洪圓寺)에 행차하여 대장당(大藏堂) 및 구조당(九祖堂)을 낙성하
였다"[17]는 것도 동일 현상으로 간주하는 것도 용납이 가능할 듯하다.
다시 말하면 숙종 6년 2월에 대장당의 낙성도 새로운 경판 조성의 징
표가 될 수 있으며, 이때에 이르기까지 경판의 조성사업이 계속되었
다는 주장도 용납될 수 있을 것이다. 이 당시에 특기할 사항은 시주

---

17)《高麗史》卷11, 숙종 6년 2월 병진.

명의로 경판이 양산되고 있었던 점이다. 그 한 예로《대방광불화엄경
(大方廣佛華嚴經)》진본(晉本) 권제37의 말미 간기(刊記)에서,

高麗國 陜州 戶長同正 李必先 上報四恩 下滋三有之願 施財雕版 花

嚴經第三十七卷 時 壽昌四年 五月 日 記[18]

라고 한 것에서 볼 수 있다. 이것은 수창(壽昌) 4년 즉 숙종 3년
(1098)에 합천의 호장동정 이필선이 재물을 시납 조성한 것이다. 호
장동정 이필선은 합천지역의 토호요 지주층으로 간주하더라도 크게 어
긋나지 않을 것으로 생각된다. 이같은 경판의 조성은 숙종 이전인 문종
때부터 활발히 진행되기 시작하여 예·인종 시기에 이르기까지 지속되
었을 것으로 생각된다. 합천의 호장 이필선이 재물을 시납 조성한《대
방광불화엄경》진본 권제37과《대방광불화엄경》주본 권제6 등은 모두
1행 17자이고 또 판식도 거의 유사하며, 후자의 말미에 "담양군(潭陽
郡) 호장동정(戶長同正) 전순미(田洵美) 역출모리(亦出母利) 왕원
지성(往願之成)"이란 지기(誌記)를 통하여 전자와 동일한 호장층의
시재에 의하여 조성된 것임을 알 수 있다. 그리고 후자에는 "해동사문
(海東沙門) 수기장서(守其藏書)"란 장서인(藏書印)이 있는 것으로
봐서 "재조경(再雕經)의 저본(底本)일 가능성도 있다"[19]고 한다. 후
자의 조성 연대를 현재 정확히 알 수 없으나, 소위 재조대장경 즉 강화
경판 이전에 조성된 것이란 사실은 분명하다.

---

18) 본《大方廣佛華嚴經》卷37의 사본은 국보 제202호 지정되어 있으며(所藏
   者 李元基氏),《文化財大觀》제2책(韓國文化財保護協會, 1994, 178
   쪽)에 수록되어 있다.
19) 韓國文化財保護協會, 위의 책, 231쪽, 典籍 20번.

요컨대 숙종 3년(1098)에 합천의 호장 이필선의 시재로 조성된 경판과 또 담양군 호장 전순미가 조성한 경판 등이 소위 재조대장경 이전에 조성되어 강화경판의 저본으로 사용된 것이 확실하다면, 소위 초조대장경의 조성 연대의 하한을 선종 4년(1087)으로 단정할 수 없다는 말이 성립되는 동시에 '국후본'의 조성 하한도 자연 하강하기에 이른 셈이다. 위의 경판이 조성된 장소에 대해서 생각해 보면, 현재 분명히 파악할 수 있는 길은 없지만 이 경판들도 ① 개국사 · ② 귀법사 등과 같은 큰 절에서 조성되었을 것으로 짐작된다.

당시 큰 절들은 대부분 경판을 조성할 수 있는 독자적 체제를 갖추고 있었을 것으로 추정되며, 그것을 대량으로 조성할 경우 '도감'을 설치하여 사업을 추진하였던 것 같다. 예컨대 흥국사에 교장도감을 설치하여 속장경을 조성한 것과 같은 것이 그것이다. 대각국사 의천(1055~1101)은 선종 3년(1086) 6월에 송나라에서 귀국하여 국왕에게 "불전 및 경서 1천권을 헌납하고 흥왕사에 교장도감을 둘 것을 청원하였으며, 서적을 요(遼) · 송(宋) · 일본(日本) 등지에서 구입해 온 것이 4천 권에 이르렀는데 모두 간행했다"[20]고 한다. 그러나 4천 권에 이르는 서적을 실제 간행한 것은 이로부터 5년 뒤였다. 그 동안 그는 교장도감의 설치를 국왕에게 허락받아 요 · 송 · 일본 등지에서 구입해 온 서적 4천여 권을 정리 · 교감하여 새로운 불서로 간행할 수 있게 되었던 것이다.

속장경을 조성한 '교장도감'과 강화경판을 조성한 '고려국대장도감'은 서로 직접적이고 밀접한 관련은 없었다고 하더라도 전자는 후자에

---

20) 煦獻釋典及經書一千卷 又於興王寺 奏置敎藏都監 購書於遼宋日本 多至四千卷 悉皆刊行(《高麗史節要》卷6, 선종 3년 6월). 이 자료와 거의 동일한 기록을 《高麗史》卷90, 宗室1, 大覺國師 煦傳에서 볼 수 있다.

큰 영향을 미쳤던 것은 사실이었을 것이다. 다시 말하면 교장도감이 속장경을 조성하는 과정에서 쌓은 기술과 경험은 '고려국대장도감'의 운영과 경판을 조성하는데 큰 도움이 되었을 것으로 짐작된다.

  강화경판의 편성 내용을 살펴보면,[21] 대략 앞부분은 일관되게 잘 정리되어 있는 반면 뒷부분으로 갈수록 편찬의 일관성이 사라지고 이것저것 붙여 놓아 일견 매우 혼란스러워 보인다. 왜 이러한 혼란스러움이 나타나게 되었으며, 그렇게 된 사연이 어니에 있었는지를 살펴볼 필요

---

21) 여기서 참고한《高麗大藏經》은 '高麗大藏經完刊推進委員會'에서 발긴한 것으로, 그 간행사업은 1959년부터 시작하여 1976년 제48책인 "解題索引本"을 발간함으로써 완성되었다. 그 간행 기간 동안 여러 차례 첨삭을 달리한 이본을 발간해 왔기 때문에 그 체제와 수록 내용이 약간씩 다른 여러 이본이 유포되어 있다. 여기 저본으로 삼고 있는 영인본은 총 48책으로 편성되어 있으며, 하나의 경전이라도 분량이 많으면 여러 책으로 나누고, 또는 여러 경전을 묶어 한 책으로 발간하기도 하였다. 예컨대,《大般若婆羅蜜多經》총 600권을, 제1책=1권~150권, 제2책=151권~300권, 제3책=301권~450권, 제4책=451권~600권 등으로 각각 나누어 놓았으나, 이와 대조적으로 제5책은《放光般若婆羅蜜多經》·《摩訶般若婆羅蜜多經》·《光讚經》 등을 포함하여 전체 20종의 경전을 하나로 묶어 놓은 것이 그것이다. 이 영인본의 "편차는《大藏經目錄》(k.1405)에 의거하여 函別(천자문 순서)로 영인하였으며, 補遺는《補遺目錄》(k.1514)에 의거하였다"고 한다. 그리고 "각 경전의 고유번호, 즉 高麗大藏經一連番號(k.No)는 독립된 경전에 고유한 번호를 주었으며, 독립된 경전 속에 병합된 경전에는 屬番號를 주었다"고, 총목록 범례에서 밝혀 놓았다. 이 같은 편제 방침에 따라 경전 전체를 축쇄하여 영인본으로 발간하였으므로 이용하기에 편리한 점이 많다.
  특히 제48책은《고려대장경》의 총목록과 해제 및 경명색인 등을 수록해 놓은 것으로, 방대한 대장경의 내용을 파악 이용하기에 편리하도록 편성되어 있다. 그러나 본 영인본이 출간된지도 벌써 20년이 가까워지고 있지만, 처음 영인본으로 발간할 때부터 그 편집과정에 중대한 오류가 있었음에도 불구하고, 아직 개정되지 않고 그대로 통용되고 있어 대장경 연구의 자료로 활용함에 있어서 큰 어려움을 겪고 있는 실정이다.

성이 있다. 이를 위해 그 전체 수록 불전의 구성을 함별(函別)로 크게
구분하여 살펴보고, 이를 통해 그 내용의 구성과 특징에 대해 알아보기
로 하자.

　다음 〈표 1-1-2〉의 (1)～(14)는 강화경판에 편입되어 있는 경판의
함순(函順)에 따라 각 함에 입장되어 있는 경전의 출전을 살펴보기 위
해 나열하여 놓은 것이다. 설명의 편의를 위해서 〈표 1-1-2〉의 전체를
A(1)～(9), B(10)～(13), C(14) 등 세 부분으로 나누고, 그 각
각이 국전본과 국후본 및 강화경판본은 서로 어떤 관계가 있었는지를
살펴보기로 한다. 먼저 A(1)～(9)는 대략 '국전본'에 입장된 경전과
편제를 복원하여 놓은 것으로 추상된다. 다만 그 중에서《월등삼매경
(月燈三昧經)》을 비롯한 불전 7종 9권은 단본에서 추가한 것이고, 또
《대종지현문론(大宗地玄文論)》을 비롯한 불전 3종 60권은 대체편입
(代替編入)한 것이다. 그리고《육자신주왕경(六字神呪王經)》을 비롯
한 불전 4종 50권은 삭제하였다고 하나,[22] 재함(才函)에 보리유지(菩
提流志) 번역의《육자신주경(六字神呪經)》1권이 강화경판에 편입되
어 있다.[23] 그러나《육자신주왕경》과《육자신주경》의 동질성 여부를 갑
자기 판단하기 어렵기 때문에 모두 합산하더라도 총 89권에 불과하며
전체의 약 1.5% 정도 변동이 있었다는 말이 되는 것이다. 따라서 강

---

22) 鄭駜謨, 앞의 책, 138～144쪽. 여기서 丹本에서 추가 편입된 것은《月燈
　　三昧經》1권,《佛說彌勒下生佛經》1권,《最勝燈王如來經》1권,《蘇悉地
　　供養法經》3권,《大乘法界無差別論》1권,《受歲經》1권,《舍衛國王十夢
　　經》1권 등이다. 그리고 대체 편입된 것은《大宗地玄文論》20권,《釋摩訶
　　衍論》10권,《高麗國新雕大藏校正別錄》30권 등이며, 삭제된 것은《六字
　　神呪王經》1권,《佛說木槵子經》1권,《佛名經》18권,《一切經源品次錄》
　　30권 등이다.
23)《高麗大藏經》의 제11책, 1253쪽, 經順 k.316 참조.

화경판의 (1)～(9)는 대략 '국전본'의 복원으로 간주하더라도 좋을 듯하다. 특히 (9)《대장목록》이 여기 마지막 부분에 위치해 있게 된 사정은 '국전본'의 목록이 바로 이 경함(更函)에 편입되어 있었기 때문임은 이미 주지하고 있는 실정이다.

그리고 A(1)～(9)의 중에서 특기할 사항은 (6)《고려국신조대장교정별록》의 입장 경위에 관한 점이다. 이것은 원래《일체경원품록차록》이 입장되어 있었던 것을 삭제하고 새로 편입한 것이다. 이같이 교체하게 된 사정은 아래와 같다고 한다.

> 준(俊)·예(乂)·밀함(密函)의 3함 중에서 국본의《일체경원품록차록》30권이 포함되어 있었으며, 사문 종범(從梵)이 찬한 것이다. 지금 검토해 보니 단지 제 경의 첫머리와 끝 부분만을 옮겨 놓은 것일 뿐이며, 대장경을 보고 읽는 사람들에게 도움되는 것이 거의 없다. 이제 그것을 삭제하고 새로이《교정별록》30권을 이 함에 편입하였다(《교정별록》권30, 준·예·밀함).

즉《일체경원품록차록》30권은 제 경의 첫머리와 끝 부분만을 옮겨 놓은 것일 뿐이며, 대장경을 보고 읽는 사람들에게 도움되는 것이 거의 없기 때문에 강화경판을 새로 조성할 때 이것을 빼고 그 대신에《교정별록》30권으로 대체하였다는 것이다. 여기서《일체경원품록차록》과《교정별록》의 양자는 권수가 동일하였을 뿐 아니라 서로 대체할 수 있을 정도로 성격이 유사하였음을 파악할 수 있다. 만약 전자를 종범(從梵)의 교감기로 볼 수 있다면 국전본에도 수기의《교정별록》과 유사한 교감기가 수록되어 있었다는 말이 되는 것이다. 여기서 '국전본'과 강화경판의 편성체제가 유사하였을 것이라는 추정이 가능할 듯하다. 요컨대 A(1)～(9)는 '국전본'의 원형 그대로 복원된 것이 비록 아니라

고 하더라도 '국전본'의 원형에 가장 근접한 형태로 간주해도 크게 틀
리지 않을 것이다.

　다음 B(10)~(13)은 국후본과 또 강화경판을 조성할 때 일부를 추
가 편입하여 조성한 것[24]일 것이다. 그러나 B(10)~(13)은 소위 초
조대장경에 편성되어 있지 아니하였던 부분이라고 한다. 그 이유는 초
조대장경은 "천함(天函) 부터 범함(楚函) 까지의 570함뿐"이며, 패함
(覇函)의 바로 다음에 편입되어 있는 B(10)~(13)의 경전은 "거란
본대장경에 수록되어 있었거나 혹은 송신역경론(宋新譯經論)으로서
문종 37년(1083)이후에 전래된 것 등"[25]이라고 한다. 그리고 B
(10)~(13)에서 경판 93종 633권이 강화경판에 더 추가수록 된 것
이라고도 한다.[26]

---

24) 진현종, 《한 권으로 읽는 팔만대장경》(들녘출판사, 1997, 44~45쪽)에서
　　《再雕大藏經》을 조성할 때 대부분 새로 편성한 것이라고 했다.
25) 千惠鳳, 앞의 책, 67쪽.
26) 鄭馹謨, 앞의 책, 142쪽. 여기서 경판 92종 601권이라고 했으나 정확하지
　　않다. 그러나 주목되는 것은 《續一切經音義》10권, 《一切經音義》100권,
　　《法苑珠林》100권 등의 書目이 《新編諸宗教藏總錄》 권3에 수록되어 있다
　　고 한 점이다. 이 教藏總錄은 義天에 의해 조성되어진 소위 《續藏經》의 목록
　　인 셈이다. 《續一切經音義》는 契丹의 승려 希麟이 《一切經音義》에 수록되
　　지 않은 經·律·論·疏 266권에 대한 숙어를 佛書 뿐 아니라 《論語》, 《禮
　　經》, 《左傳》, 《說文》 등의 내용을 인용하여 주석을 붙인 것으로 당송대의 불
　　전목록에는 나오지 않는 것이었다. 《一切經音義》는 唐 元和 2년(807) 慧
　　琳이 엮은 것으로 총 1,225부의 각종 대소승 經·律·論에 나오는 숙어를
　　註解한 字典이다. 이는 일찍이 없어져서 보전되어 온 것이 없었던 것이었다.
　　《法苑珠林》은 唐의 高宗 總長 元年(668)에 완성되었으며, 불교백과사전
　　의 구실을 한다고 하는데 宋代의 어느 목록에도 수록되어 있지 않다. 이처럼
　　일찍이 逸失되었거나 혹은 唐·宋代의 佛典目錄에 수록되지 않았던 경전들
　　이 의천에 의해 수집되어 소위 《續藏經》 속에 편입되었다가 강화경판 조성시

〈표 1-1-2〉 강화경판의 底本·出典

番號	函次	內　　容	備　　考
1	天~英	《大般若波羅密多經》600권(k.1)~《集諸經禮懺儀》2권(k.1087)까지의 총 5,061권.	《開元釋敎錄》에 의거한 北宋本을 저본으로 삼은 것.
2	杜~穀	《佛說大乘莊嚴寶王經》4권(k.1088)~《最上根本大樂金剛不空三昧大敎王經》7권(k.1256)까지의 총 281권.	北宋本이 조성된 뒤 宋에서 새로 번역된 불교경론으로, 《大中祥符法寶錄》에 수록된 불전들이 주를 이룸.
3	振~侈	《新集藏音義隨函錄》30권(k.1257).	契丹本目錄을 따르고 있어 契丹本으로 추정되기도 함.
4	富~輕	《御製蓮華心輪廻文偈頌》25권(k.1258)~《御製緣識》5권(k.1261)까지의 총 71권.	宋 人宗 찬술 御製도 符仁寺藏 人藏經 수록 부분을 江華京板에 수용하면서 원래의 목각화 부분을 삭제함.
5	策~丁	《大方廣佛華嚴經》40권(k.1262)~《貞元新定釋敎目錄》30권(k.1401)까지의 총 396권.	《貞元釋敎錄》 수록불전으로, 守其에 의한 부분적인 대체 편입이 이루어짐.
6	俊~密	《高麗國新雕大藏校正別錄》30권(k.1402)	守其 등이 편찬한 것으로 원래 이곳에는 《一切經源品錄次錄》30권이 들어 있었으나, 이를 제거하고 대체시킨 것임.
7	勿~寔	《大般涅槃經》36권(k.1403)	소위 '南本'으로 唐·宋 불전목록에 보이지 않은 佛典.
8	寧~楚	《佛名經》30권(k.1404)	《貞元釋敎錄》의 수록불전으로 符仁寺藏 大藏經에는 《佛名經》18卷本과 30卷本의 2종이 들어 있었으나, 江華京板에서는 30卷本만을 여기에 배치.
9	更	《大藏目錄》3권(k.1405)	符仁寺藏 大藏經板의 목록으로 추정.
10	覇~何	《法苑珠林》100권(k.1406)	《法苑珠林》의 書目이 《新編諸宗敎藏總錄》卷3에 수록되어 있음.

에 추가 삽입되었던 것으로 생각된다. 여기서 속장경에서 강화경판으로 이어지는 고려대장경 조성의 역사적 전통을 확인할 수 있을 듯하다.

11	遵~塞	① 遵~冠;《佛說法印經》1권(k.1407)~《廣大發願頌》1권(k.1461)까지의 총 130권. ② 精~嶽;《佛說秘密相經》3권(k.1462)~《佛說如來不思議秘密大乘經》20권(k.1486)까지의 총 177권. ③ 宗~塞; 佛說大乘菩薩藏正法經》40권(k.1487)~《父子合集經》20권(k.1496)까지의 총 116권.①·②·③의 총계 423권.	北宋本 판각 후 宋에서 새로이 漢譯하여 전래된 佛典으로, ①은《大中祥符法寶錄》에, ②는《景祐新修法寶錄》에 각각 수록된 불전에 가감을 가한 것임, ③은 현재까지 조사된 唐宋系의 불전목록에서 찾아볼 수 없는 것으로 契丹本일 가능성도 배제할 수 없음.
12	雞	《續一切經音義》10권(k.1497)	大覺國師 義天이 契丹으로부터 수입한 후《新編諸宗教藏總錄》卷3에 수록되었다가 새로 편입된 것으로 보임.
13	田~洞	《一切經音義》100권(k.1498)	일찍이 일실되어 보전된 것이 없었다가, 契丹本에 실려 고려로 전승되어 새로이 편입된 것으로 보이며, 그 書目이《新編諸宗教藏總錄》卷3에도 수록되어 있음.
14	祿~務	《宗鏡錄》100권(k.1499)~《華嚴經探玄記》20권(k.1513)까지의 총 236권과《補遺目錄》(k.1514) 1枚 등	《補遺板目錄》수록 불전. 15種 236卷,《高麗大藏經》48책의 總目錄에는《補遺目錄》을 "希"函으로 기재하고 있으나 제외하였음.

위의 주장과 달리 회함(會函)의《법원주림(法苑珠林)》권제82 제14장과 한함(韓函)의《불설불모출생법장반야바라밀경(佛說佛母出生三法藏般若波羅蜜多經)》시호(施護) 역(譯) 권제9 등은 모두 초조대장경의 추조본(追雕本)으로 판명된 것[27]이라고 한다. 이 경전에 대해서 그는 "초조본이 일단 마무리된 선종 4년(1087) 이후의 어느 시기에 추각된 것으로 여겨진다"고 하였다. 비록 초조본의 추각이란 애매모호한 말로 표현하여 놓긴 하였으나, 이것은 "초조본이 일단 마무리된 선종 4년"으로 그가 규정한 시한을 자기 스스로 부정한 것이 되는 것이다. 요컨대 초조본의 추각이라는 회함의《법원주림》과 한함의《불설불

---

27) 이것은 모두 千惠鳳에 의하여 판명된 것이다. 會函은《羅麗印刷術의 研究》(경인문화사, 68쪽)에, 또 韓函은《初雕大藏經調查研究》(成保文化財團, 1998, 201쪽)에 각각 수록하여 놓았다.

모출생삼법장반야바라밀다경》 등은 "초조본의 추각"이란 표현보다 '국
후본'에 입장되어 있던 경전으로 표명하는 것이 오히려 타당할 것으로
생각되며, 이 국후본은 선종 4년(1087) 이후로도 경판이 계속 조성되
고 있었다는 물증으로 볼 수 있다.

그런데 B부분의 경전 곧 '국후본'의 편제는 분류체계를 갖추지 못
한 채 혼란스럽게 편집되어 있다고 한다. 이는 문종 37년(1083)경[28]
에 수입된 송대의 신역경론을 비롯하여 《속성원석교록(續貞元釋敎
錄)》[29]·《대중상부법보록(大中祥符法寶錄)》[30]·《경우신수법보록(景祐
新修法寶錄)》[31] 등에 수록된 경록을 입수되는 대로 편입시켰고[32] 또

---

28) 《高麗史》卷9, 문종 37년 3월 기축.
29) 《續貞元釋敎錄》은 五代 南唐 保大 3년(945) 西都右街報恩禪院의 恒安이
    勅命을 받들어 寫錄한 貞元錄大藏經 중에서 開元錄藏經의 數를 제외한 新
    添分의 書目이다. 강화경판의 《대장목록》에 수록된 서목과 서로 대비해 보면
    策函〜蜜函까지에 해당되며, 이중 4종 96권이 새롭게 추가 수록되어 있고,
    3종 47권(혹은 49권)이 제외되었다고 한다.
30) 《大中祥符法寶錄》은 大中祥符 6년(1013)에 趙安仁, 楊憶, 惟淨錄 등이
    勅命을 받들어 撰修한 것이다. 강화경판의 《대장목록》에 수록된 書目과 서로
    대비해 보면 杜函〜輕函까지 170종 329권이 수록되어 있고, 遵函〜寂函
    까지 53종 125권이 수록되어 있다. 이중 전자를 〈표-1-1-2〉의 《大中祥符
    法寶錄》(1)로서 부인사장 대장경에 수록된 것이며, 후자는 《大中祥符法寶
    錄》(2)로서 강화경판에 새로 편입된 것이다. 3종 131권이 새롭게 추가 수록
    되어 있고, 10종 108권이 제외되었다고 한다.
31) 《景祐新修法寶錄》은 宋 景祐 3년(1036)에 呂夷簡 등이 勅命을 받들어 撰
    述한 것이다. 강화경판의 《대장목록》에 수록된 서목과 서로 대비해 보면 精
    函〜嶽函까지에 해당되며, 이중 4종 96권이 새롭게 추가 수록되어 있고, 3
    종 47권(혹은 49권)이 제외되었다고 한다.
32) 鄭駜謨, 앞의 책, 37쪽. 그리고 이러한 사실은 義天이 기술한 〈奇日本諸法
    師求集敎藏疏〉에 "우리 나라에서 불교를 崇奉한지는 이미 오래되었다. 智昇
    이 撰한 〈開元釋敎錄〉과 圓照가 撰한 〈貞元續開元釋敎錄〉 등 이 양본에 수
    록된 經律論 등과 宋의 新譯 經論 六千餘卷을 모두 다 彫造를 끝마쳤다"고

그것이 완질로 수입되지 못하였던 것과 깊은 관련이 있을 것으로 생각한다. 그리고 또한 각각의 불전에 정규의 함차(函次) 표시나 권질(卷帙) 표시가 없었기 때문에 《대장목록》에 수록할 때 다만 동일한 역자의 불전을 한 곳에 모으려고 노력하였기 때문일 것으로 보인다.[33] 요컨대 B(10)~(13)의 경전분류체계가 일정하지 못하고 혼돈된 것은 장기간에 걸쳐 조성되었고, 또 송본과 단본의 수입에 따라 수시로 보충하였던 것과 관련이 있었을 것이다. 강화경판의 편성체계를 내장과 외장으로 분류한 것은 종전 편제의 단점을 보완하기 위한 방편으로 채택된 것으로 볼 수도 있을 성싶다.

끝으로 C(14)는 강화경판의 《보유목록》—외장으로 대장경의 편제에 처음 입장된 경전인 동시에 강화경판의 가장 두드러진 특색이라고 말할 수 있다. 이에 관해서는 아래에서 다시 언급하기로 한다.

2. 《大藏目錄》과 강화경판

강화경판에 수록된 목차 중 하나인 k.1405《대장목록》은 앞 〈표 1-1-2〉의 A(1)~(9), B(10)~(13), C(14) 중에서 C(14)만을 제외한 전체를 범위로 하고 있으며, 그 편입위치는 본서의 첫머리나 말미에 편입되어 있는 것이 아니라 k.1404《불설불명경(佛說佛名經)》과 k.1406《법원주림》의 중간에 삽입되어 있다. 이 목차의 각 장에 있는 권수제는 대장목록으로, 또 판심제(版心題)는 장경목록으로 각각 각인되어 있다. 현재 해인사의 강화경판은 대체로 이 목차와 《보유목

한데서도 나타나고 있다(건국대학교 출판부, 《大覺國師文集》(影印本) 卷 14, 1974).

33) 鄭駜謨, 앞의 책, 1990, 147~150쪽.

록》의 차례대로 편성되어 있다. 이 목차인《대장목록》의 구성과 판각
연대 및 각수 등을 살펴보기 위해서 먼저 표를 그려보면 아래와 같다.

〈표 1-1-3〉 강화경판의《대장목록》조성

卷	函	歲	處	張數	刻手欄	板數	張　次
上	更	未詳	未詳	44	□□	44	
中	〃	〃	〃	42	金昇	1	25
〃	〃	〃	〃	42	□□	41	
下	〃	48	大藏	38	○○	3	20, 33, 36
〃	〃	〃	〃	38	□□	35	

〈표 1-1-3〉의《대장목록》은 상·중·하의 3권으로 나뉘어져 있으
며, 그 판각의 연대와 조성처 등은 비록 상·중권이 미상이나 모두
1248년에 대장도감에서 판각된 것으로 단정해도 좋을 것이다. 여기
는 찬자에 대한 언급이 전혀 없는데,《한국불교전서(韓國佛敎全
書)》[34]에서 상·중·하의 각권 권수제(卷首題)의 아래에 찬자는 수기
(守其)라고 기재해 놓았다. 이에 따른 근거 제시는 없고 다만 그 주
석에 "찬자명보입(撰者名補入)"이라고 밝혀 놓았을 뿐이다. 이 목록
의 찬자가 수기였을 것으로 추측하는 근거를 여기서 밝혀 놓지 않았
지만, 그가《교정별록》의 편찬자였으므로 이 목록도 편찬하였을 것으
로 추정하게 된 것 같다.[35] 여기서 수기의《교정별록》과《대장목록》
은 서로 불가분의 관계가 있을 것이란 생각이 이미 보편화되어 있음
을 간파할 수 있다.

---

34) 東國大 韓國佛敎全書編纂委員會,《韓國佛敎全書》제6책, 1984, 161
　　～195쪽.

다음 각수는 오직 김승(金昇) 만이 확실할 뿐이며, 그 밖에 하권의 제
20장·제33장·제36장 등 3장에 각수명(刻手名)이 각각 판각되어
있었을 것 같으나 현재 분명히 판독할 수 없는 형편이다. 김승은 1237
년(고종 24)부터 1248년까지 총 12년 동안 431장의 경판을 판각하
였는데, 대장도감에서 348장을, 분사도감에서 64장을, 무간기 19장
을 각각 판각하였던 인물이다.[36] 이중에서《대장목록》의 중권 제25장
의 1장은 무간기이므로 판각연도와 장소를 알 수 없으나, 1248년에
대장도감에서 판각한 것으로 볼 수 있을 것이다. 각성량과 각성활동 기
간 등에서 우선 김승은 전문적인 각수로 간주할 수 있을 듯하며,[37] 연
도별 각성량이 최하 7장(1237)·13장(1248)에서 최고 79장
(1243)·76장(1242) 등으로 큰 차이가 있는 것으로 봐서 강제적인
징용에 의해 판각작업을 하였던 것은 아닌 듯하다. 이것은 판각작업이

---

35)《大藏目錄》의 편찬자를 밝혀 보려는 노력은 지금까지 계속되어 오고 있다. 徐
　首生은《대장목록》의 "찬자의 이름은 보이지 않으나,《大藏校正別錄》30권
　을 만든 수기스님이 아닐까 추측한다"(徐首生,〈海印寺 大藏目錄板의 內容
　的價値批判〉《성봉김성배박사 회갑기념논문집》, 1976, 658쪽)고 하였으
　며, 또 吳龍燮은 "대장목록도 수기가 편한 것으로 추측되는데 그 이유는 初
　雕目錄을 대체로 따르되 初雕時의 函次를 再雕時에는 移藏하는 등의 函次
　이동을 그가 한 것이기 때문이다"(吳龍燮,〈高麗國新雕大藏校正別錄 研
　究〉《書誌學研究》創刊號, 1986, 217쪽)는 것이다.

36) 金昇(升)의 판각사실에 대한 전체적인 것은 생략하기로 하고, 여기서는 연도
　별 판각량과 판각장소에 대해서만 언급해 보기로 한다. ① 무간기 19장 ②
　1237년 7장 ③ 1238년 30장 ④ 1239년 14장 ⑤ 1240년 36장 ⑥ 1241
　년 43장 ⑦ 1242년 76장 ⑧ 1243년 79장(분사 3장) ⑨ 1244년 63장
　(분사 21장) ⑩ 1245년 21장(분사 3장) ⑪ 1246년 15장(분사 9장) ⑫
　1247년 15장(분사 15장) ⑬ 1248년 13장(분사 13장).

37) 강화경판의 조성기간 총 16년 중에서, 판각기간이 10년 이상이고 또 각판 수
　량이 200장 이상이면 일단 전문적인 각수로 간주할 수 있을 것 같다고 언급
　한 바 있다(金潤坤, 앞의 논문, 1993, 204쪽).

그의 자유의사에 의한 것임을 반영하고 있는 것이다. 따라서 당시 반몽
항전의 분위기 속에서 그도 현실참여를 열렬히 원했던 전사적 정신의
소유자였을 가능성이 있다.

강화경판의 《대장목록》이 무신년(고종 35년, 1248)에 판각이 이루
어졌던 것에 대해서 "마지막으로 정장판각(正藏板刻)을 12년 동안에
걸쳐 완성하였다고 볼 수 있다"[38]고 한다. 여기서 12년 동안의 "정장
판각의 완성"은 강화경판의 선체 완성을 뜻하고 있음을 볼 수 있다. 이
것은 소위 정장의 판각 완성을 곧 강화경판의 전체 완성으로 간주한 것
이다. 만약 1248년의 《대장목록》 판각 완성을 대장경 조성사업의 종
료로 본다는 것을 용인하게 되면, 그 이후로 계속 편각된 경판은 강화
경판 조성사업의 일환으로 볼 수 없다는 말에 동의하게 되는 것이 된다.

그러나 1248년에 판각이 이루어진 것은 《대장목록》판만이 아니며
《종경록》의 권51〜100 등 50권도 있고, 또 그 뒤인 경술년(1250)의
《십구장원통기(十句章圓通記)》와 신해년(1251)의 《석화엄교분기원
통초(釋華嚴經敎分記圓通鈔)》 등도 있다. 다만 《대장목록》은 대장도
감에서 또 그 밖의 경전은 분사도감에서 각각 판각되었던 점이 서로 다
를 뿐이다. 소위 정장 중에도 분사도감판이 많다는 것은 이미 주지하고
있는 사실이다. 예컨대 k.79《대방광불화엄경》은 정장에 속하는 경전
인데, 그 전체 60권 중에서 제49권과 제51권 등 2권은 분사도감판이
고 나머지는 대장도감판이다. [39] 이와 반대로 정장이 아니고 소위 부장
에 속한 경전 중에서도 대장도감에서 산출된 것이 있다. 예컨대
k.1506《대방광화엄경수현분제통지방궤(大方廣華嚴經搜玄分齊通智

---

38) 朴相國, 앞의 논문, 1983, 187쪽.
39) 《대방광불화엄경》의 전체 60권 중에서 5·7·25·30·37 등 5권은 간기
     가 없어 판각처를 알 수 없다.

方軌)》의 제3권 하(下)는 "을사세대장도감개판(乙巳歲大藏都監開板)" 즉 고종 32년(1245)에 대장도감에서 개판하였다고 한 것이 그것이다. 요컨대 정장과 부장의 구분은 '대장'과 '분사'의 두 도감 중에서 어느 쪽의 판각이냐로 구분되지 않고 있으며, 설령 그것으로 구분이 된다고 하더라도 정장과 부장의 구분으로 어떤 결과와 의의도 찾아지지 않는다는 점이다. 참고로 분사도감에서 경판이 산출되기 시작한 1243년부터 1248년까지 대장과 분사의 두 도감판이 함께 나란히 산출된 경판이 강화경판의 전체 중에서 약 70%에 이르고 있으므로 소위 정장과 부장의 구분은 무의미할 뿐인 것이다.

《대장목록》의 판각완료로 경판 조성사업의 전체가 종료된 것으로 간주한 것은 이 목록에 입장되어 있는 경전은 정장이고, 그 밖의 경전은 모두 '부장' 즉 부차적 장경이란 생각도 가졌는지 알 수 없다. 여기서 《대장목록》에 편입되어 있는 경명과 역자 중에서 오차의 원인을 규명하여 볼 필요가 있을 것 같다. 먼저 강화경판의 본문에 각 경전 권수제·권미제와 그 목차인 k.1405《대장목록》을 서로 대조해 보면 경명과 경순 및 권수 등이 상이한 것이 많이 발견되고 있다. 강화경판을 새로 조성할 때 국본 중에서 국전본·국후본을 비롯하여 송본과 단본 등을 저본으로 교감하였음은 수기의 《교정별록》에 의해서 알 수 있다. 이 교감에 의해서 경명과 경순 및 권수 등이 변동·교체되고 또 삭제된 것도 있었을 것이 거의 틀림없다. 그런데 강화경판의 목차인 k.1405《대장목록》은 거의 고침없이 원형 그대로 유지되고 있음을 후술하는 바에 의해서 알 수 있을 것이다. 이는 강화경판의 본문에 각 경전 권수제·권미제와 또 그 목차인 k.1405《대장목록》 사이에서 경순과 경명 및 권수 등이 상이한 것이 많았는데도 전자는 고쳤으나 후자는 고치지 않고 원래대로 두었기 때문에 대부분 발생한 것으로 추정된다. 만약 그것이 사실이라고 한다면 후

자는 왜 고치지 않았을까? 이 문제는 후자와 '구 목록' 즉 부인사장
대장경 목록의 관련성을 규명함으로써 풀 수 있을 것으로 예상된다.

  강화경판의 전체 편목 중에 k.1405《대장목록》이 편입되어 있는
데, 그 목록의 하권 제31장에 편입되어 있는 경함(更函)에《대장목
록》이란 동일명의 목록이 주목된다. 논술의 편의상 전자를 ⓐ전체목
록 혹은 약하여 ⓐ목록으로, 그리고 후자─하권 제31장의 경함에 편
입되어 있는 목록은 ⓑ경함 목록 혹은 약하여 ⓑ《대장목록》으로 각각
부르기로 한다.

  먼저 ⓐ전체목록[40]은 앞에서 이미 언급한 바와 같이 상·중·하
의 3권으로 나누어져 있으며, 상권은 천함(天函) k.1《대반야바
라밀다경》~ 공함(空函) k.550《십지경론(十地經論)》등 경전
550종 2,336권을, 다음 중권은 곡함(谷函) k.551《미륵보살
소문경론(彌勒菩薩所問經論)》~ 설함(設函) k.1056《중경목록
(衆經目錄)》등 경전 506종 2,490권을, 그리고 하권은 석(席)·
고함(鼓函) k.1057《대당내전록(大唐內典錄)》~ 전(田)·동함
(洞函)의 k.1498《일체경음의(一切經音義)》등 경전 442종
1,745권 등을 각각 편입하여 놓았으며, 그 전체는 1,498종
6,571권이다. [41]

  다음 ⓑ경함 목록은 위 하권의 경전 442종 1,745권 중에 경종
(經種)의 하나로 편성되어 있으나, 그 내용에 대한 것이 전혀 밝혀
져 있지 않고 단지《대장목록》3권이라 하였을 뿐이다. 그러나 ⓐ

---

40) 강화경판의 전체 목록은《高麗大藏經》제39책(174~215쪽)에 수록되어
    있다.
41) 실제《대장목록》과 강화경판의 입장경전을 비교해 보면 약간의 차이가 난다.
    먼저 ①《대장목록》상, 1장에는 k.4《光讚般若波羅密經》이 7권이나 실제

전체목록 중에서 새로 강화경판을 조성할 때 수정·첨가한 것을 제외하고 남은 그것이 곧 ⓑ경함 목록의 실상이 될 것으로 믿는다. 다시 말하면 ⓐ목록에 수록된 함별(函別)의 경전—앞 〈표 1-1-2〉의 A(1)~(9)의 경전 1,405종 5,938권, B(10)~(13) 중에서 새로 수정하고 첨가한 것을 걷어내면 곧 ⓑ목록의 실상이 될 것이다. 여기 B(10)~(13) 곧 패함(覇函)부터 동함(洞函)까지 경전 총 93종 633권이 A(1)~(9)의 뒤쪽으로 첨부되어 있는 것으로 봐서, ⓑ목록은 B(10)~(13)의 경판이 조성되기 이전에 작성된 목록임을 파악할 수 있다. 이것은 ⓑ목록이 B(10)~(13) 곧 '국후본'의 경판이 조성되기 이전에 작성된 목록이라는 사실을 증언하고 있는 것이다. 요컨대 ⓑ경함 목록 곧 국전본—소위 초조대장경의 목록이며, 그것은 '국후본'의 경판이 조성되기 이전에 작성된 목록이었을 것이다.

ⓑ경함 목록의 원형이 ⓐ목록에 남아 있다는 사실을 규명하기 위해서 ⓐ목록과 강화경판의 각 경전 권수제·권미제를 서로 대조해 보기로 하되 번거로움을 피하기 위해서 우선 후자 중에서 경순 k.600~k.645의 사이의 경전[42]만을 한정하여 살펴보면 대략 아래 〈표 1-1-4〉와 같다.

강화경판에는 10권이며, ②《대장목록》하, 15장에는 k.1225《佛三身讚》·k.1226《曼殊室利菩薩吉祥伽陀》가 합쳐져 1권으로 되어 있으나 실제 강화경판에는 2권이며, ③《대장목록》하, 16장에는 k.1258《御製蓮華心輪廻文偈頌》은 25권이나, 이것이 입장된 富函의 입장 권수는 11권으로 기재되어 있으며, 실제 강화경판에는 25권, ④《대장목록》하, 29장에는 k.1389《根本說一切有部毗奈耶藥事》가 20권이나 실제 강화경판에는 18권이 입장되어 있다. 따라서 《대장목록》상·중·하의 총 권수는 6,571권이나, 실제 입장경전의 권수는 상이하며 단지 목록에 있는 숫자일 뿐이다.
42)《高麗大藏經》제17책, 353~765쪽.

<표 1-1-4> ⓐ목록과 강화경판의 入藏經名相異表

固有番號	ⓐ목록의 經名	강화경판의 經名
k.600	寶性論	究竟一乘寶性論
k.609	唯識三十論	唯識三十論頌
k.618	大乘五蘊論(中天竺…地婆訶羅譯)	大乘五蘊論(三藏法師玄奘譯)
k.619	大乘五蘊論(三藏法師玄奘譯)	大乘廣五蘊論(中天竺…地婆訶羅譯)
k.624	發菩提心論	發菩提心經論
k.626	如實論	如實論反質難品
k.628	觀所緣論	觀所緣緣論
k.639	大乘法界無差別論(大唐于闐三藏提雲般若譯)	大乘法界無差別論(一名，如來藏論)
k.640	大乘法界無差別論(丹藏賢首疏釋本同譯)	大乘法界無差別論
k.642	提婆菩薩涅槃論	提婆菩薩釋楞伽經中外道小乘涅槃論
k.644	大乘百法明門論	大乘百法明門論本事分中略錄名數
k.645	提婆菩薩破外道四宗論	提婆菩薩破楞伽經中外道小乘四宗論

〈표 1-1-4〉는 ⓐ목록과 강화경판의 경순 k.600~k.645의 경전을 서로 대조하여 본 결과로, 그 중에서 k.618·k.619와 k.639·k.640 등은 경명이 서로 일치하고 있으나 역자가 상이한 경우이고, 그 밖의 것은 ⓐ목록과 강화경판 내의 경명이 상호 불일치한 것이다. 이 불일치는 ⓐ목록에서 강화경판 내의 경명—권수(미)제〔卷首(尾)題〕를 약칭함으로써 생긴 경우도 있었겠으나,[43] 대부분 불일치의 요인으로 발생한 것이다. 이 요인의 규명은 ⓑ《대장목록》의 실체를 밝히는 데 유익할 것 같다.

---

43) 《大藏目錄》과 강화경판에서 실제 판각되어 있는 경명을 대조해 보면, 서로 일치하지 않는 경우가 많다. 그 대부분은 경명이 매우 길 경우 《대장목록》에서 이를 생략하였던 것을 볼 수 있다. 즉 k.2《方光般若婆羅密經》20권을 《大藏目錄》에서는 《放光般若經》 등으로 생략해 놓은 것이 그것이다.

강화경판은 ⓑ《대장목록》에 의거하여 조성하면서 여러 저본을 참조하여 첨삭을 가하기도 하였을 것이다. 예를 들어 말하면 강화경판의 k.628《관소연연론(觀所緣緣論)》이 ⓐ목록에서 《관소연론(觀所緣論)》이란 경명으로 되어 있는 것은 단순히 '연(緣)' 자의 생략 혹은 탈자 등으로 나타난 현상이 아니라, 《관소연연론》은 새로운 저본에 의해 수정된 것이고, 《관소연론》은 '구 목록' 즉 ⓑ《대장목록》의 원래 경명을 수정하지 않고 그대로 두었기 때문인 것으로 생각된다. 왜냐하면 《관소연론》은 k.628《관소연연론》의 잘못된 경명이기 때문이다. 참고로 《관소연연론》이 뜻하고 있는 바를 보면 소연연(所緣緣) 의 관찰음미를 논한 것이며, 소연연은 의식밖에 있는 외부세계가 마음을 낳게 하는 조건이 되는 것이라고 한다. 위의 경전 k.600〜k.645 등 모두를 k.628《관소연연론》과 동일한 현상으로 볼 수 없다고 하더라도, ⓐ목록과 강화경판 내의 경명—권수(미)제의 상호 불일치는 소거본의 상이로 인하여 발생한 사례도 있었을 것이 거의 틀림없다.

〈표 1-1-4〉의 k.618 · k.619와 k.639 · k.640 등은 경명과 역자 등의 불일치로 인한 사례들이다. 그 중에서 k.618과 k.619 등 경전의 역자는 〈표 1-1-4〉에서 볼 수 있는 바와 같이 서로 바뀌어져 있을 뿐 아니라, k.619는 경명까지 《대승오온론》과 《대승광오온론》 등으로 서로 다르게 판각되어 있다. 다음 k.639 · k.640은 역자와 판본에 따른 문제인데, ⓐ목록에서 모두 제운반야(提雲般若)의 역이라고 했으나, 수기의 교감기에서 "국장(國藏)과 송장(宋藏) 등에서 법계무차별론(法界無差別論) 을 바로 제운반야의 역(譯)이라고 한 것은 잘못이다"하고, 또 강화경판의 k.639《대승법계무차별론(大乘法界無差別論)》에 대해서 그는 "반드시 개원록 이후 후대에 중역(重譯) 한 것인 듯하나 언제 누가 번역한 것인지 알 수 없다"고 하였다. 그러나 k.640《대승법계무차별론》은 "제운반야의 번역이다"고 그는 단언했다. 그의

표현을 빌리면 "국장과 송장은 법계무차별론을 제운반야의 역이라고 하나, 이제 개원록과 현수소(賢首疏)를 조사해보니 그 중에서 단본의 5언 24송으로 된 것이 곧 제운반야의 번역이고 또 현수소에서 석(釋)한 것이다"[44]고 하였다. 여기서 역자와 저본은 불가분의 관계가 있다는 사실을 파악할 수 있다. 예컨대 강화경판의 내제(內題)에서 k.639와 k.640은 모두《대승법계무차별론》이라고 동일하게 판각해 놓았으나, 수기가 제운반야의 역이 맞다고 밝힌 k.640의 경전에 대해서 ⓐ목록은《대승법계무차별론》의 경명 아래에 세자(細字)로 '단장(丹藏)'이라고 밝혀 놓은 것이 그것이다. 이것은 '단(본)장〔丹(本)藏〕'의《대승법계무차별론》이 제운반야의 역이고, 그 밖의 나른 저본으로 판각한《대승법계무차별론》은 제운반야의 역이 아니라는 사실을 분명히 표시하기 위한 것이었을 것이다.

다음 ⓐ목록과 강화경판 내의 경명—권수(미)제의 사이에 글자가 서로 다른 경우도 많다. 예컨대《마하반야경초(摩訶般若經抄)》는《마하반야경초(摩訶般若經鈔)》로,《대애경(大愛經)》은《대애경(大哀經)》으로,《우요불탑공덕경(右遶佛塔功德經)》은《우요불탑공덕경(右繞佛塔功德經)》으로,《적지과경(寂志菓經)》은《불설적지과경(佛說寂志果經)》으로,《범마유경(梵摩喩經)》은《범마유경(梵摩愉經)》으로 각각 상이하게 각인되어 있는 것이 그것이다. 이 경우는 동음이자에 불과하며 내포하고 있는 의미의 상치는 없을 것으로 간주하기 쉬우나, 그렇게 간단히 취급될 성질의 것이 아니라 저본의 상이에서 유래한 괴리로 의심할 수도 있을 것이다.

한편 ⓐ목록과 강화경판 내제 사이에 경순이 서로 불일치하였던 경우

---

44)《高麗大藏經》제17책, 800쪽, k.639《大乘法界無差別論》의 末尾 校勘記.

도 많다. 그 중에서 경순 k.596~k.647 등을 예[45]로 들고 이것을
표로 그려 설명의 편의를 삼고자 한다. 〈표 1-1-5〉는 ⓐ목록에 경순
k.596~k.647의 총 52종 103권을 차례대로 서열화하고, 그것이
강화경판의 함별로 몇 번째 위치에 놓여 있었던가를 살펴 본 것이다.
다시 구체적으로 말하면 ⓐ목록의 첫째 경순 k.596을 (1)로, 다음
경순 k.597을 (2)로 … 끝번 경순 k.647을 (52)로 각각 위치를 정
하고 그것이 강화경판의 해당 함에서는 몇 번째로 위치하여 있는가를
살펴보기 위한 것이다.

〈표 1-1-5〉에서 볼 수 있는 바와 같이 ⓐ목록과 강화경판의 경판이
동일한 위치에 있는 것이 아니라 크게 바뀌어져 있다. 예컨대 전자의
(2), (3), (4) … (49), (50), (51) 등이 후자에서는 넷째, 둘째,
셋째 … 삼십아홉째, 삼십일곱째, 사십아홉째 등으로 차례가 바뀌어져
있다.

다시 다음의 〈표 1-1-5〉의 ⓐ목록의 전체 서열이 강화경판의 해당
함에 어떤 차례로 편입되어 있었던가를 살펴보기 위해, 당(當)~심함
(深函)을 일렬로 세운 다음에 ⓐ목록의 번호를 편입순서대로 놓아보기
로 한다.

당함(當函)―(1)(3)(4)(2),
갈함(竭函)―(5)(6)(9)(8)(7),
역함(力函)―(10)(12)(11)(13)(14)(15)(16)(17)(18),
충함(忠函)―(19),
칙함(則函)―(20)(22)(21)(25)(26)(24)(23),

---

45)《高麗大藏經》제17책, 266~805쪽 참조.

진함(盡函)—(28)(32)(29)(34)(30)(27)(33)(31),
명함(命函)—(35)(46)(48)(42)(44)(40)(47)(41)(45)(50)
(51)(38)(36)(43)(39)(37)(49),
임함(臨函)—(52) 1권～11권,
심함(深函)—(52) 12권～22권.

위의 당(當)～심함(深函) 등 9함 중에서 충(忠)·임(臨)·심(深)의 3함은 ⓐ목록과 강화경판의 편제순차가 서로 동일하나, 그 나머지 6함은 동일하지 않다는 사실을 발견할 수 있다. 그 편제순차가 서로 동일한 전자 3함은 경종이 1～2종으로 단순한 경우이고 후자 6함은 최하 4종으로부터 최고 17종까지 이르고 있다. 그러나 전후 양자의 상치는 단순히 경종의 다과에 원인이 있었던 것이 아닌 듯하며, 전자의 순차에 비해서 후자의 순차가 경전을 쉽게 이해할 수 있도록 수정 개선된 것으로 짐작된다. 예컨대 ⓐ목록의 (4)번《변중변론송(辯中邊論頌)》은 당함에서 둘째 위치로 올려서 (2)번《중변분별론(中邊分別論)》의 앞으로, 또 ⓐ목록의 (9)번《인명정리문론본(因明正理門論本)》은 갈함(竭函)에서 일곱째로 올려서 (7)《업성취론(業成就論)》·(8)《대승성성업론(大乘成業論)》의 앞으로, 그리고 ⓐ목록의 (12)번《인명입정리론(因明入正理論)》은 역함(力函)에서 열한 번째로 올려서《인명입정리론》의 앞으로, ⓐ목록의 (26)번《입대승론(入大乘論)》을 칙함(則函)의 스물네 번째로 올려서《大乘掌珍論》의 앞으로 각각 옮겨 놓은 것이 그것이다. 그 밖에 ⓐ목록의 경순이 바뀌어져 있는 6함 중에서 위에서 예거한 당(當)·갈(竭)·역(力)·칙(則)의 4함을 제외한 나머지 2함 중에서도 경순을 바꾸어 놓은 것이 오히려 합리적인 듯한 것을 볼 수 있다.

〈표 1-1-5〉에서 ⓐ목록과 강화경판의 양자 사이에 경순의 상치뿐 아

니라 경명의 불일치도 (5)·(14)·(24)·(29)·(31)·(33)·
(47)·(49)·(50) 등에서 볼 수 있는데, 강화경판 내제의 바뀐 경명
은 '적요'란에 표기하여 놓았다. 그 상치의 요인에 대해서 일률적으로
단정적 언급은 할 수 없으나, 앞에서 강화경판의 k.628《관소연연론》
이 ⓐ의 목록에서《관소연론》으로 기록되어 있는 것은 단순히 '연'자의
생략 혹은 탈자 등으로 나타난 현상이 아니라 각기 다른 저본에 의한 교
감과 또 그 반대로 수정하지 않은 것 등과 밀접한 관련이 있었을 것이다
라고 이미 언급한 바 있다.

　위의 〈표 1-1-4〉와 다음 〈표 1-1-5〉 등에서 ⓐ목록과 강화경판 내
재의 경명, 역자, 경순 등 상치는 대부분 ⓐ목록은 수정하지 않고 원래
그대로 두고서 단지 강화경판의 것만을 수정 보완하였기 때문에 생긴
것으로 추정된다. [46)]

　다음 ⓐ목록의 경명과 권수의 착오는 그냥둔 채 강화경판 편제의 권
수(미)제와 권수만을 수정 보완하였던 사례들을 아래에서 열거하여 보
기로 한다.

---

46)《高麗大藏經》영인과정의 잘못으로 그 순차가 바뀐 경우도 있다. 즉 k.345
　　《佛說六字呪王經》1권(失譯人名今附東晋錄)과 k.341《六字神呪王經》1
　　권(失譯人名今附梁錄)은《高麗大藏經》제12책에 실려 있는데, 《大藏目
　　錄》과는 그 순차가 바뀌어져 있다.

<표 1-1-5> ⓐ목록과 강화경판의 經順相異表

固有番號	ⓐ목록의 經順		강화경판			摘 要
			總 卷	函	經 順	
k.596	佛性論	1	1~4	當	(1)	
597	中邊分別論	2	上, 下	〃	(3)	
598	決定藏論	3	上, 中, 下	〃	(4)	
599	辯中邊論頌	4	單	〃	(2)	
600	寶性論	5	1~4	竭	(5)	究竟一乘寶性論
601	辯中邊論	6	上, 中, 下	〃	(6)	
602	業成就論	7	單	〃	(9)	
603	大乘成業論	8	單	〃	(8)	
604	因明正理門論本	9	單	〃	(7)	
605	成唯識寶生論	10	1~5	力	(10)	
606	因明正理門論	11	單	〃	(12)	
607	因明入正理論	12	單	〃	(11)	
608	唯識二十論	13	單	〃	(13)	
609	唯識三十論	14	單	〃	(14)	唯識三十論頌
610	大乘唯識論	15	單	〃	(15)	
611	顯識論	16	單	〃	(16)	
612	轉識論	17	單	〃	(17)	
613	唯識論	18	單	〃	(18)	
614	成唯識論	19	1~10	忠	(19)	
615	大丈夫論	20	上, 下	則	(20)	
616	大乘起信論	21	單	〃	(22)	
617	寶行王正論	22	單	〃	(21)	
618	大乘五蘊論	23	單	〃	(25)	
619	大乘五蘊論	24	單	〃	(26)	大乘廣五蘊論
620	大乘掌珍論	25	上, 下	〃	(24)	
621	入大乘論	26	上, 下	〃	(23)	
622	三無性論	27	上, 下	盡	(28)	
623	大乘起信論	28	上, 下	〃	(32)	

固有番號	@목록의 經順		강화경판			摘要
			總卷	函	經順	
k.624	發菩提心論	29	上,下	〃	(29)	發菩提心經論
625	觀所緣論釋	30	單	〃	(34)	
626	如實論	31	單	〃	(30)	如實論反質難品
627	方便心論	32	單	〃	(27)	
628	觀所緣論	33	單	〃	(33)	觀所緣緣論
629	無相思塵論	34	單	〃	(31)	
630	諍論	35	單	命	(35)	
631	百字論	36	單	〃	(46)	
632	壹輸盧迦論	37	單	〃	(48)	
633	六門教授習定論	38	單	〃	(42)	
634	手杖論	39	單	命	(44)	
635	觀摠相論頌	40	單	〃	(40)	
636	取因假設論	41	單	〃	(47)	
637	掌中論	42	單	〃	(41)	
638	止觀門論頌	43	單	〃	(45)	
639	大乘法界無差別論	44	單	〃	(50)	
640	大乘法界無差別論	45	單	〃	(51)	
641	緣生論	46	單	〃	(38)	
642	提婆菩薩涅槃論	47	單	〃	(36)	提婆菩薩釋楞伽中外道小乘涅槃論
643	解捲論	48	單	〃	(43)	
644	大乘百法明門論	49	單	〃	(39)	大乘百法明門論本事分中略錄名數
645	提婆菩薩破外道論	50	單	〃	(37)	提婆菩薩破楞伽中外道小乘四宗論
646	十二因緣論	51	單	〃	(49)	
647	佛說長阿含經	52	1~11, 12~22	臨深	(52)	

(가) 노함(路函)

① 대마리지보살경 5권(大摩里支菩薩經 五卷)〔서천역경삼장명교
대사천식재역(西天譯經三藏明教大師天息災譯)〕

② 일체여래비밀왕미증유대만나라경 5권(一切如來秘密王未曾有
大曼拏羅經 五卷) 역동(譯同)〔(ⓐ《대장목록》 하권 9장)〕[47]

(나) 협함(俠函)

① 대마리지보살경 2권(大摩里支菩薩經 二卷) 역동(譯同) … 상
동(같은 책)

ⓐ목록에서 (가)의 ①과 (나)의 ①은 경명은 동일하나 각각 분리
편입해 놓고, 단지 권수만 (가)의 ①은 5권으로 또 (나)의 ①은 2권
으로 각기 다르게 기록하여 놓았음을 볼 수 있다. 이것은 단순히 권수
의 상이 뿐인 것처럼 보이나, 실은 그 내용이 각각 완전히 다른 경전
이었음을 다음의 사실에서 알 수 있다. 즉 강화경판의 k.1156 경전
은 ⓐ목록에서의 경명과는 다르게 《불설대마리지보살경(佛說大摩里
支菩薩經)》총 7권[48]으로 편성하여 놓은 것이 그것이다. 이것은 (가)
의 ①을 권1~권5로, 또 (나)의 ①을 권6~권7 등으로 새롭게 편성
한 것이다. 여기서 ⓐ목록에서는 수정하지 않고 단지 강화경판 내에
권수(미)제·권수를 수정하여 재편집하였던 사실을 알 수 있다.
위 (가)·(나)와 유사한 사례는 많이 찾아 볼 수 있다. 여기서 3개
를 더 예거하여 두기로 한다.

---

47)《高麗大藏經》제39책, 205쪽.
48)《高麗大藏經》제34책의 k.1156, 28~63쪽.

(다) 효함(效函)《다라니집경(陁羅尼集經)》7권, (라) 재함(才函)
《다라니집경》5권(ⓐ 전체목록 상권 26장) →《불설다라니집경
(佛說陁羅尼集經)》총 12권으로 새로 편성하여 강화경판에 편입
해 놓았다. 이것은 (다)의 7권을 권1~권7로, 또 (라)의 5권을
권8~권12로 각각 편성한 것이다. [49]

(마) 득함(得函)《십주단결경(十住斷結經)》7권, (바) 능함(能函)
《십주단결경》3권(ⓐ전체목록 상권 32장) →《최승문보살십주제
구단결경(最勝問菩薩十住除垢斷結經)》총 10권으로 새로 편성하
여 강화경판에 편입해 놓았다. 이것은 (마)의 7권을 권1~권7
로, 또 (바)의 3권을 권8~권10으로 각각 편성한 것이다. [50]

(사) 치함(恃函)《불명경(佛名經)》7권 후위북인삼장유지(後魏北印
三藏流支) 역, (아) 이함(已函)《불명경》5권 원위천축삼장보리
유지(元魏天竺三藏菩提流支) 역(ⓐ전체목록 상권 33장) →《불
설불명경(佛說佛名經)》총 12권으로 새로 편성하여 강화경판에
편입해 놓았다. 이것은 (사)의 7권을 권1~권7로, 또 (아)의 5
권을 권8~권12로 각각 편성한 것이다. [51]

위의 (다)·(라)와 (마)·(바) 및 (사)·(아) 등은 모두 ⓐ목록에
서 경전의 권수를 분리하여 놓은 것을 강화경판에서 새로운 권수제·권

---

49)《佛說陁羅尼集經》12권은《高麗大藏經》제11책의 1063~1224쪽.
50)《最勝問菩薩十住除垢斷結經》10권은《高麗大藏經》제12책의 343~466
    쪽 여기서 첫머리에 경명은《最勝問菩薩十住除垢斷結經》이라고 했으나, 권
    2부터 권10까지는《十住斷結經》으로 되어 있다.
51)《佛說佛名經》12권은《高麗大藏經》제12책의 1066~1191쪽.

미제와 권수로 재편하여 놓은 것이다. 여기 ⓐ목록의 경명과 권수는
‘구 목록’ 즉 ⓑ《대장목록》의 것을 재현해 놓은 것이라면, 강화경판의
내재—권수제·권미제는 강화경판을 새로 조성할 때 수정 보완하였던
실례들인 것이다. 양자의 상이점을 통하여 ⓑ《대장목록》—부인사장 대
장경 ‘국전본’의 실상을 어느 정도 구체화하여 볼 수 있을 듯 하다. 위
의 실례들은 모두 ⓐ목록과 강화경판 편제의 경명 및 권수 등이 어떻게
상이하였던가를 볼 수 있는 예에 불과한 것이다. 또 다른 유형의 일례
를 들어보기로 한다.

(자) 부함(富函) 입11권(入十一卷) … 어제연화심윤회문게송 25권
(御製蓮華心輪廻文偈頌 二十五卷) 합11권(合十一卷)〔(ⓐ전체
목록 하권 18장)〕

(차) 제약함(濟弱函) 입21권(入二十卷) … 근본설일체유부비나야약
사 20권(根本說一切有部毘奈耶藥事 二十卷) 결2권(缺二卷) 삼
장사문의정(三藏沙門義淨) 역(ⓐ전체목록 하권 29장)

(자)의 ‘부함 입11권’과 ‘어제연화심윤회문게송 25권 합11권’ 등
은 권수가 각기 상이한 것과, 또 ‘합11권’은 무엇을 의미하는 것인지
모두 의문이다. 그런데 ‘합11권’에 대해서 “원래는 11권이었으나 판
각할 때 《윤회문게송》을 25권으로 만들어 입장하였음을 의미하고 있을
것이다”[52]고 한다. 그러나 ‘합11권’에 과연 그런 의미가 포함되어 있
는지 갑자기 판단하기 어렵지만 현재 강화경판에 입장되어 있는 《어제

---

52) 《高麗大藏經》의 제35책 k.1258 《御製蓮華心輪廻文偈頌》은 25권이며,
“合十一卷”에 대한 해석은 徐首生, 앞의 논문, 663쪽 참조.

연화심윤회문게송》은 25권인 것으로 봐서, '부함 입11권'의 11권은 25권의 오기임이 분명하다. 다만 추측컨대 이 오기는 단순한 실수에 의한 것이 아닌 듯하다. 다시 말하면, '부함 입11권'은 '구 목록'인 ⓑ《대장목록》에 있었던 기록 그대로이고, 강화경판의 조조 당시에 '어제 연화심윤회문게송 25권'은 새로 보충 편성하였으나 가능한 원형을 유지하려는 뜻에서 그대로 둔 오기가 아닌가 싶다. 즉, '부함 입11권'은 '구 목록' 곧 부인사장 대장경의 목록에 있었던 기록 그대로 옮긴 것이고, 강화경판을 조성할 때 새로 보충 편성하였으나 가능한 원형을 유지하려는 뜻에서 그대로 둔 것이다. 그리고 '합11권'은 구체적으로 무엇을 뜻하고 있는지 현재 분명히 파악할 수 없으나, 《어제연화심윤회문게송》을 25권으로 합편하는 과정에서 '윤회문게송' 11권을 새로 보충하여 합편했다는 의미인 듯하다. 그 가능성을 위의 (차)에서 찾아 볼 수 있다. (차)의 '근본설일체유부비나야약사 20권'은 종전의 ⓑ《대장목록》에 있던 그대로의 기록이고, 여기 '결2권'은 강화경판의 조조 당시의 현황 즉 20권 중 2권이 빠진 18권뿐인 상황을 말하여 주고 있는 것일 성싶다. 현존 강화경판의 《근본설일체유부비나야약사》는 총 18권[53] 뿐인 것으로 봐서 그것을 알 수 있다. 다시 말해 "제약함(濟弱函) 입20권(入二十卷) … 근본설일체유부비나야 약사 20권(根本說一切有部毘奈耶藥事 二十卷) 결2권(缺二卷)"은 종전의 '구 목록'에서 '입20권'이라고 한 부분은 그대로 두고, 여기 '결2권'은 강화경판을 조성할 당시의 현황 즉 20권 중 2권이 빠진 18권뿐인 상황을 말하여 주고 있는 것이다.

　요컨대 (자)와 (차)는 모두 ⓐ목록에서 원래 ⓑ《대장목록》의 틀린

---

53)《高麗大藏經》제37책 543쪽 k.1289《根本說一切有部毘奈耶藥事》18권.

것을 바로잡아 놓기는 하였으나 틀린 부분을 삭제하지 않고 본래대로 그냥 남겨둔 것이다. 즉, 강화경판을 조성하면서 (자)는 11권을 25권으로, 또 (차)는 20권을 18권으로 각각 고쳤으나 원래의 틀린 부분인 '입11권'과 '입20권' 등을 삭제하지 않고 그냥 남겨 두었던 것이다. 이러한 이유로 원래의 틀린 부분이 ⓐ목록에 편입되어 있었던 것이라고 생각된다. 그러나 강화경판 내에 (자)는 25권으로, 또 (차)는 18권으로 각각 수정된 것만이 수록되어 있을 뿐이다.

위의 (가)~(차)에서 살펴 본 오기와 수정·보완 등에 따른 교감기를 개태사의 승통 수기의 《교정별록》에서는 전혀 찾아 볼 수 없다. 이것은 그가 경명과 권수 등의 교감은 식섭하시 않았거나 혹은 ⓑ《대장목록》 즉 '국전본' 목록의 원형을 가급적 유지하려는 배려로 나타난 현상이 아닌가 생각된다.

그러나 다음 경우는 위와 대조적으로 상세한 교감기를 남겨 놓았다.

명함(命函) 《대승법계무차별론(大乘法界無差別論)》(ⓐ목록 중권 7장)

ⓐ목록에서 《대승법계무차별론》이란 경명을 2회 나란히 편입하여 놓고 다만 역자는 (카) 대당우전삼장제운반야(大唐于闐三藏提雲般若) 역과 (타) 단장현수소석본동(丹藏賢首疏釋本同) 역 등으로 구별하여 기록해 놓았으나, 강화경판의 내재—권수제·권미제는 (카)와 (타)를 동일하게 대당우전삼장 제운반야역이라 하고, 각각 말미에 수기의 교감기를 부기해 놓았다. 여기서 '모두 제운반야의 역'이라고 한 것은 틀린 것이고 (카)는 "반드시 개원록 이후 후대에 중역(重譯) 한 것인 듯하나 언제 누가 번역한 것인지 알 수 없다"하고, (타)는 "제운반야의 번역이다"고 하였다.

요컨대 ⓐ목록에서는 《대승법계무차별론》의 역자를 (카)와 (타) 등

으로 구분해 놓고 있으나, 강화경판의 내재―권수제·권미제는 (카)의
1인 뿐이라고 하여 그 잘못을 그대로 두고, 다만 교감기에 그 착오를
지적하여 놓았을 뿐이다. 여기서 개태사의 승통 수기는 ⓑ《대장목록》
자체를 하나의 역사적 사실로 간주하고 가급적 수정하지 않으려는 태도
를 견지하고 있었음을 파악할 수 있다.

그렇다고 ⓐ목록에서는 ⓑ《대장목록》의 것을 전혀 수정하지 않았다
는 것은 물론 아니다. 다만 여기서 주목해야 할 것은 ⓐ목록에서의 착
오를 수정·보완할 때 당시의 현실을 깊이 고려하였던 사실에 주목해야
될 것이다. 예컨대 실제 강화경판의 내용 안에 들어 갈 수 없는 것으로
생각하는 경전들도 당시 국내에 널리 유행되는 것의 경우에는 그대로
입장시키기도 하였던 것이다.

> (파) 영(寧)～초함(楚函) 《불명경(佛名經)》30권(ⓐ목록 하권 30
>   장)

ⓐ목록에서 이 경명을 《불명경》이라 했으나 강화경판의 권수제는
《불설불명경》이라고 했다. 이 경명은 앞의 (사)·(아) 등과 서로 동일
하나 역자와 내용은 각각 상이한 것이었다. 전자 (사)·(아)는 보리유
지 역이라고 하였으나, 후자 (파)의 역자는 알 수 없다고 했다. 이 30
권본 뿐만 아니라 원래는 18권본도 함께 편입되어 있었다고 한다. 수
기는《교정별록》에서 《불설불명경》의 18권본과 30권본 등이 '국본'에
서 2중으로 편찬되게 된 사정을 이렇게 밝혔다.

> 저 18권 경은 정원록(貞元錄)에서 황제의 제고(制誥)를 수록한 것과
> 분권(分卷)의 차이가 있을 뿐이고, 30권본은 후인들이 다른 경으로 오인
> 하고 덧붙여 넣었던 것인 듯하다(《高麗大藏經》제38책, 《校正別錄》卷30,

〈佛名經〉, 724쪽).

이것은 양자의 권수와 형태 등에서 약간의 차이가 있지만 내용은 거의 동일하다는 뜻이다. 그는 이 양자의 내용을 비교하여 "권수는 비록 상이하지만 문의(文義)는 완전히 동일하며, 단지 동일 양식의 참회문이 이쪽 경에는 두 번 겹쳐 있는데 저쪽 경에는 세 번 겹쳐 있고 또 보달(寶達)의 위경(僞經)이 이쪽에는 있으나 저쪽에서는 없는 것이 조금 다를 따름이다"[54]고 하였다. 그는 위의 2본이 후인들의 오인으로 인하여 중복 편입되었을 것이라고 했으나, 우리 국본의 조성이 장기간에 걸쳐 각처 큰 절과 계수관(界首官) 등지에서 판각하게 된 사정과 무관하지 않을 것으로 짐작된다. 앞에서 속장경과 강화경판의 조성과정에서 중복본의 발생요인을 언급하면서 이미 논술한 바 있다.

그리고 그는 18권본을 제거하고 30권본을 계속 두게 된 사정에 대해

이 30권의 경은 본조(本朝, 고려)에서 성행된 지가 오래되었고, 나라의 풍속도 이 경에 의지하여 복을 누리려고 하는 사람도 많이 있으므로 지금 갑작스럽게 이것을 대장경에서 삭제한다면 반드시 대중을 분노케 할 것이다. 그러나 만약 모두 그대로 남겨 둔다면 사리 상으로도 맞지 않다. 단지 인정을 거스를 수 없어 이 30권본은 존속케 하고 저 18권본은 삭제케 했다(《高麗大藏經》제38책, 《校正別錄》卷30, 〈佛名經〉, 724쪽).

고 하였다. 요컨대 그는 강화경판에서 30권본을 삭제하지 않고 계속 편입시켜 둔 것은 대중을 분노하지 않게 하기 위한 것이라고 했다.《불

---

54)《高麗大藏經》제38책, 《校正別錄》卷30, 〈佛名經〉, 724쪽.

설불명경》의 30권본은 진작 국본에 편입되어 대중의 정신적 의지처가 되어오고 있었음을 알 수 있다. 강화경판을 조성할 때 교정과 편찬의 원칙으로 삼은 것은 국본 중에서 잘못된 곳은 바로 잡고 중복된 것 중의 하나는 삭제하되 대중의 뜻을 저버리지 아니하는 것이었다. 이 원칙에 따라서《불설불명경》의 30권본과 18권본 중에 원래 정원록에서 황제의 제고를 수록한 것인 후자를 제거하고 전자만을 남겨 놓게 된 것임을 알 수 있다.

《불설불명경》의 18권본은 "이제 국본 대장경을 살펴보니 그 회(迴)·한함(漢函)에 18권본이 있다"[55]고 한 것에서 그 입장함(入藏函)을 볼 수 있다. 여기 '국본 대장경'은 부인사장 대장경을 지칭하고 있을 것으로 추정되며, 강화경판의 조성 당시에 그곳의《불설불명경》18권본을 제거하고 그 대신 다른 경전을 입장하게 되었던 것이다. 강화경판의 회함에《대종지현문론(大宗地玄文論)》20권과 또 한함에《석마하연론(釋摩訶衍論)》10권 등이 각각 입장되어 있는 것을 통하여 그것을 알 수 있기 때문이다. 이 두 경전을 합하면 30권이 되며 원래의《불설불명경》18권본에 비하여 12권이 더 많으나 대체된 것으로 봐서 강화경판의 조성 당시에 반드시 권수가 동일하지 않더라도 교체할 것은 반드시 단행하였음을 알 수 있다. 여기서 ⓑ《대장목록》도 부분적 수정은 가하여졌음을 볼 수 있다. 그리고 ⓐ목록에서 위의 (파)《불명경》의 아래에 세주로 "차경(此經) 시대흥전(時代興傳) 고여시행(故如施行)"[56]이라고 하여 이 경전을 수록하게 된 사정을 밝혀 놓았을 뿐이다. 그 내용은《교정별록》에서 수기가《불설불명경》의 30권본을 제거하지 않고 남겨두게 된 동기와 동일한 것임을 알 수 있다. 따라서 그것

---

55) 위와 같은 책.
56)《大藏目錄》下卷, 31장.

은 강화경판의 조성 당시 ⓐ목록에 첨가하였던 것이 분명하다. 그는 당시 30권본을 원형대로 재수록 하면서 이 경은 '위망난진록(僞妄亂眞錄)'에 편입된 것으로 대장경 안에 들어갈 수 없는 것이었으나, '고려 내에서 성행 된지가 오래되었고, 또 그 풍속이 이에 의지하여 복을 누리는 사람도 많아 삭제한다면 대중이 반드시 분노할 것'이라고 하면서 '이치에 합당하지 않은 것'들도 취택(取擇)을 유보하여 삭제하지 않고 남겨둔다고 하였던 것을 다시 한번 상기함으로서 강화경판을 조성하게 된 동기를 엿볼 수 있다.

요컨대 부인사장 대장경의 경명과 경순 등은 ⓐ목록에서 거의 대부분 복원되어 있음을 발견할 수 있다. 나만 ⓑ《대징목록》의 경명과 경순 등을 ⓐ목록에서 수정을 가하지 않고 그대로 두고 강화경판에 내재하여 있는 권수제·권미제를 수정하여 놓은 경우가 많다. 여기서 고려인들의 고래의 전통을 수호하려는 정신을 발견할 수 있다. 이 정신이 반몽항전의 와중에서 강화경판을 조성토록 하였을 것이요, 또한 이 대장경의 편제를 부인사장 대장경의 경전은 내장으로, 그밖에 새로 편입한 경전은 외장으로 각각 분편하기를 고수케 하였을 것으로 추정된다.

제2절 강화경판 外藏의 편제와 그 의의

강화경판의 편제 내용을 살펴보기 위해서, 먼저《대장목록》을 일별해 볼 필요가 있다. 《대장목록》은 영인본《고려대장경》의 제39책과[57] 《한국불교전서》의 제6책 등에 각각 등재되어 있다. 여기 전자에는 상권〔천함(天函) ~ 공함(空函)〕·중권〔곡함(谷函) ~ 설함(設函)〕·하권〔석함(席函) ~ 동함(洞函)〕 등으로 나누어 편입되어 있는 경전 목록과 하권 말에 "무신세고려국대장도감봉칙조조(戊申歲高麗國大藏都監奉勅雕造)"의 간기 등이 수록되어 있으며, 또 후자에는 전자의 모든 것 외에《보유판목록》이 더 추가 수록되어 있는 것이 큰 차이점이다.

《대장목록》에 입장되어 있는 장경을 원장·정장·정판 등으로 호칭하고, 《보유판목록》에 입장되어 있는 장경을 보판·보유판 혹은 부장 등으로 호칭해 오고 있으며, 이 후자의 장경판 대부분이 사간(私刊) 또는 사간(寺刊)이므로 "국가적인 차원에서 판각된 분사판(分司板) 또는 해인사대장경판(海印寺大藏經板)으로 취급될 수 없는 것이다"고 했던 논술과, 심지어 대장경의 "보판 또는 장경(藏經) 보유판이란 명칭은 더 이상 필요없는 것이다"고 지적했던 점도 이미 앞에서 살펴본 바가 있다. 그 같은 주장이 나오게 된 가장 큰 원인은 이 장경이《대장목록》에 수록되어 있지도 않고, 또 사간(私刊) 혹은 사간(寺刊)이란 점 등에 두고 있는 듯하다. 더더욱《보유판목록》이 조선 말엽인 고종 2년(1865, 을축)에 겨우 이루어졌다는 점이 그 경판의 값을 평가절하하

---

57)《高麗大藏經》은 東國大에서 발간한 영인본이며, 이 제39책에는《大藏目錄》이 그리고 제47책의 끝에《補遺目錄》이 각각 분리 수록되어 있다.

는 요인으로 작용키도 하는 것같다. 이《보유판목록》의 끝에 있는 간기
에서, 을축년에 인경(印經)을 할 때 보니 "《종경록》등 15부 231권은
《대장목록》에 없고, 또한 경판의 머리에 함자(函字)가 기록되어 있지
않아 인출자가 인경하기 어렵고 교정자가 교정하기 힘들어서 인사(印
事)를 마친 다음 구록(舊錄)—《대장목록》에 누락된 것을 보편하고, 각
경판의 머리에 책 이름과 장차(張次)를 써 넣었다"고 했다. 그리고 "5
월 하순 해명장웅(海冥壯雄) 지(誌) 비구 희일(希一) 시(書)"로 끝
맺어 놓았다. 여기서《보유판목록》은 을축년에 처음으로 작성되었지
만, 그 경판은 이미 훨씬 이전에 판각되어 있었다는 사실을 분명히 파
악할 수 있다.

 다시 말하면, 그 목록의 작성이 을축년(1865)에 이르러 겨우 이루
어졌다는 점이 지나치게 의식된 나머지, 경판의 판각시기에 대해서 오
히려 간과해 버린 것이 아닌가 의심스럽다. 따라서 그 경판의 각성 시
기 및 과정 등을 밝혀《대장목록》에 편입되어 있는 소위 정장 경판과 서
로 비교하여 볼 필요성을 느끼게 된다. 우선《대장목록》에 편입되어 있
는 경판을 원장(原藏)·정장(正藏)·정판(正板) 등으로 호칭하는 것
을 반대하며, 《대장목록》'내장' 혹은 그를 약하여 '내장'으로 호칭하
기로 한다. 이와 동시에《보유판목록》에 수록되어 있는 경판을《대장목
록》외장 혹은 '외장'으로 호칭하기로 한다. 그러나 후자는 '외장'의 호
칭 외에 보판(補板) 혹은 보유판 등으로 호칭하더라도 앞에서 언급한
부장·부판 등 호칭 보다는 거부감이 줄어질 수 있을 듯하다. 이같은
호칭의 변경은《대장목록》과《보유판목록》의 경전을 각기 격리 단절케
하여 후자에 편입되어 있는 경전의 값을 평가절하 하는 것을 지양하고
대등한 우리의 문화 유산으로 보려는 시도에서 이루어진 것이다.

 《보유목록》에서 녹(祿)·무함(茂函)의 k.1499《종경록》~ 농(農)
·무함(務函) k.1513《화엄경탐현기(華嚴經探玄記)》등의 "경전

15부 231권이 편입되어 있다"[58]고 간기에서 밝혀 놓았다. 그러나 실제 입장된 경전은 "15종 236권"으로 계산된다. 이 불전 15종의 조성 시기 및 판각처(장소) 등을 살펴보기 위해서 먼저 표를 그려보면 〈표 1-1-6〉과 같다.

다음 〈표 1-1-6〉의 불전 15종 중에서 ①[59] · ⑤[60] · ⑧[61] · ⑮[62]의

---

58) 《高麗大藏經》卷47, 819쪽. 그러나 실제 《補遺目錄》에 편입된 경전을 계산해 보면 "15종 236권"이 된다. 즉, 《보유목록》과 강화경판을 비교해 보면, 《金剛三昧經論》은 3권인데 《보유목록》에는 2권으로, 《大方廣佛華嚴經挿玄分齊通智方軌》는 10권인데 《보유목록》에서는 8권으로 표시하였다. 이는 《보유목록》의 착오로 보인다. 다만 《大方廣佛華嚴經挿玄分齊通智方軌》는 5권으로 되고, 그 각 권이 上·下로 나누어져 있어 10권으로 계산한데 비해, 《보유목록》은 5권으로 계산하여 "231권"으로 된 듯하다.

59) 《宗鏡錄》은 1246~1248년의 3년 사이에 판각되었음을 간기에 의해서 알 수 있다. 다만 전체 100권 중에서 권 7, 9, 14, 29 등 4권은 '無刊記'로 그 연대를 알 수 없지만, 위 3년 사이에 동시 판각되었을 것으로 추정하더라도 크게 틀리지 않을 것으로 믿는다. 그리고 특기 사항은 본 경전의 卷27 간기에 "丁未歲高麗國分司南海大藏都監開板"이라고 판각해 놓았는데, 이것이 分司大藏都監의 위치를 南海로 비정하는 유일한 자료로 활용되고 있다.

60) 《祖堂集》의 총 20권 중에서는 권제1의 말미에 "乙巳歲分司大藏都監雕造"의 간기가 있을 뿐이고 나머지 20권에 이르기까지 간기는 없지만 모두 을사년(1245)에 분사대장도감에서 조성된 것으로 단정하더라도 좋을 것이다. 본 경전의 "全卷을 통하여 建字에 결획으로 쓴 것으로 보면 고려 태조의 諱를 피한 것으로서 고려조에 開板된 증거이다"고 하며, 또 "판식은 原藏과 같다"고 하였다(朴泳洙, 〈高麗大藏經版의 硏究〉《白性郁博士頌壽記念佛教學論文集》, 동국문화사, 1959).

61) 版心題는 《搜玄記》로, 또 총 10권 중에서 권제3의 下는 大藏都監開板으로, 권제4의 下는 無刊記로, 나머지 모두 分司大藏都監開板으로 각각 표시되어 있다.

62) 《華嚴經探玄記》는 魏國西寺沙門 法藏의 述로, 版首題는 《探玄記》로 되어 있다. 총 20권 중 2~11, 13, 15~20 등의 卷末에 乙巳歲(1245) 分司大藏都監開板 혹은 分司大藏都監彫造로 각각 표시되어 있다.

4종만이 "분사대장도감판(分司大藏都監板)이고 나머지 11종은 일종의 사간(私刊) 또는 사간(寺刊)으로 보인다"고 하거나, 혹은 "대장도감판대장경(大藏都監板大藏經)이란 용어는 정판과 4종에 불과한 보판의 일부만 해당하며, 현재 보판에 포함되지 않은 고려 고종시의 사판(寺板)은 적지 않고, 도감판대장경이란 좀더 선명한 개념을 흐리게 할 수도 있기 때문에 모두 포함시킨다면 불합리하다"고도 한다. 이렇게 주장하게 된 것은 "국보의 명칭을 선명히 하고, 나머지는 보물로 정함으로써 전체에 대한 인식을 좀더 뚜렷이 할 필요에서 비롯되었다"는 것이다. 이같은 고충에서 비롯된 주장이긴 하지만 위의 4종을 제외한 11종은 국보의 지정에서 해제될 위기에 처하게 되었다.

　위와 같은 주장은 주로 국간(國刊)이 아닌 사간(私刊) 또는 사간(寺刊)이고 또 판각의 시기가 강화경판의 조성과 궤를 달리하였거나 후대의 산물이란 점을 들고 있다. 여기 판각 시기에 대한 것은 상당부분 오해로 인한 것이고 대부분 강화경판의 조성과 궤를 같이 하고 있음을 〈표 1-1-6〉에서 볼 수 있고, 또 자세한 설명은 후술하게 될 것이다. 그리고 국간(國刊)·사간(私刊)·사간(寺刊)의 구분은 판식의 유형으로 나눈 것에 불과할 뿐이고 깊은 의미를 부여한 주장이 아닌 것으로 이해된다. 또 강화경판 중에서 소위 정판(정장)이라고 하는 경판을 조조한 곳이 해인사와 단속사 등과 같은 큰 절에서 산출된 것이 많은 부분 차지하고 있는 것으로 판명되고 있으며, 그 비용도 대부분 국비에 의존한 것이 아니라 위로는 왕족·귀족으로부터 아래로는 일반민에 이르기까지 각계각층의 보시에 의해서 조성되었던 것으로 판명되고 있다. 따라서 경판의 조조처 및 경비 등을 기준으로 사간(私刊, 寺刊)과 국간의 구분은 불가능할 것으로 믿으며, 또한 그 구분은 무의미할 수밖에 없을 것으로 생각한다.

　〈표 1-1-6〉의 ③ 원효와 ⑨·⑩·⑪·⑫ 균여 및 ⑦ 혜심(慧諶)·

<표 1-1-6> 《보유목록》의 경전

番號	經 名	卷數	編撰述	板刻年代	摘 要
①	宗鏡錄	100	宋, 延壽	1246~48	丁未歲高麗國分司南海大藏都監開板(권27)
②	南明泉和尙頌證道歌事實	3	瑞龍寺 連公	1248	按行卜韓道兼任分司…慶尙晋安東道 按察副使 都官郞中全光宰 誌
③	金剛三昧經論	〃	元曉	1244	晉陽公福海等漕…甲辰八月五日 鄭晏 誌
④	法界圖記叢髓錄	4	未詳	1250?	義湘의 法界圖에 대한 後學의 註釋集
⑤	祖堂集	20	靜·筠	1245	乙巳歲分司大藏都監雕造
⑥	大藏一覽集	10	陳實	1250?	
⑦	禪門拈頌集	30	慧諶	1243	高宗三十年癸卯…鄭晏의 跋과 斷俗寺住持 萬宗記
⑧	大方廣佛華嚴經搜玄分齊通智方軌	10	智儼	1245	권1(上下) 등 5권 分司大藏都監開板 권3(下)大藏都監開板
⑨	十句章圓通記	2	均如	1250	江華京 十九年庚戌月日 弟子等 誌
⑩	釋華嚴旨歸章圓通	〃	〃	1251	辛亥五月日 弟子 誌
⑪	華嚴經三寶章圓通記	〃	〃	〃	均如聖師在光宗朝…天其…削羅言離爲二卷…
⑫	釋華嚴教分記圓通	10	〃	〃	江華京辛亥十一月 書
⑬	禮念彌陀道場懺法	〃	金, 極樂居士集	1503	懺法板本…歲在壬戌重刊於海印寺
⑭	慈悲道場懺法	〃	梁, 諸法大師集	1246~51?	권9-제16장에 戶長中尹金鍊 同-제20장에 戶長 裴公綽
⑮	華嚴經探玄記	20	法藏	1245	권2 등 12권은 分司大藏都監開板. 권3 등 5권은 分司大藏都監彫造

④ 학승 등 7종은 신라·고려의 고승·학승에 의해서 편찬된 것이라면, 그 나머지 8종은 중국의 고승·학승에 의해서 편찬된 것이다. 다시 말하면 이 15종의 경전은 거의 모두 고승대덕의 소초(疏抄)로 편찬되어 있으며 특정 국가의 저작물로 편중되어 있지 않은 것이 특징적이다. 이 불전 15종은 소위 부장이라고 부르고 있으나, 그 내용은 소위 정장과 비교하여 어떤 손색도 발견할 수 없다. 그리고 소위 부장 즉 외장에 편입하는 경종은 일정 시기의 산물로 제한하지 않고 계속 편입이 가능하도록 개방되어 있는 점도 편제의 특징이다.

다음 〈표 1-1-6〉의 불전 15종의 조성시기를 보면 거의 모두 간기와 지문이 있어 판각연대를 알 수 있으나, 그 중에서 ④·⑥·⑭의 3종은 판각연대가 불분명하기 때문에 각성의 시기에 대한 추측이 난무하고 있는 실정이다. 그 3종 중에서 ⑭경판을 먼저 거론하여 논술의 편의로 삼고자 한다.

⑭ 《자비도량참법(慈悲道場懺法)》판[63]의 조성 시기에 대해서 "고려 말부터 조선조 초기까지" 혹은 《예념비타도량참법(禮念彌陀道場懺法)》[64]과 같은 판각 시기(1503년) 등으로 추정하는 사람도 있으나, 이 경판은 "무판심(無版心) 무계(無界)의 권자본형식(卷子本形式)

---

63) 梁 武帝 때 諸法大師들이 찬집하였던 것으로, 모두 10권으로 나누어져 있다. 이 10권 전체에 간기가 없어, 그 판각시기와 장소에 관해서 현재 전혀 알 수 없다. 다만 《禮念彌陀懺法》과 동시대(연산군 9년, 1503)에 개판된 것(朴泳洙, 앞의 논문, 442쪽) 또는 고려말에서 조선조 초기에 판각된 것(朴相國, 앞의 논문, 203~204쪽), 그리고 麗刻으로 간주한 것(千惠鳳, 앞의 책, 100쪽) 등의 다양한 주장이 종전까지 전개되어 왔으나, 본 경전에 刻名의 각수를 분석한 결과 강화경판의 조성 당시에 이루어진 것으로 판명되었다.

64) 卷頭에 彌陀懺의 讚은 趙秉文, 序는 李純甫 등이 각각 찬했다고 하였다. 그리고 권제10의 말미에 "弘治十六年癸亥 暮春上瀚 直指寺老衲 燈谷學祖七十二歲書于東廂"이란 記文이 있는데, 여기서 "懺法板本 … 歲在壬戌重刊

판각이고, 국간판(國刊板)과 같은 점에서 려각(麗刻)으로 보아야 할 것이다"[65]라고 하기도 한다. 그런데《자비도량참법》판의 조성자로 호장중윤(戶長中尹) 김련(金鍊)과 호장 배공작(裴公綽) 등을 포함하여 22명이 발견되고 있다. 이들은《자비도량참법》외 판각 이외에도 다른 경판을 판각하였던 사실이 나타나고 있다. 그 모두 판각시기는 강화경판의 조성이 거의 완료된 1251년에 이르기까지이며, 그들의 활동장소는 대장과 분사의 두 도감에서 경판의 조성활동을 하고 있는 것으로 봐서 그들은 모두 강화경판을 조성할 당시의 각수였음을 파악할 수 있다.[66] 요컨대《자비도량참법》은 강화경시기에 도감판으로 조성된 것으로 추정하더라도 크게 어긋나지 않을 것으로 생각된다.

다음 ④《법계도기총수록(法界圖記叢隨錄)》[67]과 ⑥《대장일람집(大藏一覽集)》[68]의 두 경판도 종전까지 대부분 "미상" 혹은 "조선전기판" 등으로 주장하여 왔다. 그러나 ④의 경판을 조성하였던 공후(公侯)·광예(光乂)·도선(道宣)·사대(士代)·승유(升有)·인우(仁又)·창무(昌茂) 등 7명은 1237~1247년의 시기에 주로 대장도감에서

於海印寺" 즉 이 경전은 임술년(1502)에 해인사에서 重刊하였다고 했다. 그러나 이 해에 착수한 重刊事業은 다음 해인 연산군 9년(1503, 홍치16)에 완성되었다.

65) 千惠鳳, 앞의 책, 100쪽.

66) 金潤坤, 앞의 논문, 1993, 200~201쪽.

67) 版心題는 단지 '圖' 一字 뿐이나, '內題'는《法界圖記叢隨錄》으로 나타나 있다. 본 경전은 강화경 시대인 13세기 天其의 저술이라고 한다(金相鉉,〈《法界圖記叢隨錄》考〉《韓國史學論叢》, 千寬宇先生還曆紀念, 1989).

68) 본 경전은 목록 1권이 추가되어 있어 총 11권인 셈이며, 그 版中題는 '覽'으로 또 목록은 '覽目'으로 각각 다르게 표시되어 있으며, 전권에 간기가 없어 판각의 연대와 장소 등을 전혀 알 수 없으므로 "版式이 조선전기로 추정된다"고도 한다(千惠鳳, 위의 책, 100쪽 및 金相永,〈一然과 再彫大藏經 補版〉《중앙승가대학 논문집》2, 1993).

판각활동을 하였던 각수였다. [69] 이것은 ④의 경판도 강화경시기에 도감판으로 조성되었던 것으로 추정하는데 좋은 방증자료가 될 수 있을 것이다. 그리고 ②《남명전화상송증도가사실(南明泉和尙頌證道歌事實)》의 판식 즉 "무판심(無版心)·무어미(無魚尾)·무계(無界) 10행·사주단변(四周單邊) 반곽(半郭)"과 ④의 판식이 상호 완전 동일하다고 하여 판각의 연대와 장소 등이 동일(1248년, 분사도감)하였을 것으로 추정하기도 하며, [70] 혹은 갑진년(고종 31년, 1244)에 판각하였을 것이다[71]라고도 한다. 다음 ⑥《대장일람집》을 "조선전기판"으로 추정하게 된 까닭은 그 편찬자인 진실(陳實)이 명나라 사람이고, 또 경판에 괘선과 판심 및 서체 능이 소선선기판으로 간주할 수밖에 없기 때문이라고 한다.

요컨대 〈표 1-1-6〉《보유목록》 즉 외장의 불전 15종 중에서 ⑬《예념미타도량참법》과 ⑥《대장일람집》 등을 제외하고, 그 나머지 경판은 거의 모두 강화경시대인 1243~1251년 당시에 조성된 것으로 믿어도 좋을 것이다. 그럼에도 불구하고 그 대부분의 경판은 판식·서체가 국간본과 상이하기 때문에 일종의 사간(寺刊)으로 볼 수밖에 없다고 주장하는가 하면, 그 형태가 도감판 대장경의 위상을 흐리게 할 수도 있기 때문에 모두 '국보'에 계속 포함시켜 두는 것은 불합리하다고 혹평을 하기도 한다. 그러나 위 15종의 경전은 모두 신라·고려의 고승과 중국의 고승대덕 등에 의해서 논술·편찬된 것이다. 이 경전은 "화엄교학을 연구하는데 귀중한 자료"[72]이며, 또 이《보유목록》에 많은 선

---

69) 崔永好,《江華京板 高麗大藏經 刻成事業의 硏究》, 영남대 박사학위논문, 1996.
70) 朴相國, 앞의 논문, 1983, 203쪽.
71) 徐首生,〈八萬大藏經硏究〉《韓國學報》9, 1977, 24쪽.
72) 徐首生, 위의 논문, 22쪽.

종저술을 포함시켜 놓게 된 것은 송·원의 대장경에서 볼 수 있는 "경덕전등록에 대응하는 고려 선종저술의 자부심을 반영하였다는 특수성을 나타내고 있다"[73]고 한다.

그리고 서체와 형식 등에 대한 견해도 위의 주장과 달리 그 15종 중에서 ⑬《예념미타참법》의 1종을 제외하고 14종은 "모두 국간 대장경체와 같은 솔경체(率更體)이며, 이들 경판 중《종경록》이 분사도감에서 조조된 것이다"하고, "오직《예념미타도량참법》만이 송설체(松雪體)로 이루어졌다"[74]고 한다. 여기서《종경록》만이 '분사도감'에서 조조된 것처럼 언급하고 있으나, 이 경전을 포함한 ①·⑤·⑧·⑮ 등 4종이 '분사도감'에서 조성되었던 것을 그 각 간기에 의해서 알 수 있다. 그 밖에 ②《남명전화상송증도가사실》[75]은 비록 간기가 없어 분명히 알 수 없으나, 이 경전의 권제3의 끝에 있는 '경상진안동도 안찰부사 도관낭중 전광재 지(慶尙晋安東道 按察副使 都官郞中 全光宰 誌)'에서 그는 무신년(1248)에 '대장분사'의 직임을 겸임하고 당시 집권자인 "최이의 수복을 빌기 위해 개판하였다"고 하였다. 여기서 ②의 경판은 '분사도감'에서 조성하였음을 알 수 있는데, 이 경판은 고종 35년(1248)에 '분사도감'에서 조성되었던 것으로 이미 널리 알려져 있다.[76]

다음 ③《금강삼매경론(金剛三昧經論)》에는 고종 31년 갑진년(1244) 8월 5일의 '정안(鄭晏) 지(誌)'를, 또 ⑦《선문염송집(禪門

---

73) 許興植,《韓國中世佛敎史硏究》, 一潮閣, 1994, 189쪽.

74) 徐首生, 위의 논문, 13쪽.

75)《補遺板目錄》에서《證道歌肅實》로 되어 있으나, '肅'은 '事'의 오기임이 분명하며, 版心題는 '事實'만이 판각되어 있으나, '內題'는《南明泉和尙頌證道歌事實》로 나타나 있다. 그리고 이 경전은 瑞龍寺의 連公이 編述하였던 사실을 권제3 끝에 있는 全光宰 誌文에서 볼 수 있다(高翊晋,〈證道家事實 著者에 대하여〉《韓國佛敎學報》1, 1975).

76) 金相永, 앞의 논문, 316쪽. 千惠鳳, 앞의 책, 101쪽.

拈頌集)》에는 고종 30년 계묘년(1243) 중추(仲秋)의 '정안 발(跋)'
을 각각 달아 놓았음을 발견할 수 있다.[77] 그 밖에 ⑦의 '단속사주지 선
사 만종기(斷俗寺住持 禪師 萬宗記)'에서 '수회우해장분사 모공조루
(輸賄于海藏分司 募工彫鏤)' 즉 '해장분사(海藏分司)'—'분사도감'
에서 장인을 모집하여 판각하였다는 것이다. 요컨대 ⑦의 경판은 고종
30년 계묘년(1243)에 '분사도감'에서 조성되었던 것이다. ⑦과 ③의
경판 조성은 정안의 지·발에서 당시 집권자 최이의 수복을 위한 것이
었다고 하였다. 그 조성의 목적이 같고 또 조성시기도 ③은 ⑦의 다음
해인 고종 31년 갑진년(1244)으로 거의 같은 시기였음을 감안하여
볼 때, ③의 경판도 ⑦과 동일한 '분사도감'에서 조성되었을 것으로 추
정하더라도 크게 어긋나지 않을 듯하다.

그런데 ③의 경전에 고종 31년 갑진년(1244) 8월 5일의 '정안 지'
가 첨부되어 있으므로 당시 정안(?~1251)의 행적으로 보아서, 그 판
각은 같은 분사도감에서 이루어졌을 것으로 추정된다.[78] 그리고 ⑦도
비록 남해분사도감에서 조성한 것이라고 당시 밝히지 않았으나, 이 경
판 역시 '분사' 판이기 때문에 곧 '남해분사'의 조성판이란 생각을 하고
있었던 것이 사실이다. 그러나 이것은 당시 잘못 추정한 것이고, ③과
⑦의 경판 모두 오늘날 경남 산청군 단성면 운리의 단속사에서 판각되
었을 것으로 생각된다. 그 경판에 첨부되어 있는 '단속사주지 선사 만
종기'가 그것을 시사하고 있다고 믿기 때문이다.

---

77) ③은 元曉가《金剛三昧經》에 대한 論을 述한 것이라고 한다면, ⑦은 慧諶이
　　고종 31년 갑진년(1244) 가을에 제자 眞訓과 같이 禪家의 古話 1125則
　　과 선사들의 拈·頌 등을 합쳐서 30권으로 완성한 책이다. 그리고 ③ 鄭晏
　　의 誌는 본 경전의 下卷末에 또 ⑦ '鄭晏 跋'과 禪師 萬宗記는 모두《韓國佛
　　敎全書》제5책의《선문염송집》제30권 끝에 각각 수록되어 있다.
78) 金潤坤, 앞의 논문, 1993, 175~176쪽, 각주 9).

위의 ③과 ⑦의 경판과 또《동국이상국집(東國李相國集)》등을 단속사에서 조성하였다[79]는 것을 사실로 인정하더라도 이것이 예외적이고 특수한 사례에 속하는 것은 아니다. 강화경시기에 조성된 상당수의 경판이 각 지방의 큰 절에서 이루어졌을 것으로 생각하는데, 해인사에서 경판을 조성하였던 사실이 그 좋은 예증의 하나가 될 수 있을 것이다.[80] 이 절의 동판전(東板殿)에 소장되어 있는《불설범석사천다라니경(佛說梵釋四天王陀羅尼經)》은 "병신육월 일 각수대승 해인사조조(丙申六月 日 刻手大升 海印寺彫造)"[81] 즉 1236년(고종 23) 6월 일에 각수대승이 해인사에서 조조했다는 것이다. 이 해가 강화경판의 산출이 본격적으로 시작되기 1년 전이라면, 단속사에서《동국이상국집》판이 이루어진 시기는 그 사업이 거의 끝날 무렵이었다. 강화경판의 본격적 산출의 전후시기에 사원에서 경판 조성을 하였다는 사례들은 강화경판의 조성 장소를 시사하여 주는 자료가 될 수 있을 것이다.

《동국이상국집》의 발미에서 "신해세 고려국분사대장도감봉칙조조(辛亥歲 高麗國分司大藏都監奉勅雕造)"라고 하였다. 여기 신해년은 곧 고종 38년(1251)이며, 이 해에 왕이 문무백관을 거느리고 강화경성의 서문 밖에 있는 대장경 판당(板堂)으로 가서 분향을 올렸다고 한다. 이것은 강화경판의 조성사업을 일단락 지으면서 행한 경축행사였다. 《동국이상국집》의 판각은 강화경판의 조성사업을 일단락 짓고 그 직후에 이루어졌고 또 개인의 시문집이었으나, 이 시문집의 발미에 '고려국

---

79) 단속사에서 ③·⑦의 강화경판과《東國李相國集》등을 조성하였던 사실에 대해서는 金潤坤,〈《高麗大藏經》조성의 참여계층과 雕造處〉《人文科學》12, 1998 및 본서 1부 2장 3절 참조.
80) 金潤坤,〈高麗大藏經의 東亞大本과 彫成主體에 대한 考察〉《石堂論叢》24, 1996 및 본서 3부 2장 참조.
81) 藤田亮策,〈海印寺雜板攷〉《朝鮮學報》138, 1991, 63쪽.

분사대장도감봉칙조조'라고 하여 강화경판의 소위 정장의 간기 형식과 조금도 차이가 없음을 특히 주목하여 볼 필요성이 있다. 강화경판의 소위 정장과 부장의 구분을 조성 시기와 간기 형식 등으로 기준 삼으려는 시도가 있었음을 우리는 알고 있다. 예컨대 정장의 분사판 산출은 1247년까지인데 그 이후인 1248년은 모두 분사대장도감개판(分司大藏都監開板)으로 되어 있고, 또 정장에서 1243~1244년을 제외하고는 거의 '고려국'이나 '봉칙조조'라는 말을 생략한 것과 거의 같은 양상이다고 한 것이 그것이다. 그러나《동국이상국집》은 1251년에 분사도감에서 판각하였고, 또 간기의 형식도 강화경판과 완전히 동일하였음에도 불구하고 정장 혹은 부장 중 어느 쪽에도 편입되어 있지 않다. 이것은 개인의 시문집이었기 때문에 당연한 것이다. 여기서 강화경판의 소위 정장 혹은 부장의 분류를 구체적 사실에 입각한 것이 아닌 조성 연대와 장소 및 간기형식 등으로 하는 것이 얼마나 위험한 것인가를 파악할 수 있다.

그리고 강화경판의 소위 부장에 편입할 경전의 기준을 국간(國刊)·사간(私刊)·사간(寺刊)으로 혹은 조성의 시기와 간기의 형식 등으로 각각 삼으려고 할 것이 아니라 강화경판의 조성시기에 이미 결정되었던 원칙에 입각하는 것이 현명할 듯하다. 그 당시에 경전의 내용과 선교의 종파 등을 고려하여 이미 결정한 안배 원칙과 범위 설정 등이 있었을 것으로 믿고 있기 때문이다.

앞 〈표 1-1-6〉의 ⑧《대방광불화엄경수현분제통지방궤(大方廣佛華嚴經搜玄分齊通智方軌)》의 전체 10권 중 권제1의 상·하를 비롯한 5권은 '분사대장도감개판(分司大藏都監開板)'으로 또 권제3의 하권은 '대장도감개판(大藏都監開板)'으로 각각 표시되어 있음을 볼 수 있다. 여기 '분사대장도감'의 판과 '대장도감'의 판은 단지 조조처의 구별일 뿐이며, 조조처의 상이로 인하여 판격(板格)의 높낮이나 내용상으로 어떤 변화도 발생하지 아니하였다. 특히 강화경판의 소위 부장 중에도 '대장도감' 판이 실재하고 있었음을 확인함으로서 부장은 마치 격이 떨어지는 '분사도감'의 판만으로 형성되어 있었던 것처럼 주장하지 못하게 되었다.

앞에서 ④·⑥·⑭ 등은 모두 '도감판'으로 간주할 수 있을 것이다고 이미 논급한 바 있으므로, 〈표 1-1-6〉의 불전 총 15종 중에서 아직 논급하지 못한 부분은 ⑨·⑩·⑪·⑫ 등 4종이다.[82] 이 경전은 모두 균여(923~973)의 저술을 천기(天其)와 그 제자들이 새롭게 정리하여 놓은 것이다. 그 경판의 조성연대는 현재 정확히 알 수 없으나 첨부되어 있는 '강화경 19년' 또는 '강화경 신해' 등의 지문을 통해 고종 37~38년(1251)의 시기에 조성되었을 것으로 추정하고 있다. 그러나 "분사 또는 대장도감에서 판각되었다고 볼 수는 없다"는 주장이 있는가 하면, 반대로 "이들 제본(諸本)의 판식(板式)이 재일(齋一)하게 무판심(無版心)의 권자본형식(卷子本形式) 소형본(小形本)인 점으로 보아 천기의 문도들이 원본을 정리·사성(寫成)하여 강도(江都)에서 장경 조조의 여업(餘業)으로 개판했던 것으로 여겨진다"[83]는 주장도 있다. 그리고 "균여 저술은 사간(私刊) 혹은 사간판(寺刊板)이 아닌

---

82) ⑨·⑩·⑪·⑫ 등은 모두 均如(923~973)의 저술이며, 그 중에서 먼저 ⑨는 하권 끝에 "高麗國江華京十九年庚戌月日弟子等誌"로 맺음한 지문을 첨부해 두었는데, 이것을 통하여 고종 37년(1250)에 본 경전이 이루어졌음을 알 수 있다. ⑩의 하권 끝에 "辛亥五月 日 弟子 誌"로 맺음한 지문이 첨부되어 있다. 신해는 고종 38년(1251)의 간지이다. ⑪은 하권 끝에 연대표시가 없는 지문이 첨부되어 있는데, 그 형식이 ⑨·⑩과 거의 유사하다. 이 유사함을 토대로 ⑨·⑩·⑪ 등은 "開板年代도 거의 같을 것이다"고 하였다 (朴泳洙, 앞의 논문, 29쪽). 끝으로 ⑫는 권제6의 말미에 "江華京辛亥十一月 書"라는 기록이 있다. 여기 신해도 ⑩과 동일한 간지로서 고종 38년(1251)이다.

83) 千惠鳳, 앞의 책, 102쪽.

《종경록》이나《선문염송집》과 마찬가지로 정판을 보완하기 위한 보유판으로 각성한 국간판이었으리라 추측된다"[84]고 한다.

이 경판들의 판형·서체가 대장도감·분사도감의 일반적인 것과 비록 동일하지 않다 하더라도 '도감판'의 조성물로 간주하지 않을 수 없을 것이다. 강화경판의 보유판— '외장'에서 선교 양종의 균형을 맞추기 위해선 균여 저술의 편입이 불가피했을 것으로 짐작되기 때문이다.

이상의 논급으로서《보유목록》즉 '외장'의 불전 15종 중에 ⑥《대장일람집》과 ⑬《예념미타도량참법》등을 제외하고 그 나머지 모두는 소위 정장 강화경판과 더불어 조성되었고, '분사' 및 '대장'의 두 도감 중 어느 한쪽에서 이루어신 '도감' 판이었던 것이다. 그리고 경진의 내용은 주로 신라와 고려 및 중국 등지의 고승대덕들의 논장을 중심으로 편성되어 있음을 파악할 수 있다. 이 '외장'의 불전과《대장목록》즉 내장에 편입된 불전을 서로 비교하여 어느 한쪽이 특히 격이 떨어진다거나 하는 차별성을 발견할 수 없다. 단지《대장목록》의 형성 즉 부인사장 대장경을 역사적 산물로 인식하고 이것을 전편—내장으로 편성하고 또《대장목록》의 형성이후에 추가분을 후편—외장으로 편성하였을 뿐이다.

근래에 외장에 편입되어 있지 않은 '분사도감판'이 계속 발견되고 있는데, 현재까지 발견된 것만을 열거하면 대략 아래와 같다.[85]

---

84) 韓基汶,〈江華京板 高麗大藏經 소재 均如의 著述과 思想〉《한국중세사연구》4, 1997, 120쪽.

85) 刊記에 대한 소개는 許興植,〈高麗官版大藏經補板의 範圍와 思想性〉《蕉雨 黃壽永博士古稀紀念美術史學論叢》, 1988 및 金相永 外,〈高麗大藏經과 南海分司都監〉《南海分司都監 關聯 基礎調查報告書》, 佛教放送學術調查團, 1994, 40쪽 참조.

①《천태삼대부보주(天台三大部補註)》[86] : 을사세분사대장도감조조
   (乙巳歲分司大藏都監雕造)

②《중첨족본선원청규(重添足本禪苑淸規)》[87] : 갑인세분사대장도감중
   조(甲寅歲分司大藏都監重彫)

③《종문척영집(宗門摭英集)》[88] : 갑인세분사대장도감중각(甲寅歲分
   司大藏都監重刻)

④《주심부(註心賦)》[89] : 갑인세분사대장도감중조(甲寅歲分司大藏都
   監重彫)

　위 4종의 경전 중에서 ①은 을사년(1245)에 또 ②·③·④ 등 3종
은 모두 갑인년(1254)에 각각 조성된 것이고, 그리고 4종 모두 '분사
도감'의 판각이란 점이 특기할 사항이다. 이 4종 모두 조성시기와 조조
처의 두 면에서 강화경판에 편성되어 있는 경판과 서로 비교하여 어떤
차이도 발견할 수 없다. 그럼에도 불구하고 위의 불전 4종은 강화경판

---

86) 본 경전은 從義 著述로서 총 14권은 乙巳歲分司大藏都監開版(권3)'과 '乙
　　巳歲分司大藏都監彫造(권4~5)'라는 刊記를 붙여 놓았다(許興植, 앞의
　　책, 1994, 184쪽).
87) 본 경전은 12세기 초에 宗賾 述, 上·下로 나눈 1책, 下卷의 말미에 甲寅歲
　　分司大藏都監重彫란 刊記를 붙여 놓았다(崔昌植(法慧) 編,《高麗板重添
　　足本禪苑淸規》, 民族社, 1987).
88) 본 경전은 釋惟簡의 編著이며, 上·中·下 등으로 분류되어 있으나 1책으로
　　편집되어 있다. 中卷의 말미에 甲寅歲分司大藏重雕로, 下卷의 말미에 甲寅
　　歲分司大藏都監重刻 등 刊記를 붙여 놓았다(《曉城先生八十頌壽 高麗佛籍
　　集佚》, 景仁文化社).
89) 본 경전은 永明延壽 述, 총 4권. 末尾에 甲寅歲分司大藏都監彫造라는 刊
　　記가 새겨져 있다(高麗大學校 中央圖書館,《漢籍目錄》高麗大學校出版
　　部, 1984, 20쪽. 許興植, 앞의 책, 185쪽)고 하나 韓國精神文化硏究院
　　의 佛敎史料叢書 1에는 刊記가 없다.

의 외장—《보유목록》에 편입되어 있지 않다. 그 요인에 대해서《보유목록》이 강화경의 당시에 작성된 것이 아니라 조선 말기인 고종 2년 (1865)에 작성된 것이기 때문에 이 당시 ①을 비롯한 ②·③·④ 등의 경판이 존재하지 않았기 때문일 것이다고 한다.

조선조 말기인 고종 2년(1865)에《보유목록》을 작성할 때 단지 목록만을 새로 작성하였을 뿐이며, 당시 새로운 판목을 수집하였던 흔적은 발견할 수 없다. 참고로《보유목록》의 말미에 있는 간기에 의히면

을축년(乙丑年) …경판(經板)을 열람하며 교정하다가 종경록 등 15부 231권이 목록에 빠져 있고, 판장의 머리에는 천자문(千字文) 순치(順次)가 적혀 있지 않아 인경과 교정하는 것이 어려웠다. … 퇴암공(退庵公) 겸우(鎌佑)와 함께 구록(舊錄), (대장목록)에서 빠진 부분을 들추어내어, 판각하는 사람이 비슷하게 보각(補刻)해 넣었다. …
오월하완 해명장웅지 비구희일 서(五月下浣 海冥壯雄誌 比丘希一 書)(《高麗大藏經》卷47, 819쪽).

라고 하였다. 여기서《보유목록》은 '종경록 등 15부 231권'을 인경(印經)과 교정하는데 편의를 삼고자하여 작성하였음을 알 수 있다. '종경록 등 15부 231권' 중에서 그 대부분이 강화경판의 일부로 함께 조성되었던 사실을 이미 앞에서 살펴 본 바 있다. 그럼에도 불구하고 이제까지《보유목록》이 을축년(1865)에 이르러 이루어졌다는 사실을 지나치게 의식하거나 혹은 강조하게 된 경향이 없지 않았다.

《보유목록》에 편성된 "종경록 등 15부 231권"은 거의 모두 사간(私刊)·사간(寺刊)이 아니라 '도감' 판이었다. 그 모두 설령 사간(私刊)·사간(寺刊)이었다고 하더라도 강화경판의 일부로서 이미 좌정하

고 있으며, 반몽항전의 산물로 값하고 있는 것이 사실이다.

제3절 小 結

고려시대의 대장경은 현종 2년(1011)에 처음으로 조성되기 시작하여 고종 38년(1251)에 대략 대미를 거두게 된다. 약 2세기 반의 기간에 우리는 세계에서 으뜸가는 찬란한 '대장경 문화'를 이루게 되었던 것이다. 우리가 '대장경 문화'를 창조한 과정에서 거란·몽고의 장기간에 걸친 방화와 살육 등 잔인한 침략과 또 여진족의 침략·내정 간섭 등 참으로 견디기 어려운 민족적 수난을 겪어야만 하였다. 우리의 '대장경 문화'는 민족적 수난의 극복과정에서 창조된 산물이요 민족 자긍심의 상징이다. 우리가 참담한 전화의 역경에 처해 있으면서 조성한 대장경은 외침의 수난 중에 거의 대부분 소실되고 오직 강화경판만이 현재 합천 해인사에 소장 중인 사실은 누구나 알고 있다. 현존 대장경판에서 소실하고 없어진 옛 대장경의 형체가 아직 남아 있는지, 만약 있다면 어떤 형태로 유존(遺存)하고 있는지를 살펴 볼 필요가 있다.

강화경판은 반몽항전의 와중에서 조성된 것이지만, 경판 조성의 오랜 전통과 치밀한 사전 준비에 의해서 이루어진 것이었다. 수기(守其)의 교감기인 《고려국신조대장교정별록(高麗國新雕大藏校正別錄)》 30권은 방대한 분량인데, 이것은 강화경판을 새로 조성하기 이전에 장기간 준비를 해 왔다는 증거이며, 만약 이같은 오랜 사전 준비가 없었다면 이루어지기 어려웠을 것이다. 이것은 소위 초조대장경(初雕大藏經), 즉 부인사장 대장경—'국본'의 결함을 개선하고 그 편성체제를 발전적으로 개편하려는 준비가 있어 왔음을 반영하는 것이라고 본다.

　강화경판은 전체가 천(天)～무함(務函)의 663함으로 나누어져 입장되어 있으며, 그 함별로 분류하면 크게 3부분으로 나누어 볼 수 있다. 즉 (A) 천(天)～경함(更函)의 571함에 경전 1,405종 5,938권이 입장된 것, (B) 패(霸)～동함(洞函)의 68함에 93종 633권이 입장된 것, (C) 연(綠)～무함(務函)의 24함에 15종 236권이 입장된 것 등이 그것이다. 여기 (A)와 (B)는 소위 초조대장경으로, 또 (A)～(C)는 소위 재조대장경(再雕大藏經)으로 각각 호칭되고 있다. 소위 재조대장경—강화경판이 조성되기 전에 '국본' 대장경이 존치하고 있었으며, 그 중에서 국진본(國前本)과 국후본(國後本) 등 각기 다른 2본이 있었다는 것은 수기의《교정별록》에 의해 확인된다.

　(A)의 경함《대장목록》은 (A)와 (B)를 나누는 분계선으로서 흔히 지목하고 있으며, 이 목록이 강화경판의 경순 k.1405《대장목록》에 현재 어떤 형태로 남아 있는가를 찾아보는 것은 국본의 '구 목록'이 어떤 형태로 편성되어 있었던가를 규명하는 것이 된다. 이 목록은 현존 대장경의 목차를 새로 작성할 때 약간 수정·첨가한 것을 제외하면 그것이 곧 그 원형이 될 것이다. 이 목록의 바로 뒤편에 (B) 패(霸)～동(洞)함의 68함에 93종 633권 등이 편입되어 있으며, 이것이 곧 '국후본'이라고 생각된다. 따라서 (A)와 (B)의 분계선인 경함《대장목록》은 초조대장경의 전체 목록이 아니라, '국전본'의 목록이었다는 사실을 파악할 수 있다. 그리고 '국후본'의 범주에 속할 경판은 선종 4년(1087)이후로 숙종 대에 이르기까지 계속 판각되고 있었으며, 이 당시에 목록도 아마 함께 판각되었을 것으로 추정된다. '국전본'의 목록인 경함《대장목록》과 '국후본'의 목록 등은 모두 국본—부인사장 대장경의 목록으로 존립하여 오다가 강화경판의 조성시에 그 총목차인 경순 k.1405《대장목록》으로 편입되기에 이르렀을 것으

로 짐작된다. 국본—국전본·국후본의 조성은 단일적 조직 기구에 의해서 이루어졌던 것이 아니라 각 사원 단위로 분산적 복합적으로 이루어졌다. 국본 중에 복본과 결본 등이 많았던 것은 이 때문에 나타난 현상으로 볼 수 있다.

다음 강화경판 내에 편성되어 있는 각 경전의 권수(미)제인 경명과 경순 k.1405《대장목록》즉 ⓐ목록을 서로 대비하여 보면 경명(經名)·역자(譯者)·경순(經順) 중에서 상치되는 부분이 많이 발견된다. 그 동안 대장경의 함수·경종·권수의 합산이 각기 상이하고 일치하지 아니하였던 사정도 바로 이로 말미암은 때문이었을 것이다. 그 상치의 원인은 대부분 'ⓐ목록'은 수정하지 않고 거의 원형대로 유지케 하려고 했던 반면에 강화경판을 조성하면서 종전의 경전을 합편(合編)과 분권(分卷)을 하였기 때문에 생긴 것으로 추정된다. 여기서 고려인 특유의 古來 대장경을 수호 보전하려는 정신과 애착심을 발견할 수 있다. 이 정신이 반몽항전의 와중에서 강화경판을 조성토록 하였으며, 또한 이 대장경의 편제를 부인사장 대장경을 내장으로, 그밖에 새로 편입한 경전을 외장으로 각각 분편하는 기준으로 삼게 하였을 것으로 생각된다.

오늘날 강화경판의 총 목차는 경순 k.1405《대장목록》과 k.1514《보유목록》 등으로 크게 나누어져 있으며, 전자에 (A) 국전본·(B) 국후본 곧 천~동함의 639함에 1,498종 6,571권을, 또 후자에 (C) 연~무함의 24함에 15종 236권을 각각 편성하여 놓게 되었다. 후자인 (C) 경전 15종 236권은 (A)·(B)와 달리 대장경의 편제에 처음 입장하게 된 것이요, 이것은 강화경판의 가장 두드러진 특색이다.

《보유목록》즉 '외장'과 내장의 편성 경전을 서로 비교하여 어느 한쪽이 특히 격이 떨어진다거나 하는 차별성은 발견할 수 없다. 단지 부인사장 대장경의 목록인 《대장목록》의 형성을 역사적 산물로 인식하고 이것을 전편—내장으로 편성하고 또 《대장목록》의 형성이후에 추가분을 후편—외장으로 편성하였을 뿐이다. 외장 곧 《보유목록》의 불전 15종 중에서 단지 《예념미타도량참법》과 《대장일람집》 등을 제외하면, 그 나머지는 모두 강화경판과 더불어 조성되었고 또 '분사' 및 '대장'의 두 도감에서 이루어진 것이었다. 그리고 15종의 경전은 주로 신라와 고려 및 중국 등지의 고승내덕들의 소초로 편찬되어 있으며 특정 국가의 저작물로 편중되어 있지 않은 것이 특징적이다. 이 불전 15종은 소위 부장(副藏)이라고 부르고 있으나, 그 내용은 정장(正藏)과 비교하여 어떤 손색도 발견할 수 없다. 그리고 소위 부장 즉 외장에 편입하는 경종은 일정 시기의 산물로 제한하지 않고 계속 편입이 가능하도록 개방되어 있는 점도 강화경판의 편제에서 큰 특징의 하나로 간주할 수 있다.

그리고 강화경판의 소위 부장에 편입할 경전의 기준을 국간(國刊)·사간(私刊)·사간(寺刊)으로 혹은 조성의 시기와 간기의 형식 등으로 각각 삼으려고 할 것이 아니라, 조성시기에 이미 결정되었던 편집 원칙에 입각하여 그에 따르는 것이 현명할 듯하다. 그 당시에 경전의 내용과 선교의 종파 등을 고려하여 이미 결정한 안배 원칙과 범위 설정 등이 있었을 것으로 믿고 있기 때문이다. 특히 외장 15종 중의 하나인《대방광불화엄경수현분제통지방궤》는 전체 10권 중 권제1의 상·하를 비롯한 5권이 '분사대장도감개판'으로 또 권제3의 하권이 '대장도감개판'으로 각각 조성된 것으로 나타나 있다. 여기 '분사도감'과 '대장도감'의 판은 단지 조조처의 구별일 뿐이며, 조조처의 상이로 인하여 판격의 높낮이나 내용상으로 어떤 변화도 발생하지 아니하였다. 특히 대장경의 소위 부장 중에도 '대장도감' 판이 실재하고 있었음을 확인함으로서 부장은 마치 격이 떨어지는 '분사도감'의 판만으로 형성되어 있었던 것처럼 주장하지 못하게 되었다. 요컨대 외장 즉《보유목록》에 편성된 15종의 경전이 거의 모두 사간(私刊)·사간(寺刊)이 아니라 '도감' 판이었던 것이다. 설령 그 모두가 사간(私刊)·사간(寺刊)이었다고 하더라도 강화경판의 일부로서 이미 좌정하고 있으며, 반몽항전의 산물로 값하고 있는 것이 사실이다.

고려에서는 반몽항전기에 이르기까지 정치·경제·사회 등 제 분야의 모순 극복과 외세의 퇴치, 독자문화의 형성을 위한 이론 개발 및 실천 방안을 창안하기 위한 노력이 계속되어 왔을 것이다. 그 진보의 한 형태가 화엄종과 천태종 등 보수 불교세력의 퇴조와 조계종단의 성장 웅비로 나타난 것이라고 생각된다. 이같은 변화와 발전을 종전의 대장경 편제하에서는 모두 수용할 수 없다는 생각을 하기에 이른 것 같다.

강화경판의 편제는 이제까지 불교계의 진보로 축적된 역량을 모두 흡수할 수 있고 또 미래 지향적인 변화와 정진을 유도할 수 있으며, 나아가 그 산물을 늘 흡수할 수 있도록 창안하게 된 것이다. 현존 강화경판의 편제가 바로 그것을 증언해 주고 있다. 다시 구체적으로 말하면, '국본' 즉 부인사장 대장경에 입장된 경전은 전편—내장으로 고정하고, 또 강화경판을 조성하면서 새로 입장한 경전은 후편—외장으로 편성하게 된 것이 그것이다. 이 외장에는 강화경판을 조성할 때까지 생성된 경전뿐만 아니라 조선왕조의 연산군 9년(1503)에 조성된 경판도 편성되어 있음을 볼 수 있다. 따라서 앞으로 산출되는 경론까지 그 편제 속에 계속 편입시켜 나아갈 수 있는 길이 열려 있음을 파악할 수 있다. 이것은 강화경판의 체제적 특징인 동시에 하나의 생명체로서 영구적으로 존속할 수 있는 길이며, 그 현재적 의미인 것이다.

제2장 江華京板《高麗大藏經》의 조성기구
―分司都監을 중심으로―

국보 제32호로 지정되어 있는 강화경판은, 우리 민족의 귀중한 문화유산 중의 하나로만 단순히 평가되고 있는 것이 아니라, 세계의 표준대장경으로 그 가치를 높이 평가받고 있다. 이 대장경판은 우리의 전래국본을 저본으로 삼고 송본과 단본 등을 서로 대조 교감하여 종전의 착오와 오류 등을 바로잡아 판각함으로써 더욱 수준 높은 대장경판을 창조할 수 있었으며, 문화사적 가치를 높일 수 있게 되었던 것이다. 현존의 우리 대장경은 모두 1,513종 6,807권으로 편성되어 있으며, 경판의 총수는 160,560장(쪽)에 이르고 있다. 몽고의 침략으로 인하여 민족적 최대의 위기에 처하자, 민중의 자발적 참여와 적극적 협조에 의하여 위와 같은 거대한 대장경을 우리 민족의 자산으로 보유할 수 있게 되었을 것이다.

무인 최씨정권은 피난 수도인 강화경에서, 거의 전국을 유린하고 야만적인 살육을 자행하고 있는 몽고 병사들을 격퇴시키지 않고서는 정권을 계속 장악하기도 어려운 실정에 있었다. 이같은 정세에서 강화경판의 조판사업을 기획하게 되었으며, 또 무인정권 특유의 고압적 방법으로 그 사업을 추진하려고 시도하였음이 거의 틀림없다. 그러나 당초의 그 계획대로 조판사업은 추진되지 못하였으며, 고압적 방법은 도리어 여러 형태의 저항을 유발시키는 요인이 되었을 것이다. 이들도 결국 민중들의 자발적 참여와 적극적 협조만이 그 사업을 완성시킬 수있는 최선의 길이란 것을 자각하게 되었을 것이다.

요컨대 무인 최씨정권기 우리 강토의 방방곡곡을 야만적인 몽병들이 무참히 유린하고 있던 참담한 현실에서 대장경은 각판되었다. 당시 피란 수도인 강화경(江華京)에서 대장경의 각판을 위해 새로 대장도감을 설립하고, 그로부터 16년이 경과한 1251년(고종 38)에 이르러 경판의 완성을 보게 되었던 것이다. 다시 말하면, 경판의 완성이 이루어진 16년의 그 장구한 기간은 몽병의 야만적인 살육과 방화 등이 자행되던 시기였다. 이 환란의 와중에서 대장경의 각판작업은 시작되었으며, 또한 앞으로 세계의 표준대장경으로 남을 각판 작업을 완수할 수 있게 되었던 것이다.

따라서 강화경판에 대해서는 지금까지 많은 관심이 있어 왔고, 그에 따라 많은 부분이 해명되기도 하였지만 아직까지 밝혀지지 않은 부분도 많다. 특히 지금까지 대부분의 연구는 대장경의 판본 문제와 판각 내용, 그리고 현종 때의 초판 이래로 고종 때의 판각에 이르기까지 그 조성과정 등에 관한 것 등이며, 그 성격은 서지학적 범주를 크게 벗어나지 못하고 있는 것 같다. 그 주된 요인은 극히 영세한 사서의 자료와 대장경판의 자획 및 출판 연대 등을 중심으로 연구가 진행될 수밖에 없었던 여건 때문이 아니었을까 싶다. 더구나 직접적으로 강화경판을 조성했던 기구인 '고려국(高麗國) 대장도감(大藏都監)'과 '고려국(高麗國) 분사대장도감(分司大藏都監)'에 대해서는 설치 장소는 물론 조직구성, 기능과 역할 등 그 실체의 규명은 아직 미진한 형편이다.

강화경 5년(고종 23, 1236)경에 무인 최씨정권의 집정자인 최이(崔

怡)는 '고려국 대장도감'을 신설하였다. 이 도감은 경판 조성이 시작되는 시점부터 그 작업이 완료되는 시기까지 경판 조성사업을 주관하였던 기구였다. 이는 고려시대의 다른 도감조직처럼 새로 조직을 구성하였던 것이 아니라, 당시 정부 통치조직 전체를 경판 조성기구로 전환하였던 것으로 추측된다. 그리고 대장도감의 기능은 대장경판 조성에 따른 일체의 직무를 담당하는 것이었으며, 당시의 통치조직이 경판 사업의 정책적 기능을 담당하고, 그 하부에 실무적 기능을 담당한 부서를 설치하여 조판업무를 추진하는 것이었다. 다시 말하면 '대장도감'의 정책적 기능은 무인 최씨정권이 직접 담당하였으나, 실무적 기능은 이를 담당할 별도의 요원을 새로 두어서 집행하도록 하였을 것이다. [90]

'고려국 분사대장도감' 역시 안찰사, 계수관(界首官) 등 지방행정조직이 상부조직을 겸임하고, 실무조직은 별도의 요원을 새로 두어서 각종 사업을 집행하도록 했던 것으로 생각된다. 이처럼 '대장도감'의 성격과 기능에 대해서는 기존의 연구성과에서 그 대체적인 것이 어느 정도 정리되어 있으나 '분사도감'에 대해서는 아직 제대로 밝혀지지 않았다. 여기서는 '분사도감'을 중심으로 강화경판의 조성기구를 살펴보고, 그와 함께 '대장도감'의 성격과 기능을 검토해 보기로 한다.

다만, 여기서는 종래의 시각에서 벗어나기 위해서 가급적 기존 연구를 참조하지 않으려고 하였으며, 또 자료도 가급적 새로운 자료를 발굴하여 사용하려고 하였다. 현존《고려대장경》에는 경전 외에 그 시대의 이모저모 등을 파악할 수 있는 많은 자료가 부수되어 있다. 앞으로 이 자료를 중심으로《고려대장경》에 관한 새로운 연구가 진행될 것으로 믿는다.

---

90) 金潤坤, 〈高麗大藏經의 彫成機構와 刻手의 成分〉《民族史의 展開와 그 文化》上, 碧史李佑成教授 定年退職紀念論叢, 창작과 비평사, 1990 및 본서 1부 2장 2절 참조.

제1절 分司大藏都監의 설치 장소와 刊記 유형

1. 무인 최씨정권과 분사도감

　강화경판 조성의 주체는 무인 최씨정권이었으며, 그 조성 동기는 무인 최씨정권 집정자의 수복을 빌기 위한 것에 있었다는 것이 이제까지의 통설이다. 혹은 최충헌이 처음에 진강후(晉康侯)로 진주를 식읍으로 받게 되면서부터 이 곳은 무인 최씨정권과 관계를 맺고, 최이 때에는 식읍이 진주 일원으로 넓어져 그곳의 녹전(祿轉), 세포(稅布), 요공(徭貢) 등 일체가 분사도감에 직납(直納)되게 되었던 것이라고 하기도 한다. 이것은 무인 최씨정권의 식읍인 진주지방에, 혹은 그 관내인 남해지방에 분사도감을 설치해 놓고, 그 식읍의 녹전, 세포, 요공 등을 경판 조성에 소요되는 막대한 재력과 노동력 등으로 투입하였을 것이라는 가정 하에서 내린 결론인 듯하다. 그러나 결론부터 먼저 말하면 무인 최씨정권의 진주 식읍의 세공미(稅貢米)는 분사도감판을 조성하는 데 사용한 흔적이 전혀 나타난 것이 없다. '진주 식읍의 세공미'는 무인 최씨정권과 조판 사업의 관계를 규명하는 문제일 뿐만 아니라 분사도감의 소재지를 밝히는 문제와도 관련이 있기 때문에 그 자료를 구체적으로 살펴 보기로 한다.

　（A）-㉠ （고종 30년）5월에 좌창(左倉)에서 진양(晉陽)의 세공미(稅貢米)를 수납했다. 왕은 진양이 이미 최이(崔怡)의 식읍으로 되어 있었으므로 창별감(倉別監) 왕중선(王仲宣)을 폄출(貶黜)케 하였으며, 유사(有司)도 중선(仲宣) 및 창관(倉官)을

논죄(論罪) 하기를 청하였다.

ⓛ 최이가 아뢰기를, "신이 거듭 상명을 어기었으며 비록 이미 봉함
을 받은 바 있으나, 금년의 세공(稅貢) 은 청컨대 종전처럼 창
(倉) 에서 받아들이고, 중선(仲宣) 등의 죄는 사하여 주십시오"
라고 하니 왕이 그 말을 좇았다(《高麗史節要》卷16 및《高麗史》卷
129, 崔忠獻 附 怡傳).

위 (A)의 ㉠은 고종 30년 5월에 진양 즉 진주의 세공미는 좌창(左
倉)에 수납하였다는 것, ㉡은 최이의 요청에 의해서 금년 세공도 전례
대로 좌창에서 수납하였던 것을 그대로 두기로 했다는 것 등이다. 요컨
대 고종 30년(1243)에 이르기까지 진주의 세공미는 최이가(崔怡家)
나, 분사도감으로 수납되지 않고 좌창으로 수납되었음을 알 수 있다.

고종 30년(1243)은 좌창의 별감(別監) 인 왕중선이 진주의 세공미
를 최이가로 납입하지 않고 좌창으로 수납하였던 연도인 동시에 다음
표의 ⑦에서 분사도감의 경판이 처음으로 산출되었던 연도였음을 볼 수
있다. 이 해의 분사도감판이 6,095장이나 산출되었고, 다음 해의
7,543장에 비하여 적지만 분사도감판의 전체 중 두 번째로 많은 분량
이다. 여기서 참고로 전체 강화경판이 각 연도별로 조성된 수량을 보면
대략〈표 1-2-1〉과 같다.

〈표 1-2-1〉에서 ①~⑭의 14년 동안에 강화경판은 조성되었으나,
대장도감판을 제외한 분사도감판은 ⑦~⑫의 6년간 판각되었고 그것
은 대장도감판의 약 13%에 불과하였음을 볼 수 있다. 여기서 분사도
감의 기능에 대한 것을 다시 한번 의심하게 된다. 분사도감은 과연 경
전의 조판을 위해서 설치되었던 것으로 볼 수 있을지 의심스럽기 때문
이다. 그러나 대장도감이 경판 조성의 사업을 위해서 설치된 것이 분명
하다면, 그 산하 기구인 분사도감도 당연히 경판을 조성하기 위해서 설

〈표 1-2-1〉 각 도감에서 연도별로 산출된 경판의 수량

番號	年 度	都監別의 張數			張數合計
		大藏	分司	未詳	
①	1237	2,957			2,957
②	1238	12,583		24	12,607
③	1239	6,411			6,411
④	1240	7,241			7,241
⑤	1241	7,047			7,047
⑥	1242	8,964			8,964
⑦	1243	25,480	6,095	262	31,837
⑧	1244	31,911	7,543	159	39,613
⑨	1245	15,293	1,310		16,603
⑩	1246	9,732	844	60	10,636
⑪	1247	2,335	609		2,944
⑫	1248	38	723		761
⑬	1250			30	30
⑭	1251			22	22
⑮	未詳			12,887	12,887
合計	14	129,992	17,124	13,444	160,560

치되었을 것이다. 다만 분사도감판은 대장도감판보다 6년 뒤부터 늦게 산출되기 시작하였고, 또 분사도감은 단순히 조판의 기능뿐 아니라 경판의 조성에 필요한 물자와 노동력의 조달 기능 등을 겸하고 있었기 때문이었을 것이다.

분사도감은 각 도의 계수관을 중심으로 설치되어 있었으며, 그 총 감독자는 각 지방의 안찰사가 겸임하고 있었을 것으로 추정한 바 있다.[91]

---

91) 金潤坤, 앞의 논문, 224~225쪽 및 본서 1부 2장 2절 참조.

따라서 분사도감의 최고 직임을 겸임하고 있었던 안찰사는 경판의 조성에 필요하다고 판단될 경우 그 관내 군현의 수령을 동원하여 소임을 분담시켰을 것이다. 예컨대 분사도감에서《동국이상국집》을 간행할 때 하동 감무(河東監務)인 이익배(李益培)로 하여금 수교(讐校)하게 하였던 것과 같은 것이 그것이다. 그리고 경판의 조성에 필요한 물자와 노동력 등을 조달하기 위한 조치를 취하기도 하였을 것이다. 다시 말하면 강화경판의 많은 경판을 조성하기 위해서 목재의 운반·제조, 식량 운반, 각수 동원, 조각도 제작 등 필요한 물자와 노동력을 조달하기 위해선 전 국민을 동원하는 체제가 이루어져 있지 않고서는 경판의 조성이란 어려웠을 것이며, 이것이 분사도감의 중요한 기능이었을 것으로 짐작된다. 즉 분사도감은 조판 밖에 경판의 조성을 위한 수많은 물자와 노동력 등을 조달하는 업무를 수행한 기능을 보유하고 있었을 것이다. 다만 분사도감에서 경전의 조판은 가장 중요한 기능 중의 하나였던 것만은 분명할 것이다.

〈표 1-2-1〉 ⑦의 분사도감판은 이 해에 완성된 경판이므로, 그 중에는 전년도부터 이미 조판이 시작된 것도 있었을 것이고, 또 이와 반대로 조판 작업은 금년에 시작되었으나 그 다음 해에 완성된 경판이 얼마든지 있을 수 있다. 여기 소요된 경비는 무인 최씨정권의 진주 식읍에서 나오는 세공과 아무 상관이 없었던 것이다. 이것은 (A)-ⓛ이 확인해 주고 있다. 진주, 즉 진양은 최이의 식읍이 된 지 이미 오래 되었으나, 금년 세공도 좌창으로 수납한 것은 오랫동안 행하여 오던 관례대로 되풀이된 것에 불과했을 뿐이다. 진양은 최씨정권의 식읍이 된 지 비록 오래되었으나, 그들이 세공을 직접 수납하여 오지 아니하였기 때문에 그러한 말썽이 생겨나게 되었던 것이다. 최이가 "금년의 세공은 구제(舊制)에 따라 창(倉)에 수납"하기를 청하였던 것은 구제에는 보통 좌창에서 그 사무를 맡고 있었기 때문일 것이며, 직납 대신 좌창

을 통한 간접 수납의 구제를 따르겠다는 의사표시로 해석해 봄직하다
고[92] 한다. 그리고 그 7년 뒤인 고종 37년에 왕이 다시 "최항의 집에
직납(直納)하라"고 말하게 된 것을 보면 그 동안에도 최씨가에 직납하
는 일이 원만하게 진행되지 않았던 것으로 해석할 수밖에 없을 것"[93]
이다.

　왕이 최항의 식읍인 진양의 녹전·세포·요공을 최항가에 직납케 하
려던 것을, 최항이 사양하고 받지 않았던 때인 고종 37년(경술세)은
경판의 조성 사업이 거의 완성 단계에 이르러 있었다. 구체적으로 말하
면, 고종 37(1250)~38년(1251)에 균여(均如)의 찬(撰)인《십구
장원통기(十句章圓通記)》와《석화엄교분기원통초(釋華嚴敎分記圓通
鈔)》등이 각판되어진 것으로 알려져 있을 뿐이며, 이것으로서 14년간
계속되었던 경판의 조성작업은 대미를 종식하게 되었던 것이다. 다시
말하면 강화경판의 조성 작업이 종료될 때까지 무인 최씨정권의 식읍이
었던 진양의 세공미를 분사도감에 소요 경비로 사용하였던 증좌는 발견
되지 않고 있다. 요컨대 고종 37년(1250)에 이르기까지 최씨가의 식
읍인 진양의 녹전·세포·요공을 그 집안에 직납한 바는 없었고, 또 분

---

92) 河炫綱,〈高麗食邑考〉《歷史學報》26, 1965, 129~130쪽.

93) (고종 37년 1월) 왕이 제하기를 晉陽公 食邑인 진주의 祿轉 稅布 徭貢을
　　崔沆家에 直納케 하였더니, 沆이 사양하고 받지 않았다(《高麗史節要》卷16
　　및《高麗史》卷129, 崔忠獻 附 沆傳). 이것에 대해서 다음과 같은 견해가
　　주목된다. 즉 "고종이 특히 崔氏의 식읍인 진주의 祿轉 稅布 徭貢들을 崔沆
　　家에 직납하도록 정했다는 사실 자체가 그 동안 崔氏는 課戶에게서 租庸調를
　　직접 수납하지 않았다는 반증이 될 것이며, 최항이 또한 사양하여 받지 않았
　　음은 고려에서는 식읍에서 직접 租賦를 收取한 관례가 없었거나 아주 드물었
　　던 까닭이었으리라 생각된다. 왜냐하면 일반 관인이 課戶에서 직접 수납한
　　관례가 있었다면 최항도 굳이 사양하지 않았을 것이다"고 한다(河炫綱, 위의
　　논문, 129쪽).

사도감이 소요경비로 그것을 사용한 것이 없었기 때문에 최씨가의 진양 식읍의 세공미와 분사도감은 서로 직접적인 관계가 없었다고 단정할 수 있는 것이다.

그러나 무인 최씨정권이 경판 조성의 사업을 위해서 재정적 지원을 전혀 하지 않았다는 것은 아니다. 특히 제2대 집정자인 최이는 그 사업의 처음 시공자로, 또 제3대 최항은 완공자로 각각 주어진 소임을 다하였을 뿐 아니라 대시주로서의 역할을 하였음이 틀림없다. 이 경판 조성의 사업이 완성된 뒤인 고종 42년(1255)에 국왕은 최이·최항의 양대가 이 사업에 끼친 공로에 대해서 조서를 내려 치하하였는데, 그 조서 중에서 이 사업 관련 부분만 살펴보면 대략 아래와 같다.

(B)-㉠ 且歷代所傳鎭兵大藏經板 盡爲狄兵所焚 國家多故 未暇重
　　　新別立都監 傾納私財 彫板幾半 福利邦家 功業難忘 ㉡ 嗣
　　　子侍中沆 遹追家業 匡君制難 大藏經板 施財督役 告成慶
　　　讚 中外受福(《高麗史》卷129, 崔忠獻 附 沆傳.)

(B)의 ㉠은 역대로 전해 내려오던 진병대장경판(鎭兵大藏經板)이 모두 적병에 의하여 불타 버리고 나라에서는 많은 연고로 중간하지 못하고 있었는데, 최이가 새로이 별도로 도감[94]을 세우고 사재를 시납하여 경판을 조성했다는 것이요, 다음 ㉡은 시중(侍中) 최항이 가업을 계승하여 군왕을 도와 국난을 제어하였으며 대장경의 조판에 재물을 시주하고 공역(工役)을 독려해서 완성케 하였다는 것 등이다. 다시 요약하면 경판의 조판을 위해서 최이는 "새로 도감을 설립하였고 사재를 시

---

94) 새 도감의 설립은 崔怡가 고종 23년(1236)경에 경판의 조성 사업을 위해서 새로 설립한 大藏都監을 지칭한 것이다.

납(施納) 했던 것"이요, 그 아들인 최항은 "사재를 시납하고 공역을 독려해서 완성케 하였던 것" 등이다. 이것은 경판 조성 사업을 완료하고 그 동안 경과를 돌이켜 보면서 최이와 최항의 부자가 세운 가장 큰 공로로 평가한 것이다. 여기 최이의 '도감 설립'과 최항의 '공역 독려'는 둘로 나누어지는 별개의 것이 아니라 '고려국 대장도감'이 경판의 공역을 독려하였던 것인 하나의 사실을 말한 것이며, 경판의 조성 과정에서 그 도감의 탁월하였던 기능을 높이 평가한 나머지 설립과 공역 등의 과정을 둘로 나누어 각각 공적을 강조했던 것에 불과하였을 것이다.

최이와 최항 부자가 경판 조성을 위한 역할을 정리해 보면, 첫째 '고려국 대장도감'을 설립하여 경판의 공역을 독려하였던 점이요, 둘째 경판의 조성에 따른 소요 경비를 시주의 보시를 통하여 충당할 수밖에 없었던 실정에서 사재 시납의 모범을 선두에서 보인 점 등으로 나누어 볼 수 있다. 다시 말하면, 최이와 최항 부자가 경판의 조성 과정에서 한 가장 큰 역할은 대장도감을 통한 '공역 독려'와 '사재 시납' 등이었던 것이었다. 이 중에서 먼저 무인 최씨정권이 경판의 조성 사업에 '사재 시납'을 하였던 것에 대해서 다시 한번 생각해 보기로 한다. 이들의 진양 식읍의 세공미는 분사도감의 소요 경비로 충당되었던 것은 아니었다.

특히 무인 최씨정권이 조판(彫板)을 위해서 '사재 시납'을 했다는 것과, 또 식읍의 공양미를 분사도감의 소요 경비로 사용했다는 것은, 양자의 성격이 전혀 다르므로 별개로 나누어 취급하지 않으면 안 될 문제인 것이다. 여기 후자는 실재하지도 않은 일이기 때문에 언급할 필요성조차 느끼지 않지만, 이 당시 식읍은 오직 무인 최씨정권이 소유하고 있었을 뿐이므로 도감에 비록 식읍의 세공미를 납입했다고 가정하더라도 그 영향력은 별로 없었을 것이다. 식읍의 소유 자체가 소수 특권층의 전유물이기 때문인 것이다. 그러나 '사재 시납'은 파급효과가 엄청

나게 컸을 것이다. 최이와 최항 부자는 당시 무인 최씨정권의 집정자인 동시에 지주층의 일원이었을 것이다. 그 중에서 최항이 지주로서 농민을 어떻게 수취하였던가를 살펴보기로 한다.

(C)-㉠ 고종 27년 12월에 최우(崔瑀)의 서자들인 승려 만종(萬宗)과 만전(萬全) 등은 … 경상도에 저축해 놓은 미곡 50여 만 석을 민에게 장리(長利)로 꾸이 주고 가을에 벼가 겨우 익자마자 문도들을 나누어 보내어 거두어들이는데 재촉함이 매우 가혹했다. 민들은 가진 것을 모두 빼앗기고 조세를 여러 번 궐하게 되었다. 안찰사 왕해(王諧)는 "민이 조세를 납입하기 전에 먼저 사채를 독촉하는 자는 죄로 다스리라"고 영을 내렸다고 한다. 여기 만전은 곧 최항이었다(《高麗史節要》卷16, 고종 27년 12월).

㉡ 서자 최항 … 전민(田民)과 가재를 탈취하여 자신이 가지기도하며, 각 지방의 양반·군·한인 등의 부조(父祖) 전래로 갖고 있던 전정(田丁)을 침탈하여 색장원(色掌員)을 별도로 두고 책임 맡겨서 각각 나누어 일하게 하거나, 외민(外民)을 써서 경작하도록 하기도 하여 자리(自利)케 한다. 지나간 황년(荒年) 및 원년(遠年), 묵힌 전답의 소출을 풍년의 전례와 똑같이 높고 무겁게 받들어 올리게 하고 있다(尙書都官貼).[95]

(C)-㉠의 "경상도에 저축해 놓은 미곡 50여 만 석"은 당초 어떤 수

---

95) 庶子崔沆亦 … 田民家財乙良 奪取自持爲齊 內外兩班軍閑人等矣 父祖傳持田丁乙 侵奪爲弥 色掌員別定爲 責役各別爲在 外民乙用良 耕作令是置 自利爲弥 先齊 荒年及遠年 陳田畓出乙 豊年例同亦 高重棒上爲沙餘良(許興植編,《韓國의 古文書》, 民音社, 1988, 276쪽,〈尙書都官貼〉).

단으로 축적된 것인지 현재 파악할 길이 없으나, 지주적 수취 수단에 의해서 축적되어 운영되고 있었던 것 같다. 차경지(借耕地)의 농민에게 미곡을 장리로 꾸어 주고 추수기에 수조노(收租奴)를 파견하여 지대를 수납하는 방법은 고려말에 이르기까지 악덕 지주층이 사용한 상투적 수법이었다. 다만 최항은 수조노 대신에 문도를 파견해서 차경민을 괴롭히고 있었던 것이 다를 뿐이다. 다음 ⓛ을 통하여 소유 농지가 많았음을 짐작할 수 있다. 최항은 각 지방의 양반·군·한인 등이 부조 전래로 소유해 오던 전정을 탈취했다는 것과, 또 외민을 써서 경작토록 하여 자리케 하였다는 것 등은 그가 지주였음을 입증해 주는 자료인 것이다. 이 지주는 차경민에게 흉년에 진전(陳田)의 지대를 풍년의 전례에 의하여 거두어들였다고 한다.

　최항이 "흉년에 진전의 지대를 풍년의 전례에 의하여 거두어 들였다"고 한 것으로 봐서, 그를 전형적인 지주층의 일원으로 간주하더라도 크게 어긋나지 않을 것이다. 당시 대장경의 조판 사업에 재물을 시납하였던 것은 최이와 최항의 부자뿐만이 아니었음을 정안(鄭晏, ?~1251)의 경우를 통해서도 알 수 있다.

　　(D) 정안(鄭晏) … 최이(崔怡)가 전권함을 보고 꺼림칙하게 여기고 해를 피하기 위하여 남해(南海) 지방에 물러나 살고 있었다. … 사재(私財)를 희사(喜捨)하여 나라와 약속하기를 대장경의 일부를 나누어 간행하기로 하였으나, 불사(佛事)가 크게 번거로워 이 지방민들이 싫어하고 괴롭게 여겼다(《高麗史》 卷100, 鄭世裕 附 晏 傳).

　즉 정안은 관직에서 물러난 뒤 남해 지방에 거주하고 있으면서 사재를 희사하여 대장경의 일부를 맡아 간행하였다는 것이다. 그가 이 사업에 지방민을 많이 동원했던 사실은 "불사가 크게 번거로워 이 지방민들이 싫어하고 괴롭게 여겼다"고 한 것에서 알 수 있다. 이 불사는 곧 대장경의 조판 사업을 지칭하고 있을 것이다. 이 경우는 지방민이 불사에 자기 자신의 자유의사에 의해서 참여했던 것이 아니라 반강제적 동원으로 참여하기에 이르렀음을 간파할 수 있다. 우리는 불사 즉 조판 사업에 지방민의 참여 형태를, 그 자신의 자유의사에 의한 참여와 또 반대로 강제적 동원에 의한 참여 등 두 가지 형태로 나누어 볼 수 있다. 정안이 사재를 희사하여 조판한 경판은 "지방민들이 싫어하고 괴롭게 여겼다"고 한 것으로 봐서 후자의 형태로 이루어졌음을 알 수 있다.

정안이 관직을 퇴임한 뒤 남해지방에 거주하고 있으면서 사제(私第)를 정림사(定林社)로 개조하고 또 사재를 희사하여 대장경의 일부를 맡아 간행하였던 것 등은 이미 주지하고 있는 사실이다. 그가 이같은 삶을 영위할 수 있었던 것도 지주적 토대 위에서 가능했을 것으로 짐작된다.

당시 귀족 관인층들은 지주적 토대 위에서 삶을 영위하는 자들이 대부분일 것이다. 고종 16년(1229)에 상장군(上將軍) 김현보(金鉉甫)는 임피현(臨陂縣)에서 전원을 광식(廣植)하고 있었고,[96) 또 권수평(權守平, ?~1250)은 낭중(郎中) 복장한(卜章漢)의 토지를 수년간 체식(遞食)하고 있다가 그 전조(田租)의 문서를 반환한 미담을 남겨 놓고 있다.[97) 여기서 관인층의 여유있고 풍요로운 생활 모습을 엿볼 수 있다. 이들이 대불사인 조판 사업에 '사재 시납'을 안 했을 까닭이 없

---

96) 臨陂縣令 田承雨는 上將軍 金鉉甫가 田園을 廣植하는 것을 미워하여 田租를 모두 징수하여 관청에 납입시켜 버렸다고 한다(《高麗史節要》卷15, 고종 16년 10월).

97) 郎中 卜章漢이 죄 없이 귀양가게 됨에 權守平이 그의 田土를 遞受하여 먹고 있었는데 몇 해 지나 장한이 사면을 받아 돌아 왔다. 수평은 평소 그를·알지

다. 그리고 무인 최씨정권의 집정자가 조판 사업에 '사재 시납'을 솔선 수범하고 있는 현실에서 귀족과 문무관인층 등이 '사재 시납'을 설사 심정적으로 시행하기 싫다고 하더라도 치지도외(置之度外) 할 형편이 못되었을 것이다. 요컨대 무인 최씨정권의 집정자를 비롯한 왕공 귀족 및 관인층 등 지배층의 '사재 시납'은 그 자체가 경판 조성에 기여도가 크겠지만, 이 보다 많은 서민 대중 계층의 보시를 유도하는데 더욱 큰 기여가 되었을 것이다.

　당시 반몽항전의 장기화에 따른 고통과 손상은 고려인 전체가 겪고 있는 현실이겠지만, 그 중에서도 많은 재산과 토지를 소유한 지주계층일수록 더욱 더 큰 고통을 겪지 않을 수 없었을 것이다. 반몽항전의 와중이긴 하지만 지주로서 현실적 급무는 전호(佃戶)로부터 조부(租賦)를 원활히 징납하는 것이다. 이같은 상황하에서 대장경의 조판 사업은 무인 최씨정권의 집정자를 비롯한 왕공 귀족과 관인층 그리고 지주층 등의 지배층들에게 안정과 지대 징납에 큰 보탬이 되었을 것이다. 조판 사업 즉 불사의 종사는 보리심의 구현이요, 현실에 대한 투쟁 극복이 아니라 안정 순종을 희구케 했을 것으로 믿기 때문이다. 따라서 대장경의 조판 사업은 무인 최씨정권의 집정자를 비롯한 왕공 귀족과 관인층 그리고 지주층 등의 지배계층들에게 현실 안정이란 일정한 이익을 담보해 주었을 것이다.

　무인 최씨정권은 경판의 조성을 위해서 대장도감을 설립하여 '공역 독려'와 '사재 시납' 등을 실행해 왔던 것과 또 그 집정자의 '사재 시

지 못하였으며, 또 그 田租도 이미 江까지 운송한 때이었다. 수평은 전조의 文簿를 소매 속에 넣고 가서 주니, 장한은 그 전토만 반환하여 주는 것만으로도 만족한 일이거늘 어찌 전조의 文簿까지 받겠는가? 수평이 마침내 문부를 돌에 매어 장한의 집안에 던지고 갔다(《高麗史》卷102, 權守平傳).

납'이 어떤 의미를 띠고 있었던가를 대략 언급하였다. 다음 '공역 독려'가 어떻게 이루어졌던가를 살펴보기 위해서는 대장도감의 기능에 대한 것을 먼저 언급하지 않을 수 없으므로, 그 기능에 대해서 종래의 주장을 다시 요약 언급해 보기로 한다.

강화경(江華京) 5년(고종 23, 1236)경에 무인 최씨정권은 고려국 대장도감을 신설하여 당시 집권자인 최이를 정점으로 이루어져 있던 통치 조직이 경판 사업의 정책적 기능을 담당히고, 그 히부에 실무적 기능을 담당할 부서를 신설하여 업무를 추진케 하였을 것이다. 다시 말하면 대장도감의 정책적 기능은 무인 최씨정권이 직접 담당함으로써 새로운 기구를 설치할 필요성이 없었으나, 그 실무적 기능은 이를 담당할 별도의 요원을 새로 두어서 집행하도록 하였을 것으로 추정된다. 그 실무적 기능을 담당할 대장도감의 조직 체계는 분사도감과 거의 유사하였을 것이다. 이 기구가 설치되어 있는 곳이 바로 '대장경판당(大藏經板堂)'이었을 것으로 추측된다. 다시 말하면, 고종 38년(1251)에 국왕이 문무백관을 거느리고 행차하여 분향례를 올렸던 곳인 '대장경판당'은 강화경의 서문 밖에 설립되어 있었으며, 경판의 조성 사업을 개시한 이래로 이 사업의 실무를 집행해 온 관사(官司)의 기능을 담당해 왔을 것으로 추정된다. 요컨대 '대장경판당'은 대장도감의 사업 추진 실무자들이 사무를 집행하였던 관사였을 것으로 믿는다. 앞에서 최항이 경판의 '공역 독려'를 했다는 사실을 살펴보았는데, 이 '공역 독려'는 대장도감 및 대장경판당의 기능 중에서 그 하나일 것이며, 이것을 통하여 각판 사업의 정책적 기능과 실무적 기능 등이 모두 집행되기에 이르렀을 것이다.

2. 분사도감의 설치장소와 간기의 유형

강화경판의 조성기구였던 '대장도감'과 '분사도감'의 설치 장소에 관한 논의는 일찍부터 있어 왔다. 그 중에서 둘만 예거해 보기로 한다. 《조선불교통사(朝鮮佛敎通史)》의 편술로 유명한 이능화(李能和, 1868~1945)는 "대장도감(大藏都監) 본사(本司)의 소재는 강화(江華) 됨이 옳고 분사(分司)는 진주(晉州)에 있는 것이라 함이 옳고, 오직 보유목록(補遺目錄)에 있는 판목 중에는 남해 분사도감(南海 分司都監)에서 조성한 것이 있다"[98]라고 하였으며, 또 《조선불교유신론(朝鮮佛敎維新論)》의 저술로 유명한 만해 한용운(萬海 韓龍雲, 1879~1944)은 "대장도감 본사를 강화에 두고 분사를 진주에 두었다"[99]고 하였다. 이 두 견해의 공통점은 대장도감의 본사는 강화경에, 또 분사는 진주에 각각 설치되어 있었다고 단정했던 것이다. 다만 전자는 경판 중에 '남해 분사도감'에서 조성한 것이 있음을 상기시켜 놓았음을 볼 수 있다. 그런데 근래에 이르러서는 분사도감은 오직 남해에만 있었다고 주장하거나 심지어 본사(本司)와 분사(分司) 모두가 남해에만 있었다는 주장이 나오고 있다.

그러나 '분사도감'의 소재지는 각 지방의 계수관 혹은 경판의 조판사업을 수행하기 편리한 여러 지역에 설치되어 있었을 것이며, 진주목에 '분사도감'이 설치되어 있었던 것은 그 중의 하나에 불과할 뿐이고, 경상도의 안찰사 전광재(全光宰)가 "겸임대장분사(兼任大藏分司)"했다고 한 것도 그 예증의 하나에 불과할 것이다. 안찰사가 '분사도감'의

---

98)《佛敎》제8호, 1925. 2.
99)《佛敎》제100호, 1932. 10.

직임을 겸임하였다고 한 것은 특수 지역에 국한된 것이 아니고 전국의 지방 통치조직과 '분사도감'의 두 기구를 결부시켜 경판의 조성체로 운영하고 있었던 사실을 증언해 주고 있는 것으로 본다. 다만 몽고의 침략으로 경판의 조판 작업을 계속할 수 없는 지역에는 '분사도감'의 기구를 설치하지 못했을 것이다.[100)]

'분사도감'이 남해에 설치되어 있었다고 주장하는 중요 논거는 위의 이능화기 상기시키고 있는 자료 즉《종경록(宗鏡錄)》권제27의 간기에 "정미세 고려국 분사남해대장도감 개판(丁未歲 高麗國 分司南海大藏都監 開板)"[101)]이라고 한 것을 삼고 있다.《종경록》은 10세기 중엽에 송의 학승 언수(延壽)가 편찬한 것인데, 종지 즉 일심(一心)을 거울로 삼는다는 것이 본서의 기본 취지이므로《심경록(心鏡錄)》이라고도 한다. 이 책은 총 100권으로 나누어져 있으며, '분사도감'의 소재지가 한 곳에만 있지 않았다는 사실은 '분사남해대장도감 개판(分司南海大藏都監 開板)'이란 자체가 시사해 주고 있을 뿐만 아니라, 간기의 표현 형식이 동일하지 않고 다양한 것에서 우선 짐작할 수도 있다. 이 사실을 논증해 보기 위해서, 먼저《종경록》의 전체 100권 간기를 유형별로 나누어 보기로 한다.

<표 1-2-2>《종경록》의 전(至) 100권 간기의 유형

年代와 都監名	卷　順	合計
㉠ 丙午歲 分司大藏都監 開板	1~5, 8, 10~13, 17, 19~21, 26	15권
㉡ 丁未歲 分司大藏都監 開板	6, 15, 18, 25, 28, 30, 33, 36~50	23 〃
㉢ 丁未歲 分司大藏都監 彫造	32	1 〃
㉣ 丁未歲 高麗國 　分司大藏都監 奉勅彫造	16, 22~24, 34~35	6 〃

年代와 都監名	卷　　順	合計
㉤ 丁未歲 高麗國 　　分司南海大藏都監 開板	27	1권
㉥ 戊申歲 分司大藏都監 開板	51～100	50〃
㉦ 無刊記	7, 9, 14, 29	4〃

　위 〈표 1-2-2〉에서 《종경록》의 총 100권 중에서 ㉦의 4권을 제외하고 ㉠에서 ㉥까지 96권의 간기 내용은 6종의 유형으로 나누어져 있음을 볼 수 있다. 그 6종의 유형 중에서 조판 연도인 간지만을 먼저 제거하고 보면, ㉠·㉡·㉥ 등은 분사대장도감 개판, ㉢은 분사대장도감 조조(彫造), ㉣은 고려국 분사대장도감 봉칙조조(高麗國 分司大藏都監 奉勅彫造), ㉤은 고려국 분사남해대장도감 개판(高麗國 分司南海大藏都監 開板) 등 4종의 유형으로 축소된다. 그 4종 중에서 ㉢의 조조와 ㉣의 봉칙조조 등은 동일 유형으로 분류할 수 있을 것이다. 다시 말하면 경판의 각인 과정에서 '봉칙조조'란 구절 중에 봉칙을 생략하고 단지 조조만을 새긴 듯하다. 여기 '봉칙조조'는 고려국 황제의 칙명을 받들어 경판을 각한다는 것을 표명한 것이며, 이러한 표명을 하게 된 배경은 당시 광범위하게 존재하고 있었던 왕정복고의 세력을 경판 조성의 사업에 협조케 하려는 정략적 의도가 있었을 것으로 여겨지기도 한다.[102]

　《종경록》의 전체 100권 중에서 ㉤ '고려국 분사남해대장도감 개판'이란 간기는 단지 1권뿐이고, 또 남해란 지명이 표시되어 있는 점도

---

100) 金潤坤, 앞의 논문, 1990, 235쪽.
101) 《宗鏡錄》卷 27의 刊記(《高麗大藏經》제44책, 157쪽).
102) 金潤坤, 〈《高麗大藏經》의 刻板과 國子監試 出身〉《國史館論叢》46, 1993, 75쪽.

특이하다. 강화경판의 전체 간기에 인명과 지명 및 보시의 사실 등은
일체 밝혀져 있지 아니하였던 사실과, 또 간기 형식의 변천 과정 등에
대해서는 절을 달리하여 다시 언급하기로 한다.[103] 그러나 여기서 먼
저 밝혀 두어야 될 점은 〈표 1-2-2〉의 ㉤ '고려국 분사남해대장도감
개판' 중에 남해란 지명 표시는 '강화경판'의 전체 중에서 유일한 예
외이다. 어떻든 이것으로 인하여 남해에 '분사남해대장도감'이 존치
하였음을 알 수 있게 되었다. 여기 '분사남해'는 남해에 '분사도감'의
조조처가 존치하고 있었다는 증거도 될 수 있지만, 한편 달리 생각하
면 남해 아닌 다른 지방에도 그것이 설치되어 있었음을 시사해 주는
자료가 될 수도 있을 것이다. 만약 '분사도감'의 조조처가 다른 지역
에는 전혀 설치되어 있지 않고 오직 남해에만 설치되어 있었다면 굳이
남해에서 개판한 것이라고 각판해 놓을 필요성을 느끼지 않았을 성싶
기 때문이다. 다시 말하면 각판의 작업을 이곳 저곳 등 여러 지역에서
하였기 때문에 남해에서 개판하였던 사실을 표시해 둘 필요성이 있었
을 것이다. 요컨대 '분사남해대장도감'은 여러 '조조처' 중의 하나일
뿐이며, 이 곳에서 개판하였던 경판은 '분사도감' 판 중의 일부에 불과
하였을 것이다.

　경판의 간기에 남해란 지명을 명시하게 된 것은 본 경판의 각성자와
어떤 관련이 있었을 것으로 생각할 수도 있을 듯하다. 《종경록》의 권 제
27은 전체가 17장으로 나누어져 있는데, 그 중에서 제2장, 제5장, 제
7장 등 3장은 최동(崔同)으로, 또 제15장, 제16장 등 2장은 윤기(尹
基)로 각각 표시되어 있으며, 그 밖에 다른 각수가 없는 것으로 봐서
최동과 윤기 등 2인이 본 권의 전체를 조판하였을 것으로 생각된다. 그
2인이 각성 활동을 했던 시기와 조판 수량 등은 각각 상이하며, 이것을

---

103) 본서 2부 1장 1절 참조

<표 1-2-3> 최동(崔同)의 분사도감판

番號	經　名	卷次	函號	年代	板數	張　次	刊記 및 備考
1	薩婆多毗尼毗婆沙	2	猶	1244	2	12, 13	高麗國 分司…奉勅彫造
2	阿毗曇毗婆沙論	23	切	〃	2	27, 28	〃
3	〃	49	箴	〃	1	2	〃
4	雜阿毘曇心論	5	摩	〃	2	32, 33	〃
5	新華嚴經論	37	銘	1246	6	25, 27, 29, 30, 32, 33	分司… 開板
6	法苑珠林	29	橫	1244	2	39, 40	高麗國 分司…奉勅彫造
7	〃	49	途	〃	2	36, 37	〃
8	〃	95	何	〃	1	17	〃
9	宗鏡錄	21	富	1246	1	18	分司… 開板
10	〃	27	〃	1247	3	2, 5, 7	高麗國 分司 南海… 開板
11	〃	36	車	〃	2	2, 5	分司… 開板　崔童
12	〃	39	〃	〃	2	9, 11	〃　　崔童
13	〃	44	駕	〃	4	14, 16, 17, 19	〃
14	〃	65	輕	1248	3	14, 16, 18	〃　　崔童
	合計	14권		4년	33장		

<표 1-2-4> 윤기(尹基)의 분사도감판

番號	經　名	卷次	函號	年代	板數	張　次	刊記 및 備考
1	中阿含經	20	簿	1243	5	21~25	高麗國 分司…奉勅彫造
2	薩婆多毗尼毗婆沙	6	猶	1244	2	1, 2	〃
3	〃	32	磨	〃	1	8	〃
4	阿毗曇毗婆沙論	45	箴	〃	2	31, 32	〃
5	〃	49	〃	〃	2	25, 26	〃
6	雜阿毘曇心論	7	摩	〃	2	7, 8	〃

番號	經　名	卷次	函號	年代	板數	張　次	刊記 및 備考
7	尊婆須密菩薩所集論	4	邑	〃	2	23, 24	〃
8	解脫道論	10	二	1244	1	16	高麗國 分司…奉勅彫造
9	釋迦譜	5	彩	1243	1	35	〃
10	經律異相	46	傍	〃	1	2	〃
11	諸經要集	8	帳	〃	1	2	〃
12	衆經目錄	3	肆	1244	2	18, 19	〃
13	廣弘明集	24	聚	1243	1	12	〃
14	新華嚴經論	18	碑	1246	10	19~28	分司… 開板
15	法苑珠林	2	覇	1244	2	23, 24	高麗國 分司…奉勅彫造
16	〃	53	減	〃	2	20, 21	〃
17	〃	82	會	〃	2	7, 8	〃
18	〃	99	何	〃	3	9, 10, 12	〃
19	宗鏡錄	12	侈	1246	9	6, 8, 9~15	分司… 開板
20	〃	19	〃	〃	12	3~5, 7, 8~13, 15, 16	〃 제7장에 允己
21	〃	27	富	1247	2	15, 16	高麗國 分司南海… 開板
22	〃	35	車	〃	4	13, 15, 16, 18	高麗國 分司…奉勅彫造 제13장에 允己
23	〃	40	〃	〃	2	3, 5	分司… 開板
24	華嚴經探玄記	4	農	1245	2	51, 52	〃
25	〃	6	〃	〃	2	34, 35	分司… 雕造
26	〃	20	務	〃	2	35, 36	分司… 開板
	合　計	26권		5년	77장		

모두 열거하면 번잡하므로 단지 '분사도감' 판 만을 표로 나타내 보기로
한다.[104)]

---

104) 윤기와 최동 등 2인의 '분사도감' 판만을 모은 것이기 때문에 간기 중에 분사
　　아래의 대장도감은 생략하고 단지 "分司…"로만 표시하였다.

〈표 1-2-3〉의 (1)・(14) 등에 의해서 최동(崔同) 과 최동(崔童) [105] 그리고 〈표 1-2-4〉의 (1)・(20) 등에 의해서 윤기(尹基) 와 윤기(允己) [106] 등은 각각 동일인임을 알 수 있다. 먼저 〈표 1-2-3〉의 (1)～(14) 등에서 최동은 1244년부터 1248년에 이르는 사이 4년 동안에 경전 6종 14권의 33장을, 다음 〈표 1-2-4〉의 (1)～(26) 등에서 윤기는 1243년부터 1247년까지 5년 동안에 경전 15종 26권 77장을 각각 조성하였음을 볼 수 있다. 이 두 사람은 거의 같은 기간에 조판 작업을 하였으나 조판의 수량이 전자는 후자에 비하여 약 2분의 1 정도에 불과하다. 이같은 조판 수량의 차이는 각수의 능력에 따라 생길 수도 있겠지만, 최동・윤기 등과 같이 거의 같은 기간에 각성된 수량이 약 2분의 1 정도나 차이가 생긴 것은 조판 능력의 차이에서 생긴 것이라고 보기보다는 각자 자신의 형편에 따라 자유스런 상태에서 각성활동을 하였기 때문에 나타난 현상일 것으로 생각된다.

위의 〈표 1-2-3〉와 〈표 1-2-4〉 등에 나타나 있는 간기의 내용을 다시 유형별로 분류하여 표로 그려보기로 한다.

〈표 1-2-5〉 윤기(尹基) 와 최동(崔同) 등이 각성한 분사도감판의 간기유형

刊　　　記	尹 基	崔 同	合 計
① 高麗國 分司大藏都監 奉勅彫造	36	12	48
② 高麗國 分司南海大藏都監 開板	2	3	5
③ 分司大藏都監 雕造	2	0	2
④ 分司大藏都監 開板	37	18	55
合　　　計	77장	33장	110장

---

105) 崔同은《宗鏡錄》의 권36과 권39, 권44 등에서 崔童으로 표기해 놓고 있다.

106) 尹基는《宗鏡錄》卷19에서 3～5, 8～13, 15～16 등 합 11장은 尹基

〈표 1-2-5〉에서 윤기와 최동 등이 각성하였던 '분사도감' 판의 간기 유형은 동일하게 4종으로 나누어지며, 각 유형의 수량에 따른 비율도 각각 거의 비슷하다. 그 비율에 대해서 구체적으로 말하면, 윤기는 총 77장 중에 ① 약 47%, ④ 약 48% 등으로, 또 최동은 총 33장 중에 ① 약 36%, ④ 55% 등으로 각기 많이 조판하였고 또 두 사람 모두 ②와 ③은 0~9% 정도의 소량을 각성하였음을 파악할 수 있다. 여기서 2인이 각성하였던 경판의 수량은 각기 상이하였지만 어떤 특정한 간기의 유형에 국한하지 않고 여러 유형의 조판 작업에 두루 동참하고 있었음을 파악할 수 있다. 이것은 간기의 내용이 각성자의 주관적인 의사와 상관없이 일정한 형식이 사전에 책정되어 있었기 때문이었을 것이다. 다시 말하면 〈표 1-2-5〉의 ①~④ 등 간기의 유형은 윤기와 최동의 주관적인 의사와 상관없이 사전에 정해져 있었던 대로 조판되어졌을 것으로 추정된다.

〈표 1-2-5〉의 ② '고려국 분사남해대장도감 개판'은 오직《종경록》에만 있는 것이므로 예외로 간주할 수밖에 없으며, 그 나머지 ①·③·④ 등 3유형은 단순히《종경록》만이 아니라 강화경판의 전체 '분사도감' 판의 간기형이 거의 유사하게 그와 같이 나누어짐을 볼 수 있다.

다음 〈표 1-2-6〉《신화엄경론(新華嚴經論)》총 40권은 간기유형이 3종으로 나누어지고 있으며, 그 조판의 시기는 을사년(1245)과 병오년(1246) 등 2년 동안이었다.

로, 그 사이인 7장은 允己로, 또 同經의 권35에서 15~16, 18 등 합 3장은 尹基로, 15장의 앞인 13장은 允己로 각각 표기해 놓았다. 이를 통하여 尹基와 允己는 동일인임을 알 수 있다.

<表 1-2-6> 《신화엄경론》의 조성 연대와 기구

番號	刊　　記	卷　　順	卷數
1	乙巳歲高麗國大藏都監奉勅彫造	20, 21, 26	3
2	乙巳歲分司大藏都監彫造	15	1
3	丙午歲高麗國大藏都監奉勅彫造	19	1
4	丙午歲分司大藏都監開板(改版)	1, 8, 11, 13, 14, 16~18, 22~25, 27, 30~32, 34, 37~39 (1은 改版)	20
5	無刊記	2~7, 9~10, 12, 28~29, 33, 35~36, 40 15	15

　<표 1-2-6>에서 (1)·(3)은 '대장도감'에서, 또 (2)·(4)는 '분사도감'에서 각각 조판하였음을 볼 수 있다. 그런데 (1)·(3)의 '대장도감' 판은 모두 '봉칙조조'라고 했으나, '분사도감' 판 중에 (2)는 '조조'로 (4)는 '개판'으로 각각 다르게 표현되어 있음을 볼 수 있다. 여기서 특히 주목되는 것은 (4)의 '개판'이 20권으로 가장 많은 점이다. (4)의 20권은 (1)·(2)·(3)의 합 5권에 비해 4배나 많은 셈인데 (5)의 경판 중에서도 (4) '개판'에 속할 수 있는 것이 포함되어 있었을 것이 틀림없다. 이것은 (4)와 (5)의 권순을 서로 대조해 보면 거의 대부분 연결되어 있는 것에서 알 수 있기 때문이다. 다시 예를 들어 말하면 (5)의 권 제2~권 제7은 (4)의 권 제1과 권 제8의 사이에 결번이 분명하며, (4)의 권순을 잇는 연차적 순번이므로 그것을 알 수 있는 것이다. 한편 달리 생각해 보면 (4)간기의 반복을 피하기 위하여 (5)경판을 무간기의 공백으로 두었을 가능성도 있는 것이다. 이 추정이 설사 틀린다고 하더라도 '개판'의 권수가 가장 많은 것은 틀림없는 사실이다.

　《신화엄경론》 총 40권 중에서 (4)의 20권은 절반을 점할 정도로 가

장 많을 뿐만 아니라 권순도 권 제1부터 권 제39까지 이르고 있음이 특히 주목된다. 이것은 (4) 병오년(1246)에 '분사도감' 개판으로 모두 조성하려고 하였던 것이 당초의 계획이었음을 반영하고 있는 것이라고 추측할 수 있을 것이다. 그리고 권순의 서열면으로 볼 때도 (4)를 주축으로 하고 있으며, 또 (1)·(2)·(3)·(5)의 권순은 모두 (4)의 결번을 연결하는 순번들인 것이다. 따라서 본 경전의 총 40권은 (4) 병오년(1246)에 '분사도감'에서 거의 대부분 개판하였던 것은 사실임을 알 수 있으나, (1)·(2)의 경판 조판이 (4)의 결번을 보충하기 위한 것이 아닌 것은 확실하다. 단순히 번호 상으로 보면 (1)의 권 제20, 권 제21, 권 제26 등과 또 (2)의 권 제15 등은 (4)의 결번 경판을 보충하였던 것처럼 보일 수 있으나 실제로는 그렇지 않다. 그 까닭은 (1)·(2)의 경판은 모두 을사년(1245)에 조판되었음으로 (4)의 병오년(1246) 보다 1년 앞서 조판되었기 때문이다. 다시 말하면 1년 앞에 조판된 경판을 그 보다 뒤에 산출된 것의 보충으로 볼 수 없기 때문이다. 여기에서 새로운 문제점을 발견할 수 있다.

《신화엄경론》의 총 40권 중에서 (1)의 권 제20·권 제21·권 제26의 3권과 또 (2)의 권 제15 등 모두 4권은 처음 권 제1부터 시작되는 권순이 아니라 중간부터요, 또 단지 4권만의 경판을 을사년(1245)에 조판하고, 오히려 권 제1부터 권 제39까지 거의 대부분 경판을 1년 늦은 병오년(1246)에 조판하게 되었던 사연이 있었을 듯하다. 그리고 앞의 4권은 을사년(1245)에 '고려국대장도감봉칙조조'로, (2)의 2권은 같은 해에 '분사대장도감조조'로, (4)의 20권은 1년 늦은 병오년(1246)에 '분사대장도감개판'으로 각각 달리 조성하게 된 사연도 반드시 있었을 것이다. 여기 (1)·(3)의 '대장도감'은 봉칙조조로 동일하게 조판해 놓았으나, (2)의 '분사도감'은 을사년(1245)에 단 1권을 조판하면서 '조조'로, 또 (4)의 '분사도감'은 20권 모두를 '개판'으로 각각 상이하게 각인해 놓은 원인도 있었을 것이다. 이렇게 상이한 까닭은 '대장도감'과 '분사도감' 및 제2의 '분사도감' 등 3곳의 '도감'에서 각각 조판을 나누어 했기 때문이었을 것으로 짐작된다.

앞의《종경록》총 100권은 '분사도감' 판이었으나, 그 중에서 '개판'은 88권, '봉칙조조'는 6권, '조조'와 '남해…개판'은 각각 1권 등으로 모두 조판되었음을 〈표 1-2-2〉에서 이미 살펴 본 바 있다. 그리고《신화엄경론》의 총 40권도 '분사도감' 개판이 거의 대부분 이었으나, '분사도감'의 '조조' 1권과 '대장도감'의 '봉칙조조' 합 2권 등이 포함되어 있었음은 살펴 본 바와 같다.

위에서《종경록》과《신화엄경론》등의 간기가 여러 유형으로 분류되고 있었으나, 그 중에서 '분사대장도감 개판'의 간기형이 수적으로 가장 많았으며, 그리고 조조와 봉칙조조 등의 간기는 비록 소수이긴 하지만 병렬되어 있었음을 볼 수 있다. 강화경판의 전체에서 개판이라고 각인해 놓은 간기를 모두 발췌하여 그 특징을 살펴보기 위해서 먼저 표로 나타내보기로 한다.

〈표 1-2-7〉 '분사대장도감 개판'의 조성 연대와 수량

經番號	經名 및 總卷數		'開板' 卷順	干支 및 卷數				
				乙巳	丙午	丁未	戊申	合計
k.79	大方廣佛華嚴經	60권	51		1			1
k.1050	經律異相	50〃	50		1			1
k.1263	新華嚴經論	40〃	1,8,11,13,16~18, 22~25,27,30~32, 34,37~39		20			20
k.1499	宗鏡錄	100〃	1~5,8,10~13,17, 19~21,26		15			15
〃	〃		6,15,18,25,27,28, 30,31,33,36~50 (分司南海大藏都監 開板)		24			24

經番號	經名 및 總卷數		'開板' 卷順	干支 및 卷數				
				乙巳	丙午	丁未	戊申	合計
k.1499	宗鏡錄		51~100				50	50
k.1506	大方廣… 通智方軌	10권	1(상.하), 4(상), 5(상.하)	5				5
k.1513	華嚴經探玄記	20 〃	2, 4, 7~9, 13, 15~20	12				12
合 計	6종	280 〃	개판의 합계	17	37	24	50	128권

〈표 1-2-7〉은 강화경판 전체 중에서 '분사도감' 개판이란 간기만을 모두 합산한 것인데, 경종은 총 6종이고, 판각연대는 을사년(1245)~무신년(1248)의 4년이고, 수량은 총 128권이다. '분사도감' 판 중에서 개판을 제외하고 조조와[107] 봉칙조조[108] 등의 유형도 있다. 여기서 전체 280권 중에 128권 즉 '분사도감' 개판은 약 46%에 불과하나, 4년 동안에 집중적으로 이루어졌다는 점에 유의해 볼 필요가 있다.

'분사도감' 판은 1243~48년의 6년 동안에 총 17,124장[109]이 산출되었다. 그리고 강화경판 중에서 '분사도감' 판의 조성이 종료된 1248년 이후에 균여의 저술인《십구장원통기》,《석화엄교분기원통초》등의

---

107) '분사도감'의 간기에서 '彫造'로 刻印되어 있는 곳은 즉 k.79《大方廣佛華嚴經》의 권제49와 k.1499《종경록》의 권제32, 그리고 k.1506《大方廣佛華嚴經搜玄分齊通智方軌》의 권제2상과 권제2하 및 권제3상 등 3권, k.1513《華嚴經探玄記》의 권제3, 권제5, 권제6, 권제10, 권제11 등 5권 등 도합 10권이다.

108) '고려국 분사도감'의 간기에서 '奉勅彫造'로 각인되어 있는 곳은 즉 k.1050《經律異相》의 권차 1~4, 7~8, 11, 14, 15~22, 24~26, 29~31, 35, 37~40, 42, 46~47 등 30권과, k.1499《종경록》의 권차 16, 22~24, 34~35 등 6권 등 도합 36권이다.

109) 본서 1부 2장의 〈표 1-2-1〉 참조.

조판작업이 이루어지긴 했으나, 이것은 보완적 작업에 불과했을 뿐이고 1248년에 강화경판의 조판공역은 사실상 종료되었던 것이다.

〈표 1-2-7〉에서 '분사도감' 개판이란 간기로 이루어진 경전 6종 128권은 강화경판의 전체 공역을 완료할 시점에 이르러 조성된 경판임을 알 수 있다. 경판의 조조처가 이 시점에 이르러 각 지역에 더 많이 분산 설치되게 되자, '분사남해'에서 경전 6종 128권이 조성되었던 것이 아닌가 추정된다. 다시 말하면 1245~48년의 4년 동안에 '분사남해'에서 경전 6종 128권이 조성되었을 것으로 짐작된다는 뜻이다. 만약에 추측을 용인한다면 간기의 유형에 따라서 경판 조성의 장소를 대별할 수 있다는 논법도 성립할 수 있게 되는 것이다.

'고려국 분사도감'의 간기 유형은 (A형)고려국 분사대장도감 봉칙 조조(高麗國 分司大藏都監 奉勅彫造), (B형)분사대장도감 조조(分司大藏都監 雕造), (C형)분사대장도감 개판(分司大藏都監 開板) 등 3종으로 대별할 수 있다.[110] 이렇게 3종의 유형으로 분류될 수 있다는 것은 경판 조성의 장소—공방이 각각 상이하였기 때문에 나타난 현상일 것으로 생각된다. 이것은 '분사도감'이 여러 곳에 분산 설치되어 있었을 것이다는 말과 동일할 수도 있다. 다시 말하면, 《종경록》 총 100권의 경판 중에는 남해가 아닌 다른 곳에서 조성된 경판도 있었을 것이라는 말도 될 수 있다. 그렇다면 남해가 아닌 다른 곳에 경판의 조성장소가 있었다면 과연 어느 곳에 그것이 설치되어 있었을까.

---

110) 《종경록》의 간기 내용이 '開板'과 '奉勅彫造' 등으로 나누어지는 것에 대해서 "그 語意도 다소간의 차이가 있을 것으로 생각되지만 현 상태에서 뚜렷한 결론을 내리기는 어려워 보인다"고 하였으나, 2개의 語義가 상이하였던 점에 대한 것을 이미 지적해 놓은 것을 볼 수 있다(金相永, 〈高麗大藏經과 南海分司都監〉《南海分司都監 關聯 基礎調査 報告書》, 1994, 34쪽).

《동국이상국집》의 각판장소는 그 의문을 해결하는 데 중요한 단서가
될 수 있을 것이다. 당시 이규보의 손자인 이익배(李益培, ?~1292)
는 "이제 '분사도감'에서 해장(海藏)의 조성을 완료한 여가에 칙명을
받들어 목판(木板)을 새기게 되었다"하고, "나는 다행히 이 군의 수령
으로 있었으므로 가장본(家藏本) 한 질로 수교(讐校)하였다"고 했다.
그리고 "신해세 고려국 분사대장도감봉칙조조(辛亥歲 高麗國 分司大
藏都監奉勅雕造)"란 간기와 '분사도감'의 조직 체계로 이해될 수 있는
기록 등[111]을 부기해 놓았다.

신해세 즉 고종 38년(1251)에 '고려국 분사도감'에서 이규보의 시
문집인《동국이상국집》을 임금의 칙서를 받들어 조조할 당시 이익배는
이 군의 수령 즉 하동군의 감무로 재임하고 있었던 것이다. 하동군은
진주에서 가까운 거리에 위치하고 있었기 때문이기도 하겠지만 당시 진
주목의 관내였으므로 관내에 설치되어 있었던 '분사도감'에서의 경판
조성을 돕지 않을 수 없었을 것이다.

하동군의 감무인 이익배가 가장본으로 수교를 해서 출판하게 된《동
국이상국집》은 그 조판의 장소가 남해현, 즉 도서(島嶼) 지역이 아니고
그보다 더욱 가까운 진주목 관내의 어느 지역에 위치하고 있었을 것이
다. 이 말은 동시에 강화경판의 각판장소가 남해현의 지역 외에 다른
곳에 설치되어 있었다는 말이 되기도 하는 것이다. 경남 산청군의 단속
사지(斷俗寺址)는《동국이상국집》의 각판 장소인 동시에 '분사도감'
조조처의 하나로서 최근에 밝혀지기[112]에 이르렀다. 《동국이상국집》을

---

111)《東國李相國集》跋尾(《高麗名賢集》제1책, 572쪽).

112) 최근《동국이상국집》판을 판각하였던 구체적인 장소가 斷俗寺였던 것으로
　　 판명되고 있다. 이에 대해서는 金潤坤,《高麗大藏經》조성의 참여계층과
　　 雕造處〉《人文科學》12, 1998 및 본서 1부 2장 3절 참조.

간행했던 시기로부터 훨씬 후대이긴 하지만 진주목에서 최해(崔瀣,
1287~1340)의 문집인《졸고천백(拙藁千百)》이 간행되었던 것은,
고려시기에 진주목은 문집 · 경판의 판각장소로서 구실을 하여왔음을
보여주는 좋은 참고가 된다.

　신해세(1251)에 '분사도감'에서 이규보의 시문집인《동국이상국집》
을 조조했을 당시 이익배는 "이제 분사도감에서 해장(海藏) 의 조성을
완료한 여가에 칙명을 받들어 목판을 새기게 되었다"고 했다. 그러나
실제로 경판 조성 작업이 이때 모두 완료되었던 것은 아니었다. 그럼에
도 불구하고 경판 조성작업이 완료되었다고 하였던 것은 강화경판의 전
체가 완료되었다는 말이 아니라 진주목의 '분사도감' 특히 단속사에서
경판의 간판작업이 완료되었던 사실을 말한 것일 것으로 짐작된다.

　《동국이상국집》의 각판사업과 거의 동시에 진행되었던 사업을 예거
해 보기로 한다. 균여가 찬한《원통초》의 맨 끝장에 "강화경 신해십일
월 서(江華京 辛亥十一月 書)"[113]라고 하였다. 이것은 "고종 38년
(1251) 개판하려고 정사(淨寫) 한 것"[114]을 뜻한다고 한다. 여기 강화
경에 대한 언급은 전혀 없으나, '연대'와 '장소'의 두 의미가 있을 것이
다. 그 두 의미 중에서 후자의 뜻으로 사용한 것인 듯 싶다. 다시 말하
면 "강화경에서 신해년(1251) 11월에《석화엄교분기원통초(釋華嚴敎
分記圓通鈔)》의 권제6을 정사하였다"란 뜻일 것이다. 요컨대 '강화경'
은 그 원통초를 새로 개판하기 위해서 정사한 장소를 뜻하고 있는 것이
다. 이렇게 생각하는 까닭은 그 원통초 총 10권 중에서 오직 권제6의

---

113) k.1510《釋華嚴敎分記圓通鈔》의 권제6 말미(《高麗大藏經》 제47책,
　　　224쪽).
114) 朴泳洙, 〈高麗大藏經版의 研究〉《白性郁博士頌壽紀念 佛敎學 論文集》,
　　　1959, 441쪽과 徐首生, 〈大藏經의 補遺藏經板研究(1)〉《慶大論文集》
　　　(人文 · 社會科學) 22, 1976, 14쪽.

맨 끝장에만 '강화경 신해십월일 서'의 사실이 밝혀져 있기 때문이다.
이것은 고종 38년(1251) 경에 강화경에서 원통초의 총 10권을 개판
하던 과정에서 권제6을 새로 정사하여 보충하였던 사실을 시사해 주고
있는 것으로 본다.

　강화경판에는 균여의 찬이 모두 4질이 입장되어 있으므로, 그 중에
서 2개를 더 골라서 개판과 정사 등이 각기 이루어진 다른 예들을 살펴
보기로 한다.

（Ｅ）-㉠ 本講和尙　名天其　以丙戌春　始住雞龍岬寺　搜古藏　得此記
　　　　乃首座文人曇林　親承所錄也　本講和尙　…　親削方言　校其
　　　　差舛　以融公本文參寫　離爲二通　以施後學也　高麗國　江華
　　　　京十九年庚戌　月　日　弟子等　誌（《十句章圓通記》卷第下
　　　　末）

　　　　㉡ 本講和尙　興王寺敎學僧統天其　以甲午年　始住開泰寺　於
　　　　古藏　搜得此本　乃八德山歸法寺圓通首座均如所說　…　本講
　　　　自是　常依而開演　及示寂　弟子等　以江華京十七年戊申歲
　　　　於東泉社　請諸德結安居　削去方言　以施學人　則本講和尙
　　　　之志也　…　辛亥五月　日　弟子　誌（《釋華嚴旨歸章圓通鈔》卷
　　　　第下　末）

　위（Ｅ）-㉠은 병술년(고종 13, 1226) 봄에 계룡갑사에서 주석하고
있던 천기(天其)가 균여의 문인인 담림(曇林)이 기록해 놓은《십구장
원통기》를 찾아내어 여기에 신라의 방언을 삭제하고 잘못된 곳을 교정
하였으며, 법융공(法融公)의 본문까지 첨사(添寫) 하여 2통을 만들어
제자들에게 나누어주었는데, 이것을 강화경 19년, 즉 고종 37년

(1250)에 제자들이 '지(誌)' 했다는 것이다. 여기서 특히 주목되는 것
은 천기가 1226년(병술년)에 계룡갑사에서 주석하고 있으면서《십구
장원통기》를 입수 개찬하였던 때로부터 24년 뒤인 1250년에 그의 제
자들이 강화경에서 '지' 하게 된 점이다. 다시 말하면 천기가 원통기를
입수 개찬하였던 시기와 그의 제자들이 '지' 했던 시기 등의 간격 거리
를 주목해 볼 필요가 있다는 말인 것이다. 여기 '지'에 관한 뜻을 정확
히 알 수 없지만 '개판'을 의미하고 있을 것으로 짐작된다. 강화경판의
각수 및 기진자 등 이름 아래에 간(刊)·수(手)·도(刀)·지(誌)·각
(刻) 등의 글자를 각인해 놓은 것이 산견되고 있으며, 이것은 대략 개
간과 판각 및 기진 등의 뜻을 표현한 것이라고 생각된다.[115) 따라서 본
서의 개찬 정사를 했던 시기와 그것을 개판했던 시기가 각각 상이하였
음을 파악할 수 있다. 요컨대 강화경 19년, 즉 고종 37년(1250)에 제
자들이 지했던 것은《십구장원통기》를 개판할 때 남긴 발문이었을 것이
다. 일찍이 박영수(朴泳洙)도 원통기는 "고종 37년 경술에 개판한 듯
하며 형태는 원장(原藏)과 같다"[116)고 한 바가 있다.

  다음 (E)-ⓛ은 홍왕사의 교학승통(敎學僧統)인 천기가 갑오년(고
종 21, 1234)에 개태사에서 주석하고 있을 때 균여의《지귀장원통초
(旨歸章圓通鈔)》를 발견 소지하고 있었는데, 그가 죽고 강화경 17년
(무신세) 즉 고종 35년(1248)에 그의 제자들이 동천사(東泉社)에서
안거를 하면서 그《지귀장원통초》에 방언을 삭제하여 학인들에게 나누
어준 바가 있었으며, 신해년(고종 38, 1251) 5월에 "제자 지(弟子
誌)"하였다는 것이다. 여기서 고종 35년(1248)에 천기의 제자들이
균여의 찬인《지귀장원통초》에 방언 삭제와 정사 등을 행하였으며, 이

---

115) 金潤坤, 앞의 논문, 1990, 237~240쪽 및 250쪽.
116) 朴泳洙, 앞의 논문, 441쪽.

것을 3년 뒤인 동왕 38년(1251) 5월에 현재의 《석화엄지귀장원통초
(釋華嚴旨歸章圓通鈔)》로 조성하였음을 파악할 수 있다.

위의 (E)- ㉠과 ㉡ 등을 통하여 고종 37~38년의 2년 사이에 균여
의 찬인 《십구장원통기》와 《석화엄지귀장원통초》 등이 강화경에서 개판
이 이루어졌음을 파악할 수 있다. 여기서 특히 첨언해 두고 싶은 것은
앞에서 살펴 본 '강화경 신해십일월 서(江華京 辛亥十一月 書)'의 '강
화경'과 (E)- ㉠의 '강화경 십구년 경술(江華京 十九年 庚戌)' 및 ㉡
의 '강화경 십칠년 무신세(江華京 十七年 戊申歲)' 등에서 볼 수 있는
'강화경' 등은 각각 상징하고 있는 대상이 크게 다른 점이다. 다시 말
하면 전자는 《석화엄교분기원통초》의 징사 내지 개판 등의 장소를 뜻하
고 있으나, (E)- ㉠·㉡ 등의 후자는 개경에서 강화경으로 옮긴 연차
(年次)를 뜻하고 있는 점에서 크게 다른 것이다.

《석화엄교분기원통초》의 '강화경 신해십일월 서' 중의 신해년은 강화
경으로 천도한 지 20년째가 되는 연도이므로, 정사의 과정에서 '20년'
이란 연도를 잘못하여 결락한 것이지 정사·개판 등의 장소를 나타낸
것은 아니다는 주장이 나올 수도 있을 듯하다. 그러나 '강화경 신해십
일월 서'는 《석화엄교분기원통초》의 권 제6을 정사·개판할 당시에 남
긴 기록이며, (E)- ㉠의 '강화경 19년 경술' 및 ㉡의 '강화경 19년
무신세' 등과 같이 정사할 당시의 연대만을 표한 것과 상이하기 때문에
위와 같은 가능성은 거의 없을 것으로 생각된다. 그리고 《석화엄교분기
원통초》는 균여가 마가갑수(摩訶岬籔)·법왕사(法王寺) 등지에서
958(광종 9)~962년(동왕 13) 등 5년 동안에 법설(法說)하였던 5개
의 필사본을 흥왕사 교학승통인 천기가 "후인들로 하여금 이 책의 연원
을 알게 하기 위해서 편찬케 한다"고, 그 편찬의 동기를 밝혀 놓았다.
이 《석화엄교분기원통초》와 (E)- ㉠《십구장원통기》 ㉡《석화엄지귀
장원통초》 등을 조판하였던 시기와 장소 등이 모두 상이하였기 때문에

동일하게 볼 수 없을 것으로 본다.

위에서와 같이, 균여의 모든 찬서에는 다른 경판의 간기와 같은 각성인(刻成人)이 없기 때문에 개판의 연대와 장소 등을 정확히 파악할 길은 없다. 그러나 이 찬서들은 모두 소위 보유판—외장에 속해 있는 경판들이기 때문에 '고려국 분사도감'에서 각성되었을 것으로 추정된다.

제2절 강화경판의 조성 기구와 그 기능

1. 분사도감의 구성

현재 해인사의 장경각에 소장되어 있는 강화경판의 조성기구에 관해 먼저 살펴보기로 한다. 이규보(1168~1241)의 〈대장각판군신기고문(大藏刻板君臣祈告文)〉에는 다음과 같이 강화경판의 조성기구를 밝히고 있다.

(F)- ㉠ 이제 재집(宰執)과 문무 백관 등이 함께 홍원(洪願)을 발하였으며, 이미 구당관사(句當官司)에 요원(要員)을 배치하여 그들에 의해서 경영이 시작되었다(《東國李相國集》 卷25, 〈大藏刻板君臣祈告文〉).

위 기고문(祈告文)의 제례(祭禮)는 정유년(1237)에 개최되었고, 이 해에 경판이 실제로 산출되기 시작하였던 것이다. 이 해 전에 이미 구당관사가 설치되고 업무를 담당할 요원들이 배치되어 있었던 것이다.

여기 구당관사는 고려국 대장도감을 의미하고 있었던 것이 틀림없고, 그 관사에는 업무를 담당할 관원들이 배치되어 있었음을 알 수 있다. 이런 준비가 이미 완료되어 있었기 때문에 기고례(祈告禮)를 행한 연도에 경판산출이 바로 이루어질 수 있었던 것이다.

현재 강화경판의 간기에 의해서 '고려국 대장도감'과 '고려국 분사대장도감' 등이 그 기구의 정식 명칭이었음을 알 수 있다. 그 기구는 각판사업을 완수한 후에도 하나의 독립기구로 존속해 오고 있었다. 충숙왕 즉위년(1313) 3월에 "쌀 300석을 대장도감과 선원사(禪源社)에 나누어 주었다"[117]고 한 것은 그 하나의 예증이 될 것이다. 대장도감에 쌀을 분급한 이때는 대장경판이 완성된 후 60여 년의 세월이 흐른 뒤였다. 이때에도 대장도감은 국가로부터 쌀을 분급받는 중요한 관사로 존속해 오고 있었음을 알 수 있다. 그러나 고려시대 문헌 중에 대장도감의 기구 및 조직체계 등에 대한 것을 밝혀 놓은 것이 없다.

《고려사》백관지의 제사도감각색(諸司都監各色) 조에는 58개의 도감에 관한 기록이 수록되어 있으며, 여기 각 도감에는 그 치폐(置廢)의 연혁과 관원의 수 및 기능 등에 관한 것이 대부분 기록되어 있다. 그러나 58개의 도감 중에는 대장도감 및 분사도감 등에 관한 기록은 전혀 없다. 몽고 병사들이 전국을 유린하면서 야만적 살육행위를 자행하고 있는 비상시국하에서 대장경판의 조성사업이 진행되었다는 것은 잘 알고 있는 사실이다. 이같은 비상시국하에서 거국적 사업인 대장경판의 조성을 위해서 설치하였던 대장도감, 이 기구의 연혁 및 조직체계 등에 따른 기록이 《고려사》의 백관지 등에 전혀 수록되어 있지 않다는 것은 결국 무엇을 설명해 주고 있는 것일까? 이 문제의 답을 구하기 위해서

---

117)《高麗史》卷78, 食貨志 1, 租稅, 충선왕 후 원년 3월. 여기 후 원년은 충숙왕의 즉위년이다.

우선 도감이 그 동안 수행해 온 역할 및 기능 등에 관해서 일별해 볼 필요가 있다.

강화경 20년(고종 38, 1251)에 왕은 문무백관을 거느리고 강화성의 서문 밖에 있는 대장경판당(大藏經板堂)까지 가서 대장경판의 조성사업을 완료하였음을 고하는 분향례를 올렸다고 한다. 여기 '대장경판당'은 그동안 판각하였던 대장경판을 쌓아놓은 단순한 일종의 장경각에 불과하였는지, 혹은 아니면 그동안 대장경의 조성사업을 주관해 왔던 관사의 기능을 겸하고 있었던 판당(板堂)이었는지, 그 기능에 대해서 현재 분명히 파악할 수 없다. 이 사실을 전해 주고 있는 자료의 전후를 살펴볼 때 후자의 기능을 겸하고 있었다고 판단하는 것이 옳을 것으로 짐작된다. 그러면 자료의 전체를 다시 한번 살펴보기로 한다.

(F)-ⓛ (왕은)강화성의 서문 밖에 있는 대장경판당에 행차하여, 백관을 거느리고 분향을 행하였다. 현종 때 판본이 임진(고종 19, 1232)의 몽고 군사 침입 때 불타버렸다. 임금과 군신은 다시 발원하여 도감을 설립하여 16년 만에 공역을 끝냈다(《高麗史》卷24, 고종 38년 9월 임오).

이것이 그 자료의 전체이다. 여기 16년은 고종 23년(1236)에 경판 조성의 시작으로부터 동왕 38년(1251)에 그 작업의 완료까지 기간으로 이해하여 오고 있는 것이 일반적이다. 이 기간 동안에 대장경판의 조성사업을 주관해 왔던 관사는 '도감'이었음을 이 자료에서도 분명히 알 수 있다. 경판이 산출되기 전에 이미 구당관사, 즉 도감을 설치하고 요원을 배치하였다는 사실을 이미 앞에서 살펴 본 바가 있다. 따라서 도감의 기능은 대장경판의 조성에 따른 일체의 직무를 담당하는 것이었음을 알 수 있다. 그 일체의 직무를 대별하면, 대장경판의 조성사업에 따른 정책적 측면과 실무적 측면 등 두 방향으로 나누어 볼 수 있다. 대장도감의 경판 조성작업에 따른 실무적 기능은 '대장경판당'의 관사에서 주로 집행하였던 것이 아닌가 추측된다. 만약 이 추측이 용인된다면 대장도감의 관사는 강화성의 서문 밖에 위치하고 있었다는 말도 성립하는 것이다.

강화경판의 각 권말에 있는 간기에 의하면, 대장도감 혹은 분사도감은 거의 대부분 봉칙조조, 즉 임금의 칙명을 받들어 판가하여 조성했다는 사실을 밝혀 놓았다. 이것은 대장경판의 조성이 당시 집권자인 최우의 개인적 필요에 의한 것이 아니라 국가의 사업임을 천명해 놓은 것이라고 볼 수 있다.

최이정권은 대장경판의 조성사업에 총력을 기울였을 것은 틀림없을 것이다. 대장경판의 조성을 위해서 그들은 "특별히 도감을 설립하고 사재를 시납하여 판각을 거의 절반이나 조성하였다"[118]고 한 것에서 그것을 알 수 있다. 많은 사재를 시납하여 대장경판을 조성하였음에도 불구하고 그들은 '봉칙조조' 즉 황제의 칙명을 받들어 조성한다는 것을 표명하지 않을 수 없었던 것은 당시 정치·사회적인 급박한 사정 때문이었을 것이다.

무인 최씨정권은 당시 안으로 각 지방의 농민·천민의 봉기와 밖으로 몽고의 침입 등 내우외환으로 위기에 처해 있었다. 이같은 상황하에서 대장경판의 조성사업이 추진되어 가고 있었다. 이 사업은 난숙한 불교문화의 사회 분위기에서 정부쪽으로 민심을 귀일시키는 데 최고의 정책적 사업이 될 수 있었을 것으로 짐작된다. 대장경판의 조성사업에 무인 최씨정권은 모든 역량을 경주함과 동시에 최선의 노력을 다하지 않을

---

118) 晉陽公崔怡(瑀) … 別立都監 傾納私財 彫板幾半(《高麗史》卷129, 崔忠獻 附 沆傳).

수 없었을 것이다.

대장경판을 조성하기 위해서 설립한 '고려국 대장도감'은 기타 다른 '도감' 처럼 새로 조직 구성하였던 것이 아니라, 당시 정부 통치조직 전체를 경판의 조성기구로 전환하였기 때문에 특별히 그 기구의 조직체계를 기록해 놓지 않았을 것으로 추측된다. 다시 말하면 당시 집권자인 최이를 최고 정점으로 한 정부의 행정체제를 곧 그대로 대장경판 조성의 조직기구로 전환하였기 때문에《고려사》의 백관지 등에 그 조직기구를 특별히 기술해 놓을 수가 없었을 것이다.

앞에서 대장도감의 기능 중에 대장경판의 조성사업에 따른 실무적 측면은 대장경판당의 관사에서 주로 집행하고 감독해 나갔을 것으로 추단하였지만, 정책적 측면의 집행기구에 관해서는 언급하지 않았다. 이 정책적 측면의 집행은 곧 당시 집권자인 최이를 최고 정점으로 한 정부의 행정체제가 담당하였을 것이다. 요컨대 대장도감의 상부구조는 무인 최씨정권의 최고 통치부가 그 직무를 수행함에 따라 별도로 구성할 필요가 없었으며, 그 하부구조는 실무자급을 새로운 전담 관원으로 조직하였을 것이다. 그리고 대장도감의 산하기관으로 분사도감이 설치되어 있었다.

대장경판의 조성기구가 기존의 행정조직을 전용하고 있었다는 것에 대한 예증을 아래에서 들어보기로 한다.《남명전화상송증도가사실(南明泉和尙頌證道歌事實)》권3의[119] 말미에 경상진안동도 안찰부사 도관낭중 전광재(全光宰)의 지(誌)가 수록되어 있다. 이 지 가운데 "세무신 안행변한도 겸임 대장분사(歲戊申 按行卞韓道 兼任 大藏分司)"란 구절이 포함되어 있다. 여기 무신년은 고종 38년(1248)에 해당하

---

119)《高麗大藏經》제45책, 59쪽.
120)《慶尙道先生案》에 의하면 "戊申春夏等 按察使金光宰 秋冬等仍番"이라고

며, 안행변한도는 경상도의 안찰사(按察使)를 의미하고 있는 것이다. 《경상도선생안(慶尙道先生案)》에서도 이 사실은 확인되고 있다.[120] 여기서 가장 중요한 것은 전광재가 경상도의 안찰사로서 분사도감의 직책을 겸행하고 있었다는 사실이다. 다시 말하면 전광재 개인이 대장경판의 조성사업을 돕고 있는 것이 아니라 경상도의 안찰사란 직위가 분사도감의 직책을 겸행하도록 되어 있었던 사실의 발견이 중요한 것이다. 이것은 지방행정의 조직과 분사도감의 조직이 제도적으로 결부되어 있었음을 의미하고 있는 것이다. 따라서 경상도의 안찰사 전광재만이 비단 분사도감을 겸임하고 있었던 것이 아니라, 여타 지방의 안찰사들도 분사도감의 직임을 겸임했을 가능성과 중앙부서의 관원들도 대장경판의 조성에 따른 직무를 겸임하였을 것으로 추측할 수 있다.

여기서 중국 송의 병마도감(兵馬都監)에 관해서 잠깐 살펴볼 필요가 있다. 이 도감을 "각 요로에 설치해 놓고 본로의 금려(禁旅)·둔수(屯戍)·변방(邊防)·훈련(訓練)의 정령을 분장케 하였다"[121]고 한다. 여기서 주목되는 것은 중앙과 각 지방 사이에 서로 유기적 관계를 갖도록 설치해 놓은 점이다. 고려 정부에서 이 제도를 참조했는지는 분명히 알 수 없지만, 교정도감(敎定都監)의 경우에 각 도에 교정수획원(敎定收獲員)을 파견하고 별공(別貢)을 징수하여, 무인 최씨정권이 필요로 한 재정수요를 충당한 바 있었다. 이 교정도감은 희종 5년(1209)에 최충헌에 의하여 설치되어 무인 최씨정권의 4대 60여 년은 물론 삼별초(三別抄) 정부의 성립으로 무인정권이 종식되는 원종 11년(1270)

기록되어 있다. 여기 金光宰는 全光宰의 성씨를 오기한 것이 분명하다.

121) 宋朝兵馬都監有路 分掌本路禁旅屯戍邊防訓練之政令(《文獻通考》職官考, 兵馬都監).

122) 崔忠獻擅權 凡所施爲 必自都監出 瑀亦因之(《高麗史》卷77, 百官志 2, 諸司都監各色).

까지 존속해 왔었다. 무인 최씨정권의 권력 남용 등 전횡이나 "무릇 실시하는 바가 반드시 도감으로부터 나왔다"[122]고 하며, 이 도감의 장— 별감의 직임은 최고 집권자들이 계속 세습해 왔다.

교정도감은 밀고·참소 등으로 수집된 각종 정보와 또 정탐자를 파견해서 탐지한 첩보를 종합·분석해서 처리하는 일 뿐만 아니라 교정수획원을 각 지방으로 파견해서 별공을 징수하기도 했다.[123] 교정수획원들이 각 지방에 파견되어 특산물과 어량(魚梁)·선세(船稅) 등을 부과 징수함에 있어 횡포가 심해지자 무인 최씨정권에 대한 반감이 높았다고 한다. 그러자 이 정권의 제3대 집권자인 최항은 "각 도의 교정수획원을 불러들이고, 그 직임을 안찰사에게 위임하는 것으로써 민심을 수습하려고 했다"[124]고 한다. 그러나 곧이어 교정수획원 제도를 부활시키고 말았다.

교정도감의 교정수획원들을 각 지방에 파견하여 토산물 및 어량·선세 등을 부과 징수했던 것과 대장경 조판사업을 위해서 분사도감을 설치했던 것이 서로 유사한 점이 있었을 것이다. 그리고 교정도감의 상부조직이 무인 최씨정권의 집권자들을 정점으로 하여 이루어져 있었던 것처럼 '대장도감'의 상부조직도 그와 동일하게 이룩되어 있었을 것으로 추정되며, 이 두 도감은 서로 보완관계로 존립하고 있었을 것으로 생각되기도 한다. 그리고 '분사도감'의 별감은 각 도의 안찰사가 겸임하였던 것도 유사한 형상의 하나였을 것이다. '분사도감'의 조직체계가 어떠하였는지를 진주목의 경우를 그 예로 들어보기로 한다.

---

123) 金潤坤, 〈高麗武臣政權時代의 教定都監〉《嶺南大 文理大學報》11, 1978.

124) 崔沆以教定別監牒 … 又徵還諸道教定收獲員 委其任於按察使 以收人心 (《高麗史節要》卷16, 고종 37년 1월).

　고종 38년(1251)에 왕이 문무백관을 거느리고서 강화경성(江華京城)의 서문 밖에 있는 대장경판당으로 가서 분향을 올린 바로 그 해에 남쪽 진주목의 경내에 설치되어 있던 '고려국 분사도감'에서도 이규보의 시문집 53권과 연보를 판각 완료하였다. 이 경위에 관해서 이규보의 사손(嗣孫)인 익배(益培)는 "이제 분사도감이 대장경의 판각을 마치고 나서 칙명을 받들어 이 시문집을 판각하게 되었다"고 하고, "다행히 진주목의 관내인 하동군에서 감무로 재임하고 있이 가장본(家藏本) 한 질로 수교하였다"고 하였다. 그리고 아래의 도표에서 볼 수 있는 바와 같은 분사도감의 조직체계를 밝혀 놓았다.

〈표 1-2-8〉 진주목의 분사도감 직제

番號	職位	官 職 및 品 階	姓 名
1	使	按察使(春夏)	孫 薈
		按察使(秋冬)	田 某
2	副使	晉州牧副使兵馬鈐轄試尙書工部侍郎	全光宰
3	錄事	將士郎軍器注簿同正	井洪湜
4	錄事	將士郎軍器注簿同正	張世侯
5	校勘	河東郡監務管句學事將士郎 良醞令	李益培

　위의 〈표 1-2-8〉에서 1~5까지의 순서는 분사도감의 직위를 위에서 아래로 서열화한 순이며, 《동국이상국집》 발미에서는 그 역순으로 기록되어 있다. 이 발문에서 또 사(使)의 성명을 기록하는 칸은 빈칸으로 남겨 놓았으므로 《경상도선생안》의 당해년 안찰사를 조사하여 보충해 넣었다. 이 발문에서 사(使)의 관직·품계·성명 등을 기록하지 않고 공란으로 남겨 놓은 원인을 찾아 볼 필요가 있다. 당시 경상도의 안찰사 관하에는 진주목 밖에도 경주·상주 등의 계수관이 설치되어 있어

안찰사가 진주의 ‘분사도감’에만 주재하고 있지 못할 사정이 있었을 것이다. 현재 분명히 말할 수는 없지만, 각 도의 계수관을 중심으로 ‘분사도감’이 설치되어 있었을 것이다. 그 많은 대장경 판각을 위해서는 목재와 식량의 운반 그리고 각수의 동원, 조각도의 제조 등이 필요하였을 터이므로, 전국민을 동원하는 체제가 구축되어 있지 않고서는 대장경판의 조성이란 어려운 사업이었을 것으로 생각되기 때문이다.

진주목 ‘분사도감’의 실제 최고 관리자는 부사 전광재였다. 그러나 경상도에 소재하고 있는 ‘분사도감’의 최고 관리자는 안찰사임이 분명하다. 부사인 전광재가 3년 전인 고종 35년(1248)에 경상도 안찰사로서 ‘분사도감’의 직분을 겸임하고 있었던 사실을 이미 앞에서 살펴본 바 있다. 당시 전광재는 도관낭중(都官郎中, 정5품)으로서 경상도의 안찰사였으나, 3년 후인 고종 38년(1251)에는 상서공부의 시랑(侍郎, 정4품)으로 승진하여 진주목 부사로 부임하게 되었던 것이다. 관질이 낮은 안찰사와 또 이보다 높은 목사를 상하관계로 하여 상호 모순되게 해놓은 것은 그들 사이의 수평적 야합을 예방하고 서로의 협조와 감시·견제를 통하여 소기의 목적을 달성하자는 데 그 근본적인 목적이 있었으며, 고려시대 지방 통치조직의 특징이었다.[125]

위 〈표 1-2-8〉의 3~4번은 서술의 편의상 5번 다음에 논급하기로 한다. 5번의 교감은 하동군 감무인 이익배가 담당하고 있다. 이것은 물론 그의 조부 이규보의 시문집을 발간하였기 때문이었을 것이다. 이 사실은 또 다른 측면을 시사해 주는 점도 있다. ‘분사도감’의 최고 직임을 겸임하고 있었던 안찰사는 대장경의 판각사업에 필요하다고 판단될 경우 그 관내 군현의 수령급을 동원하여 소임을 분담시켰을 가능성을

---

125) 金潤坤, 《高麗郡縣制度의 硏究》, 경북대 박사학위논문, 1983과 〈羅麗郡
        縣民 收取體系와 結負制度〉《民族文化論叢》9, 1988 참조.

시사해 주고 있는 점이다. 여기서 한 걸음 더 나아가 생각하면 분사도
감 요원들의 요구에 따라 물자와 노동력 징발의 빈도·수량 등이 결정
되기도 하였을 것 같기도 하다. 다음 3~4번의 녹사 2인이 모두 '장사
랑(종9품하) 군기주부동정'이었던 점에 먼저 주목해 보기로 한다. 이
품직은 대개 음사자가 초임으로 받는 것이라고 하며, 특히 동정직은
"정원 밖에 첨설된 인원이었다"[126]고 한다. 따라서 진주목에 소재지를
두고 있는 '분사도감'의 녹사들은 기존의 행정관원들이 아님을 피악할
수 있다.

여기서 참고로 공민왕 3년(1354)에 진주목에서 최해의《졸고천백》
을 간행하는 데 참여한 관원과 그 조직체계에 관해서 실펴보기로 힌다.
① 봉선대부(종4품)의 안렴사, ② 중정대부(종3품상)의 목사, ③ 통직
랑(정5품)의 판관, ④ 통사랑(정9품)의 사록·참군사·장서기, ⑤ 각
수, ⑥ 색(色)—호장 등의 순으로 기록되어 있다. [127] 여기 ①~⑥까지
의 관리와 각수는《졸고천백》을 간행하는데 계통적으로 참여한 자들이
다. 이중에서 ⑤의 각수를 제외하고 보면 진주목 행정체계의 서열이 된
다. 또한 이를 통하여 주목, 즉 계수관에 재임하고 있던 관원들의 품계
와 조직체계를 알 수 있다.

위의 〈표 1-2-8〉과《졸고천백》을 간행하는 데 나타나고 있는 진주목
관원조직의 체계를 서로 비교해 보면 큰 차이가 있다. 특히 부사 이하
의 관원조직 체계에 큰 차이가 있다. 다시 자세히 말하면《졸고천백》을
발간할 때 참여한 판관과 사록·참군사·장서기 등이 '분사도감'에서
는 빠진 대신에 '장사랑군기주부동정' 2인과 '장사랑양온령' 1인이 새
로 참여한 점이 서로 대조적인 큰 차이점이다. 이 중에서 '장사랑 군기

---

126) 李佑成, 〈高麗時代의 吏에 對하여〉《歷史學報》23, 1964.
127)《拙藁千百》卷2, 末尾;《高麗名賢集》2책, 1973, 426쪽.

주부동정' 2인은 대장경을 판각하기 위하여 새로 특채된 요원들임을 파악할 수 있다. 따라서 이들은 대장경판의 새로운 조성에 따른 직무만을 전담하고 있었던 요원이었음이 분명하다. 요약하면, '분사도감'의 상부조직은 안찰사와 계수관 등으로 하여금 겸임하게 하고, 그 하부조직은 기존의 지방행정 관원이 아닌 새로운 전담 요원으로 충원하였던 것이다. 이 요원은 '장사랑 군기주부동정' 및 '장사랑 양온령', 즉 초임의 음사자로 충원되었던 것이다.

무인 최씨정권이 새로운 대장경을 조성하기 위해서 표면적으로 내세운 명분이야 어떠하든 간에, 그 조성의 기본 동기는 불력(佛力)을 빌어 전국의 통치조직의 운영을 원활히 하여 몽고의 침략을 격퇴하려는 데 있었을 것이다. 많은 음사자들에게 새로운 직책을 부여함으로써 정권의 새로운 협조자를 양산할 수 있게 되었고, 동시에 통치조직의 운영에 새로운 활력소가 되기도 하였을 것이다. 무인 최씨정권이 대장경의 조성사업을 강력하게 추진하게 된 동기의 하나가 바로 여기에 있었을 것으로 믿는다.

2. 분사도감의 기능

분사도감은 언제 설치되었으며, 그 기능은 무엇이었는지 현재 정확히 알려진 것이 없다. 그러면서 그 설치 장소는 오직 진주목 관내 남해현에만 있었던 것으로 추정해 오고 있다. 이의 잘못에 대한 견해를 이미 앞에서 밝힌 바 있다.[128] 다시 위의 의문 중에 일부분이나마 해소하기 위해서, 경판을 판각하였던 각수 가운데 임의로 4인을 선택하여 이들이 분사도감에서 판각하였던 시기와 판각의 수량 등을 살펴보기로 한

---

128) 본서 1부 2장 1절 참조.

다. 이것을 먼저 표로 그려보면 대략 〈표 1-2-9〉와 같다.

이 〈표 1-2-9〉는 임대절(林大節)·조예전(趙禮全)·의천(義天)·효겸(孝兼) 등 4인이 분사도감에서 판각하였던 경전과 판각 수량을 나타낸 것이다. 이 표에서 공통적으로 나타나고 있는 사항을 먼저 지적해 보고자 한다. 첫째, 4인 모두 분사도감에서 첫 판각이 나오기 시작한 해는 계묘년(고종 30, 1243)이며, 또 4인 중에 효겸은 병오년(고종 33)에 경판 1장을 판각하였던 것을 제외하면 모두 갑진년(고종 31)에 판각작업을 끝마쳤던 점이다. 요컨대 분사도감에서 앞 4인의 판각활동은 주로 계묘·갑진 양년 동안에 이루어졌던 것이다. 이것은 비단 4인만으로 한정할 수 없는 현상이있다. 그 양년 동인에 소위 정장(正藏), 즉 내장(內藏)의 전분량의 3분의 1이상이 판각되었음을 볼 수 있다. 이러한 사실을 통하여, 우리는 분사도감의 기능 중에 판각기능이 표면화하기 시작한 해는 계묘년(1243)이며, 그 다음해 갑진년에 이르기까지 가장 왕성한 활동을 펼쳤던 것을 알 수 있다.

대장도감이 대장경판을 조성하기 위해서 설치된 것이 분명하다면, 그 산하기구인 분사도감도 당연히 경판을 판각하기 위해서 설치되었을 것이다. 분사도감에서 경판이 산출되기 시작한 계묘년과 그 이후 갑진년 및 을사년에 걸친 3년 동안에 강화경판 전체 양의 2분의 1이 판각되었다고 한 것은 그 가장 중요한 기능이 경판의 판각이었음을 증언해 주고 있는 것이라고 볼 수 있다.

그러면 분사도감의 판각기능이 이때 이르러 가장 활발하게 된 요인은 무엇이었을까? 이 문제는 당시 국내외 정세와 밀접한 관련이 있었을 것이다. 몽고군이 퇴각함에 따라 양국의 관계는 당시 소강상태를 유지하고 있었으며, 집권자인 최이는 그의 아들 항(沆)을 후계자로 삼을 계획을 진행하고 있었던 때였다. 다시 말하면 최이의 종말이 가까이 오고 있었던 때였다. 대장경의 판각사업을 펼쳐놓은 집권자 최이로서는 조

〈표 1-2-9〉 분사도감에서 4인 각수의 판각수량

刻手名	年代	函號	經名	卷次	張次	張數	2都監의 刻量
林大節	癸卯	競	十住毗婆娑論	5	9, 13, 15	3	癸卯大藏 27張 癸卯分司 8張 甲辰大藏 16張 甲辰分司 4張
	癸卯	履	中阿含經	4	5	1	
	癸卯	左	續高僧傳	8	27~28	2	
	癸卯	典	廣弘明集	1	2	1	
	癸卯	聚	廣弘明集	22	26	1	
	甲辰	二	解脫道論	5	9~10	2	
	甲辰	橫	法苑珠林	35	3~4	2	
趙禮全	癸卯	承	續高僧傳	17	36,38,40,43	4	癸卯大藏 13張 癸卯分司 3張 甲辰大藏 43張 甲辰分司 6張
	甲辰	疑	大唐西域記	1	4	1	
	甲辰	巍	法苑珠林	16	1,4~5	3	
義天	癸卯	舍	經律異相	32	8	1	癸卯大藏 26張 癸卯分司 7張 甲辰大藏 23張 甲辰分司 8張
	癸卯	甲	諸經要集	2, 4	27, 32	2	
	癸卯	亦	廣弘明集	13	34	1	
	癸卯	履, 薄	中阿含經	2, 14	19, 10, 12	3	
	甲辰	切	阿毗曇毗婆沙論	30	29	1	
	甲辰	設	歷代三寶記	12	15~16	2	
	甲辰	輕	御製逍遙論	6	2	1	
	甲辰	橫	法苑珠林	32	33	1	
	甲辰	踐	法苑珠林	64	14	1	
	甲辰	起	不說大集法門經	下	15	1	
孝兼	癸卯		順中論義…法門	下	21~25	5	癸卯大藏 36張 癸卯分司 14張 甲辰大藏 30張
	癸卯		阿毗曇甘露味論	上	34~35	2	
	癸卯	定	正法念處經	3	21~23	3	
	癸卯	靈	經律異相	11	1	1	
	丙午	傍	經律異相	50	3	1	
	癸卯	帳	諸經要集	9	11	1	
	癸卯	亦	廣弘明集	13	48	1	

孝 兼	癸卯	群	廣弘明集	28	40	1	
	甲辰	優	摩訶僧祇律	18	9～10	2	甲辰分司 7張
	甲辰	切	阿毗曇毗婆沙論	21	7	1	丙午大藏 0張
	甲辰	箴	阿毗曇毗婆沙論	41	24～25	2	丙午分司 1張
	甲辰	輕	御製綠識	4	1～2	2	

속한 종결을 원하지 않을 수 없었을 것이다. 분사도감의 판각기능이 활발하게 된 까닭의 하나가 여기에 있었을 것으로 짐작된다.

　둘째, 분사도감에서 4인의 경판 판각 수량을 보면 최고 4장에서 최하 1장에 이르기까지 각 권의 판각 수량이 영세한 점이다. 그리고 4인이 대장도감과 분사도감에서 각각 판각하였던 수량을 보면 임대절은 계묘·갑진의 두 해 동안에 대장도감에서 46장을 또 분사도감에서 12장을 각각 판각하였으므로 후자는 전자의 약 26%에 이른다. 다음 조예전은 같은 시기에 대장도감에서 56장을 또 분사도감에서 9장을 각각 판각함으로서 그 비율은 후자가 약 16%에 이른다. 그리고 의천도 같은 시기에 대장도감에서 49장을 분사도감에서 15장을 각각 판각함으로써 위의 두 사람보다 약간 높은 약 31%에 해당한다. 끝으로 효겸은 위의 3인과는 달리 계묘·갑진·병오 등 3년 동안 분사도감에서 판각작업을 하였다. 그러나 병오년은 대장도감에서 판각작업을 하지 않았으므로 같은 시기 두 도감의 판각량을 서로 비교해 보기는 곤란하게 되었다. 다만 효겸은 3년 동안 분사도감에서 판각작업을 하였지만 그 총수량은 22장에 불과하였다. 이것은 계묘·갑진 두 해 동안 대장도감에서 판각하였던 합계 66장을 서로 비교해 보면 위의 3인보다는 약간 많은 33%에 이르고 있다. 요컨대 4인 모두 같은 시기에 대장도감과 분사도감의 양 도감에서 대장경의 경판을 판각하였던 수량을 서로 비교해 보니, 분사도감에서의 판각 수량이 약 16～33%에 불과할 정도로 적다.

한 사람 뿐만 아니고 4인 모두 분사도감에서 대장경의 경판을 판각하였던 전체의 수량이 각각 9～22장에 불과할 정도로 적다. 따라서 분사도감이 과연 경판의 판각을 위해서 설립되었던 것이었을까 하는 의심이 들기도 한다. 이같은 의심은 4인이 대장도감과 분사도감 등 두 도감에서 판각하였던 수량을 서로 비교해 보는 중에 분사도감에서 판각하였던 수량이 너무나 큰 차이로 적었기 때문에 생긴 것이다. 그 차이의 요인은 이들이 분사도감에서보다 대장도감에서 판각작업을 하였던 시간이 길었기 때문에 생긴 것이 아닌가 싶다. 다시 말하면 이들의 주 판각작업 장소가 대장도감이었기 때문에 나타난 현상이었을 것으로 믿는다.

위의 〈표 1-2-9〉에 나타나 있는 경전을 판각하였던 권별로 대장도감과 분사도감의 두 도감으로 각각 나누어 서로 대비해 보면 경전에 따라 차이가 있긴 하지만 두 도감의 판각기능은 대등하였음을 알 수 있다. 다시 말하면 경전을 판각하였던 각수들이 두 도감의 어느 쪽에서 그 작업을 많이 했는가 혹은 적게 했는가에 따라 판각의 수량면에서 차이가 있을 뿐이며, 두 도감의 판각 기능면은 차이가 없었던 것이 분명하다. 그러면 위의 4인이 판각하였던 경전을 두 도감의 판각 권별로 나누어 표로 그려보기로 한다.

〈표 1-2-10〉 대장도감과 분사도감의 판각수량 비교

番號	經　　名	年代	大藏都監(卷次)	分司都監(卷次)	摘　　要
1	續高僧傳 (全30卷)	癸卯	5～6	1～4, 7～11, 13～26, 28～30	卷12, 27※
2	廣弘明集 (全30卷)	癸卯		1～28, 30	卷30은 廣弘明 集統歸篇.
		甲辰		29	
3	解脫道論 (全12卷)	甲辰		1～2, 5～12	卷3～4는 無刊記.

番號	經　名	年代	大藏都監(卷次)	分司都監(卷次)	摘　要
4	法苑珠林 (全100卷)	甲辰	8~9, 12~13, 63, 66~67, 69, 72~73, 87, 90~91	1~7, 11, 14~62, 64~65, 68, 70~71, 74~83, 85~86, 88~89, 93~100	卷10, 92 등은 無刊記. 卷84※
5	大唐西域記 (全12卷)	甲辰	2	1, 3~12	
6	經律異相 (全50卷)	癸卯	5~6, 9~10, 12~13, 23, 27, 32~34, 36, 41, 43~45, 48~49	1~4, 7~8, 11, 14~17, 19~22, 24~26, 29~31, 35, 37~40, 42, 46~47	卷18, 28※
		丙午		50	
7	諸經要集 (全20卷)	癸卯	1, 5, 7	2~4, 6, 8~16, 18~20	卷17※
8	歷代三寶記 (全15卷)	甲辰		1, 3~6, 8~9, 11~13, 15	卷2, 7, 10, 14 는 모두 無刊記.
9	阿毗曇毗婆沙論 (全60卷)	甲辰		1~2, 4~6, 8~19, 21~28, 30~32, 34~35, 37~43, 45~60	卷3, 7, 9, 33, 36, 44는 모두 無刊記. 卷20※
10	御製逍遙詠 (全11卷)	甲辰	5	1~2, 6~11	卷3, 4는 無刊記.
11	佛說大集法門經	甲辰		上, 下	
12	正法念處經 (全70卷)	癸卯	11~20, 26, 31~40, 42~61	1~10, 21~24, 27~30, 62~70	
		甲辰	41	25	
13	摩訶僧祇律 (全40卷)	甲辰	1~10, 17, 21~26, 28, 31~40	11~13, 16, 18~20	卷14, 15, 27 29, 30모두 無刊記.
14	御製緣識 (全5卷)	甲辰		1, 3~5	卷2는 無刊記.

※ 1번의 卷12 "癸卯歲高麗國 … 勅雕造" 卷27 "癸卯歲高麗國 … 藏都監奉勅雕造"
  등으로 판각되어 있어 대장도감인지, 분사도감인지 구분이 불가능.
   4번의 卷84는 "甲辰歲高麗國 … 勅雕造"로만 판각되어 있음.
   6번의 卷18과 卷28은 "癸卯歲高麗國"의 판각만이 남아 있어 대장도감과 분사도
  감의 구분이 불가능.
   7번의 卷17은 干支 癸卯歲만이 알 수 있고, 대장도감인지 분사도감인지 구분이 불
  가능.
   9번의 卷20은 干支 甲辰歲만이 알 수 있고, 대장도감인지 분사도감인지 구분이 불
  가능.

〈표 1-2-10〉에 있는 경전은 임대절·조예전·의천·효겸 등 4인의
각수들이 계묘·갑진·병오 등 3년 동안에 분사도감에서 판각하였던
것을 골라 뽑은 것이다. 그리고 표에 나타나 있는 경전의 각 권차들은
같은 시기에 위 4인의 각수와 그 밖의 다른 각수들이 판각하였던 전체
를 두 도감별로 분류해 놓은 것이다. 이를 통하여 경판의 판각 수량이
두 도감 중 어느 한쪽이 많을 때도 있고 혹은 그 반대로 적을 때도 있었
음을 알 수 있다. 다시 구체적으로 말하면 14개의 경전 중에서 〈표 1-
2-10〉의 12·13번 등의 경전은 대장도감에서 그 판각의 수량이 많은
경우이고 그 밖의 모든 경전은 분사도감에서 그 판각의 수량이 많은 경
우이다. 위에서 예거한 경전만을 국한하여 보면 분사도감에서 판각하
였던 경판의 수량이 오히려 많은 편이다. 그러나 강화경판의 전체를 대
상으로 보면 분사도감에서 판각하였던 수량에 비하여 대장도감에서 판
각하였던 경판의 수량이 훨씬 많다.[129] 그 경판의 수량이 많은 요인은
대장도감에서의 판각작업 기간이 분사도감에 비하여 거의 2배나 길었
던 것과 또 각수의 수가 많았던 것 등에 있지 않았을까 싶다.

---

129) 朴相國,〈海印寺 大藏經板에 대한 再考察〉《韓國學報》33, 1983에서 "正
   藏 1,497種 6,558卷 가운데 分司大藏都監에서 板刻한 것은 불과 72種
   592卷에 지나지 않는데, 이를 위해서 分司大藏都監을 설치하지는 않았을
   것이다"고 한 바 있다.

다음 〈표 1-2-10〉에서 대장도감과 분사도감의 두 도감에서 각각 판각하였던 경전의 각 권의 차례에 대해서 한번 살펴보기로 한다. 1번 《속고승전》의 전체 30권 중에 제5와 제6의 2권만이 대장도감판이고, 그 나머지는 분사도감판이다. 이것은 처음 분사도감에서 《속고승전》의 전 30권을 판각하도록 계획되어 있었으나 작업의 진행중에 차질로 인하여 결본이 생긴 것을 대장도감에서 보충하였던 사실을 반영해 주고 있는 것이 아닌가 추측된다. 분사도감판 중에 제1권과 마지막 권인 제30권 등이 모두 포함되어 있는 것은 이 도감에서 30권의 경전 전체를 판각하도록 계획되었던 사실을 반영해 주고 있는 것이라고 믿는다.

〈표 1-2-10〉의 1번과 4 · 5 · 6 · 7 · 10번의 내용이 거의 비슷하므로 동일한 유형으로 간주하더라도 어긋나지 않을 것으로 믿는다. 이 중에서 특히 5번 《대당서역기》를 예거하여 논리 전개의 편의로 삼고자 한다. 이 경전의 전체 12권 중에 1∼12권의 사이에 오직 제2권만을 제외하고 모두 분사도감판이고 제2권은 대장도감판이다. 대장도감의 소재지는 강화경에 있고, 분사도감이 만약 진주목의 관내인 남해현에만 있었다면, 전체 12권 중에 분사도감에서 11권을 또 대장도감에서 단 1권을 각각 판각하게 조치했을 것으로 상상하기 어렵다. 이것은 두 도감이 가까운 거리에 위치하고 있었음을 입증해 주는 자료가 될 것이다. 따라서 분사도감은 진부목 관내의 단지 한 곳에만 설치되어 있었던 것이 아니라 강화경의 대장도감과 가까운 곳에도 설치되어 있었을 것으로 생각할 수 있다.

전체 중에서 단 1권만을 대장도감에서 판각하였던 경우는 위의 5번 《대당서역기》뿐 아니고 10번 《어제소요영》도 동일하며, 또 1번과 7번의 대장도감판은 단지 2권 내지 3권 등 소수에 불과하다.

이상에서 분사도감판이 다수이고 대장도감판이 소수였던 경우를 살펴보았다. 다음은 그 반대의 경우이다. 12번 《정법염처경》의 전 70권 중에 대장도감에서 계묘·갑진의 2년 동안에 42권이, 또 분사도감에서 같은 시기에 28권이 각각 조조되었다. 위의 두 경우를 통하여 우리는 대장도감과 분사도감의 판각기능은 대등하였음을 파악할 수 있다.

　다음은 각수들이 대장도감과 분사도감의 두 도감에서 동시에 하나의 경전을 각각 나누어 판각하였던 실례를 살펴보기로 한다. 위에서 예거한 12번《정법염처경》을 판각하였던 각수 중에서 대장도감과 분사도감의 두 도감판을 동시에 남겨놓은 각수만을 대강 골라 뽑아 보았더니 13명이나 되었다. 이들의 성명과 판각 수량은 〈표 1-2-11〉과 같다.

〈표 1-2-11〉《正法念處經》의 大藏·分司 양 도감 관련 각수와 그 刻量

刻彫造 手名場所 年代		孝習	福守	丁義	孝林	有元	志淵	惠皎	金瑩	和尙	戒元	中國	成美	惠弥
癸卯年	大藏都監	6	3	3	8	3	8	2	2	2	2	2	2	3
	分司都監	3	4	1	4		2	4	2		4	4	3	4
	合　計	9	7	4	12	3	10	6	4	2	6	6	5	7
甲辰年	大藏都監													
	分司都監			1		1		1		1				
	合　計			〃		〃		〃		〃				
	累　計	9	7	5	12	4	10	7	4	3	6	6	5	7

　위 13명의 각수들은 대장도감과 분사도감 두 곳에서 경판을 판각하였던 자들이지만, 그 중에서 유원(有元)과 화상(和尙) 2명은 모두 계묘년은 대장도감에서 갑진년은 분사도감에서 각각 판각작업을 하였던 자들이었다. 따라서 동일의 시기에 대장도감과 분사도감의 두 도감에서 《정법염처경》을 나누어 판각한 각수는 11명 뿐인 셈이다. 그러나

11명의 각수가 한결같이 계묘년 1년 동안에《정법염처경》이란 하나의
경전을 대장도감과 분사도감의 두 도감에서 동시에 판각작업을 하였다
면, 이 두 도감의 거리는 강화경과 남해의 거리와 같은 먼 거리에 있었
던 것이 아니라 아주 가까운 거리에 각각 위치해 있었음을 시사해 주는
자료가 될 수 있을 것으로 믿는다. 이 두 도감의 위치가 서로 가까운 거
리에 있었을 것으로 추측하는데, 각수들이 판각하였던 경전의 권들이
서로 연접해 있었던 점도 도움이 되는 자료기 될 것이다. 여기서 〈표
1-2-11〉의 첫번째 각수 효습의 경우를 그 한 예로 들어보기로 한다.
각수 효습은 계묘년에 대장도감에서《정법염처경》의 33·48·61의 3
권에서 모두 6장을, 그리고 같은 해 분사도감에서 같은 경전의 23·64
의 2권에서 모두 3장을 각각 판각작업을 수행하였다. 다시 말하면 같
은 경전의 제61권은 대장도감에서 또 제64권은 분사도감에서 같은 해
인 계묘년에 각수 효습이 각각 나누어 판각작업을 하였던 것이다. 위에
서 예거한 다른 각수들도 두 도감에서 경전의 연접 권들을 나누어 판각
하였던 점은 각수 효습의 경우와 거의 비슷하다.

《정법염처경》뿐만 아니라 앞에서 언급한《제경요집》·《경률이상》의
경전들이 모두 대장도감과 분사도감 등으로 갈라서 판각되었고, 또 동
일경전 내의 연접 권들이 두 도감으로 나누어져 판각되었던 점 등을 참
작하여 생각해 볼 때, 두 도감이 각기 위치하고 있었던 거리는 멀지 않
은 가까운 거리에 있었을 것이라고 추측할 수도 있을 것이다.

분사도감의 소재지를 진주목 혹은 동 관내의 남해현 등으로 이제까지
추정해 오고 있는 근거는《동국이상국집》의 발미문과《종경록》권27의
간기 "정미세 고려국 분사남해대장도감 개판(丁未歲高麗國分司南海大
藏都監開板)"의 남해 등이 되어 왔음은 이미 주지의 사실이다. 여기서
먼저 "분사남해대장도감(分司南海大藏都監)"을 잘못 읽고 해석하고
있는 점에 대해서 일언해 두기로 한다. 이것을 "남해분사대장도감(南

海分司大藏都監)"이라고 잘못 읽고 남해에 분사도감이 소재하고 있었던 것처럼 여겨오게 된 것이다. '분사도감'은 도(道) 혹은 계수관(界首官)을 단위로 설치되는 것이므로 안찰사가 그 임직을 겸임하고 있었던 사실은 앞에서 이미 살펴 본 바 있다. [130] 따라서 '분사남해대장도감(分司南海大藏都監)'은 '분사해인사대장도감' 혹은 '분사단속사대장도감' 등과 같이 여러 곳에 설치되어 있었던 것 중에서 그 하나에 불과할 뿐이고, '분사도감'의 기능 중에서 주로 조조처의 역할을 담당하였을 것으로 추정된다. 다시 말하면 '분사도감' 산하에 설치되어 주로 각 판작업을 담당하였던 기구였을 것이다.

요컨대 당시는 전쟁 중이었기 때문에 위험 부담을 최소화하고 전쟁 이전의 기존 시설을 가급적 이용하기 위해서 한 곳에 집중된 설비를 가급적 회피하고 각 지방의 계수관 혹은 경판의 판각사업을 수행하기 편리한 지역 및 몽병(蒙兵)의 침입을 피할 수 있는 지역 등지에 '분사도감'을 설치했을 것 같으며, 그 지휘 감독의 직임은 각 도의 안찰사가 겸임하였을 것이다. 경상도 안찰사 전광재의 '겸임대장분사'도 사례의 하나에 불과할 것으로 믿는다. 안찰사가 분사도감의 직을 겸임하였다고 한 것은 일부 지역이 아닌 전국의 지방 통치조직에 분사도감을 결부시켜 운영하였던 것으로 해석할 수 있기 때문이다. 그러나 몽고의 침략으로 대장경의 판각작업을 계속할 수 없는 지역에는 분사도감을 설치하지 않았을 것으로 추측된다.

---

130) 본서 1부 2장 1절 참조.

제3절 강화경판 조조처의 사례분석
─ 斷俗寺를 중심으로 ─

강화경판의 조성과정에 있어 아직까지 풀리지 않는 많은 의문들 중의 하나가 바로 경판의 판각 장소와 대장도감 및 분사도감의 설치 지역에 관한 문제일 것이다. 종전에 '대장'과 '분사' 등 두 도감의 설치 장소를 확인하기 위해서 강화도의 선원사지(禪源寺址)와 남해의 사지를 찾아 헤매고 다닌 적도 있긴 하였으나, '대장도감'은 강화에 또 '분사도감'은 남해 등지에 설치되어 있었다는 것이 거의 정설처럼 되어 왔다. 단지 본사(本司) 즉 대장도감은 진주에 분사도감은 남해에 각각 위치한 것으로 보는 반론이 한 차례 있었을 정도였다.[131]

이후 1990년대에 들어와서 대장경 조성에 대한 새로운 연구방법이 도입되면서 대장도감과 분사도감에 대해서도 전면적인 재검토가 이루어졌다. 그 중 강화도에 있었던 대장도감은 대장경 판각을 위해 최우가 설치한 중앙의 지원기구로 이해하고 "고려대장경 전체가 모두 남해의 분사도감에서 판각되어졌다"[132]고도 하였으나, 이러한 견해를 전면 부정하면서 분사도감에서의 작업은 각수들의 이동과 보충으로 설명하고, 그 구체적인 위치를 정안의 사제(私第)였던 남해의 정림사(定林社)를 들기도 한다.[133] 한편 대장도감의 조직에 대해 고려시대에 존치된 56

---

131) 閔泳珪, 〈一然重編 曹洞五位 重印序〉《學林》6, 1984.
132) 朴相國, 〈大藏都監의 板刻性格과 禪源寺 問題〉《韓國佛敎文化思想史》
　　　上, 가산이지관스님회갑기념논총, 1992.
133) 金光植, 〈鄭晏의 定林社 創建과 南海分司都監〉《建大史學》8, 1993;
　　　《高麗武人政權과 佛敎界》, 民族社, 1995.

여 개의 도감조직을 참고하여 그 조직계통을 언급하기도 하였다.[134]

　그러나 강화경판의 조성을 위해 설치된 대장도감은 다른 기타 도감의 조직처럼 새로이 조직을 구성하였던 것이 아니라, 당시 정부 통치조직 전체를 경판의 조성기구로 전환하여 구성되어진 것이었다. 그리고 대장도감의 상층부는 무인 최씨정권의 최고 통치부가 그 직무를 수행하였고, 하부구조는 실무자급을 새로운 전담요원으로 조직하였다. 그 산하 기구로 분사도감이 설치되어 있었다. 분사도감과 조조처 역시 남해 등 어느 한 곳에 위치하고 있었던 것이 아니라, 여러 곳에 분산되어 위치하고 있었을 개연성은 이미 언급한 바 있다.[135] 그 중에서 해인사는 조조처의 한 곳이었으며, 강화경판을 조성할 당시에 이 절에서《대승대교왕경》과《금광명경》의 두 경전을 판각하였던 사실을 예로 들어 밝힌 바가 있다.[136] 따라서 이제까지 조조처는 오직 '남해분사' 만이 담당했던 것처럼 인식되어왔던 것이 부정되게 되었다. 이러한 견해는 현재 해인사의 동서재에 보관되어 있는 사간판 중《대방광불화엄경소》·《대방광불화엄경수소연의초》의 각성자 분석을 통해 해인사 주변의 가야산 하거사(下鉅寺)가 대장도감과 인적·물적 교류 장소였음이 밝혀짐으로써 더욱 뒷받침되고 있다.[137] 따라서 분사도감과 조조처는 오직 한 곳만이

---

134) 金甲周,〈高麗大藏都監 硏究〉《佛聞聞》창간호, 1990. 이에 따르면 남해 분사의 구성은 使는 晋州牧使가 겸직하였고, 副使는 晋州牧副使 全光宰가 겸직하였으며, 그 아래 錄事 및 數人의 校勘과 實務를 담당하는 吏屬들이 있었다고 한다. 또 本司는 使 위에 判官 數人과 使, 副使, 錄事, 校勘 등이 각각 수인, 그리고 실무담당의 吏屬 수인이 있었던 것으로 보고 있다.

135) 金潤坤, 앞의 논문, 1990 및 〈高麗大藏經의 東亞大本과 彫成主體에 대한 考察〉《石堂論叢》24, 1996, 본서 1부 2장 2절 참조.

136) 金潤坤, 앞의 논문, 1996 및 본서 3부 2장 참조.

137) 崔永好,〈海印寺 所藏《大方廣佛華嚴經疏》·《大方廣佛華嚴經隨疏演義鈔》의 판각성격〉《한국중세사연구》4, 1997.

아니라, 몽고의 침략으로 경판조성이 곤란한 지역을 제외하고 각 계수 관과 또 해인사를 포함한 전국 유명 사원도 경판의 판각장소로 활용되 었을 것이다. 주지하다시피, 고려시대의 서적 출간 및 판각 조성 등은 거의 대부분 각 계수관의 막부(幕府)와 또 사원 등지에서 이루어져 왔 던 것이 사실이다.

여기서는 이러한 사실을 바탕으로 강화경판을 조성할 당시에 오늘날 경남 산청군 단성면 운리의 단속사도 그 경판의 조성에 참여하였음을 《동국이상국집》과 《선문염송집》의 두 사례를 들어 입증해 보기로 한다. 그에 앞서 단속사의 창건기부터 강화경판의 조성기까지 변혁과정을 대 강 살펴보기로 한다.

단속사 창건에 대한 두 가지 연기설화가 《삼국유사》의 〈신충괘관〉조 에 전하고 있다. 그 중에서 먼저 〈별기〉에 의하면 직장(直長) 이준(李 俊, 高僧傳에는 李純)이 경덕왕 7년(748)에 조연소사(槽淵小寺)를 대찰로 만들어 단속사라 이름하고 자신도 삭발하고 법명을 공굉장노(孔 宏長老)라 했다고 하며, 그는 이 절에 거주한지 20년 후에 세상을 떠 났다고 한다.

다음 《삼국사(三國史)》에 의하면 경덕왕 22년 계묘(763)에 신충(信 忠)이 두 친구와 서로 약속하고 벼슬을 버리고 남악(南岳, 지리산)에 들어갔는데, 여러 번 불렀으나 나오지 아니하고 머리 깍고 중이 되었 다. 그는 왕을 위하여 단속사를 세우고 거기에 평생을 살면서 대왕의 복을 빌기를 원한다고 하여 왕이 허락하였다. 왕의 진영을 모셔 두었는 데 금당 뒷벽에 있는 것이 바로 그것이다고 전한다.[138] 이 두 이야기는 대략 15년 정도의 시기적인 차이가 있고, 그 창건주체 역시 이준과 신

---

138) 단속사에 걸린 왕의 진영은 《三國遺事》 찬술 당시까지 그대로 전해지고 있 었다.

충으로 다르며, 창건과정도 조연소사를 단속사라고 개칭하였다는 것
과, 또 왕의 명복을 빌기 위해 새로 창건하였다는 것 등이 서로 다르다.
그리고 《삼국유사》의 저자 일연은 전자를 〈별기〉로, 후자를 《삼국사》로
양자의 내용이 각각 다르나 모두 기재하여 의심되는 점을 덜고자 한다
면서 어느 것이 옳은지 규명하지 못하고 있다. [139] 여기 《삼국사》는 곧
《삼국사기》를[140] 〈별기〉는 단속사에서 고래로 전해 내려오는 사기(寺
記) 를 각각 일컫고 있을 것이다.

  단속사의 두 창건설화 중에서 상이점의 진실을 밝힐 수 있는 길이 현
재 없으므로 차라리 그 차이점을 분명히 인식하는 것도 하나의 방편이
될 성싶다. 다시 말하면 〈별기〉는 직장 이준이 왕을 위해 중창한 사원
이었다[141]고 한 반면, 《삼국사》는 신충이 국왕의 복을 받들기 위해 세워
진 초창사원이라는 것이 큰 차이점이라는 사실이다. 다만 양자는 중창

---

139) 신충은 경덕왕 16년(757)에서 22년(763)까지 上大等 직에 머물러 있었
  는데, 그 동안에 경덕왕의 일련의 한화정책이 단행되었다. 따라서 신충은 王
  黨派에 속하는 인물이었다고 한다. 그는 경덕왕의 형 孝成王의 측근자였으
  며, 효성왕 및 경덕왕 양대에 걸친 총신이었다. 이순은 왕을 가까이 모시는
  측근자였으며, 大奈麻의 관등로 보아 5頭品(뒤에 이를 수정하여 6頭品으
  로 보고 있다)의 인물이었을 것이라고 한다. 그리고 이 양자는 서로 아는 사
  이였는지 모르겠다고 하며, 모두 당시의 정치적 실의에서 왕에게 간언을 올
  리고 또 관직에서 물러났던 것으로 보고 있다. 그리고 단속사를 처음 지은 것
  은 신충이 아니라 이순이었고, 또 경덕왕 22년이 아니라 7년이었다고 한다
  (李基白, 〈景德王과 斷俗寺·怨歌〉《新羅政治社會史硏究》, 一潮閣,
  1973, 218~223쪽).
140)《三國史記》卷9, 경덕왕 22년. "上大等 信忠과 侍中 金邕이 면직되었다.
  大奈麻 李順이 왕의 寵臣이었는데 홀연히 하루 아침에 세상을 피하여 산으
  로 들어가 여러 차례 불렀으나 나아가지 않고 머리를 깍고 중이 되어 왕을 위
  하여 단속사를 세우고 이에 居하였다"고 전한다.
141)《三國史記》에서는 이순이 창건한 것으로 나오고 있으나, 《三國遺事》에서는
  조연소사를 중창한 것으로 나오고 있다.

과 초장의 큰 차이점이 있긴 하나, 모두 왕을 위해 건립하였다는 것이 공통점임을 발견할 수 있다. 이것은 8세기 중엽에 창건된 단속사의 특징인 동시에 신라불교의 한 단면이 되는 것이다. 그리고 이 절에서 현재 보물72·73호로 지정되어 전하고 있는 동서 쌍탑이 통일신라 석탑 양식의 전통을 계승하고 있는 점을 한번 중시하여 볼 필요가 있다. 이는 단속사가 위치하고 있는 신라의 변방지대인 오늘날 경남 산청군까지 신라불교의 영향력이 미치고 있었음을 증언해 주고 있는 것인 동시에 신라 정부가 단속사와 이 지역의 중요성에 대한 인식을 표명한 상징적 존재로 간주할 수 있을 것이다.

그러나 신라 하대에 들어오면서 단속사는 선종 계열의 사찰로 정착하게 되는 것 같다. 헌덕왕 5년(813)에 병부령(兵部令) 김헌정(金獻貞)이 세운 신행선사비(神行禪師碑)에서 혜공왕 15년(779)에 신행선사가 이곳에서 입적하였다고 한 것에서 그것을 짐작할 수 있다.[142]

그후 단속사는 나말려초의 혼란기를 겪었으나, 고려 태조의 숭불정책에 힘입어 그 사격(寺格)이 그대로 유지되었던 것으로 생각된다. 이는 고려 광종 26년(975)의 단속사 진정대사비편(眞靜大師碑片)이 전하는 것과 고려 중기에 이곳에 머물다 입적한 대감국사(大鑑國師) 탄연(坦然)의 탑비문(1272년 건립)을 통해 알 수 있다. 탄연은 고려 중기 대각국사 의천에 의해 개창된 천태종이 당시 선종의 6~7할 이상을 포섭해 새로운 종파를 설립한 이후, 계속적으로 선종계열에 잔류하기로 하면서 그 부흥에 노력한 가지산문의 원응국사(圓應國師) 학일(學一)과 함께 선종의 종세를 유지시키는 데 큰 역할을 담당하였던 인물이었

---

142) 斷俗寺와 神行禪師 및 金獻貞으로 대표되는 단월세력에 대해서는 鄭善如,
〈新羅 中代末·下代初 北宗禪의 受容〉《韓國古代史研究》12, 1997을
참조할 수 있다.

다. 따라서 단속사는 고려 전기부터 선종사찰로서 그 사격을 유지하였고, 고려 중기 의천의 천태종 개창 이후 운문사와 함께 선종의 종세를 유지시키면서 그 부흥을 위한 중심지가 되었던 것으로 생각된다.

한편 최씨 무인집권기로 접어들면서 보조국사(普照國師) 지눌(知訥)에 의해 개창된 정혜결사(定慧結社, 修禪社)의 2세 사주인 진각국사(眞覺國師) 혜심(慧諶)이 고종 7～10년의 4년간 이곳에 머물게 된 사정을 잠깐 살펴보기로 한다. 고종 6년에 무인 최씨정권의 제2대 집권자인 최이가 혜심을 개경으로 초치하고자 하였으나 뜻을 이루지 못하자 국왕의 조서로 단속사에 머무르게 하였고, 그는 마지못해 그 다음 해에 단속사로 옮긴다. 그리고 〈국사당시 대중급유지비(國師當時大衆及維持費)〉와 〈상주보기(常住寶記)〉 등의 자료를 통해 혜심이 고종 10년경에 이르기까지 이곳에 머물고 있다가 다시 수선사로 되돌아가게 됨을 파악할 수 있다. 이 시기에 집권자 최우는 그의 두 아들인 만종과 만전을 수선사에서 삭발케 하였다가 결국 만종은 경남 산청의 단속사로, 만전은 전라도 화순의 쌍봉사(雙峯寺)로 옮기게 하였던 것이다. 그 중에서 만종은 단속사에 머물면서 혜심에 의해 고종 13년(1226)경에 찬술된《선문염송집》을 각판으로 조성하게 되는데, 그 상세한 과정은 아래에서 다시 언급하기로 한다.

다음은 조선조 성종 20년(1489)에 김일손(金馹孫, 1464～1498)의 지리산 등정 기행문에서 당시 단속사의 환경과 실상에 대해서 표현해 놓은 것을 대략 간추려 보면 아래와 같다.

단성에서 서쪽으로 15리쯤 험준한 길을 걸어 넓은 구릉에 도착하니, 맑은 물이 그 구릉 서쪽에서 흘러들고 있었으며, 여기서 비탈길을 따라 북쪽 3～4리쯤에 계곡이 있고, 그 입구에 작은 바위가 있는데 암면(巖面)에는 '광제암문(廣濟巖門)'이란 네 글자가 새겨져 있다. 그 자획은 세상에서 최치원의 수필이라고 전해져 오고 있다. '광제암문'에서 약 5리쯤 갔을 때 대울타리 안에 집이 있고, 뽕나무 사이에는 밥짓는 연기가 일어나고 있었다. 시내를 건너 1리쯤 더 가니 … 장경판각(藏經板閣)이 높게 솟아있고, 담장이 주위를 둘러싸고 있는데, 담장에서 서쪽으로 백 보쯤 올라가면 수림(樹林) 속에 절이 있고 그 편액은 "지리산(智異山) 단속사(斷俗寺)"라고 쓰여 있으며, 그 문전에는 비석이 있었다. 그것은 고려 평장사(平章事) 이지무(李之茂)가 지은 대감사(大鑑師)의 비문(碑銘)이다. … 문 안으로 들어서자 옛 불전이 있는데, 그 깎은 모양은 매우 소박하고, 벽에는 면류관(冕旒冠)을 쓴 두 화상이 있었다. 그곳 스님은 말하기를 "신라 사람 유순(柳純, 李純의 誤)이란 사람이 국록(國祿)을 사양하고 몸을 바쳐 이 절을 창건한 후 단속사(斷俗寺)라고 하고, 그 임금의 화상을 그리었다"고 하였다. 그 사실이 현판에 기록되어 있다. … 행랑을 돌아 한 장옥(長屋)의 추녀를 끼고 50보쯤 가자 퇴락한 누각이 있었는데 기둥과 대들보가 모두 삭았으나 올라가 전망할 수는 있었다. 앞뜰을 내려다보니 매화나무 두어 그루가 있었다. 이것은 정당매(政堂梅)라고 전해 온다. 강문정공(姜文景公)의 조부 통정공(通亭公)이 젊었을 때 이곳에 와서 글을 읽으며 손수 매화나무 한 그루를 심었는데 그후 과거에 급제하여 벼슬이 정당문학(政堂文學)에 이르렀으므로 이런 이름을 붙이게 된 것이다. … 북문으로 나와 여울을 건너니 묵은 덤불 속에 비가 있어 자세히 살펴보니, 당(唐) 원화(元和) 8년, 즉 헌덕왕 5년(813)에 신라 병부령(兵部令) 김헌정(金憲貞)이 찬한 신행선사(神行禪師)의 비명이었다. 돌의 질이 거칠고 그 높이도 대감사(大鑑師)의 비(碑)에 비해 두어 자나 작았으며 글자도 읽을 수가 없었다. 그리고 북쪽 담 안에 있는 정사(精舍) 주위에는 산차(山茶)나무가 많고 정사의 동편에는 허술한 집이 있는데 이 집은 세상에서 치원당(致遠堂)으로 전한다.

　　치원당의 아래에는 새로 지은 집 한 채가 있는데 매우 높아 그 밑에다가 오장기(五丈旗)를 세울 수 있다. 그러므로 단속사의 스님들은 이곳에다가 천 개의 불상을 만들어 안치하려 하고 있다. 그리고 이곳에는 황폐한 사옥(寺屋)이 많아 스님들이 거처하지 않는 집이 수백 채였으며, 동쪽 행랑에는 석불 500기가 있다. 이 석불은 하나하나가 각각 그 형상을 달리하고 있어 그 기특한 모습을 어떻게 형언할 수 없다. 우리는 주지가 거처하는 침실로 돌아와 이 절에 대한 고사를 찾아 보다가 세 폭을 연결한 백저지(白楮紙)를 발견하였다. 그 한 폭에는 국왕(國王) 왕해(王楷)란 서명이 있었다. 인종의 휘이다. 이것은 인종(仁宗)과 예종(毅宗)이 대감국사(大鑑國師)에게 보낸 문안장(問安狀)이다. 셋째 폭에는 대덕(大德)이라 쓰고, 한 폭에는 황통(皇統)이라고 쓰여 있었다. 대덕(大德)은 몽고(蒙古) 성종(成宗)의 연호이나 그 시대를 상고하면 맞지 않아 자세히 알 수 없으며 황통(皇統)은 금국(金國) 태종(太宗)의 연호이다. … 뒤를 돌아보니 물은 포옹하고 산은 둘러싸 있고 택사(宅舍)는 그윽하고, 지세는 막히어 참으로 은자(隱者)가 살 만한 곳이다. 아깝다! 치류(緇流)의 삶터가 되어 고사(高士)의 땅으로 주어지지 않았구려(《濯纓全集》卷5,〈續頭流錄〉, 224~228쪽).

　　위에서 볼 수 있는 바와 같이, 단속사는 8세기 중엽에 진주관내에 창건되어 신라의 선사 김신행(金神行, ?~779)과 고려의 대감국사 손탄연(孫坦然, 1070~1159) 및 진각국사 최혜심(崔慧諶, 1178~1234) 등의 고승들이 주석하였던 유서 깊은 사찰이며, 단순히 불교 도량이라기보다 우리 불교문화의 산실이요, 변혁기의 삶과 지향할 바를 일깨워준 전당으로서 구실을 하였던 곳으로 생각된다. 그 중에서 치원당(致遠堂)과 정당매(政堂梅) 등은 그것을 상징해 주는 좋은 예이다. 치원당은 후삼국시대의 대변혁기를 살았던 최치원(857~?)이 시대를 고뇌하고 지향할 바를 모색하던 연찬실이었다면, 정당매는 여말선초의 전환기에서 강회백(姜淮伯, 1357~1402)이 남겨 놓은 선비정신의 상징물이라 할 수 있다. 특히 후자의 유래는 강회백이 과거에 급제하기 전에 이곳에서 글을 읽으면서 심은 매화나무가 있었는데, 그가 그후 과거에 급제하여 벼슬이 정당문학에 이르러 그 나무를 정당매라 하였다고 한다. 그것이 현재까지 전하고 있는데, 이를 보면 고려시대의 사원은 관인 신분층의 과거준비 장소로서 혹은 교육징소로시 기능하고 있었음을 알 수 있다.

단속사의 건물 중에서 장경판각(藏經板閣)은 특히 주목된다. 김일손은 그 위치에 내해서 '광세암문'에서 약 5리, 또 시내를 긴너 1리쯤 더 가니 장경판각이 높게 솟아있고, 담장이 주위를 둘러싸고 있는데, 담장에서 서쪽으로 백 보쯤 올라가면 수림 속에 절이 있고 그 편액은 "지리산 단속사"라고 쓰여 있다고 했다. 다시 말하면 장경판각은 단속사의 경내에 있었던 것이 아니라, 그 동편 백여 보쯤 아래쪽에 건립되어 있었고 또 담장이 둘러처져 있었던 것으로 묘사되어 있다. 이 장경판각에 《동국이상국집》 등의 각판이 보관되어 왔을 듯하다. 그러나 이곳은 단순히 경판의 보관처로서 뿐만 아니라 직접적인 판각도 이루어지고 있었던 곳으로 생각되며, 그것이 단속사의 경내가 아니라 그 아래쪽에 독립적으로 설치되어 있었던 원인이 되었을 것이다.

현재 단속사는 폐사로 사지만이 남아 있는 형편이며, 그 사지에는 민가가 들어서서 옛 모습은 거의 살펴볼 수 없다. '광제암문'에서 석탑까지 약 2.1km의 거리이며, 그 사이의 넓은 공간과 동서 삼층석탑의 주변에 흩어져 있는 주초와 석축 잔해 그리고 계곡 내의 사방에 산재한 유허지 등으로 봐서 이 골짜기 전체가 원래 단속사지였을 가능성이 높다. 현존 당간지주의 앞쪽에 소나무로 덮여 있는 야트막한 구릉이 있고 그 아래에 높이 약 1m, 길이 약 100m의 축대가 있는 전답이 있는데, 이

곳을 현지인들은 '서지' 터라고 불러오고 있다는 것이다. [143] 이 곳이 옛 장경판각이 건립되어 있었던 장소로 추정된다.

  위에서 단속사에는 최치원과 강회백 등이 학문을 연마하였던 서재가 있었고 또 '장경판각'이 건립되어 있었음을 볼 수 있었다. 따라서 단속사는 불전과 시문집의 각판도 많이 이루어졌을 것으로 상정해 볼 수 있다. 먼저《동국이상국집》의 판각 과정에 대해서 살펴보기로 한다.

  사손(嗣孫) 익배(益培)는 말하기를 조부(祖父) 이신 문순공(文順公)의 전집(全集) 41권과 후집(後集) 12권, 연보(年譜) 1축(軸)이 세간에 퍼진 것이 오래되어, 그릇되고 탈루(脫漏)된 곳이 많이 있었다. 이제 분사도감에서 해장(海藏)의 조조를 마친 여가에 칙명을 받들어 이를 조판하였는데, 내가 다행히 비군(比郡)에 수령으로 나와 있어서 가장(家藏) 1본(本)으로서 수교(讐校)하여 유통케 하였다. 신해세 고려국 분사대장도감 봉칙조조(辛亥歲 高麗國 分司大藏都監 奉勅雕造) (《東國李相國集》後集 卷終 跋尾).

  위《동국이상국집》의 전 · 후집 총 53권과 연보 1축 등은 신해년 (1251)에 분사도감에서 해장 곧 대장경의 조조를 마친 여가에 조판되었으며, 비군(比郡)에 수령으로 나와 있던 이익배의 교감에 의하여 간행되었음을 알 수 있다. 여기 비군의 수령은 곧 하동군의 감무였다. 따라서 하동군 근처에 경판의 판각 장소가 설치되어 있었고, 여기서 대장경판과《동국이상국집》의 전 · 후집 총 53권과 연보 1축 등이 조성되었음을 알 수 있다. 요컨대《동국이상국집》의 각판을 조성했던 곳은 곧

---

143) 현지 故老(이정규, 62세)들은 이 곳을 '서지' 터라고 부르고 있다. 필자는 최근 단속사지의 답사를 통해 그 유허지를 직접 확인할 수 있었다.

대장경판을 조성한 곳이요, 또한 '분사도감'이 설치되어 있었던 곳에서 가까운 거리에 있었을 것이다. 그런데 《세종실록지리지》 〈진주목조〉에서

단속사는 진주(晉州) 서쪽 42리에 있다. 선종에 속해 있으며 전답은 150결을 지급 받았다. 사(寺)에 한창려집(韓昌黎集)과 고려(高麗) 이상국집판(李相國集板)이 있다(《世宗實錄》 卷150, 地理志 慶尙道 晉州牧의 斷俗寺).

고 히였디. 여기서 우선 단속사의 고려 이상국집판, 곧 《동국이상국집》판에 대해서 주목해 보기로 한다. 이 각판은 신해년(1251)에 분사도감에서 대장경의 조조를 마친 여가에 조성된 바로 그것이 틀림없다. 그러면 이 각판이 단속사에 어떻게 소장되어 있게 된 것일까? 결론적으로 단속사에서 《동국이상국집》판을 조성하였기 때문에 여기에 소장되어 있게 되었을 것으로 생각된다.

물론 처음 이 각판이 단속사가 아닌 다른 곳에서 조성되어서, 《세종실록지리지》의 편찬 이전의 어느 시점에 이곳으로 옮겨왔을 것으로 상정해 볼 수도 있다. 만약 그렇다면 그 옮긴 사연이 반드시 있었을 것이고, 그 사연이 어딘가 밝혀져 왔을 것이다. 그러나 《동국이상국집》 전·후집 53권과 연보 1축 등의 각판은 방대한 분량인데, 이것을 다른 곳에서 조성하여 단속사로 옮겨 왔어야 할 특별한 사연이 있었다는 것이 아직 밝혀진 바 없다.

그리고 이규보의 사손인 익배가 《동국이상국집》판을 교감할 당시 '이웃 고을' 즉 하동군의 감무였다고 했는데, 이것은 하동군의 이웃 강성군(江城郡)에 소재하고 있던 단속사에서 그 각판을 조성하였음을 증언하고 있는 것으로 간주할 수도 있을 것이다. 단속사가 소재하고 있던

강성군과 그 이웃 하동군은 모두 진주목의 속읍이었으며, 진주목에서 섬인 '남해분사도감'이 설치되어 있었던 곳에 비하면 강성군과 하동군은 모두 가까운 거리에 있었던 것도 지리적으로 유리한 조건 중의 하나이다.

앞에서《동국이상국집》은 '분사도감'에서 대장경의 판각을 마친 여가에 조성하였다고 했다. '분사도감'은 각 도의 계수관을 중심으로 설치되어 있었으며, 그 조직은 안찰사와 목사 및 녹사 등으로 구성되어 있었을 것이다.[144] 그 많은 대장경 판각을 위해서 목재와 식량의 운반, 각수의 동원, 조각도의 제조 등이 필요하였을 터이므로, 고려인 거의 전부를 동원해야하는 체제가 구축되어 있지 않고서는 대장경판의 조성이란 어려운 사업이었을 것이다.[145] 진주목의 속읍인 강성군(江城郡), 그 관내에 위치하고 있는 단속사에서 이루어진 경판의 판각은 단순히 행정적 지원뿐만 아니라 경판을 조성하기에 지리적으로도 대단히 유리한 위치에 있었기 때문이었을 것이다.

단속사는 지리산의 동쪽 입구에 자리잡고 있으며, 오늘날 경남 산청군 단성면 운리에 소재하고 있다. 산청군은 동으로 의령군과 합천군, 남으로 하동군과 진주, 서로 함양군, 북으로 거창군 등지를 잇는 중간 지점에 위치한다. 다시 말하면 산청군은 하동군과 진주 및 합천 등으로 연결되는 교통의 요지에 자리잡고 있었으며, 그 뿐만 아니라 경호강이 군의 중앙지대를 관통하고 또 덕천강과 합류하여 진주 남강으로 흘러들고 있어 수량이 풍부하고 단성면 일대는 비옥한 평야지대를 형성하고 있다. 요컨대 단속사는 지리산 입구에 자리잡고 있기 때문에 목재 구입이 편리하였고, 또 경호강과 덕천강이 합류하여 남강

---

144) 金潤坤, 앞의 논문, 1990 및 본서 1부 2장 2절 참조.
145) 金潤坤, 위의 논문, 224~225쪽.

으로 유입하고 있어 수량이 풍부하고 수운하기가 편리하였으므로 교통 여건이 좋은 위치에 있었던 것이다. 김일손이 〈속두류록(續頭流錄)〉에서 "신안역(新安驛) 10리 지점에서 배로 나루를 건넌 후에 보행으로 단성에 도착했다"고 한 것으로 봐서, 당시에 단속사를 왕래하는 데 수로를 이용하였을 가능성과 교통 여건이 좋은 편이었음을 파악할 수 있다.

참고로 《동국이상국집》의 각판이 이루어지기까지 안찰사와 '분사도감'의 겸직이 어떤 영향력을 미치고 있었던가를 알기 위해서, 그 3년 전에 경상도의 안찰사 전광재에 의하여 《남명전화상송증도가사실》이 조성되었던 과정을 살펴보기로 한다.

나는 평소에 내전(內典 ; 불전)을 믿어, 특히 《남명전화상송증도가(南明泉和尙頌證道歌)》 1부에 마음을 두고 있었다. … 지난 정미세(丁未歲)에 금성(金城)에 출진하여 선려(禪侶)들을 모아 서룡(瑞龍(寺)]의 선노(禪老) 연공(連公)을 청하여 주법묵시(主法默示)로 몽구(蒙寇)가 물러가도록 하게 하였다. 초본을 얻어 … 상자 속에 간직하여 진보(珍寶)로 여기고 새겨서 학인들에게 나누어주고자 하였으나, 머뭇거리다가 여태 수행하지 못하였다. 무신세(戊申歲)에 (전광재는)안행변한도겸분사대장도감(按行卞韓道兼分司大藏都監)의 직임을 띠니 개인적으로 기뻐하고 다행으로 생각한다. 그러나 초본(草本)이 잘못되고 소략하여 즉시 판각을 시작하지 못하였다. 때문에 간사(幹事) 비구(比丘) 천단(天旦)이 위촉케 하여 선백(禪伯)인 거상인(擧上人)으로 하여금 수교(讐校)를 맡도록 하였으며, 훌륭한 필사자를 모집하여 정서케 하고 능숙한 각수를 선발하여 새기게 하였다. … (무신세) 9월 상순 경상진안동도 안찰부사 도관랑중 전광재 지(慶尙晉安東道 按察副使 都官郞中 全光宰 誌). [146)

  위의 내용을 대략 요약하면, 전광재가 정미세(고종 34, 1247)에 금성에 출진하여 선려들을 모아 서룡〔瑞龍(寺)〕[147]의 선노 연공(선백 거상인)을 청하여 주법묵시로 몽고 오랑캐가 물러가도록 하게 하였을 때 《남명전화상송증도가사실》의 초본을 얻어 간행하려 했으나 뜻을 이루지 못하고, 그 다음 해인 무신년(1248)에 안행변한도 즉 경상도 안찰사로서 분사대장도감의 직임을 겸임하고 비로소 간행을 할 수 있었다는 것이다. 여기서 강화경판의 외장, 즉 보유판에 입장되어 있는《남명전화상송증도가사실》을 전광재가 조성하려고 했으나, 그가 경상도 안찰사로서 분사대장도감의 직임을 겸임하기 이전은 경판을 간행할 수 없었던 사실을 주목하여 볼 필요가 있다. 즉, 전광재는 경상도 안찰사와 분사대장도감의 직을 겸임하고 비로소 경판을 조성하기 위해서 "간사 비구천단에게 위촉케 하여, 선백인 거상인으로 하여금 수교(讎校)를 맡도록 하였으며, 훌륭한 필사자를 모집하여 정서케 하고 능숙한 각수를 선발하여 새기게 할 수 있었다"고 한다. 요컨대 강화경판의 외장 즉 보유판에 입장되어 있는《남명전화상송증도가사실》의 조성은 전광재가 경상도 안찰사와 분사대장도감직을 겸임하면서 비로소 조성이 가능할

146) 予素信內典 而南明泉和尙頌證道歌一部 尤所留心 然涉事有根蔕 不能無疑 越丁未歲 出鎭金城 哀集禪侶 請瑞龍禪老連公 主法默示 以禳蒙寇 因得草本 指南於連公 藏篋寶之 庶欲鏤板 施於學者 因循未遂 歲戊申 按行卞韓道 兼任大藏分司 私心喜幸 然草本訛略 未卽下刀 因囑幹事比丘天旦 俾禪伯擧上人讎校 募工筆而書之 簡善手而鐫之 所冀 我晉陽公 壽增岳峙 福畜淵深 塞消狼火 天掃攙槍 時和歲稔 使祖燈永耀於無窮耳 九月上旬 慶尙晉安東道 按察副使 都官郎中 全光宰 誌 (《南明泉和尙頌證道歌事實》卷3, 跋尾文).

147) 瑞龍寺는 강원도의 瑞龍庵으로 비정하고 있으나(高翊晋, 〈高麗大藏經 補遺板所在 '證道家事實'의 著者에 대하여〉《韓國佛敎學》1, 1975, 83~84쪽), 金城은 경주를 가리키는 것으로 해석된다(尹龍爀, 《高麗對蒙抗爭史硏究》, 一志社, 1991, 95쪽).

수 있게 되었던 것이다.

전광재는 경상도 안찰사 겸 분사대장도감의 별감으로서 지방행정조
직뿐 아니라 각 지방 사원세력의 적극적인 협조를 구할 수 있었을 것이
다. 이 당시 각 도의 안찰사와 계수관 등이 모든 사원에 어떤 영향력을
행사하고 있었던가를 아래의 자료에서도 어느 정도 확인할 수 있다.

(G)-㉠ 계미년(癸未年) 8월에 대재〔大宰(崔瑀)〕에게 글을 올려 아뢰니
    대재(大宰)는 기뻐하면서 허락하였고, 성왕(聖王)께 실상을 보
    고하니 왕 역시 윤허하였다. 마침내 전라도의 안찰사 전보구(田
    甫龜)에게 명을 내려 소사(小寺) 중에 매우 잔폐한 곳을 조사하
    게 하였더니 곧 승평군(昇平郡)의 안주사(安住寺) … 무릇 11
    곳(사원)에 분곡(分穀)하여 장리(長利)하게 하였다(《韓國佛教
    全書》제6책;《無依子詩集》下卷,〈常住寶記〉66쪽).

(G)-㉡ 경인년(庚寅年)의 진양부첩(晋陽府貼)에 의하여 오도(五道)
    의 안찰사(按察使)가 각도(各道)의 선교사원(禪敎寺院) 시창
    년월(始創年月)과 형지(形止)를 심검(審檢)하여 성적(成籍)
    할 때 차사원(差使員) 동경장서기(東京掌書記) 이선(李僐)
    이 심검(審檢)하여 기재하였다(《三國遺事》卷4,〈寶壤梨木〉).

(G)-㉠은 고종 10년(1223)에 집권자 최우가 혜심의 요청에 의해
소사(小寺)의 실태를 전라도의 안찰사 전보구를 통해 조사하여 잔폐한
사원을 수선사의 소속 사원으로 포섭시키는 과정이 나타나 있는 것이
며, (G)-㉡은 고종 17년(1230)의 진양부첩을 통해 각 도 선교사원
의 시창년월과 형지를 심검하는 과정에 동경장서기 이선이 심검하여
'적(籍)'을 기재하였던 것이다. (G)-㉠과 ㉡을 통하여 무인 최씨정권

은 각 도의 안찰사와 계수관 등으로 하여금 전국 사찰의 시창년월과 잔폐 여부 등 실상을 조사 파악하고 있었음을 알 수 있다. 여기서 당시 전국의 모든 선교사원은 계수관의 속관인 장서기를 통해서 파악되고 있었던 점이 특히 주목된다. 이것은 각도의 계수관이 모든 선교사원을 행정적으로 통제하고 있었던 사실을 반영하고 있는 것으로 볼 수 있을 것이다. 만약 사실이라면 '분사도감'과 사원이 경판을 조성할 때도 안찰사와 계수관의 지휘 감독하에 진행될 수밖에 없었을 것이다.

따라서 경상도 안찰사와 진주 계수관 등은 분사도감의 조직체계를 통하여 단속사와 밀접한 관련을 맺고《동국이상국집》의 각판을 조성하였을 것으로 짐작할 수 있다. 그 '분사도감'의 상부조직은 안찰사와 계수관 등으로 하여금 겸임케 하고 그 하부조직으로는 기존의 지방행정 관원이 아닌 새로운 전담요원인 '장사랑군기주부동정' 및 '장사랑양온령'과 같은 초임의 음사자로 충원하였다.[148] 이러한 전담 요원과 함께 읍사의 호장층을 중심으로 각종 공역사업에 지방민을 동원하기도 하였을 것이다.

단속사에서《동국이상국집》의 각판이 이루어졌던 것은 이것이 예외적인 특수한 사례에 속하는 것이 아니었다. 강화경판의 상당수가 각 지방 큰 절에서 조성되었을 것으로 짐작되며, 해인사에서의 경판 조성은 그 좋은 일례인 것이다.[149] 이 절의 동판전(東板殿)에 소장되어 있는《불설범석사천왕다라니경(佛說梵釋四天王陀羅尼經)》은 "병신육월 일 각수대승 해인사조조(丙申六月 日 刻手大升 海印寺彫造)"[150] 즉 1236년(고종 23)에 각수 대승이 해인사에서 조조했다는 것이다. 이 1236년은 강화경판의 산출이 시작되기 1년 전이라면 단속사에서《동국이상

148) 金潤坤, 앞의 논문, 1990 및 본서 1부 2장 2절 참조.
149) 金潤坤, 앞의 논문, 1996 및 본서 3부 2장 참조.
150) 藤田亮策, 〈海印寺雜板攷〉《朝鮮學報》138, 1991, 63쪽.

국집》판이 이루어진 1251년은 거의 끝날 무렵이었다. 강화경판이 본격적으로 산출된 1년 전과 또 종결될 무렵에 모두 사원에서 경판 조성이 이루어진 사례들은 그 조성 장소가 거의 대부분 사원이었던 것을 밝혀주는 방증이 될 수 있을 것이다.

요컨대 1241년에 단속사에서 《동국이상국집》판은 조성되었던 것이며, '분사도감'에서 강화경판의 조조를 끝낸 여가에 이루어진 것이라고 했다. 그렇다면 《동국이상국집》이 조성되기 전에 단속사에서 조성된 경판은 어떤 것이 있었을까? 《선문염송집》은 그 좋은 사례의 하나가 될 듯 하다.

《신문염송집》은 고종 13년(1226) 겨울에 진각국사 혜심이 조계산 수선사에서 문인 진훈(眞訓)과 더불어 선종의 고화(古話) 1,125칙과 이에 대한 선종의 제사(諸師) 어화(語話), 즉 징(徵)·염(拈)·화(化)·별(別)·송(頌)·가(歌) 등의 요어(要語) 등을 채집하여 30권으로 녹성(錄成)한 것이며,[151] 이 해에 처음으로 혜심에 의해서 간행되었다고 한다. 그러나 강화경으로 천도할 때 그것을 가져오지 못하고 없어지게 되었다고 한다. 수선사의 제3세 사주인 청진국사(淸眞國師) 몽여(夢如)가 재출간하려고 하였으나 뜻을 이루지 못했으며, 단속사의 주지인 선사 만종이 힘써서 다시 출간할 수 있게 되었다고 한다. 고종 6년(1219)에 최우는 그의 아들인 만종을 수선사의 혜심에게 보내서 체발하게 하였으며, 그 후 단속사의 주지로 있게 하였던 것이다. 정안(?~1251)의 발문에서 《선문염송집》이 각판되는 과정을 대략 밝혀 놓았는데, 그것은 아래와 같다.

---

151) 《禪門拈頌集》慧諶의 序文. 이에 관해 《東師列傳》卷1 眞覺國師傳에서는 "元世(太)祖金宣(哀)宗丙戌丁亥間 與門人眞訓等 采集諸師禪門語話 結佛法僧三寶之次 錄成拈頌集三十卷"이라고 하였다.

먼저 진각국사(眞覺國師, 慧諶)께서 문인(門人) 등으로 하여금 고화(古話) 1,125칙(則)과 아울러 염송(拈頌) 등 어요(語要)를 채집케 하여 30권으로 편집하고 목판에 새겨 세상에 유행(流行)토록 하였다. … 강화경으로 천도할 때 가져올 겨를이 없어 마침내 그 저본을 잃어버리고 말았다. 오늘의 조계(曹溪) 노사옹(老師翁)인 청진국사(淸眞國師)는 … 이전에 발견하지 못한 제방(諸方)의 공안(公案)을 모으고, 또한 447칙(則)을 첨가하여 다시 새기고자 하였으나 인연(因緣)이 닿지 않았는데, 선사(禪師) 만종(萬宗), 즉 단속사(斷俗寺) 주지(住持)는 반야(般若)의 정신과 돈독한 원력으로 해장분사(海藏分司)에 폐백을 보냈고 공장(工匠)을 모집하여 각판할 수 있었다. … 고려 고종(高宗) 30년 계묘(癸卯) 중추(仲秋)에 일암거사(逸庵居士) 정안(鄭晏)이 발(跋)하다(《韓國佛敎全書》제5책;《禪門拈頌說話》卷30,〈增補拈頌跋〉, 923쪽).

위에서 특히 주목되는 점은 선사 만종이 곧 단속사 주지였다는 것과 또 '수회우해장분사 모공조루(輸賄于海藏分司 募工彫鏤)' 즉 해장분사(海藏分司) — '대장분사도감'에 그는 폐백을 보냈고, 이 도감에서 공장(工匠)을 모집케 하여 각판할 수 있었다는 것 등을 밝혀 놓은 점이다. 여기 전자는 만종이 단속사의 주지로서 역할을 했다는 것을 의미하고 있는 것이라 한다면, 후자는 '대장분사도감'이 단속사에서 공장—목수·각수 등을 모집하여 각판을 할 수 있도록 했다는 사실을 증언해 주고 있는 것으로 생각된다. 요약하면, 단속사 주지인 만종이 폐백을 보내는 등 작용에 의하여 '대장분사도감'이 단속사에서 목수·각수 등을 모집하여《선문염송집》의 각판을 할 수 있게 했다는 것이다.

위에서 선사 만종이 폐백을 보내는 등 작용에 의해서 마치 단속사에서《선문염송집》을 각판할 수 있게 된 것처럼 주장한 것은 정안이 만종의 공적을 찬미하기 위한 수사적인 표현에 불과한 것이거나, 혹은 당시 '대장분사도감' 즉 '분사도감'의 경판 조성에 따른 준비를 아직 갖추지 못한 단계에서 나타난 일시적 현상이었거나 둘 중의 하나일 것이다. 하여간에 '대장'과 '분사' 두 도감에서 경판의 조성은 전체 프로그램에 의해서 판각의 장소와 경순(經順) 등이 결정되었을 뿐이며, 어느 개인의 요구 또는 작용에 의해서 그 프로그램이 크게 변동되지 않았을 것으로 생각된다.

참고로 말하면《선문염송집》판이 조성된 고종 30년(1243)은 '분사도감'의 경판이 처음으로 산출되기 시작하였던 초창기였으며, 이 해에 '분사도감'의 경판으로 산출된 6,095장[152] 중에《선문염송집》판도 포함되어 있다. 다시 말하면, 이 해에 '분사도감'에서《선문염송집》이 판각된 것은 강화경판의 전체 조성계획안에 의해서 이루어진 것이며, 단속사의 주지 만종이 '분사도감'에 폐백이나 재물을 시납함으로써 비로소 각판이 이루어진 것처럼 정안이 그의 발문에서 기술하여 놓았으나 이것은 만종의 공적을 찬미한 수사적 표현에 불과할 것으로 생각된다.

고종 30년 5월에 진양(晉陽)의 세공미를 창별감(倉別監) 왕중선(王仲宣)의 잘못으로 좌창(左倉)에서 수납했으나, 최이(우)의 요청에 의해서 "금년 세공도 전례대로 좌창에서 수납하도록 조치"를 취함으로써, 이 해에 이르기까지 진양의 세공미는 최이가(崔怡家) 또는 '분사도감' 등지로 수납되지 않고 좌창으로 수납되었음을 알 수 있다. 이 해에 최초로 '분사도감'의 경판이 산출된 것과 무인 최씨가의 식읍인 진양의 세공미는 서로 직접적인 관련이 없었다.[153] 이 사실은 동시에 단속사에서《선문염송집》의 판각과 진양의 세공미는 서로 관련이 없었음을 증언

---

152) 金潤坤, 〈高麗國 分司大藏都監과 布施階層〉《民族文化論叢》16, 1996 및 본서 1부 2장 1절〈표 1-2-1〉참조.
153) 金潤坤, 위의 논문, 58~61쪽 및 본서 1부 2장 1절 참조.

하고 있는 것이 될 수 있는 것이다.

 단속사의 주지 만종은《선문염송집》의 판각이 이루어진 그 이전부터 그리고 그 이후에 이르기까지 즉 고종 27(1240)~34년(1247)의 시기에 경상도 지역에서 갖은 악행을 저질러서 원성의 대상이 되어 있었음을 다음의 자료에서 볼 수 있다.

(G)-ⓒ (고종 27년 12월) 최우의 서자인 중 만종·만전은 모두 무뢰악승(無賴惡僧)을 모아서 문도로 삼고, 오직 식화(殖貨)로 업(業)을 삼았으므로 금은곡백(金銀穀帛)이 거만(鉅萬)으로 계산할 정도이며, 문도를 나누어 각사(名寺)를 점거하고 권세에 의지하여 위세를 부리면서 원근을 행횡하니 … 민이 다 원망하였다. 경상주도(慶尙州道)에 축적하여 놓은 미곡 50여 만 석으로 민에게 대여하여 이식(利息)을 거두어 들여, 가을 곡식이 겨우 익으면 문도를 나누어 보내어 징수를 가혹하게 하니, 민이 가진 것을 모두 수납해도 조세를 여러 차례 바치지 못하게 되었다(《高麗史節要》卷16, 고종 27년 12월).

(G)-ⓓ (고종 34년) 6월에 형부상서(刑部尙書) 박선(朴暄) … 지금 만종·만전의 문도들이 민의 재산을 빼앗으니 원망이 실로 대단하여 남방이 소요하다. 만약 적병이 이르면 모두 반역하여 투항할까 두렵다. … 마침 경상주도(慶尙州道) 순문사(巡問使) 송국첨(宋國瞻)이 역시 같은 말로 상서하니 … 최이가 그렇게 여겨서 곧 어사(御史) 오찬(吳贊)과 행수(行首) 주영규(周永珪)를 나누어 보내어 축척해 놓은 전곡(錢穀)을 풀어 모두 농민들에게 돌려주었다. … 만종 등이 서울로 올라와 그 누이와 함께 하소연하기를 … (《高麗史節要》卷16, 고종 34년 6월).

　　최우(이)는 두 아들에게 선사를 제수하고 만종은 단속사로 또 만전은 쌍봉사로 각각 보내어 주지로 있게 했다고 한다.[154] (G)-ⓒ과 ⓡ을 통하여 고종 27(1240)～34년(1247)의 8년 동안에 만종은 단속사에 머물고 있으면서 "미곡 50여 만 석으로 민에게 대여하여 이식을 거두어 들였기 때문에 농민들이 소유하고 있는 것을 모두 납입해도 매양 조세를 수납하지 못할 지경에 이르렀다"고 한다. 이 당시에 만종은 단속사에서《선문염송집》을 조성하게 되었는데, 이에 대해서 정안은 선사 만종이 반야의 정신과 돈독한 원력으로《선문염송집》을 조성할 수 있었다고 칭송하였던 것이다.

　　당시 집권자이 아들인 선사 만종은 단속사에서《선문염송집》을 조성할 수 있도록 작용했던 것이 사실이라고 한다면, 이것은 민중의 원성과 지탄의 대상으로부터 일시적으로나마 모면하여 보려는 기만적 범죄행위에 불과하였을 것이다. 그러나 선사 만종과 그 문도의 입장에서 보면 단속사에서《선문염송집》판의 조성에 따른 이해관계가 있었고, 그 조성에 적극 나설 수 있게 하였던 동기가 있었던 셈이다.

　　《선문염송집》은 총 30권 1,010장으로 구성되어 있으며, 그 중에서 각성자를 확인할 수 있는 장이 413장, 인경의 상태가 흐릿하여 확인 불명한 것이 597장 등이다. 이 경전은 전체에 간기가 없기 때문에 이들이 참여한 각성의 연대와 장소 등을 정확히 알 수 없으나, 계묘년인 고종 30년(1243)에 단속사에서 각성이 이루어졌을 것이다.

　　《선문염송집》의 각성자는 공필(公弼)·광예(光乂)·광조(光照)·김승(金升)·대절(大節)·도선(道宣)·득광(得光)·삼려(三旅)·성일(性一)·순심(順心)·승휘(丞輝)·시일(示一)·예전(禮全)·원경(元卿)·유원(有元)·윤경(允京)·윤홍(尹弘)·의천(義天)·

---

154)《高麗史》卷129, 崔忠獻 附 怡傳.

익유(益柔)·인여(印如)·지경(之竟)·즉현(卽玄)·천효(天孝)·
혜도(惠度)·혜이(惠耳)·혜진(惠珍)·홍의(弘義)·효지(孝之) 등
28명을 현재 확인할 수 있다. 이들은《선문염송집》밖에 다른 ‘외장’
즉 ‘보유판’과 또 소위 ‘정장’의 각성에도 참여하고 있다. 그 중에서
원경은 무인정권의 실권자 중의 한 사람이었던 김준(金俊)이 제거당한
후 자문(自刎)하였던 장군(將軍) 손원경(孫元慶)[155]과 동일인으로
추정되므로 그의 신분은 재조관료로, 대절은《마하반야바라밀경(摩訶
般若婆羅密經)》권13, 제13장에 ‘진사 임대절 간(進士林大節刊)’[156]
이라고 했던 것으로 봐서 진사층으로, 윤홍은 향리층[157]으로, 의천·
인여·혜도·혜이·혜진 등은 승려층으로 각각 분류되는 신분층이다.
경판의 각성에 참여한 이들의 대부분은 자기 스스로 자유의사에 의하
여 참여한 것이며 그것은 보시의 일종이었다.

　위에서 열거한 각성자 중에는 ‘분사도감’ 판 뿐만 아니라 ‘대장도감’
판의 조성에도 참여하였던 경우가 많은데, 원경은 그 중의 한 사람이
다.[158] 이것은 원경이《선문염송집》만이 아니고 ‘대장도감’ 판의 조성
에도 참여했다는 말인 것이다. 앞에서 단속사 주지인 만종이 폐백을
보내는 등 작용에 의하여 ‘분사도감’이 단속사에서 목수·각수 등을
모집하여《선문염송집》의 각판을 할 수 있게 했다고 하였다. 그렇다면
《선문염송집》을 판각한 단속사와 ‘분사도감’ 그리고 ‘대장도감’의 관
계에 대한 일정한 설명이 있지 않으면 안 될 것이다. 이 해명을 위해
서 해인사의 동서재(東西齋)에 보관되어 있는 사간판인《대방광불화

---

155)《高麗史》卷130, 金俊傳.
156)《高麗大藏經》제5책, 367~369쪽.
157) 金潤坤,〈江華京板 高麗大藏經의 체제에 관한 一考〉《釜山女大史學》
　　　10·11, 1993, 186~187쪽 및 본서 2부 2장 2절 참조.
158) 金晧東,〈《禪門拈頌》과 眞覺國師 慧諶〉《民族文化論叢》18·19, 1998.

엄경소(大方廣佛華嚴經疏)》를 주목해 보기로 한다. 이 경전은 지문(誌文)[159]에 의해서 '신축년(辛丑年, 고종 28, 1241)'[160]에 조성되었음을 알 수 있으므로《선문염송집》보다 2년 앞서 판각되었던 것이다. 이 경전의 각 장에는 광림(光林)·삼려(三旅)·왕주(王柱)·지일(智一)·홍정(弘正)·도선(道宣)·석광(石光)·의견(義堅)·혜이(惠耳) 등 총 9명의 각성자가 이름을 새겨 놓았다. 이들과 사간판(寺刊板)이 아닌 강화경판의 소위 '정장'에 새겨져 있는 각성자를 서로 대조하면 모두 7명의 인명이 동일하다. 이를 표로 나타내면 다음과 같다.

〈표 1-2-12〉《大方廣佛華嚴經疏》와 강화경판의 각성자[161]

番號	刻手名	板刻時期	彫成場所 및 板刻量			總計
			大藏都監	分司都監	不　明	
1	光林	38～39, 41·43	73			73
2	道宣	38～46	222	7	10	239

---

159)《大方廣佛華嚴經疏》卷3, 제32장에 "龍壽寺 社堂比丘 玄揆 主張, 下鉅寺道人 天章 戒湛 勸緣, 道人 聞契 校勘, 辛丑五月 日 伽耶山下鉅寺 彫造"의 誌文이 있다.

160) 辛丑年의 연대에 대해서는 고려시대, 문종 15년(1061)이나 예종 16년(1121) 및 명종 21년(1181), 고종 28년(1241) 또는 충렬왕 27년(1301) 등으로 많은 견해차가 나고 있다. 그러나 강화경판과의 각수 분석을 통해 辛丑年이 고종 28년(1241)임을 확인할 수 있다.

161) 이 표는 崔永好, 1997, 앞의 논문의 각성자 분석 내용을 새롭게 도표화하고 판각량은 새롭게 조사 보충한 것이다.《大方廣佛華嚴經疏》외에《大方廣佛華嚴經隨疏演義鈔》의 각성자에 대한 분석도 있으나, 辛丑 五月日 伽倻山下鉅寺 彫造의 기문이 남아 있는 전자만을 대상으로 하였다.

番號	刻手名	板刻時期	造成場所 및 板刻量			總計
			大藏都監	分司都監	不　明	
3	三旅	38~47	306	52	9	367
4	石光	38~40, 42~45	124	4	8	136
5	王柱	38~45	196	6	2	204
6	智一	41, 43~44	38	18	1	57
7	惠耳	37~39, 41~45, 47	178	6	14	198

〈표 1-2-12〉의 각성자 7명은 강화경판과 사간판인 《대방광불화엄경소》 두 종류의 경판 모두에 그 이름이 각인되어 있고, 또 '각성활동' 시기는 1237~47년의 11년 동안이며, '대장' 판을 조성하였던 (1) 광림을 제외하고는 모두 '대장' 과 '분사' 두 도감에서 동시에 '각성활동' 을 하였다. 이를 통하여 당시 사간판과 강화경판의 각성자가 별도로 분리되어 있었던 것이 아니라 대략 동일인들로 또 상호 밀접한 관련을 가지면서 각각 조성되었음을 파악할 수 있다.

특히 위의 6명은 사간판인 《대방광불화엄경소》를 조성한 각성자이고 동시에 '분사' 와 '대장' 두 도감에서 '각성활동' 을 하여 〈표 1-2-12〉의 총계란에서 볼 수 있는 경판의 수량을 각각 판각하였던 것이다. 그 중에서 신축년(1241)에 《대방광불화엄경소》를 판각한 것을 제외하고, 그밖에 이 해에 판각량을 조사해 보면, 광림 6장, 도선 29장, 삼려 41장, 왕주 25장, 지일 5장, 혜이 38장 등인데 그 모두를 '대장도감' 에서 판각한 것으로 조사된다. 따라서 이들은 신축년 5월에 가야산(伽耶山) 하거사(下鉅寺) 에서 《대방광불화엄경소》 4권을 판각하면서 한편으로는 '대장도감' 에서 강화경판의 경판도 산출하고 있었다는 말이 되는 것이다. 이는 곧 가야산 하거사가 대장도감과 서로 밀접한 관련을 가진 곳이었다는 사실을 보여주는 것이다. 가야산 하거사는 강화경판을 판각하였던 장소로 보이는 해인사와 인접한 지역에 위치하고 있었을 것이다.

따라서 하거사는 해인사와 긴밀한 협조관계에 있으면서 '대장도감'의 각성자와 서로 교류하였던 곳이 아닌가 생각된다. 또한《대방광불화엄경소》4권은 다른 소(疏)의 '정장'과 그 서체도 동일하며, 경판의 판식도 역시 '정장'과 거의 동일하다. 이렇게 본다면 하거사는 대장도감의 경판을 제작하는 전문적인 인력이나 경판과 같은 물적인 자원도 교류하였던 것을 반증한다고 하겠다.[162]

이러한 사실을 통하여 단속사의《선문염송집》판각도 독립적인 조직체계에 의한 것이 아니라, '분사'와 '대장' 등 두 도감의 인저·물저 지원을 받으면서 긴밀한 협조 관계 속에서 조성되었을 것으로 파악된다.

제4절 小 結

지금까지 무인 최씨정권은 대장경 조판 사업의 주체로서 그 사업을 착수 완성시켰으며, 그 식읍인 진주 지방에 분사도감이 설치되어 있어 막대한 재력과 노동력을 비교적 용이하게 투입하여 효과적으로 일을 주도할 수 있었던 것이라고 일반적으로 논급해 오고 있다. 그러나 경판의 조판사업에 소요된 경비와 노동력은 대부분 각계 각층의 시재(施財)와 '몸' 보시 등에 의하여 충당되어 왔으며, 최이가의 진양 식읍에서 나온 세공으로 그 경비에 충당된 증거는 발견되지 않는다. 그렇다고 무인 최씨정권이 각판 사업을 위한 일을 한 것이 없었다는 말은 아니며, 그

---

162) 崔永好, 위의 논문.

사업을 착수·진행케 하였던 것은 사실이다. 당시 집권자인 최이와 최항 부자가 각판 사업을 위해서 수행한 역할을 정리해 보면, 첫째 '고려국 대장도감'을 설립하여 경판의 공역을 총 지휘 감독했던 점이요, 둘째 각판 사업의 소요 경비를 각계 각층의 시재로 충당할 수밖에 없었던 현실에서 사재 시납을 솔선 수범했던 점 등으로 나누어 볼 수 있을 듯하다. 특히 무인 최씨정권이 조판을 위해 '사재 시납'을 했다는 것과, 이와는 다르게 식읍의 소유주로서 '분사도감'의 소요 경비 조로 그 세공미를 납입했다는 것 등은 성격이 전혀 다른 별개의 문제이다. 이 당시 식읍은 오직 무인 최씨정권이 소유하고 있었을 뿐이므로 도감에 비록 식읍의 세공미를 납입했다고 가정하더라도 그 영향력은 별로 없었을 것이다. 그러나 '사재 시납'은 파급효과가 매우 컸을 것으로 추측된다. 무인 최씨정권의 사재 시납은 왕공 귀족 및 관인층 등 지주층을 위시하여 보다 많은 서민 대중의 보시를 유도하는데 큰 기여가 되었을 것으로 보인다.

분사도감의 간기 유형은 (A) 분사대장도감 개판, (B) 분사대장도감 조조, (C) 고려국 분사대장도감 봉칙조조 등 3종으로 대략 나누어지고 있다. 이것은 경전을 조판한 분사도감이 각각 상이하였기 때문이었거나, 혹은 최소한 공방(工房) 등이 각각 달랐기 때문에 나타난 현상일 것으로 생각된다. 요컨대 분사도감 혹은 각판의 작업장인 공방 등이 여러 곳에 분산 설치되어 있었을 것이라는 말인 것이다. 그 중 (A)의 '개판'형은 남해에 설치되어 있었음을《종경록》의 권제27에서 '분사남해대장도감' 개판이라 한 것에서 알 수 있다. 다음 (B)의 '조조'형은 그 설치 장소를 현재 파악할 길이 없으며, (C)의 '봉칙조조'형은 진주목 관내인 단속사에서 조성되었음을 이규보의 시문집인《동국이상국집》을 발간하면서 '고려국 분사대장도감 봉칙조조'라고 밝혀 놓은 것에서 알 수 있다. 그러나 (A)·(B)·(C) 등 세 유형 모두 어느 특정

지역 한 곳에만 설치되어 있었던 것이 아니라 몇 개 지역에 분산 설치되어 있었을 가능성도 배제할 수 없을 듯하다.

대장도감은 고종 23년(1236)경에 강화경판의 조성을 위해서 설치되었으며, 그 다음 해부터 경판이 산출되기 시작하여 동왕 38년(1251)에 대략 종료되었다. 그러나 이 대장도감은 고려시대의 다른 58개 '도감'처럼 설치 당시에 새로 기구를 구성하고 관원을 임명하였던 것이 아니라, 신설 당시 무인 최씨정권의 통치조직 전체를 경판의 조성기구로 전환하여 직임을 겸임 수행하였을 것으로 추정된다. 또 그 산하기구인 분사도감의 상부조직은 안찰사와 계수관 등으로 하여금 겸임케 하였으나, 하부조직은 기존의 지방행정 관원이 아닌 새로운 전담요원으로 충원하였다. 곧 '장사랑군기주부동정' 및 '장사랑양온령' 등 초임의 음사자들이 바로 그들이다. 당시 지방도시인 3경·4도호부 등지를 비롯한 계수관의 막부와 큰 절에서는 독자적으로 서적을 간행하고 있었기 때문에 각기 일정한 각수들을 확보하고 있었다. 그렇기 때문에 강화경판은 대장도감만이 아니라 전국의 군현조직을 단위로 조직된 분사도감에서도 조성됨으로써 그 효율을 높일 수 있었을 것이다.

종전에 분사도감은 오직 '남해 분사도감'만이 존립하여 왔을 것으로 오인하였으나, 최근에 이르러 그렇지 않다는 사실이 밝혀지기 시작하였다. 분사도감은 몽고의 침략으로 경판조성이 곤란한 지역을 제외하고 각 계수관에 설치되어 있었고, 또 그 관내의 조조처는 여러 곳으로 분산 설치되어 있었을 것으로 추정된다. 무신년(1248)에 경상도의 안찰사인 전광재는 분사도감의 직을 겸임하고 비로소《남명전화상송증도가사실》의 초본을 새로 정리하여 판각할 수 있었고, 또 그 뒤《동국이상국집》을 간행할 때 진주목 계수관이 분사도감의 직을 겸임하였던 것은 그 좋은 예증이 될 수 있을 것이다.

그리고 경판을 조성하기 위해서는 많은 목재의 벌채와 운반, 각수의 동원, 조각도의 제조, 소요 식량의 조달 등이 필요하였을 것이다. 나아가 고려인 거의 전부를 동원해야 하는 체제가 구축되어 있지 않고서는 대장경판의 조성이란 어려운 사업이었을 것이다. 이것은 분사도감이 각 도의 안찰사와 계수관의 직을 겸임하지 않고는 그 직분을 수행할 수 없었을 것이란 사실을 뒷받침하고 있는 것이다. 또 경판의 판각도 적군의 침략이 자행되고 있는 와중에 한 곳에서 집중적으로 이루어지는 것보다 여러 지역에 분산하여 조성하는 것이 훨씬 위험 부담을 감소케 했을 것이고 동시에 일의 효율성도 기할 수 있었을 것이다.

고려시대의 서적 출간 및 판각 조성 등은 거의 대부분 각 계수관의 막부와 또 사원 등지에서 이루어져 왔다. 특히 각종 불전의 간행은 사원을 중심으로 이루어질 수밖에 없었을 것이다. 오늘날 경남 합천의 해인사는 각종 사간판 뿐만 아니라, 강화경판을 조성할 당시 그 사업의 일부인 《대승대교왕경》과 《금광명경》의 두 경전을 판각하였던 사실을 예로 들 수 있다. 그리고 경남 산청군 단성면의 단속사도 경판을 조성한 장소로서 또 하나의 사례로 들 수 있다. 먼저 《동국이상국집》의 전·후집 총 53권과 연보 1축 등을 신해년(1251)에 분사도감에서 해장(海藏) 곧 대장경의 조조를 마친 여가에 조성하였다고 했는데, 이 곳이 바로 단속사였을 것이다. 《동국이상국집》판이 단속사에 소장되어 있었던 것은 여기서 조성하였기 때문이었을 것이다. 그리고 《동국이상국집》이 조성되기 전에 이루어진 경판은 《선문염송집》이었다. 정안은 단속사 주지인 만종이 반야의 정신과 돈독한 원력으로 경판 조성을 이룰 수 있었다고 했으나, 이것은 만종이 공적을 찬미하기 위한 수사적인 표현에 불과한 것으로 생각된다. '대장'과 '분사' 두 도감에서의 경판 조성은 전체 프로그램에 의해서 판각 장소와 경순 등이 결정되었을 뿐이며, 어느 개인의 요구 또는 작용에 의해서 그 프로그램이 크게 변동되지 않았을 것으로 믿고 있기 때문이다.

제2부

江華京板《高麗大藏經》조성의
참여형태와 참여계층

제1장 강화경판 조성의 참여형태

고종 34년(1247)에 무인 최씨정권의 제3대 집권자인 최항은 국학 직강(國學直講)으로 있는 김구(金坵, 1211~1278)에게 "새로 조각 한 《원각경(圓覺經)》의 발문(跋文)을 짓게 하였는데 도리어 그는 시 (詩)를 지어 비아냥거리었다"[1]고 하며, 이 시를 본 최항은 노하여 말 하기를 "내가 입을 다물고 있으라는 말이냐 하고 김구를 좌천시켰다"[2] 고 한다. 여기 《원각경》은 강화경판에 편제되어 있는 《대방광원각수다 라료의경(大方廣圓覺須多羅了意經)》의 이칭(異稱)이며, 신축년(고종 28, 1241)에 조판되었음을 간기(刊記)에서 볼 수 있다.[3] 따라서 이

---

1) 《止浦集》卷3, 附 年譜 7年(고종 34) 丁未(公 37세) :《高麗名賢集》2책, 193쪽.
2) 詩題〈嘲圓覺經〉에서 "마침내 濟州 判官으로 좌천되었다"고 했으나, 이것은 사실이 아니다. 그의 年譜에서 고종 21년에 제주 판관으로 폄출되었다고 했으 니, 앞 作詩 사건이 일어나기 13년전이었으며, 그는 作詩 사건 뒤에 10여 년 간 두문불출하고 있었다고 했다(위의 책 卷1 :《高麗名賢集》2책, 154쪽).
3) 《高麗大藏經》제13책 75~88쪽 참조.

경판의 조성이 이루어지고 6년 뒤에 최항이 김구에게 발문을 짓도록 명한 것임을 알 수 있다.

위 경전은 단권(單卷)이며 8세기 중엽에 계빈국(罽賓國)의 학승 불타다라(佛陀多羅)가 번역한 것이다. 이 경전을 《원각경》이라고 함은 "원만한 깨달음에 대한 대승경"이란 뜻이다. 다시 말하면 "모든 사람들이 부처가 될 바탕을 닦는 것이 원만한 깨달음"이라는 것이며, 여러 대상별로 그것을 닦아 나가는 방법을 설파하고 있다.

무인 최씨정권의 최항은 위와 같은 《원각경》을 전국에 보급하여 그 자신의 정치적 의도를 도모하고자 했던 것 같다. 그러나 김구는 최항의 그 같은 행위를 달가워하지 않고 함구하고 있을 것을 바랐던 것이다. 이것은 무인 최씨정권이 당시 민심으로부터 유리되어 있었기 때문에 자중하여 더 이상의 인심을 잃지 않도록 하기 위한 것인 듯하다.

김구가 《원각경》을 포함한 대장경의 조성을 원하지 않았거나 비방했던 것은 아니었으며, 도리어 그는 대장경의 조성 사업을 크게 환영하였던 것이다. 그는 '선정전행대장경도량음찬시(宣政殿行大藏經道場音讚詩)'[4]에서

> 한 장경(藏經)이 오로지 백만 군사 보다 나을 것이니/一藏全勝百萬師
> 응당 천마 외도(天魔 外道)라도 엿보지 못하리라/故應魔外不容窺
> 용상(龍象)을 골라 왔으니 두려움 없네/揀來龍象渾無畏
> 쓸어버릴 터이니 시랑(豺狼)을 다시 의심 마소/掃去豺狼更莫疑

라고 한 것에서, 당시 경판의 조성에 대해 얼마나 시의 적절한 사업으로 평가하고 있었던가를 단적으로 알 수 있다. 그리고 그는 무인 최씨

---

4) 《止浦集》卷1 : 《高麗名賢集》 2책, 154쪽.

정권이 당시의 민족적 수난과 위기를 훌륭히 극복한 정권으로 인식하고 있었던 것 같다. 이같은 사실은 '상진양공(上晉陽公)' 시에 잘 나타나 있는데, 여기서 그는 무인 최씨정권의 업적과 공로에 대하여, 그 시의 첫 머리에서 "양대 동안 나라에 휘몰아치는 파란을 안정시키니 태산같은 공로보다 더 높은 태산공(泰山功)이로다"[5]라고 칭송한 것에서 볼 수 있다. 위에서 "한 장경(藏經)이 오로지 백만 군사 보다 나을 것이니"라고 한 그의 말을 구체적으로 이해하긴 어렵지만, 경판의 조성 사업이 반몽항전의 수단으로서 그 기능을 훌륭히 발휘한 것으로 평가한 말로 이해된다. 그러면 경판의 조성 사업이 반몽항전의 수단으로서 실제 어떤 역할을 했는지가 궁금하지 않을 수 없다. 무인 최씨정권의 집정자를 비롯한 왕공 귀족 및 관인층 등 지배층의 '사재 시납'은 그 자체가 경판 조성에 기여한 바도 있었겠지만, 이 보다 많은 서민 대중 계층의 보시를 유도하고, 특히 각계 각층이 시재를 하지 않을 수 없도록 압박감을 느끼게 하는데 더욱 큰 역할을 하였을 것이다.

당시 반몽항전의 장기화에 따른 수난과 고통은 고려인 전체가 겪고 있는 현실이지만, 그 중에서도 대토지 소유자로부터 중소토지 소유자에 이르기까지 지주 계층일수록 더욱 더 큰 고통을 겪지 않을 수 없었을 것이다. 특히 반몽항전의 장기화에 따른 사회 기강의 해이와 와해적 분위기 속에서, 지주층의 현실적 급무는 전호로부터 지대를 원활히 징납하는 것일 것이다. 따라서 지주계층은 다른 계층에 비하여 전쟁의 조기 종결에 대한 희구가 더욱 강렬할 수밖에 없었을 것이며, 각판사업을 요구하고 주체적으로 참여하게 된 소이가 바로 여기에 있었을 것이다.

이같은 상황하에서 경판 사업은 무인 최씨정권의 집정자를 비롯한 왕공 귀족과 관인층 그리고 지주층 등의 지배층에게 안정과 지대 징납에

---

5) 앞의 책과 같음.

큰 보탬이 되었을 것이다. 경판 사업 즉 불사의 종사는 보리심의 구현
이요, 현실에 대한 투쟁 극복이 아니라 안정과 순종을 희구(希求) 케 했
을 것으로 믿기 때문이다. 따라서 대장경의 조판 사업은 지배 계층들에
게 현실 안정이란 일정한 이익을 담보해 주었을 것이다. 여기서는 이러
한 인식을 바탕으로 강화경판 조성의 참여양태가 '보시(布施)' 의 일환
으로 이루어진 것임을 살펴보기로 한다.

제1절 '財' 보시와 그 표현 방식

고려의 소위 《초조대장경(初雕大藏經)》 즉 《부인사장 대장경(符仁寺
藏 大藏經)》[6] 은 현종대에 본격적으로 조성되기 시작하였으며, 이 대장
경이 몽고 침략의 전란 중에 소실되자 새로운 강화경판의 조성 사업이
이루어졌던 것은 이미 누구나 알고 있는 사실이다. 《부인사장 대장경》
이 당시 소실되고 없어졌기 때문에 그 조성 과정을 비롯하여 알려진 것
이 현재 거의 없는 형편이다. 추측컨대, 처음 이 대장경도 강화경판과
거의 비슷하게 각종 보시에 의하여 조성되었을 것으로 믿는다. 그리고
이 대장경의 조성 이후로 새로운 경판의 조성이 계속 증가되어 왔었음

---

6) 소위 초조대장경은 고려 현종 때 판각하였던 대장경의 명칭이라는 것과, 또 이
   대장경은 부인사에 소장하고 있다가 蒙兵의 침략 와중에 소실되고 이 때 다시
   판각한 대장경을 재조대장경으로 불러오고 있다. 이것은 이미 주지하고 있는
   사실이다. '초조' 또는 '재조' 등의 호칭은 사실과 어긋남이 있다고 판단된다.
   따라서 재조대장경을 강화경판으로 고쳐(金潤坤, 〈《江華京板 高麗大藏經》의
   체제에 관한 一考〉《釜山女大史學》10 · 11, 1993, 170~171쪽) 이미 불
   러오고 있으며, 또 소위 초조대장경은 부인사장 대장경으로 고쳐 부르는 것이
   옳을 것으로 믿는다.

이 틀림없다. 다음의 자료는 그 한 예증이 될 수 있을 것이다. 즉《대방광불화엄경(大方廣佛華嚴經)》권 제37의 말미에 "고려국 합주 호장동정 이필선 상보사은 하자삼유지원 시재조판 화엄경제삼십칠권 시 수창사년 오월 일 기(高麗國 陜州 戶長同正 李必先 上報四恩 下滋三有之願 施財雕版 花嚴經第三十七卷 時 壽昌四年 五月 日 記)"[7] 하였다는 간기가 있다. 그 내용의 요지는 합천의 호장동정 이필선이 재물을 시납하여 화엄경 권 제37을 조판(雕版)하였으며, 이 때가 수창(壽昌) 4년 즉 고려 숙종 3년(1098)이었다는 것이다.

이같은 경판의 조성은 숙종 이전인 문종대부터 활발히 진행되기 시작하여 예·인종 시대에 이르기까지 지속되어 왔음이 가종 자료에 의하여 확인되고 있다. 합천의 호장 이필선이 재물을 시납하여《대방광불화엄경》권 제37을 조판하였다고 한 것도 그 중의 하나인 것이다. 그러나 그가 재물을 시납하여《대방광불화엄경》권 제37의 단 1권만을 조판하였는지, 혹은 이 밖에 더 많은 경판을 조판하였는지는 현재 분명히 알 수 없으나, 후자 쪽일 가능성이 높을 것으로 생각된다. 이것은 현존 경판에 동일인의 이름이 많이 각인되어 있는 것을 통하여 추정이 가능하기 때문이다.

위《대방광불화엄경》권 제37의 간기 형식을 특히 주목해 볼 필요가 있다. 이 간기에는 보시인의 인적 사항과 시재의 사실 등을 열거해 놓았음을 볼 수 있다. 경판의 간기에 이같은 사실을 각인해 놓은 방식은 합천의 호장동정 이필선이 홀로 독창적으로 창안한 것이 아니었을 것이다. 다시 말하면 경판의 간기에 시재의 사실을 각인해 놓는 방식을 타인들은 일체 하지 않고 있는데, 오직 이필선이 홀로 그렇게 했던 것은 아닌 것이다. 요컨대 강화경판의 조성 이전에 경판의 간기에는 위《대

---

7) 韓國文化財保護協會,《文化財大觀》제2책, 1994, 178쪽.

방광불화엄경》권 제37의 간기 형식과 같이 시재의 사실을 각인해 놓는 경우가 많았던 것이다. 그러나 강화경판의 간기는 그 이전의 형식과 크게 다르게 변했는데, 그 변화의 의의와 반몽항전에 미쳤던 영향 등에 대한 것은 아래에서 다시 논급하기로 한다.

위 "합천의 호장동정 이필선"이 시재의 사실을 경판의 간기에 각인해 놓은 방식이 그의 독창적인 것이 아니라 당시 국제적으로 통용되고 있었던 간기 형식이라는 사실을 송판(宋版)과 원판(元版)의 대장경을 통하여 파악할 수 있다. 먼저 《송판대장경(宋版大藏經)》에서 발췌한 사례를 아래에 예거해 보기로 한다.[8]

(A)-① 烏程縣 九元鄕 下楊村 楊文正 妻曹氏六□ 開大藏經板十 片 追薦亡考曹八承事·亡妣潘氏 三九娘 上保四恩 下資三有同生佛界(《大般若波羅蜜多經》卷7, 卷末)

② 海老原氏優婆夷曉清 謹捨淨貲 補治藏經 … (同上 卷141, 卷末)

③ 土山尼女弟子沈妙蓮 施錢雕換大藏經板一片 求轉男子(同上 卷 420, 第13紙柱下)

④ 淸信弟子傅尙 捨板一百五十片 圓就開此經 … 法界衆生謹記(《大般涅槃經》卷40, 卷末)

⑤ 鄕貫(貢의 誤?) 進士毛蔚 捨錢七貫七百文 開此傳一卷 奉爲

---

8) 《增上寺史料集》別卷에 《宋版大藏經目錄》을 수록해 놓고 그 末尾에 '寄進記·修理記'를 附記하였다. 여기 '寄進記' 중에는 모두 21개의 사례가 열거되어 있는데, 그 중에 임의로 6개의 사례를 발췌한 것이다. 위의 '寄進記·修理記' 밖에 또 '刊記' 라는 별도의 附記가 있는데, 여기서도 보시자를 열거해 놓았다. 그 한 예를 들면 "大宋國 … 三寶弟子因道政 施財贖到 法華經板壹部 計七卷捨入"이 그것이다.

　　四恩三有法界衆生(《大宋高僧傳》卷24, 卷末)

　　⑥弟子毛宗元　捨錢八貫八百文　開此一卷　奉爲四恩三有法界衆生

　　(同上　卷25, 卷末)

　위 (A)- ①은 오정현 구원향 하양촌(烏程縣 九元鄕 下楊村)의 양문정 처(楊文正 妻)인 조씨(曹氏)가 별세한 부모의 명복을 빌기 위하여 대장경판 10편을 개판했다는 것, ②는 해로원씨 우바이 효청(海老原氏 優婆夷 曉淸)이 재물을 희사하여 대장경을 보충했다는 것, ③은 토산니 여제자 심묘련(土山尼 女弟子 沈妙蓮)이 금전을 시납하여 대장경판 1편을 조성 교환했다는 것, ④는 청신제자 부상(淸信弟子 傳尙)이 대장경판 150편을 희사했다는 것, ⑤는 향공진사 모울(鄕貢進士 毛蔚)이 금전 7관 7백문을, 또 ⑥은 제자 모종원(弟子 毛宗元)이 금전 8관 8백문을 각각 희사하여 《대송고승전(大宋高僧傳)》의 1권씩을 개판했다는 것 등이다. 위의 ①과 ④ 등은 비록 재물을 희사하였다는 말은 없으나, 이 사실은 생략된 것으로 간주해도 크게 어긋나지 않을 것이다.

　다음《원판대장경(元版大藏經)》에서 경판 보시자를 발췌하여 그 사례를 살펴보기로 한다.[9]

　(B)- ①嘉興府　天寧光孝報恩禪寺　住持僧智祥　捨長財　入杭州南山普寧寺

　　　刊經伍卷　隨心如意者(《大般若波羅蜜多經》卷5)

---

9)《增上寺史料集》別卷에《元版大藏經目錄》은《宋版大藏經目錄》의 바로 뒤에 수록해 놓고 그 末尾에 별도로 '刊記'를 附記하였다. 이 '刊記'에서 보시 내역의 사례를 (1)~(320) 등으로 모두 320개를 열거해 놓았다. 그 중에서 (1)번과 (2)번 및 (320)번 등을 발췌하여 ①·②·③ 등의 새 번호로 붙여 놓았다.

② 平江府 吳江縣界居 奉佛信士 徐舜臣家眷等 施財刊造此卷 所冀
福壽双慶生身父母 同赴安樂之邦(同上 卷6)

③ 嘉興路 嘉興縣 柿林鄉文子秀村 車口里 春山院 比丘□□如親謹
發心施寶鈔 三十貫 入南山大普寧寺 大藏經局 刊造尊經壹卷 功
德答報 四恩三有者 至元二十□年 十二月 日 當寺住持釋(《宗經
錄》卷38)

위 (B)-①은 가흥부 천녕광효보은선사(嘉興府 天寧光孝報恩禪寺)
주지 지상(智祥)이 많은 재물을 희사하여 대장경판 5권을 항주 남산
보녕사에 납입했다는 것, ②는 평강부 오강현계거 봉불신사 서순신가
권(平江府 吳江縣界居 奉佛信士 徐舜臣家眷) 등이 재물을 희사하여
대장경판 1권을 간조(刊造)했다는 것, ③은 가흥로 가흥현 시림향 문
자수촌(중략)비구[嘉興路 嘉興縣 柿林鄉 文子秀村(中略)比丘]가 보
초(寶鈔) 30관을 시납하여 대장경판 1권을 간조(刊造)했다는 것 등
이다.

위《송판대장경목록(宋版大藏經目錄)》의 '기진기(寄進記)' 중에서
특히 (A)-① 대장경판 10편을, ④ 대장경판 150편을 각각 시재(施
財) 개판(開板)하여 보시한 자, ⑤ 동전(銅錢) 7관 7백문을, ⑥ 동전
8관 8백문을 각각 시재(施財)하여《대송고승전(大宋高僧傳)》의 1권씩
을 개판하여 보시한 자 등등은 상당히 요부(饒富)하였던 지주층(地主
層)으로 추정할 수 있으며, 또《원판대장경목록(元版大藏經目錄)》의
말미(末尾) '간기(刊記)' 중에서도 특히 (B)-③ 보초(寶鈔) 30관은
거액의 시재이며, 그 보시자에 대해서 특히 주목된다. 이같이 거액의
재물을 보시하고, 그 사실을 간기에 각인(刻印)하였던 것은 고려와
송·원 등 당시 동아시아 사회에서 널리 보편적 관행처럼 행해져 오고
있었던 일이요, 당시 국제적으로 행해지고 있었던 일종의 관행이었음

을 알 수 있다.

위 송판과 원판 등 대장경의 간기 형식이《대방광불화엄경》권 제37의 '합천 호장동정 이필선'과 완전히 동일한 것, 또는 그 순차가 약간 상이한 것 등이 혼재하고 있음을 볼 수 있다. 여기서 가장 중요한 것은 재물 보시자의 인적 사항을 모두 경판의 간기에 각인해 놓은 점이 3국의 대장경에 공통적으로 나타나 있다는 사실이다.

그러나 반몽항전기에 조판하였던 강화경판의 간기에서는 보시의 사실에 대해서 일체 거론하지 않고, 단지 조판 연도인 간지(干支)와 조판 기구인 대장도감·분사대장도감 등을 각인하였을 뿐이다. 심지어 강화경판의 지본 중에 종전 인본(印本)을 그대로 사용할 경우 오직 간기만을 삭제 내지 새로운 내용을 첨가하여 조판하였던 것도 있다. 이에 앞서 하나의 경전에 많은 이역본(異譯本)들이 있었던 사실을 상기할 필요가 있을 것 같다. 그 예증을 들어보기로 한다.

《대방광불화엄경》의 이역본 3부가《고려대장경》영인본에 모두 입장되어 있으며, 이 이역본 3부의 각 고유번호와 역자 및 한역 시기 등은 대략 아래와 같다.

k.79《대방광불화엄경》전 60권은 구화엄(舊華嚴)·60화엄(60華嚴)·진경(晉經) 등으로 호칭되고 있으며, 동진(東晉)에서 인도 출신의 학승 불타발다라(佛馱跋陀羅)에 의해 408~421년경에 한역되었다.

k.80《대방광불화엄경》전 80권은 보통 화엄경으로 호칭되고 있으며, 우전국(于闐國) 출신의 학승 실차난다(實叉難陀)에 의하여 695~699년에 한역되었다.

k.1262《대방광불화엄경》전 40권은 본명을 대방광불화엄경부사의 해탈경계보현행원품(大方廣佛華嚴經不思議解脫境界普賢行願品)으로, 또 약명(略名)을 화엄경 등으로 호칭하였으며, 빈국(賓國) 출신의 학승

반야(般若)에 의하여 795~798년에 한역되었다.

위의 《k.79》·《k.80》·《k.1262》의 세 경전을 조성할 당시 형편을 잠깐 살펴보면, 먼저 《k.79》의 총 60권은 1244~1246년의 3년 동안에, 다음 《k.80》의 총 80권은 1245~1246년의 2년 동안에, 끝으로 《k.1262》의 총 40권은 1244~1245년의 2년 동안에 각각 조성되었음을 그 각각 간기에서 볼 수 있다.[10] 여기서 강화경판에 편제되어 있는 순서 즉 《k.79》·《k.80》·《k.1262》 등으로 조판(彫板) 작업이 진행되지 아니하였던 사실을 볼 수 있다.

그리고 각 경전이 입장(入藏)되어 있는 함호(函號)를 보면, 먼저 《k.79》는 탕(湯)·좌(坐)·조(朝)·문(問)·도(道)의 5함(函)에, 다음 《k.80》은 수(垂)·공(拱)·평(平)·장(章)·애(愛)·육(育)·여(黎)·수(首)의 8함(函)에, 끝으로 《k.1262》은 책(策)·공(功)·무(茂)·실(實)의 4함(函)에 각각 입장되어 있다. 여기서 경전 조판의 작업은 천자문의 차례에 의한 함차(函次)대로 진행되었던 것이 아니었다는 사실도 다시 한 번 확인해 볼 수 있다. 다시 예를 들어 말하면 책함(策函)에 입장되어 있는 《k.1262》의 권 제2는 1244년(甲辰)에 이미 조판되었으나, 책함보다 천자문의 순서로는 제410번째 앞인 도함(道函)에 입장되어 있는 《k.79》의 권 제51은 그 보다 2년 늦은 1246년(丙午)에 겨우 조판되기에 이르렀던 것이다.[11] 이같은 현상의 발생 원인은 1차적으로 조판 작업의 지속(遲速)에 있겠지만, 그 이전

---

10) 《k.79》의 총 60권 중에서 권 제5, 권 제7, 권 제25, 권 제30, 권 제37 등 5권을, 《k.80》의 총 80권 중에서 권 제21, 권 제23, 권 제49, 권 제58, 권 제67, 권 제71 등 6권을, 《k.1262》의 총 40권 중에서 권 제29, 권 제40 등 2권을 각각 無刊記로 남겨 놓았기 때문에 그 판각 연대를 정확히 알 수 없음을 밝혀 두기로 한다.

에 판하본(板下本)의 준비와도 일정한 관련이 있었을 것이다. 위에서 볼 수 있는 바와 같이, 경전의 이역본(異譯本)이 많았으며 그 입장(入藏) 서차(序次)의 책정과 판하본 준비의 곤란 등으로 조판(彫板)의 순서가 상이할 수 있었을 것 같다.

강화경판은 조성 당시 새로 판하본을 작성하여 조판한 경우가 많았으나, 그 중에 상당수는 기존의 경판을 인경하여 이것을 판하본으로 사용한 경우도 있었음이 분명하다. 그 좋은 일례는 k.79《대방광불화엄경》의 권 제37 말미에서 볼 수 있다. 이 사실을 구체적으로 말하면 강화경판에서 k.79《대방광불화엄경》의 권 제37을 조판할 때 앞에서 살펴 본 바 있는《대방광불화엄경》권 제37의 간기 즉 "합천의 호장동정 이필선이 시재하여 화엄경을 조판했다"는 간기만을 단지 삭제하고 그것을 저본으로 하여 조판했기 때문에 그 삭제한 공간이 현재 남아 있으며, 또 양자는 모두 각 1장 24줄·1줄 17자 및 자체·판식 등이 서로 완전히 동일한 것에서 그것을 알 수 있다. 그리고 전자인 k.79《대방광불화엄경》의 권 제37은 종전의 간기만을 삭제하고 복각하였으나, 그 나머지 총 60권 중의 거의 대부분은 새로운 간기를 각첨(刻添)하여 조판해 놓았음을 볼 수 있다.

강화경판을 조판할 때 단순히 k.79《대방광불화엄경》만 종전의 인본(印本)을 판하본으로 사용하였던 것이 아니었다. k.80《대방광불화엄경》도 다른 또 하나의 좋은 예이다. 이 경전도 종전의 인본을 판하본으로 사용하였던 예증을 본 경전의 권 제6에서 볼 수 있다. 이 두 경

---

11)《大方廣佛華嚴經》중에 k.79는《大藏目錄》의 卷上에 편제되어 있으나, k.1262는《大藏目錄》의 卷下에 편제되어 있으며, k.1262가 입장되어 있는 策功茂函의 이름은《補遺板目錄》에 편제되어 있는《宗鏡錄》의 函 이름과 중복되어 있기도 하다.

전의 권 제6을 서로 비교해 보면, 1장(幅) 전체 24행과 1줄 17자 및 내제·역자 등의 자체 그리고 판식이 완전히 동일하다. 다만 종전 본인 《대방광불화엄경》권 제6의 제1장 인본에는 "해동사문수기장본(海東沙門守其藏本)"의 인(印)이 있으나, 강화경에서 조판하였던 k.80《대방광불화엄경》권 제6의 제1장을 새로 복각할 때는 그것을 삭제하였던 점이 다를 뿐이다. [12] 이 인의 위치는 권두(卷頭)—내제(內題)인《대방광불화엄경》권 제6의 아래에 있었는데, 이것을 삭제하고 대신 함명(函名)—수자(垂字)를 각하였다. 개태사의 승통 수기(僧統 守其)는 반몽항전기에 강화경에서 대장경을 조판할 당시 대장경의 저본 전체를 교감하고《고려국신조대장교정별록(高麗國新雕大藏校正別錄)》30권을 남겨 놓았음은 이미 주지하고 있는 사실이다. 이것을《교정별록》으로 약칭하기도 한다. 그 교감자에 대해서 최자(1188~1260)는《보한집(補閑集)》에서 "개태사 승통 수진(守眞)은 학(學)이 넓고 식(識)이 정밀하였으며, 대장경의 정착(正錯)을 교감할 때 처음부터 경전의 전체를 몸소 번역했던 것처럼 친숙하였다"[13]고 했다. 수진 즉 수기(守其)[14]가 대장경의 정착을 교감할 때 그의 소장본을 강화경판의 저본(底本)으로 채용하였던 것은 위의 사실로 분명히 알 수 있으나, 다만 그 저본의

---

12) 《大方廣佛華嚴經》周本 권 제6은 국보 203호(서울 趙炳舜氏 所藏)로 지정되어 있다. 《文化財大觀》제2책(韓國文化財保護協會, 1994, 178쪽) 참조. 여기서 "海東沙門守其藏本이란 所藏印이 찍혀 있고 현존 再雕大藏經의 板式·字體와 일치하므로 이것이 再雕經의 底本일 가능성도 있다"고 했다.

13) 《補閑集》卷下；《高麗名賢集》2책, 大東文化研究院, 1973, 142쪽.

14) 개태사 승통 守眞과 守其는 동일인이 분명하며 여기에 의문 제기는 아직 없는 실정이다. 일찍 동일인으로 단정한 견해 하나만 밝혀 두기로 한다(朴泳洙, 〈高麗大藏經版의 研究〉《白性郁博士頌壽記念 佛敎學論文集》, 東國文化社, 1959, 18쪽).

채용 분량에 대해서는 현재 알 수 없다. 그러나 현재 남아 있는《대방광불화엄경》권 제6의 제1장만 그 저본으로 채용하였을 것으로 생각한다면, 이것은 잘못된 생각이 분명할 것이다.

《교정별록》의 사용 자료를 분석하면 강화경판의 편찬에 이용된 저본의 비율이 '고려판본' 60% · '송국판본(宋國版本)' 10% · '거란판본(契丹版本)' 30% 등으로 나타난다고 하며, 또 그 중에서 '고려판본'은 "현종 때의《국본》내용이 91%를 차지하고 문종 때에 보충한 내용이 3%정도이며 나머지가 고종 때 새로 보충된 것이다"[15]고 하였다. 이 비율에 대한 검증은 앞으로 다시 한 번 시도해야 될 것으로 믿고 있으나, 종전의 '고려판본'을 저본으로 이용한 것이 절내 다수로 많았던 것은 분명한 사실이며, 그 인본을 바로 복각하였던 경우도 많았음이 틀림없을 것이다. 따라서 k.80《대방광불화엄경》의 전체 80권 중에서 "해동사문수기장본(海東沙門守其藏本)"의 인이 남아 있는 권 제6의 제1장만을 판하본(板下本)으로 삼아 새로 복각하였던 것이 아니라는 사실을 알 수 있을 것이다.

이상의 언급은 강화경판의 조판 당시 종전의 인경본(印經本)을 판하본으로 사용하여 새로 조판하였다는 것을 지적한 것 뿐이며, 종전의 경판 자체를 그대로 사용하였다는 말은 절대로 아니다. 이 점을 분명히 해 두기 위해서, 처음 예거한 k.79《대방광불화엄경》의 권 제37과 k.80《대방광불화엄경》의 권 제6 등을 다시 예로 들어 언급하기로 한다. 먼저 전자에 대해서 살펴보기로 한다. 이 경판은 종전의 간기 즉 '합천의 호장동정 이필선'이 포함되어 있는 내용 전체를 삭제한 뒤에 새로운 간기를 조판하지 않고 공란으로 남겨 놓았다고 앞에서 이미 언급한 바 있다. 간기가 없기 때문에 그 조판의 연대를 알 수 없다. 그런

---

15) 윤용태, 〈고려국 신조대장 교정별록에 대하여〉《역사과학》133, 1990.

데 본권(本卷)에 적의(迪宜)와 명승(明升) 등 2명의 각수가 각인되어 있다. 이들의 조판 활동에 대한 것을 살펴보기로 한다.

먼저 적의는 1244년 25장, 1245년 23장, 1246년 7장,[16] 다음 명승은 1244년에 31장, 1245년에 42장, 1246년에 6장[17]을 각각 조판하였다. 두 사람 모두 위의 3년간을 제외하고 무간기(無刊記)를 비롯하여 여타 판각 사실은 제외하였다. 그 3년 동안 '대장도감'과 '분사대장도감'의 두 곳을 왕래하면서 조판 활동을 하였으나 조판 수량이 최하 6장으로부터 최고 42장 등에 이르기까지 다양하였음을 볼 수 있다. 두 사람 모두 매년 조판 수량이 거의 일정하였던 것이 아니라 최하에서 최고까지 그 차이가 무려 7배에 이르도록 큰 격차가 있다. 매년 조판의 수량이 크게 다른 것은 두 사람 모두 강제로 징발되어 복무하였던 것이 아니라 그들의 자유의사에 의하여 경판의 조판 사업에 참여하였기 때문이었을 것이다. 다시 말하면 조판 사업의 참여는 '몸' 보시의 일환이었던 것이다. 어떻든 적의와 명승의 2인이 조판을 하였던 공통의 시기는 1244~46년의 3년간이었다. 따라서 k.79《대방광불화엄경》권 제37의 간기가 없어 정확한 조판 시기에 대한 것은 알 수 없으나, 대략

---

16) 迪宜는 (1) 1244년에 《k.79》을 비롯하여 25장을 (2) 1245년에 《k.80》의 권29와 권48, 그리고 《k.1262》의 권8 및 《k.1263》의 권15 등 중에서 23장을, (3) 1246년에 《k.1263》의 권24 중에서 7장을 각각 판각하였던 것으로 조사되었다.

17) 明升의 판각활동에 관해서 조사해 보면 대략 다음과 같다.
   (1) 1244년에 《k.79》의 권42, 《k.889》의 권9, 《k.951》의 권32, 《k.952》의 권19 권49 권71 권105, 《k.955》의 권14, 《k.956》의 권33, 《k.1258》의 권6 권10 권25, 《k.1260》의 권11 《k.1423》의 권9 《k.1440》의 卷單, 《k.1466》의 권29, 《k.1482》의 권12, 《k.1487》의 권8, 《k.1496》의 권1 등 31장.
   (2) 1245년에 《k.80》의 권24, 《k.1262》의 권24 권25 등 42장.
   (3) 1246년에 《k.1263》의 권39 등 6장.

적의와 명승의 2인이 동시에 조판을 하였던 때인 1244~46년의 3년
사이였다는 말이 되는 셈이다. 그리고 이 기간은 k.79《대방광불화엄
경》의 총 60권 중에서 무간기로 조판 연대를 알 수 없는 5권을 제외한
전체 55권의 조판 시기와 상호 일치하고 있다. 그 중에서도 특히 k.79
《대방광불화엄경》권 제37의 조판 시기는 1244년에 조판된 권 제
31~36 등과 함께 조판되었을 가능성이 높을 듯하다.

  요컨대 k.79《대방광불화엄경》의 권 제37은 숙종 3년(1098)에 조
판하였던 경전의 인본을 판하본으로 하여 1244~1246년 경에 새로
조판할 때 '합천의 호장동정 이필선'이 재물을 시납하여 조판하였다는
내용의 간기를 삭제하고 간기없이 조판하였던 것이다.

  또 위와는 달리 새로운 간기를 첨각(添刻)한 사례를 들어보기로 한
다. k.80《대방광불화엄경》의 권 제6은 종전의《대방광불화엄경》권
제6('해동사문수기장본'의 인이 있음)을 판하본으로 삼아 새로 조판하
였던 것임을 앞에서 이미 언급한 바가 있는데, 그 간기에 단지 '을사세
고려국대장도감 봉칙조조(乙巳歲 高麗國大藏都監 奉勅雕造)'라는 내
용만 있을 뿐이며, 보시인에 관한 것은 일체 없음을 볼 수 있다. 다시
말하면 강화경판의 새 경판 간기에는 단지 조판의 연대와 기구 그리고
고려국 황제의 칙명을 받들어 조조(雕造)하였음을 밝혀 놓았을 뿐이
며, 재물을 희사했던 보시인의 인적 사항은 일체 각기(刻記)하지 않았
음을 볼 수 있다.

  참고로 언급해 두고 싶은 것은 k.80《대방광불화엄경》권 제6의 전
체 서체와 그 간기의 서체가 서로 완전히 다른 점이다. 본 경전의 권
제6과 그 간기의 양자가 서체만이 단지 상이하였던 것이 아니라, 본 경
전의 총 80권 전체와 그 각 간기를 서로 대조하면 서체의 상이함은 동
일한 현상이다. 그 양자의 서체가 상이했던 것은 간기의 서체를 새로
첨각(添刻)하였기 때문이었을 것이다. 다시 말하면 경전 총 80권의 본

문은 종래 인본을 그대로 판하본으로 사용하면서 당시 간기에 재물을 희사하였던 보시인에 관한 기록 일체를 삭제하고 새로운 간기를 첨각하였기 때문에 그 양자의 서체가 상이하였을 것으로 생각된다. 경전 총 80권의 본문은 종래 인본을 그대로 판하본으로 사용하였다는 것은 "해동사문수기장본"의 인이 있는 종전의 판본과 서로 대조해 본 결과 판식〔版式(1장은 24줄, 1줄은 17자 등)〕 및 서체 등이 동일한 점에서 파악할 수 있게 된 것이라고 앞에서 이미 언급한 바 있다. 다만 "해동사문수기장본"의 인이 있는 기존본 중에서 현존하고 있는 것이 적기 때문에 k.80《대방광불화엄경》의 총 80권 전체를 종래 인본을 판하본으로 삼아 조판한 것이라고 단언은 할 수 없다. 그러나 본 경전 총 80권 중에서 그 각 간기를 제외한 경전의 본문은 종전의 인본을 판하본으로 삼아 조판하였을 것이 거의 틀림없을 것으로 생각된다. 본 경전의 총 80권 중에서 권 제6의 단 1권만을 종래 인본으로 사용하고 그 나머지는 모두 판하본을 새로 작성하였을 것으로 추정하기 곤란하며, 또한 그 총 80권의 서체와 권 제6의 서체를 서로 비교하면 거의 동일하며 양자의 판식도 같기 때문이다.

다시 말하면 k.80《대방광불화엄경》총 80권의 각 권말에 있는 간기는 종전의 것을 삭제하고 당시 새로 삽입하였음이 거의 틀림없을 것이다. 이것은 경전의 자체(字體)와 그 간기 자체를 서로 비교하면 곧 파악이 가능할 것이다. 그런데 "권 제6"의 간기에는 보시의 사실을 밝혀 놓지 않았지만 본권(本卷) 전체 21장 중 거의 대부분에 공보(公甫)란 인명을 각인해 놓았다. 여기서 공보의 전체 조판을 연대별로 합산해 보면 대략 아래와 같다.

즉 공보는 1237에 2장, 1238년에 4장,[18] 1239년에 21장,[19] 1240년에 5장,[20] 1242년에 14장,[21] 1243년에 40장,[22] 1244년에 42장,[23] 1245년에 33장,[24] 1247년에 1장,[25] 1248년에 4장,[26] 각각

조판하였음을 합산해 볼 수 있다. 그리고 무간기로 조판의 연대를 알 수 없는 것도 10장[27]이 있다. 이것까지 합하면 그의 조판 총량은 175장이다.

공보는 1237년부터 1248년까지 그 사이 1241년과 1246년 등 2년을 제외하고 10년간 조판 활동을 하였음을 파악할 수 있다. 그가 조판 활동을 하였던 기간과 수량 등을 당시 다른 일반 각수들과 비교해 보면 기간은 길고 수량은 많은 셈이다. 그 조판의 기간이 10년 이상이고 또

---

18) 1237년에 《k.2》의 권16, 1238년에 《k.1》의 권136과 《k.3》의 권11 등 중에서 각각 2장 및 4장을 판가했다.

19) 《k.8》의 권4에서 11장을 또 《k.22》의 권28에서 10장을 각각 판각했다.

20) 《k.371》의 권중에서 5장을 판각했다.

21) 《k.106》의 권5 중에서 14장을 판각했다.

22) 《k.126》의 권9 12장, 《k.160》의 권6 13장, 《k.587》의 권2 2장, 《k.648》의 권8 2장, 《k.649》의 권11과 권47 3장, 《k.801》의 권55 3장, 《k.962》의 권單 1장, 《k.1075》의 권3의 1장, 《k.1081》의 권11 2장, 《k.1257》의 권25의 1장 등을 각각 판각했다.

23) 《k.889》의 권36 1장, 《k.890》권2·21 등 3장, 《k.896》권3·25 등 4장, 《k.923》권下 2장, 《k.951》의 권5·30 등 5장, 《k.952》의 권28·62 2장, 《k.953》의 권11 2장, 《k.955》의 권4 2장, 《k.956》의 권2·34·66 4장, 《k.957》의 권2·21 3장, 《k.959》의 권3 1장, 《k.982》의 권16 1장, 《k.988》의 권中 1장, 《k.1053》의 권11 2장, 《k.1406》의 권5·28·57·83 7장, 《k.1435》의 권上 1장, 《k.1475》의 권1 1장, 《k.1481》의 권15 1장, 《k.1487》의 권27 1장을 각각 판각했다.

24) 《k.79》의 권59 5장, 《k.80》의 권6·68 27장, 《k.1045》의 권單 1장, 《k.1062》의 권11 1장 등을 각각 판각했다.

25) 《k.1499》의 권6에서 1장을 판각했다.

26) 《k.1499》의 권75·85·90 등 중에서 합 4장을 판각했다.

27) 《k.44》의 권上 1장, 《k.889》의 권14 2장, 《k.890》의 권40 2장, 《k.952》의 권99 1장, 《k.1257》의 권4 1장, 《k.1502》의 권上1 1장, 《k.1505》의 권26 1장 등을 모두 합계하면 10장이다.

조판 수량이 200장 이상이면 일단 전문적인 각수로 간주할 수도 있을 것 같다[28]고 이미 언급한 바가 있다. 이 기준에 공보의 활동 기간은 일치하나 조판 수량은 약간 부족한 셈이다. 그러나 공보도 일반적 보시인이 아니라 전문적인 각수였을 것으로 추정된다. 그가 비록 전문적인 각수였다 하더라도 그의 조판 수량을 보면 최하와 최고의 격차가 1~42장 등으로 큰 차이가 있는 것으로 봐서 제도적 혹은 강압적 강제 하에서 조판 작업을 하였던 것은 아닌 듯하다. 만약 그가 제도적 강제 하에서 조판 작업을 하였다면 매년의 수량이 최하 1장~최고 42장 등으로 큰 격차가 있을 수 없었을 것으로 믿기 때문이다. 요컨대 공보의 각성 활동은 일종의 보시로 행하여졌던 것이다.

k.80《대방광불화엄경》의 권 제6은 오직 공보 1인에 의하여 전체 조판이 이루어졌으나, 같은 경전의 권 제36은 원달(元達)·효련(孝連)·정삼(正三)·중국(中國) 등 4인의 각수[29]에 의하여 조판이 완성되었다. 이들은 각수인 동시에 보시인이며, 이 형식은 다수의 보시인을 함께 각인하기 위한 수단이기도 한 것이다. 요컨대 강화경판의 각권을 조판하였던 사람이 1인 혹은 2인 이상의 다수에 의하여 이루어졌던 간에 대부분이 각수 곧 보시=시주였을 것으로 간주된다.

k.79《대방광불화엄경》의 권 제36은 무간기(無刊記)로, 또 k.80《대방광불화엄경》의 권 제6 및 동경 권 제36 등 두 권 모두 간기엔 '을사세 고려국대장도감 봉칙조조(乙巳歲 高麗國大藏都監 奉勅雕造)'로 각각 나타나 있으나, 그 원래 저본의 간기 형식과는 크게 상이하였음을

---

28) 金潤坤, 〈江華京板 高麗大藏經의 체제에 관한 一考〉《釜山女大史學》10·11, 1993, 204쪽.
29) k.80《大方廣佛華嚴經》의 권 제36은 張數가 15장이다. 그 중에 元達(1~3)·孝連(5,6,9)·正三(10,11)·中國(12,14) 등 4인의 각수명이 각인되어 있다.

알 수 있다. 전자의 저본에 "고려국 합주 호장동정 이필선…시재조판 화엄경제삼십칠권(高麗國 陜州 戶長同正 李必先 … 施財雕版 花嚴經第三十七卷)"이라는 것을 삭제하고 무간기로 남겨 두었으며, 또 후자의 간기에도 위와 같이 첨각해 둔 것 등은 모두 그 좋은 사례들이다.

　요컨대 강화경판은 종래의 대부호 혹은 중소지주층 등이 재물을 희사하여 경판을 조성했던 사실을 간기에 기록해 놓는 형식을 지양하고, 그 대신에 1인 혹은 2인 이상 다수의 각수를 각 장에 기록으로 남겨 놓는 형식을 채택하였던 것이다. 각수는 경판의 조판자요 동시에 '몸' 또는 재물 등을 헌납하였던 보시=시주자였던 것이다. 또 이 밖에 다른 유형은 시주의 대부분이 시재의 사실을 기록으로 남겨 두지 않았기 때문에 어떤 시주에 의해서 조성되었는지 알 수 없는 무기명의 경판이 훨씬 많은 형편이다. 간기의 형식이 위와 같이 바뀜에 따라 서민 대중으로부터 대부호·중소지주층 등의 유산층과 진사·향리·대정(隊正) 그리고 왕공 귀족 등에 이르기까지 전 계층의 남녀 모두가 경판의 조성 사업에 참여할 수 있었을 것이다. 당시는 몽병의 우리 강토 유린으로 말미암아 최대의 민족적 위기에 처하여 있었음은 누구나 알고 있는 사실이다. 이 같은 엄중한 현실에서 각계 각층의 전체 고려인을 통일적으로 반몽의식의 고양과 항전의 전선에 나서도록 하기 위해서는 경판의 간기에 종래 재물을 희사한 보시인 만을 표시해 놓는 형식을 지양하고 새로운 간기의 형식을 강화경판에서 창안하게 되었던 것이다.

제2절 경판의 보시계층과 施財 양태

강화경판의 경판은 각계각층의 많은 보시에 의하여 조성되었을 것이 거의 틀림 없다. 경판의 보시에 관한 사례는 많으나 번잡을 피하기 위해서 우선 《대반야경》의 범위로 한정하여 발췌해 보면 대략 아래의 ㉠ ～㉤ 등과 같다.

㉠ 信女 堅德 行爲父母(《大般若經》 권9 제3장)

㉡ 信女 戒煥 行爲父母

　　信女 萬德 行爲父母(同 권23 제21～22장)

㉢ 沙彌 甫湖堂 永奇 伏爲父母(同 권53 제1장)

㉣ 信女 金氏爲父母(同 권144 제19장)

㉤ 比丘 大雲堂 東皐(同 권162 제1장)

㉥ 沙彌 白藕爲父母(同 권162 제2장)

㉦ 刻手 崔丁均(同 권38 제8장)

㉧ 東伯 刻(同 권102 제24장)

㉨ 忠州 天均 刻(同 권176 제24장)

㉩ 忠州 永守 刻(同 권185 제23장)

㉪ 雕刻 戒安(同 권570 제24장)

㉫ 孫璋 刻(同 권507 제27장)

위 경판 보시자의 신분에 관해서 먼저 생각해 보기로 한다. ㉠～㉫ 중에서 ㉢ 사미, ㉤ 비구, ㉥ 사미 등은 승려신분층임을 곧 파악할 수 있으나, 그 나머지의 신분에 대한 것은 현재 파악할 길이 없다. 다만

㉠·㉡·㉣ 등은 모두 '신녀'로서 "김씨"니 혹은 "부모를 위하여 보시를 하였다"는 등의 표현으로 봐서 일반민은 아닌 듯하며, 귀족 관인층의 부인이었거나, 혹은 재물 보시를 할 수 있었던 계층 즉 중소지주층의 부인들로 추정이 가능할 듯하다. 이 밖에 ㉦~㉤ 등은 이들의 신분을 추정하기조차 심히 어려운 실정이지만, 이들은 자신의 성명 전후에 스스로 각(刻), 각수(刻手), 조각(雕刻) 및 충주(忠州) 등으로 각(刻)해 놓은 것으로 봐서 문인지식층 혹은 향리층 등으로 우선 추정해 볼 수 있을 듯하다. 먼저 참여계층에 대한 분석에 앞서 보시의 유형에 관한 것부터 논급하기로 한다.

위의 ㉠~㉤ 중에서 ㉠~㉥ 등은 '재물' 보시를 하였던 자들로, 또 ㉦~㉤ 등은 '몸' 보시를 하였던 자들로 각각 예거해 볼 수 있을 듯하다. 그러나 강화경판의 전체 조판 양태를 살펴 볼 때 '재물' 보시와 '몸' 보시 등을 양편으로 확연히 구분할 수 있도록 되어있지는 않다. 구체적으로 말하면 ㉠~㉥ 등의 경우는 '재물' 보시로 간주하더라도 크게 어긋나지 않을 듯하나, ㉦~㉤ 등은 단순히 '몸' 보시로 단정할 수 없을 듯하다. 후자 중에서 각·각수·조각 등은 일견 단순히 조판 작업을 하였다는 뜻으로 볼 수도 있다. 그러나 이들은 단순한 '몸' 보시만이 아니었다.

그 중에서 먼저 충주의 천균과 영수 등을 예로 들어 언급해 보기로 한다. 천균과 영수 등이 조판 작업에 종사하였던 시기는 모두 동일하게 1238~1239년의 2년 동안이었다.[30] 1238년은 경주의 황룡사탑이 불타는 등 우리의 전 강토가 몽병(蒙兵)에 유린되던 때였으나, 경판의 생산량은 그 전년인 1237년에 비하여 약 5배 정도가 오히려 많았던 사실을 이미 밝힌 바가 있다.[31] 이것은 반몽의식의 고조와 전략·전술의

---

30) 金潤坤, 〈大般若經의 刻成과 反蒙抗戰〉《한국중세사연구》2, 1995, 162~165쪽 및 본서 2부 2장 2절 참조.

발전 등으로 나타난 현상일 것으로 생각된다. 누구나 이미 알고 있는 바와 같이, 충주성의 대몽항전은 전쟁의 전 기간에 걸쳐 가장 값지고 다대한 전과를 거두었던 사실이다. 이같은 당시 상황과 천균·영수 등 두 사람 모두 그들의 출신지인 충주와 또 경판 도각(刀刻) 등의 사실을 자기 스스로 밝혀 놓은 것이 서로 무관하였을 것으로는 결코 볼 수 없을 것이다. 비단 천균과 영수의 두 사람 뿐 아니라, 당시 충주의 모든 민들은 그들의 출신지인 '충주'에 대해서 무한한 자긍심을 갖고 있었을 것이다.

위의 ㉮~㉲ 등 중에서 최정균(崔丁均), 동백(東伯), 계안(戒安), 손장(孫璋) 등 4명은 당시 경판의 조성 사업에 참여하고 있었다는 자료 밖에 다른 어떤 자료도 현재 갖고 있지 못하기 때문에 아무것도 단정적으로 말할 수는 없지만, 그 조성 사업의 참여 의식 자체가 전국의 도처에서 외적의 침략을 분쇄하기 위한 결사 항전의 전열에 동참하려는 저항 정신의 발로였던 것으로 만약 간주할 수 있다면, 그 4명도 충주의 천균(天均)·영수(永守) 등과 같은 외세에 대한 저항 정신의 소유자로서 조판 활동을 수행하였던 자들이었을 것으로 추정할 수 있을 것이다.

당시 경판의 조성 사업에 참여하였던 자 중에는 위에서 볼 수 있었던 것처럼 자기를 각수로, 또는 '조각(雕刻)'자 등으로 표현하였을 뿐만 아니라, 또 경판에 "심작(心作)" 혹은 "수단심공(手段心工)" 등의 글자를 새겨 놓은 자들도 있다. [32] 여기서 경판의 조성에 참여했던 각수의 자세를 발견할 수 있을 듯하다. 즉 이들은 부처를 섬기는 마음으로 경판을 조성하였다는 것, 또는 그들이 닦은 모든 솜씨와 불심으로 조판하

---

31) 金潤坤, 앞의 논문 및 본서 3부 1장 1절 참조.
32) 金潤坤, 〈高麗大藏經의 彫成機構와 刻手의 成分〉《民族史의 展開와 그 文化》上, 碧史李佑成敎授 定年退職紀念論叢, 창작과 비평사, 1990, 251쪽.

였다는 뜻이 여기에 함축되어 있을 것으로 생각한다. 이것은 경판의 조성에 대한 책임과 긍지의 발로에 기인하였던 것일 것이다.

다음에 경판의 각수로 각인되어 있으나 '재물'과 '신역(身役)' 등을 동시에 보시하였던 사실을 파악할 수 있는 실례를 하나 들어보기로 한다. 《방광반야경》의 권 제7은 총 39장으로 편성되어 있다. 그 제5~18장은 요원 수(了源 手), 제19~20장은 계진(桂眞), 제21장은 양백(楊白), … 제37~38장은 원경(元卿) 등등으로 38장 각가에 각수의 이름이 새겨져 있다. 이것은 그들이 그 각 장을 조판하였다는 것을 증언하여 주고 있는 것이다. 그런데 본 권 제7의 끝장인 제39장에는 그 앞의 제1~38장과 달리 "천태산인 요원수 삼십구폭(天台山人 了源手 三十九幅)"이라고 새겨져 있다. 제5~18장의 "요원 수"는 요원이 본장(本張)을 조판하였다는 각수의 뜻이라면, 끝장인 제39장의 "요원 수"는 "천태산인 요원이 총 39폭을 받들어 올립니다"의 뜻 즉 요원이 총 39폭(장)을 기진(寄進)하였다의 뜻으로 해석된다.[33] 이 해석이 가능하다면 "요원 수"의 수는 '각수'란 뜻과 또 '손수 받들어 올립니다' 즉 '기진'의 뜻을 동시에 갖고 있다는 말이 성립되는 것이다. 강화경판의 전체 경판 중에서 이와 유사한 사례를 찾는 것은 어렵지 않다.

위 요원은 또 《대방등대집경》권 제3 말미의 간기 아래에 세자(細字)로 다음과 같이 새겨 놓았다.[34]

(C) 賴玆功德力 永脫輪廻報 嚴父與慈堂 優遊極樂鄉 了源誌

즉 "이 공덕력에 의뢰하여 영원히 윤회의 업보를 벗어나고 부모님께

---

33) 金潤坤, 앞의 논문, 1995, 237쪽.
34) 《高麗大藏經》제7책, 30쪽.

서는 극락향에서 즐겁게 사십시오"라고 하였다. 본 권 제3은 총 34장으로 편성되어 있는데, 종장(終張)인 제34장에만 위의 기원문 끝에 요원지(了源誌)로, 그 나머지 각 장엔 단지 요원(了元)으로 각각 새겨놓았을 뿐이다. 요원(了源)과 요원(了元)은 동명이자(同名異字)가 분명하다. 요컨대 본 권의 총 34장 각 장의 요원은 그것을 조판하였다의 뜻으로, 또 끝장의 "요원 지(了源 誌)"는 이것을 기진한다의 뜻으로 각각 표백해 놓은 것이 분명할 것이다. 그러나 강화경판의 전체 편성 체제가 각자(刻者)와 기진자(寄進者)의 양자를 외견상으로 곧 분명히 구분할 수 있도록 되어 있지 않다. 이것은 기진자의 성명과 희사 내용 등을 분명히 밝혀 놓지 않았기 때문인 것이다. 이 점은 강화경판의 큰 특징 중의 하나가 될 수 있을 것이다. 다시 말하면 보시인의 성명과 재물의 희사 내용 등을 경판에 새겨 두는 것이 종전까지 일종의 관례처럼 되어 왔었으나, 강화경판은 보시의 내역을 일체 명기하지 못하도록 하였던 것 같다. 이에 따른 사정과 그 변화의 의의 등에 대한 것은 이미 앞절에서 언급한 바 있다.

위에서 ㉠~㉣ 등은 '재물' 보시를 하였던 자들로 추정된다고 하였다. 여기 신녀(信女) 4명과 사미 2명 및 비구 1명 등 총 7명 중에서 ㉤의 "비구 대운당 동고(比丘 大雲堂 東皐)"를 제외한 6명은 모두 경판의 보시가 그들의 부모를 위한 것이라고 밝혀 놓았으나, ㉤의 그는 무엇을 위해서 경판을 보시하였는지 밝혀 놓지 아니했다. 그러나 동류들인 ㉢ "사미 보호당 영기(沙彌 甫湖堂 永奇)"와 ㉣ "사미 백우(沙彌 白藕)" 등이 모두 그들의 부모를 위해서 경판을 보시하였다고 밝혀 놓은 것으로 봐서 ㉤의 그도 자기의 부모를 위해서 경판의 보시가 이루어졌을 것으로 생각해도 좋을 것으로 믿는다. 따라서 "요원 지(了源 誌)"에서 볼 수 있는 것처럼 이들은 모두 경판 보시의 공덕에 힘입어 영원히 윤회의 업보에서 벗어나고 자기 부모들이 극락향에서 영생하도록 기원하기 위한 것일 것이다.

  그러나 당시 '재물' 보시의 품종과 수량 등에 관한 기록이 현재 남아 있는 것이 전혀 없는데, 이것은 이 사실을 경판에 명기하지 못하도록 되어 있었기 때문이었을 것이다. 때문에 현재 이 경판에서 '재물' 보시의 품종과 수량 및 보시자의 신분 등을 파악하기란 대단히 어렵게 되어 있다.

  고려의 소위《초조대장경》즉《부인사장 대장경》과 강회경판의 두 대장경은 단병(丹兵)과 몽병(蒙兵)의 야만적인 살육 방화 등이 자행되던 와중에서 각각 조성되기에 이르렀던 공통점이 있다. 불사는 거의 모두 각종 보시에 의해서 거행되어 왔던 것이 일종의 관례처럼 되어 왔기 때문에 대장경의 조성 사업도 각계 각층의 광범한 보시에 의해서 이루어졌을 것이 거의 틀림없을 것이다.

  '부인사장 대장경'의 조성과 거의 같은 시기에 오늘날 경북 칠곡군 약목면의 정도사(淨兜寺)에 5층탑이 건립되었다. 이 정도사의 5층탑을 건립하게 된 전말기(顚末記), 그 첫 머리에 "태평(太平) 11년, 현종 22년(1031) 정월 4일 … 정도사오층탑조성형지기(淨兜寺五層塔造成形止記)"라고 쓰여져 있으며, 이 고문서를 석탑조성형지기(石塔造成形止記) 혹은 석탑기(石塔記), 형지기(形止記) 등으로 오늘날 약칭해 오고 있다. 이 고문서는 한낱 오래된 것으로서 뿐만 아니라 이두로 쓰여져 있으며, 석탑의 건립과 보시 그리고 당시 군현제도 등 연구에 귀중한 자료로써 국내외 연구자들의 주목 대상이 되어 온지 이미 오래

---

35) 淨兜寺五層塔造成形止記의 내용을 최초로 해설한 글은 前間恭作,〈若木石塔記의 解讀〉《東洋學報》15-1, 1926이며, 鮎貝房之進,〈俗文攷 附書年月日例〉《雜攷》第6輯上, 1934 ; 武田幸男,〈淨兜寺五層塔造成形止記의 研究〉《朝鮮學報》25, 1962 등 일본인의 초기 연구가 있으며, 이 밖에 많은 연구가 있으나 번잡을 피하기 위해 생략하기로 한다.

되었다. [35] 그 중에서 보시에 관한 부분만을 발췌하여 표로 그려보면 대략 〈표 2-1-1〉과 같다.

〈표 2-1-1〉의 (1) 약목군의 '백성(百姓)' 광현(光賢)은 천희(天禧) 6년[36] 즉 현종 13년(1022) 5월 7일에 신병(身病)으로 죽고, 그의 동생인 부호장 고유(副戶長 槀柔)가 승려 각유(覺由)에게 (광현의) 기원(祈願)을 이어 이룰 것을 권(勸)하며 곡식 102석을 보시하였다고 한 것이다. 광현(光賢)의 신분은 '백성'이었다고 하나 부호장 고유와 형제간이었다고 하는 것으로 봐서 단순한 '일반 인민'이 아니고 이 지방의 유력한 토착 세력이요, 지배 계층의 위치에 있었던 신분의 소유자였을 것으로 추정된다. 고려 시기의 문헌에 "기인(其人)·향리(鄕吏)·인리(人吏) 등과 견연(牽連)되어 나타나는 백성은 그대로 일반 인민이 아니라, 특정된 의미의 '백성(百姓)' 즉 촌락(村落)의 지배자인 촌장(村長)·촌정(村正)이었다"고 한다. [37] 설혹 광현은 촌락의 지배자인 촌장·촌정 등의 직임을 역임한 바가 없었다고 하더라도 경제적으로 지배 계층의 위치에 있었을 것은 거의 확실한 사실이었을 것 같다.

약목군의 백성인 광현이 정도사의 오층탑 조성을 위하여 보시하였던 '곡식 102석'은 그의 사유 재산을 개인적으로 보시하였던 것임을 알 수 있다. 그의 동생인 부호장 고유도 독자적으로 보시를 하였음을 〈표 2-1-1〉의 (10)번에서 볼 수 있기 때문이다. 다시 말하면, 광현의 동생인 고유가 '미(米) 3석(石) 10두(斗)·재(齋) 5도(度)·마(麻) 1변(邊)' 등을 별도로 보시하였던 것으로 봐서 '곡식 102석'은 오로지 광현의 단독 보시였음을 알 수 있는 것이다. 다만 '곡식 102석'은 그

---

36) 원문은 天禧 2년으로 되어 있으나 6년의 오기임이 분명하므로 바로 잡아 놓은 것이다.
37) 李佑成, 〈麗代 百姓考〉《歷史學報》14, 1961.

〈표 2-1-1〉淨兜寺塔造成時의 보시 일람표

番號	布　施　者		布施의 品種과 數量	備　考
	身分・地位	姓　名		
(1)	百姓	光賢	穀食 102石	造塔 發願人
(2)	僧人	智渙	〃　13〃, 米54石	郡 禪院依止僧
(3)	天原寺主大師	靑允외 10名	各〃　1〃	天原…京山府士 등
(4)	般若寺 得名	光猷	〃　3〃	
(5)	禪院依止僧	連育	米　1〃	
(6)	副戶長 戶正 □正 副兵正	肯禮, 叔宏 成允, 漢器 雄憲, 眞漢 元行	乞供納米 17石 10斗	肯禮--齋 1 度 成允, 漢器--齋幷1度 成允-- 餠 1 合
(7)		志興郎	麥　1石	
(8)	柒(漆)匠	信貞	上京布 30尺	
(9)	智奉寺主大師	旻光	布 15 〃	
(10)	副戶長	稟柔	米 3石 10斗, 齋 5度, 麻1邊	發願人光賢과 兄弟
(11)	戶長 散員	柳瓊 積宜	各 麻 1 邊	柳瓊--齋 1 度
(12)	鍮匠	居等達	鍮合 1重 2兩	
(13)	戶長 副戶長 兵正 副正	神彥 承律 佐宜 元白智, 白師, 行順男	各 齋 1 度	神彥--酒 2香 副正 處忠--酒 3香
(14)	般若寺主 磧川寺主 仙石寺主 普沙寺, 忠寺 妙興寺主 汁大寺主	光由 幸僧 覺由외 寺主 9名 賢宗외 〃 2〃	麻　1邊 〃　〃〃 齋 2度 〃幷1 〃 各 〃 〃〃 〃茶, 酒, 菜, 炙	寺主未詳 〃 妙興…娼倦 등 10寺 汁大…陽岳 등 3寺

番號	布　施　者		布施의 品種과 數量	備　考
	身分·地位	姓　名		
(15)	隊正	式英	齋 4 度	
(16)	官史	元道, 洪漢	齋 幷1度	
(17)		桑由師, 得賢, 金昕, 莫純	2名 각 齋 幷1度	桑由師와 金昕은 他組
(18)		德積奴, 新達男, 三孝男	各 齋 1 時	
(19)		京稱長老…含富 등 6名 戒仁哀…金助烏 등 4名 允孝, 新達 등 2名 知日, 莫純 등 2名	齋　1 度, 酒 2 香 〃 幷 〃 〃 酒 〃 〃 香 餠 〃 1 合	
(20)	副戶長	賢質	酒 1 香, 餠 1 合	
(21)	樂人	式長 등 15名	茶, 酒, 菜, 炙	
(22)		吉奉男, 哀好大郎 助烏, 皂明 및 置民哀, 助烏 能召…今皂 등 5名 用德女 등	餠 幷1合 各 〃 　및 酒 1 香 〃 酒 3 斗	
(23)	大內	義娘	布 30尺	

가 수년간 축적을 하였던 것이었는지 혹은 그의 토지에서 당년(當年)에 수확하였던 것이었는지 현재 분간할 수 없다. 어떻든 그는 석탑의 조성을 위하여 '곡식 102석'의 거액을 보시할 수 있을 만큼 부호였던 것만은 사실이었던 것이다. 요컨대 광현은 일반민이 아닌 약목군의 토착 세력으로서 지배 계층 신분의 소유자였으며, 석탑의 조성을 위해서 '곡식 102석'을 보시할 수 있을 정도로 그는 상당한 재산을 축적하고 있었던 부호가 즉 중소지주층이었을 것으로 추정된다.

〈표 2-1-1〉의 (7)·(17)·(18)·(19)·(22) 등의 보시자는 '백성' 광현과 달리 '일반민'의 신분으로 볼 수 있을 것 같다. 여기서 이들

은 모두 성명 앞에 이들의 신분·지위 등을 표시해 놓은 것이 전혀 없다
는 점, 그리고 보시의 품목과 수량 등이 다른 보시자에 비하여 상대적
으로 소량이라는 점 등이 특징으로 나타나 있다. 보시의 수량이 소액이
라는 것은 이들의 경제력이 미약하였음을 반영해 주고 있는 것이 아닌
가 추정된다. 이 추정이 만약 용인된다면 경제력이 미약하였던 일반 서
민 대중까지도 석탑 조성 등의 각종 불사에 보시를 하였던 배경이 곧
고려불교 발전의 한 동인이 되었을 것이다.

〈표 2-1-1〉의 (2) 지환(智渙)은 약목군의 사람으로서 동군(同郡)
선원의 의지승이었는데, 태평 5년 즉 현종 16년(1025) 3월 12일에
곡식 13석을, 또 그 다음해 10월에 미(米) 54석을 각각 시납(施納)하
였다는 것이다. 여기 선원은 당시 "동군(同郡)의 정도사(淨兜寺)·공
산신방(公山新房)·갈경사(葛頸寺) 등 3 사원 중에서 공산신방으로
추정[38]되고 있다". 지환이 5층탑의 건립을 위해 시납하였던 곡식 13석
과 쌀 54석 등 합 67석은 신도로부터 보시로 받은 것인지, 혹은 사원
전에서 수확했던 것인지 모두 불분명하나, 후자일 가능성이 많을 듯하
다. 지환의 신분은 사주(寺主)가 아닌 한낱 선원 의지승(依止僧)에 불
과했으며, 또 신도로부터 곡식 합 67석을 수납하기란 쉽지 않았을 것
으로 추측되기 때문이다. 요컨대 지환은 곡식 합 67석을 5층탑 건립에
시납할 수 있을 정도로 부호요, 토지 소유자였을 것이다.

〈표 2-1-1〉의 (2) 지환 밖에, 또 (3)·(4)·(5)·(9)·(14) 등
의 사주·사원들도 각각 곡식·미·포·마·재·차·주·채(茶)·적
(炙) 등을 시납하였음을 볼 수 있다. 그 중에서 (4)는 곡식 3석, (3)
과 (5)는 각각 1석을 시납한 사실을 특히 주목해 볼 필요성이 있을 것
같다. 그 수량은 지환이 곡식 합 67석을 시납하였던 것에 비하면 적은

---

38) 武田幸男, 앞의 논문, 40쪽.

액수이긴 하지만, 당시의 사회 경제적 상황하에서 보시로 곡식 1석·3석 등을 시납한 것이 결코 적은 액수라고 할 수 없을 듯하다. 당시 사주(寺主)·사원(寺院) 중에는 사원전의 경영을 통하여 재물이 축적되어 있는 상당히 요부(饒富)한 사주·사원들도 많았을 것으로 추측된다. 여기서 당시 사주·사원은 불사에 재물 보시의 주체로서 큰 기여를 하고 있었던 사실의 발견이 중요한 점이다.

〈표 2-1-1〉의 (6) 부호장(副戶長) 긍예(肯禮)부터 부병정(副兵正) 원행(元行)까지 향리층 7명이 시납한 쌀 17석 10두는 '걸공납미(乞供納米)'라고 했다. 이것에 대해서 전간공작(前間恭作)은 "장리(長吏) 즉 향리(鄕吏) 7명의 희사미합계(喜捨米合計)를 가리킨 것이다"[39]고 했으며, 또 무전행남(武田幸男)은 "그 자신들의 부담이었는지, 군민(郡民)으로부터 공출(供出)을 받은 것이었는지 불명(不明)하다"[40]고 하였다. 그러나 '걸공납미'라고 한 것은 군민에게 수납한 것임을 뜻하고 있는 것이며, 그리고 부호장 긍예와 호정 성윤(成允)·한기(漢器) 등이 각각 재(齋)·병(餠) 등을 별도로 보시하고 있는 사실을 통하여 "쌀 17석 10두"는 이들의 사재(私財)가 아니었음을 파악할 수 있다. 다시 말하면 "재·병" 등은 이들의 개별적 보시이며, '걸공납미'의 17석 10두는 7명의 향리들이 군민들에게 수납한 것이 거의 틀림없을 것이다. 향리층의 개별적 보시는 〈표 2-1-1〉의 (10)·(11)·(13)·(16)·(20) 등의 사례에서도 볼 수 있다. 이 중에서 (10) 부호장 고유(副戶長 稾柔)의 보시 즉 "미(米) 3석(石) 10두(斗)·재(齋) 5도(度)·마(麻) 1변(邊)" 등을 제외하고, 호장과 부호장 및 병정(兵正), 부정(副正), 사(史) 등이 각각 보시한 품목과 수량을 보면 마(麻) 1변

---

39) 前間恭作, 앞의 논문, 377쪽.
40) 武田幸男, 앞의 논문, 42쪽.

(邊)·재(齋) 1도(度)·주(酒) 1향(香)·병(餠) 1합(合) 등 뿐이다. 여기서 곡식의 시납은 전혀 없으며 또한 그 수량도 많지 않음을 볼 수 있다. 그러나 이들은 군민에게 '걸공미(乞供米)'의 수납과 또 공역(工役)의 지휘 감독 등 직임을 수행하고 있었던 것이었다.

당시 군현의 향리층은 대개 그 지방의 토착 세력이었으며 또한 중소 지주층의 경제적 지위에 있었을 것이다. 이들은 각종 불사에 재물 보시를 비롯하여 '걸공미'의 수납과 공역의 지휘 감독 등 직임을 수행하여 왔던 것이다. 추측컨대 향리계층과 사원·사주 등이 각종 불사에 공동으로 참여 추진하고 상호 협력하게 된 배경은 소유 토지의 경영과 민심의 화합 등에 큰 보탬이 있었기 때문이 아닌가 생각된다.

〈표 2-1-1〉의 (15) 대정 식영(隊正 式英)은 '재(齋) 4도(度)'를 보시했다고 하는데, 이 '재 4도'에 얼마의 재물이 소비되었는지 알 길이 없지만, 요부가(饒富家)가 아니고서는 실행하기 어려웠을 것으로 짐작된다. (6) 부호장(副戶長) 긍예(肯禮), (11) 호장(戶長) 류경(柳瓊), (13) 호장(戶長) 신언(神彦) 등이 각 '재 1도' 밖에 시행하지 못한 것을 보면 '재 4도'에 소비되는 재물은 상당히 큰 규모였을 것으로 추산된다. 또한 '재 4도'에 소비된 재물의 규모도 관심의 대상이지만, 이 보다 대정 신분층이 5층탑의 조성 공사에 참여하고 있다는 것은 더욱 주목된다. 여기 대정은 무반직(武班職)이 아닌 외군직(外軍職)으로 파악되고 있으며[41] 이 밖에 본(本) 형지기(形止記)에는 별장(別將)·산원(散員)·일품군(一品軍) 등의 외군직도 산견되고 있다.

고려 시기의 외군직과 향리층은 각종 불사의 역사를 진척시키는 과정에서 거의 대부분 중추적 역할을 담당하고 있었음을 발견할 수 있다. 뒷날 강화경판의 조성 당시에도 호장을 비롯한 향리층과 외군직 등이

---

41) 武田幸男, 위의 논문, 46쪽.

참여하고 있는 사례를 볼 수 있는 것도 그 한 예이다.

끝으로 〈표 2-1-1〉의 (8) 칠장〔柒(漆)匠〕, (12) 유장(鍮匠), (21) 악인(樂人) 등 공장(工匠)·악공(樂工) 신분층도 5층탑의 조성 공사에 참여하고 있음을 볼 수 있다. 이 중에서 특히 (8) 칠장인 신정(信貞)은 '상경포(上京布) 30척(尺)'을 보시하였던 사실이 주목된다. 상경포에 대한 정확한 뜻을 현재 알 수 없으나, 대략 서울에 상납할 수 있는 베 즉 '일등품 베' 란 뜻일 것으로 추정된다. '일등품 베' 30척은 당시 거금으로 환산될 수 있는 액수였을 것으로 생각된다. 이 값어치는 (23) 대내의랑(大內義娘)의 30척과 서로 견주어 봄으로서 더욱 고가로 산정해 볼 수 있을 듯하다. '대내의랑' 은 왕궁에서 거주하고 있는 여인을 존칭하고 있는 것일 것이다[42]고 한다. 이 귀부인과 칠장인 신정 등 두 사람의 보시 액수가 서로 동일하다는 것은 칠장의 '일등품 베' 30척의 보시가 얼마나 많은 액수였던가를 짐작케 해 주는 것이 될 것으로 믿는다.

이상에서 열거한 보시자의 신분·지위 등을 다시 계층별로 대략 나누어 보면, 승려계층·향리계층·외군직계층·공장 악공계층·백성 서민계층·궁중 부인계층 등 6개의 신분 계층으로 분류해 볼 수 있다.[43] 이것은 정도사의 5층탑 건립에 이 지방민 거의 대부분이 참여하였음을 증언해 주고 있는 것이다. 그 보시의 품종과 수량은 곡식 102석·쌀 54석·보리 1석 등으로부터 베 30척·떡 1합·술 1향(항아리) 등에

---

42) 前間恭作, 앞의 논문, 382∼383쪽.

43) 武田幸男은 앞의 논문에서 "약목군에는 대략 7개의 신분 계층이 존재했었다"하고, 그는 〈제5표〉에서, 長吏身分：戶長∼官史, 書者 外軍職身分 : 別將, 散員, 隊正, 一品軍人, 武散階身分 : 仁勇校尉, 工匠 樂工身分 : 漆匠, 鍮匠, 樂人, 鐵匠, 一般 庶民身分 : 百姓, 姓名 위에 어떤 칭호가 붙어 있지 않는 자, 奴婢身分 : 奴 등으로 분류하고, 또 寺院, 僧侶 등 계층을 첨가하여 7개의 신분 계층이 존재했었다고 하였다. 그는 〈표 2-1-

이르기까지 다양하였음을 볼 수 있다. 요컨대 사원 석탑을 포함한 각종 불사에 상하계층을 막론하고 전체 지방민이 재물과 신역(身役) 등 보시로 참여하기에 이르렀으며, 이것이 곧 불교 발전의 원동력이 되었을 것이요, 고려의 찬란한 불교문화·예술, 그리고 대장경 등을 남길 수 있는 바탕이 되었을 것으로 생각된다.

정도사의 석탑 조성은 이 지방민 전체의 참여와 협조로 가능했던 것은 사실이나, 향리계층과 시원(寺院)·사주(寺主) 등이 공동으로 주체적 참여와 상호 협력 등으로 이루어지게 된 것이다. 이것은 향리·승려 등 두 계층의 자기 이해와 불가분의 관계가 있었기 때문이었을 것이다. 징도사 5층탑의 건립은 향리·승려 등 두 계층의 소유 토지의 경영과 민심의 화합 등에 큰 보탬이 되었을 것이라고 앞에서 이미 언급한 바 있다. 특히 이 석탑 조성의 역사(役事)는 본 군의 통치 조직인 읍사(邑司)가 주동 역할을 하여 이루어지게 되었음을 볼 수 있다. 그러면 읍사에서 실제 어떤 역할을 하였는지 '형지기(形止記)'의 기록을 다시 한번 정리 요약해 보기로 한다. 첫째, 호장(戶長)~관사(官史) 등 향리층 8명이 모여서 석탑을 정도사에 세우기로 의논 결정했다는 것.[44] 둘째, 호장~부호정 등 4명과 서기 1명 등이 정도사 안의 적지에 석탑을 세우도록 하라는 공첩(공문)을 보내자, 절의 삼보내정(三寶內庭)의 가

---

1)의 (23) 大內 즉 궁중의 義娘은 약목인이 아니기 때문에 포함시키지 않고, 그 대신에 武散階(郡司戶長仁勇校尉 李元敏)와 奴(德積奴)의 두 신분 계층을 포함시켜 7개 계층으로 분류하였다. 그러나 德積奴의 奴가 노비 신분을 나타내고 있는 것인지 혹은 단순히 이름 중의 一字에 불과한 것인지 불명하다.

44) 郡司의 戶長 仁勇校尉 李元敏, 副戶長 應律·李成·稟柔·神彦, 戶正 宏運, 副戶正 成憲, 官史 光策 등이 태평 3년 즉 현종 14년(1023) 6월 일에 정도사에 세우게 하자고 의논 결정하였다(《淨兜寺五層塔造成形止記》).

운데에 세우게 되었다는 것.[45] 셋째, 수원승려(隨願僧侶) 등 1천여 명을 두 패로 나누어 호장과 부호장이 각각 한 패씩 거느리고 석탑 조성에 돌을 운반하여 모두 마쳤다는 것.[46] 넷째, 부호장~부호정 등 7명이 군민으로부터 회사를 받아 쌀 17석 10두를 납입하였다는 것[47] 등이다. 여기서 정도사의 석탑 조성을 위하여 읍사(邑司)의 향리층이 석탑을 세울 장소의 선정을 비롯하여 건립의 허락을 통첩하였으며, 또 석재의 운반과 소요 경비의 일부를 군민에게 징수하는 것 등을 담당하였음을 볼 수 있다. 다시 말하면 정도사의 석탑 조성에 따른 제반 업무는 약목군사(若木郡司)의 향리층이 거의 모두 주관하여 처리하였던 것이다. 이미 널리 알려져 있는 바와 같이, 당시 약목군은 상주계(尙州界) 경산부(京山府)의 속읍이었다. 따라서 상주 외관이 없었으므로 향리층이 불사를 주관할 수밖에 없었을 것이다. 그런데 정도사의 석탑 건립은 '백성' 광현에 의하여 발원되었는데, 약목군사의 향리층이 그 역사를 주관하였던 것은 일견 괴이하게 생각될 수도 있을 듯하다. 이것은 당시 공사(公私)의 불사를 막론하고 그 역사(役事)는 거의 대부분이 해당 읍사(邑司)의 주관하에 이루어졌던 관행에서 비롯된 것이었기 때문일 것이다.

성종 때 시무책(時務策) 28조로 유명한 최승로(927~989)는 "중

---

45) 郡司의 戶長 別將 柳瓊, 攝戶長 金甫, 戶正 成允, 副戶正 李希, 書者 承福 등이 태평 10년 즉 현종 21년(1030) 12월 7일에 公牒(공문)으로써 寺內에 적당한 곳을 찾아 세우라는 말이 있으므로 同日에 三寶內庭 가운데로 정하게 되었다(〈淨兜寺五層塔造成形止記〉).
46) 태평 7년 즉 현종 18년(1027) 12월에 隨願僧侶 등 1천여인을 戶長 柳瓊은 左徒, 副戶長 承律은 右徒, 전례대로 나누어 날마다 돌을 운반하여 모두 끝 마쳤다(〈淨兜寺五層塔造成形止記〉).
47) 副戶長 肯禮・叔宏, 戶正 成允・漢器, □正 雄憲・眞漢, 副兵正 元行 등이 乞供하여 쌀 17석 10두를 납입하였다(〈淨兜寺五層塔造成形止記〉).

앙과 지방의 승도(僧徒)들이 사주소(私住所)를 다투어 짓고 주군장리 (州郡長吏)를 널리 권면해서 민을 징발하여 역역을 시키는 것을 공역 보다 더 급하게 하므로 민이 심히 괴로워하고 있다"[48]고 하였다. 여기 서 고려 시기의 불사에 따른 역사가 어떻게 치루어졌던가를 단적으로 볼 수 있다. 그렇다면 일개 지방의 불사가 아닌 전국의 거국적 사업의 역사는 어떻게 진행되었을까? 예컨대 강화경판의 조판 작업에 따른 역 사는 과연 어떤 과정을 겪으면서 이루어졌을까? 이 조판 작업의 역사는 당연히 전국의 지방조직이 주관할 수밖에 없었을 것이다. '고려국 분사 대장도감'은 각 지방의 행정기관과 별개로 존치하고 있었던 것이 아니 라 관내 읍사를 그 산하 기구로 두고 향리층의 주도히에, 역사가 진행 되었을 것이다.[49] 현종 때 정도사의 석탑 조성과, 그 뒤 고종 때 강화 경판의 조성 등은 비록 그 시기와 공사(公私)의 성격 등이 크게 상이하 긴 하였지만, 지방 읍사에 의하여 그 역사가 각각 주도되었던 점은 상 호 동일하였을 것으로 생각된다.

불사에 단순히 인력만 동원하였던 것이 아니라 차(車)와 우마(牛馬) 등을 동원하기도 하였다. 예컨대 고려 현종 원년(1010)에 시공(始工) 하였던 경북 예천의 개심사 석탑조성 과정에서 "광군(光軍) 46대(隊, 1,150명)와 차(車) 18량(兩) 및 우(牛) 1,000필" 그리고 "승(僧)・ 속(俗)・낭(娘) 10,000인" 등이 동원되었던 것[50]에서 볼 수 있다. 이 석탑을 건립한 동량(棟梁)은 호장(戶長) 배융교위(陪戎校尉)인 임장 부(林長富)의 모주(母主)이고, 부동량(副棟梁)은 방우(邦祐)라고 했 다. 여기 배융교위는 종 9품 상에 해당하는 무산계이며, 또 부동량인

---

48)《高麗史》卷93, 崔承老傳.

49) 金潤坤,〈大般若經의 刻成과 反蒙抗戰〉《한국중세사연구》2, 1995, 145 쪽.

50)《朝鮮金石總覽》上,〈開心寺 石塔記〉, 234쪽.

방우의 신분은 "대정(隊正)의 무관직(武官職)을 가지고 있었을 것이다"고 하고, 개심사 석탑을 세운 주동 인물은 "예천지방의 향리였음을 알 수 있다"[51]고 한다. 이 석탑 조성에 "예천 본군의 동량이 호장 배융교위 임장부의 모주로 된 것은 임씨가의 희사가 모주의 명의로 되어 있었기 때문이라고 생각되나, 임장부 자신이든 그 모주이든 간에 임씨가가 가장 많은 희사를 했으면 임씨가를 이 역사의 주동이라고 볼 수 있다"는 것이며, "향촌 유력층인 호장과 대정 등의 향리들이 향도에 깊이 관계되었음이 확실하다"[52]는 것이다. 그러나 석탑 조성의 역사를 주관한 것은 향도 조직체가 아니라 읍사(邑司)였을 것이다. 광군과 차·우 및 승·속·낭 등을 동원하여 석탑 조성이 이루어지게 된 것은 읍사가 역사를 주관하였기 때문에 가능하였을 것으로 생각된다. 읍사는 석탑의 조성 과정에서 그 석탑을 세울 장소의 선정을 비롯하여 건립의 허락을 통첩하였으며, 또 석재의 운반과 소요 경비의 일부를 군민에게 징수하는 등등을 자임하였음을 약목군 정도사의 석탑 조성에서 이미 살펴볼 수 있었다.

이상에서 약목 정도사와 예천 개심사 등 두 절의 석탑 조성 역사가 모두 향리층의 주도로 이루어져 왔던 사실을 살펴보았다. 호장을 비롯한 향리층에 의하여 석탑 조성 및 각종 불사의 역사가 이루어진 것은 시기의 흐름에 따라 더욱 점증하여 왔을 것이다. 향리층은 단순히 불사의 역사만을 주관해 왔던 것이 아니라 사재를 시납하고 경판을 조성하기도 하였던 것이다. 앞에서 고려 숙종 3년(1098)에 "합천의 호장동정 이필선이 재물을 시납하여 《대방광불화엄경》 권 제37을 조판하였다"고 한 것은 그 예 중의 하나인 것이다.

---

51) 李基白, 〈高麗 光軍考〉《高麗兵制史研究》, 一潮閣, 1968, 167쪽.
52) 李泰鎭, 〈醴泉 開心寺 石塔記의 分析〉《韓國社會史研究》, 知識産業社, 1989, 79쪽.

　　강화경판을 조성할 당시에도 그 같은 관행이 존속되고 있었을 것이다. 그러나 경판에 보시를 하였던 사실을 나타낸 형식은 크게 달리하기에 이르렀다. 그 한 예를 들어 두기로 한다. 이 경판 체계 중에 편제되어 있는 《자비도량참법(慈悲道場懺法)》은 전체가 10권으로 나누어져 있다.[53] 그 전체 10권 중에서 권 제9는 총 26장으로 구성되어 있는데, 제11장에 호장(戶長)□□, 제12장에 김련(金鍊), 제15장에 호장김(戶長金□), 제16장에 호장중윤 긴련(戶長中尹 金鍊), 제20장에 호장배공작(戶長裴公綽), 제21장에 윤홍(尹弘) 등만이 나타나 있고, 그 나머지 장들에는 각수의 이름이 나타나 있지 않다. 여기 제12장 김련(金鍊)과 제15장 호장 긴(戶長金□) 등은 제16장의 호장중윤 긴련(戶長中尹 金鍊)을 지칭하고 있음이 틀림없으며, 또 제11장의 호장(戶長□□)도 그 다음 장인 제12장에 김련(金鍊)으로 조판되어 있는 것으로 봐서 호장중윤 김련(戶長中尹 金鍊)으로 추정하더라도 크게 어긋나지 않을 것이다. 요컨대 《자비도량참법》의 권 제9 총 26장 중에서 호장중윤 김련과 호장 배공작 등 2명의 호장, 그리고 윤홍 등 3인이 각수의 형식으로 등재되어 있음을 볼 수 있다는 말인 것이다. 여기 단지 3인뿐인데, 그 중 2인이 모두 호장이었다면, 제21장의 윤홍도 호장이었거나 혹은 최소한 향리층의 신분으로 간주하더라도 크게 틀리지 않을 성싶기도 하다.

　　호장 중윤〔中尹(鄕職 9品)〕 김련(金鍊)과 호장(戶長) 배공작(裴公綽)은 다 같이 1243년부터 1245년까지 그 사이에 '대장'과 '분사'의

---

53) 《慈悲道場懺法》은 k.1512로 고유번호를 부여받아 《高麗大藏經》(동국대
　　 영인본) 제47책에 수록되어 있다.
54) 金潤坤, 〈《江華京板 高麗大藏經》의 체제에 관한 一考〉《釜山女大史學》
　　 10·11, 1993, 185~187쪽 및 본서 2부 2장 2절 〈표 2-2-34, 35,
　　 36〉 참조.

두 도감에서 조판 작업을 하였으며, 전자의 조판 수량은 총 73장뿐이었으나, 후자의 조판 수량은 총 137장이었다. 그리고 윤홍은 1241년부터 1244년까지 4년 동안 총 조판 수량은 201장이 되는 셈이다.[54] 이 3인 중에서 윤홍의 조판 가운데 '윤홍도(尹弘刀)'라는 각판이 포함되어 있다. 이것은 그가 각수로서 경판을 직접 칼질했다는 뜻일 것이다. 호장 중윤 김련과 호장 배공작 등도 윤홍과 마찬가지로 경판의 각수요 기진자였을 것이다.

제3절 小 結

강화경판의 조성 이전에는 시주가 경판을 보시하고 나면 그 간기에 시주의 인적 사항과 시재 내역 및 조판 경명 등을 대략 각인해 놓았던 것으로 보인다. 그러나 강화경판에는 시주의 사실을 일체 밝히지 못하게 하고 단지 조판의 연대와 기구 등만을 대략 각인하게 하였다. 다시 말하면 강화경판에는 왕공 귀족, 관인층으로부터 중소지주층에 이르기까지 지배층들이 경판을 시재로 조성한 뒤에 그 사실을 간기에 기록해 놓는 종래의 형식을 지양하고, 그 대신에 1인 혹은 2인 이상 다수의 '각수'를 각 장에 기록으로 남겨 놓는 형식을 채택하였다. 이 '각수'는 경판의 조판자요 동시에 '몸' 보시 또는 재물 등을 헌납하였던 시주였던 것이다. 여기서 특기할 사실은 강화경판에는 시주에 대한 것을 각인하지 못하게 하였기 때문에 언제 누구에 의하여 조성되었는지 알 수 없는 경판이 많다는 점이다. 강화경판의 간기 형식이 위와 같이 바뀜에 따라 서민 대중으로부터 대부호·중소지주층 등의 유산층과 진사·향리·대정 그리고 왕공 귀족 등에 이르기까지 전 계층의 남녀 모두가 경판의 조성 사업에 참여할 수 있었던 것이다.

당시는 몽고의 우리 강토 유린으로 최대의 민족적 위기에 처하여 있었던 시기였다. 이같은 엄중한 현실에서 각계 각층의 전체 고려인을 통일적으로 반몽의식의 고양과 항전의 전선에 나서도록 하기 위해 경판의 간기에 종래처럼 재물을 희사한 시주만을 표시해 놓은 형식을 지양하고 새로운 간기의 형식을 강화경판에서 창안하게 되었던 것이다. 이런 까닭으로 당시 '재물' 보시의 품종과 수량 등에 따른 기록이 현재 남아 있는 것이 전혀 없으며, 때문에 강화경판에서 '재물' 보시의 품종과 수량 및 보시자의 신분 등을 파악하기란 대단히 어렵게 되어 있다.

고려의 소위《초조대장경》즉《부인사장 대장경》은 현종대에 처음 조판되기 시작하였으며, 이 대장경이 몽고 침략의 전란 중에 소실되자 새로운 강화경판의 조성 사업이 이루어졌던 것은 주지의 사실이다.《부인사장 대장경》이 당시 소실되고 없어졌기 때문에 그것에 관해서 알려진 것이 현재 거의 없는 형편이다. 처음 이 대장경도 강화경판과 거의 비슷하게 각계 각층의 보시에 의하여 조성되었을 것으로 추측된다.《부인사장 대장경》과 강화경판 등 두 대장경은 단병(丹兵)과 몽병(蒙兵)의 야만적인 살육 방화 등이 자행되던 와중에서 각각 조성되기에 이르렀던 공통점이 있다. 불사는 거의 모두 각종 보시에 의해서 거행되어 왔던 것이 일종의 관례처럼 되어 왔기 때문에 대장경의 조성 사업도 각계 각층의 광범한 보시에 의해서 이루어졌을 것이 거의 틀림없을 것이다.

《부인사장 대장경》의 조성과 거의 같은 시기에 오늘날 경북 칠곡군 약목면의 정도사(淨兜寺)에 5층탑이 건립되었으며 이 석탑은 각계 각층의 시주 등에 의하여 이루어졌다. 이 석탑의 역사(役事)는 본 읍사(邑司)의 향리들에 의해서 주도되었으며, 당시 각종 불사에 향리계층과 사원·사주 등이 공동으로 참여 추진하고 상호 협력하게 된 배경은 소유 토지의 경영과 민심의 화합 등에 큰 보탬이 있었기 때문이 아닌가 생각된다. 이 석탑에 향리계층과 사원·사주 등이 시재한 품종과 수량 등을 대략 보면 곡식 102석·쌀 54석·보리 1석 등으로부터 베 30척·떡 1합·술 1향(항아리) 등에 이르기까지 다양하였으며, 이 밖에 각계 각층에서 모두 시주하고 있다. 각종 불사에 상하 계층을 막론하고 지방민의 거의 대부분이 시주=보시의 대열에 참여했던 이것이 곧 불교 발전의 원동력이 되었을 것이요, 고려의 찬란한 불교문화·예술, 그리고 대장경 등을 남길 수 있는 바탕이 되었을 것으로 생각된다.

강화경판의 조판 사업에 참여한 계층과 시재 액수 등은 한 지방의 정도사 석탑의 건립 사업의 소요 경비와 역사 규모 등과 감히 비교를 할 수 없을 것이다. 각계 각층 모두 총망라된 거족적이요 다대(多大)했을 것이며, 민족적 위대성이 발휘되었던 장이기도 했던 것이다. 강화경판의 조성 사업을 추진하고 주도해 온 세력 즉, 재조관료, 재향세력, 승려층과 문인지식인층 등은 조판 사업의 진행과정에서 더욱 열렬해진 반몽항전의 의식과 빛나는 전과 등으로 민족의 수난기를 극복하고 "인병전멸(隣兵電滅)" 즉 몽병이 조속히 퇴멸하기를 간절히 기원하였을 것이다.

제2장 강화경판 각성활동의 참여계층

본 장에서는 앞에서 검토한 바와 같이 보시를 통한 각성활동 참여 형
태를 강화경판의 각성자 명단의 분석을 통해 각 참여계층별로 나누어
살펴보기로 한다. [55] 현재 강화경판의 목판 변계선의 안팎에 각인된 명
단은 단순한 각수의 명단이 아니다. 이것은 경판의 조성사업에 참여해
서 활동하였던 일체의 활동, 즉 대장경판의 조성을 위한 문필활동과 경

---

55) 현재 강화경판의 각성자로 경판의 변계선 안팎에 자신의 인명을 각인해 놓은
　　인물은 대략 3,600여 명이나 된다. 이는 고려시대의 다른 어떠한 자료보다
　　더 많은 인간들의 삶의 모습을 전해 주는 것이다. 그런데 이들 중 자신의 신
　　분·관직·출신지 등을 밝힌 것은 극히 일부에 지나지 않고, 나머지는 단지
　　이름만을 새겨 놓은 경우가 대부분이다. 따라서 이들 인명들과 동일한 시기
　　의《高麗史》·《高麗史節要》등 각종 사서들을 비교해 같은 인물들을 찾아내
　　고 그들의 현실인식을 추찰해 보고자 하였다. 이러한 조사과정에서 동일한
　　인명을 '재조관료층' 혹은 '승려층' 등으로 동시에 추정한 경우도 있다. 이는
　　3,600여 명의 각성자들을 최대한 활용하고, 또 다양한 가능성을 제시해 줄
　　필요성이 있기 때문이다. 이러한 작업들을 통해 앞으로 더 많은 인물과 자료
　　들이 발굴되기를 기대한다.

판의 판각행위의 몸(身) 보시, 혹은 경판조성의 경비조달의 재보시를
포함한 일체의 활동을 두드러지게 하여 그 활동의 대가로 경판에 이름
을 남길 수 있는 특혜를 부여받은 자들의 명단으로 볼 수 있다. 이들의
상당수가 성씨를 갖고 있다는 것을 고려한다면, 이들은 지배층의 일원,
즉 최우·항 부자를 위시한 최씨 일가뿐만 아니라 대다수의 재조관료들
을 비롯하여 전직관료 등의 품관층(品官層)·진사(進士)·대정(隊
正)·호장(戶長)·동정직(同正職) 등의 재향세력을 주축으로 구성되
었을 것이다. 여기서는 일차적으로 이들의 명단 분석에 초점을 두었다.
그러나 이것은 민중들의 자발적 참여와 적극적 협조에 의해서 대장경
조판의 완성이 가능했다는 점을 염두에 두지 않은 것은 아니다. 다만
이들 각성자의 명단을 사서류에서 추적해 나갈 경우 일반민들은 추적이
거의 불가능하다는 점이다.

그래서 우선 강화경판의 각성활동 참여계층을 '재조관료(在朝官僚)'
와 '재향세력(在鄕勢力)', 그리고 '승려층(僧侶層)'으로 크게 3절로
나누어 살펴보았다. 재조관료는 물론이거니와 진사·대정·호장·동
정직 등의 재향세력 또한 넓은 의미에서의 문인지식층이라 할 수 있겠
다. 그리고 승려층 또한 '학승(學僧)'이라 표현하여도 무리가 없는 지
식인 계층으로 여겨진다. 따라서 본 장의 마지막 제4절에서는 보다 명
확히 문인지식인 집단으로 설정이 가능한 국자감시 출신자 중 강화경판
의 조성에 참여한 사례를 분석함으로서 문인지식인층의 참여형태의 의
미를 보다 선명히 하고자 한다.

이처럼 대장경조성의 참여계층을 넓은 의미에서의 문인지식층을 중
심으로 살펴보는 이유는 경판의 변계선 안팎에 새겨진 인명 중 직역(職
役)이 명기되어 있거나, 여타의 사서류에서 대조 및 검토가 가능한 인
물에 대한 분석이 중심일 수밖에 없다는 한계와 아울러, 당시 전 고려
인들의 현실인식을 이해하는 하나의 지표로서 이들 지식인계층들의 현

실인식을 살펴보는 것도 중요하다는 판단 때문이다. 또한 대장경의 판각사업이 성공적으로 이루어질 수 있었던 원인과 관련하여 볼 때, 당시의 문인지식층들이 자발적으로 참여하여 판하본을 직접 필사하거나 교열했을 뿐만 아니라 경판을 직접 판각하기도 하고, 또 판하본으로 쓸 목판 등의 구입에 필요한 재정적 후원의 의미를 띤 보시 등과 같은 적극적인 활동은 판각사업에 커다란 추진력이 되었다는 측면이다.

당시 대몽항쟁의 본부는 강화경에 있었고, 각 지방민은 산성·해도 등지에 피난해 있음으로써 통치력의 해이와 구심점의 취약성이 드러나고 있었다. 이러한 상황하에서 각처에 산재한 군현민의 대부분이 직접 항전에 참여하는 길 이외에 취할 수 있는 힝몽의식의 표현으로서 불력(佛力)의 가호를 빌어 외적의 퇴치를 기대했을 법하다. 이러한 시대적 상황에 부응하여 당시의 사회에 있어서 지도층이라고 할 수 있는 문인지식층들의 대장경 판각에 대한 적극적 참여가 요구되었고, 이는 곧 대장경판 완성의 원동력이 될 수 있었던 것으로 보인다. 즉 이 시기 문인지식층들 중에는 물론 자신의 부귀영달과 무사안일을 도모한 자들도 있었겠지만, 한편으로 민족적 위기의 극복을 위하여 적극적으로 현실참여를 한 지식인 또한 많았을 것이며, 그 한 형태가 대장경판 조성사업의 참여로 나타났으며, 구체적인 예를 대장경의 판각사업에 직접 참여한 국자감시 출신자의 경우를 통하여 확인해 볼 수 있기 때문이다.

한편 통계의 신뢰성을 확보하기 위해 동국대학교 불교문화연구원에서 영인 발간한《고려대장경(高麗大藏經)》, 일본의《증상사 사료집》의 고려판대장경목록(增上寺高麗版大藏經目錄), 그리고 동아대학교 석당전통문화연구원(石堂傳統文化硏究院)에 소장되어 있는《고려대장경》인본 등을 참고하여 가능한 많은 각성자의 명단을 확보하고자 하였다. 이들의 숫자는 최소 3,600여 명에 이른다. 그 사실 자체만으로도 주목하지 않을 수 없을 것이다. 고려시대사, 나아가 한국사에 있어서 한 시기에 활약한 인물이 일시에 이만큼 발견된다는 것은 그리 흔한 현상이 아닐 것이다. 앞으로 연구의 진전에 따라 고려사 연구에 일대 전기를 가져다 줄 수 있는 자료라고 할 수 있다. 그러나 이러한 분석에서도 각성자의 명단 전체를 확보할 수는 없었다. 그것은 앞의 자료들이 이들의 명단에 아직 눈을 뜨지 못한 시기에 만들어진 것으로서 오직 대장경 경판의 본문에만 초점을 두고 인경된 것이기 때문에 각성자의 명단은 누락되거나 옳게 판독할 수 없을 정도인 것이 수두룩하다. 이의 보충을 위해 해인사에 여러 번 협조 의뢰하였지만 본 글의 작성시까지 도움을 받지 못해 부득불 현재 정리된 자료로서 본 연구에 임할 수밖에 없었다.

제1절 在朝官僚層

강화경판이 이루어지기까지 당시 무인정권의 집권자인 최우·항 부자의 적극적 노력이 있었던 것은 부인할 수 없는 사실이다. 강화경판이 완성된 후에 국왕이 최항에게 내린 조서에 의하면,

역대로 전해져 내려온 진병(鎭兵)하는 대장경판이 모두 적병(狄兵)에 의해 불탄 바 되었다. 나라에 변고가 많아 다시 새로 만들 여가가 없었는데, 도감(都監)을 따로 세워 사재(私財)를 기울여 새긴 경판이 거의 반이나 완성되었으니, (진양공이) 방가(邦家)를 복리(福利)케 한 공업(功業)을 잊기 어렵도다. 사자(嗣子)인 시중 항(沆)은 가업을 계승하여 임금을 바르게 인도하고 국난을 극복하였으며, 대장경판(大藏經板)에 재물을 시주하고 공사(工役)을 독려하여 완성함으로써 경찬회(經讚會)를 갖

게 되니 중외가 복을 받게 되었다(《高麗史》卷129, 崔忠獻 附 沆傳).

고 하였다. 최우·항 부자가 대장경 조성을 위해 사재의 시납과 독역을 통하여 조판의 거의 반을 이루었다고 한데서 무인 최씨정권이 강화경판의 조성사업에 기울인 정성을 짐작할 수 있다. 이들이 사재를 털어 대장경의 판각에 전념한 의도는 다음의 자료를 통해 엿볼 수 있다.

> 아, 세상이 저하되어 풍속이 야박하자, 공경(公卿)·재보(宰輔)가 된 이들은 순수한 인의예악(仁義禮樂)만으로는 민속을 교화시킬 수가 없어서, 반드시 불법을 참용하여 사심을 끊게 되므로, 그 고택(膏澤)이 나라를 진정(鎭定)하고 성벽을 튼튼하게 한데에서 나게 되니, 이것은 또한 집정자가 사용하는 하나의 기책(奇策)인 것이다(李奎報, 〈大安寺同前〉《東國李相國集》卷25).

전란의 와중에 수도 개경을 버리고 바다 가운데 강화도로 천도한 최씨정권은 그들의 세속적 권력만으로는 더 이상 항전을 독려하기 어려운 상황이었다. 여기에 바로 왕실과 귀족에서부터 일반민에 이르기까지 정신적 지주로서 군림하고 있었던 불교의 힘을 빌어 항전의 에너지를 얻어내고자 하였고, 그 수단으로서 대장경 판각을 계획하게 되었던 것이다. 당시 전장에서 삶과 죽음을 넘나드는 순간 순간을 겪고 있었던 병사들이나 몽고의 침입으로 인해 자신과 가족들의 목숨과 삶의 터전이 와해될 위기에 직면한 민중들은 소재의 염원을 불교에 찾고 있었기 때문에 그 계획은 성공을 거둘 수 있었다.

강화경판의 각성이 시작될 무렵에 해당하는 1235(고종 22)~1236년 사이에 제작된 것으로 추정되는 '오백나한도(五百羅漢圖)'[56]의 화기(畵記)를 보면 "국토대평(國土大平)"을 염원하고 있다. 특히 '삼백

칠십구원상주존자(三百七十九圓上周尊者)'의 화기(畵記)를 살펴보면
다음과 같다.

伏惟 隣兵速滅 中外咸□ 聖壽等□ 令壽齊北□ 巳身延壽□ 室內得椿齡之
願 都兵馬錄事李奕膽 乙未十月日 棟梁 隊正 金義(仁)

을미년(1235) 10월에 도병마록사인 이혁담(李奕膽)이 인병(隣兵),
즉 몽고군을 속히 물리쳐 중외가 모두 편안하고 국왕이 만수무강하기를
북(北)에 제사지내며 아울러 자신과 가내가 번창하기를 기원하는 것을
대정 김의인(金義仁)이 주관하고 있다. 1236년 정안(鄭晏)이 판각한
《묘법연화경(妙法蓮華經)》의 발원문에서도 "인병와해(隣兵瓦解)"를
기원하고 있는 것에서[57] 외적의 침략에 직면한 고려민들이 소재의 염원
을 불교에서 구하고자 하였음을 알 수 있다. 실제로 강화경판의
k.1500《남명전화상송징도가사실(南明泉和尚頌證道歌事實)》의 '후
서(後序)'에서 경상진안동도(慶尚晋安東道) 안찰부사(按察副使) 전
광재(全光宰)는

정미년(고종 34, 1247)에 금성〔金城(경주)〕에 출진하여 선승(禪
僧)들을 불러모으고 서룡선로(瑞龍禪老) 연공(連公)을 청하여 법회를

---

56) 이 불화들에 대한 해설은 松本榮一, 〈高麗時代の五百羅漢圖〉《美術資料》
175, 吉田宏志·菊竹淳一編, 〈高麗佛畵の紀年作品〉《高麗佛畵》, 文明大,
〈羅漢圖〉《高麗佛畵》, 柳麻理, 〈高麗時代 五百羅漢圖의 研究〉, 黃壽永,
《韓國佛教美術史論》, 民族社, 1987 등이 있다. 아울러 畵記는 李基白,
〈五百羅漢圖〉《韓國上代古文書資料集成》, 一志社, 1987, 67~71쪽에
실려 있다.
57) 藤田亮策, 〈海印寺雜板攷〉《朝鮮學報》138, 1991, 43쪽.

주관케 하여 몽구(蒙寇)를 물리쳤다(《高麗大藏經》제45책).

고 하여 경주에서의 승전의 원동력을 불법에서 찾고 있다. 또 1245년
(고종 32)에 사신으로 몽고에 갔다가 4년 동안 억류되었다가, 1249년
2월에 귀국한 신안공(新安公)이 바로 그해 12월 법화탑도(法華塔圖)
를 발원하여 무사귀환의 섭리에 대한 감사의 심정을 표하면서 그 원기
(願記)에 "국적상령 인병영침 국대민안 시화세임(國戚康寧 隣兵永寢
國泰民安 時和歲稔)"이라고 하여 전쟁의 종식과 평화를 갈구하는 심정
을 불력(佛力)에 바라고 있었던 것[58]도 마찬가지일 것이다. 이러한 불
력을 통한 소재(消災)의 염원을 무인 최씨정권은 수렴하여 대장경의 판
각에 나섬으로써 항몽(抗蒙)의 에너지를 이끌어내고, 나아가 강화경판
의 각성을 통해 흩어진 민심을 추스리고자 하였을 것이다.[59]

　이규보가 쓴 '대장경을 판각하면서 군신이 기고하는 글'에 그 일단의

---

58) 權熹耕, 〈高麗寫經의 發願文에 관한 硏究(Ⅱ)〉《考古美術》168, 1985,
　　24쪽 및 李基白, 《韓國上代古文書資料集成》, 1987, 75~79쪽.
59) 이런 점에서 "八萬大藏經의 조판은 崔氏政權의 政治的 目的에 의해 기도되
　　고, 實踐에 옮겨질 수 있었다. 武臣執權期라는 특정한 여건 아래에서 前에
　　없던 강력한 權力을 장악한 崔氏政權은 蒙古의 침입을 받자 그에 대한 對應
　　을 政權維持의 차원에서 해 나갔고, 그 대신 大藏經의 彫板을 내세워 佛敎
　　라는 共通의 基盤을 통한 일반 백성들의 團合을 꾀하여 그들 中心의 抗爭을
　　지속시키면서 現實을 기만하려 했던 것이다. 崔氏政權의 필요성에 의해 그
　　막중한 政治的 權力과 經濟的 富力이 행사되지 않았다면, 이 亂中의 大事
　　業은 계획될 수도, 착수될 수도 없었으리라 말할 수 있다."(閔賢九, 〈高麗
　　의 對蒙抗爭과 大藏經〉《韓國學論叢》1, 국민대 한국학연구소, 1979, 51
　　쪽 : 《高麗中後期佛敎史論》佛敎史學會編, 民族社, 1986)라고 한 견해
　　는 다시 검토되어야 할 것이다. 대장경 藏板들이 崔氏政權의 私財를 바탕으
　　로 이루어졌다는 데에 대한 비판은 金潤坤, 〈高麗國 分司大藏都監과 布施
　　階層〉《民族文化論叢》16, 영남대 민족문화연구소, 1996 참조.

모습이 잘 드러나고 있다.

　심하도다. 달단〔達旦(蒙兵)〕이 환란을 일으킴이여! 그 잔인하고 흉포
한 성품은 이미 말로 다할 수 없고, 심지어 어리석고 혼암(昏暗)함도 또
한 금수보다 심하니, 어찌 천하에서 공경하는 바 불법(佛法)이란 것을 알
겠습니까? … 가만히 생각하건대, 제자 등이 지혜가 어둡고 식견이 얕아
서 일찍이 오랑캐를 방어할 계책을 못하고, 힘이 능히 불승(佛乘)을 보호
하지 못했기 때문에 이런 큰 보배가 상실되는 재화를 보게 되었으니 실은
제자 등이 무상한 소치입니다. … 이 일로 인하여 처음 (대장경을) 초창
(草創)한 동기를 살폈더니 옛적 현종 2년에 거란주(契丹主)가 크게 군사
를 일으켜 쳐오자, 현종은 남쪽으로 피난하였는데, 거란(契丹) 군사는 오
히려 송악성(松岳城)에 주둔하고 물러가지 않았습니다. 그러나 현종은
이에 여러 신하들과 함께 서원을 발하여 대장경판본(大藏經板本)을 판각
(板刻)해 이루었는데, 그 뒤에 거란 군사는 스스로 물러갔습니다. 그렇다
면 대장경도 한가지이고 서원한 것도 또한 한가지인데 어찌 그때에만 거란
군사가 스스로 물러가고 지금의 달단은 그렇지 않겠습니까. 다만 제불다
천(諸佛多天)이 어느 정도 보살펴 주시느냐에 달려 있습니다(李奎報,〈大
藏刻板君臣祈告文〉《東國李相國集》卷25).

　위로 국왕과 왕실 및 귀족·관료층으로부터 아래로 서민대중들에 이
르기까지 전 계층이 갖고 있었던 '불력을 통한 소재의 염원'을 대장경
각성으로 이끌어내고자 하였던 무인 최씨정권은 대장경판의 조성을 위
한 문필활동과 경판의 판각행위의 몸(身)보시, 혹은 경판조성의 경비
조달의 재보시를 포함한 일체의 활동을 두드러지게 한 자들이 그 활동
의 댓가로 경전에 이름을 남길 수 있는 특혜를 부여함으로써 이들의 자
발적 참여를 유도하였고, 이를 위해 그 자신이 솔선수범하여 거금의

'금일봉(金一封)'을 내놓았을 것이다. 그러나 그것은 어디까지나 국왕으로부터 왕공, 귀족, 관료, 재향세력들로부터 서민대중에 이르기까지의 대장경 각성을 위한 국민적 성금을 이끌어내기 위한 수단에 불과한 것이다. 이를 두고 대장경이 최씨정권의 사재에 의해 이루어졌다고 하는 주장은 사료에 매몰된 것에 불과하다.[60]

무인 최씨정권은 대장경 각성사업을 내세워 불교라는 공통의 기반을 통한 일반 백성들의 단합을 꾀하여 그들을 중심으로 한 대몽항전의 에너지를 이끌어내기 위해서는 왕명에 의한 국가적 사업임을 천명할 필요성이 있었다. 강화경판 각 권 말의 간기(刊記)에 '고려국…봉칙조조(高麗國…奉勅雕造)'리고 각하게 된 것은 이를 단적으로 말해준다. 그렇기 때문에 이규보의 〈군신기고문〉에서는 무인 최씨정권을 전혀 내세우지 않고 군신의 서원에 의해 판각이 이루어졌음을 밝히고 있다.

이제 귀족·관료층 및 서민대중들은 대장경의 판각에 그 이름을 남겨 자신의 서원을 기원하고, 이를 매개로 불력을 통한 이민족의 격퇴를 믿어 의심하지 않고 항전의 의지를 불태울 수 있었다. 이를 김구(金坵)의 시를 통해 살펴보기로 한다.

> 한 장(藏)이 전혀 백만 군사보다 나으니
> 마군(魔軍)·외도(外道)가 제 감히 못 엿보네
> 용상(龍象)들을 골라 왔으니 두려움 없어
> 의심 마소 시낭(豺狼)을 휩쓸어 낼 줄을
> 낮 강설(講設)은 공이머리로 옥가루를 찧고

---

60) 최씨정권의 '私財 施納'은 경판의 조성에 따른 소요 경비를 施主의 布施를 통하여 충당할 수 없는 실정에서 사재 시납의 모범을 선두에서 보인 것에 불과하다(金潤坤, 앞의 논문, 1996).

밤 경론(經論)은 북 속에서 근심을 토하듯
원왕(願王)이 천가지 상서(祥瑞)를 몰고 오니
어버이 나라 태평을 스스로 알리로다

장엄한 이 모임이 바로 취봉이 아닌가
일백 화로에 향 오르고 서연(瑞煙)이 무르녹네
설법은 옥 굴리듯 삼장(三藏)을 꿰고
강설(講舌)은 구슬 날리듯 오종(五宗)을 연설하네
부처님의 내리시는 힘을 믿으면
병기(兵騎)가 저절로 자취를 감추리
우리 임금 정성을 용(龍)과 하늘이 느끼어서
서늘한 비를 뿌려서 나라의 얼굴 씻어주네
(金坵, 〈宣慶殿行大藏經道場音讚詩〉《止浦集》卷1)

　대장경의 한 경판이 백만 군사보다 나아 시랑(豺狼)을 휩쓸어 내주리
라고 믿었던 귀족·관료층, 그리고 서민대중들은 서슴없이 대장경의
판각에 보시하지 않을 수 없었다. 이러한 믿음을 가졌던 국왕 및 왕실,
그리고 귀족·관료층, 재향세력과 서민대중들 가운데서 각성활동의 중
추적 역할을 맡았던 '재조관료층(在朝官僚層)'으로 추정되는 자들의
명단을 추적해 보기로 한다. 우선 월남사지 진각국사(月南寺址 眞覺國
師)의 비음기(碑陰記)에 나오는 관료층들의 명단 가운데 각성자로 추정
할 수 있는 12명을 예시하면 다음과 같다.

〈표 2-2-1〉 진각국사 비음기 소재 관료들과 각성자의 대비

番號	官職名	所在人物	刻成者名(年代)
1	平章事	崔洪胤	洪允(1237)
2	平章事	朴文成	文成(1243)
3	判兵部事	金元義-公粹	公秀, 公守(1238~40, 1242~44)
4	樞密院使	朴文備	文庇(1237~1239, 1242~1244)
5	樞密院使	洪斯胤	思允(1244)
6	判秘書省事	趙脩	曹守, 曹守, 祖守(1243~1244)
7	秘書監	金孝印	孝印(1239~1244)
8	大將軍	朴綏	朴脩(1242~1244)
9	大將軍	鮮大有	大有(1245)
10	將軍	金光呂	光呂(1238~1239, 1241, 1243~1244)
11	錄事	朴允璋	允莊, 允粧(1237~1239)
12	檢校小監	裵允亮	允良(1237~1239)

　이들 각각의 각성활동을 좀더 상세히 살펴보기로 한다. 서술의 편의
상 〈표 2-2-1〉의 번호순과 달리 번호를 부여하였다. 한 가지 부연하면
인명 앞에 등장하는 관직명은 강화경판 각성활동 당시의 본인 직책이
아닌 경우가 대부분이다.

(1) 평장사 최홍윤(平章事 崔洪胤)— 홍윤(洪允)

　최홍윤은 고종 24년(1237) 대장도감에서《방광반야바라밀경(放光
般若波羅蜜經)》(卷9, 菜函, 총 33장)의 제28, 29장에 나오는 '홍윤
(洪允)'일 것이다. [61] 최홍윤(崔洪胤)—순(淳)—서(瑞)로 이어지는 가
계를 가진 최홍윤은 안서인(安西人), 즉 해주(海州) 최씨(崔氏)로서

---

61)《出曜經》의 16장은 '洪允成'이, 17장은 '允成'이 1237년 대장도감에서 판
　　각한 것으로 나와 있다. 아마 이들은 동일인일 것이다.《放光般若波羅蜜經》

강종 원년에 정당문학(政堂文學)이 되었고, [62] 최서(崔瑞)의 묘지명에
'금자광록대부수태보문시랑동중서문하평장사수문전대학사감수국사판
병부사증시경문공(金紫光祿大夫守太保門侍郎同中書門下平章事修文殿
大學士監修國史判兵部事贈諡景文公)'으로 기록되어 있는데[63] 이미 월
남사지 진각국사 비음기가 만들어질 무렵에 평장사를 역임하고 있었다.
그는 치사 후 고종 16년(1229) 9월에 졸(卒)하였다. [64] 이것만으로
보면 그가 고종 24년(1237)에 각성한《방광반야바라밀경》을 각한 '홍
윤(洪允)'으로 볼 수 없다. 그러나 아래에서 살펴볼 김원의의 경우처
럼 그의 부인, 혹은 아들·딸 등의 수하인이 최홍윤의 극락왕생을 기원
하여 자신의 이름 대신에 그의 이름을 새겨 넣었다고도 볼 수 있다.

(2) 평장사 박문성(平章事 朴文成)— 문성(文成)

k.1053《출삼장기집(出三藏記集)》권4의 총 44장 중 제30장의 1
장을 1243년(고종 30) 분사도감에서 각성한 '문성(文成)'은 진각국
사 비음기에 나오는 평장사 박문성과 동일인일 가능성이 높다. 박문성
은《고려사》에 고종 21년 우산기상시(右散騎常侍)가 되었다는 기록이
보이고, [65] 1242년(고종 29)에 만들어진 〈김중구묘지명(金仲龜墓地
銘)〉에 의하면 김중구의 3녀(女)가 '문하시랑평장사판병부사 박문성

의 각수 '洪允'은 '洪允成'의 '成'字가 각인과정이나 영인의 과정에서 탈락
되었을 가능성도 전혀 배제할 수 없을 것이다. 이 점은 확인할 필요성이 있지
만 현재로서는 '崔洪胤'으로 간주하는 것이 보다 합리적이라고 할 수 있다.
62)《高麗史》卷21, 강종 원년 12월 을미.
63) 金龍善, 〈崔瑞墓地銘〉《高麗墓地銘集成》, 한림대, 1993, 436~438쪽.
64)《高麗史》卷22, 고종 16년 9월.
65)《高麗史》卷23, 고종 21년 정월 을사.

(門下侍郎平章事判兵部事　朴文成)'의 아들에게 시집갔다는 기록이 나오는 것으로 보아 1243년《출삼장기집》을 각성할 당시에 문하시랑평장사의 직위에 있었던 현직 관료로서 이의 각성에 참여하였다고 볼 수 있다. 동 경전의 각성은 1243년에 분사도감에서 이루어지고 있다. 그 외의 각성활동에 박문성이 참여한 예는 현재 더 이상 발견되지 않는다.

(3) 판병부사 김원의-공수 부자(判兵部事　金元義-公粹　父子)— 공수(公秀·公守)

김원의는 강종 원년에 참지정사 판례부사(參知政事　判禮部事)가 되있고,[66] 1213년(강종 2)에 문하시랑평장사판병부사(門下侍郎平章事判兵部事)에 올랐다가 1217년(고종 4)에 죽은 인물이다.[67] 그런데 〈김원의 처 인씨 묘지명(金元義　妻　印氏　墓地銘)〉을 살펴보면 김원의는 공수라는 아들을 두었다. 공수는 진사에 등제(登第)하여 그의 아버지가 죽었을 때 내시감문위록사참군사겸직한림원(內侍監門衛錄事參軍事兼直翰林院)에 있었다.[68] 각성자의 명단에 비록 '공수(公粹)'는 보이지 않지만 '공수(公秀)' 혹은 '공수(公守)'가 나온다. 이 용례를 동음이자에 의한 동일인으로 간주하고 김공수의 각성활동을 〈표 2-2-2〉를 통해 살펴보기로 한다. 〈표 2-2-2〉에서 보다시피 공수는 1238년에서부터 1244년까지 대장도감과 분사도감 양쪽에서 경전 총 18종에 걸쳐 85장을 각성하였다. 그 가운데 분사도감에서는 1244년에 k.1056《중경목록(衆經目錄)》권4의 제9장, k.1406《법원주림(法苑珠林)》권62의 제28장을 합쳐 도합 2장을 각성하고 있다. 대장경의

---

66)《高麗史》卷21, 강종 원년 12월 을미.

67) 金龍善,〈金元義　墓地銘〉, 앞의 책, 316~318쪽.

68) "生子曰公粹　進士登第　今爲入內侍監門衛錄事參軍事兼直翰林院"(李奎報,〈金元義　妻　印氏　墓地銘〉《東國李相國集》卷35).

각성자 '공수(公秀)' 혹은 '공수(公守)'가 김원의의 아들인 공수라고 한다면 그는 망부(亡父) 원의의 극락왕생을 기원하기 위한 보시행위로서 각성활동에 참여한 것이라고 할 수 있다. 이것은 경판의 변계선 안팎 등의 여백에 각인된 인명 중에 '뇌자공덕력 영탈윤회보 엄부여자당 우류극락향 요원지(賴玆功德力 永脫輪廻報 嚴父與慈堂 優遊極樂鄕 了源誌)'[69] · '신여견덕행위부모(信女遣德行爲父母)'[70] · '신녀만덕행위부모(信女萬德行爲父母)'[71] · '신녀계환행위부모(信女戒煥行爲父母)'[72] · '사미보호당영기복위부모(沙彌甫湖堂永奇伏爲父母)'[73] · '신녀김씨위부모(信女金氏爲父母)'[74] · '신녀보당위부모(信女普幢爲父母)'[75] · '사미백우위부모(沙彌白藕爲父母)'[76] · '신녀연지행위부모(信女蓮池行爲父母)'[77] · '신녀정월행위부모(信女定月行爲父母)'[78]라고 한 자료가 있는 것에서 추측할 수 있다. 대장경의 경전 가운데 k.747《칠불부모성자경(七佛父母姓字經)》과 k.883《불설부모은난보경(佛說父母恩難報經)》이 들어가 있다는 것 또한 이를 반증하는 것이다.

---

69)《大方等大集經(56)》卷3, 제34장.
70)《大般若波羅蜜多經(1)》卷9, 제3장(1237년 대장도감).
71)《大般若波羅蜜多經(1)》卷23, 제21장(1237년 대장도감).
72)《大般若波羅蜜多經(1)》卷23, 제22장(1237년 대장도감).
73)《大般若波羅蜜多經(1)》卷53, 제1장(1237년 대장도감).
74)《大般若波羅蜜多經(1)》卷144, 제19장(1238년 대장도감).
75)《大般若波羅蜜多經(1)》卷153, 제21장(1238년 대장도감).
76)《大般若波羅蜜多經(1)》卷162, 제2장(1238년 대장도감).
77)《佛說秘密三昧大敎王經(1454)》卷2, 제8장(연대 미상).
78)《佛說秘密三昧大敎王經(1454)》卷2, 제15장(연대 미상).

〈표 2-2-2〉'公秀'·'公守'의 각성활동

番號	經名	卷次	函名	年代	處	張次 및 板刻量		摘要
1	1	271	歲	38	大藏	1,6,8,10	4/24	
		441	玉	〃	〃	2,3,6,10,11,13,15,16,18,19,23,25	12/25	
		506	巨	〃	〃	2,4	2/27	
		575	珍	39	〃	5,8,9,12,14,16,18	7/23	
2	382	10	能	40	〃	7,9,11,16,18,26,28,30,31,33,35	11/37	
3	507	單	景	42	〃	4,5	2/6	
4	549	96	正	〃	〃	2,6,12,13,15,18,24	7/24	
5	151	下	方	43	〃	2~11	10/28	公守
6	943	6	子	44	〃	5	1/18	公守?
7	1406	62	號	〃	分司	28	1/50	公守
8	1056	4	設	〃	〃	9	1/20	
9	890	14	職	〃	大藏	2,3	2/29	
10	896	18	下	〃	〃	15,16	2/32	
11	955	30	眞	〃	〃	6,7	2/19	
12	956	50	意	〃	〃	21	1/21	
13	934	6	奉	〃	〃	9,10	2/26	
14	957	35	爵	〃	〃	7	1/26	
15	967	2	西	〃	〃	3,4	2/31	
16	425	5	悲	〃	〃	6,8,9,14,16,17,20,22,23,26,28,29,31	13/32	
17	1001	1	驚	〃	〃	13	1/28	
18	889	22	登	〃	〃	32	1/41	

(4) 추밀원사 박문비(樞密院使 朴文備) ― 문비(文庇)

문비(文庇)는 1237~1239년, 1242~1244년에 걸쳐 k.1《대반야바라밀다경(大般若波羅蜜多經)》을 위시하여 k.388《대법거다라니경(大法炬陀羅尼經)》, k.425《일자불정륜왕경(一字佛頂輪王經)》, k.549《청정비니방광경(淸淨毗尼方廣經)》, k.576《대승아비달마잡집론(大乘阿毗達磨雜集論)》, k.1423《불설불모출생삼법장반야바라밀다경(佛說佛母出生三法藏般若波羅蜜多經)》등의 경전 99장을 대장도감에서 각성하였다. 아마 그는 진각국사 비음기에 나오는 추밀원사 박문비일 것이다.

박문비의 경우 상장군겸호부상서(上將軍兼戶部尙書)에 임명된 관고(官誥)가 전하고 있으나[79] 그의 이력은 거의 전하지 않는다. 다만 1224년(고종 11)에 상장군 최유공(崔愈恭)과 장군 김계봉(金季鳳)이 대장군 이극인(李克仁)과 더불어 최이(崔怡)를 죽이려고 모의하다가 죽임을 당하였을 때 그 당(黨)으로 연루되어 대장군으로 있던 박문비가 원도(遠島)로 귀양된 적이 있었다.[80] 이후 그의 관력(官歷)이 전하지 않은 것은 아마 이 사건과 관련되었으리라고 본다. 그후 최이와의 불편한 관계에 있었던 박문비는 대장경의 조성사업이 진행되자 여기에 적극적으로 가담하여 다년간에 걸쳐 99장이나 되는 경판을 판각하여 최이와의 관계 개선에 나섰을 것이다. 물론 경판의 조성에 가담할 수 있었던 것은 그의 독실한 불심에 바탕한 것이다. 그는 진각국사의 비음기에 등장하기도 하지만 일찍이 신종~강종년간 사이에 고성(固城)의 수령으로 있으면서 수암사(水嵓寺)를 창건하고 그 경제적 뒷받침을 하여 화엄결사(華嚴結社)가 이루어지게끔 하였다.[81] 이번 대장경의 각성

---

79) 李奎報, 〈朴文備上將軍兼戶部尙書官誥〉《東國李相國集》卷34.
80) 《高麗史》卷129, 崔忠獻 附 怡傳 및《高麗史節要》卷15, 고종 11년 7월.

<표 2-2-3> 文庇의 각성활동

番號	經名	卷次	函名	年代	處	張次 및 板刻量		摘要
1	1	20	地	37	大藏	23	1/29	
		22	玄	〃	〃	2~5,8,12,20~26,28	14/29	
		217	收	38	〃	1,3,5~7,9~11,17,20,23	10/24	
		306	調	〃	〃	2~5,7~10,12~18,20~25	21/25	
		407	金	〃	〃	28	1/28	
		497	號	〃	〃	1,2,4,5,8,9,11~21,23~25	20/26	
2	388	16	彼	39	〃	1~9,13~16,18	14/18	
3	549	87	表	42	〃	25,30,34,37	4/40	
4	425	3	悲	43	〃	22,26,27,30,32	5/32	
5	576	12	寶	〃	〃	2,3,5,8,16,18~20	8/21	
6	1423	11	弊	44	〃	6	1/15	

에 화엄종 승려였던 수기(守其)가 이론적 뒷받침을 하였던 점을 고려할 때 화엄결사를 뒷받침했던 박문비의 대장경 판각에의 적극적 참여는 충분히 이해된다.

　박문비가 가장 먼저 판각에 임한 《대반야바라밀다경》은 강화경판의 첫머리에 입장되어 있으며, 가장 먼저 판각이 이루어진 경전이다. 이 경전은 총 600권으로서, 1237년에 92권, 1238년에 418권, 1239년에 71권이 각판되었고, 연대를 알 수 없는 무간기의 경판 9권이 존재한다.[82] 《대반야바라밀다경》의 각성자는 현재 564명이 확인되고

81) 李奎報,〈水嵓寺華嚴結社文〉《東國李相國集後集》卷12. 이에 관해서는 秦星圭,〈高麗後期 修禪社의 結社運動〉《韓國學報》36, 一志社, 1984 참조.

있으며, 대체로 각 권은 거의 대부분 1명에 의해 판각되었다.[83] 이를 감안할 때 박문비의 경우 〈표 2-2-3〉에 의하면 《대반야바라밀다경》을 67장 판각한 것으로 되어 있지만 판각 불명을 그가 판각한 것으로 볼 수 있으므로 실제 그가 판각한 경전은 1237년에 20권의 29장, 22권의 29장, 1238년에 217권의 24장, 306권의 25장 등을 합하여 계산할 수 있다. 《대반야바라밀다경》의 각성 연대와 그 수량을 비교해 볼 때[84] 박문비는 《대반야바라밀다경》이 처음 간행되는 1237년에서부터 1238년에 걸쳐 이에 적극 가담하였음을 알 수 있다. 그러나 《대반야바라밀다경》의 판각이 계속 이어지는 1239년과 1240년에는 동 경전의 판각에 참여하지 않고, 1239년에 다른 경전인 k.388 《대법거다라니경》의 판각에 참여하였고, 한동안 쉬다가 1242~1244년에 걸쳐 다른 경전의 판각에 임하였다. 그가 그간 판각한 양은 99장이 아니라 무간기의 수량을 포함하면 훨씬 증가할 것이라고 볼 수 있다.

(5) 추밀원사 홍사윤-홍진 부자(樞密院使 洪斯胤-洪縝 父子)
　　　 ― 사윤 ― 홍진(思允-洪珍)

〈표 2-2-4〉에서 보다시피 k.1406 《법원주림(法苑珠林)》과 k.1513 《화엄경탐현기(華嚴經探玄記)》의 각성에 참여한 '사윤(思允)'은 진각국사 비음기에 나오는 추밀원사 홍사윤이다. 그런데 그에게는 아들 홍진이 있는데 k.1487 《불설대승보살장정법경(佛說大乘菩

---

82) 金潤坤, 〈《大般若經》의 刻成과 反蒙抗戰〉《한국중세사연구》 2, 한국중세사연구회, 1995, 130쪽.
83) 金潤坤, 위의 논문 및 본서 3부 1장 1절 참조.
84) 《대반야바라밀다경》의 각성연대와 수량에 대해서는 본서 3부 1장 1절의 〈표 3-1-1〉 참조.

薩藏正法經)》의 각성에 참여한 '홍진(洪珍)'과 동명이자의 동일인일 가능성이 크다. 홍사윤은 은청광록대부 추밀원사 공부상서(銀靑光祿大夫 樞密院使 工部尙書)에, 그의 아들 홍진은 동지추밀원사(同知樞密院使)에 이르렀다. 사윤이 진각국사의 비음기에 등장하고, 그의 아버지인 원중(源中)이 성불도감판관(成佛都監判官)을 역임하였던 점을 고려하면[85] 이들 가문이 대장경 각성에 적극 가담한 것은 당연할 것이다. 각성자 가운데에는 '홍진(弘進)'이란 사람이 있다.[86] 성씨의 경우 이를 달리 표현하였다고 볼 수 없지만 윤홍〔尹弘(洪)〕을 윤홍〔允弘(洪)〕으로 표기한 예에서 '홍(弘)'과 '홍(洪)'은 당시 통할 수 있는 글자였던 것 같다. 홍사윤과 그의 아들 홍진을 가성자에 나오는 '사윤(思允)'과 '홍진(洪珍)'과 동일인으로 보고 이들 부자의 판각량을 〈표 2-2-4〉에 예시하였다.

〈표 2-2-4〉에서 보다시피 사윤은 1244년에 《법원주림》을 대장도감과 분사도감에서 각기 한 장을 각성하고, 이듬해 분사도감에서 k.1513 《화엄경탐현기》 2장을 판각한 것으로 되어 있다. 사윤이 1244년에 《법원주림》을 판각할 때 그의 아들 홍진은 《불설대승보살장정법경》 1장을 대장도감에서 판각하였을 뿐이다. 홍진의 경우 1250년에 중서사인(中書舍人)으로 있으면서 추밀원부사인 최자(崔滋)와 함께 몽고에 사신으로 갔다온 적이 있었음을 고려할 때[87] 아마도 몽고와

---

85) 洪斯胤과 그의 아들 洪縝의 관계에 관해서는 다음의 자료를 통해 알 수 있다.
  "洪灌 … 公諱文系改曰奎字彌樓 … 源中是曾祖也 官止於成佛都監判官 予恐是早世耳 銀靑光祿大夫樞密院使工部尙書諱斯胤其祖也"(〈洪奎墓地銘〉《南陽洪氏族譜》, 平北 博川, 1939. 金龍善, 〈新資料 高麗 墓地銘 十七點〉《歷史學報》117, 1988 ; 金龍善, 앞의 책).
  "父縝同知樞密院使"(《高麗史》卷106, 洪奎傳).
86) 弘進의 경우는 1237년 4장, 1238년 16장, 1239년 25장, 1241년 5장, 1243년 10장 등 5년간 총 60장을 각성하였다.

의 화평론자에 속하였다고 볼 수 있으므로 주전론의 이데올로기로서 기
능하고 있었던 대장경 판각에 소극적으로 가담하였기 때문에 상대적으
로 각성량이 적다고 볼 수 있다. 또 홍사윤의 생몰연대를 알 수 없으므
로 단언할 수 없지만 홍진의 관력으로 보아 사윤의 경우 대장경 판각이
시작되기 전에 죽고, 그의 아들인 홍진이 망부(亡父)를 위해 사윤의 이
름으로 각성한 것으로도 볼 수 있다.

〈표 2-2-4〉思允과 洪珍의 각성활동

番號	經名	卷次	函名	年代	處	張次 및 板刻量		摘要
1	1406	39	假	44	分司	27	1/35	思允
		73	土	〃	大藏	14	1/22	
2	1513	13	務	45	分司	37.38	2/46	〃
3	1487	29	坐	44	大藏	9	1/12	洪珍

(6) 비서감 김효인(秘書監 金孝印)—효인(孝印)

〈표 2-2-5〉에서 보다시피 k.22《대보적경(大寶積經)》권32의 21
장 전체와 권81의 27장 중 25장 등을 위시해 k.65《대방등대집경보
살염불삼매분(大方等大集經菩薩念佛三昧分)》권5의 15장, k.86《대
방광입여래지덕불사의경(大方廣入如來智德不思議經)》단권(單卷) 20
장의 14장, k.105《대반열반경(大般涅槃經)》권8의 30장의 19장,
k.126《비화경(悲華經)》권3의 32장의 11장, 도합 105장을 각성한
'효인(孝印)'은 진각국사 비음기에 나오는 비서감 김효인일 것이다.

김효인은 고종 18년 전중시어사(展中侍御史)로 있을 당시에 몽고인
두 사람이 가져온 첩문을 평주(平州)에 가서 그 사유를 물은 적이 있었

---

87) 《高麗史》卷23, 고종 37년 2월 기미.

〈표 2-2-5〉孝印의 각성활동

番號	經名	卷次	函名	年代	處	張次 및 板刻量		摘要
1	22	32	火	39	大藏	1~21	21/21	
		81	皇	40	〃	2~25, 27	25/27	
2	65	5	民	39	〃	2~13, 16~18	15/18	
3	86	單	臣	41	〃	2~5, 7, 10~15, 18~20	14/20	
4	105	8	遐	42	〃	2~4, 7, 8, 10~12, 14~16, 18, 20, 22, 24, 25, 28, 29	19/30	
5	126	3	駒	43	〃	2, 3, 6, 7, 10, 12, 13, 16, 18, 19, 22	11/32	

다.[88] 고종 39년(1252) 11월 경인일에 죽은 김효인[89]은 1239년에 36장, 1240년에 25장, 1241년에 14장, 1242년에 19장, 1243년에 11장, 도합 105장을 대장도감에서만 각성하였던 것처럼 표현되어 있다.

(7) 대장군 김광려(大將軍 金光呂)—광려(光呂)

k.1《대반야바라밀다경》과 k.549《청정비니방광경(淸淨毗尼方廣經)》의 각성에 참여한 광려(光呂)는 진각국사 비음기에 나오는 대장군

---

88) "蒙古人 두명이 牒文을 가지고 平州에 이르자 州에서 곧 이들을 잡아 가두고 알렸다. 조정의 논의가 분분하여 혹은 죽이는 것이 옳다 하고 혹은 마땅히 그 사유를 물어야 한다고 하였다. 이에 展中侍御史 金孝印을 보내어 가서 묻게 하였다. 첩문에 이르기를 '우리 군사가 처음 咸新鎭에 이르렀을 때 영접하여 항복한 자는 모두 죽이지 않았다. 그대 나라가 만약 항복하지 않으면 우리는 끝까지 돌아가지 않을 것이요 항복하면 마땅히 東眞으로 향해 갈 것이다' 라고 하였다."(《高麗史》卷23, 고종 18년 10월 계축 삭)
89) 《高麗史》卷24, 고종 39년 11월 경인.

<표 2-2-6> 光呂의 각성활동

番號	經名	卷次	函名	年代	處	張次 및 板刻量		摘要
1	1	314	陽	38	大藏	1,4,5,7,10,11,14,16,17,19,24	11/24	
		560	光	39	〃	3,9,10,17,18	5/26	
2	80	71	首	·	無	1~5,9~11,14~17,19,21,23	15/24	
3	549	52	立	41	大藏	14,16	2/28	
4	649	12	蘭	43	〃	30	1/30	
	649	51	如	〃	〃	5,6	2/20	
5	777	1	言	〃	〃	31	1/32	
6	799	5	安	·	無	29	1/33	
7	801	40	誠	43	大藏	11,12	2/25	
8	802	32	業	〃	〃	17~21	5/21	
9	809	單	甚	〃	〃	3	1/21	
10	889	40	仕	44	〃	5,6	2/29	
11	890	2	攝	〃	〃	15	1/29	
		44	存	〃	〃	13,14	2/30	
		53	以	〃	〃	36	1/45	
12	896	3	和	〃	〃	9	1/29	
		31	夫	〃	〃	31	1/33	
		55	婦	〃	〃	8,9	2/31	
13	908	單	外	〃	〃	7	1/43	
14	937	10	姑	〃	大藏	9,10	2/32	
15	941	7	猶	〃	分司	11,12	2/30	
16	951	10	投	〃	〃	26	1/47	
		32	磨	〃	〃	2,3	2/29	

番號	經名	卷次	函名	年代	處	張次 및 板刻量		摘要
17	952	28	隱	44	大藏	2	1/24	
		57	次	〃	〃	21	1/23	
		94	義	〃	〃	14	1/23	
18	956	14	滿	〃	〃	21,22	2/30	
		58	移	〃	〃	23,24	2/24	
19	957	30	好	·	無	2	1/24	
20	959	3	自	44	大藏	19,20	2/26	
21	963	2	邑	〃	分司	28,29	2/37	
22	966	11	東	〃	大藏	8	1/41	
23	968	10	二	〃	分司	21	1/28	
24	1050	4	仙	43	〃	8	1/20	
		14	靈	〃	〃	5,6	2/32	
		18	〃	〃	無	12	1/29	
		31	舍	〃	分司	10	1/37	
25	1052	4	甲	〃	〃	27	1/48	
26	1053	6	楹	〃	〃	14,15	2/19	
27	1063	18	弁	44	大藏	21,22	2/42	
28	1065	8	疑	〃	分司	31	1/36	
29	1075	16	達	43	〃	36	1/46	
30	1081	23	聚	〃	〃	21	1/42	
31	1263	40	銘	·	無	4,6,7	3/30	
32	1406	30	橫	44	分司	9	1/37	
		62	號	〃	〃	35,36	2/50	
33	1410	單	遵	43	大藏	9	1/14	

番號	經名	卷次	函名	年代	處	張次 및 板刻量		摘要
34	1482	15	百	〃	〃	13	1/14	
35	1494	2	雁	〃	〃	15	1/15	
36	1496	13	塞	〃	〃	6	1/13	

김광려일 것이다. 그의 각성활동은 다음의 〈표 2-2-6〉과 같다.

k.1《대반야바라밀다경》의 경우 1권 1인에 의해 각성되어진 것을 감안할 때 동 경전에서의 광려의 각성활동은 1238년에 권314의 24장, 1239년에 권560의 26장을 합쳐 2년 동안 50장을 각성하였다.[90] 그후 각성활동을 쉬다가 1241년에 들어서 대장도감에서 k.549《청정비니방광경》권52의 28장 중 2장의 각성에 참여하였다가 그 이듬해에는 다시 각성활동을 쉬었다. 그러다가 1243년과 1244년에 대장도감과 분사도감을 오가면서 여러 경전의 각성활동에 적극 참여하였는데 그 내역을 보면 1243년에 23장(대장도감 13, 분사도감 10), 1244년에 40장(대장도감 26, 분사도감 14)을 각성하였다. 무간기의 21장을 합치면 그는 총 36종류의 경전에 걸쳐 136장의 경판을 각성한 셈이다. 그의 각성활동이 들쭉날쭉한 것은 재조관료로서 공무 수행 때문에, 혹은 무신으로서 전장에 투입되거나 전쟁 대비의 활동에 참여하였기 때문일 수도 있다. 또 어떤 강제적 구속력에 의해서가 아니라 자발적 참여의사에 의해 강화경판이 각성되었기 때문일 수도 있다. 그러나 불행히도 김광려의 구체적 이력은《고려사》등에 나오지 않으므로 이를 살펴볼 수 없다.

---

90) 光呂의 인명이 나타난 경우만 한정한다면 1238년 11장, 1239년 5장 등 총 16장을 대장도감에서 각성하였다.

　(8) 대장군 선대유(大將軍 鮮大有)—대유(大有)

　1245년에 대장도감에서 k.1100《불설대승일자왕소문경(佛說大乘
日子王所問經)》단권(單卷)의 제1, 5장을 각성한 대유(大有)는 진각
국사 비음기에 나오는 대장군 선대유일 것이다. 그에 관한 구체적 자료
는 현재 없다. 다만 1318년에 쓰여진 〈최서 처 박씨 묘지명(崔瑞 妻
朴氏 墓誌銘)〉을 보면 박씨의 어머니 협계군부인(俠溪郡夫人)의 아버
지가 선대유이며 조정대부 금오위대장군(朝靖大夫 金吾衛大將軍)을
역임한 것으로 나와 있다.[91] 이로 보아《불설대승일자왕소문경》단권의
제1, 5장이 판각되어진 1245년 무렵에 선대유는 대장군의 직위에 머
물러 있었거나 퇴직한 상태였다고 볼 수 있다. 그가 각성한 대장경이
단지 2장이라는 것을 감안할 때 선대유는 이미 연로하였거나 죽은 상태
에서 수하인이 그의 극락왕생을 기원하기 위해 그의 이름을 새겨 넣었
을 가능성도 없지 않다.

　(9) 녹사 박윤장(錄事 朴允璋)— 윤장(允莊, 允粧)

　〈표 2-2-7〉의 각성자 윤장(允莊), 혹은 윤장(允粧)은 동일인으로서
진각국사 비음기에 나오는 녹사 박윤장일 것이다. 그는 1237년에서
39년에 이르기까지 대장도감에서 k.2《방광반야바라밀경(放光般若波
羅蜜經)》, k.3《마하반야바라밀경(摩訶般若波羅蜜經)》, k.7《소품
반야바라밀경(小品般若波羅蜜經)》의 각성에 참여하였지만 각성한 경
판은 3년동안 20장 정도에 그칠 뿐이다. 박윤장의 구체적 이력은 현재
확인할 수 없다.

---

91) 金龍善, 〈崔瑞 妻 朴氏 墓誌銘〉, 앞의 책, 436쪽.

<표 2-2-7〉 允莊 · 允粧의 각성활동

番號	經名	卷次	函名	年代	處	張次 및 板刻量		摘要
1	2	14	重	37	大藏	8, 9, 16, 17	4/33	允莊
2	3	17	薑	38	〃	8~16	9/35	〃
		〃	〃	〃	〃	17	1/35	允粧
3	7	7	鱗	39	〃	1~6	6/26	允莊

（10）검교소감 배윤량(檢校小監 裵允亮)—윤량(允良)

〈표 2-2-8〉의 각성자 윤량(允良)은 진각국사 비음기에 나오는 검교소감 배윤량일 것이다. 그는 〈표 2-2-8〉에서 보다시피 1237~39년의 3년에 걸쳐 대장도감에서 k.2《방광반야바라밀경》과 k.45《성선주의천자소문경(聖善住意天子所問經)》의 각성활동에 참여하여 총 14장을 각성하였다. 그도《고려사》등에서 이력 추적이 불가능하다.

<표 2-2-8〉 允良의 각성활동

番號	經名	卷次	函名	年代	處	張次 및 板刻量		摘要
1	2	2	茱	38	大藏	35~38	4/38	
		5	〃	37	〃	29~34	6/34	
		11	重	〃	〃	15, 16	2/32	
2	45	中	衣	39	〃	3, 4	2/28	

（11）대장군 박수(大將軍 朴綏)—박수(朴脩)

대장도감에서 1242년에 k.386《불설초일명삼매경(佛說超日明三昧經)》권 상의 제1장, 1243년에 k.576《대승아비달마잡집론(大乘阿毗達磨雜集論)》권8의 제11, 20장을 각성한 박수(朴脩)와 동명이자의 인물로서 진각국사 비음기에 나오는 박수(朴綏)와 《고려사》에 기록된 박수(朴隨)와 박수(朴秀)를 들 수 있다. 진각국사 비음기에 나오는 대장군 박수는 의종 원년(1147)에 국자감시(國子監試)에 합격한 것으로 보아[92] k.386《불설초일명삼매경》이 판각되어진 1242년보다 95년이나 앞서기 때문에 각성자 박수(朴脩) 본인은 아닐 것이다. 이 경우 김원의의 예처럼 박수의 수하인이 그의 극락왕생을 기원하기 위한 보시행위로서 각성한 것이리고도 볼 수 있지만 현재 이를 입증할 수 있는 자료는 없다. 박수(朴隨)는 1245년(고종 32)에 원외랑(員外郞)으로서 낭장 최공진(郞將 崔公瑨)과 함께 몽고에 사신으로 간 기록이 나오며[93] 박수(朴秀)는 1283년(충렬왕 9)에 호군(護軍)으로시 탐라(耽羅)를 진수(鎭戍)한 기록이 나온다. [94] 이로 보아 각성자 박수(朴脩)는 박수(朴隨)일 가능성이 가장 높으나, 박수(朴綏)도 배제할 수 없다.

(12) 판비서성사 조수(判秘書省事 趙脩)―조수(曺守)·조수(曹守)·조수(祖守)

진각국사 비음기에 나오는 조수는 각성자 명단에 나오는 조수(曺守), 혹은 조수(曹守), 조수(祖守)와는 성씨를 달리하기 때문에 동일인이 아닐 가능성이 많다. 그러나 만약 본인 자신이 각수가 아니고 '재보시자(財布施者)' 였다면 각수에 의해 그 한자 성씨가 오인되어 각해졌을 수도 있지만 일단 검토 대상에서 제외하기로 한다.

이상으로 진각국사 비음기에 나오는 인명을 강화경판에 나오는 각성자에 비정하여 보았다. 진각국사 혜심의 비음기에 나오는 110명의 세

---

92)《高麗史》卷74, 選擧志 2, 國子監試, 의종 원년.
93)《高麗史》卷23, 고종 32년 4월 기묘.
94)《高麗史》卷29, 충렬왕 9년 9월 경신.

속의 인물 가운데 재조관료 출신의 각성자로 비정되는 인물은 조수를
제외하면 11명이다. 이는 진각국사 비음기에 나오는 전체 세속인의 10
%에 달하는 수치임을 감안할 때 재조관료층들의 광범위한 각성활동 참
여를 상정할 수 있다. 진각국사 비음기에 실린 인물들은 상당수가 강화
경판의 각성 무렵에 오면 연로하거나 이미 사망한 사람까지도 존재한
다. 따라서 앞에서 살펴본 이들의 각성활동은 실제 '재보시'의 성격을
띤 것이나 그 수하인들에 의해 이루어졌지만 그 '망부(亡父)'의 극락향
을 기원하는 의도에서 그 이름이 각해진 경우가 많을 것이다.

다음으로 각성자의 명단 가운데서 진각국사 혜심의 '국사당시대중급
유지비(國師當時大衆及維持費)'에 나오는 인물 가운데에서 내시(內
侍) 문정(文正)과 상장군(上將軍) 노지정(盧之正)이 강화경판의 각성
자로 추정된다. 이들의 각성활동을 살펴보기로 한다.

(13) 내시 문정(內侍 文正)―문정(文正)

우선 각성자 문정의 경우 '국사당시대중급유지비'에 나오는 내시 문
정에 비정할 수도 있고, 1245년 5월에 국자감시에서 좌승선 유홍이
십운시(十韻詩)로 장원급제시킨 박문정(朴文正)으로 비정할 수도 있
다.[95] 문정은 1243년에서 1245년에 이르기까지 3년 동안 〈표 2-2-
9〉와 같이 경전 17종에 걸쳐 총 61장을 각성하였다. 이를 연도별로 보
면, 1243년에 20장, 1244년에 37장, 1245년에 2장, 미상 2장을
각각 판각했던 셈이다. 이 3년 동안의 판각 수량이 큰 차가 나는 것은
어떤 제도적 속박 상태에서 각성작업을 진행했던 것이 아니라 그 자신

---

95) 《高麗史》卷74, 選擧志 2 國子試之額. 각성자 文正을 朴文正으로 비정한
　　견해는 金潤坤, 〈高麗大藏經의 刻板과 國子監試 出身〉 및 본서 2부 2장 4
　　절에서 제시된 바 있다. 여기서는 在朝官僚를 지낸 文正으로의 가능성을 한
　　번 비정해 보는 바이다.

의 재량에 의해 거의 자유스런 분위기 속에서 작업을 진행하였던 사실
을 반영해 주는 것이 아닌가 한다.

〈표 2-2-9〉 文正의 각성활동

番號	經名	卷次	函名	年代	處	張次 및 板刻量		摘要
1	150	上	方	43	大藏	21～23	3/23	
2	586	10	父	〃	〃	2～4	3/21	
3	590	4	日	〃	〃	25,26	2/26	
		9	日	〃	〃	21,22	2/35	
4	648	25	夙	〃	〃	17,18,20	3/24	
5	649	6	似	〃	〃	17～20	4/20	
		38	馨	〃	〃	11,12	2/19	
6	890	28	從	44	〃	14,15	2/29	
		48	存	〃	〃	18,19	2/39	
7	896	14	下	〃	〃	11,12	2/26	
		50	唱	〃	〃	15,16	2/32	
		53	婦	〃	〃	5,6	2/32	
8	939	4	叔	〃	〃	5,7	2/29	
9	953	19	神	〃	〃	2,3	2/25	
10	955	2	疲	〃	〃	11,12	2/28	
11	956	14	滿	〃	〃	9,10	2/30	
		42	意	〃	〃	23,24	2/26	
		50	意	〃	〃	9,10	2/21	
12	957	24	好	〃	〃	13,14	2/20	

番號	經名	卷次	函名	年代	處	張次 및 板刻量		摘要
13	1001	10	驚	44	大藏	14, 15	2/19	
14	1052	5	甲	43	〃	16	1/37	
15	1053	15	肆	44	分司	29, 30	2/32	
16	1406	9	趙	〃	大藏	45	1/45	文正?
		25	困	〃	分司	29, 30	2/32	
		47	途	〃	〃	9	1/28	
		48	〃	〃	〃	18, 19	2/23	
		68	踐	〃	〃	27	1/36	
17	1513	12	務	·	無	33, 34	2/52	
		15	〃	45	分司	31, 32	2/58	

(14) 상장군(上將軍) 노지정(盧之正)―지정수(志貞手), 지정(志正), 지정(知正), 지정(志晶), 지정(知廷)

1238년에 대장도감에서 〈표 2-2-10〉의 내역과 같은 경전을 각성한 지정(志貞), 지정(志正), 지정(知正), 지정(志晶), 지정(知廷) 등은 '국사당시대중급유지비'에 나오는 상장군 노지정과 동음이자의 동일인으로 간주될 수 있을 것 같다. 그러나 노지정은 고종 14년 연지(演之)의 참소로 인해 최의에 의해 바다에 수장되었음을 감안할 때 결코 동일인이 될 수 없다.[96] 아마 이 경우 역시 노지정이 사망한 후 그의 수하인에 의해 그의 극락향을 기원하여 각성된 것으로 볼 수 있을 것이다. 노지정은 1238년, 1242~1244년의 4년 동안 총 12종의 경전 64장을 대장도감 62장, 분사도감 2장을 각각 각성한 것으로 나타난다.

---

96) 《高麗史》卷129, 崔忠獻 附 怡傳, 고종 14년.

〈표 2-2-10〉志貞·志正·知正·志晶·知廷의 각성활동

번호	經名	卷次	函名	年代	處	張次 및 板刻量		摘要
1	2	20	重	38	大藏	8,9	2/33	志貞
2	3	7	芥	〃	〃	25,26	2/42	志貞
		17	薑	〃	〃	4	1/35	志貞手
		〃	〃	〃	〃	5~7	3/35	志貞
3	105	25	壹	42	〃	4,6~34	30/34	志正
4	125	6	白	43	〃	23~26	4/26	志晶
5	133	5	被	〃	〃	14	1/21	〃
6	134	6	草	〃	〃	1~3	3/11	志正
		〃	〃	〃	〃	4~11	8/11	志晶
7	160	7	身	〃	〃	1~3	3/25	〃
8	219	單	敢	〃	〃	2	1/12	〃
9	896	25	睦	44	〃	31,32	2/32	〃
		34	夫	〃	〃	39,40	2/40	知正
11	951	22	切	〃	分司	17	1/34	知廷
12	1081	8	典	43	〃	11	1/38	志正

　　이제 강화경판의 각성을 이끌어나갔던 최이(崔怡)·최항(崔沆) 부자(父子)의 이야기가 담겨져 있는《고려사》열전[97] 등에 나오는 재조관료들의 경판 각성활동을 추적해 보기로 한다.

---

97)《高麗史》卷129, 崔忠獻 附 崔怡~竩傳.

〈표 2-2-11〉應京 · 應卿 · 應景의 각성활동

番號	經名	卷次	函名	年代	處	張次 및 板刻量		摘要
1	1	88	日	37	大藏	2,6,8,10,12,14,15,17,20,21	10/24	應京
		〃	〃	〃	〃	22	1/24	應卿
		〃	〃	〃	〃	23	1/24	應景
		〃	〃	〃	〃	3	1/24	應□
		412	生	38	大藏	2,3,6,8	4/26	應卿
		〃	〃	〃	〃	9,25	2/26	應京
2	388	14	彼	40	大藏	2,24	2/24	〃

(15) 경상도안찰사(慶尙道按察使) 권응경(權應經)—응경(應京 · 應卿 · 應景)

〈표 2-2-11〉의 각성자 응경(應京 · 應卿 · 應景)은 아마도《고려사》열전 최충헌전에 부전된 최이에 관한 기록에서 경상도 안찰사로 나오는 권응경일 것이다. 권응경은 평상시 최이에게 잘 보이고자 노력한 인물이었다.[98] 따라서 최이 정권이 주도해 나가는 대장경 판각사업에 적극 가담하였을 것이다. 그는 실제 대장경 조성사업의 핵심사업인 k.1《대반야바라밀다경》의 각성에 적극 가담하였다. 《대반야바라밀다경》의 각성이 대개 1인 1권의 권별 분담의 방식을 채택하여 이루어졌음을 생각할 때 권응경은 1237년에 권88의 24

---

98) 권응경이 최이에게 잘 보이고자 한 것은 다음의 자료에 잘 나타난다. "慶尙道 按察使 權應經이 倭人의 형상을 그려 바쳤다. 崔怡가 그 까닭을 물으니 '異 國 사람의 용모가 기괴해서 參政께 보이고자 했을 따름입니다' 라고 하였다. 최이는 그가 잘 보이고자 하는 짓인 줄 알고 웃었다"(《高麗史》卷129, 崔忠 獻 附 怡傳, 고종 12년).

장, 1238년에 권412의 26장을 각성하였다고 볼 수 있다. 그후 그는 1240년에 k.388《대법거다라니경(大法炬陀羅尼經)》권14 의 2장을 각성하였을 뿐이다. 재조관료들의 경우 전문적 각수들은 아니고, 더욱이 공사다망하여 각성활동이 편차가 많을 수밖에 없을 것이다.

(16) 상장군 김현보(上將軍 金鉉甫)—현보(玄寶 · 玄甫)

각성자 현보(玄寶 · 玄甫)는 아마도 김현보와 동명이자의 동일인이 아닌가 한다. 김현보에 관해서는 다음과 같은 자료가 전한다.

임피현령(臨陂縣令) 전승우(田承雨)는 상장군(上將軍) 김현보(金鉉 甫)가 전원(田園)을 광식(廣植)하는 것을 미워하여 전조(田租)를 다 거 두어들여 관에 납입하고 또 그 전(田)과 민(民)도 그렇게 하였다. 현보가 안찰사(按察使) 최종유(崔宗裕)에게 부탁하여 그 조(租)를 도로 징수하 려고 하였다. 승우가 분노하여 관사(官司)의 은기(銀器)로 보상하고 법 사(法司)에 보고하였다. 법사가 현보와 종유를 탄핵하였으나 최우(崔瑀) 가 그 서장(書狀)을 빼앗고 이를 그치게 하였다(《高麗史節要》 卷15, 고 종 16년 10월).

이처럼 상장군 김현보는 집권자 최우의 비호를 받고 있었다. 그럼에 도 불구하고 그의 각성활동이 1243년에 가서야 겨우 이루어지고 〈표 2-2-12〉에서 보다시피 1243년과 44년, 2년 동안 총 11개 경전에 걸 쳐 겨우 14장에 그치고 있는 것은 그가 무신으로서 주로 몽고와의 전쟁 터를 누비거나 전쟁 대비의 활동에 투입되었기 때문일 것이다. 그가 2 년 동안 판각한 양은 1243년에 5장, 1244년에 8장, 미상 1장 등 도 합 14장이며, 이를 판각 장소별로 보면 대장도감에서 8장, 분사도감에서 5장, 미상 1장을 판각하였다.

〈표 2-2-12〉玄寶·玄甫의 각성활동

番號	經名	卷次	函名	年代	處	張次 및 板刻量		摘要
1	801	28	初	43	分司	23	1/24	玄甫
2	802	58	基	〃	大藏	9,12	2/21	〃
3	889	8	學	44	〃	33	1/42	玄寶
4	951	17	分	〃	分司	27	1/37	〃
		60	規	〃	〃	6	1/25	
5	952	29	隱	〃	大藏	4	1/23	〃
6	966	11	東	〃	〃	6,7	2/41	〃
7	1050	29	內	43	分司	10	1/21	〃
8	1081	11	亦	〃	〃	10	1/37	〃
9	1257	6	振	·	無	85	1/110	〃
10	1418	7	法	44	大藏	2	1/21	〃
11	1481	1	州	〃	〃	15	1/17	〃

（17）전라도안찰사 최종유（全羅道按察使 崔宗裕）— 종유（宗裕·
宗有）

앞에서 살펴본 상장군 김현보의 농장 조세 사건 때 전라도 안찰사로
서 김현보를 비호하였던 전라도 안찰사 최종유도 대장경 각성활동에 참
여하였다고 볼 수 있다. 각성자 종유（宗裕·宗有）는 바로 최종유일 것
이다. 최종유의 각성활동도 김현보와 같이 1243년부터 시작된다. 그
는 〈표 2-2-13〉에서 보다시피 1243년에 22장（대장도감 15장, 분사
도감 7장）을, 1244년에 26장（대장도감 16장, 분사도감 10장）을,

1245년에 16장(대장도감), 미상 3장을 합쳐 도합 27 종류의 경전에 걸쳐 67장을 각성하였다. 각성활동 당시에 그가 어떤 관직에 있었는지는 현재 상고할 수 없다.

<표 2-2-13> 宗裕·宗有의 각성활동

番號	經名	卷次	函名	年代	處	張次 및 板刻量		摘要
1	80	20	拱	45	大藏	2,4~9,12~20	16/20	宗有
2	181	4	惟	43	〃	2	1/18	宗裕
		〃	〃	〃	〃	3,6,7,9,10	5/18	宗有
3	589	上	君	43	分司	1~3	3/22	〃
4	648	27	夙	〃	大藏	21~25	5/25	〃
5	649	36	馨	〃	〃	7,8	2/19	〃
6	766	下	思	〃	〃	10	1/23	〃
7	801	4	定	〃	分司	17~19	3/24	〃
8	803	7	籍	〃	〃	17	1/21	〃
9	865	單	竟	〃	大藏	9	1/10	〃
10	890	19	職	44	〃	12,13	2/35	〃
11	896	29	睦	〃	〃	22	1/28	〃
12	923	中	訓	〃	11	36,37	2/41	宗有
13	943	6	子	〃	〃	10	1/18	〃
14	951	2	投	〃	分司	23	1/35	〃
		31	磨	〃	〃	2,3	2/41	
15	952	45	造	·	無	20	1/22	〃
		84	節	44	大藏	6	1/23	〃
16	956	21	逐	〃	〃	5,6	2/26	〃

番號	經名	卷次	函名	年代	處	張次 및 板刻量		摘要
17	957	2	雅	44	大藏	6, 7	2/21	宗有
18	960	4	摩	〃	分司	19, 20	2/36	〃
19	1001	10	驚	〃	大藏	8	1/19	〃
20	1066	甲	星	〃	分司	37, 38	2/38	〃
21	1260	11	輕	〃	〃	10, 11	2/13	〃
23	1406	1	覇	〃	〃	20	1/39	〃
24	1423	9	韓	〃	大藏	12	1/16	〃
25	1466	26	沙	〃	〃	7	1/11	〃
26	1495	10	門	〃	〃	5, 6	2/10	宗裕
27	1505	10	邈	·	無	27, 28	2/36	宗有

(18) 학록 염수장(學錄 廉守藏)—수장(守長 · 守莊 · 守丈)

〈표 2-2-14〉에서 보다시피 1243년에서 1245년에 걸쳐 대장경 각
성활동에 참여한 각성자 수장(守長 · 守莊 · 守丈)은 염수장과 동명이자
의 동일인일 것이다. 염수장에 관해서는 《고려사》에 다음과 같은 기록
이 전한다.

> (고종 15년) 국학박사(國學博士) 김정립(金挺立) · 백양필(白良
> 弼)이 학록 염수장, 직학(直學) 경유(景瑜)를 미워하여 시정(時政)을
> 비방한다고 참소하였다. 최이(崔怡)가 노하여 가구옥(街衢獄)에 가두
> 었다가 수장은 신초도(神草島)에, 경유는 거제(巨濟)에 유배하였다
> (《高麗史》 卷129, 崔忠獻 附 怡傳, 고종 15년).

고종 15년 시정(時政)을 비방한다는 무고를 당해 신초도에 유배당한

학록 염수장이 언제 방환되었는지 알 수 없고 그가 대장경 각성활동 당시에 어떤 지위에 있었는지 알 수 없다. 따라서 이 자료는 그의 대장경 판각활동을 이해하는데 별반 도움을 주지 못한다.

〈표 2-2-14〉에서 보다시피 염수장은 1243년 대장도감에서 k.801《정법념처경(正法念處經)》권18의 제9～11장의 3장과 k.802《불본행집경(佛本行集經)》권48의 제18～21장의 4장, k.1075《속고승전(續高僧傳)》권30 제15장의 1장, k.1081《광홍명집(廣弘明集)》권30 제12장의 1장 등을 합쳐 도합 9장을 판각하였다. 그의 가장 왕성한 판각활동은 이듬해인 1244년에 이루어졌다. 이 해에 그는 16개 경전에 걸쳐 대장도감에서 18장, 분사도감에서 18장을 합쳐 36장을 판각하였다. 그는 1245년에 들어서서 분사도감에서 5장을 판각하였다. 그가 3년 동안 판각한 총수량은 23종류의 경전에 걸쳐 51장이다. 여기에는 무간기의 k.1503《조당집(祖堂集)》권6의 제10장의 1장이 포함된 것이다.

〈표 2-2-14〉 守長 · 守莊 · 守丈의 각성활동

番號	經名	卷次	函名	年代	處	張次 및 板刻量		摘要
1	801	18	篤	43	大藏	9～11	3/25	守長
2	802	48	所	〃	〃	18～21	4/21	
3	889	7	學	44	〃	15	1/44	
		13	優	〃	分司	7, 8	2/30	
4	890	29	從	〃	大藏	33, 34	2/34	
		42	存	〃	〃	29, 30	2/32	
5	896	21	睦	〃	〃	4, 5	2/29	
		59	婦	〃	〃	25, 26	2/28	

番號	經名	卷次	函名	年代	處	張次 및 板刻量		摘要
6	941	6	猶	44	分司	29,30	2/30	
7	951	19	分	〃	〃	27	1/36	
		49	箴	〃	〃	5,6	2/30	
8	956	12	滿	〃	大藏	10,11	2/29	
9	963	5	邑	〃	分司	11,12	2/48	
10	1053	12	肆	〃	〃	26	1/47	
11	1063	16	弁	〃	大藏	15	1/36	
12	1075	30	明	43	分司	15	1/28	
13	1081	30	群	〃	〃	12	1/47	
14	1406	3	覇	44	〃	11,12	2/32	
		31	橫	〃	〃	52,53	2/57	
		63	號	〃	〃	7,9	2/40	
		95	何	〃	〃	3,4	2/24	
15	1423	4	韓	〃	大藏	8	1/21	
16	1469	6	馳	〃	〃	7	1/10	守丈
17	1481	17	禹	〃	〃	6	1/12	守莊
18	1482	17	百	〃	〃	5	1/14	
19	1488	22	云	〃	〃	12	1/12	
20	1496	9	紫	〃	〃	13	1/14	
21	1503	6	曠	·	無	10	1/21	
22	1506	下	杳	45	分司	1	1/27	
23	1513	6	農	〃	〃	58,59	2/65	
		17	務	〃	〃	27,28	2/61	

<표 2-2-15> 之甫 · 之寶(宝)의 각성활동

番號	經名	卷次	函名	年代	處	張次 및 板刻量		摘要
1	1	181	署	38	大藏	7, 9, 10, 12, 15, 19~22	9/26	之甫
		363	露	〃	〃	2, 4, 7, 9, 12, 13>25	12/26	
		436	水	〃	〃	19, 21, 24	3/24	
2	782	單	言	43	〃	13	1/24	之寶
3	1482	17	百	44	〃	4	1/14	之宝

* 표에 나오는 '>'는 홀수로 한 장 건너 띄어 각성된 경판을 표시한 것이다.

(19) 강화 권농별감 신지보(江華 勸農別監 申之甫)─지보[之甫 · 之寶(宝)]

각성자 지보(之甫) · 지보[之寶(宝)]는 고종 19년 최이의 명을 받아 희종을 자연도(紫燕島)에서 맞아온 강화 권농별감 신지보[99] 일 것이다. 그러나 대장경 각성활동 당시 그의 관력은 현재 알 수 없다. 신지보는 대장경 판각이 제일 먼저 이루어졌던 k.1《대반야바라밀다경》의 각성에 참여하였다. 그의 각성활동은 <표 2-2-15>과 같다. 그러나 《대반야바라밀다경》의 경우 권별(卷別) 분담의 방식에 의한 1인 1권의 판각이었다는 점을 고려할 때 동 경전의 권181의 26장과 권363의 26장 모두가 신지보에 의해 이루어졌을 가능성이 높을 것이다.[100] 그리고 동 경전의 경우 1239년과 1240년에 판각한 것의 거의 대부분이 그 전 연도에 판각하지 못한 결본(缺本) 보완의 차원에서 이루어졌던 것으로 생각된다.[101]

---

99) 《高麗史》卷129, 崔忠獻 附 怡傳, 고종 19년.
100) 단 권436의 경우는 之甫와 存長 등 2인의 각수에 의해 각성이 이루어졌던 것으로 파악된다.
101) 金潤坤, 앞의 논문, 1995 및 본서 3부 1장 1절 참조.

그외 지보는 1243년에 k.782《불설내녀지역인연경(佛說㮈女祇域因緣經)》단권 제13장의 1장과 1244년에는 k.1482《대승중관석론(大乘中觀釋論)》권17의 제4장의 1장 등 2장의 경전도 판각하였다.

(20) 군기별감 이자경(軍器別監 李資敬)—자경(子京)

1245년 대장도감에서 k.1121《보리행경(菩提行經)》의 각성에 참여한 자경(子京)은 군기별감을 지낸 이자경과 동명이자의 동일인일 가능성이 있다. 최이가 그의 후실인 대씨〔大氏(大集成의 딸)〕에게 주기 위해 군기별감 이자경으로 하여금 십품은병(十品銀瓶)을 구해 오도록 한 적이 있는데 이자경은 오점(五店)의 공사(公私) 은병(銀瓶)을 빼앗아 이를 채운 적이 있은 것으로 보아[102] 최이의 추종세력으로 볼 수 있다. 대장경의 판각사업이 진행될 당시에 그가 어떤 직책에 있었는지는 알 수 없다. 그러나 그가 1245년에《보리행경》의 권1의 제1, 3장의 2장만을 대장도감에서 판각한 것으로 보아 주로 무인으로서 전장터를 누볐다고 볼 수 있다.

(21) 교위 조보수(校尉 趙甫壽—보수〔寶(宝)守(秀)·甫守·保守〕

〈표 2-2-16〉의 각성자 보수〔寶(宝)守(秀)〕·보수(甫守)·보수(保守)는 고종 30년(1243) 자신의 표형(表兄)인 대장군(大將軍) 송백공(宋白恭)을 최이에게 참소하여 죽게 만든 교위 조보수일 것이다.[103] 그는 그 대가로 최이로부터 낭장(郎將)의 벼슬을 제수받았다.

---

102)《高麗史》卷129, 崔忠獻 附 怡傳, 고종 19년.
103)《高麗史》卷129, 崔忠獻 附 怡傳, 고종 30년.

바로 그 해에 보수〔寶(宝)守(秀)〕·보수(甫守)·보수(保守)의 대장경 각성활동이 시작된다는 점은 우연의 일이 아닐 것이다. 그는 〈표2-2-16〉에서 보다시피 1243년에 35장(대장도감 15장, 분사도감 13장, 무간기 7장)을, 1244년에 66장(대장도감 43장, 분사도감 23장), 1245년에 2장(분사도감), 미상 3장을 합쳐 도합 106장을 3년에 걸쳐 각성하였다.

〈표 2-2-16〉 寶(宝)守(秀)·甫守·保守의 각성활동

番號	經名	卷次	函名	年代	處	張次 및 板刻量		摘要
1	129	下	場	43	大藏	30	1/31	甫守
2	235	上	毁	〃	無	2,4,5,7,10,11,14	7/26	〃
		下	〃	〃	分司	14,15	2/18	
3	587	1	事	〃	大藏	6,7	2/21	〃
4	590	3	日	〃	〃	9,11	2/32	〃
5	648	10	履	〃	分司	10,11	2/33	〃
		43	溫	〃	大藏	21,24	2/30	
6	649	6	似	〃	〃	9,11	2/20	〃
		38	馨	〃	〃	13	1/19	
		49	如	〃	〃	11	1/31	
7	801	8	定	〃	分司	18	1/26	〃
		44	美	〃	大藏	23	1/24	
		57	愼	〃	〃	2,3	2/25	
		70	終	〃	分司	9,12	2/26	〃
8	889	18	優	44	〃	8	1/40	寶守
		31	仕	〃	大藏	19,20	2/38	甫守

番號	經名	卷次	函名	年代	處	張次 及 板刻量		摘要
		3	攝	44	大藏	2	1/34	甫守
9	890	25	從	〃	〃	14,15	2/29	寶秀
		54	以	〃	〃	3,4	2/28	寶守
10	896	50	唱	〃	〃	6	1/32	保守
11	912	單	外	〃	〃	5	1/6	〃
12	923	上	訓	〃	〃	15,16	2/42	寶守
13	924	中	〃	·	無	34,35	2/35	〃
14	937	10	姑	44	大藏	17,18	2/32	〃
15	943	7	子	〃	〃	19,20	2/20	〃
		18	分	〃	分司	11	1/26	甫守
16	951	32	磨	〃	〃	24	1/29	
		46	箴	〃	〃	29	1/36	〃
		8	仁	〃	大藏	6	1/21	〃
		41	造	〃	〃	19	1/324	〃
17	952	81	節	〃	〃	23	1/23	〃
		82	〃	〃	〃	6	1/31	〃
18	955	5	疲	〃	〃	11,12	2/26	〃
19	956	13	滿	〃	〃	23,24	2/31	寶守
		50	意	〃	〃	7,8	2/21	
20	960	1	摩	〃	分司	36	1/49	甫守
21	982	26	盤	〃	大藏	13,14	2/24	寶守
22	1001	7	驚	〃	〃	2	1/18	宝守
23	1050	31	舍	43	分司	27	1/37	甫守
		38	〃	〃	〃	5	1/15	

番號	經名	卷次	函名	年代	處	張次 및 板刻量		摘要
24	1051	10	啓	43	大藏	18	1/20	〃
25	1052	2	甲	〃	分司	7	1/48	〃
26	1053	1	楹	〃	〃	9	1/20	〃
27	1054	5	肆	44	〃	10	1/17	寶守
28	1055	8	筵	〃	〃	11, 12	2/31	〃
		9	〃	〃	〃	7, 8	2/26	
29	1064	上	轉	〃	大藏	5, 6	2/50	〃
30	1075	10	達	43	分司	4	1/32	甫守
		17	承	〃	〃	24	1/44	〃
31	1258	3	富	44	大藏	5	1/12	〃
		20	〃	〃	〃	3	1/12	
		21	〃	〃	〃	3	1/4	寶守
32	1261	1	輕	〃	分司	11	1/11	甫守
33	1406	7	覇	〃	〃	32, 33	2/49	寶守
		27	困	〃	〃	2, 3	2/27	寶守
		42	假	〃	〃	5, 6	2/34	
		53	滅	〃	〃	8, 9	2/33	保守
		62	號	〃	〃	17, 18	2/50	寶守
		86	會	〃	〃	28, 29	2/37	
34	1415	單	約	〃	大藏	1	1/7	甫守
35	1423	8	韓	〃	〃	5	1/16	〃
36	1430	上	起	〃	〃	7	1/14	〃
37	1435	下	煎	·	無	10	1/12	〃
38	1445	單	牧	44	大藏	2	1/6	〃

番號	經名	卷次	函名	年代	處	張次 및 板刻量		摘要
39	1466	8	宣	44	大藏	14	1/17	甫守
40	1482	5	跡	〃	〃	9	1/10	〃
41	1483	12	郡	〃	〃	3	1/12	〃
42	1487	14	恒	〃	〃	4	1/13	〃
		36	禪	〃	〃	9	1/11	
43	1495	2	門	〃	〃	2	1/8	〃
44	1513	19	務	45	分司	39, 40	2/41	宝守

(22) 정언 이선(正言 李僐)—이선(李善)

1245년 대장도감에서 k.1272《대승유가금강성해만수실천비천발대교왕경(大勝瑜伽金剛性海曼殊室千臂千鉢大教王經)》권7의 제9장을 각성한 이선(李善)의 경우 그와 같은 글자의 이름으로서 이의민의 아버지인 이선(李善)[104]과 공민왕 때 금위제조관(禁衛提調官)을 지낸 이선(李善)[105]이 있지만 이들은 결코 동일인은 아니며, 동명이자에 해당하는 정언을 지낸 이선이 동일인일 것이다. 이선은 1244년(고종 31) 정언으로 있으면서 최이가 낭장 신착(郎將 申着)을 안찰사로 삼자 이를 탄핵하다가 연주부사(延州副使)로 폄출된 적이 있었다.[106] 최이의 눈 밖에 나서 외관으로 쫓겨난 그가 이듬해에 대장도감에서 앞의 경전을 판각할 수 있었는가는 의문이지만 그가 곧 강화경으로 소환되었고, 이에 경판 각성에 참여하였다고 볼 수도 있을 것이다. 현재의 자료상 1장

---

104)《高麗史》卷128, 李義旼傳.
105)《高麗史》卷132, 辛旽傳, 공민왕 15년.
106)《高麗史》卷129, 崔忠獻 附 怡傳, 고종 31년.

의 경판 각성에 그치고 있지만 현재 활용하고 있는 자료가 각성자 전체
를 망라한 것이 아닌 이상 단 하나의 경전 각성에 그쳤다고는 볼 수 없
고 여기에 어떤 의미 부여를 할 수도 없을 것이다. 굳이 여기에 의미를
부여하고자 한다면 최이에 의해 곧 강화도로 오게 되자 그 감사의 표시
로 경판 각성에 참여하였지만 자괴감으로 인해 더 이상 각성활동에 참
여하지 않았다고 볼 수 있다. 다음의 자료는 그런 점에서 음미해볼 필
요성이 있다.

> 항〔(崔)沆〕이 중이 되었을 때 보주부사(甫州副使) 조염우(趙廉
> 右)·도강감무(道康監務) 박장원(朴長源)과 감정이 있었는데 용사
> (用事)하게 되자 섬에 귀양을 보냈다. 시어사(侍御史) 이선(李僐)
> 은 평소에 두 사람과 친하게 지냈는데 경상도 안찰사로 고성(固城)에
> 이르러 두 사람을 불러 잔치한 적이 있었다. 이때 현령 권신유(權信
> 由)도 참여하였다. 뒤에 어떤 중이 신유를 항에게 참소하기를 "선이
> 신유와 함께 몰래 염우 등을 불러 난을 모의합니다"고 하자 항이 선
> 등 4명을 강에 던졌다. 시인(時人)이 이를 불쌍하게 여겼다(《高麗
> 史》卷129, 崔忠獻 附 沆傳).

이선이 최항의 집권 후에 권신유와 조염우 등과 난을 도모한다는 참
소를 입어 강에 던져져 생을 마감하였다는 앞의 자료를 통해 이선이 이
미 그전부터 최이—항 부자와 원만한 관계에 있지 못했음을 알 수 있다.
정언으로서 최이의 인사정책에 감히 이의를 제기하다가 외관으로 쫓겨
났었던 그가 최이와의 관계 개선의 의도에서 한때 잠시 동안 대장경 판
각에도 손을 대어보기도 하였을 것이다. 그는 경상도 안찰사, 시어사
등을 역임하였지만 결국 최항에 의해 제거되고 말았다.

(23) **좌창별감 왕중선(左倉別監 王仲宣)—중선(仲宣)·충선(冲宣)**

〈표 2-2-17〉에서 보다시피 1237년에서부터 1240년에 걸쳐 대장도감에서 85장을 각성한 각성자 중선(仲宣), 충선(冲宣)은 아마 왕중선일 것이다.

왕중선에 관해서는《고려사》에 다음과 같은 기록이 전한다.

① 좌창(左倉)에서 진양(晉陽)의 세(稅)를 받아 들였다. 왕이 진양은 이미 이의 식읍이 되었으므로 명을 내려 창별감(倉別監) 왕중선(王仲宣)을 폄출(貶黜)하게 하였다. 유사가 또 청하여 중선 및 창관(倉官)을 논하자 이가 "신이 상명을 어기는 것을 어렵게 여겨 비록 이미 봉함을 받았으나 금년의 세는 청컨대 전례에 의하여 창에 받아들이고 중선 등의 죄를 용서해 주십시오"라고 아뢰었다(《高麗史》卷129, 崔忠獻 附 怡傳, 고종 30년).

② (고종 46년 3월) 금강성(金剛城) 방호별감(防護別監) 왕중선(王仲宣)이 모아 온 주현민 500여 구를 거느리고 승천성(昇天城)에 이르매 쌀 30곡을 방출하여 이를 진휼하였다(《高麗史》卷80, 食貨3, 水旱疫癘賑貸之制, 고종 46년 3월).

〈표 2-2-17〉仲宣 · 冲宣의 각성활동

番號	經名	卷次	函名	年代	處	張次 및 板刻量		摘要
1	2	3	茶	37	大藏	22～29	8/31	
		16	重	〃	〃	9, 10	2/38	
2	3	11	薑	38	〃	27, 28	2/40	
		13	〃	〃	〃	5, 6	2/31	

番號	經名	卷次	函名	年代	處	張次 및 板刻量		摘要
3	22	31	火	39	大藏	2~15, 17, 19, 20	17/20	
		〃	〃	〃	〃	16	1/20	冲宣
		70	官	39	〃	2~8, 10, 11, 13, 15, 17~22, 24, 26, 27	20/27	
		104	制	40	〃	2, 5, 7, 9, 10, 12, 14, 17, 19, 20, 23	11/23	
4	31	下	乃	39	〃	3, 4	2/25	
5	68	單	伐	〃	〃	2~19, 21	19/21	
6	82	上	臣	40	〃	2	1/14	

위의 ①은 1243년 좌창의 별감인 왕중선이 진양의 세공미(稅貢米)를 최이가(家)로 납입하지 않고 좌창으로 수납하였던 일로 인해 폄출된 사실을 전하는 자료이며, ②는 1259년 금강성 방호별감으로 있던 왕중선이 주현민 500여구를 모아 왔다는 자료이다. 자료를 통해 왕중선이 최우정권의 대민수탈에 반대하면서 상대적으로 민들로부터 호응을 받고 있었음을 짐작할 수 있다. 1237년에서부터 1240년에 걸쳐 대장도감에서 85장을 각성한 왕중선이 이후 대장경 각성활동에 참여하지 않은 사실은 대장경 판각이 민에게 가해지는 또 하나의 질곡으로 비추어짐에 따라 손을 빼게 된 것으로도 볼 수 있다. 특히 좌창의 별감인 왕중선이 진양의 세공미를 최이가로 납입하지 않고 좌창으로 수납하였던 고종 30년(1243)은 ‘대장도감’에서 25,480장, ‘분사대장도감’에서 6,095장, ‘미상(未詳)’ 262장을 합쳐 도합 31,837장의 경판이 조성되었던 해로서 그 이듬해인 1244년 다음으로 대장경 판각이 가장 많이 이루어지는 시기였다. 이를 감안할 때 중선의 대장경 각성에의 미참여의 이유는 여기에 있었을 것이다. 또 하나 지적해야 할 것은 ①의 사료는 최이의 세공미가 좌창에 수납되었으며 ‘분사대장도감’에 수납되

지 않았음을 말해 주는 자료로서 '분사대장도감'의 소요경비가 최이 진
양의 식읍에서 마련되지 않았다는 점이다.[107]

(24) 지유 정홍유(指諭 鄭洪裕)—홍유(弘裕·弘有·洪裕·洪有)
〈표 2-2-18〉에서 보다시피 k.2《방광반야바라밀경(放光般若波羅
蜜經)》을 포함한 28 종류의 경전을 각성한 홍유(弘裕·弘有·洪裕·洪
有)는 아마 1249년 최항이 정권을 장악한 직후 좌승선 최환(左承宣 崔
峘)·장군 김안(將軍 金安), 그리고 최이의 시첩(侍妾) 30명 등과 함
께 귀양 당한 지유 정홍유[109]일 것이다.
그는 1237년에 대장도감에서《방광반야바라밀경》권17의 2장을 판
각한 것을 시작으로 하여 1238년에 k.3《마하반야바라밀경》권5의 2
장, 1239년에 k.11《문수사리소설반야바라밀경(文殊師利所說般若
波羅蜜經)》단권(單卷)의 29장[110]과 k.65《대방등대집경보살염불삼
매분(大方等大集經菩薩念佛三昧分)》권9의 1장, 1240년에 k.22
《대보적경(大寶積經)》26장(권49의 6장, 권52의 20장), 1242년에
k.89《점수일체지덕경(漸修一切智德經)》권2의 10장, k.121《설
무구칭경(說無垢稱經)》권3의 12장 등 22장을 각성하였다.
1243~44년에는 대장도감과 분사도감을 오가면서 여러 종류의 경전
을 각성하였는데 그 구체적 내용을 보면, 1243년에 대장도감에서 33
장, 분사도감에서 6장, 1244년에는 대장도감에서 34장, 분사도감에
서 1장, 1247년에 분사도감 2장, 무간기 2장을 각성하였다. 그의 전

---

107) 金潤坤, 앞의 논문, 1996, 58~67쪽 및 본서 1부 2장 1절 참조.
108)《高麗史》卷129, 崔忠獻 附 沆傳.
109)〈표 2-2-18〉에서 보다시피 동 경전의 전체 30장 가운데 제6장은 각성자의
    표시를 현재 확인할 수 없지만 아마 전 30장은 홍유의 각성으로 이루어진 것
    일 것이다.

체 각성량은 대장도감에서 151장을 각성한데 반해 분사도감에서는 8장(무간기 2장 제외)에 불과하다. 그의 두드러진 각성활동은 그가 전문적 각성자였기 때문이라기 보다는 앞에서 살펴본 것처럼 홍유가 최이의 측근세력이었다는 점과 관련시켜 해명하는 것이 보다 바람직스러울 것이다.

〈표 2-2-18〉弘裕 · 弘有 · 洪裕 · 洪有의 각성활동

番號	經名	卷次	函名	年代	處	張次 및 板刻量		摘要
1	2	17	重	37	大藏	21,22	2/38	弘裕
2	3	5	芥	38	〃	30,31	2/39	〃
3	11	單	羽	39	〃	1~5,7~30	29/30	〃
4	22	49	帝	40	〃	2,4,5	3/29	洪裕
		〃	〃	〃	〃	3,6,7	3/29	弘裕
		52	鳥	〃	〃	9~5,17~19,22~24,28,29	14/29	弘裕
		〃	〃	〃	〃	20,21,25~27	5/29	洪裕
		〃	〃	〃	〃	16	1/29	洪有
5	65	9	民	39	〃	2	1/20	弘裕
6	79	20	坐	44	〃	2,4~19	17/20	弘有
		39	問	〃	〃	2~12,14,16	13/22	〃
7	89	2	伏	42	〃	2,3〉17	9/18	弘裕
		〃	〃	〃	〃	6	1/18	洪裕
8	121	3	樹	〃	〃	1,3,4〈12	7/23	弘裕
		〃	〃	〃	〃	14〈18,21,22	5/23	弘有
9	133	2	被	43	〃	17	1/18	〃

番號	經名	卷次	函名	年代	處	張次 및 板刻量		摘要
10	135	上	草	43	大藏	3>35	17/35	弘有
11	586	4	父	〃	〃	5,6,8	3/22	〃
12	590	4	日	〃	〃	13	1/26	〃
13	648	23	夙	〃	〃	17,18	2/28	〃
		36	與	〃	〃	17,18,20	3/29	
14	649	28	斯	〃	〃	2,4	2/25	〃
		49	如	〃	〃	15	1/31	
15	796	單	詞	〃	〃	3	1/9	洪裕
16	801	67	終	43	分司	4	1/25	〃
17	890	2	攝	44	大藏	10	1/25	弘有
18	896	40	夫	〃	〃	23	1/32	〃
19	952	13	慈	〃	〃	11	1/22	〃
20	967	1	西	〃	〃	7,8	2/23	弘裕
21	1050	3	仙	43	分司	11,12	2/22	〃
		27	內	〃	大藏	6	1/21	弘有
		36	舍	〃	〃	5	1/27	洪裕
22	1052	19	對	〃	分司	35	1/41	〃
23	1075	1	左	〃	〃	8	1/31	〃
24	1429	下	起	44	〃	5	1/15	弘有
25	1449	3	用	47	〃	3	1/11	弘裕
		〃	〃	〃	〃	4	1/11	弘有
26	1466	28	沙	·	無	13	1/16	〃
27	1483	6	郡	44	大藏	1	1/10	〃
28	1505	27	巖	·	無	20	1/35	〃

　* 표에 나오는 '⟨'는 짝수로 한장 건너 띄어 나온 경판을 표시한 것이고, '⟩'는 홀수로 한장 건너 띄어 각성된 경판을 표시한 것이다(이하 모든 표 동일).

(25) 장군 김효정(將軍 金孝精)—효정(孝丁·孝貞)

　〈표 2-2-19〉에서 보다시피 1243년에서 1247년에 이르기까지 26종류의 경전에 걸쳐 도합 62장을 각성한 효정(孝丁·孝貞)은 아마도 1251년(고종 38)에 최항에게 죽임을 당한 장군 김효정과 동명이자의 동일인일 것이다.[110] 그가 죽게 된 동기는 최항과 최이의 남동서(男同壻)인 주숙(周肅)과의 대립에서 비롯되었다. 주숙이 최항과 틈이 벌어져 죽임을 당할 때 김효정이 자신을 참소한 줄 알고 죽음에 임하여 "효정이 나와 같이 왕에게 정권을 회복시켜 주고자 모의하였다"고 한 말 때문에 죽임을 당하게 된 것이었다.[111] 이 사건을 가지고 김효정이 왕정복고를 도모했다고 단언할 수 없지만 당시 왕정복고의 움직임이 꿈틀거리고 있었기 때문에 주숙의 말이 먹혀 들어갈 수 있었을 것이다.

　어쨌든 김효정은 1243년에 27장(대장도감 19장, 분사도감 8장), 1244년에 12장(대장도감 8장, 분사도감 4장), 1245년에 11장(대장도감), 1246년에 8장(대장도감), 1247년에 1장(대장도감), 무간기 3장을 합쳐 도합 62장을 5년에 걸쳐 각성하고 있다. 그가 1243년에

---

110) 효정에 대해서는 재임시 일본의 상선이 태풍을 만나 제주근해에서 파선되었을 때 비단과 銀珠 등을 사유했던 것이 탄로되어 유사로부터 처벌요청을 받았던 前제주부사 盧孝貞(《高麗史節要》卷16, 고종 31년 2월)으로 추정되기도 하였다(金潤坤, 〈高麗大藏經의 동아대본과 조성주체에 대한 考察〉 《石堂論叢》24, 1996, 86쪽 및 본서 3부 2장 3절 참조). 여기서는 효정을 노효정 이외에 장군 金孝精으로도 추정해 볼 수 있을 가능성을 제시해 보았다. 이는 현재 강화경판에 나타난 각성자의 인명이 누구를 지칭하는 것인지 정확하게 알 수 없기 때문에 이러한 다양한 가능성의 제시도 나름대로 의미가 있을 것으로 생각한다.

111) 《高麗史》卷129, 崔忠獻 附 沆傳.

가서야 겨우 각성활동에 가담한 것은 아마도 그가 장군을 역임한 것으로 보아 그간 몽고군과의 전쟁에 직접 참여하였거나 전쟁대비의 활동에 투입되었기 때문일 것이다. 전쟁터에서 전쟁의 비참함을 목격하였던 그는 강화경으로 귀경 후에 불력을 통한 대장경의 각성에 그 어느 누구보다도 열성적으로 가담하여 대장경을 각성하게 되었을 것이다.

〈표 2-2-19〉 孝丁 · 孝貞의 각성활동

番號	經名	卷次	函名	年代	處	張次 및 板刻量		摘要
1	570	51	惡	46	大藏	2,4,5,9,12,19,21	7/25	孝丁
		〃	〃	〃	〃	13	1/25	孝貞
2	583	6	是	43	〃	22~24〈28,29	6/29	孝丁
3	588	上	君	〃	分司	29~31	3/31	〃
4	590	10	日	43	大藏	12	1/37	孝丁
5	648	30	夙	〃	〃	26,28	2/30	〃
6	649	46	如	〃	〃	3	1/25	〃
7	791	單	詞	〃	〃	5	1/7	〃
8	798	下	〃	〃	〃	12	1/40	〃
9	802	15	令	〃	〃	5,7	2/21	〃
		51	基	〃	〃	19,20	2/20	
10	839	單	無	〃	〃	5,6	2/6	〃
11	889	15	優	·	無	7,8	2/32	孝貞
12	896	22	睦	44	大藏	19	1/32	孝丁
13	952							

番號	經名	卷次	函名	年代	處	張次 및 板刻量		摘要
14	1047	5	彩	43	分司	5	1/36	孝丁
15	1052	12	帳	〃	〃	2	1/47	〃
16	1071	9	通	45	大藏	3〉7, 10, 11〉17, 20, 22	10/33	〃
		〃	〃	〃	〃	23	1/33	孝貞
17	1075	10	達	43	分司	27, 28	2/32	孝丁
18	1081	12	亦	〃	大藏	17	1/33	〃
		30	群	〃	分司	16	1/47	
19	1272	2	鷄	44	〃	7	1/17	孝貞
		3	〃	〃	〃	2	1/19	
		10	〃	〃	〃	14	1/15	
20	1401	11	感	47	大藏	31	1/34	孝丁?
21	1423	12	弊	44	〃	8	1/15	孝丁
22	1442	單	頗	〃	分司	9, 10	2/16	〃
23	1465	2	精	·	無	23	1/25	孝貞
24	1469	6	馳	44	大藏	3	1/10	孝丁
25	1486	6	幷	〃	〃	8	1/12	〃
26	1487	33	禪	〃	〃	4	1/12	〃

〈표 2-2-20〉松庇 · 松比 · 松卑의 각성활동

番號	經名	卷次	函名	年代	處	張次 및 板刻量		摘要
1	1	536	果	39	大藏	1, 3, 6, 7, 10, 13, 15, 18, 20, 21, 23	11/23	松卑
2	22	59	鳥	40	〃	2~8, 10, 11	9/23	松庇
3	777	4	言	43	〃	18	1/35	〃

番號	經名	卷次	函名	年代	處	張次 및 板刻量		摘要
4	799	5	安	·	無	22	1/33	松比
5	889	25	登	44	大藏	28~31	4/35	〃
		35	仕	〃	〃	15	1/33	
6	890	57	以	〃	〃	36, 38	2/39	〃
7	896	57	婦	〃	〃	26	1/33	〃
8	934	2	奉	〃	〃	17, 18	2/30	〃
		7	〃	〃	〃	10, 11	2/35	
9	941	5	猶	〃	分司	24	1/32	〃
10	943	8	子	〃	大藏	24	1/45	〃
11	951	17	分	〃	分司	5	1/37	〃
12	952	27	隱	〃	大藏	9	1/23	〃
		55	次	〃	〃	20	1/22	松庇
13	953	9	動	〃	〃	19, 20	2/30	松比
14	955	12	守	〃	〃	18, 19	2/23	〃
15	956	20	滿	〃	〃	25, 26	2/30	〃
		51	移	〃	〃	23, 24	2/26	
16	957	18	操	·	無	11, 12	2/22	〃
17	959	4	自	44	大藏	14	1/301	松庇
18	966	12	東	〃	〃	22, 23	2/37	松比
19	1050	17	靈	43	分司	3	1/29	〃
		25	丙	〃	〃	7	1/19	松庇
		49	傍	〃	大藏	18	1/18	松比
20	1051	8	啓	〃	〃	21	1/25	〃
21	1053	12	肆	44	分司	43	1/47	〃

番號	經名	卷次	函名	年代	處	張次 및 板刻量		摘要
22	1075	27	明	43	無	5, 6	2/33	松庇
23	1081	21	聚	〃	分司	9	1/27	松比
24	1406	23	困	44	〃	16, 18, 19	3/33	〃
		54	滅	〃	無	1, 3, 5	3/29	
25	1412	2	約	〃	大藏	3	1/17	〃
26	1503	16	遠	·	無	4	1/17	〃

(26) 장군 박송비(將軍 朴松庇) ― 송비(松庇 · 松比 · 松卑)

〈표 2-2-20〉에서 보다시피 1240년과 1243~1244년 동안에 68장의 경판을 각성한 송비(松庇 · 松比 · 松卑)는 1258년(고종 45)에 유경(柳璥) · 김준(金俊) 등과 함께 최의(崔竩)를 살해하여 위사공신(衛社功臣)이 된 박송비(?~1278, 충렬왕 4)일 것이다.

박송비가 대장경 각성이 처음 시작된 1237년에서 1238년까지 각성활동에 참여한 흔적은 없다. 그가 각성활동에 처음으로 참여한 것은 1239년으로 k.1《대반야바라밀다경》권563의 11장이었고, 1240년(고종 27)에는 k.22《대보적경》권59의 9장을 각성하였다. 그러나 그의 각성활동은 1241~42년의 2년 동안 중단되었다. 이러한 현상은 그 동안 그가 무반으로서 몽고와의 전쟁, 혹은 이를 대비한 군사활동에 직접 참여하였던 것이 아닌가 생각되지만 이를 확인할 길은 없다. 그의 각성활동은 1243년에 다시 이어진다. 이 해에 그는 대장도감에서 3장, 분사도감에서 3장, 미상 2장을 합쳐 8장을 각성하였다. 이듬해에는 대장도감에서 27장, 분사도감에서 6장, 미상 3장을 합쳐 38장을 각성하였다. 그 외 그가 각성한 경판에는 무간기의 4장이 존재한다. 이를 합치면 그는 26종류의 경전에 걸쳐 도합 68장을 각성한 셈이 된다.

(27) 별장 백영정(別將 白永貞)—영정(永貞·永丁)

〈표 2-2-21〉에 나오는 각성자 영정(永貞·永丁)은 1258년(고종 45)에 유경·김준·박송비 등이 최의를 살해하여 최씨정권을 무너뜨릴 때 이에 가담한 별장 백영정[112]일 것이다. 백영정의 각성활동은 대장경 판각이 처음 이루어진 해인 1237년에 나타난다. 이 해에 그는 k.2《방광반야바라밀경(放光般若波羅蜜經)》권5의 34장 가운데 2장, 권8의 31장 가운데 2장 등 총 4장을 대장도감에서 각성하였으며, 이듬해에는 k.1《대반야바라밀다경》권413의 26장 가운데 9장을 각성한 것으로 확인된다. 그러나 동 경전의 각 권이 대체로 1명에 의해 판각되었다는 것을 고려할 때[113] 권413장의 26장 모두를 백영정이 각성하였다고 볼 수 있을 것이다. 이 점은 앞으로 실물을 통해 확인이 되어야 할 문제이다. 강화경판의 첫 판각사업이 시작된 1237년부터에 각성활동에 참여한 백영정은 한동안 각성활동에 참여하지 않다가 1243년에 가서야 다시 각성활동에 참여하여 그해 대장도감에서 24장, 분사도감에서 12장, 그 이듬해 대장도감에서 1장을 각성한 것으로 보아 그의 각성활동은 1243년에 재개되어 k.1482《대승중관석론(大乘中觀釋論)》의 권1 제9장을 해를 넘겨 1244년에 완성하였다고 볼 수 있다. 결국 1238년과 1243년 사이의 공백기와 1244년 1장의 완성 이후 그의 행적은 주로 무반으로서 몽고군과의 전투 및 그 대비책의 일환으로 그 현장에 투입된 탓으로 인해 대장경 각성활동 참여가 불가능하였음을 말해주고 있다. 따라서 〈표 2-2-21〉의 14에 해당하는 무간기 2장의 판각연대도 1243년으로 추정할 수 있을 듯하다. 백영정은 그후 1258년(고종 45)에 지유(指諭)로 있으면서 녹사(錄事) 유종식(柳宗植)·

---

112)《高麗史》卷129, 崔忠獻 附 竩傳.
113) 金潤坤, 앞의 논문, 1995.

이수지(李秀之), 대정(隊正) 최주(崔注), 교위(校尉) 현군수(玄君壽), 문황(文瑝)과 그 아들 광차(光且)·영(英)과 교결(交結)하여 김준을 제거하려 했을 때 이를 고변한 적이 있다.[114] 이때의 녹사 유종식·이수지도 후술하는 바와 같이 각성자로 추정된다.

〈표 2-2-21〉 永貞·永丁의 각성활동

番號	經名	卷次	函名	年代	處	張次 및 板刻量		摘要
1	1	413	生	38	大藏	3~5, 7, 11, 20, 22, 24, 26	9/26	永貞
2	2	5	菜	37	〃	27, 28	2/34	〃
		8	〃	〃	〃	9, 11	2/31	
3	170	上	五	43	〃	2~6, 8~11, 13, 14, 16, 17	13/26	永丁
4	589	下	君	〃	分司	2, 3	2/25	〃
5	648	20	薄	〃	〃	5~7	3/25	〃
		〃	〃	〃	〃	8	1/25	永貞
6	649	1	似	43	大藏	15, 17, 18	3/18	永丁
7	785	單	詞	〃	〃	8	1/10	〃
8	801	53	愼	〃	〃	9~12	4/25	〃
9	843	單	無	〃	〃	9	1/9	〃
10	1050	19	靈	〃	分司	5, 6	2/3	永貞
		27	丙	〃	大藏	8, 9	2/21	永丁
11	1052	10	帳	〃	分司	56, 57	2/63	〃
12	1081	2	典	〃	〃	22	1/27	〃
		28	群	〃	〃	42	1/61	

114)《高麗史》卷130, 金俊傳.

番號	經名	卷次	函名	年代	處	張次 및 板刻量		摘要
13	1482	1	跡	44	大藏	9	1/14	〃
14	1505	26	嚴	·	無	29.32	2/36	〃

〈표 2-2-22〉 文住 · 文柱의 각성활동

番號	經名	卷次	函名	年代	處	張次 및 板刻量		摘要
1	648	49	溫	43	大藏	33.36.37	3/37	文住
		〃	〃	〃	〃	34	1/37	文柱
2	798	下	詞	〃	〃	7.8	2/40	文住
3	801	19	篤	〃	〃	13~16	4/21	〃
4	802	30	榮	〃	〃	9~12	4/21	〃
5	889	18	優	44	分司	37.38	2/40	〃
		33	仕	〃	大藏	9	1/26	
6	890	7	攝	〃	〃	18	1/29	〃
		45	存	〃	〃	3.4	2/31	
		53	以	〃	〃	18.19	2/45	
7	896	17	下	〃	〃	25.26	2/32	〃
		37	夫	〃	〃	29.30	2/32	
		59	婦	〃	〃	19.20	2/28	
8	914	4	受	〃	〃	14.15	2/21	〃
9	945	8	兄	〃	〃	11.12	2/24	〃
10	946	6	弟	〃	〃	17.18	2/22	〃
11	952	24	隱	〃	〃	13	1/24	文柱
		108	廉	〃	〃	9	1/23	文住
12	953	6	心	〃	〃	17.18	2/29	〃

番號	經名	卷次	函名	年代	處	張次 및 板刻量		摘要
13	955	26	眞	44	大藏	21, 22	2/24	文住
14	956	24	逐	〃	〃	5, 6	2/30	〃
		47	意	〃	〃	17, 18	2/23	
15	960	7	摩	〃	分司	17, 18	2/34	〃
16	966	4	夏	45	〃	12, 13	2/29	〃
17	982	27	盤	44	大藏	6, 7	2/25	〃
18	1002	上	驚	〃	〃	16, 17	2/23	〃
19	1050	50	傍	46	分司	9, 13	2/30	〃
20	1051	8	啓	43	大藏	4, 5	2/25	〃
21	1054	1	肆	44	分司	10	1/25	〃
22	1065	10	疑	〃	〃	18	1/27	〃
23	1075	2	左	43	〃	29, 30	2/34	〃
		13	達	〃	〃	25, 26	2/41	
		22	承	〃	〃	31, 32	2/38	
24	1081	19	聚	〃	〃	36, 37	2/39	〃
25	1406	9	趙	44	大藏	39, 40	2/45	〃
		24	困	〃	分司	28, 29	2/31	
		43	途	〃	〃	28, 29	2/29	
		60	號	〃	〃	3, 4	2/40	
		89	盟	〃	〃	13	1/49	
26	1418	6	法	〃	大藏	20, 21	2/21	〃
27	1429	上	起	〃	分司	12, 13	2/19	〃
28	1443	下	牧	〃	大藏	5	1/9	〃
29	1506	下	杏	45	分司	10, 11	2/21	〃

番號	經名	卷次	函名	年代	處	張次 및 板刻量		摘要
30	1513	8	農	〃	〃	39, 40	2/56	〃
		18	務	〃	〃	51	1/68	

〈표 2-2-23〉 守山의 각성활동

番號	經名	卷次	函名	年代	處	張次 및 板刻量		摘要
1	785	上	思	·	無	8	1/22	
2	889	3	學	44	大藏	36	1/50	
		11	優	〃	分司	8, 9	2/27	
		30	登	·	無	31, 32	4/39	
3	890	16	職	44	大藏	21, 22	2/36	
		36	政	〃	〃	31, 32	2/34	
4	896	21	睦	〃	〃	6, 7	2/29	
		43	唱	〃	〃	21, 22	2/36	
5	951	32	磨	〃	分司	1	1/29	
		44	箴	〃	〃	35, 36	2/38	
6	952	16	慈	〃	大藏	23	1/24	
		60	次	〃	〃	23	1/23	
		78	離	〃	〃	10	1/23	
7	953	15	動	〃	〃	14, 15	2/29	
8	955	2	疲	〃	〃	13, 14	2/28	
		28	眞	〃	〃	5, 6	2/22	
9	956	23	逐	〃	〃	4, 5	2/27	
		64	聖	〃	〃	1, 2	2/20	
10	957	18	操	·	無	7, 8	2/22	

番號	經名	卷次	函名	年代	處	張次 및 板刻量		摘要
11	960	3	摩	〃	〃	6	1/51	
12	963	10	華	44	大藏	11, 12	2/38	
13	966	13	東	〃	〃	12	1/32	
14	982	13	殿	〃	〃	14, 15	2/25	
15	1052	14	對	43	分司	41	1/44	
16	1054	2	肆	44	〃	17, 18	2/18	
17	1406	36	假	〃	〃	9, 10	2/44	
		59	號	〃	〃	19, 20	2/28	
		96	何	〃	〃	27	1/29	
18	1465	2	精	·	無	8	1/25	
		3	精	44	分司	22	1/24	
		4	〃	·	無	18	1/24	
19	1466	3	宣	44	大藏	11	1/14	
20	1483	12	郡	〃	〃	8	1/12	
21	1488	24	云	〃	〃	10	1/12	
22	1503	10	曠	·	無	9, 10	2/20	守山?
23	1513	3	農	45	分司	33, 34	2/56	
		18	務	〃	〃	33, 34	2/68	

(28) 지유 조문주(指諭 趙文柱)―문주(文住·文柱)

(29) 지유 오수산(指諭 吳壽山)―수산(守山)

〈표 2-2-22〉에 나오는 각성자 문주(文柱·文住)는 1258년(고종 45)에 유경·김인준·박송비 등이 최의를 살해하여 무인 최씨정권을 무너뜨릴 때 김인준의 명을 받아 지유 오수산과 더불어 야별초지유 한

종궤(夜別抄指諭 韓宗軌)를 잡아 죽인 지유 조문주[115]일 것이다. 이때의 지유 오수산은 〈표 2-2-23〉에 나오는 각성자 수산(守山)일 것이다. 그후 조문주는 임연(林衍)이 정권을 장악한 후 그를 죽이고자 하다가 김문비(金文庇)의 밀고에 의해 도리어 죽임을 당하였다.[116]

〈표 2-2-22〉에서 보다시피 문주의 각성내역을 보면 1243에 24장(대장도감 16, 분사도감 8), 1244년에 52장(대장도감 37, 분사도감 15), 1245년에 7장(분사도감), 1246년에 2장(분사도감)을 각각 각성하여 4년 동안 30종류의 경전에 걸쳐 도합 85장(대장도감 54, 분사도감 32)을 각성하였다.

수산의 각성활동은 〈표 2-2-23〉에서 보다시피 1243년에 1장(분사도감)을, 1244년에 43장(대장도감 30, 분사도감 13장)을, 1245년에 분사도감에서 4장, 무간기의 10장을 합쳐 총 23종류에 걸쳐 58장에 이르고 있다.

이상에서 《고려사》 최충헌 열전(附 최이·항·의)에 실려 있는 인물들을 살펴 보았다. 이제 김준(金俊) 열전에 실려 있는 재조관료들을 중심으로 살펴본다. 한 가지 유념해야 할 것은 강화경판 각성 당시에 이들이 어떤 관력(官歷)을 갖고 있었는지를 전혀 알 수 없다는 점, 심지어는 당시 아직 관직에 나서지도 않았을 수도 있다는 점이다. 그러나 일단 이들을 재조관료의 범주에 넣어 설명하기로 한다. 그리고 이들은 상대적으로 지금까지 살펴본 인물보다도 나이가 어리다는 점이다. 이러한 영향 탓인지 이들의 각성활동이 처음 나타나는 시기는 대개가 1243년 이후의 시점, 즉 분사대장도감이 각성되기 시작한 이후이다.

---

115) 《高麗史》卷129, 崔忠獻 附 珦傳.
116) 《高麗史》卷124, 李貞 附 金文庇傳.

(30) 녹사 이수지(錄事 李秀之)―수지(守知)

(31) 녹사 유종식(錄事 柳宗植)―종식(宗植)

고종 45년(1258) 김준이 정권을 장악한 후 녹사 이수지·유종식, 대정(隊正) 최주(崔注), 교위(校尉) 현군수(玄君壽), 그리고 문황(文瑝)과 그 아들 광차(光且)·영(英)과 교결하여 김준을 제거하려다가 별장(別將) 김인문(金仁問)이 지유(指諭) 백영정(白永貞)을 통해 고변하게 됨에 따라 섬에 유배된 일이 있었다.[117] 이 사건을 고변한 백영정은 앞에서 살펴 본 〈표 2-2-21〉의 각성자 영정(永貞·永丁)이며, 화를 당한 이수지는 〈표 2-2-24〉의 각성자 수지(守知), 유종식은 〈표 2-2-25〉의 각성자 종식(宗植)일 것이다.

수지의 경우 〈표 2-2-24〉에서 보다시피 1243년에 20장(대장도감 12, 분사도감 8), 1244년에 12장(대장도감 10, 분사도감 2), 무간기 2장을 합쳐 도합 20종류의 경전에 걸쳐 34장을 각성하였다.

종식은 〈표 2-2-25〉에서 보다시피 1243년에 38장(대장도감 11, 분사도감 27), 1244년에 32장(대장도감 27, 분사도감 5), 1245년에 4장(분사도감), 1247년에 5장(분사도감), 무간기 11장을 합쳐 42종류의 경진에 걸쳐 90장을 각성하였다.

<표 2-2-24> 守知의 각성활동

番號	經名	卷次	函名	年代	處	張次 및 板刻量		摘要
1	232	單	敢	43	大藏	2, 4	2/4	
2	584	9	競	〃	分司	8, 13~15	4/24	
3	590	5	日	〃	大藏	37, 39	2/39	
4	649	28	斯	〃	〃	10, 11	2/25	

---

117)《高麗史》卷130, 金俊傳.

番號	經名	卷次	函名	年代	處	張次 및 板刻量		摘要
5	649	36	磬	43	大藏	16	1/19	
6	801	34	誠	〃	〃	13,15	2/26	
		65	終	〃	分司	15	1/24	
7	807	上	甚	〃	大藏	7	1/24	
8	890	1	攝	44	〃	15	1/29	
9	946	6	弟	〃	〃	15,16	2/22	
10	951	3	投	·	無	8	1/40	
		31	磨	44	分司	1	1/41	
		43	箴	〃	〃	32	1/42	
11	952	50	造	〃	大藏	21	1/22	
12	955	3	疲	〃	〃	13,14	2/22	
13	956	4	志	〃	〃	16	1/30	
14	966	12	東	〃	〃	4	1/37	
15	1050	45	傍	43	〃	2	1/17	
16	1052	3	甲	〃	分司	34	1/38	
		13	帳	〃	〃	38	1/40	
17	1075	15	達	〃	〃	33	1/50	
18	1257	11	纓	〃	大藏	107	1/130	
19	1466	12	威	·	無	3	1/13	
20	1487	26	岱	44	大藏	5	1/14	
21	1495	9	門	〃	〃	3	1/9	

〈표 2-2-25〉宗植의 각성활동

番號	經名	卷次	函名	年代	處	張次 및 板刻量		摘要
1	142	1	賴	43	大藏	37~39	3/40	

番號	經名	卷次	函名	年代	處	張次 및 板刻量		摘要
2	249	單	毀	43	分司	4~8	5/8	
3	584	1	競	〃	〃	9, 11~16	7/25	
4	586	12	父	〃	大藏	13	1/29	
5	590	9	曰	〃	〃	23	1/35	
6	648	17	薄	〃	分司	26, 27	2/30	
		53	淸	〃	大藏	18	1/18	
7	649	23	斯	〃	〃	18, 19	2/36	
8	784	單	詞	〃	〃	8	1/9	
9	801	4	定	〃	分司	5, 7, 8	3/24	
10	802	10	宜	〃	大藏	7, 8	2/20	
11	806	下	甚	〃	〃	2	1/22	
12	889	9	學	44	〃	12	1/45	
		23	登	〃	〃	32	1/33	
13	890	8	攝	〃	〃	21	1/34	
		42	存	〃	〃	6	1/32	
		60	以	·	無	11	1/34	
14	896	25	睦	44	大藏	11	1/32	
		46	唱	〃	〃	3	1/42	
15	923	中	訓	〃	〃	14	1/41	
16	934	3	奉	〃	〃	3	1/29	
17	937	5	姑	〃	〃	35	1/36	
18	951	10	投	〃	分司	18	1/47	
19	952	21	隱	〃	大藏	23	1/24	
		90	節	〃	〃	6	1/23	

番號	經名	卷次	函名	年代	處	張次 및 板刻量		摘要
20	953	9	動	44	大藏	30	1/30	
21	955	5	疲	〃	〃	6	1/26	
22	956	3	志	〃	〃	10	1/27	
		34	物	〃	〃	2	1/22	
		60	移	〃	〃	17	1/22	
23	957	15	操	〃	〃	2	1/22	
24	958	5	自	〃	〃	5,6	2/26	
25	962	單	都	43	分司	43,44	2/50	
26	966	7	夏	44	大藏	23,24	2/36	
27	968	1	二	〃	分司	19,20	2/22	
28	982	17	殿	〃	大藏	18	1/25	
29	989	下	觀	〃	〃	4	1/41	
30	1050	1	仙	43	分司	14,15	2/27	
		31	舍	〃	〃	22,23	2/37	
31	1052	2	甲	〃	〃	45	1/48	
32	1055	13	設	44	〃	26	1/31	
33	1065	12	星	〃	〃	26	1/35	
34	1081	4	典	43	〃	10,11	2/27	
		21	聚	〃	〃	23	1/27	
35	1406	10	趙	·	無	5	1/52	
		93	盟	44	分司	18	1/31	
36	1412	1	約	43	大藏	18	1/18	
37	1423	22	煩	44	〃	6,12	2/16	
38	1466	10	宣	〃	〃	15	1/15	

番號	經名	卷次	函名	年代	處	張次 및 板刻量		摘要
		28	富	47	分司	2,8	2/29	
39	1499	37	車	〃	〃	4,6	2/19	
		38	〃	〃	〃	3	1/22	
40	1503	14	遠	·	無	9,10	2/20	
41	1504	目	綿	〃	〃	3~6,47~49	7/53	
42	1513	6	農	45	分司	52,53	2/65	
		15	務	〃	〃	23,24	2/58	

（32） 내시 권인기（內侍 權仁紀）—인기（仁基）

〈표 2-2-26〉의 각성자 인기（仁基）는 원종 9년 용산별감（龍山別監）에 올랐던 내시 권인기와 동명이자의 동일 인물일 것이다. 인기는 1243년에 42장（대장도감 35, 분사도감 7）, 1244년에 42장（대장도감 26, 분사도감 16）, 1245년에 8장（대장도감）, 1248년에 4장（분사도감）, 무간기 5장을 합쳐 35종류의 경전에 걸쳐 도합 101장을 각성하였다.

〈표 2-2-26〉 仁基의 각성활동

番號	經名	卷次	函名	年代	處	張次 및 板刻量		摘要
1	80	77	首	45	大藏	3~10	8/26	
2	131	2	化	43	〃	15~17	3/17	
3	162	下	髮	〃	〃	1~5,7~9,11~14,16~21	18/21	
4	648	28	夙	〃	〃	19	1/22	
		39	興	〃	〃	17~20	4/25	
5	649	47	如	〃	〃	20	1/28	
6	779	單	言	〃	〃	4	1/4	

番號	經名	卷次	函名	年代	處	張次 및 板刻量		摘要
		22	初	43	分司	3, 4	2/20	
7	801	41	美	44	大藏	21, 22	2/25	
		52	愼	43	〃	21~24	4/24	
8	802	41	所	〃	〃	19, 20	2/20	
9	804	下	籍	〃	分司	9~11	3/17	
10	889	13	優	44	〃	29, 30	2/30	
11	890	3	攝	〃	大藏	33, 34	2/34	
12	896	18	下	〃	〃	23, 24	2/32	
		56	婦	〃	〃	24, 25	2/33	
13	909	單	外	〃	〃	32, 33	2/33	
14	922	上	訓	〃	〃	26, 27	2/39	
15	941	1	猶	〃	分司	2	1/30	
16	951	35	磨	〃	〃	13, 14	2/44	
		43	造	〃	大藏	16	1/24	
17	952	109	廉	〃	〃	19	1/24	
18	956	5	志	〃	〃	8, 9	2/27	
		44	意	〃	〃	16, 17	2/25	
19	960	8	都	〃	分司	40	1/49	
20	966	11	東	〃	大藏	38, 39	2/41	
21	968	12	二	〃	分司	3, 4	2/24	
22	982	18	殿	·	無	11, 12	2/20	
23	1048	上	採	43	分司	29	1/60	
24	1051	8	啓	〃	大藏	10, 11	2/25	
25	1055	13	設	44	分司	18, 19	2/31	

番號	經名	卷次	函名	年代	處	張次 및 板刻量		摘要
26	1056	3	設	44	分司	12	1/38	
27	1063	22	轉	〃	大藏	10, 11	2/53	
28	1081	5	典	43	分司	19	1/25	
29	1406	4	覇	44	〃	28, 29	2/37	
		25	困	44	〃	17, 18	2/32	
		48	途	〃	〃	4	1/23	
30	1466	19	威	〃	大藏	7	1/13	
31	1475	10	譽	〃	〃	4, 5	2/11	
32	1486	17	嶽	〃	〃	2	1/10	
33	1499	74	策	48	分司	3, 4, 6, 8	4/14	
34	1504	7	綿	·	無	43, 44	2/55	
35	1505	29	巖	〃	〃	30	1/32	

〈표 2-2-27〉成柱 · 成主의 각성활동

番號	經名	卷次	函名	年代	處	張次 및 板刻量		摘要
1	80	13	拱	45	大藏	14~19	6/19	
		49	愛	·	無	1~11	11/11	
		60	育	46	大藏	12, 13	2/25	
		77	首	45	〃	19, 20	2/26	
2	168	上	五	43	〃	1, 2, 5, 7, 8, 11, 12, 14, 17, 19, 20, 22, 23	13/25	
3	527	上	賢	41	〃	22	1/26	
4	597	上	當	42	〃	6, 13, 16, 22, 24, 27	6/30	
5	648	26	夙	43	〃	1~4	4/29	
6	649	31	馨	43	〃	2	1/23	

番號	經名	卷次	函名	年代	處	張次 및 板刻量		摘要
6	649	44	如	43	大藏	15, 16	2/18	
7	801	13	篤	〃	〃	5~8	4/32	
8	802	27	榮	〃	〃	17, 19	2/20	
9	889	6	學	44	〃	36	1/44	
10	890	19	職	〃	〃	20, 21	2/35	
		44	存	〃	〃	17, 18	2/30	
11	896	27	睦	〃	〃	11, 12	2/32	
12	923	下	訓	〃	〃	13	1/36	
13	934	7	奉	〃	〃	18, 19	2/35	
14	946	5	弟	·	無	5, 6	2/20	
15	951	13	分	44	分司	5, 6	2/37	
		46	箴	〃	〃	3, 4	2/36	
16	952	19	慈	〃	大藏	2	1/24	
		94	義	〃	〃	22	1/23	
17	955	2	疲	〃	〃	2	1/28	
		16	守	〃	〃	2	1/22	
18	956	51	移	〃	〃	19, 20	2/26	
19	957	9	雅	〃	〃	10, 11	2/21	
20	960	6	摩	〃	分司	4, 5	2/39	
21	966	2	夏	〃	大藏	31, 32	2/38	
22	968	6	二	〃	分司	12, 13	2/25	
23	988	下	觀	〃	大藏	3, 4	2/24	
24	1053	3	楹	43	分司	19~21	3/21	
		10	楹	〃	〃	9, 30	2/34	成主

番號	經名	卷次	函名	年代	處	張次 및 板刻量		摘要
24	1053	13	肆	44	分司	11,12	2/24	
25	1063	23	轉	·	無	22,23	2/45	
26	1075	17	承	43	分司	31	1/44	
27	1081	19	聚	〃	〃	4	1/39	
28	1257	6	振	·	無	13	1/110	
		9	纓	43	大藏	12,13	2/127	
		12	〃	〃	〃	100,101	2/115	
		17	世	〃	〃	40	1/95	
		21	祿	〃	〃	21,22	2/124	
29	1406	1	覇	44	分司	16,17	2/39	
		21	魏	〃	〃	10,11	2/45	
		38	假	〃	〃	34,35	2/37	
		61	號	〃	〃	18,19	2/27	
		91	盟	〃	大藏	20,21	2/41	
30	1488	4	主	〃	〃	3	1/17	
31	1499	3	祿	46	分司	2~7,9~12,14~17	14/17	
		14	侈	·	無	3~14	12/16	

(33) 고이별감 문성주(高耳別監 文成柱)—성주(成柱 · 成主)

〈표 2-2-27〉의 성주(成柱 · 成主)는 1267년(원종 8) 김준의 가신(家臣)으로서 그 세력에 의탁하여 백성들을 약탈한 고이별감 문성주일 것이다.[118]

---

118) 《高麗史》卷130, 金俊傳, 원종 8년. 충숙왕 14년에 왕이 원에 있을 때 시종한 공으로 인해 이등공신에 책정된 文成柱(《高麗史》卷35, 충숙왕 14년 11월 무자)는 동명이인일 것으로 추정된다.

　문성주는 김준의 전라도 농장의 관리를 도맡아 보면서 많은 원성을 샀으며, 결국 김준이 제거되었을 때 죽임을 당하였다.[119] 그러나 그가 대장경의 판각 시기에 어떤 관직을 역임하였는지는 알 수 없다. 성주는 1241년에 1장(대장도감), 1242년에 6장(대장도감), 1243년에 40장(대장도감 33, 분사도감 7), 1244년에 43장(대장도감 25, 분사도감 18), 1245년에 8장(대장도감), 1246년에 16장(대장도감 2, 분사도감 14), 무간기 28장을 합쳐 31종류의 경전에 걸쳐 142장을 각성하였다.

　(34) 장군 최공의(將軍 崔公義)—공의(工衣)

　대장도감에서 1247년에 k.1272《대승유가금강성해만수실리천비천발대교왕경(大勝瑜伽金剛性海曼殊室利千臂千鉢大敎王經)》의 권7의 27장 중 제19장을 각성한 공의(工衣)는 아마 김준이 제거당할 때 섬으로 유배된 장군 최공의[120]일 것이다. 그는 단지 1장의 경판만을 각성한 것으로 현재 확인될 뿐이다.

　(35) 지유 갈남보(指諭 葛南寶)—남보도(南宝刀)·남보(南寶·南保·南甫)

　〈표 2-2-28〉의 남보(南宝·南寶·南保·南甫)는 김준이 제거당할 때 김준의 당(黨)으로서 죽임을 당한 지유 갈남보[121]일 것이다. 그는 1243년에 10장(대장도감 5, 분사도감 5), 1244년에 39장(대장도감 31, 분사도감 8), 1246년에 2장(대장도감), 무간기 8장을 합쳐 35종류의 경전에 걸쳐 59장을 각성하였다.

---

119)《高麗史》卷130, 金俊傳. 원종 9년.
120)《高麗史》卷130, 金俊傳.
121) 위와 같음.

〈표 2-2-28〉南宝·南寶·南保·南甫의 각성활동

番號	經名	卷次	函名	年代	處	張次 및 板刻量		摘要
1	766	上	思	43	大藏	25	1/25	南寶
2	801	10	定	〃	分司	10	1/26	南寶刀
3	889	36	仕	44	大藏	20	1/32	南寶
4	890	5	攝	·	無	5	1/55	南甫
		21	從	44	大藏	17	1/45	
		31	政	〃	〃	31	1/33	
		61	以	〃	〃	18	1/76	南保
5	896	3	和	〃	〃	20	1/23	南寶
		22	睦	〃	〃	21,22	2/32	
		44	唱	〃	〃	24	1/38	南甫
6	908	單	外	〃	〃	40,41	2/43	〃
7	937	4	姑	〃	〃	2	1/33	南寶
8	941	1	猶	〃	分司	27,28	2/30	〃
9	943	4	子	〃	大藏	14	1/22	〃
10	951	47	箴	〃	分司	1	1/30	〃
11	952	32	惻	〃	大藏	2	1/26	南甫
		60	弗	〃	〃	10	1/24	
		93	義	〃	〃	22	1/23	南寶
12	953	13	動	〃	〃	22	1/37	〃
13	955	1	疲	·	無	5,6	2/25	〃
14	956	1	志	44	大藏	8,9	2/33	〃
		27	逐	〃	〃	12,13	2/25	
		57	侈	〃	〃	2	1/24	

番號	經名	卷次	函名	年代	處	張次 및 板刻量		摘要
15	957	26	好	·	無	12, 13	2/23	南寶
		33	爵	43	大藏	4	1/25	
16	960	8	都	44	分司	8	1/49	〃
17	966	2	夏	〃	〃	38	1/38	〃
18	967	5	西	〃	大藏	9, 10	2/18	南宝
19	987	2	觀	〃	〃	9	1/13	南甫
20	988	下	〃	〃	〃	22	1/24	南寶
21	1050	8	仙	43	分司	31	1/31	〃
		23	西	〃	大藏	32	1/33	
22	1051	8	啓	〃	〃	19	1/25	〃
23	1053	9	楹	〃	分司	38	1/38	〃
		15	肆	44	〃	6	1/32	〃
24	1058	8	瑟	46	大藏	14, 25	2/39	南甫
25	1075	8	左	43	分司	30	1/39	南宝
		26	明	〃	〃	38	1/47	
26	1257	25	侈	〃	大藏	76	1/165	〃
28	1406	21	巍	44	分司	45	1/45	南甫
		42	假	〃	〃	24	1/34	南保
		68	踐	〃	〃	35	1/36	南寶
28	1466	4	宣	〃	大藏	12	1/13	南宝
		8	〃	〃	〃	2, 4, 5	3/17	南寶
29	1483	10	郡	〃	〃	2	1/13	〃
30	1488	14	云	〃	〃	13	1/13	〃
31	1496	9	紫	〃	〃	8	1/14	〃

番號	經名	卷次	函名	年代	處	張次 및 板刻量		摘要
32	1503	16	遠	·	無	17	1/17	南寶
33	1513	14	移	·	無	43, 44	2/58	南宝

(36) 장군 손원경(將軍 孫元慶)—원경(元景 · 元卿)

〈표 2-2-29〉의 원경(元景 · 元卿)은 김준이 제거당한 후 자문(自刎)하여 죽은 장군 손원경과 동음이자의 동일인일 것이다. 주로 김준과 관련된 인물들이 1243년부터 대장경 각성활동에 참여한 것과는 달리 원경은 대장경 판각이 처음 이루어진 1237년에 대장도감에서 k.2 《방광반야비리밀경》 4징을 각성한 이래 1238년에 15장, 1239년에 65장, 1240년에 17장, 1241년에 29장, 1242년에 30장을 모두 대장도감에서, 1243년에 78장(대장도감 63, 분사도감 15), 1244년 59장(대장도감 56, 분사도감 3), 1245년 11장(대장도감), 무간기 9장을 각성하여 총 48종류의 경전에 317장의 경판을 판각하였다. 원경의 각성활동의 두드러진 특징은 첫째, 1237년에서 1245년 동안 단한 해도 거르지 않고 9년간 대장경 각성에 참여했다는 점, 둘째로 이에 연유한 결과이겠지만 재조관료들 가운데서 그가 가장 많은 판각량을 산출했다는 점이다.

〈표 2-2-29〉 元景 · 元卿의 각성활동

番號	經名	卷次	函名	年代	處	張次 및 板刻量		摘要
1	2	7	采	37	大藏	37, 38	2/39	
		9	〃	〃	〃	22, 23	2/33	
2	3	7	芥	38	〃	7~10	4/42	元景

番號	經名	卷次	函名	年代	處	張次 및 板刻量		摘要
2	3	12	薑	38	大藏	18,19	2/29	
		26	海	〃	〃	4,5	2/38	
3	6	9	淡	〃	〃	15,16	2/26	
4	8	2	潛	〃	〃	7,8	2/31	
5	9	3	〃	39	〃	3,4	2/22	
6	22	19	龍	〃	〃	2~24	23/24	
		50	帝	40	〃	7~23	17/23	
7	25	下	字	38	〃	3,4	2/36	
8	35	單	服	〃	〃	2	1/24	
9	58	1	唐	39	〃	2~21	20/21	
10	66	1	伐	〃	〃	2~21	20/21	
11	76	上	發	41	〃	2~30	29/31	
12	79	11	湯	44	〃	2~21	20/21	
		44	問	〃	〃	2~21	20/21	
13	107	上	率	42	〃	2~31	30/31	
14	140	中	賴	43	〃	2~23	22/23	
15	144	1	及	〃	〃	23,24	2/24	
16	179	下	恭	〃	〃	27~42	16/42	
17	586	4	父	〃	〃	17~20	4/22	
18	590	7	日	〃	〃	13,14	2/30	
19	648	16	簿	〃	分司	17~20	4/33	
20	649	10	似	〃	大藏	5~8	4/16	
21	798	中	詞	〃	〃	26	1/42	
22	799	3	安	〃	分司	23,24	2/32	

番號	經名	卷次	函名	年代	處	張次 및 板刻量		摘要
23	801	47	美	43	大藏	13～16	4/25	
24	802	52	基	〃	〃	13～16	4/18	
25	889	9	學	44	〃	5,6	2/45	
26	896	5	和	〃	〃	9,10	2/30	
27	946	6	弟	〃	〃	13	1/22	
28	953	21	神	〃	〃	36	1/36	
29	1050	24	丙	43	分司	28,29	2/35	
30	1052	5	申	〃	大藏	6,7	2/37	
		20	對	〃	分司	26,27	2/43	
31	1066	丁	星	44	〃	45	1/45	
32	1075	19	承	43	〃	7,8	2/38	
33	1081	8	典	〃	〃	9,10	2/38	
		23	聚	〃	〃	44	1/44	
34	1257	16	世	〃	大藏	5,6	2/128	
35	1262	24	茂	45	〃	2～10	9/18	
36	1272	7	鷄	〃	〃	13,14	2/27	
37	1418	2	法	44	〃	16	1/19	
38	1423	4	韓	〃	〃	17,18	2/20	
39	1435	下	煎	・	無	11	1/12	
40	1450	下	用	44	大藏	2	1/9	
41	1465	2	精	・	無	15,16	2/25	
42	1476	3	丹	44	大藏	4,5	2/13	
43	1482	6	跡	〃	〃	9	1/11	
44	1484	2	秦	〃	〃	4,5	2/9	

番號	經名	卷次	函名	年代	處	張次 및 板刻量		摘要
45	1487	37	禪	44	大藏	4, 5	2/11	
46	1493	1	雁	〃	〃	3	1/5	
47	1501	下	庭	·	無	47, 48, 52	3/62	
48	1505	1	邈	〃	〃	20~22	3/33	

이상에서 김준 열전에 나오는 재조관료들의 각성활동을 살펴보았다.

다음으로《고려사》권102, 이순목전(李淳牧傳)에 부전된 이수(李需)와 김구전(金坵傳)의 김구에 관해 살펴보기로 한다.

(37) 이수(李需) — 이수(李秀·李琇·李守)
〈표 2-2-30〉의 이수(李秀·李琇·李守)는 주필(走筆)로 이름을 떨친 이수[122]와 동음이자의 동일인일 것이다. 그에 관해서는《고려사》열전에 다음과 같은 기록이 전한다.

수〔(李)需〕의 자는 낙운(樂雲)이요, 처음 이름은 종주(宗胄)이다. 그러나 그 향관(鄕貫)은 미상이다. 등제(登第)하여 최이의 사랑하는 바가 되어 좌우를 떠나지 않았다. 농담과 익살을 잘하였으므로 대간제고(臺諫制誥)의 벼슬을 얻지 못하였다. 벼슬이 상서예부시랑(尙書禮部侍郎)에 이르렀다. [123]

그는 최이의 측근 세력이었지만 1243년에 가서야 대장경 판각에 종

---

122)《高麗史》卷102, 李淳牧傳.
123)《高麗史》卷102, 李淳牧 附 李需傳.

사하기 시작하였다. 1243년에 2장(대장도감), 1244년에 26장(대장도감 18, 분사도감 8)을, 이듬해인 1245년에 4장(대장도감 3, 분사도감 1)을 각성하였다. 무간기 3장을 합치면 그가 각성한 경전은 3년 동안에 걸쳐 35장에 불과하다. 이것은 대장경 판각사업에의 종사가 최이의 측근 세력이라고 해서 반드시 대장경 각성의 초기 때부터 시작되는 것은 아니며, 또 판각량이 많은 것도 아니라는 것을 반영하는 것이다.

〈표 2-2-30〉 李秀·李琇·李守의 각성활동

番號	經名	卷次	函名	年代	處	張次 및 板刻量		摘要
1	80	30	平	45	大藏	1,2	2/17	
2	833	單	無	43	〃	1	1/7	李守
3	890	30	從	44	〃	17	1/32	
4	922	上	訓	〃	〃	39	1/39	李琇
5	924	中	訓	·	無	4,5	2/35	
6	934	7	奉	44	大藏	24,25	2/35	
7	941	1	猶	〃	分司	13,14	2/30	李琇
8	951	7	投	·	無	26	1/27	
8	951	50	咸	44	分司	1	1/15	
9	952	80	離	〃	大藏	22	1/23	李守
10	955	3	疲	〃	〃	21,22	2/22	
10	955	21	眞	〃	〃	21,22	2/22	
11	956	12	滿	〃	〃	24,25	2/29	李琇
11	956	46	意	〃	〃	17,18	2/22	
12	957	19	操	〃	〃	7	1/20	李琇
13	960	5	摩	〃	分司	8,9	2/39	李秀(守)
14	966	4	顯	45	分司	1	1/29	

番號	經名	卷次	函名	年代	處	張次 및 板刻量		摘要
14	966	10	東	44	大藏	24	1/37	
15	982	13	殿	〃	〃	24,25	2/25	
16	1063	16	弁	〃	〃	17,18	2/36	
17	1406	56	滅	〃	分司	13	1/34	
		83	會	〃	〃	5	1/23	
18	1408	2	遵	43	大藏	12	1/18	
19	1428	下	起	44	分司	16	1/17	

(38) 김구(金坵)―김구수(金頵手), 김구(金求)

〈표 2-2-31〉의 김구(金求·金頵)는 아마도 김구(희종 7, 1211~
충렬왕 4, 1278)일 것이다. 김구는 〈선경전행대장경도량음찬시(宣慶
殿行大藏經道場音讚詩)〉에서 '한 장경이 오로지 백만 군사보다 나아
서 시랑(豺狼), 즉 몽고군을 휩쓸어 버릴 것'이라고 여겼다.[124] 평상
시 이영(李穎)과 더불어 승(僧) 조영(祖英)의 방장(方丈)에 놀았
던[125] 그는 대장경의 각성이 몽고를 격퇴하는 수단으로서 시의적절한
조처였다고 생각하였고, 이에 따라 대장경 각성활동에 직접 참여하
였다.

김구는 대장도감에서 1237년에 k.2《방광반야바라밀경》11장,
1238년에 k.3《마하반야바라밀경》32장·k.27《아촉불국경(阿
閦佛國經)》2장·k.43《문수사리소설불사의불경계경(文殊師利所說
不思議佛境界經)》16장, k.44《불설여환삼매경(佛說如幻三昧經)》

---

124) 金坵, 〈宣慶殿行大藏經道場音讚詩〉《東文選》卷14.
125)《高麗史》卷106, 李穎傳.

〈표 2-2-31〉 金頵·金求의 각성활동

番號	經名	卷次	函名	年代	處	張次 및 板刻量		摘要
1	2	9	荣	37	大藏	7,8	2/33	
		12	重	〃	〃	16,17,26~28	5/29	
		14	〃	〃	〃	26,27	2/33	
		18	〃	〃	〃	29,30	2/34	
2	3	3	芥	38	〃	2,3,6~11,14,15	10/29	
		14	薑	〃	〃	2,3	2/33	
		16	〃	〃	〃	2~5,14~27,29	19/29	金頵手,金求
		23	海	〃	〃	2	1/38	
3	4	6	威	39	〃	7,8	2/37	
4	7	2	鱗	〃	〃	2~4	3/21	
5	9	3	潛	〃	〃	5	1/22	
6	22	93	始	40	〃	2	1/19	
7	27	上	乃	38	〃	29,30	2/30	
8	43	下	衣	〃	〃	1~8,10~15,17,18	16/18	金求
9	44	下	〃	〃	〃	29,30	2/41	
10	45	下	〃	39	〃	7,8	2/26	
11	46	單	〃	38	〃	2	1/6	
12	52	單	裳	39	〃	2~22	21/22	

2장·k.46《불설태자쇄호경(佛說太子刷護經)》1장을 합쳐 53장을, 1239년에 k.4《광찬경(光讚經)》2장·k.7《도행반야바라밀경(道行般若波羅蜜經)》3장·k.9《대명도경(大明度經)》1장, k.45《성선주의천자소문경(聖善住意天子所問經)》2장, k.52《불설유일마니보경(佛說遺日摩尼寶經)》21장을 합쳐 29장을, 1240년에 k.22

《대보적경(大寶積經)》1장 등 총 12종류의 경전에 94장의 경판을 각성하였다. 그는 1240년에 《대보적경》1장(권93의 제2장)의 각성을 마지막으로 대장경의 각성에 더 이상 참여하지 않았는데, 김구에 관해서 다음과 같은 흥미로운 기사가 보인다.

　　최항이 《원각경(圓覺經)》을 새기고 구(坵)로 하여금 발문을 지으라고 하였다. 김구가 시를 지어

　　벌이 노래하고 나비가 춤추어 백화가 새로우니
　　이 모두가 화장(華藏) 속의 진보(眞寶)로다.
　　종일토록 추추(啾啾)하게 원각경을 설하여도
　　입을 다물고 남은 봄을 지내는 것만 같지 못하도다.

라고 하였다. 항이 노하여 "나보고 입을 다물고 있으란 말이냐"라고 하고 드디어 좌천시켰다(《高麗史》卷106, 金坵傳).

이때는 고종 34년(1247)에 김구가 국학직강(國學直講)으로 있을 당시였다.[126] 《원각경(圓覺經)》은 《대방광원각수다라요의경(大方廣圓覺須多羅了意經)》의 약칭으로서 강화경판에 k.400으로 들어 있다. k.400 《대방광원각수다라료의경》은 1241년(고종 28)에 조판되었음을 간기에서 알 수 있다. 따라서 이 경판의 조성이 이루어지고 6년 뒤에 최항이 김구에게 발문을 짓도록 명한 것임을 알 수 있다.

　　최항은 이 《원각경》을 전국에 보급하여 그 자신의 정치적 야욕을 채우려고 했던 것 같다. 이것은 다음의 자료에 잘 드러난다.

---

126) 《止浦集》卷3, 附 年譜 7年(고종 34년) 丁未(公 37세).

아, 세상이 저하되어 풍속이 야박하자, 공경(公卿) 재보(宰輔)가 된 이들은 순수한 인의예악(仁義禮樂)만으로는 민속을 교화시킬 수가 없어서, 반드시 불법을 참용하여 사심을 끊게 되므로, 그 고택(膏澤)이 나라를 진정(鎭定)하고 성벽을 튼튼하게 한데에서 나게 되니, 이것은 또한 집정자가 사용하는 하나의 기책(奇策)인 것이다(李奎報,〈大安寺同前〉《東國李相國集》卷25).

불법을 통한 교화의 한 수단으로《원각경》을 간행하고자 하였던 최항의 기책을 김구는 달가위하지 않고 함구하고 있을 것을 바라고 있나. 이것은 무인 최씨정권이 당시 민심으로부터 유리되어 있었기 때문에 자중하여 더 이상 인심을 잃지 않도록 하기 위한 것인 듯하다.[127] 특히 김구는 당시 신진기예한 문인으로서 훗날 왕정복고시대의 험난한 정국을 보좌해 간 인물이었다[128] 는 점에서 1247년의 최항에 대한 비판적 행동에서 이미 왕정복고의 기운이 꿈틀거리고 있음을 엿볼 수 있다.

(39) 임유무(林惟茂)—유무(惟茂)

〈표 2-2-32〉의 유무(惟茂)는 권신(權臣) 임연(林衍)의 아들로서 1270년 임연이 죽자 그를 대신하여 정권을 장악하였다가 제거된 임유무일 것이다. 그는 1243년에 2장(대장도감 1, 분사도감 1), 1244년에 24장(대장도감 19, 분사도감 5), 1245년 5장(분사도감), 1248년에 1장(분사도감), 무간기 7장을 합하여 21종류의 경전에 걸쳐 39

---

127) 金潤坤,〈高麗國 分司大藏都監과 布施階層〉《民族文化論叢》16, 1995.
128) 許興植,〈眞靜國師의 生涯와 時代認識〉《東方學志》35, 1983 ;《高麗佛教史研究》, 一潮閣, 1986, 872쪽.

장을 각성하였다.

<표 2-2-32〉 惟茂의 각성활동

番號	經名	卷次	函名	年代	處	張次 및 板刻量		摘要
1	764	單	思	43	大藏	8	1/38	
2	889	32	仕	44	〃	33	1/34	
3	890	40	政	·	無	17, 18	2/34	
		58	以	44	大藏	21	1/48	
4	896	6	和	·	無	2	1/21	
		37	夫	44	大藏	11, 12	2/32	
		42	唱	〃	〃	25, 26	1/34	
5	910	單	外	〃	〃	28	1/30	
6	946	5	弟	·	無	11, 12	2/20	
7	951	34	磨	44	分司	9	1/29	
8	955	25	眞	〃	大藏	22, 23	2/23	
9	956	20	滿	〃	〃	17, 18	2/30	
		62	聖	〃	〃	19, 20	2/20	
10	957	2	雅	〃	〃	16, 17	2/21	
11	959	3	自	〃	〃	5	1/26	
12	963	2	邑	〃	分司	19	1/37	
13	966	14	東	〃	大藏	39	1/40	
14	989	上	觀	〃	〃	16, 17	2/41	
15	1052	9	帳	43	分司	38	1/40	
16	1063	23	轉	·	無	14, 15	2/45	
17	1065	1	疑	44	分司	7, 8	2/30	

番號	經名	卷次	函名	年代	處	張次 및 板刻量		摘要
18	1406	11	趙	〃	〃	8	1/26	
19	1499	51	肥	48	〃	14	1/17	
20	1506	2上	杳	45	〃	20	1/21	
21	1513	4	農	〃	〃	67,68	2/72	
		13	務	〃	〃	41,42	2/46	

　　이상으로 강화경판이 만들어질 당시 활약하였던 재조관료들 가운데서 각성활동에 참여하였으리라고 추정되는 40여 명에 관해 살펴보았다. 이들은 각성활동에 참여한 숱한 재조관료들의 한 편린에 불과할 것이다. 재조관료들은 경판 각성을 위한 '재보시(財布施)'와 '신보시(身布施)'의 주축이었지만 일부는 경판에 자신의 이름을 새기기보다 자신의 가족 및 친족, 혹은 주변의 인물을 각성자로 남기기도 하고, 일부는 경판에 이름을 남기는 그 자체를 '매명(賣名)' 행위로 여기고 이를 기피하기도 했을 것이다. 그리고 당시의 대장경 조성작업을 위한 경비 염출은 최이가 '금일봉'을 내놓음으로써 전국민적 성금을 유도하는 분위기였을 것이다. 이러한 분위기에서 재조관료들은 그가 속한 관부별, 혹은 사찰별로 거두어지는 성금에 상당액을 내어 놓았을 것이다. 그 가운데에는 반강제적으로 거두어지는 일종의 국민성금에 어쩔 수 없이 참여하면서도 전란의 와중에 이루어지는 대장경 조성사업에 비판적 태도를 갖고 바라보는 경우도 있었을 것이다. 이런 점에서 강화경판에 새겨진 각성자의 명단은 '각수'로서, 혹은 판하본의 작성 등과 같은 보다 직접적인 대장경 조성사업에 참여한 자들의 '신보시'이거나 혹은 개별적으로 보다 직접적인 '재보시'를 한 자들일 것이다. 이들은 다른 어느 누구보다도 돈독한 불심을 갖고 있었을 것이고, 불력을 통한 몽고군의 격퇴를 믿어 의심하지 않았던 자들이다. 앞에서 살펴본 40명의 재조관료들이

바로 이러한 생각을 가지고 대장경의 조성작업에 헌신한 자들이다.

많은 재조관료들이 강화경판의 각성에 재보시와 각수로 참여하였다면 대장도감은 강화경에 있을 수밖에 없을 것이다. 그런데 1243년 이후에 분사도감에서 경판의 각성이 이루어지고, 또 여기에서 공사다망한 재조관료들이 와서 경판 조성작업에 참여한 사실을 어떻게 해석해야 될 것인가? 우선 생각할 수 있는 것은 대장도감에서만 각성작업이 이루어짐으로써 제반 경비가 증가하여 비효율적이라는 비판이 제기되었기 때문일 것이다. 이의 절감을 위해 분사대장도감에서도 경판 조성작업의 필요성이 제기되었을 것이다. 그러나 이것은 재조관료들이 분사대장도감의 경판 각성에 숱하게 참여한 이유를 설명해 주지 못한다.

재조관료들이 분사도감의 경판 조성에 참여하게 된 이유를 이해하기 위해 분사대장도감에서 경판이 조성되기 시작하는 전후 시기인 1242년과 1243년 사이의 2년 동안에 있었던 사건의 전개를 통해 추정해 보기로 한다. 이 시기는 몽고와의 전쟁이 소강상태에 접어든 시기에 해당한다. 1239년(고종 26) 몽고 3차 침략군의 철수가 이루어진 이후 약 8년간 휴식기간이 이어진다. 소강기간 동안 몽고의 재침에 대한 고려의 대비는 별반 없었다.[129] 그런데 강화경판의 '분사도감판'이 각성되기 시작하는 1243년 2월의 기사를 보면

(D)—① 제도(諸道)에 순문사(巡問使)를 보내니 민희(閔曦)를 경상주도(慶尙州道)에, 손습경(孫襲卿)을 전라도에, 송국첨(宋國瞻)을 충청주도(忠淸州道)에 보냈다. 또 각 도에 산성권농별감(山城勸農別監) 37인을 보내니 이름은 권농이지만 실은 방어에 대비하기 위한 것이었다. 순문사가 이어 번용(煩冗)하다고 하여 파하기를 청

---

129) 尹龍爀,《高麗對蒙抗爭史研究》, 一志社, 1991, 80~92쪽.

> 하니 이를 청종하였다(《高麗史》卷79, 食貨 2 農桑, 고종 30년
> 2월).

전국에 순문사와 산성방호별감이 파견되고 있다. 이때의 순문사 파견은 바로 전 해 9월의 고종의 조서와 관련시켜 생각해 볼 수 있을 것이다.

> (D)—② 조서에 이르기를, "가까운 도(道)의 주현의 화곡(禾穀)이 익지 않아 백성들이 수확하지 못하고 있다. 그 부렴(賦斂)을 어떻게 할 것인지 마땅히 사신을 보내어 심검(審儉)히라"고 하였다(《高麗史》卷22, 고종 29년 9월 신사).

흉년으로 인해 조세거납(租稅拒納)의 사태가 야기되어 국가재정이 어려워지자 그 방책을 강구토록 한 위의 조서는 결국 권농과 조세의 독촉으로 결말을 볼 수밖에 없었을 것이다. 이것이 곧 (D)-①의 순문사의 파견과 권농을 위한 산성방호별감으로 이어졌을 것이다. 흉년으로 인한 공전에서의 조세 수입의 감소는 국가재정의 위기뿐만 아니라 일반 지주제의 경영도 위기를 맞고 있음을 말해 주는 것이다. 국가재정과 전 고려민들의 국민적 성금을 바탕으로 이루어지고 있었던 강화경판의 조성도 그 위기를 맞이하게 되었을 것이다. 원활한 조세원의 확보, 그리고 대장경 각성을 위해 전쟁이란 위기상황을 무인 최씨정권은 적절히 활용하였을 것이다. (D)-①에서 보다시피 각 도에 파견된 산성방호별감이 실제로 방어에 대비하기 위한 것이었고 순문사 역시 마찬가지였음을 다음의 자료는 보여준다.

(D)-③ 유석(庾碩)은 안동도호부사(安東都護副使)가 되었다. 순문사
　　　(巡問使) 송국첨(宋國瞻)이 석에게 이첩하여 산성을 수축케 하였
　　　다. (《高麗史》卷121, 良吏 庾碩傳)

　(D)- ①과 (D)- ③을 통해 순문사와 산성권농별감은 방어를 대비
하기 위한 산성 수축을 독려하는 직무를 같이하고 있음을 알 수 있다.
그렇기 때문에 순문사가 산성권농별감이 '번용하다고 하여 파하기를
청'하였던 것이다.

　무인 최씨정권은 순문사와 산성권농별감을 전국에 파견하여 전쟁에
대한 위기감을 고조시키며 산성 수축을 독려하는 한편 조세의 안정적
공급을 위해 권농정책을 취하면서, 그 일환으로서 그간 강화경의 대
장도감에서만 각성되던 강화경판을 전국의 분사도감에서도 각성하기
로 하였을 것이다. 1236년(고종 23) 강화경판 조성을 위한 대장도
감이 만들어지기 전후인 8월과 10월에 '소재도량(消災道場)'을 연
이어 베풀었는데[130] 분사도감에서 각성사업이 시작된 바로 그 해에도
국왕이 '소재도량'을 친히 베풀었다는 것은[131] 결코 우연의 일이 아닐
것이다.

　그러면 무인 최씨정권이 전쟁의 소강국면 상황하에서 전국에 산성을
수축하는 등 위기감을 조성시키게 되는 배경은 어디에 있는가? 1239
년(고종 26) 몽고 3차 침략군의 철수 이후 몽고와의 전쟁이 휴지기에
접어들면서 체제의 이완과 정치적 분란을 가져오게 되었다. 몽고 3차
침략군의 철수 이후 적군을 물리쳤다는 승리에 찬 자족감과 긴장감의

---

130) 《高麗史》卷23, 고종 23년 8월 정해 및 10월 무술.
131) 《高麗史》卷23, 고종 30년 2월 신해.

이완이 두드러지기 시작하여 강화경에서 각종 연회의 배설이 늘어나게
되었다. [132] 이러한 분위기 속에서 상대적으로 항몽의식을 고취시키기
위해 추진된 강화경판의 조성 역시 주춤해지기 시작하였다.

 1238년에 조성된 경판의 숫자가 12,607장이던 것이 몽고군이 철
수한 1239년에는 그 절반 수준인 6,411장만이 판각되었을 뿐이다.
그 이후 1240년 7,241장, 1241년 7,047장, 1242년 8,964장의
경판이 각성되다가 1243년에 와서 갑자기 31,837장으로 늘어나게
된다. [133] 1243년에 경판의 각성량이 크게 늘어난 것은 무인 최씨정권
이 순문사와 산성권농별감을 전국에 파견하여 전쟁에 대한 위기감을 고
조시키며 산성 수축을 독려하는 한편 그 일환으로써 그간 강화경의 대
장도감에서만 각성되던 강화경판을 전국의 분사도감에서도 각성하기로
함에 따라 나타난 현상일 것이다. 이를 통해서도 1239~1242년 사
이의 긴장감의 이완현상이 대장경의 각성에도 영향을 미쳤음을 짐작할
수 있다.

 1239년(고종 26) 몽고 3차 침략군의 철수 이후 몽고와의 전쟁이 휴
전기에 접어들면서 체제의 이완과 정치적 분란이 일어나게 되면서 최우
정권의 존립을 위태롭게 하였다. 그간 최우의 후계자로 지목된 김약선
(金若先)이 최우에 의해 살해된 이후 후계자 문제는 잠복되어 있다가
1243년 정월, 밖으로 표출되었음을 다음의 자료는 보여준다.

(D)—④ 어떤 사람이 장군 김치(金侈)를 참소하니 우(瑀)가 치를 불러
　　　꾸짖기를 "네가 무뢰배를 모아 무엇을 하고자 하느냐"하고 머리를
　　　깍아 하동현(河東縣)으로 유배를 보내고 치와 친하게 지내던 장군

---

132) 尹龍爀, 앞의 책, 208~214쪽.
133) 본서 1부 1장 2절 〈표 1-2-1〉 참조.

김정희(金正曦)·평로진부사(平虜鎭副使) 손중수(孫仲秀)·다방
(茶房) 안기(安琦) 등 35명을 강에 던졌다. 치는 곧 우의 외손 정
(聂)이었다(《高麗史節要》卷16, 고종 30년 춘정월).

　김약선의 아들인 김치를 중심으로 인물들이 모여 들면서 김치를 후계
자로 추진하려던 움직임이 결국 최우에 의해 좌절을 겪게 되었음을 알
수 있다. 최우정권은 후계자 논의를 잠재워 정권의 안정화를 기하고 국
가재정의 확보를 기하기 위해 체제의 내적 통합의 필요성을 느끼게 되
었다. 결국 순문사와 산성권농별감을 전국에 파견하여 전쟁에 대한 위
기감을 고조시키며 산성 수축을 독려하는 한편 그 일환으로써 그간 강
화경의 대장도감에서만 각성되던 강화경판을 전국의 분사도감에서도
각성하기로 하였을 것이다.

　즉, 불법을 참용하여 체제의 내적 통합을 기하기 위해서 그간 강화경
의 대장도감에서만 판각되던 대장경판을 전국에 산재한 분사도감에서
도 각성토록 하였던 것이다. 이를 위해 재조관료들을 사심관으로 있는
지역, 즉 그들의 본향(本鄕)·처향(妻鄕)·외향(外鄕)으로 내려보내
전쟁에 대한 위기의식을 고취시키고 강화경판의 각성을 직접 시연해 보
였을 것이다. 이로써 지방민들의 적극적 참여를 유도하여 국민적 성금
을 이끌어내고 원활한 조세 수입원을 확보하고자 하였을 것이다. 이러
한 최씨정권의 의도는 재조관료들의 입장과 부합하였다. 그들은 자신
의 본향·처향·외향 등지에 일정한 지주적 기반을 갖고 있었다. 그러
나 몽고의 침략으로 인해 도읍을 강화로 옮기게 되면서 재조관료들은
지주로서의 지대 징수가 그만큼 어려워지게 되었을 것이다. 이런 상황
하에서 분사도감에서도 대장경판 각성이 이루어지게 되자 이를 명분으
로 하여 합법적으로 강화경을 벗어나 자신의 본향·처향·외향으로 내
려가 소작료 징수를 챙길 수가 있게 되었을 것이다. 이런 점에서 1243

년 이후의 강화경판 각성사업의 활성화는 재조관료들의 이해관계와 맞
아 떨어짐으로써 그들의 적극적 참여가 뒷받침되었기 때문에 가능한 것
이었다.

제2절 在鄕勢力

　무인정권의 성립과 그 전개는 지방의 향촌사회에 커다란 변화를 가져
다 주었다. 무신 쿠데타외 그 이후 계속되는 빈번한 권력의 교체로 인
해 화를 피해 지방으로 낙향한 문신들을 비롯한 품관층, 진사 등의 과
거 합격자, 동정직 소유자 증가와 향리층 등의 다양한 재향세력들이 착
종되면서 재경세력과 재향세력, 재향세력 내부의 대립과 갈등, 나아가
관권과의 협조와 대립이 교차되기도 하였다. 이들은 때로는 농민들과
대립과 갈등관계에 직면하기도 하고, 심지어는 농민항쟁 세력들의 공
격으로 인해 위기를 겪기까지 하였다. 이들은 중앙집권을 추구하는 고
려사회에서 중앙지향적이고 권력지향적 속성을 갖고 있었다.[134) 이들
에게 있어서 강력한 몽고군의 내습에 따른 중앙정부의 강화천도는 엄청
난 혼돈을 가져다 주었다.
　무인 최씨정권은 몽고 기병에게 쫓겨 개경을 버리고 강화로 천도할
때 내륙의 대부분의 민중들에게는 해도나 산성으로 피하라는 말만 남겨
두었을 뿐이다. 남은 자들은 이제 자신의 생명과 가족, 삶의 터전을 지
키기 위해 자체 방위에 나서지 않으면 안 되었다. 몇몇 지방관서는 섬

---

134) 金晧東, 〈高麗 武臣政權時代 在地勢力과 農民抗爭〉 그리고 본 제2장 제1
　　　절의 자료정리도 김호동에 의해서 이루어졌다. 《한국중세사연구》 1, 3
　　　1994, 1996.

으로도 피하기는 하였으나 나머지는 다기(多岐)한 자연조건을 이룬 산성에 의지하여 몽고 기병의 예봉을 피하면서 소규모의 병력으로 그들을 기습하는 유격전을 전개하였다. 참혹한 전쟁의 참화 속에서 신분계층의 분화보다는 지역적인 소규모의 집단이 형성되기 마련이었다. 실제 당시의 일반 민중으로부터 과거에 급제한 지식인이나, 국학생, 품관은 물론 노비에 이르기까지 전란에 대한 소재의 염원을 불교에 찾으면서 결사에 대한 지원을 아끼지 않았다. 천책(天頙)이 1232년(고종 19)에 지은 〈임진년보현도량기시소(壬辰年普賢道場起始疏)〉가운데 나오는 '불견간과(不見干戈)'·'제타향지신고(濟他鄕之辛苦)'라는 기원(祈願)은 당시 전란에 시달린 민중의 염원을 반영한 것이다. 교리에 중점을 두던 중기의 불교가 이제 정토사상이나 염불을 강조하면서 수참(修懺)과 정맹(精猛)을 간절하게 바랐던 것은 반몽 항전을 위한 불교 자체의 성격변화를 나타내는 것이다. 염불은 서방극락경(西方極樂經)에 의한 나무아미타불(南無阿彌陀佛)을 염원하였으므로 자연히 신분계층의 고하를 막론하고 전쟁의 피해 속에서 시달린 민중들에게 쉽게 결사에 참여토록 하였다. [135] 전란에 대한 소재의 염원을 간직하던 민중들은 대장경의 각성이 이루어지자 여기에 자발적 참여를 아끼지 않았고, 특히 읍사조직을 통해 이들을 영도해 나갔던 호장층의 적극적 참여는 김련(金鍊)·배공작(裵公綽)·윤홍(尹弘)의 예에 의해 확인된다.

  강화경판의 각성사업에 참여했던 재향세력 가운데 주목되는 것은 향리층이다. 각성자 중에서 향리의 일원으로서 읍사를 이끌어나가고 있었던 '호장(戶長)', '호장중윤(戶長中尹)'의 직임을 밝힌 경우를《자비도량참법(慈悲道場懺法)》에서 확인할 수 있다. 이의 이해를 위해 동 경전의 각성자 명단을 〈표 2-2-33〉으로 나타내 보았다.

---

135) 許興植, 《萬德寺志》와 《大芚寺志》 《高麗佛敎史硏究》, 一潮閣, 1986.

〈표 2-2-33〉《慈悲道場懺法》의 각성자명단

番號	刻手名	卷次	張次	張數量	摘要
1	世 英	2	19	1	
2	富 令	3·8	7·19	2	권8의 제19장은 富令手
3	世 規	3	28	1	
4	自 玄	6	21	1	
5	尹 能	7	4	1	
6	元 眞	7	9	1	
7	金 鍊	9	12·15·16	3	戶長金□과, 戶長中尹金鍊
8	裵公綽	9	20	1	戶長中裵公綽
9	尹 弘	9	21	1	
10	孝 林	10	6	1	
11	鄭 洪	10	7	1	
12	克 夫	10	12	1	
13	地 起	10	17·18	2	

위에서 열거한 13명의 각성자 외에도 □평(平)·중(中)□·동(同)·삼(三)□·적득(赤得)·효대(孝大)·이재(利才)·왕필(王必)·이경(二京) 등이 나오지만 대장경판을 인출할 때에 인쇄가 잘못되어 이들의 명단은 글자가 분명치 못하고 그 신분이 언급되지 않으므로 별 문제가 되지 않는다. 13명의 각성자 가운데서도 본 주제와 관련되어 주목되는 자들은 《자비도량참법》의 제9권에 나오는 인물들이다.

문제는 이들의 명단이 새겨져 있는 《자비도량참법》의 경우 간기가 없기 때문에 그 판각 시기는 물론 주조처를 전혀 알 수 없다는 점이다. 현재 동 경전의 판각은 고려 고종 때 대장경 판각사업의 일환으로서 이루

어진 것이 아니라 고려 말엽에서 조선 초기,[136] 혹은 연산군 9년
(1503)경[137] 등으로 내려와 판각되어진 것으로 추정하고 있다. 그 판
각의 시기에 대해서 위와 같이 문제를 제기하고 있는 것은 단순히 그 판
각 시기 자체에 국한된 문제제기 차원이 아니고, 《고려대장경》에 편입
되어 있는 소위 '보유판(補遺板)'은 《고려대장경》과 동일한 경판으로
볼 수 없다는 시각에서 비롯된 것이다. 이 경판은 단순한 '사간(私刊)
또는 사간(寺刊)'에 불과할 뿐이며, 《고려대장경》의 "보판(補板) 또는
보유판〔補遺(藏經)板〕이란 명칭을 붙일 수 없는 것"이라고 하기도 했
다. 그 이유는 《고려대장경》의 보유판 "11종의 경판이 판각될 때도 보
판의 개념으로 판각된 것이 아니기 때문이다"[138]라고 한다.
　《자비도량참법》의 판각시기를 강화경판과 동일한 때로 볼 수 없는 근
거는 단지 그 '판식(板式)'이 다르다는 것 뿐이다. 그러나 강화경판의
첫 산출시기부터 '대장목록(大藏目錄)'판이 이루어지기까지, 그 사이
에 〈표 2-2-33〉의 각성자 13명 중에서 윤능(尹能)을 제외한 12명이
모두 다른 장경의 판각에도 참여하였다는 사실이 이미 밝혀짐으로써
《자비도량참법》의 판각이 강화경판 판각의 어느 시점이라는 것은 분명
해졌다.[139] 그 연구성과의 결과에 의하면 〈표 2-2-33〉의 각성자들 중
에는 강화경판의 판각이 첫 산출되기 시작한 정유년(고종 24, 1237)
부터 《대장목록》이 판각된 무신년(동왕 35, 1248)까지 각기 판각사업

---

136) 朴相國, 〈大藏都監의 板刻性格과 禪源寺 問題〉《韓國佛敎文化思想史》
　　　上, 伽山李智冠스님華甲紀念論叢, 1992, 203쪽.
137) 朴泳洙, 〈高麗大藏經의 研究〉《白性郁博士頌壽記念 佛敎學論文集》, 東
　　　國文化社, 1959.
138) 朴相國, 앞의 논문, 204쪽.
139) 金潤坤, 〈《江華京板 高麗大藏經》의 체제에 관한 一考〉《釜山女大史學》10
　　　·11, 1993.

에 참여하여 각성활동을 수행하였다. 그 중에서 특히 계묘(1243)～
갑진(1244)의 2년 동안에는 12명 전원이 각성활동을 수행하기도 했
었다. 이 시기는 강화경판의 장경이 가장 많이 판각되던 때이다. 이 장
경의 판각량은 계묘～ 을사(1245)의 3년 사이에 전체량의 2분의 1이
판각되었으며, 이 3년 동안은 정장(正藏) 판각이 가장 활기를 띤 시기
였다.[140]

　윤능을 제외한 12명은 '대장복록' 판 — 소위 원장(原藏)·정장(正
藏)·정판(正版) 등으로 불리는 장경을 판각했던 자들이다. 동시에 윤
능을 포함한 13명은 '보유판목록(補遺板目錄)'에 입장되어 있는《자비
도량참법》의 장경을 판각한 자들이기도 하다. 두 목록에 입장되어 있는
장경을 판각했던 자들이 확연히 나누어져 있었던 것이 아니라 판각사업
의 기획과 준비 상황 등에 따라 작업이 진행되어 왔음을 짐작할 수 있다.
　호장중윤 김련(戶長中尹 金鍊)의 전체 '각성활동'을 〈표 2-2-34〉
로 나타내 보았다. 대장경의 경판에는 김연(金延)이란 이름도 나온다.
김연(金延)과 김련(金鍊)은 동일인으로 볼 수 있는 가능성이 많지만
일단 통계에서 제외하였다.

〈표 2-2-34〉 金鍊의 각성활동

番號	經名	卷次	函名	年代	處	張次 및 板刻量		摘要
1	79	56	道	45	大藏	1～13	13/23	
2	160	3	身	43	〃	21, 22	2/28	
3	764	單	思	〃	〃	33	1/38	
4	777	4	言	〃	〃	13	1/35	
5	803	4	籍	〃	分司	2	1/19	

---

140) 朴相國, 앞의 논문, 184쪽.

번호	經名	卷次	函名	年代	處	張次 및 板刻量		摘要
6	815	單	甚	〃	大藏	3	1/3	
7	889	6	學	44	〃		1/44	
		21	登	〃	〃	33, 34	2/38	
8	890	11	職	〃	〃	9, 10	2/26	
9	896	12	下	〃	〃	34, 35	2/35	
		29	睦	〃	〃	5, 6	2/28	
10	922	下	訓	〃	〃	11, 12	2/38	
11	951	7	投	·	無	3	1/27	
		26	切	44	分司	27	1/33	
		54	規	〃	〃	13, 14	2/16	
12	952	18	慈	·	無	5	1/24	
		57	次	44	大藏	12	1/23	
		92	義	〃	〃	21	1/25	
13	953	5	心	〃	〃	29, 30	2/30	
14	955	19	守	·	無	23	1/23	
15	956	8	志	44	大藏	9, 10	2/26	
		30	逐	〃	〃	14, 15	2/25	
		42	意	〃	〃	25, 26	2/26	
		61	堅	〃	〃	9, 10	2/24	
16	960	7	摩	〃	分司	21, 22	2/34	
17	964	下	華	〃	大藏	8	1/20	
18	965	下	華	〃	〃	17	1/37	
19	967	8	西	·	無	10	1/34	
20	1050	46	傍	43	分司	24	1/26	

番號	經名	卷次	函名	年代	處	張次 및 板刻量		摘要
21	1052	9	帳	〃	〃	9	1/40	
22	1075	25	明	〃	〃	43	1/52	
23	1081	4	典	〃	〃	2	1/27	
		24	聚	〃	〃	23	1/38	
24	1257	4	振	·	無	94	1/103	
25	1406	49	途	44	分司	11	1/39	
		70	踐	〃	〃	9	1/34	
		94	何	〃	〃	2	1/29	
26	1423	1	韓	〃	大藏	20	1/21	
27	1437	3	頗	〃	分司	5	1/12	
28	1466	21	沙	〃	大藏	12	1/18	
29	1481	1	州	〃	〃	3	1/17	
30	1484	3	秦	〃	〃	10	1/11	
31	1488	3	主	〃	〃	14	1/15	
32	1496	10	紫	〃	〃	4	1/13	
33	1512	9	·	·	無	12	1/26	
		〃	·	·	〃	15	1/26	戶長金
		〃	·	·	〃	16	1/26	戶長中尹金鍊

　김련은 1243~1245년까지 3년 사이의 기간에 1243년에 11장(대장도감 5, 분사도감 6), 1244년에 41장(대장도감 32, 분사도감 9), 1245년에 13장(대장도감), 무간기 8장 등 도합 73장에 걸쳐 각성활동을 하였다.

　호장(戶長) 배공작(裵公綽)의 각성활동은 〈표 2-2-35〉과 같다.

<표 2-2-35> 裵公綽의 각성활동

番號	經名	卷次	函名	年代	處	張次 및 板刻量		摘要
1	223	單	敢	43	大藏	1~3,5~8,11	8/15	
2	590	8	日	〃	〃	11,12	2/28	
3	648	21	夙	〃	〃	5~8	4/24	
4	649	22	斯	〃	〃	21~24	4/26	
		49	如	〃	〃	29,30	2/31	
5	800	上	安	〃	分司	15,16	2/30	
6	801	31	誠	〃	大藏	2~4	3/26	
7	850	單	無	〃	〃	2	1/4	
8	889	4	學	44	〃	2,3	2/37	
		31	仕	〃	〃	29	1/38	
9	890	1	攝	〃	〃	7,8,10,12	4/29	
		26	從	〃	〃	22,24,26,35,36	5/44	
		46	存	·	無	24~27	4/45	
10	896	15	下	〃	〃	27,28	2/29	
		16	〃	〃	〃	2,3	2/29	
		17	〃	〃	〃	6,7	2/32	
11	945	3	兄	〃	〃	2,3	2/24	
12	951	1	投	〃	分司	8	1/37	
		20	分	〃	無	8	1/40	
		28	切	〃	分司	19,20	2/32	
13	952	33	惻	〃	大藏	17	1/27	
		74	離	〃	〃	6,7	2/22	
14	955	25	眞	〃	〃	10~13	4/23	

番號	經名	卷次	函名	年代	處	張次 및 板刻量		摘要
15	956	23	逐	44	大藏	12~19	8/27	
16	957	10	雅	〃	〃	7, 9, 10	3/22	
		21	好	〃	〃	21, 22	2/22	
		22	〃	·	無	2, 3	2/21	
17	960	3	摩	·	〃	23, 24	2/51	
		8	都	44	分司	16	1/49	
18	963	8	華	〃	大藏	16, 17	2/61	
19	966	8	夏	〃	〃	31, 33, 34	3/38	
20	968	7	二	〃	分司	11~14	4/24	
21	982	21	盤	〃	大藏	12, 13	2/27	
22	1047	2	彩	43	分司	10	1/28	
23	1050	6	仙	〃	大藏	5, 6	2/35	
		14	靈	〃	分司	13, 14	2/32	
		21	丙	〃	〃	10	1/21	
		45	傍	〃	大藏	7, 8	2/17	
24	1052	4	甲	〃	分司	35	1/48	
		15	對	〃	〃	5	1/40	
		18	〃	〃	〃	12	1/41	
25	1053	4	楹	〃	〃	7	1/44	
26	1065	5	疑	44	〃	6, 7	2/23	
27	1075	13	達	43	〃	7, 8	2/41	
		24	明	〃	無	11, 12	2/37	
28	1081	20	聚	〃	分司	16, 17	2/31	
29	1406	50	減	44	〃	13, 15, 16	3/21	

番號	經名	卷次	函名	年代	處	張次 및 板刻量		摘要
29	1406	93	盟	44	大藏	14~17	4/31	
30	1407	1	遵	43	〃	1	1/6	
31	1409	單	〃	〃	〃	1	1/7	
32	1423	16	弊	44	〃	6	1/14	
		20	煩	〃	〃	7,8	2/16	
33	1429	1	起	〃	分司	1	1/19	
34	1454	4	軍	〃	大藏	18,19	2/21	
35	1481	4	州	〃	〃	5,6	2/12	
36	1488	19	云	〃	〃	9,10	2/10	
37	1489	5	享	〃	〃	2	1/9	
38	1503	12	·	·	無	2~7	6/17	
39	1512	9	於	〃	〃	20	1/26	戶長裵公綽

　〈표 2-2-35〉에서 보다시피 배공작은 1243년에서 1244년까지 2년 동안 대장과 분사의 두 도감에서 각성활동을 하였다. 그런데 여기서 k.1503《조당집(祖堂集)》제12권은 '무간기'로 판각 연대를 알 수 없지만, 동서(同書) 제1권 끝의 "을사세분사대장도감조조(乙巳歲分司大藏都監雕造)"의 간기로 봐서 동서의 판각 연대를 을사년(1245)으로 추정할 수 있을 것이다. 그러므로 이 기간을 합산하면 그의 각성기간은 3년이 되며, 그의 전체 판각량은 137장이 되는 셈이다.

　이상에서 이들 두 사람의 각성활동의 공통점 및 그 특징을 지적하면 첫째, 이들의 각성활동이 처음 이루어지는 시기는 1243년, 즉 대장경의 분사도감판이 처음 나오는 시점이라는 점이고, 둘째, 대장경의 각성활동이 가장 정력적으로 이루어지는 1243~1245년 사이에 이들의 각성활동이 이루어진다는 점이다. 이를 고려하면서 향리층의 일원으로 추정되는 윤홍(尹弘)의 각성활동을 살펴보기로 한다.

　윤홍의 각성활동은 〈표 2-2-36〉과 같다. 〈표 2-2-36〉에서 보다시피 윤홍은 윤홍(尹洪·允洪) 등으로도 나오는데 동일인으로 보아도 별 무리가 없을 것이다. 그는 1241년부터 1244년까지 4년 동안 각성활동을 한 것으로 보아 무간기의 경우도 이 기간 사이에 이루어진 것일 것이다. 그는 42종류의 경전에 걸쳐 201장을 각성하였다. k.134《보운경(寶雲經)》과 k.149《불설문수사리현보장경(佛說文殊師利現寶藏經)》에 각해져 있는 '윤홍도(尹弘刀)'는 그가 각수(刻手)로서 경판을 직접 칼질했다는 뜻일 것이다. 물론 호장중윤 김련과 호장 배공작 등도 윤홍과 마잔가지로 경판의 각성자요, 기진자일 것이다.

〈표 2-2-36〉尹弘·尹洪·允弘의 각성활동

番號	經名	卷次	函名	年代	處	張次 및 板刻量		摘要
1	56	16	位	41	大藏	2, 4~27	25/28	
2	106	3	率	42	〃	2~12, 14~18, 20~27, 29~35	31/35	
3	120	下	樹	42	大藏	2,3,5,7,9,11,12,13, 15,17,18,20,23,24, 27,29,31,33,35,37,39	20/39	
4	134	2	草	43	〃	2,4,5,7,9,12,14,15,1 8,20,22,23,26,28,29	15/30	28;尹弘刀
5	149	下	方	〃	〃	22,23,26,28,30,31	6/32	22,23;尹弘刀
6	586	6	父	〃	〃	21,22	2/22	
7	587	11	君	〃	分司	13~16	4/16	
8	590	9	日	〃	大藏	29	1/35	
9	648	31	興	〃	〃	6,7	2/22	
		52	清	〃	〃	25,27,28	3/28	
10	766	上	思	〃	〃	11,17,18	3/25	11;尹洪

번호	經名	卷次	函名	年代	處	張次 및 板刻量		摘要
11	784	單	詞	〃	〃	3	1/9	
12	801	32	誠	〃	〃	13,15	2/26	
		47	美	〃	〃	18,19	2/25	
13	802	30	榮	〃	〃	14,15	2/21	
14	824	單	甚	〃	〃	3	1/8	
15	889	2	學	44	〃	23,24,26,27,28	5/33	
16	890	7	攝	〃	〃	14	1/29	
		40	政	·	無	27,28	2/34	
17	896	19	下	44	大藏	5,6	2/30	
18	922	上	訓	〃	〃	10,11	2/39	
19	943	8	子	〃	〃	28,29	2/45	
		74	離	〃	〃	6,7	2/22	
20	951	6	投	〃	〃	10	1/35	尹洪
		30	切	44	分司	4,5	2/29	
21	952	12	慈	〃	大藏	1	1/25	
		24	隱	〃	〃	19,20	2/24	
22	953	16	神	〃	〃	29,30	2/30	
		21	〃	〃	〃	3,4,5	3/36	3,4;允洪
23	957	18	操	·	無	13,14	2/22	
		32	爵	43	大藏	3,4	2/22	
24	982	28	盤	44	〃	23,24	2/26	
		29	〃	〃	〃	7~10	4/26	
25	1050	39	舍	43	分司	17	1/20	
26	1051	3	啓	〃	大藏	14	1/30	

番號	經名	卷次	函名	年代	處	張次 및 板刻量		摘要
27	1052	下10	帳	〃	分司	91	1/63	
28	1075	3	左	〃	〃	5	1/29	
		11	達	〃	〃	21	1/29	
29	1081	15	亦	〃	〃	33	1/57	
		23	聚	〃	〃	16	1/42	
30	1257	4	振	·	無	64	1/103	尹洪
		27	侈	43	大藏	112	1/129	
31	1258	6	富	44	〃	10	1/12	
32	1260	6	輕	〃	分司	7	1/11	
33	1261	2	〃	·	無	10	1/13	
34	1406	68	踐	44	分司	29,30	2/36	
		70	〃	〃	〃	13~20	8/34	
35	1423	12	弊	〃	大藏	3,4,6	3/15	尹洪
36	1469	4	馳	44	大藏	4	1/9	
37	1482	8	跡	〃	〃	3	1/11	
38	1487	30	垈	〃	〃	12	1/12	
39	1488	1	主	〃	〃	10	1/13	
40	1505	4	邈	·	無	2,3,4,6,8~11,21,23,24	11/33	
41	1501	下	庭	〃	〃	14~16	3/62	
42	1512	9	於	〃	〃	21	1/26	

윤홍의 경우 앞의 두 사람, 즉 호장중윤 김련과 호장 배공작의 공통
점에서 지적한 사항, 즉 첫 각성활동의 시작이 분사도감판이 첫 산출되
는 1243년보다 2년 앞선 1241년부터 각성활동을 하고 있다는 점이
주목된다. 이 점은 향리층의 판각 참여가 분사도감판이 나오는 1243
년 이후부터 이루어진 것이 아니라는 것을 반영해 주는 것일 수도 있고,
또 윤홍이 호장중윤 김련과 호장 배공작과 같은 향리층이 아닐 수도 있
다는 것을 말해 주는 것이기도 하다. 이에 대한 답을 일단 유보한 채 향
리층으로 추정될 수 있는 인물인 허백유(許白儒)의 각성활동을 먼저
살펴보기로 한다.

　허백유는 k.1《대반야바라밀다경》권23 · 75 · 224 · 299를 각성
하였는데 그 구체적 내역은〈표 2-2-37〉과 같다.

〈표 2-2-37〉 許白儒의 각성활동

番號	經名	卷次	函名	年代	處	張次 및 板刻量		摘要
1	1	23	玄	37	大藏	2	1/24	隊正許
2	〃	〃	〃	〃	〃	3~5, 7, 9, 11, 12, 14, 16, 17, 20, 23, 24	13/24	許白儒
3	〃	〃	〃	〃	〃	21	1/24	信女萬德行爲 父母
4	〃	〃	〃	〃	〃	22	1/24	信女戒煥行爲 父母
5	〃	75	荒	〃	〃	2, 4, 9, 11, 12, 15, 16, 21	8/24	許白儒
6	〃	224	冬	38	〃	2, 12, 14, 15, 18, 21, 23	7/23	〃
7	〃	299	呂	〃	〃	1, 4, 7, 9, 11, 13, 16, 17, 22	9/22	〃

우선 (1)의 '대정허(隊正許)'를 통해 허백유의 직임이 대정임을 알 수 있다. 대정은 고려의 중앙군과 지방군에 그 이름이 함께 나온다. 경군(京軍)인 2군 6위에 소속되어 있는 대정은《고려사》백관지에 그 품계가 나타나지 않는 최하위의 권무(權務) 무관직(武官職)이다. 반면 주현군의 일품군(一品軍)에 속한 대정은 "부병창정(副兵倉正)·부호정(副戶正)·제단정(諸壇正) 중에서 궁과(弓科)에 합격하여 뽑힌 자들로 삼았다"[141]고 한다. 대정 뿐만 아니라 교위(校尉)·산원(散員)·별장(別將) 등 일품군을 통솔하던 장교들은 모두 향리로서 임명되었다. 대정 허백유의 소속이 어느 쪽인지는 현재 분명히 알 수 없지만 후자 쪽의 가능성이 높을 것 같다. 그 이유로서 낭시 반몽항전 중에 2군 6위 소속의 대정이 전투에 종사하지 않고 판각사업에 종사하고 있을 겨를이 없었을 것 같으며, 또 일품군은 공역군(工役軍)으로서 대장경의 판각작업에 투입되었을 가능성이 높기 때문으로 보았다. 실제 강화경판의 판각사업에 일품군과 촌류이삼품군(村留二三品軍) 등 지방군을 투입하여 목재의 운반·절단 또는 판각 제작 및 기타 노역작업 등에 사역시켰을 것으로 추정되기 때문에 일품군의 대정이 경전의 판각에도 직접 참여할 가능성이 얼마든지 있기 때문이다.

《대반야바라밀다경》은 대체로 1권 1인에 의해 각성된 것을 감안할 때 허백유가 실제 각성한 경판은 〈표 2-2-37〉의 내역과는 달리 4권 93장이었을 것이며, 1237년과 1238년에 걸쳐 대장도감에서 각성활동에 참여하였다. 이렇게 볼 때 (3), 즉 제21장의 "신녀만덕행위부모(信女萬德行爲父母)"와 또 (4) 제22장의 "신녀계환행위부모(信女戒煥行爲父母)" 등은 경판의 판각자가 아니라 보시자를 각각 각인해 놓은 것으로 볼 수 있다. 그 판각의 내용이 단순히 각수의 이름을 각인해 놓

---

141)《高麗史》卷81, 兵志 1, 五軍, 문종 23년 3월.

은 것과 다를 뿐만 아니라, 본 장의 첫 머리 내제하(內題下)에 각각 "신녀만덕행위부모"와 또 "신녀계환행위부모" 등으로 각인해 놓은 점도 특이하며, 또 제21~22장만은 타장(他張)과 달리 괘선이 있고 서체도 차이가 있다. 이것은 권23의 전체 24장 중에서 제21~22장은 타장과 서로 동일하게 판각되지 않았다는 증좌로 볼 수 있을 것이다. 본 권23의 전체 24장 중에서 제21~22장 등 2장을 제외하고 보면, 괘선(罫線)은 없고 서체는 동일하며 또 각수를 각인해 놓은 형식 등이 다른 것과 비교하여 큰 차이가 없다.

강화경판의 경판 산출 기간을 대략 12년으로 볼 때 그가 판각작업에 종사한 기간은 불과 2년 뿐이니 다른 사람에 비하여 짧은 편이며, 또 판각량도 적은 셈이다. 이것은 그가 전문 각성자가 아니라 그의 자의에 의하여 각성활동을 하였음을 보여주는 것이다.

강화경판의 경판에 대정(隊正)의 신분으로 판각사업에 참여한 사람은 현재 대정 허백유 밖에 더 이상 발견되지 않는다. 그러나 대정 허백유 1인만이 참여했을 것으로 단정할 수는 없을 것이다. 경상도의 안찰사 전광재(全光宰)는 무신세(戊申歲) 즉 1248년(고종 35)에 '고려국분사대장도감(高麗國分司大藏都監)'의 직임을 단지 겸임하였다고 했으나,[142] 그 직명에 대해서 구체적으로 밝혀 놓지는 않았다. 그런데 신해세(辛亥歲, 1251년)에《동국이상국집》을 진주목에서 발간하면서 그 '발미(跋尾)'에서 그는 '고려국분사대장도감'의 녹사(錄事) 다음 상위직인 부사(副使)를 겸임하였던 것으로 나타난다. 그리고 최상위직은 사(使)로 각각 표기해 놓았는데 여기 사는 안찰사를 지칭한 것이 분명하므로 분사대장도감의 최상위직을 '사' 혹은 '도감사(都監使)' 등으로 호칭하였던 것 같다.[143] 이것은 '고려국분사대장도감'이 당시 지방 행

---

142)《高麗大藏經》제45책, 59쪽.

정조직과 별개로 존치하고 있었던 것이 아님을 입증해 주는 자료가 될 것이다. 그리고 당시 부사 전광재는 '진주목부사 병마금할시 상서공부시랑(晉州牧副使 兵馬鈐轄試 尙書工部侍郎)'이라고[144] 한 것에서 '병마금할시 상서공부시랑'의 직책을 겸대하고 있었음이 특히 주목된다. 이 때 계수관의 수령들이 일반적으로 모두 그 관품을 겸대하고 있었는지 현재 분명히 알 수 없으나, 그 관품의 겸대는 당시 대장경 정국하의 직무 수행과 불가분의 관계가 있었을 성싶다. 다시 말하면 당시 지방 수령의 '병마금할시 상서공부시랑'의 겸대는 군사(軍事)·공사(工事) 등의 관할, 특히 대장경의 판각사업을 추진하는 직임과 깊은 관계가 있을 것으로 생각된다. 참고로 공민왕 3년(1354)에 진주목사의 판품에 대해서 '목사 중정대부 전교령 겸관내권농사(牧使 中正大夫 典校令 兼管內 勸農使)'라[145]고 한 것과 서로 비교해 보면 대장경 정국하의 관품과 큰 차이가 있음을 발견할 수 있다. 요컨대 대장경 정국하의 지방 수령들은 경판사업을 추진하는 직임을 수행하기 위해서 관내의 일품군[一品(工役)軍] 등을 동원하여 경판사업을 적극 지원하였을 것이다. 그 목재의 운반과 목판의 제작 등을 포함한 각종 공역은 각 지방의 읍사(邑司) 향리층에 의해 주도되었기 때문에[146] 그 과정에서 대장경의 각성에 호장·대정 등의 향리층이 대거 기진자로서, 혹은 각수로서 참여하였을 것이

---

143) 李奎報, 《東國李相國後集》卷終. 그런데 '高麗國分司大藏都監'의 상위직을 '都總監'으로 기록해 놓은 경우를 볼 수 있다. 예컨대 全光宰는 진주목사로서 '高麗八萬大藏經刻印都總監'을 겸임하였다고 《天安全氏族譜》(成化庚寅譜)에 기록해 놓은 것이 그것이다.

144) 위와 같음. 여기 '晉州牧副使'는 使 다음의 副使가 아니라 관내의 최상위직을 지칭하고 있는 것이다. 이것은 당시 東京留守使를 《高麗史》와 《高麗史節要》 등에서 副留守로 기록해 놓은 것에서 알 수 있다.

145) 崔瀣, 《拙藁千百》卷2, 終; 《高麗名賢集》2책, 426쪽.

146) 金潤坤, 〈高麗國 分司大藏都監과 布施階層〉《民族文化論叢》16, 1996.

다. 그러나 강화경판이 여타의 경전과는 달리 경판의 각성을 위한 재물 보시의 품종과 수량 및 보시자의 신분을 밝히지 않게끔 한 원칙[147] 때문에 이들의 구체적 참여의 양상은 알 수 없는 형편이다.

그런데 앞에서 살펴본 바와 같이 호장중윤 김련과 호장 배공작의 첫 각성활동의 시작이 분사도감판이 첫 산출되는 1243년인데 반해 허백유의 경우 대장경의 첫 경판 산출이 이루어지는 1237년과 그 이듬해인 1238년에 각성활동을 하였다는 점에서 과연 향리층으로 간주할 수 있을 것인가 하는 의문이 있다. 이에 대한 답변은 윤홍의 경우처럼 일단 유보해 두기로 하고 다른 재향세력들을 우선 검토해 보기로 한다.

대장경 각성사업에 참여한 재향세력 가운데에는 전직관료를 지낸 낙향문신들이 상당수 있었을 것이다. 그 한 예를 최우와 처남·매부 사이였던 정안(鄭晏)의 경우를 통해 살펴보기로 한다. 다음의 자료는 그것을 잘 보여준다.

(E)-① 안[(鄭)晏]의 처음 이름은 분(奮)이다. 그는 총명하고 영리하여 젊어서 과거에 급제하였으며 음양·산술·의약·음률 등에 모두 정통하였다. ㉠ 정안이 진양(晉陽)을 다스리다가 모친이 연로하다고 하여 사직하고 하동으로 돌아와 모친을 봉양하였다. ㉡ 최이가 그의 재능을 사랑해 주청하여 국자좨주(國子祭酒)를 삼게 하였다. ㉢ 그러나 정안은 최이가 전권(專權)하는 것을 꺼려 욕망을 참고 해를 멀리하기 위하여 남해 지방에 퇴거하였다. 불교를 좋아하고 이름난 사찰을 찾아 다녔다. ㉣ 사재(私財)를 희사하여 국가와 대장경을 중분(中分)하기로 약속하여 이를 간행하였다. ㉤ 불사가 지나치게 번거로워 온 지방민이 싫어하고 괴롭게 여겼다(《高麗史》卷100, 鄭世裕

---

147) 金潤坤, 위의 논문, 1996.

　附 晏傳).

　남해에 퇴거한 정안이 대장경을 '중분' 하기로 약속하여 대장경을 간
행하였다는 것을 말해 주는 위의 (E)-① 자료는《종경록(宗鏡錄)》권
27의 간기, 즉 "정미세 고려국 분사남해대장도감 개판(丁未歲高麗國
分司南海大藏都監開板)"[148]과 결부되어 주로 분사도감판의 판각장소와
성격에 관한 단서로 인용되면서 다음과 같은 다양한 논의가 이루어지게
되었다. 첫째 대장경의 대장도감판은 강화도의 대장도감에서 판각하였
고, 분사도감판은 남해의 분사도감에서 판각하였다는 견해,[149] 둘째 최
우·최항이 사적인 재산을 희사하여 대장경을 완성하였다는 선제하에
대장도감의 위치는 최씨 집권무인의 사적인 경제력이 집중되어 있는 진
주(晋州) 지방으로, 정안의 대장경 참여사실을 고려하여 남해의 분사
도감으로 보는 견해,[150] 셋째 강화도에 있었던 대장도감은 대장경 판각
을 위해 최우가 설치한 중앙의 지원기구로 이해하고 대장도감판이나 분
사도감판 모두 남해의 분사도감에서 판각되었다는 견해[151] 등이 대체로
위의 자료를 주 근거 자료로 삼아 제시된 것이다. 최근에는 첫 번째의
견해를 지지하면서 "강화도에 대장도감을, 남해에 대장경 조판지원 기
구로서의 분사도감을 두어 대장경 조판사업을 추진하고 있었던 최씨 무
인정권과 정안의 상호 필요성에 의해 남해의 분사도감에서도 고종 30
년부터는 판각작업을 수행하게 되었다"고 하면서 "최씨 무인정권은 조

---

148)《宗鏡錄》卷27의 간기(《高麗大藏經》제44책, 157쪽).
149) 安啓賢,〈大藏經의 雕板〉《한국사》6, 국편위, 1981.
　　　金甲周,〈高麗 大藏都監 研究〉《不聞聞》창간호, 1990.
　　　文暻鉉,〈高麗大藏經 雕造의 史的 考察〉《李箕永博士古稀紀念論叢 佛教
　　　와 歷史》, 1991.
150) 閔泳珪,〈一然重編 曹洞五位 重印序〉《學林》6, 1984.
151) 朴相國, 앞의 논문, 1992.

속한 판각 작업의 진척과 재정적 보충을, 정안은 최씨 무인정권과의 돈독한 정치적 유대의 지속과 그 자신의 불교사상 심취 등이 교감된 것"이라고 하였다. 그리고 정안의 대장경 판각 사업의 참여를 나타내 주는 상기 자료의 '중분'은 '산술적 이원화가 아닌 공간적 분담'의 의미로 볼 수 있으며, '정안의 하동·남해지방의 토착적 기반하에서 대두한 강월암(江月庵)은 남해분사도감의 대장경 조판시 그 중심적인 역할을 수행함으로써 대장경 판각작업이 완료된 그 이듬해인 고종 36년에 정림사(定林社)로 개창되면서 중창된 것'이라고 하였다.[152] 그러나 이러한 견해에는 문제점이 있다.

앞의 견해들은 한결같이 분사도감을 남해 한 곳에 비정하면서 정안의 역할을 크게 부각시키고 있다. 이의 문제점을 지적하기 위해 정안의 정치적 행로와 대장경 각성사업 참여의 시말을 음미해 보기로 한다. 분사도감에서 경판 각성이 이루어진 시기는 1243년에서부터 1248년 사이이다. 이 시기는 중앙 정치권에서 그간 최우의 후계자로 지목되던 김약선(金若先)이 제거된 후 후계자 선정 문제로 갈등이 심화된 시기이다. 특히 분사도감에서 경판의 첫 각성이 이루어진 1243년(고종 30)은 김약선을 추종하던 잔여 세력들이 김약선의 아들인 김치(金侐)를 후계자로 내세우려한 사건이 일어났다.

> (E)-② 어떤 사람이 장군 김치를 참소하니 우(瑀)가 치를 불러 꾸짖기를
> "네가 무뢰배를 모아 무엇을 하고자 하느냐"하고 머리를 깎아 하동현
> 으로 유배를 보내고 치(侐)와 친하게 지내던 장군 김정희(金正曦)·
> 평로진부사(平虜鎭副使) 손중수(孫仲秀)·다방(茶房) 안기(安琦)
> 등 35명을 강에 던졌다. 치는 곧 우의 외손 정(穀)이었다(《高麗史節

---

152) 金光植, 〈鄭晏의 定林社 創建과 南海分司都監〉《建大史學》8, 1993.

　要》卷16, 고종 30년 춘정월).

　이 사건으로 인해 김치는 머리를 깎이고 1243년~1247년까지 하동에서 유배생활을 하게 되며 이런 김치를 정안이 양자로 삼았다.[153] 이로 보아 정안은 그간 질서였던 김약선과 그 아들인 김치를 최우의 후계자로 내세우려고 하였던 입장을 일관되게 지니고 있었다고 볼 수 있다. 이를 염두에 두고 대장경 각성사업의 진행과정과 정안의 이력을 관련시켜 보기로 한다. 사료 (E)-①에서 보다시피 정안이 처음 하동으로 퇴거한 시기(⑦)는 고종 6년~9년 사이로 추정되고 있으며,[154] 그가 최우의 요청으로 강화경에 와서 국자좨주를 맡게 된 것(ⓒ)은 1241년(고종 28) 이전이다.[155] 1236년(고종 23)에 해인사에 사간판으로 현전하는《묘법연화경》을 판각한 바로 그 해가 대장경의 판각을 위한 대장도감이 만들어지고 그 이듬해부터 경판이 판각되어져 나온 시점이라는 것을 주목하지 않을 수 없다.

　우리 황제의 슬기는 하늘에 뻗치고 수명을 쌓음은 땅의 끝이 되며, 인병(隣兵)이 와해되고 조야(朝野)는 거울과 같이 맑고 깨끗하기를 축원합니다. 다음으로 진양후〔晋陽侯(최이)〕가 장수하여 국가의 주석(柱石)이 되고 영원히 불법의 울타리를 만들기를 기원합니다. 또한 나의 돌아가신 아버지 및 죽은 누이·형제와 육친 친족이 삼도(지옥·아귀·축생)에 이르러 윤회를 받은 사람은 모두 이 인업(因業)에서 구제되어 함께 극락세계로

---

153)《高麗史》卷100, 鄭世裕 附 晏傳.

154) 金光植, 앞의 논문, 51쪽.

155) 정안은 國子祭酒로서 1241년 4월에 同知貢擧로 활약하고 있는 것으로 보아(《高麗史》卷73, 選擧志 1, 고종 28년 4월) 그가 江華京에 온 시점은 1241년 4월 이전으로 볼 수 있다.

좌화[坐化, 왕생]하기를 바라옵니다. 병신년(1236, 고종 23) 12월 15
일 우바새(優婆塞) 정분(鄭奮) 지(誌)(《妙法蓮華經》; 藤田亮策, 〈海印寺
雜板攷〉《朝鮮學報》138, 1991, 43쪽).[156]

정안[鄭晏(奮)]은 《묘법연화경》의 발문에서 국왕의 안녕과 몽고 격
퇴 및 조야의 평안, 나아가 부모와 형제자매 및 육친 친족의 탈윤회(脫
輪廻)와 극락향(極樂鄕)에 이르기를 기원하고 있다. 그가 각성한 《묘
법연화경》은 천태종에서 호국 삼부경의 하나로 중시하고 있는 호국경이
다.[157] 이 점을 고려할 때 정안의 강화경으로의 상경은 강화경판의 각
성을 위한 최우의 의도로 인해 1236년 무렵에 이루어진 것으로 볼 수
있다. 다만 그가 '국자좨주(國子祭酒)'의 벼슬을 받았다는 기록만 전
하고 대장경 판각과 관련된 어떠한 관직도 역임한 것으로 나타나지 않
는 것은 대장도감이 별도의 독립관부로 설립된 것이 아니고 기존의 관
료조직이 그 직임을 겸임하였기 때문일 것이다.

　강화경판의 각성자 중에 '정안(正安)'이란 인물이 보인다. 그가 만
약 '정안(鄭晏)'과 동일인이라면[158] 〈표 2-2-38〉에서 보다시피 정안
은 대장경 각성사업의 첫 작업인 k.1《대반야바라밀다경》의 각성에 직
접 참여한 셈이 된다. 〈표 2-2-38〉에 의하면 그는 k.1《대반야바라

---

156) "用祝 我聖算亘天 儲齡後地 隣兵瓦解 朝野鏡淸 次願 晋陽侯長 爲國家柱
　　　石 永作佛法藩墻 又願 我先考及亡姉兄弟 與六親眷屬 泊三途受輪廻者
　　　同承此因 共坐極樂世界 丙申年 十二月十五日 優婆塞鄭奮誌".
157) 李載昌, 《佛敎經典槪說》, 現代佛敎新書 46, 동국대 역경원.
158) 대장경에는 동명이자의 동일인이 일반적으로 검출된다. 그러나 성씨마저도
　　　달리 표기하였다고 보기 어렵다. 다만 〈표 2-2-36〉에서 보다시피 '尹弘
　　　(洪)'의 경우 '允弘(洪)'으로 표기한 예도 있는 것으로 보아 '正安'이 곧
　　　'鄭晏'일 가능성도 없는 것은 아니다.

밀다경》을 1238년에 권511의 1장과, 1239년에 권561의 9장을 각
성한 것으로 나오지만 동 경전이 1권 1인에 의해 각성되었다는 점을 고
려할 때 그의 실제 각성량은 권511의 27장과 권561의 25장을 합쳐
도합 42장을 각성하였다고 볼 수 있다. 아마 권511의 27장 가운데에
는 1237년부터 작업이 시작된 경판이 있을 가능성도 배제할 수 없을
것이다. 그는 1241년과 1242년에도 최소한 7장의 각성에 참여하였
다. 그의 각성활동이 대장경에서 이루어진 것으로 보아 최소한
1238~1242년 사이에 강화경에서 각성활동에 참여하였다고 볼 수 있
다. 물론 이때의 그의 각성활동이 재향세력의 각성활동으로 인한 상경
으로 볼 수도 있지만 성황상 재조관료로서의 각성활동 참여로 보는 것
이 보다 더 무난하리라고 생각된다.

〈표 2-2-38〉 正安의 각성활동

番號	經名	卷次	函名	年代	處	張次 및 板刻量		摘要
1	1	511	闕	38	大藏	27	1/27	
		561	果	39	〃	12, 14, 15, 17, 23, 25	9/25	
2	402	3	覆	42	〃	5, 11, 19	3/27	
3	527	下	賢	41	〃	1	1/27	
4	549	83	表	〃	〃	2, 7	2/25	
5	571	14	尺	42	〃	27	1/27	

　　정안이 중앙정계로부터 하동으로 퇴거한 시기는 정안(正安)을 정안
(鄭晏)으로 간주할 때 〈표 2-2-38〉에서 2의 k.402《대방편불보은
경(大方便佛報恩經)》의 경전 각성에 참여한 이듬해인 1243년부터로
볼 수 있다. 이를 고려하면서 사료 (E)-②와 (E)-①의 ㉢을 결부시

커 생각해 보면 정안이 '최이가 전권(專權)하는 것을 꺼려 욕망을 참고 해를 멀리 하기 위하여 남해 지방에 퇴거'한 이유는 그가 후계자로 밀었던 김약선이 정치적으로 제거당하고 그의 아들 김치마저 1243년에 하동으로 유배되자 자신에게도 가해질지도 모르는 해를 피하기 위해서 였다고 보면 별 무리가 없을 것이다. 다만 강화경판 각성에 중요한 역할을 수행하고 있던 그로서는 그 정치적 명분을 '사재를 희사하여 국가와 대장경을 중분(中分)'하기로 함으로써〔(E)- ①의 ㄹ〕 무사히 정치적 활로를 타개할 수 있었을 것이다. 정안은 살아 남기 위해 남해분사도감에서 강화경판의 각성에 물심 양면으로 협력함과 동시에 개인적으로 1245년에《대방광불화엄경행원품(大方廣佛華嚴經行願品)》·《금강반야바라밀경》·《불설예수시왕생칠경(佛說預修十王生七經)》을 판각하여 그 속에 진양공 최우의 수복을 기원하는 내용[159]을 담았던 것이다.

정안의 남해분사도감에서의 각성활동은 대장경의 각성에 참여한 여러 재향세력의 일부분에 불과한 것이다. 물론 그의 각성활동은 여타의 재향세력과는 달리 재조관료로서 강화경판의 사업을 추진하던 한 주체세력의 하나였기 때문에 두드러진 활동을 보였다는 것을 부정해서는 안될 것이다. 그렇기 때문에 여타의 분사도감이 설치된 지역에서 나온 경판과는 달리 1247년(고종 34)에 판각한《종경록(宗鏡錄)》권27의 간기를 통해 '정미세 고려국 분사남해대장도감 개판(丁未歲 高麗國分司南海大藏都監 開板)'이라고 하여 그 자부심의 일단을 드러 내었을

---

159) 朴相國, 〈海印寺 大藏經板에 대한 再考察〉《韓國學報》33, 203쪽.
　　　藤田亮策, 〈海印寺雜板攷〉《朝鮮學報》138, 42~45쪽.
160) 정안이 "최이가 專權하는 것을 꺼려 욕망을 참고 害를 멀리하기 위하여 南海 지방에 퇴거하였다"(《高麗史》卷100, 鄭世裕 附 晏傳)고 한 욕망은 권력에 대한 욕구였을 것이다. 그가 최우의 후계자로 지목된 金若先, 그리고 그

것이다. 이것은 일면 권력지향적 속성을 갖고 있었던 정안[160] 이 이를 통해서나마 대장경 각성에 있어서 자신의 역할을 남기고 싶었던 의도의 발로에서 나온 행위라고 볼 수도 있을 것이다. 또한 바로 그 해 6월에 최우가 자신의 후계자를 만전(萬全), 즉 최항으로 정한 것과 관련시켜 생각해 봄직하다. 이때 하동에 유배되어 있었던 김치를 강화경으로 소환, 환속시켜 이름을 미(粃)로 고치고 사공(司空)으로 삼았는데 그 이유는 이 직책이 권세가 없기 때문에 최항을 피하게 하기 위함이었다고 한다.[161] 이 상황하에서 정안이 자신에게 닥칠지도 모르는 위해를 피하기 위한 의도에서 국가적 대사, 즉 대장경 판각에 있어서의 그의 역할을 부각시킬 필요성에서 굳이 '분사남해대장도감(分司南海大藏都監)'이란 간기를 새겼을 가능성도 없지 않다.

재향세력의 일원으로서 정안이 분사도감에서 각성활동을 한 것이 1243년부터라고 볼 때 호장중윤 김련과 호장 배공작의 각성활동의 시작 연도와 같다. 그렇다면 과연 윤홍과 대정 허백유를 재향세력으로 간주할 수 있을 것인가를 살펴보기 위해 대장경에 자신의 출신지를 밝힌 인물들을 살펴보기로 하자.

대장경에서 각성자의 출신지를 밝힌 예는 충주의 '영수(永壽)' 와 '천균(天均)' 의 경우이다. 이들의 각성활동은 〈표 2-2-39〉와 〈표 2-2-40〉을 통해 알 수 있다.

〈표 2-2-39〉에서 보다시피 대장경 각성사업의 첫 작업인 k.1《대반야바라밀다경》의 각성에 참여한 영수(永守)와 영수(永壽)는 동일인임이 분명하고, 그가 충주인임을 1-③을 통해 확인할 수 있다. 《대반

의 아들 金侍를 양자로 삼았다는 것 그 자체는 그의 권력 욕구욕에서 비롯된 것일 것이다.

161)《高麗史節要》卷16, 고종 34년 6월.

<표 2-2-39〉 永守·永壽의 각성활동

番號	經名	卷次	函名	年代	處	張次 및 板刻量		摘要
1-①		185	署	38	大藏	2,4,5,7,8,10~20,22,24	18/24	永守
②		〃	〃	〃	〃	9,21	2/〃	永壽
③	1	〃	〃	〃	〃	23	1/〃	忠州永壽刻
④		373	結	〃	〃	1,3,6,8,9,11,13,14	8/25	永守
⑤		520	闕	〃	〃	3,9,15,17,21	5/27	〃
2	279	單	傷	39	〃	2~4	3/5	〃
3	891	14	棠	44	〃	8,11,14,18	4/24	〃

<표 2-2-40〉 天均·天鈞의 각성활동

番號	經名	卷次	函名	年代	處	張次 및 板刻量		摘要
1-①		176	來	38	大藏	5,20,22,23	4/24	天均
②	1	〃	〃	〃	〃	2	1/〃	忠州天均
③		553	光	39	〃	26	1/26	刻天鈞
2	1081	8	典	43	分司	19	1/38	天均

야바라밀다경》은 대개 1권 1인에 의해 각성된 것을 고려할 때 그가 각
성한 권185·373·520의 경우에도 다른 각성자 명단이 적출되지 않
는 것으로 보아 3권의 합 76장 모두가 그에 의해 각성되었다고 볼 수
있다. 이들은 모두 1238년에 각성되었다고 간기에 나와 있지만 실제
동 경전이 첫 산출되는 1237년부터 각성이 시작되어 이때 완성되었다
고 보아야 할 것이다. 그가 전문적 각성자가 아닐 경우 많은 시행착오
를 겪다가 다른 사람보다 늦은 이듬해에 경판을 처음 내놓을 수 있다고
보면 큰 무리가 없을 것이다. 자기에게 책임지워진《대반야바라밀다
경》의 각성을 마친 후 그는 k.279《불설마하찰두경(佛說摩訶刹頭

經)》의 각성에 나섰는데, 이 경전은 단권(單卷) 5장으로 구성되어 있는데 3장에 그의 이름이 나오고 나머지 2장은 인경상태가 흐려 그 이름을 확인할 수 없지만 모두 그의 작업으로 간주할 수 있을 것 같다. 그후 영수는 한동안 각성활동에 참여하지 않다가 1244년에 k.891《근본설일체유부비나야(根本說一切有部毗奈耶)》권14의 4장을 대장도감에서 각성하였다.

충주인 천균(天均)의 경판에 대해서 살펴보기로 한다. 《대반야바라밀다경》의 권176의 천균(天均)과 권553의 천균(天鈞)의 '균' 자가 비록 서로 동일하지 않지만 동일인으로 추정하더라도 크게 어긋나지 않을 것이다. 천균의 경우 〈표 2-2-40〉의 내역과는 달리 《대반야바라밀나경》권176의 24장과 권553의 26장의 모두, 즉 50장을 1238~1239년의 2년 동안에 각성하였을 것이다. 그 후 천균은 한동안 각성활동에 참여하지 않다가 1243년에 분사도감에서 k.1081《광홍명집(廣弘明集)》권8의 1장을 각성하였다.

영수와 천균은 1238년에 76장과 24장을, 또 1238년에 5장과 26장을 각각 판각하였으며, 이후 1244년과 1243년에 각각 대장도감에서 4장 분사도감에서 1장씩을 각성하였을 뿐이며, 이들의 작업종사 기간도 다 같이 3년이란 짧은 기간에 불과하다. 강화경판의 전체 판각기간이 12년이란 사실과 또 각수의 부족 현상 등을 감안해 볼 때 그들은 전문적인 각성자가 아닌 듯하다. 그리고 그들의 매년 판각량을 보면 최하 1장으로부터 최고 76장에 이르기까지 균일하지 않고 큰 폭의 차이가 있다. 이것도 그들이 전문적인 각성자가 아님을 알려준다. 특히 이들이 충주에서 강화경으로 상경하여 대장도감에서 각성활동을 하였다는 점에서 이것은 당연할 것이다.

영수와 천균은 다 같이 자기 스스로 충주인임을 밝혀 놓았다. 강화경판에서 각성자의 출신지를 밝혀놓은 것은 이 두 사람 뿐이다. 이들이

강화경판의 첫 작업인 동시에 가장 중요한 작업이었던《대반야바라밀다
경》의 각성사업에 당당히 참여하고, 거기에 자신의 출신지를 밝혀 놓을
수 있었던 것은 최소한 이들이 충주를 이끌어 나갔던 재향세력의 일원
으로서 항몽전선에 있어 충주인들이 세웠던 전공에 대한 자부심의 발로
에서 비롯된 것일 것이다. 따라서 ‘충주항전’과 경판각성은 서로 밀접
한 관련이 있었음을 파악할 수 있으며, 나아가서 강화경판의 각성사업
은 외적의 퇴치에 단순히 관념적인 차원이 아닌 현실적 기여가 있었음
을 간파할 수 있을 것 같다. [162]

충주인 영수는 1209년(희종 5)에 ‘국자감 좌주 조충(趙沖)이 시부
(詩賦)로 추영수(秋永壽) 등 16명과 십운시(十韻詩)로 신계백(申季
伯) 등 50명을 뽑았을 때’[163]의 ‘추영수’ 바로 그 사람일 것이다. 그러
나 충주의 토성에 ‘추씨’가 나오지 않는 것으로 볼 때 두 사람을 동일인
으로 볼 수 있을지 의문이다. 그러나 몽고와의 전쟁 기간에 치열한 전
투가 벌어졌던 충주에서 전란의 와중에, 혹은 원간섭기에 이곳에서 사
라진 성씨일 수도 있을 것이다. 물론 이 경우에 토성이 성립된 이후에
이들이 충주로 들어왔다는 점이 전제가 되어야만《신증동국여지승람》
‘성씨’ 조에 ‘추씨’가 나오지 않은 것에 대한 올바른 답변이 될 수 있을
것이다. 어쨌든 각성자 영수〔永壽(守)〕를 추영수라고 할 때 재향세력
의 한 축이었던 국자감시 출신의 진사들이 강화경판의 각성에 참여하였
음을 알 수 있다. 실제 대장경에는 각성자가 자신의 신분을 ‘진사’로 밝
힌 예가 나온다.

《마하반야바라밀경》권13의 총 31장 중에서 제9장에 ‘대절 도(大節
刀)’로, 제10장에 ‘대절(大節)’로, 제13장에 ‘진사 임대절 간(林大

---

162) 金潤坤, 앞의 논문, 1995, 162~164쪽 및 본서 3부 1장 2절 참조.
163)《高麗史》卷74, 選擧志 2, 國子試之額.

節 刊)'으로, 제14장에 '임대절'로 각각 판각해 놓은 것에서[164] 진사 임대절이 대장경의 각성에 참여했음이 확인된다. 진사 임대절은《마하반야경》뿐만 아니라 그 밖에 많은 경전을 각성하였다. 그가 각성작업에 종사한 전체의 연대와 그 수량 등을 표로 나타내면 〈표 2-2-41〉과 같다.

〈표 2-2-41〉에서 보다시피 임대절은 1238년(고종 25)부터 1244년까지 7년 동안 대장경판의 각성사업에 종사하였으며, 그 동안 총 199장의 경판을 판각하였다. 그가 7년 동안 판각한 수량 중에서 최고는 1240년의 40장(대장도감)이고, 최하는 1238년의 5장(대장도감)이다. 그 밖에 1241년 36장(대장도감), 1243년 34장(대장도감 26, 분사도감 8), 1239년 25장(대장도감), 1242년 25장(대장도감), 1244년 24장(대장도감 20, 분사도감 4), 무간기 10장 등의 순서로 나타난다. 최고의 40장을 최하의 5장에 대비해 보면 무려 8배나 많다. 각 1년간의 판각 수량면에서 그렇게 심한 차이가 있다는 것은 어떤 강압적 통제하에서 작업을 하지 않았다는 반증일 것이다.

〈표 2-2-41〉 林大節의 각성활동

番號	經名	卷次	函名	年代	處	張次 및 板刻量		摘要
1	3	13	薑	38	大藏	9,10,13,14	4/31	9;大節刀 13;進士林大節刊
2	6	7	淡	39	〃	1~6	6/23	2,3;林大節刀
3	22	30	師	〃	〃	1~4,6~20	19/20	
		62	官	40	〃	5,6,8~25	20/25	
		75	人	〃	〃	1~20	20/20	

---

164)《高麗大藏經》제5책, 367~369쪽.

<표 2-2-41> 林大節의 각성활동

番號	經名	卷次	函名	年代	處	張次 및 板刻量		摘要
4	44	下	衣	38	〃	8	1/41	林大節
5	79	28	朝	44	〃	6~8	3/24	
6	99	2	戎	41	〃	2~6,8~23,25	22/26	
7	109	下	貧	〃	〃	2,3,5,7,10~13,15~19,21	14/21	
8	117	6	鳳	42	〃	2~7〉31	18/32	
9	134	4	草	〃	〃	3〉11~13	7/13	
10	144	5	及	43	〃	2~7,9,11,13〉25	15/25	11:大切
11	584	5	競	〃	分司	9,13,15	3/24	
12	586	7	父	〃	大藏	9,11	2/24	
13	648	4	履	〃	分司	5	1/34	
14	1649	11	蘭	〃	大藏	14,15	2/22	
15	755	上	言	〃	〃	2	1/23	
16	799	5	安	·	無	11	1/33	
17	807	下	甚	43	大藏	3	1/22	
18	889	40	仕	44	〃	24	1/29	
19	890	55	以	〃	〃	15,16	2/28	
20	922	上	訓	〃	〃	12,13	2/39	
21	943	3	子	〃	〃	8,9	2/19	
22	955	24	眞	〃	〃	14,15	2/23	
23	957	37	爵	〃	〃	25,26	2/26	
24	968	5	三	〃	分司	9,10	2/28	
25	1001	5	驚	〃	大藏	2,3	2/19	
26	1048	下	彩	43	〃	53,54	2/61	

番號	經名	卷次	函名	年代	處	張次 및 板刻量		摘要
27	1075	8	左	〃	分司	27, 28	2/29	
28	1081	1	典	〃	〃	2	1/18	
		22	聚	〃	〃	26	1/44	
29	1257	11	纓	〃	大藏	14, 129	2/130	
		15	世	〃	〃	60	1/108	
30	1258	16	富	·	無	11, 12	2/12	
31	1406	35	橫	44	分司	3, 4	2/54	
32	1454	1	軍	·	無	3, 4	2/20	
33	1478	下	九	44	大藏	6	1/6	
34	1486	10	幷	〃	〃	8	1/11	
35	1487	38	禪	〃	〃	6, 7	2/11	
36	1505	7	邈	·	無	5, 7, 9, 13, 19	5/34	

　진사 영의(永義)도 다른 또 하나의 예로 볼 수 있다. 영의(永義) 즉 영의(永衣)는 '진사 임대절 간(刊)'과 동일한 형식으로 판각해 놓지 않고, 그의 신분과 이름을 따로 분리하여 각해 놓았다. 예컨대《대반야바라밀다경》권405의 전체 24장 중에서 제5장의 1장에 '영의(永衣)'로, 제6장을 비롯해서 7장에 각각 '진사'로 표현하는 등 따로 분리하여 각해 놓은 것이 그것이다. 여기 진사와 영의(永衣)로 판각되어 있는 것을 제외하면 전체 24장 중에 다른 각성자의 이름은 전혀 나타나 있지 않다. 이로 보아 그 7장에 각각 새겨져 있는 진사는 영의(永衣) 자신을 상징할 수 있는 신분으로 볼 수밖에 없을 것이다. 그의 판각을 조사해 보면, 진사와 영의(永衣) 그리고 영의(永義) 등의 명칭을 혼용하고 있는 사실을 발견할 수 있다. 요컨대 진사 영의〔永義(衣)〕는 1238년에 31장, 1240년에 3장, 1244년에 2장 등 총 36장에 그의 각성 사

실을 밝혀 놓은 각성자로 파악된다. 신종 2년(1199) 4월의 국자감시
에서 비서감 이계장(李桂長)은 시부(詩賦)로 육영의(陸永儀) 등 20
명을 뽑았다고 했다. 여기 국자감시의 급제자, 즉 진사 육영의와 대장
경의 각성사업에 종사했던 영의(永義)는 신분이 진사란 점에서 서로
동일하고, 또 이름도 서로 같은 것으로 볼 수 있다.

육영의는 신종 2년(1199)에 국자감시에서 급제하였으므로, 대장경
판의 각성작업에 종사했던 1238년은 그 급제시기로부터 39년 뒤가 되
는 셈이다. 그 급제 당시의 나이가 만약 14~20세였다고 한다면,
54~60세의 나이에 이르고 있었던 셈이다. 그는 이 나이에 이르러 문
인지식층으로서의 지나온 삶을 고뇌하고 외침으로 빚어진 참담한 조국
의 현실에서, 한갓 나약한 지식인이 아닌 적극적인 현실참여의 일환으
로 대장경판의 각성작업에 직접 참여하게 되었던 것이 아닌가 싶다.[165]
이 같은 의식의 소유자는 비단 영의 뿐만 아닐 것이다.

한편 강화경판의 각성활동에 참여한 재향세력 가운데에는 동정직(同
正職) 소유자들도 많이 가담하였다. 각수의 명단에 동정직 소유자라고
밝힌 바는 비록 발견되지 않지만 진주목 분사도감에서 간행한 이규보의
《동국이상국집》 발미(跋尾)에 나오는 분사도감 직제(〈표 2-2-42〉)를
통해 그것을 확인할 수 있다.

---

165) 진사 영의는 〈표 2-2-51〉 이외에 k.308의 권7과 k.549의 권 4 및
   k.947의 권1 등에 각성사실을 밝혀 놓았다. 그에 대해서는 본서 2부 2장
   4절 국자감시 출신 문인지식층에서 상세히 다루었다.

<표 2-2-42> 진주목의 분사도감 직제[166]

番號	職位	官職 및 品階	姓 名
1	使	按察使(春夏)	孫 薔
		按察使(秋冬)	田 某
2	副使	晉州牧副使兵馬幹轄試尙書工部侍郎	全光宰
3	錄事	將士郎軍器注簿同正	井洪湜
4	錄事	將士郎軍器注簿同正	張世侯
5	校勘	河東郡監務管句學事將士郎良醞令	李盆培

위의 표에서 1~5까지의 순서는 분사도감의 직위를 위에서 아래로 서열화한 순이며,《농국이상국집》발미에서는 그 역순으로 기록되어 있다. 이 중에서 주목되는 것은 3~4번의 녹사 2인이 모두 '장사랑(종9품 이하) 군기주부동정'인 점이다. 이 품직은 대개 음사자가 초임으로 받는 것이며, 특히 동정직은 "정원 밖에 첨설된 인원이다."[167] 따라서 진주목에 소재지를 두고 있는 '분사도감'의 녹사들은 기존의 행정관원들이 아님을 파악할 수 있다.

여기서 참고로 1354년(공민왕 3)에 진주목에서 최해(崔瀣)의《졸고천백(拙藁千百)》을 간행하는데 참여한 관원과 그 조직체계에 관해서 살펴보기로 한다. ① 봉선대부(종4품)의 안렴사, ② 중정대부(종3품 상) 목사, ③ 통직랑(정5품)의 판관, ④ 통사랑(정9품)의 사록·참군사·장서기, ⑤ 각수, ⑥ 색(色)—호장 등의 순으로 기록되어 있다.[168] 여기 ①~⑥까지의 관리와 각수는《졸고천백》을 간행하는 데 계통적으

---

166) 이 표는 본서 1부 2장 2절의 <표 1-2-8>을 설명의 편의를 위해 다시 한 번 제시한 것임.
167) 李佑成,〈高麗時代의 吏에 對하여〉《歷史學報》23, 1964.
168)《拙藁千百》卷2 末尾;《高麗名賢集》2책, 1973, 426쪽.

로 참여한 자들이다. 이중에서 ⑤의 각수를 제외하고 보면 진주목의 행정체계의 서열이 된다. 또한 이를 통하여 주목에 재임하고 있던 관원들의 품계와 조직체계를 알 수 있다.

앞의 〈표 2-2-42〉와 《졸고천백》을 간행하는데 나타나고 있는 진주목의 관원조직의 체계를 서로 비교해 보면 큰 차이가 있다. 《졸고천백》을 발간할 때 참여한 판관과 사록·참군사·장서기 등이 '분사도감'에서는 빠진 대신에 '장사랑군기주부동정' 2인과 '장사랑양온령' 1인이 새로 참여하였다. 이들이 대장경을 판각하기 위하여 새로 특채된 요원들임을 파악할 수 있다. 따라서 이들은 대장경판의 새로운 조성에 따른 직무만을 전담하고 있었던 요원이었음이 분명하다. 결국 '분사도감'의 상부조직은 안찰사와 계수관 등으로 하여금 겸임하게 하고, 그 하부조직은 기존의 지방행정 관원이 아닌 새로운 전담 요원으로 충원하였던 것이다. 이 요원은 '장사랑군기주부동정' 및 '장사랑양온령' 즉 초임의 음사자로 충원되었던 것이다.

무인 최씨정권이 새로운 대장경을 조성하기 위해서 표면적으로 내세운 명분이야 어떻든 간에, 그 조성의 기본 동기는 불력을 빌어 전국의 통치조직의 운영을 원활히 하여 몽고의 침략을 격퇴하려는 데 있었을 것이다. 많은 음사자들에게 새로운 직책을 부여함으로써 정권의 새로운 협조자를 양산할 수 있게 되었고, 동시에 통치조직의 운영에 새로운 활력소가 되기도 하였을 것이다.[169] 이것은 또한 무인정권 이후 지방의 농민항쟁에 이들 동정직 소유자들이 많이 가담한데 주목하여 이들의 반체제 활동을 누그러 뜨리고자 하는 의도도 있었을 것이다.[170] 무인 최

---

169) 金潤坤, 〈高麗大藏經의 彫成機構와 刻手의 性分〉《民族史의 展開와 그 文化》上, 碧史李佑成敎授 定年退職紀念論叢, 창작과 비평사, 1990.
170) 金晧東, 〈12,13세기 농민항쟁의 전개와 성격〉《한국사》6, 한길사, 1994.

씨정권이 대장경의 조성사업을 강력하게 추진하게 된 동기의 하나가 바로 여기에 있었을 것으로 믿는다.

전직관료를 위시한 품관층과 진사, 동정직 소유자, 그리고 향리 등의 재향세력들은 고려사회에서 지방사회를 이끌어 나가던 문인지식층이었다. 이들은 개인적 영달을 추구하거나 은둔하여 개인의 안일만을 바라고 세상의 모든 일을 치지물문(置之勿問)하지 않고 외적의 강토 유린으로 민족적 수난기에 처한 현실을 고뇌하고 이러한 위기상황을 적극적인 현실참여를 통하여 극복하고자 경판사업에 참여하였으며, 이들의 이러한 현실참여는 실의에 빠진 당시의 수많은 민중들에게 희망을 고취시켜 주는 하나의 활력소기 되었을 것이다.[171]

제3절 僧侶層

강화경판의 조성에는 많은 수의 승려층들도 참여하고 있었다.[172]《고려국신조대장교정별록(高麗國新雕大藏校正別錄)》30권의 각 권에는 '사문 수기 등(沙門 守其 等) 봉칙교감(奉勅校勘)'이라 하여 수기(守其) 등이, 또《십구장원통기(十句章圓通記)》권하,《석화엄지귀장원통초(釋華嚴旨歸章圓通鈔)》권하 말(末) 등의 천기(天其) 및 그의 제자 등이, 그리고《남명전화상송증도가사실(南明泉和尙頌證道歌事實)》권3 말의 간사비구(幹事比丘) 천단(天旦)과 선백(禪伯) 거상인(擧上

---

171) 金潤坤,〈《高麗大藏經》의 각판과 국자감시 출신〉《國史館論叢》46, 1993, 125쪽.
172) 鄭東樂,〈《江華京板 高麗大藏經》조성의 參與僧侶層과 對蒙抗爭〉《嶠南史學》7, 1996.

人) 등이 바로 그들이다.

한편 대장경 각성활동자들 중에는 자신의 참여사실을 직접 기록해 놓기도 하였다. 이를 통해 천태산인(天台山人) 요원(了源), 사미 영기(永奇), 비구 동고(東皐), 사미 백우(白藕), 비구 효겸(孝兼), 도인(道人) 녹상(祿祥) 등 승려층이 참여하였음을 볼 수 있다. 특히 천태산인 요원은 요원지(了源誌), 천태산인 요원수 삼십구폭(天台山人 了源手 三十九幅) 등으로 직접 각수로 참여하면서 39폭의 경판을 기진하고 있다.[173] 또 '효겸 각(孝兼 刻)'·'녹상 도(祿祥 刀)' 등에서 이들은 직접 경판을 판각키도 하였던 사실을 알 수 있다. 이처럼 조성사업에 참여한 승려층들은 직접 각수로서 신보시를, 아니면 사재를 기진하여 재보시하고 있었다.

그러나 대장경 경판에는 자신의 신분을 각인하지 않고 단지 인명만을 남긴 경우가 더 많았다. 우선 당시 고승 비문 및 문집에 나타난 승려층을 살펴보자.

<표 2-2-43> 高僧碑文 및 文集에 나타난 승려층들의 각성활동[174]

番號	碑文·文集			江華京板			備　　　考
	法名	僧階	典據	刻成者	刻成時期	刻成量	
1	支亮	大禪師	慧諶碑陰記	至(之)良	38.40	16(0.0)	大禪師로 추정.
2	希遠	禪師	〃	希元	44~45	5(3.2)	《語錄》에는 道人, 《李相國集》에는 禪師.
3	守源	大選	〃	守元	44~45	30(10.5)	
4	全一	〃	〃	全一	43~44 48	99(35.6)	
5	大有	〃	〃	大有	45	2(0.0)	혜심비음기의 大將軍 鮮大有로 추정되기도 함.

173) 金潤坤, 앞의 논문, 1990, 245~248쪽.

番號	碑文·文集			江華京板			備　考
	法名	僧階	典據	刻成者	刻成時期	刻成量	
6	宗然	道人	〃	宗然	43~45	26 (9,3)	刻字者.
7	天眞	大禪師	《眞覺國師語錄》上堂	天眞	44	6(2,2)	1223.10 迦智大禪師의 亡母를 위해 上堂.
8	慧修	棟樑	〃	惠守	44	1(0,0)	1233.7 修禪社에서 慧修가 鎭兵法會를 설함.
9	定慧	長老	同上 答書	正惠	38,39 43~45	66 (0,0)	正惠刻. 조정에 보낼 疏文을 지어달라고 부탁함.
10	至剛	上座	同上 示人	智岡	43	1(1,0)	法語를 설함.
11	智珠	上人	〃	智珠	43~45	64 (26,3)	迦葉의 염화미소의 근본 뜻을 설함.
12	天照	上座	《無衣子詩集》卷上	天祚	44	1(0,0)	빗소리를 듣고 頌을 청함.
13	元其	上人	〃	元器(己,奇,起)	37~39 43~45	91 (19,9)	元器刻. 元其上人에 대한 시를 쓰면서 幷序함.
14	眞一	〃	〃	眞一	45	6(2,4)	散亂과 昏沈을 다스리는 방법 설명.
15	智空	〃	同上 卷下	知(志)公 (之貢)	43~44	65 (11,3)	귤을 보내준데 대한 감사.
16	裵允亮	信士	〃	允良	37~39	14 (0,0)	生死榮辱을 기뻐하거나 슬퍼할 것이 없음을 作詩.
17	守精	大禪師	一然碑陰記	守貞 (丁)	43~45	30 (3,1)	無爲寺 출신. 국자감시 출신의 廉守貞과 동일인으로 추정되기도 함.
18	惠如	大禪師	〃	惠如 (呂)	43~45	87(26,16)	聖住寺 출신
19	志于	禪師	〃	之右	未詳	1(0,0)	師子院 출신
20	金藏	大禪師	《湖山錄》卷3	金藏 (莊)	38,44	7(0,1)	慧諶을 계승, 冲止와도 교류, 無極에게 道를 전함.
21	道閑	大師	同上 卷4	道閑	43~45	67 (13,2)	金字 華嚴 法華經 慶讚시 慶讚 安居法會를 개최함.

번호	碑文 · 文集			江華京板			備　　考
	法名	僧階	典據	刻成者	刻成時期	刻成量	
22	志玄	道者	〃	之玄, 知賢, 智玄, 智賢	39,40 42~44	125 (16,9)	樞密院使 崔昷에게 《金光 明經》을 변방인에게 나누어 주기 위해 가지고 감.
23	宗銳	大師	〃	宗銳 (乂)	43~44	55 (19,6)	雲住寺大師 宗銳
24	歸一	山人	《東國李相 國集》卷19	歸一	43~45	62 (10,3)	普濟寺 住持 老規公이 山人 歸一에게 廳事의 벽에 老松 을 그리게 함.
25	普光	禪師	同上 卷8	保光	37	1(0,0)	普光禪師가 白蓮社를 功德山 에 지었는데 앞에 石臺가 있다.

*조성량 중 무간기는 모두 각성활동 연도에 포함시켜 계산한 것임. 조성량
　(분사도감, 무간기)의 순으로 장수 표시.

　위 표의 승려층들은 주로 수선사〔修禪社(1~16)〕·가지산문〔迦智
山門(17~19)〕·백련사〔白蓮社(20~23)〕 출신이었을 것으로 보인
다. 이는 고려후기 신앙결사 참여자와 일연의 가지산문 계열이 대장경
각성활동에 참여하고 있었음을 보여주는 것이다. 이중 '정혜각(定惠
刻)·원기각(元器刻)' 등에서와 같이 상당수가 자신이 직접 각수로 참
여하였을 것이다. 특히 (6)의 종연(宗然)은 혜심비의 각자자(刻字者)

---

174) 이 표의 1~6은 眞覺國師慧諶碑 陰記, 7~16은 《眞覺國師語錄》과 《無依
　　子詩集》에서 慧諶(1174~1234), 17~19는 普覺國尊一然碑 陰記의 一
　　然(1206~1289), 20~23은 《湖山錄》에서 天頙(1206~1294),
　　24~25는 《東國李相國集》에서 李奎報(1168~1241)와 교류한 인물들
　　이다. 秦星圭, 〈眞覺國師 慧諶의 修禪社活動〉, 《中央史論》5, 1987; 蔡
　　尙植, 〈普覺國尊 一然에 대한 연구〉《韓國史研究》26, 1979; 許興植,
　　《眞靜國師와 湖山錄》, 民族社, 1995 등 참조.

로, (20)의 금장 대선사(金藏 大禪師)는 글씨를 잘 썼다고 하며, (21)의 도한(道閑)은 사경(寫經)에 참여하였고, (24)의 귀일(歸一) 은 그림을 잘 그린 인물이었다. 여기서 비록 언급 안 된 위의 승려들도 대부분 그와 비슷한 능력의 소유자였을 것으로 짐작된다. 그러한 경험 들이 대장경 조성과정에서 필사(筆寫) 등의 작업에도 참여하여 직접적 으로 많은 도움을 주었을 것이다. 승계(僧階)는 대선사 5인, 선사 3 인, 도자(道者) 2인, 상좌(上座) 2인, 상인(上人) 4인, 대선(大選) 3인, 대사 2인, 산인(山人)·장로·신사(信士) 각 1인 등으로 상· 하층의 승려층이 고루 참여하고 있다.

다음으로 당시 각 사원의 불사에 참여한 승려층을 중심으로 각성활동 과 의식을 살펴보기로 한다.

〈표 2-2-45〉 지방사원 佛事와 각성활동 참여승려층[175]

番號	지방사원의 佛事						江華京板			備考
	寺院	位置	人名	役割	所屬宗派	活動時期	刻成者	刻成時期	刻成量	
1	德周寺	忠州月岳山	道人戒安	棟梁	法相宗	熙宗2(1206)	戒安	38,40~41 43~44	68 (19,10)	彫刻戒安刻者戒安
2	資福寺	陽根奉日鄉	玄化寺大師大公	造成功德者	〃	熙宗3(1207)	大公	44~45	47 (15,4)	

175) ① 〈泰和六年德周寺禁口〉 '聖壽天長隣兵永息師尊無疾長存先亡父母及法
　　界衆生往淨界之愿　陽根奉日鄉資福寺 … ' (黃壽永, 《韓國金石遺文》, 一
　　志社, 1994, 390쪽).
　② 〈泰和七年銘資福寺鉡子〉 (黃壽永, 위의 책, 391쪽).
　③ 〈崇慶二年高嶺寺飯子〉 '壽寧宮主房侍衛軍公節亦 聖壽天長 國泰民安

番號	지방사원의 佛事						江華京板			備考
	寺院	位置	人名	役割	所屬宗派	活動時期	刻成者	刻成時期	刻成量	
3	高嶺寺	楊州高嶺山	同寺住持惠成	功德者	未詳	康宗 2 (1213)	惠成	46	3 (0,0)	
4	卯寺	高阜郡	寺主人玄智	棟梁	〃	高宗 4 (1217)	玄知	45	1 (1,0)	
5	北禪院寺	洪州大興郡	僧印	助役	禪宗	高宗 5 (1218)	承(升)印	43,44	26 (11,2)	
6	月峯寺	未詳	大師釋琦	知事	〃	高宗 36 (1249)	石奇	37	2 (0,0)	
7	安養社	智異山	道人宗一	棟梁	華嚴宗	高宗 39 (1252)	宗一 (日)	43~45	47 (12,4)	
8	〃	〃	長存	使用	〃	〃	長存	43~45	70 (24,3)	
9	未詳	未詳	天台山人了源	未詳	天台宗	未詳	了源 (元)	37~41, 43	84 (0,0)	

兩主各保千秋 兼及亡妻聰明女離苦得樂聞聲 悟道之願…’(위의 책, 391~392쪽).

④〈丁丑銘般子〉(許興植,《韓國金石全文》, 亞細亞文化社, 1984, 970~971쪽).

⑤〈貞祐陸年銘靑銅鈑子〉‘聖壽天長隣兵永息法界生亡共證菩提兼及己身等此生不逢厄難後生西方極樂國土之愿’(黃壽永, 앞의 책, 394쪽).

⑥〈月峯寺金鼓〉(許興植, 위의 책, 1037쪽).

⑦,⑧〈壬子銘安養社飯子〉‘高麗二十三王環甲之年壬子四月十二日在於京師工人家中鑄成智異山安養寺之飯子…’(黃壽永, 앞의 책, 399~400쪽).

⑨《放光般若經》卷7, 39張(《高麗大藏經》제5책).

앞의 표에서와 같이 불사를 수행하였던 사원은 충주 월악산의 덕주사(德周寺), 양근(陽根, 현 양평군) 봉일향(奉日鄕)의 자복사(資福寺), 양주 고령산의 고령사(高嶺寺), 전북 고부군의 묘사(卯寺), 홍주(洪州) 대흥군의 북선원사(北禪院寺), 미상의 월봉사(月峯寺), 지리산 안양사(安養寺) 등이다. 이는 경판 조성사업에 지방사원 출신의 승려층들이 적극 참여하였음을 짐작케 해주는 것이며, 사원이 어느 한 곳에 집중된 것이 아니라 전국적인 분포를 보이고 있다. 불사 참여 당시의 승계는 도인 2인, 대사 2인, 주지 2인, 산인 1인, 미상 2인 등이다. 불사에서의 역할은 동량(棟梁), 조성공덕자(造成功德者), 조역자(助役者), 사용(使用), 지사(知事) 등이 있다. 소속종파는 법상종, 선종, 화엄종, 천태종 등이며, 따라서 각성활동 참여 승려층은 교·선 혹은 종파별로 어느 한 곳에 치우쳐 있지 않았던 것을 알 수 있다.[176)]

이처럼 강화경판 조성사업에는 지방사원 출신의 승려들이 대거 참여하고 있었으며, 망부모의 명복과 '성수천장(聖壽天長) 인병영식(隣兵永息) 국태민안(國泰民安) 법계중생왕정계(法界衆生往淨界)' 등의 의식을 소유하고 있었을 것이다.

다음으로 해인사 동서판전(東西板殿)의 사간판(寺刊板) 간행에 참여한 인물을 살펴 보기로 하자.

〈표 2-2-45〉 海印寺 寺刊板과 각성활동 참여 승려층[177)]

番號	海印寺 寺刊板						江華京板			비고
	人名	僧階	出身寺院	役割	經 名	參與時期	人名	參與時期	刻成量	
1	天章	道人	伽倻山 下鉅寺	勸緣	大方廣佛 華嚴經疏	高宗28 (1241)	千丈 千杖	고종 25~28 30~31	99 (20.9)	伽倻山 下鉅寺 에서 雕造

---

176) 崔永好,《《江華京板 高麗大藏經》刻成事業의 研究》, 1996, 영남대 박사학위논문.

番號	海印寺 寺刊板						江華京板			비고
	人名	僧階	出身寺院	役割	經 名	參與時期	人名	參與時期	刻成量	
2	大升	未詳	海印寺	刻手	佛說梵釋四天王陀羅尼經	高宗23 (1236)	大升	高宗 25~26	17 (0,0)	海印寺 彫造
2	大升	未詳	海印寺	刻手	佛說梵釋四天王陀羅尼經	高宗23 (1236)	大升	高宗 25~26	17 (0,0)	海印寺 彫造
3	明覺	山人	未詳	刻手	妙法蓮華經	高宗23 (1236)	明覺 名各 名角 등	高宗24 26~30	126 (0,0)	鄭晏 誌
4	志閑	山人	未詳	筆寫	大方廣佛華嚴經世主妙嚴經品第1	高宗37 38~40	志閑	高宗31	2 (0.0)	順安山城防護別監 李榮 誌

위의 표에서 (1)의 천장(天章)은 그 인명의 표기가 양쪽에서 서로 다르게 표기되어 있어 동일인인지 의심스럽기는 하나, (3)의 산인 명각

---

177) ① 天章 : 辛丑(고종 28) 5月에 伽耶山의 下鉅寺에서 彫造한 《大方廣佛
華嚴經疏》卷3 第12장에는 다음과 같은 간기가 기록되어 있다. '籠壽寺社
堂比丘 玄揆主張 下鋸寺道人 天章 戒湛 勸緣, 道人 聞契 校勘 辛丑五月
日 伽耶山下鉅寺 彫造'(藤田亮策, 앞의 논문, 56쪽). 이를 통해 下鋸寺
의 道人 天章이 勸緣으로 참여하였음을 알 수 있다.
② 大升 : 丙申(고종 23) 6月에 조성한 《佛說梵釋四天王陀羅尼經》의 '刻
手大升 海印寺彫造'라는 내용이 판각되어 있다. '伏爲 聖壽無疆 隣兵永息
時和歲稔 國泰民安之願 丙申六月日誌 刻手大升 海印寺彫造'(藤田亮策,
앞의 논문, 63쪽).
③ 明覺 : 1236년(고종 23 ; 丙申年) 12月에 완성된 것으로 판단되는 私
刊의 《妙法蓮華經》을 판각하는데 관여한 인물이다. '(鄭奮)請山人明覺
板印施'(藤田亮策, 앞의 논문, 43쪽)라는 내용에서, 그는 鄭奮(晏)의 요
청에 의해 본 經典의 刻手로 관여하고 있음을 알 수 있다.

(明覺)의 경우를 통하여 동일인으로 추정할 수 있을 듯 하다. 명각은
k.111《방광대장엄경(方廣大莊嚴經)》권7에서 2·8장 명각도(名各
刀), 3·5~7장 명각(名却), 9~11장 명각수(名却手), 12~13장
명각(名角), 14장 명각도(名各刀), 15장 명각수(名各手), 16~17
장 명각(名各), 18·20장 명각(明覺), 19장 명각수(明覺手) 등으로
각인되어 있다. 즉 명각(名却), 명각(名各), 명각(明角), 명각(明覺)
등 4가지 형태로 자신의 인명을 표시한 것이다. 이것은 각성활동 참여
자들이 자신의 인명을 동음이자로 표기하는 경우가 매우 많았음을 보여
주는 것이다. 자신의 역할 역시 수(手), 도(刀) 등으로 달리 표현하고
있다. 도(刀)란 사신이 '칼질하였다'는 뜻이며, '수' 역시 이러한 의미
였을 것이다. 이외에도 k.56《대방등대집경(大方等大集經)》권17에
는 인명 다음에 3·4·12·13장 수(手), 7·16·17·19·20·22
장 도(刀), 8장 수단심(手段心), 9장 심작(心作), 10장 수단심공(手
段心工), 15·18장 심(心) 등으로 표기하고 있다. '수단심공'·'수단
심'·'심작'·'심' 등의 표현은 바로 '온 마음을 다하여 대장경 조성에
참여하였다'는 것을 의미하는 것으로 보인다.[178] 이러한 다양한 인명과
역할의 표기는 경판의 각성활동에 자부심을 가지고 온 정성을 다하였으
며, 자발적인 의지로 참여하였음을 보여주는 것이 아닐까 한다.

　승계(僧階)는 도인 1인, 산인 2인 등이며, 출신 사원은 가야산 하거
사(下鉅寺), 합천 해인사로 대체로 화엄종 계열이었다.[179] 사간판(寺

---

④ 志閑 : 順安山城防護別監同縣令興威衛攝散員 李榮의 주도로 고종
37·38~40년 사이에 조판된《大方廣佛華嚴經世主妙嚴品》第1의 판각
사업에 초청되어 관여한 승려였다. '伏爲 聖祚天長 淸河相國 壽祿延弘 干
戈不作 禾穀有稔 普與法界生亡 共登樂岸 請山人志閑 敬寫華嚴神衆 募
工雕板者 十二月日誌 順安山城防護別監同縣令興威衛攝散員 李榮'(藤田
亮策, 앞의 논문, 61~62쪽).
178) 金潤坤, 앞의 논문, 1990, 251쪽.

刊板) 조성장소는 하거사, 해인사 등이다. 사간판 조성의 역할은 각수 (刻手), 권연(勸緣), 필사(筆寫) 등이며 이러한 조성경험은 강화경판의 각성활동에 참여하였을 경우 성공적인 사업진행에 큰 도움이 되었을 것이다. 이들은 (2)의 대승(大升)과 같이 '성수무강(聖壽無疆) 인병영식(隣兵永息) 시화세임(時和歲稔) 국태민안(國泰民安)'의 의식을 소유하고 있었을 것이다.

　이상에서 승려층들이 강화경판의 조성에 적극 참여하고 있었음을 파악할 수 있는데, 전체 각성자 속에서 이들이 차지하는 비중이 어느 정도 되는지 궁금해진다. 아래는 k.952《아비달마대비바사론(阿毗達磨大毗婆沙論)》의 각성활동자들을 살펴 본 것이다.

〈표 2-2-46〉 k.952《阿毗達磨大毗婆沙論》의 각성활동자

番號	卷	函	刻手	處	歲	張次	備　考
1	87	節	順圭	大藏	44	2	
2	〃	〃	良	〃	〃	3	良智와 동일인?
3	〃	〃	良智	〃	〃	4	
4	〃	〃	法基	〃	〃	6	
5	〃	〃	禮全	〃	〃	7, 8	
6	〃	〃	成呂	〃	〃	10	
7	〃	〃	光照	〃	〃	11, 12	
8	〃	〃	守丁	〃	〃	14	
9	〃	〃	地起	〃	〃	16	
10	〃	〃	義玄	〃	〃	17	

---

179) 崔永好, 박사학위논문, 1996, 3장 94쪽.

番號	卷	函	刻手	處	歲	張次	備 考
11	87	節	文就	大藏	44	20	
12	〃	〃	卜三	〃	〃	21	총21장
13	89	〃	孝習	〃	〃	2	
14	〃	〃	義兼	〃	〃	4	
15	〃	〃	和正	〃	〃	6	
16	〃	〃	甫才	〃	〃	9	
17	〃	〃	戒中	〃	〃	11	
18	〃	〃	慈心	〃	〃	12	
19	〃	〃	長存	〃	〃	14	
20	〃	〃	慈世	〃	〃	16	
21	〃	〃	子龍	〃	〃	18	
22	〃	〃	克夫	〃	〃	21	
23	〃	〃	山同	〃	〃	23	
24	〃	〃	天惠	〃	〃	24, 25	총25장
25	90	〃	孝均	〃	〃	2	
26	〃	〃	洪與	〃	〃	4	
27	〃	〃	宗植	〃	〃	6	
28	〃	〃	卜龍	〃	〃	7	
29	90	〃	公式	〃	〃	10	
30	〃	〃	成惠	〃	〃	12	
31	〃	〃	戒眞	〃	〃	13	
32	〃	〃	性一	〃	〃	15, 16	
33	〃	〃	長生	〃	〃	17	
34	〃	〃	惠印	〃	〃	19	

番號	卷	函	刻手	處	歲	張次	備 考
35	90	節	仲玄	大藏	44	21, 22	
36	〃	〃	洪中	〃	〃	23	총23장

위 〈표 2-2-46〉에서《아비달마대비바사론》은 모두 고종 31년 (1244)에 대장도감에서 조성되었고, 각성활동자는 총 35인을 발견할 수 있다. 이중 (8)의 수정(守丁)은 일연비음기(一然碑陰記)의 무위사(無爲寺) 승려인 수정(守精), (12)의 복삼(卜三)은 (23)의 산동(山同)과 같은 계층의 인물로 보이며,[180] (19)의 장존(長存)은 지리산 안양사의 반자(飯子) 조성에 사용(使用)으로 참여하였던 승려로 추정된다.

현재 강화경판 조성에 참여한 각성활동자의 인명은 대략 3,600명에 달하며, 이들은 크게 재조관료층, 국자감시(國子監試) 출신의 지식인층인 진사층 · 향리층 등의 재향세력, 승려층, 일반민 등이었음이 밝혀지고 있다. 하지만 이들 각 계층이 어느 정도의 비율을 차지하고 있었는지를 밝히는 데에는 많은 어려움이 있다. 그것은 인명만을 통해 그들의 출신성분을 추측하기가 거의 불가능하기 때문이다. 다만 승려층들은 그 인명을 개략적으로 추측할 수 있는 경우가 많다. 따라서 〈표 2-2-46〉에서 승려로 보이는 인물을 보면 법기(法基), 성려(成呂), 광조(光照), 수정(守丁), 의현(義玄), 의겸(義兼), 계중(戒中), 자심(慈心), 자세(慈世), 장존(長存), 천혜(天惠), 성혜(成惠), 계진(戒眞), 혜인(惠印) 등 14명에 달한다. 이러한 추측이 가능하다면 총 35

---

180) 이들은 일반민으로 추정되기도 한다. 卜三은 福三으로도 인명을 표기하였으며, 1243~1245년까지 3년동안 총 36장(분사 12, 미상 4)의 경전을 각성하였다.

명의 경전 각성활동 참여자들 가운데 승려층의 비율은 대략 40%에 이른다고 할 수 있다.[181]

한편 승려층은 반몽항전에도 참여하고 있었는데, 백현원(白峴院) 주지(住持) 김윤후(金允侯)와 황령사(黃嶺寺)[181] 의 승 홍지(洪之)를 통해 살펴보기로 한다.

(F)- ① (고종 19년 12월) 살례타(撒禮塔)가 처인성(處仁城)을 공격하였을 때 일승(一僧)이 병화(兵火)를 피해 성중에 있다가 그를 사살하였다(《高麗史節要》卷16, 고종 19년 12월).

(F)-② 금년 12월 16일 수주(水州)의 속읍인 처인부곡(處仁部曲)의 소성(小城)에서 대전하던 중 화살이 괴수 살례탑(撒禮塔)을 사살하였고 사로잡은 것도 또한 많아 적의 여중(餘衆)이 괴산(壞散)하였다(《高麗史》卷23, 고종 19년 12월).

(F)-③ 김윤후는 고종때 사람으로 일찍이 승려가 되어 백현원에 주(지)하고 있었는데 몽고병이 이르자 처인성으로 난을 피하였다. 몽고원수(蒙古元帥) 살례타가 성을 공격해 오자 윤후가 그를 사살하였다(《高麗史》卷103, 金允侯傳).

(G)-고종 41년 10월 무자(戊子). 몽장(蒙將) 거라대(車羅大)가 상

---

181) 물론 이것을 일반화하기에는 많은 위험이 있겠지만, 이러한 비율로 3,600여 명의 강화경판 각성자 중 승려층은 1,440여 명 정도가 되지 않았을까 추측해 본다.

182)《新增東國輿地勝覽》卷29, 咸昌縣 佛宇條에 의하면 黃嶺寺는 "咸昌縣 서쪽 黃嶺山에 있다"고 한다.

주산성(尙州山城)을 포위하고 공격할 때 황령사의 승 홍지가 적의
제사관인(第四官人)을 사살하였으며 사졸(士卒)들 중 죽은 자가
과반이나 되자 드디어 포위를 풀고 물러가고 말았다(《高麗史》 卷
23, 고종 41년 10월 무자).

(F)-①·②·③은 고종 19년 몽고의 2차 침략기 백현원의 주(지)
김윤후는 처인부곡의 소성(小城: 처인성)에 입보(入保)하였다가 살례
탑을 사살하였음을 보여주는 것이다. 이 전투에는 김윤후 뿐 아니라 백
현원의 승도들이 당시 입보한 주변지역의 지방민들을 지휘 수성전을 전
개하여 몽고군을 물리치고 있었을 것으로 보인다.[183]

(G)는 황령사의 승(僧) 홍지가 상주산성에 입보하여 몽고의 제4관
인을 사살하고 승리를 거두고 있었던 사실을 전하고 있다. 이 역시 백
현원의 경우와 같이 황령사의 승도(僧徒)들이 참여하고 있었을 것이
다.[184] 이처럼 반몽항쟁기 승려층들은 인근 산성으로 함께 입보하였던
승도와 지방사회의 제계층을 결집하여 수성전을 전개키도 하고, 특히
군사적 요충지에 위치한 사원에서는 이를 중심으로 유격전을 펼치기도
하였던 것으로 보인다.

강화경판의 조성사업에 참여한 승려층 역시 이와 같은 반몽항전 의식
을 소유하고 있었을 것이다. 이들은 자신이 처한 현실 속에서 침략군과
직접 전투를 벌이기도 하고, 한편으로 대장경 조성사업에 참여하기도
했던 것이다. 이들에게 있어 몽고군과의 전투와 대장경 조성은 동일한
의미를 지니고 있었으며, 황령사 승(僧) 홍지(洪之)는 이를 보여주는
좋은 사례이다.

---

183) 尹龍爀, 《高麗對蒙抗爭史硏究》, 一志社, 1991, 258~259쪽.
184) 尹龍爀, 〈蒙古의 慶尙道 侵入과 1254년 尙州山城의 勝捷〉《震檀學報》
    68, 1989.

〈표 2-2-47〉 弘之의 각성활동

番號	經	卷	函	歲	處	張次	張次
1	3	1	芥	38	大藏	21, 22	2
2	6	9	淡	〃	〃	22	1
3	24	1	字	〃	〃	1, 3~22	21
4	54	單	裳	39	〃	2~14	13
合計	4	4		2년			총37장

고종 41년(1254) 10월 상주산성에서 거라대군(車羅大軍)의 제4
관인을 사살하고 승리로 이끈 황령사의 홍지와 위 표에서 대장경 조성
에 참여한 홍지는 동음이자의 동일인물일 가능성이 높다. 그는 총 4종
4권의 경전 중 1238년 24장, 1239년 13장 등 총 37장을 모두 대
장도감에서 조성하고 있다. 1239년 이후 그의 행적은 자세하지 않으
나, 대장도감에서 각성활동을 마치고 상주 함창현의 황령사로 내려왔
던 것으로 보인다. 그리고 고종 41년 몽고군의 6차 침략시 황령사 승
도들과 함께 인근 상주산성에 들어가 수성전을 전개하여 대승을 거두
는데 크게 공헌하고 있었다. 이로 보아 홍지는 몽고의 3차 침략기에는
대장도감에서 대장경 조성에 참여하였고, 6차 침략기에는 직접 상주
산성에서 입보한 승도와 지방민을 이끌고 반몽항쟁을 전개하고 있었던
것이다.

고려 숙종 9년(1104) 12월 윤관(尹瓘)의 주청에 따라 별무반(別
武班)을 처음으로 설치하고 승도를 뽑아 항마군(降魔軍)을 조직하였
다.[185] 여기서 "매번 국가에서 군사를 일으키면 중외제사(中外諸寺)에

---

185)《高麗史》卷81, 兵志 1, 숙종 9년 12월.

소속된 수원승도(隨院僧徒)들을 나누어 제군(諸軍)에 속하게 하였다"
고 하여 수원승도들이 별무반의 항마군에 소속되었던 것을 알 수 있다.
이들은 고려 전시기에 걸쳐 거란, 몽고, 홍건적(紅巾賊), 왜구 등의
격퇴를 위해 전장에 적극적으로 참여하고 있었다.

　현재 반몽항전에 직접 참여한 승려층의 존재는 김윤후, 홍지 등만이
자료로 확인할 수 있다. 그러나 이들 이외에 많은 승려층들 역시 반몽
항전에 적극 참여하였을 것이다. 그리고 반몽항전에 참여한 승려층 중
에는 홍지와 같이 강화경판의 조성사업에도 적극적으로 참여하기도 하
였다. 이들에게 있어서 이 양자는 서로 동일한 의미를 가지는 것으로
인식되고 있었기 때문이다.

제4절 國子監試 출신자를 중심으로 한 文人知識層

　부인사에 봉안되어 있던 대장경의 경판이 몽병(蒙兵)의 야만적인 살
육·약탈 등이 자행되던 전란의 외중에서 소실되고, 새로운 대장경의
판각사업이 무인 최씨정권의 정치적 목적과 필요성에 의해 기도되고 실
천에 옮겨졌던 것은 사실이었다. 그리고 무인 최씨정권은 그 판각사업
을 내세워 불교라는 공통의 기반을 통한 일반 민중의 단합을 꾀하여 그
들 중심의 반몽항쟁을 지속시키면서 현실을 호도하려고 했던 점과, 또
무인 특유의 고압적 자세 및 완력으로 그 사업을 추진 완성시키려 했던
점 등도 모두 어느 정도 사실이었을 것이다. 그러나 16년 동안이나 계
속된 그 거대한 판각사업이 단순히 무인 최씨정권의 안보와 체제유지를
위한 일방적인 요구만으로 이루어질 수는 없었을 것이다. 그리고 경전
1,513종 6,807권으로 구성된 총 80,280매[186]의 방대한 경판의 완

성이 무인 최씨정권의 단독적인 경제적 지원과 정치적 수완 등으로 이루어 질 수 없었을 것이다.

무인 최씨정권은 당초에 전국 군현조직을 통하여 민중을 총동원하여 대장경의 판각사업을 추진하려고 계획했던 것 같으나, 이 계획은 큰 성과를 거두지 못했던 것 같다. 군현조직을 통하여 이 사업을 추진하려고 했던 것은, 안찰사가 분사도감의 직임을 겸임하고 있었던 것에서 파악할 수 있다. 그 한 예로 경상도의 안찰사 전광재(全光宰)가 '대장분사(大藏分司)'를 겸임했다[187]고 한 것이 그것이다. 그리고 이 사업이 당초 계획대로 추진되지 못했을 것이라고 한 것은, 강화경판 사업의 제1차 연도에 삭판이 산출되기 시작한 《대반야바라밀다경》(이하 《대반야경》으로 약칭)의 각판 차례를 보면 연도별 순차로 되어 있는 것이 아니라 역순으로 되어 있는 것이 많고, 또 이 경전의 총 600권을 4년 동안이나 판각작업을 했던 점 등에서 파악할 수 있다. 다시 예를 들어 말하면, 《대반야경》의 제97~99권과 제122권[188] 등은 정유년(고종 24, 1237)에 판각되었으나, 그 중간인 제100~121권은 다음 해인 무술년(1238)에 판각되었던 것과 같은 것이다. 그리고 총

---

186) 徐首生은 1516종 6,815권 총 81,258매라고 했다 (徐首生, 〈伽倻山 海印寺八萬大藏經研究〉《慶大論文集》, 1968, 143쪽).

187) 全光宰를 金光宰로 잘못 기록하기도 한다.《南明泉和尙頌證道歌事實》卷 3의 말미에 경상진안동도 안찰부사 도관낭중 全光宰의 誌가 수록(《高麗大藏經》45책, 59쪽)되어 있는 것에서 알 수 있다. 이 사실은 다음의 글에서 이미 밝힌 바가 있다. (金潤坤, 〈高麗大藏經의 彫成機構와 刻手의 性分〉《民族史의 展開와 그 文化》上, 1990, 222쪽). 본 절에서 '앞의 논문'이라고 표현한 것은 모두 이 글을 뜻한다.

188) 《대반야경》의 제100~121권은 무술년에 판각하고, 그 다음 권인 제122권은 앞 해인 정유년에 판각했던 것은 연차상 역순이다. 《고려대장경》의 각판을 일별하면 연차상의 역순을 많이 발견할 수 있다.

600권 중에서 제1차 연도인 정유년에 각판의 마지막 권이 제257권
으로, 또 제2차 연도인 무술년에 각판의 마지막 권이 제585권으로
각각 끝나고 있는 것으로 보아, 당초의 사업계획은 1년에 약 절반씩
판각하여 2년 사이에 전체를 완료할 수 있도록 계획이 되어 있었던 것
같다. 그러나 제3차 연도인 기해년(1239)에 71권을, 또 그 다음 경
자년에 10권을 각각 판각하여 총81권을 제1∼2차연도 결권(缺卷)
을 보충하고 있다.[189] 이것은 그 사업의 당초 계획에 차질이 생겨 나
타난 현상일 것으로 생각한다. 요컨대 《대반야경》의 전체 600권은 2
년 사이에 판각작업을 완료하도록 되어 있었던 당초의 계획이 2년이
나 연장되어 4년 만에 겨우 그 작업을 마칠 수 있게 되었던 것으로 파
악된다.

　몽병(蒙兵)의 침략으로 수도는 강화경(江華京)에, 또 각 지방의 농
민들은 산성·해도(海島) 등지에 각각 피난하여 흩어져 있었으니, 중
앙의 통치력이 전국적으로 미치지 못했을 것은 쉽게 짐작된다. 그러한
민의 산거(散居) 상태는 대장경 판각사업을 위한 전민총동원령(全民總
動員令)의 정국에 큰 장해 요인이 되었을 것이다. 특히 무인 최씨정권
이 무인 특유의 고압적 완력으로 그 사업을 추진하려고 했던 당초의 계
획은 오히려 그 사업의 진척을 가로막는 더 큰 암적 요소로 작용했을 것
이다. 이러한 요인들이 당초의 판각사업 계획에 차질을 빚게 하였을 것
이다. 어떻든 대장경의 판각사업은 비록 16년 동안의 장기간에 걸쳐
지속되었지만, 결국 경판 총 80,280매가 완성되기에 이르렀던 것이
다. 이 거대한 역사적 사업이 성공적으로 이루어질 수 있었던 요인을
먼저 생각해 보기로 한다.

---

189) 《대반야경》 총 600권의 전체 刊記에 나타나 있는 것을 종합해 보면, 이 사
　　실을 파악해 볼 수 있다.

첫째, 왕족·귀족·관료층에서 서민대중인 농·천민에 이르기까지 재보시와 몸〔身〕보시 등으로 판각사업에 적극 협조한 점이다. 보시는 판각사업에 소요된 천문학적인 재화와 인력 등을 충족케 하였을 것이고, 특히 서민대중인 농·천민의 적극적인 참여는 단순히 그 사업자체만을 도운 것이 아니라 결과적으로 반몽항전에 있어 청야전술(淸野戰術)의 수행에 크게 이바지하게 된 것이다. 그리고 보시는 원래 개인의 공덕을 쌓기 위한 것이었으나, 고려의 불법 발전에 일정한 기여를 했던 것도 사실이었다. 이 경우에 불법이란 불교 그것에 국한된 것이 아니고 고려사회의 문화발전을 상징하는 말이다. 불법을 떠나 고려의 문녕을 말할 수 없을 만큼 고려인에게 불법은 소중한 것이었다.[190)

둘째, 많은 문인지식층(文人知識層)이 판하본(板下本)을 작성·교열하고 몸소 판각작업을 했던 점이다. 당시 정부는 강화경에 있었고, 각 지방민은 산성·해도 등지에 산재·은거하고 있는 상황하에서 당시 사회의 지도층 중의 일원이었던 문인지식층의 판각사업에의 참여는 그 사업의 실제적 구심체 역할을 자임한 것이요, 현실 극복의식의 확산으로 참여계층의 증대에 크게 기여하게 되었을 것이다. 이 시기 문인지식층 중에는 물론 자신의 부귀영달과 무사안일을 도모한 자들도 없지 않았겠지만, 그 보다도 민족적 위기의 극복을 위하여 적극적으로 현실참여를 한 지식인이 더 많았던 것이 사실일 것이다. 그 한 형태가 판각사업의 참여로 나타났으며, 국자감시 출신자의 대거 참여는 구체적인 예증의 하나이다.

셋째, 고려 황제의 칙령(勅命)으로 판각사업을 추진하였고 무인 최

---

190) 李佑成,〈高麗中期의 民族敍事詩〉《韓國中世社會史研究》, 一潮閣, 1991, 208쪽.

씨정권이 전면에 나서지 않았던 점이다. 무인 최씨정권의 집정자가 경판조성을 주도했다거나, 그들의 공적을 강화경판의 어느 면에도 각(刻)해 놓은 사실이 없다. 그러나 그 대장경의 각 권말에 있는 간기에 '고려국…봉칙조조(高麗國… 奉勅雕造)' 즉 고려국 황제의 칙명을 받들어 경판을 조성했다고 천명하여 놓은 것을 볼 수 있다. 이것은 경판의 조성이 무인 최씨정권의 집정자에 의한 것이 아니라 국왕의 명령에 의한 것임을 분명히 밝혀 놓은 것이다. 경판 조성은 비록 무인 최씨정권에 의해서 계획되고 진행되었다고 할지라도 국왕의 명령에 의한 것이라고 표방하지 않을 수 없었던 사정이 있었던 모양이다. 그 사정이란 고려국 황제의 위상을 높이기 위한 단순히 의례적인 것에 있었던 것이 아니라, 당시 왕정복고를 갈구하는 세력의 무마와 문인지식층의 동참 등을 위한 여건 조성이 긴요하였던 것에 있었을 것이다. 당시 집권무신을 타도하고 왕정복구를 갈구하는 세력이 광범히 존재하고 있었음은 주지의 사실이다.[191]

요컨대 강화경판의 조성은 문인지식층의 현실참여 요구가 크게 작용했던 것이 사실이며, 다른 한편으로는 그들을 현실에 긴박(緊縛)해 두기 위한 의도가 전연 작용하지 않았을 것으로 단정하기도 어려울 것이다. 어떻든 판각사업에 문인지식인층은 구심체적 역할을 하였던 것이 사실인 동시에 경판조성이 성공적으로 완수될 수 있도록 견인차적 구실을 하였음이 틀림없다.

---

191) 한 예로 고종 4년(1217) 1월에 振威縣人인 令同正 李將太와 直長同正 李唐必 등이 농민들을 조직하여 봉기하였는데, 이들이 이웃 고을에 통첩을 보낼 때 靖國兵馬使라 자칭하고 義兵이라 이름했다고 한다. 여기 靖國兵馬使란 단순히 나라를 편안하게 하겠다는 뜻만이 아니고 당시의 집권세력인 최씨정권을 타도하기 위해서 궐기했다는 넓은 뜻으로, 또 義兵이란 왕정복고를 위한 勤王兵을 각각 의미하고 있을 것이다.

문인지식층의 경판조성 참여 형태는 대략 두 가지로 나누어 볼 수 있
다. 하나는 경판의 각성작업에 선행되는 판하본의 작성·필사·교열,
보시자의 기원문, 매년의 간지가 바뀌는 간기(刊記) 등에 필수 요건인
문필 활동이다. 또 다른 하나는 천문학적인 재정 경비와 대량의 각수가
요구되는 상황하에서 재보시의 선도적 역할과 각성자의 긴급 충원이 가
능할 수 있는 계층이 그들이므로 재(財)·신(身)의 보시활동이다. 그
러나 전자는 강화경판의 각판에서 명확히 파악할 수 있도록 기록을 남
겨 놓은 것이 현재 많이 남아 있지 않으며, 후자도 그들이 직접 조각하
였던 것과 또 보시하였던 것 등 두 면이 외형상 뚜렷하게 구분될 수 있
도록 나타나 있지 않다. 다만 후자는 그들이 '가성활동'을 했던 시기외
각판에 남아있는 형태 등을 분석하는 과정에서 어느 정도 구분이 가능
할 뿐이다.

1. 고종 이전 시기의 국자감시 출신과 판각자

강화경판에 당시 문인지식층이 얼마나 많이 참여하고 있었던가를
살펴보기 위해서 먼저 국자감시 급제자와 각성자의 이름을 서로 대
조해 보기로 하고, 경판이 처음 산출된 고종 24년(1237)과 가장
가까운 명종 때(1170~1197)부터 조사를 시작하기로 한다. 명
종 원년(1171) 정월의 국자감시에서 대복경 유덕림(柳德林)이 십
운시(十韻詩)로 이세경(李世卿) 등 76명을 뽑았다.[191] 그런데《대
반야바라밀다경》의 권26에 1~9장, 권288에 11~15장, 권411
에 1장과 26장, 권542에 10장,《대지도론(大智度論)》의 권98의

---

192)《高麗史》卷74, 選擧志 2, 國子試之額.

1장, 《조당집(祖堂集)》의 권388에 1장 등에서 세경(世卿)이란 각성자가 나타나 있다. 여기서 국자감시 급제자 이세경과 각성자 세경(世卿)은 이름이 서로 동일하다. 그러나 이 두 사람은 동명이인이다. 경전의 각수 세경(世卿)은 이세경이 아니고 양세경(梁世卿)[193]이기 때문이다. 이처럼 각성자의 성명이 분명할 때 대조가 용이하지만 각성자의 성씨가 밝혀져 있지 않을 경우엔 믿음이 가지 않을 수 있다. 그렇지만 강화경판의 각성자 거의 대부분이 성씨 없이 단지 이름만 각성하여 놓은 것에 문제점이 있음을 전제하여 두고자 한다.

　다음 광조(光照)는 앞의 세경(世卿)과 상이한 사례의 하나다. 먼저 그의 판각작업 종사기간과 판각량을 조사해 보기 위해서 표를 그려보면 〈표 2-2-48〉과 같다.

〈표 2-2-48〉 光照의 각성활동

經典		卷次	函號	年代	處	板刻	
經番	經　名					板數	張　次
117	正法華經	7	鳳	42	大藏	16	2,3〉9,12,13,15,18,20,21〉31
129	佛說佝眞陁羅所問如來三昧經	上	場	43	〃	21	2,3,5,6,8~11〉15,18~20,22~26,28~30

---

193)《佛說不思議功德諸佛所護念經》의 권상 22장에 刻梁世卿으로 나타나 있다. 그러나 金潤坤, 〈《고려대장경》의 각판과 국자감시 출신〉《國史館論叢》 46, 1993, 84쪽과 〈고려대장경 조성의 참여계층과 彫造處〉《人文科學》 12, 1998, 103쪽 등에서는 李世卿과 동일인으로 착각하고 잘못 논술해 놓았으므로, 여기서 수정한다.

經 典		卷次	函號	年代	處	板 刻	
經番	經 名					板數	張 次
161	大乘入楞伽經	1	髮	43	大藏	17	1, 2, 4, 7~9〉13~15, 17~23
587	大莊嚴經論	13	君	〃	分司	4	5~8
648	中阿含經	11	薄	〃	〃	3	17, 19, 20
649	增壹阿含經	7	似	〃	大藏	4	17~20
801	正法念處經	51	愼	〃	〃	4	15~8
802	佛本行集經	57	基	〃	〃	2	6, 8
889	摩訶僧祇律	7	學	44	〃	1	28
		17	優	〃	〃	2	23, 24
890	十誦律	6	攝	〃	〃	2	16, 17
		46	存	·	無	2	32, 33
896	四分律	11	下	44	大藏	1	1
		21	睦	〃	〃	2	8, 9
914	根本說一切有部百一羯磨	3	受	〃	〃	2	11, 12
922	曇無德部四分律刪補隨機羯磨	上	訓	〃	〃	2	18, 19
945	阿毗達磨法蘊足論	3	兄	〃	〃	2	9, 10
951	阿毗曇毗婆沙論	7	投	·	無	1	24
		35	磨	44	分司	1	29
		35	磨	〃	〃	1	30
952	阿毗達磨大毗婆沙論	24	隱	〃	大藏	1	17
		87	節	〃	〃	2	11, 12
955	阿毗達磨俱舍論	1	疲	·	無	2	7, 8
956	阿毗達磨順正理論	5	志	44	大藏	2	2, 20

經番	經　名	卷次	函號	年代	處	板數	張　次
956	阿毗達磨順正理論	40	物	·	無	2	15,16
		70	堅	44	大藏	2	3,4
957	阿毗達磨藏顯宗論	29	好	43	〃	2	2,3
960	雜阿毘曇心論	1	摩	44	分司	2	20,21
963	尊婆須密菩薩所集論	4	邑	〃	〃	2	35,36
964	入阿毗達磨論	上	華	〃	大藏	2	1,2
982	出曜經	20	殿	〃	〃	2	24,25
1001	雜寶藏經	2	驚	〃	〃	2	19,20
1050	經律異相	23	丙	43	〃	1	26
1051	羅尼雜集	9	啓	〃	〃	1	6
1052	諸經要集	6	甲	〃	分司	1	8
1064	新譯大方廣佛華嚴經音義	上	轉	44	大藏	2	35,36
1065	大唐西域記	4	疑	〃	〃	2	16,17
1081	廣弘明集	1	典	43	分司	1	10
		21	聚	〃	〃	1	14
1257	新集藏經音義隨函錄	4	振	·	無	1	60
		8	纓	43	大藏	1	10
1406	法苑珠林	17	魏	44	分司	2	5,6
		50	滅	〃	〃	6	4～9
1418	佛說一切如來金剛三業最上秘密大敎王經	5	法	〃	大藏	1	17
1423	佛說佛母出生三法藏般若波羅蜜多經	17	幣	〃	〃	1	10
		21	煩	〃	〃	2	15,16

經典		卷次	函號	年代	處	板刻	
經番	經 名					板數	張 次
1434	佛說無二平等最上瑜伽大教王經	3	煎	44	大藏	1	3
1443	佛吉祥德讚	上	牧	〃	〃	1	5
1467	佛說福力太子因緣經	1	漠	〃	〃	1	7
1482	大乘中觀釋論	14	百	〃	〃	1	4
1499	宗鏡錄	16	侈	47	分司	2	14, 15
		25	富	〃	〃	3	8, 13, 16
		29	富	·	無	2	2, 5
1505	禪門拈頌集	10	邈	〃	〃	3	22, 23, 24

위의 〈표 2-2-48〉에서 광조는 경전 총 40종 53권 중에서 총 150장을 판각하였는데, 1242년에 16장, 1243년에 63장, 1244년에 53장, 1247년에 5장, 미상년에 13장을 각각 조성하였음을 볼 수 있다. 여기에 매년 조성된 수량을 비교해 보면 거의 일정하지 않을 뿐만 아니라 최고 63장과 최하 5장의 격차가 벌어져 있다. 약 13배의 큰 격차가 있다는 것은 그의 능력에 기인한 현상이라고 보기 어려울 것이다. 그리고 총 4년 동안 판각사업에 종사하면서 3년은 연속하였으나 그 뒤 2년은 쉬다가 1년 더 각판을 산출했는데, 1년 동안 겨우 5장을 산출했음을 볼 수 있다. 이 모두 그의 판각사업 종사는 의무적 타의에 의한 것이 아니라 자발적 형편에 의해서 이루어진 느낌을 갖게 하고 있다.

그는 4년 중에서 첫해인 1242년은 대장도감에서, 끝해인 1247년은 분사도감에서, 그 중간인 1243·1244의 2년은 대장도감과 분사도감의 두 도감에서 동시에 판각하였으며, 특히 분사도감에서 판각했던 수량만을 보면, 1243년 10장, 1244년 14장, 1247년 5장 등을 각각 판각했을 뿐이고, 1242년은 1장도 판각하였던 것이 없다. 여기서도 모두 불일치함을 볼 수 있고 일정한 강제적 책임에 의해서 판각작업이 이루어졌을 것이라는 느낌이 전혀 들지 않는다. 다시 말하면 그의 형편에 의한 보시로 이루어진 것이요, 일정한 책임과 의무로 실행한 것이 아니라 자유분방한 보시의 형태이다.

그리고 명종 2년(1172) 3월 국자감시에 급제하였던 김광조(金光祖)[194]가 있는데, 각성자 광조와 서로 어떤 관계인지를 살펴보기로 한다. 이 두 사람은 동일인으로 추정되는데, 먼저 각성자 광조는 성씨를 알 수 없고 또 이름의 조(照)와 급제자 이름의 조(祖)는 글자가 서로 다른 점이 문제될 수 있다. 강화경판 각성자의 신분을 파악하기 위한 작업에서 그들의 성씨를 고려의 대상에서 일단 제외한다는 전제를 세우지 않고 계속 진행하기란 현실적으로 어렵다. 강화경판의 각성자 거의 대부분이 성씨를 밝혀 놓지 않았는데, 이것은 불사에서 속성(俗姓)을 밝히지 않은 관행, 혹은 당시 각성의 규정으로 말미암은 것인지는 현재 분명히 알 수 없다. 하지만 강화경판의 각성자 거의 대부분이 성씨를 밝혀 놓지 아니한 것은 사실이다. 따라서 국자감시의 급제자인 김광조(金光祖)의 김씨(金氏)를 고려 대상에서 일단 제외하기로 한다. 이같은 전제하에서 광조(光照)와 광조(光祖)를 서로 비교하면 '조'자의 차이만 남는다. 이 차이점은 큰 문제가 되지 않을 성싶다. 강화경판의 각판에서 조수(曹守)를 조수(祖守)로 판각해 놓기도 하였다. 그 예증을 들면《아비담비바사론》권33 마(磨)의 조수〔祖守(제31~32장)〕와 동 권44 잠(箴)의 조수〔曹守(제37~38장)〕는 동일인[195]이 분명한데 이같이 동음이자로 판각해 놓기도 했던 것이다. 이 사실로 비추어 볼 때

---

194)《高麗史》卷74, 選擧志 2, 國子試之額.
195)《高麗大藏經》 제25책, 740~879쪽 참조.

광조(光祖)를 광조(光照)로 판각해 놓을 수도 있을 듯하다.

요컨대 명종 2년(1172) 3월에 국자감시의 급제자인 김광조와 1242～1244년, 1247년 등 4년 동안 판각작업에 종사했던 광조(光照)를 단순히 동음이자의 이름만으로 각각 다른 별개의 사람이라고 주장할 수 없다. 다만 전자의 국자감시 급제 연대와 후자의 판각기간 등을 서로 비교해 보면 70～75년의 간격이 있는 것이 문제이다. 다시 말하면 김광조가 국자감시에서 급제했을 때 나이가 1살이라고 가정하더라도 판각시기의 나이는 70～75세에 이르는 셈이다. 김광조는 부 김유신(金有臣)과 모 이일랑(李一娘)의 아들로 이해되어 오고 있다.[196] 그에 대해서,

> 아들 광조(光祖)는 나이 약간(若干)에 국자감에서 시부시(詩賦試)로서 장원급제 하였으며, 갑진년에 이르러 금주(衿州: 지금의 始興)의 감무(監務)가 되어 맑은 정사를 한다고 소문이 높았다(《韓國金石文追補》 79, 李一娘墓誌銘).

라고 한다. 여기 그의 나이 약간은 구체적으로 몇 살을 말하고 있는 것이며, 또 감무까지 역임하였던 관인(官人) 신분층이 과연 강화경판의 판각작업에 직접 종사했을까 등은 의문이다. 고려시기 국자감시 즉 진사시[197]에서 일반적으로 나이가 대략 몇 세에 급제하였는지를 살펴보기로 한다.

---

196) 許興植은 "명종 2년 3월에 (국자감시) 제일로 합격한 金光祖임이 틀림없을 것이다"고만 했다(許興植, 〈高麗의 國子監試와 이를 통한 鄕吏의 신분상승〉《高麗科擧制度史硏究》, 一潮閣, 1981).
197) 국자감시와 進士試는 서로 동일한 시험이었음은 뒤에서 밝히기로 한다.

① (국자)좨주 김공(金公) 근(覲)이 성균시(成均試)를 주관할 때 공〔公, 김의원(金義元)〕은 나이가 17세로 급제했다(《韓國金石文追補》40, 金義元墓誌銘).

② 문공유(文公裕)는 나이 15세 때 남성시(南省試)에 응시하여 정당문학 정문(鄭文) 아래에서 2등으로 급제했다(위의 책 53, 文公裕墓誌銘).

③ 전원균(田元均)은 나이 18세 때 성균시에 응시하여 급제했다(위의 책 89, 田元均墓誌銘).

④ 이인성(李仁成)은 나이 19세 때 남성시에 올랐다(위의 책 96, 李仁成墓誌銘).

⑤ 백분화(白賁華)는 나이 19세 때 성시(省試)에 응시하여 급제했다(《東國李相國集》卷36, 京山府副使(中略) 白公墓誌銘).

⑥ 문경공〔文敬公(安輔)〕은 나이 19세 때인 경신년에 진사과(進士科)에 급제했다(《牧隱文藁》卷19, 鷄林府尹謚文敬公安先生墓誌銘).

⑦ 윤맥걸(尹脈傑)은 20세 때에 사마시(司馬試)에 장원급제했다(《拙藁千百》卷2, 故杞城君尹公墓誌).

⑧ 이색(李穡) 내 나이 14세 때 또한 이 과〔科(百字科)〕를 경유하였다(《牧隱文藁》卷8, 十韻詩序).

위에서 우선 8개 사례만 들어보았다. ①과 ③은 성균시로, ②·④·⑤ 등은 남성시 또는 성시로, ⑥은 진사과로, ⑦은 사마시로, ⑧은 백자과로 각각 달리 표현되어 있으나, 이 모두 국자감시 즉 진사시의 이칭에 불과하다. ①에서 ⑧까지 진사시에 급제한 자들의 연령을 보면 최고 ⑦의 20세로부터 최하 ⑧의 14세에 이르기까지 다양하다. 따라서 고려시기에 진사시의 급제 연령은 대략 14세부터 20세까지 그 사이의 연령층으로 추산하더라도 크게 어긋나지 않을 것으로 믿는다. 여기 최소의 연령층인 14세를 기준으로 하여 김광조(金光祖)의 나이, 특히 판각시기의 나이를 추산해 보기로 한다. 다시 말하면 명종 2년(1172)에 국자감시에서 급제했을 때 그가 14세였다고 한다면 판각종사의 기간인 1242~1247년에 그의 나이는 84~89세가 되는 셈이다. 이 나이에 대장경의 판각작업에 종사하기란 거의 불가능하였을 것이 틀림없다. 그리고 그는 감무의 직임까지 역임했다고 하였다.

만약 국자감시에 급제한 김광조와 대장경의 판각사업에 참여한 광조(光照)가 동일인이라고 한다면, 그의 수하인(手下人)이 판각작업을 하고, 그의 이름을 새겨 놓았던 것으로 가정해 볼 수도 있을 것이다. 이미 고인이 되었을 경우에는 그 사손의 이름으로 공덕보시가 가능하겠지만, 만약에 아직 생존해 있었다면 생존자의 이름으로 판각보시 즉 각판공덕을 행할 수 있을 것으로 짐작된다.

다음 광우(光右)의 경우를 보면 1244년에 대장도감에서 판각되었던 k.1414《성관자재보살공덕찬(聖觀自在菩薩功德讚)》권1의 제8장에 그의 이름이 단지 1장에만 판각되어 있을[198] 뿐 현재까지 더 이상 발견되지 않고 있다. 이것은 그가 판각작업에 종사한 기간은 1년이며, 그 기간 사이에 단 1장만을 판각했다는 말이 되는 것이다. 강화경판의 실제 산출이 12년간에 걸쳐 이루어지고 있는데, 그 기간 사이에 단 1년 동안에 오직 1장만을 판각하고 그 작업을 종결했다는 것은 잘 납득할 수 없는 처사이며, 여기에 어떤 잘못이 내재해 있을 것 같다.

경판을 보면 각성자가 1권 전체에 한 사람도 나타나지 않는 경우가 많이 있다. 예컨대 k.1386《불설십력경(佛說十力經)》을 비롯한 단권(單卷)의 경전은 거의 대부분 각성자가 단 1인도 판각되어 있지 않

---

198)《高麗大藏經》제40책, 81쪽에 光자는 분명하나 右자가 불분명하다. 그러나《增上寺高麗板大藏經目錄》의 405쪽에는 光右를 기록해 놓았다.

은 것이 그것이다. 그리고 k.891《근본설일체유부비나야(根本說一切有部毗奈耶)》50권의 총 1,265장, k.892《근본설일체부필추니비나야(根本說一切有部苾芻尼毗奈耶)》20권의 총 517장, k.893《근본설일체유부비나야잡사(根本說一切有部毗奈耶雜事)》40권의 총 939장 등에서 각수는 단지 1~2인만이 각인된 경우도 있다. 이것은 각성자가 경판에 각인되어 있지 않다는 말과 거의 같은 말이며, 비록 이름은 밝혀져 있지 않지만 각수에 의하여 판각된 것이 틀림없다. 다시 말하면 각성자가 판각되어 있지 않다고 해서 각성자가 전혀 없었다고 말할 수는 없다.

강화경판의 각성자를 일별하면 200장 이상의 각성자가 수없이 발견되고 있으며, 앞의 광조(光照)와 광우(光右)의 판각 수량을 견주어 봐도 서로 비교가 되지 않을 정도로 후자가 적다. 광우의 경우 그의 이름을 밝혀 놓지 않은 수량이 많을 것으로 믿으며, 만약 위의 판각이 그의 전체라고 한다면 그는 단순히 판각사업에 참여했다는 것에 의의를 두었던 각성자였을 것이다. 요컨대 대장경의 판각사업 참여자들은 자신의 형편과 자유 재량에 의해서 판각보시를 행하였을 것으로 믿는다.

광우는 명종 15년(1185) 5월의 국자감시에서 십운시(十韻詩)로 급제한 정광우(丁光祐)와 동일인으로 추정된다. 여기서 먼저 우(祐)자와 우(右)자의 글자가 다른 점이 문제될 수 있다. 우(祐)자와 우(右)자는 서로 다른 글자이긴 하지만 강화경판의 경판에서 그 두 글자를 혼용한 경우를 수없이 볼 수 있다. 이에 따른 예를 두 개만 들어[199] 보기로 한다.

---

199) ①은《高麗大藏經》 제7책의 188쪽, ②는 같은 책 19책의 829~831쪽과 866~868쪽.

①《대방등대집경(大方等大集經)》 권19(位)의 여우〔呂祐(제1~16
장)〕와 여우〔呂右(제19~36장)〕.
②《정법염처경(正法念處敬)》 권22(初)의 인우〔仁祐(제3·5·8장)〕
와 권26(初)의 인우〔仁右(제18·20·21·22장)〕.

위의 ①에서 여우(呂祐)와 여우(呂右), ②에서 인우(仁祐)와 인우
(仁右) 등은 각각 동일 인물을 다른 글자로 표현 해 놓은 사례들이다.
이를 통하여 보더라도 국자감시의 합격자인 광우(光祐)와 대장경 각수
인 광우(光右)의 경우에 이름 글자의 상이만으로 동일 인물이 아니라
고 주장할 수는 없을 듯하다.
다음 공준(公俊)은 아래의 ㉮·㉯·㉰·㉱ 등에서 1237년과 1244
년의 2년 동안 대장도감에서 경전 4종 5권 중에 총 8장을 판각하였음
을[200] 볼 수 있다. 그는 2년 동안 총 8장을 판각하였다고 하나 판각작
업에 종사한 첫 해인 1237년은 단지 2장뿐이고 그로부터 7년 뒤인
1244년에 겨우 6장을 판각하였던 셈이다.

㉮ k.2《방광반야바라밀경(放光般若波羅蜜經)》 권16 연도(1237) 처
(대장도감) 수량(2장)-제11~12장.
㉯ k.1466《불설일체여래진실섭대승현증삼매대교왕경(佛說一切如來
眞實攝大乘現證三昧大敎王經)》 권27 연도(1244) 처(대장도감) 수량(2
장)-제11~12장.
㉰ k.1487《불설대승보살정법경(佛說大乘菩薩藏正法經)》 권5 연도
(1244) 처(대장도감) 수량(1장)-제1장과 동경(同經) 권6 연도(1244)

---

200)《高麗大藏經》 제41책의 768쪽 및《增上寺高麗板大藏目錄》의 435쪽 등
　　 참조.

처(대장도감) 수량(2장)-제5, 11장.

　㉭ K.1496《부자합집경(父子合集經)》권16 연도(1244) 처(대장도
감) 수량(1장)-제8장.

　명종 16년(1186) 윤 7월에 대사성 황보탁(皇甫倬) 등이 양공준
(梁公俊) 등 32명을 뽑았다[201]고 한다. 여기 양공준과 위 각성자 공준
(公俊)을 동일인으로 추정해 볼 수 있을 듯하다. 우선 두 사람의 이름
이 동일하였던 점이 추정의 근거 중의 하나이다. 다음은 판각의 수량이
앞의 광우(光右)처럼 적다는 점이다. 앞의 광우는 판각량이 1장이었으
나 공준(公俊)은 그 보다 많은 8장이다. 이들의 판각량 파악에 잘못 조
사한 오류가 있거나, 또는 이들의 주위 환경에 어떤 변화로 인하여 부
득이 소량의 경판에만 이름을 각인하게 되었는지 현재로서는 알 수가
없다. 또한 이들의 판각량 파악에 잘못이 있었음을 현재 발견할 수 없
다. 그러나 이들에게 갑작스런 변화는 상상해 볼 수 있을 듯하다. 먼저
공준에 관해서 언급해 보기로 한다. 공준의 국자감시 급제 연대
(1186)와 그의 이름이 판각된 1237년과 1244년 중에서 후자까지의
사이에 58년의 간격이 있었던 셈이다. 따라서 그가 국자감시 급제 때
만약 14세의 나이였다면 판각시기의 나이는 72세이다. 이 고령에 따
른 변화를 상상해 볼 수 있다. 앞의 광우 경우도 공준과 같은 기준으로
계산해 보면 그의 나이는 73세에 이르게 되므로 역시 같은 경우라 할
수 있다. 따라서 이들의 판각량이 1장 내지 8장 정도로 소량일 수밖에
없었던 요인이 부득이한 사정과 주위 환경의 변화 등에 내재해 있을 수
있다고 생각한다.
　앞에서 광조(光照)의 판각은 그 수하인에 의한 생존시의 경판보시였

---

201)《高麗史》卷74, 選擧志 2, 國子試之額.

거나 혹은 그의 사후에 공덕보시였을 가능성이 높을 것이라고 했다. 광우와 공준의 경우도 앞 광조와 유사한 형식으로 조성되었을 가능성이 높다. 공준과 광우의 이름이 판각되어 있는 경명을 보면 그 같은 가능성을 높여준다.

공준은《부자합집경》에, 또 광우는《성관자재보살공덕찬(聖觀自在菩薩功德讚)》에 각각 그 이름이 판각되어 있다.《부자합집경》과《성관자재보살공덕찬》의 경명에서 판각자 그 자신이 아닌 수하인에 의해서 공덕보시로 판각이 이루어졌을 것 같다는 감을 느낄 수 있다. 이같은 느낌을 주고 있는 위의 3인은 모두 명종 때 국자감시에서 급제했던 김광조(金光祖)·정광우(丁光祐)·양공준(梁公俊) 등 3인과 그 이름이 동일하거나 또는 그 이름이 유사한 인물들이다.

다음 신종(1198~1204) 때 국자감시 급제자 중에서 경판의 각성자와 이름이 서로 동일하거나 또는 유사한 인물은 지대성(智大成)·은세유(殷世儒)·육영의(陸永儀)의 3인이다. 이 앞 시기인 명종(1171~1197) 때와 서로 비교해 보면 수적으로는 비록 동일하나 그 기간에 비하면 약 3배가 많은 셈이다. 이것은 강화경판의 판각시기가 명종 때 보다 신종 때에는 더욱 가깝기 때문에 나타난 현상일 듯하다.

지대성과 은세유 및 육영의 등 3인 중에서 먼저 대성(大成)에 관해서 살펴보면, 대장경의 판각이 산출되기 시작한 그 다음해인 무술년부터 계속해서 갑진년에 이르기까지 6년 동안 그가 참여하고 있었음을 〈표 2-2-49〉에서 볼 수 있다.

〈표 2-2-49〉에서 대성은 경전 7종 8권 중에 총 103장을 판각하였으며, 6년 동안 최고 26장부터 최하 8장까지 매년 판각하였음을 볼 수 있다. 여기 최고는 최하에 비하여 약 3.3배에 이르고 있다. 이 격차 역시 그의 형편에 따른 보시적 형태로 이루어졌기 때문에 발생한 것일 것이다.

<표 2-2-49〉 大成의 각성활동

經 典		卷次	函號	年代	處	板 刻	
經番	經 名					板數	張 次
3	摩訶般若波羅蜜經	8	茶	38	大藏	9	17, 18, 23, 24, 27~31
16	能斷金剛般若波羅蜜多經	1	羽	39	〃	26	1~8, 10~27
71	無盡意菩薩經	3	罪	40	〃	24	1~24
78	寶星陀羅尼經	4	殷	41	〃	23	2~24
106	佛說大般泥洹經	2	率	42	〃	8	2~7, 9, 10
133	佛說寶雨經	2	被	43	〃	11	2~12
1050	經律異相	6	仙	〃	〃	1	10
		12	靈	〃	〃	1	11

　　강화경판이 1237년부터 산출되기 시작했던 사실을 상기해 보면, 대성의 판각사업 참여는 초기부터 비롯되었음을 파악할 수 있다. 다시 말하면, 대성의 판각이 첫 산출된 시기는 정유년 그 다음 해인 1238년이지만, 그 이전부터 이미 판각사업에 참여하였기 때문에 1238년에 이르러 판각의 산출이 가능하였을 것으로 믿어지기 때문이다. 하여간 그는 이때부터 1243년에 이르기까지 그 중간에 휴식도 없이 판각사업에 계속 참여하였던 것이다. 이와 대조적으로 세유(世儒)는 판각사업에 단 1년밖에 참여하지 않았음을 아래의 사실에서 알 수 있다.

　　〈표 2-2-50〉에서 세유는 경전 즉《대반야바라밀다경》의 단 1종 3권 중에 15장을 1년간 판각하였음을 볼 수 있다. 이 밖에 그의 판각으로 현재까지 더 발견된 것이 없다. 세유와 앞 대성의 판각사업 참여기간을 서로 비교해 보면, 세유는 대성의 6분의 1에 불과한 셈이다. 앞에서도 이미 언급한 바와 같이, 판각사업의 참여기간이 이처럼 큰 격차가 있는 것은 판각사업에 이들이 강제 동원되어 일정한 속박 하에 있었던 것이

아니라, 각자의 자발적 참여와 각기의 형편에 따라 판각 작업을 하였기 때문에 나타난 현상일 것이다. 세유는 1238년 단 1년 동안 판각사업에 참여함으로써 대성의 판각활동 전 기간에 비하여 6분의 1에 불과하였지만, 대성과 같이 판각사업의 초기부터 참여했던 점이 공통적이다. 다시 말하면, 세유와 대성의 두 사람은 강화경판이 산출되기 시작한 둘째 년부터 그들의 각판이 산출되었다.

<표 2-2-50> 世儒의 刻板關係

經典		卷次	函名	年代	處	板刻	
經番	經名					板數	張次
1	大般若波羅蜜多經	145	列	38	大藏	7	3,11〉15,16,19,24
		379	結	〃	〃	5	1,14,20〈24
		491	號	〃	〃	3	1,4,5

신종 원년(1198) 4월의 국자감시에서 "비서감 김평(金平)은 지대성(智大成) 등 19명과 십운시(十韻詩)로 은세유(殷世儒) 등 72명을 뽑았다"[202]고 한다. 지대성과 은세유의 두 사람은 시부(詩賦)로 시험과목이 각각 다르지만 국자감시에서 함께 나란히 장원급제하였음을 볼 수 있다. 이 두 사람과 위의 대성 및 세유 등은 각각 동일인으로 추정해 볼 수 있을 듯하다. 이들을 동일인으로 볼 수 있는 확실한 근거는 없다. 다만 지대성(智大成)과 대성(大成) 그리고 은세유(殷世儒)와 세유(世儒) 등으로 이름이 각각 동일하며, 또 1238년에 판각작업을 이들이 다 같이 하였던 점 등에서 공통점을 발견할 수 있다. 이 밖에 두 사람은

---

202)《高麗史》卷74, 選擧志 2, 國子試之額.

모두 대장도감에서만 판각작업을 했던 점도 공통적이다.

위의 두 사람만을 국한하여 본다면 대장과 분사의 두 도감에서 판각작업을 했던 각수들이 각각 나누어져 있었던 것처럼 보일 수도 있다. 그러나 이것은 사실이 아니다. 1인의 각수에 의하여 두 도감에서 동시에 판각이 산출되어진 실례에서 그것을 파악할 수 있기 때문이다. 예컨대 〈표 2-2-48〉에서 광조(光照)는 1243년에 대장도감에서 53장, 분사도감에서 10장, 그리고 1244년에 대장도감에서 39장, 분사도감에서 14장을 각각 판각했던 것과 같다. 이같은 예들은 강화경판의 판각에서 많이 찾아볼 수 있다. 따라서 대성과 세유 등은 대장도감과 분사도감의 두 도감 중 어느 한쪽의 도감에 예속되어 있었던 것이 아니라, 당시 판각사업의 형편과 자신들의 편의에 의해 어느 한쪽에서 판각작업을 했던 것임을 파악할 수 있다. 다만 여기서 두 사람의 친분관계를 상상해 볼 수 있을 듯하다.

지대성(智大成)과 대성(大成) 그리고 은세유(殷世儒)와 세유(世儒) 등은 각각 이름이 동일하며, 지대성과 은세유는 다 같이 신종 원년(1198) 4월의 국자감시에서 급제했고, 대성과 세유는 모두 1238년에 대장도감에서 판각작업을 했던 것 등의 공통점이 있었음을 발견할 수 있다.

신종(1198~1204) 때 국자감시 급제자 중에서 끝으로 육영의(陸永儀)에 관해서 언급해 보기로 하되, 먼저 각성판(刻成板)의 내역부터 살펴보기로 한다. 강화경판의 전체 중에서 각성자가 자기 스스로 '진사(進士)'란 신분을 밝혀 놓은 경우는 많지 않다. 그런 점에서 진사 영의〔永義(衣)〕의 경우는 특별히 주목된다.

강화경판의 《대반야바라밀다경》은 전체 600권으로 구성되어 있는데, 〈표 2-2-51〉은 그 중 5권의 각성자 내역을 밝혀 놓은 것이다. 이 표 (1)·(2)·(4)의 영의(永義)는 영의(永衣)와 동명이자라는 사실

〈표 2-2-51〉 永義(衣)의 각성활동

經 典		卷次	函名	年代	處	板 刻		
番號	經 名					刻手	板數	張 次
1	大般若波羅蜜多經	110	盈	38	大藏	永義	5	10,14,16,22,26
2	〃	277	歲	〃	〃	永義	8	2,4,5,6,9, 10,14,27
3	〃	405	金	〃	〃	永衣	1	5
						進士	7	6,9,13,15, 18,22,23
4	〃	446	玉	〃	〃	永義	8	1,4,5,8,10, 11,13,16
						永衣	1	19
5	〃	503	巨	〃	〃	永衣	1	4

이 (4)의 영의(永義)와 영의(永衣)에 의해서 확인된다. 다시 구체적으로 말하면 〈표 2-2-51〉의 (4)《대반야바라밀다경》권 제446은 총 25장으로 구성되어 있고, 영의(永義)·영의(永衣)는 비록 9장에만 새겨져 있을 뿐이나 그 밖의 16장에 다른 각성자가 전혀 없으므로 영의(永義)와 영의(永衣) 중에서 의(義)자와 의(衣)자가 서로 틀리기는 하지만 동명이자가 분명하며 권 제446의 전체는 영의〔永義(衣)〕에 의해서 각성된 것이 확실하다. 그렇다면 영의(永義)와 〈표 2-2-51〉의 (3)·(5) 영의(永衣)도 모두 동일한 동명이자라는 것이 성립되는 동시에 (4)의 진사와 영의(永衣)도 각각 별개의 사실이 아니라 진사 영의(永衣)의 신분과 이름을 각각 분리해 놓은 것에 불과하다는 사실을 알 수 있다. '진사 영의(永衣)'에 대하여 다시 언급하면 (4)

권405의 총 24장 중에서 제5장 1곳에 영의(永衣)로, 또 제6, 9, 13, 15, 18, 22, 27장 등 7곳에 진사로 각각 판각되어 있을 뿐 다른 각수의 이름이 전혀 나타나 있지 않다. 여기서 그 7곳에 진사로만 새겨 놓은 것은 영의(永衣) 자신의 신분을 표시해 놓은 것임을 파악할 수 있다. 진사 임대절(林大節)이 그의 이름과 신분을 각각 분리하여 놓은 것과 같은 형식이라고 볼 수 있다.[203] 그리고 대장경판에 그 판각자의 이름 혹은 신분 등을 새겨 놓은 것은 단순히 자기 자신의 판각임을 파악할 수 있는 용도로 쓰는 경우가 있다는 것을 아래에서 다시 언급하게 될 것이다.

〈표 2-2-51〉의 (5) 영의(永衣)는 권503의 제4장에 '영의(永衣)'란 이름이 음각(陰刻)으로 뒤바뀐 글자로 나타나 있다. 이것은 각판에 글자를 양각(陽刻)으로 뒤집어 새겨 놓아야 될 것을 음각[204]으로 잘못 새겨 놓았기 때문에 나타난 현상인 것이다. 음각으로 뒤바뀐 글자로 나타난 것은 (5)의 영의(永衣)뿐 아니라 (4)의 영의(永衣)도 역시 마찬가지이다. 이렇게 글자를 잘못 새겨 놓은 것은 판각작업에 들어가기 전에 경판의 판하본(板下本)을 작성할 때 함께 필사한 것이 아니라는 증거요, 또한 각수가 판각과정에서 그 글자를 추가로 각해 넣었음을 입증해 주는 명백한 자료인 것이다. 그리고 강화경판 판각 당시 인명의 표기는 한자의 음차로 표기하였던 사실을 발견할 수 있다. 영의(永衣)를 영의(永義)로 표기해 놓은 것은 그 한 예에 속한다.

요컨대 영의(永義)는 영의(永衣) 혹은 그의 신분인 진사로, 각각 달

---

203) 본서 2부 2장 2절 〈표 2-2-41〉 林大節의 각성활동에서 상세히 다루었다.
204) 동아대학교의 소장본 《대장경》에 음각으로 나타나 있다. 참고로 말하면, 동국대학교의 영인본 《고려대장경》과 일본의 《증상사고려판대장목록》 등에 刻手名 및 그와 관계있는 기록이 인멸되어 없어진 경우에 동아대학교의 소장본 《대장경》에는 거의 대부분 陰刻의 글자로 나타나 있다.

리 표기해 놓은 경우도 있었으며, 그는 1238년의 1년 동안에 대장도 감에서 총 31장을 판각했던 각성인자였던 것이다. 그러면 진사 영의 (永義)는 어느 시기에 과거에 급제했던 인물이었던가를 살펴본다.

신종 2년(1199) 4월의 국자감시에서 "비서감 이계장(李桂長)은 시 부(詩賦)로 육영의(陸永儀) 등 20명을 뽑았다"[205]고 한다. 여기서 국 자감시의 급제, 즉 진사인 육영의와 각수인 영의는 신분이 진사란 점에 서 서로 동일하지만, 후자의 성씨를 알 수 없는 섬과 또 이름 중에 의 (儀)자와 의(義)자 등이 서로 동일하지 않기 때문에 동일인으로 간주 하는 데 언뜻 수긍하기 어려운 점이 있을 것이다. 그러나 먼저 여기서 지적해 두고자 하는 깃은, 의(儀)자가 의(義)자와 서로 다른 것이 큰 문제가 될 수 없다는 점이다. 강화경판에서 의(儀)자와 의(義)자를 상 호 혼용하고 있는 사례를 수없이 볼 수 있기 때문이다. 예컨대 진의(陳 儀)와 진의(陳義), 그리고 의일(儀一)과 의일(義一) 등[206]이 바로 그 것이다. 비단 강화경판에서 뿐만 아니라, 《삼국유사》와 《고려사》 및 《고려명현집》 등에서도 동일인을 동음이자로 표기해 놓은 경우를 허다 히 볼 수 있다. 《고려사》의 최은함(崔殷含)과 승로(承老)의 부자를 《삼국유사》는 최은함(崔殷誠)과 승로(丞魯) 등으로[207] 기록해 놓았으 며, 또 《고려사》의 적도 도령 이비(賊徒 都領 利備)와 경주적 패좌(慶 州賊 孛佐)는[208] 《동국이상국집》에서 "동경(東京) 의비지당(義庇之

---

205) 《高麗史》 卷74, 選擧志 2, 國子試之額.

206) 陳儀는 《十誦律》 권15장의 8~9장과 동권29의 21~22장 등에, 陳義는 《法苑珠林》 권57의 6~7장과 동권94의 22~23장에 각각 판각되어 있으 며, 儀一은 《十誦律》 권8의 27~28장에, 義一은 《摩訶僧祇律》 권15의 9 장에 각각 판각되어 있다.

207) 《高麗史》 卷95, 崔承老傳 및 《三國遺事》 卷3, 三所觀音衆生寺과 天龍 寺.

黨)과 초적(草賊) 거괴(巨魁) 발좌기병(勃左起兵)" 등[209]으로 각각
달리 기록해 놓았음을 볼 수 있다. 이같은 사례를 통하여 고려시대는
동일인의 이름을 동음이자 즉 음차표기하였던 경우가 많이 있었음을 알
수 있다. 따라서 국자감시 합격자인 육영의(陸永儀)와 각수 영의(永
義)의 경우 의(儀)자와 의(義)자의 상이로 인하여 동일인으로 추정할
수 없다는 주장을 제기하기 어려울 것으로 생각된다. 다음 각성자 영의
(永義)는 성씨가 밝혀져 있지 않으므로 육영의와 동일인으로 추정하는
데 난색을 표명할 수도 있을 듯하다. 비단 영의(永義) 뿐만 아니라 강
화경판의 판각 8만여 장 중에 그 각성자 거의 대부분이 자기의 성씨를
생략하고 단지 이름만을 새겨 놓았을 뿐이다. 이같은 현상은 불교계의
관행상 속성을 소홀히 했던 요인이 크게 반영되어 나타난 것 같으며,
또 판각의 과정에서 그 자신의 조각임을 표시만 하면 족한 것이지 복잡
하게 성명 전체를 조각해 놓을 필요성이 없었기 때문이었을 수도 있는
것이다. 여기서 먼저 송승수(宋承綬)의 경우[210]를 살펴보기로 한다.

①《아비달마장현종론(阿毗達磨藏顯宗論)》권 33의 승수〔升守(제6~7
장)〕승수〔承守(제9장)〕승수〔承綬(제11~12, 19~21장)〕동권38의
승수〔升受(제 1장)〕송〔宋(제3장)〕승수〔承綬(제4장)〕승수〔升守(제5
장)〕승〔承(제8장)〕동권40의 승수〔承守(제3장)〕송수〔宋受(제5장)〕
승수〔承綬(제9장)〕승〔承(제15~16장)〕.

②《역대삼보기(歷代三寶記)》권1의 승수〔承守(제2장)〕승수〔承綬
(제4~5장)〕동권2의 수〔綬(제3장)〕승〔承(제4장)〕승수〔承綬(제14

---

208)《高麗史》卷100, 丁彦眞傳과 卷21, 신종 5년 12월.
209)《東國李相國集》卷35, 金紫光祿大夫…田公(元均)墓誌銘.
210)《高麗大藏經》제28책과 제31책 등 참조.

장)〕〔승수承守(제10장)〕 동권4의 승수〔承守(제7장)〕 승수〔承綬(제14

장)〕 승수〔升手(제18장)〕 동권5의 승수〔承守(제8장)〕 승〔升(제9장)〕

승수〔升守(제10장)〕 승〔承(제11장)〕 수〔綬(제12장)〕 승수〔承綬(제13

장)〕 승수도〔承綬刀(제5장)〕 동권6의 승수〔承綬(제3~4장)〕 승수〔升守

(제8~10장)〕 승〔承(제19장)〕 승수〔承受(제27장)〕 동권7의 송승수〔宋

承綬(제2장과 제27장)〕 승수〔承綬(제8장과 제23장)〕

송승수(宋承綬)는 그의 각판 전체 중에서 성명의 3자 모두를 각한
것은 단지 두 곳 뿐이며, 그 나머지는 승수(升守)·승수(承守)·승수
(承綬)·승수(升受)·송(宋)·승(承)·송수(宋受)·수(綬)·승수
(升手)·승(升)·승수(承受) 등 11개의 형식으로 각각 달리 각해 놓
았음을 볼 수 있다. 이렇게 다양한 형식으로 각기 달리 각해 놓아도 각
판의 교열 또는 재검 등 과정에서 아무런 문제가 발생하지 아니하였음
을 파악할 수 있다. 한편 달리 생각해 보면 고의적으로 각각 다르게 각
해 놓았다는 느낌을 갖게 한다. 《역대삼보기》권5의 총 24장 중에서
송승수는 단지 8장을 판각하면서 승수(承守)·승수(承綬)·승(升)·
승수(升守)·승(承)·수(綬)·승수도(承綬刀) 등 7개의 형식[211]으로
각기 달리 판각해 놓았다. 여기에 중복을 피하려는 흔적이 역력히 나타
나 있음을 볼 수 있다.
　　송승수는 자기 스스로 "승수도(承綬刀)"라고 각해 놓은 것으로 보아
서, 그 자신이 직접 경판을 각하였음이 분명하다. 그러나 그는 어떠한

---

211) 본 5권은 총 24장으로 나누어져 있으며, 송승수의 판각량은 그 중에서 모두
　　 8장 뿐이다. 위 ②에서 열거할 때 承守는 제8장의 장만 열거해 놓았으나 제
　　 10장의 1장도 첨가해야 되나 중복을 피하기 위해서 생략했으므로 모두 8장
　　 이 되는 셈이다(《高麗大藏經》 제31책, 511~518쪽).

의무나 제약을 받으며 판각작업을 하지 아니하였음을 간파할 수 있다. 만약 그가 제도적 의무로 판각작업을 했다면, 그의 각판에 위에서 이미 본 것처럼 송(宋)·승(承)·승(升)·수(受) 등으로 각하지 않고 그의 각판임을 분명히 알 수 있도록 각해 놓았을 것이기 때문이다. 하여간 송승수는 단순히 성씨뿐만 아니라 이름의 두 글자까지 분리하여 판각해 놓았음을 볼 수 있었다.

강화경판에서 성씨와 이름을 각각 분리하여 각해 놓은 사례를 얼마든지 찾아 볼 수 있다. 예컨대 서문필(徐文弼)은 문필(文必)·문필(文弼)·문필도(文弼刀) 등으로,[212] 박숭보(朴崇寶)는 숭보(崇寶)·숭보(崇甫)·숭보(崇保) 등으로,[213] 우종경(于宗慶)은 종경(宗慶)으로,[214] 임문아(任文雅)는 문아(文雅)로,[215] 김득초(金得貂)는 득초(得貂)로,[216] 김일경(金日卿)은 일경(日卿)으로,[217] 한윤겸(韓允謙)은 윤겸(允謙)으로,[218] 유종저(柳宗底)는 종저(宗底)로[219] 각각 그들

---

212) 《大寶積經》 권41의 徐文弼(제15장)·文必(제19~20장), 《光讚經》 권7의 文弼(제1장)·文弼刀(제2장)(《高麗大藏經》 제5책, 569쪽과 제6책, 327쪽).

213) 《摩訶般若經》 권25의 崇寶(제2~3장), 朴崇寶(제25장), 崇甫(제26~27장), 崇保(제28장)(위의 책 제5책, 493쪽).

214) 《光讚經》 권1의 于宗慶(제1~10장), 宗慶(제18~27장)(위의 책 제5책, 527쪽).

215) 《摩訶般若經》 권20의 文雅(제6장), 任文雅(제18~19장)(위의 책, 438쪽).

216) 《摩訶般若經》 권8의 得貂(제3~8장), 金得貂(제22장)(위의 책, 317쪽).

217) 《摩訶般若經》 권1의 日卿(제25~27장), 金日卿(제35장)(위의 책, 236쪽).

218) 《摩訶般若經》 권19의 允謙(제8장), 韓允謙(제9장)(위의 책, 429쪽).

219) 《大乘大集地藏十輪經》 권7의 朴宗底(제1장), 宗底(제7~24장), (위의 책 제7책, 632쪽).

의 성씨와 이름을 분리하여 판각해 놓은 것이 그것이다.

위에서 예거한 대장경의 판각자들은 성씨와 이름을 각각 분리하여 각해 놓았지만, 다행히 성명 전체를 각해 놓기도 하였으므로 성씨까지 파악할 수 있는 경우이다. 그러나 앞에서 살펴 본 각성자 영의(永義)는 자신의 성씨를 전혀 밝혀 놓지 않았다. 따라서 그와 신종 2년(1199) 4월에 국자감시에서 급제한 육영의(陸永儀)를 서로 동일한 사람으로 단정할 수는 없게 되었다. 그러나 이 두 사람의 공통점은 많이 발견되고 있다.

강화경판에서 각성자 영의(永義)의 이름 중에 한 글자인 의(義)자와 의(儀)자를 서로 혼용하고 있는 사례를 흔히 볼 수 있으므로 육영의와 동일한 것으로 간주하더라도 크게 어긋나지 않을 듯하다. 다음 각성자 영의(永義)의 성씨에 대해서 현재 비록 알 수는 없지만, 육영의와 동일인으로 추정하는데 이 역시 큰 문제가 되지 않을 것이다. 우리 사회에서 오랜 관습 중의 하나는 개개인의 구분을 그 각자의 이름만으로 파악해 오고 있기 때문이다. 그리고 대장경의 각판에서 많은 각수들이 그 자신들의 성명을 생략하고 단순히 이름만을 판각해 놓았으나, 그들의 작(作)으로 곧 파악될 수 있었던 당시 사회의 성씨에 대한 관심을 엿볼 수도 있다. 특히 강화경판 조성자들의 신분을 파악하기 위한 작업에서 그들의 성씨를 고려의 대상에서 일단 제외한다는 전제를 세우지 않고 계속 진행하기란 현실적으로 어려운 일이다.

국자감시 출신 즉 진사 육영의와 대장경의 판각자인 영의(永義)는 서로 이름만 유사할 뿐만 아니라, 진사란 신분이 동일하다. 만약 이들이 다른 인물이었다고 가정하더라도 동시대에서 활동하였던 사실만은 분명하다. 이것은 육영의가 국자감시에서 급제한 신종 2년(1199)과 진사 영의〔永義(衣)〕가 대장경의 판각작업에 종사했던 1238년이 서로 거의 같은 시기였던 것에서 파악할 수 있기 때문이다. 다시 말하면, 판각작업을 했던 1238년은 국자감시에서 급제한 때로부터 39년 뒤가 되는 셈이다. 국자감시에서 급제했을 당시 그의 나이를 알 수 없으나, 고려시기에 국자감시의 급제 연령층이 대략 14~20세였을 것으로 추정된다. 따라서 판각작업을 했던 당시 그의 나이는 대략 54~60세로 추산해 볼 수 있을 듯하다. 그는 이 당시에 진사 즉 문인지식인으로서의 삶을 고뇌하고, 외침으로 백척간두의 위기에 처한 조국의 현실에 적극적 참여로 극복의 길을 선택했던 것 같다.

다음 희종 때(1205~1211) 국자감시 급제자 중에서 경판 각성자의 이름과 서로 동일하거나, 또는 유사한 사람은 추영수(秋永壽)·신계백(申季伯)·정종서(鄭宗諝)의 3인이 바로 그들이다. 추영수와 신계백 두 사람은 희종 5년(1209) 6월에 국자감 좨주 조충(趙沖)이 시부(詩賦)로 추영수 등 16명과 십운시(十韻詩)로 신계백 등 50명 등을 각각 뽑았다[220]고 했으며, 다음 정종서는 동왕 7년(1211) 3월에 대사성 채정(蔡靖)이 시부로 정종서 등 20명을 뽑았다[221]고 한 것에서 모두 국자감시에 급제한 진사들임을 알 수 있다.

---

220) 《高麗史》卷74, 選擧志 2, 國子試之額.
221) 위와 같음.

〈표 2-2-52〉 永壽(守)의《大般若波羅蜜多經》각성활동

| 經 典 | | 卷次 | 函名 | 年代 | 處 | 刻手와 板刻量 | | |
番號	經 名					刻手	板數	張 次
1	大般若波羅蜜多經	185	署	38	大藏	永守	18	2,4,5,7,8, 10~20,22,24
						永壽	2	9,21
						忠州 永壽 刻	1	23
2	〃	373	結	〃	〃	永守	8	1,3,6,8,9, 11,13,14
3	〃	520	闕	〃	〃	○守	2	3,21
						○○	5	7,11,19,22,26
						永守	3	9,15,17

　〈표 2-2-52〉의 (1)번에서 영수(永壽)와 영수(永守)는 동명이자임을 곧 알 수 있다. 따라서 여기 (2)·(3)번의 영수(永守)도 동일인으로 단정해도 좋을 것이다. 다만 (3)번의 ○수(○守)와 ○○등은 자획이 불분명하여 영수(永守)로 단정할 수 없지만, (3)번[222]의 총 27장 중에 타 각성인이 없으므로 모두 영수(永守)의 판각으로 추정하더라도 크게 어긋나지 않을 성싶다. 만약 이 추정을 용인한다면 영수[永壽(守)]는 1238년 1년 동안에 대장도감에서 39장을 판각하였다는 말이

---

222) 동아대학교소장본《고려대장경》에서만 永守의 刻으로 나타나 있을 뿐이며,《증상사고려판대장경목록》과 동국대 영인본《고려대장경》등에는 나타나 있지 않다. 이것은 원래 음각으로 되어있기 때문에 印出과정에서의 잘못으로 인하여 나타난 현상인 것으로 추측된다.

성립되는 것이다. 그리고 (1)번의 '충주(忠州) 영수각(永壽刻)'을 통하여 영수〔永壽(守)〕의 출신지는 충주요, 또 그 자신이 직접 판각하였음을 스스로 밝혀 놓은 것으로 단정해도 좋을 것이다. 강화경판 전체 중에서 그 자신의 출신지와 자기가 손수 판각하였던 것임을 밝혀 놓은 사람은 영수〔永壽(守)〕 외에 또 《대반야바라밀다경》 권176(來)의 제24장에 '충주(忠州) 천균(天均)'이 있다. 그는 또 동권553(光)의 권말인 제26장에 '각천균(刻天均)', 그리고 동권176의 제5장과 제20장에 '천균(天均)' 등으로 판각해 놓았다. [223] 여기서 천균도 영수(永壽)와 동일하게 그의 출신지인 충주와 그 자신이 직접 판각하였음을 스스로 밝혀 놓은 것이 분명하다. 이같은 행위는 그의 출신지와 판각 등에 대한 무한한 자부심과 깊은 애정의 발로에서 나온 것으로 짐작된다.

희종 5년(1209) 6월 국자감시에서 시부로 급제한 추영수와 위의 충주 영수(永壽)를 동일 인물로 추정하여 볼 수 있을 것 같다. 이들의 이름만 단순히 같을 뿐 아니라 국자감시에서 시부로 장원급제했던 자부심과 또 그의 출신지와 판각 등에 따른 깊은 애정표시 등은 상호 밀접한 관련이 있을 듯하며, 이것은 위와 같이 추정하는데 하나의 자료가 될 성싶다. [224]

추영수와 같은 시기에 국자감시에서 십운시로 장원급제한 신계백과 동일한 이름은 강화경판의 전체 경판 중에서 현재까지 발견하지 못했다. 다만 k.788《소욕치환경(所欲致患經)》, k.873《비구청시경(比

---

223) 《高麗大藏經》 제2책, 203쪽과 209쪽 및 제4책의 892쪽 등 참조.
224) 이상 충주인 영수·천균에 대해서는 본서 2부 2장 2절 '재향세력'의 〈표 2-2-39〉 및 〈표 2-2-40〉에서 그 인명이 직접적으로 확인되는 경우만을 대상으로 언급하였다. 여기서는 다소 중복되는 감이 있으나 이들이 진사로서 문인지식인층의 일원으로 참여하였음을 강조하고, 또 《大般若波羅蜜多經》을 대상으로 그들의 각성량을 좀더 추측해 보았다.

丘聽施經)》, k.1488《대승집보살학론(大乘集菩薩學論)》등을 포함한 경전 19종에 계백(戒白)이란 각성자의 이름이 산재해 있다. 이 모두가 1234·1244·1245의 3년 동안에 판각되었으므로 중복의 번잡을 피하기 위해서 각 연도의 경전 1개만을 예거하기로 한다.

①k.802《불본행집경(佛本行集經)》권31(業) 연도(1243) 처(대장
　　도감) 판수(2) 장차(5,6)
②k.896《사분률(四分律)》권3(和) 연도(1244) 처(대장도감) 판수
　　(1) 장차(2)
　　《사분률(四分律)》권21(睦) 연도(1244) 치(대장도감) 판
　　수(2) 장차(14,15)
　　《사분률(四分律)》권40(夫) 연도(1244) 처(대장도감) 판
　　수(2) 장차(17,18)
③k.1049《석가씨보(釋迦氏譜)》권 단〔單(彩)〕연도(1245) 처(분사
　　도감) 판수(2) 장차(38,41)

　　위의 ①과 ②는 1243·1244년의 2년 동안에 대장도감에서, ③은 1245년에 분사도감에서 각각 판각한 것이며, 그의 판각량은 총 43장이고 이 중에서 분사도감판은 14장뿐이다. 여기서 계백(戒白)도 어느 하나의 도감에 예속되어 있었던 것이 아니고 두 도감의 각판을 동시에 조성하였던 각성인임을 알 수 있다. 특히 ③은 현재까지 조사된 것 중에서 그의 1245년판으로는 유일한 것인데 단지 2장에 불과할 뿐이다. 이것은 1년간의 판각수량으로서는 소량이며, 그는 전문각수가 아닐 가능성을 보여주는 것이 된다. 그러나 동음이자의 계백(戒白)과 계백(季伯)을 동명이인으로 과연 볼 수 있을지가 의문이다.
　　강화경판에서 계(戒)자와 계(季)자를 서로 혼용하고 있는 경우를 먼

저 보기로 한다. 《대방광불화엄경》의 권37(章)은 총 19장으로 나누어
져 있는데, 제2장으로부터 제 19장에 이르기까지 모두 계종(戒宗)이
란 이름이 판각되어 있으나, 그 중에 제18장은 "계종지(戒宗誌)"로 판
각되어 있다. [225] 여기 "계종지"의 지(誌)는 강화경판에서 널리 사용되
고 있는 수(手)·도(刀)·각(刻)·간(刊) 등과 함께 경판을 판각했다
의 뜻으로 우선 이해되긴 하나 "천태산인(天台山人) 요원수(了源手)
삼십구폭(三十九幅)"과 《대방등대집경(大方等大集經)》권3의 권말인
제34장에 "요원지(了源誌)" 등의 수(手)와 지(誌)는 "손으로 받들어
올립니다" 혹은 "그 사실을 표지(標誌)하여 둡니다" 등의 뜻으로 사용
하여 기진의 의미를 내포하고 있을 것으로 생각된다. [226] 이 역시 이러
한 뜻이 내포되어 있는지 알 수 없다.

　위에서 예거한 계종(戒宗)의 각판은 《사리불문경(舍利弗問經)》권
1(外)의 제14장과 또 《사분률》의 권16(下) 제10～11장 및 권
59(婦) 제5～6장 등이 있다. [227] 그리고 《해탈경(解脫經)》권1(外)의
제1장에 계종(季宗)으로 판각되어 있음을 볼 수 있다. [228] 계종(戒宗)
과 계종(季宗)은 동일 인물이 틀림없다. 따라서 계(戒)자와 계(季)자
는 서로 혼용되고 있음을 알 수 있게 된 것이다. 다음은 계백(戒白)의
백(白)자와 계백(季伯)의 백(伯)자도 서로 혼용하고 있었던 사실을
예거키로 한다. 즉 《사분률》 권47(唱)의 제4장은 영백(英伯)으로 제
5장은 영백(英白)으로[229] 각각 판각해 놓은 것이 그것이다. 요컨대 강

---

225)《高麗大藏經》제8책, 656쪽.
226) 金潤坤, 앞의 논문, 236～237쪽.
227)《高麗大藏經》제23책, 763쪽과 제23책, 151쪽 및 622쪽.
228) 위의 책, 제23책, 790쪽.
229) 위의 책, 제23책의 제5장에서 英白의 白자가 불명확하나(495쪽)《增上寺
　　高麗板大藏目錄》199쪽에 英伯과 英白을 구분하여 기록해 놓았다.

화경판에서 계종(戒宗)을 계종(季宗)으로 영백(英伯)을 영백(英白)으로 각각 서로 혼용하고 있는 것으로 보아서, 계백(戒白)과 계백(季伯)의 동음이자는 동명일인으로 간주하는데 큰 방해가 되지 않을 듯하다. 충주 영수(永壽)와 계백(戒白) 즉 계백(季伯) 등은 희종 5년(1209)의 국자감시에 합격한 추영수(秋永壽)와 신계백(申季伯) 바로 그들이었을 것으로 추정된다. 이들은 서로 이름만 같을 뿐 아니라 활동시기가 동일하다. 그리고 영수(永壽)와 계백(季伯) 등은 모두 강화경판의 판각작업에 종사한 기간이 3년 정도의 짧은 기간이란 사실도, 이들의 신분을 상정하는데 하나의 자료가 될 것이다. 강화경판의 판각작업에 종사한 대부분의 문인지식인층은 자기 스스로의 자발적 의사와 개인적 형편을 고려하여 참여했을 것으로 추정되고 있기 때문이다. 요컨대 영수(永壽)와 계백(季伯)은 모두 국자감시에 장원급제한 진사의 신분으로 강화경판의 판각작업에 참여했을 것으로 믿는다.

끝으로 종서(宗敍)는 1239·1244·1245의 3년간에 경전 16종 27권을 대장과 분사의 두 도감에서 각판활동을 하였음[230]이 밝혀지고 있다. 이 중에서 다른 각성자와 비교하여 좀 차이가 있는 것은 그의 판각기간은 비록 3년간이지만 첫째년과 둘째년의 사이에 5년간의 간격이 있는 점과 또 판각 수량은 전체 38장에 불과하고 이 중에서 분사도감판은 13장뿐이므로 많은 편이 아니다. 그 중간의 휴식기가 장기간이고 또 판각량이 상대적으로 적은 사유 등에 대해 현재 분명히 알 수 없지만 그가 전문각수가 아니었던 것만은 분명한 사실일 것이다. 그가 3년 동

---

230) 宗敍가 등재되어 있는 經卷만을 열거해 보면, k.312 권單, k.889 권1·권3, k.890 권5, k.896 권1·권5, k.911 권單, k.937 권7, k.945 권9, k.951 권2·권5 k.952 권1·권7·권10, k.953 권2, k.956 권3·권7, k.963 권5, k.1406 권7·권32·권64·권92, k.1438 권單, k.1481 권1, k.1513 권1 등이다.

안 조성했던 경전 중에서 각각 1종만을 예거하면 아래와 같다.

① k.312《주오수(呪五首)》 권단(才) 연도(1239) 처(대장도감) 판수(1)
　　 장차(2)

② k.889《마하승기율(摩訶僧祇律)》 권3(學) 연도(1244) 처(대장도감)
　　 판수(1) 장차(17)

③ k.889《마하승기율(摩訶僧祇律)》 권19(優) 연도(1244) 처(분사도
　　 감)판수(1) 장차(4)

④ k.1513《화엄경탐현기(華嚴經探玄記)》 권11(務) 연도(1245) 처(분
　　 사도감) 판수(2) 장차(37, 38)

　위는 종서가 ①·②는 1239년과 1244년에 대장도감에서 또 ③·④
는 1244년과 1245년에 분사도감에서 각각 조성한 것이다. 그런데
①·②·③은 소위 '정장(正藏)' 경판인데 비해서 ④는 소위 '부장(副
藏)' 경판이다. 여기 후자는 국간(國刊)이 아닌 사간(私刊) 또는 사간
(寺刊)이고 또 판각의 시기가 강화경판의 조성과 궤를 달리하였거나
후대의 산물이란 점을 들고 있으며, 그 경판은 판식(板式)·서체가 국
간본과 상이하기 때문에 일종의 사간(寺刊)으로 볼 수밖에 없다고 주
장하고 있다. ④는 위국서사사문(魏國西寺沙門) 법장(法藏)의 저술
로, 판수제(版首題)는《탐현기(探玄記)》로 되어 있다. 총 20권 중
2~11, 13, 15~20 등의 권말에 을사세(乙巳歲, 1245) 분사대장
도감개판(分司大藏都監開板) 혹은 분사대장도감조조(分司大藏都監彫
造)로 각각 표시되어 있다. 여기서 볼 수 있는 바와 같이 ④는 그 판각
시기와 간기 형식 등이 소위 "정장"과 비교하여 크게 다르지 않다. 그
리고 각성자인 종서는 ④만이 아니고 ①·②·③의 소위 '정장'을 동시
에 조성하고 있는 사실을 볼 때 ①·②·③과 ④의 경전 즉 소위 '부장'

이 큰 차이가 없다는 사실을 알 수 있다. [231] 그리고 종서의 판각 수량과 참여 형태 등을 참고하여 볼 때 그를 전문각수로 간주할 수 없을 것 같다. 그러면 종서는 어떤 신분의 소유자였을까.

희종 7년(1211) 3월에 대사성 채정(蔡靖)이 시부(詩賦)로 정종서(鄭宗諝) 등 20명을 뽑았다고 했다. [232] 이때 국자감시에 합격한 정종서와 위의 종서(宗敍)는 서로 글자가 동일하지 않다. 그러나 강화경판의 일반적 판각관례에 따르면 서(諝)와 서(敍)를 서로 혼용하더라도 조금도 불편함을 느끼지 않았으리라 생각한다. 만약 정종서(鄭宗諝)와 종서(宗敍)가 동일인이라고 한다면, 국자감시에서 시부로 장원급제하고, 그로부터 33년 뒤에 대장경의 판각작업에 종사한 셈이 된다.

2. 고종시기의 국자감시 출신과 판각자

고종(1214～1259) 때의 국자감시 급제자 중에서 윤득지(尹得之)·원양윤(元良允 혹은 張良允)·김양순(金良純)·이인(李仁)·조희보(曹希甫)의 5명과 또 박문정(朴文正)·염수정(廉守貞)·황공석(黃公石)의 3명 등 모두 8명은 강화경판의 각성자와 이름이 서로 동일하거나 혹은 그 이름이 유사한 사람들이다. 만약 급제자 8명 모두 각성자였다면 전자 5명은 급제 뒤에 판각사업에 참여했던 것이 되고, 또 후자 3명은 그 반대로 판각사업에 참여한 뒤에 급제하였다는 것이 된다. 이들의 각성활동을 구체적으로 살펴보기로 한다. 먼저 윤득지의 이름이 각인되어 있는 경판을 모아 표로 나타내 보면 대략 다음과 같다.

---

231) 본서 1부 1장 2절 참조.
232)《高麗史》卷74, 選擧志 2, 國子試之額.

〈표 2-2-53〉 得之의 각성활동

經番	卷次	函名	年代	處	板數	張　　次
80	17	拱	45	大藏	14	1, 2, 4, 6, 9, 10, 11, 13, 14, 16, 19〉25
126	1	駒	43	〃	10	14, 17, 19, 20, 22, 25, 26〈32
179	下	恭	〃	〃	8	3〉13, 16, 17
590	1	日	〃	〃	1	29
648	41	溫	〃	〃	2	2, 4
649	39	馨	〃	〃	1	4
764	單	思	〃	〃	1	13
777	3	言	〃	〃	1	25
801	62	終	〃	分司	2	2, 4
873	單	竟	〃	大藏	1	4
889	34	仕	44	〃	1	3
896	5	和	〃	〃	1	2
924	中	訓	·	無	1	20
941	6	猶	44	分司	1	24
943	9	子	〃	大藏	2	7, 9
946	2	弟	〃	〃	2	3, 4
951	5	投	〃	分司	1	21
951	52	規	〃	〃	1	3
952	25	隱	〃	大藏	1	16
179	55	次	〃	〃	1	2
953	2	心	〃	〃	1	15
953	10	志	〃	〃	2	4, 5

經番	卷次	函名	年代	處	板刻	
					板數	張次
956	37	物	·	無	1	13
	99	移	44	分司	1	5
987	1	觀	〃	〃	1	9
1053	3	楹	43	〃	1	9
1064	上	轉	44	大藏	1	16
1075	2	左	43	分司	1	15
	12	達	〃	·	1	4
1081	12	亦	〃	大藏	1	15
	28	群	〃	分司	1	39
1257	11	纓	〃	大藏	1	99
	16	世	〃	〃	1	113
1258	6	富	44	〃	1	4
	9	富	〃	〃	1	10
	19	富	〃	〃	1	6
1260	4	輕	·	無	1	8
1263	3	勒	〃	〃	11	2，4，5，8，9，11，14，15，17，19，21
	26	刻	45	大藏	5	18，21，23，26，28
	29	刻	·	無	1	20
1406	1	覇	44	分司	2	12，13
	21	魏	〃	〃	1	16
	39	假	〃	〃	1	25
	64	踐	〃	〃	1	40
1450	上	用	〃	大藏	1	11

經番	卷次	函名	年代	處	板 刻	
					板數	張　　　次
1466	24	沙	〃	〃	1	5
1481	5	州	〃	〃	1	6
1487	12	恒	〃	〃	1	11
1489	3	享	〃	〃	1	4
1499	8	祿	46	分司	7	3,5,6,9,11,12,14
	88	功	48	〃	2	6,14
1505	27	嚴	·	無	6	1,3,11,13,23,34

〈표 2-2-53〉에서 득지(得之)는 1243~1246년, 1248년 등 5년 동안에 총 113장의 경판을 조성하였다는 것을 알 수 있는데, 그 연도별 판각량을 계산해 보면 1243년에 34장을, 1244년에 30장을, 1245년에 19장을, 1246년에 7장을, 1248년에 2장을, 미상년에 21장을 각각 판각한 셈이며, 그 중에서 분사도감에서 조성한 것은 1243년에 5장,[233] 1244년에 10장, 1246년에 7장, 1248년에 2장 등이다. 여기서 각 연도별 판각량이 균일하지 않으며, 그 최고 1243년의 34장과 최하 1248년의 2장을 서로 대조해 보면 전자가 약 18배로 많은 셈이다. 각 연도별의 판각수량이 일정하지 않을 뿐만 아니라, 최고와 최하의 차이가 많이 나고 있다. 이것은 판각자가 강제적 동원과

---

233) k.1075《續高僧傳》의 권2는 분사도감에서 조성한 것이라 하고, 同經의 권12는 彫造處 未詳으로 된 것은 간기에서 "癸卯歲高麗國 … 勅彫造"라고 하여 그 부분이 삭제되었기 때문에 부득이 미상이라 하였다.

234)《高麗史》卷74, 選擧志 2, 國子試之額.

제도적 구속을 받고 있지 않았음을 반증해 주고 있는 자료가 될 것이다. 그리고 대장도감과 분사도감의 두 도감에서 각각 판각하였던 수량도 큰 격차가 있으며, 특히 위 표의 k.1081《광홍명집(廣弘明集)》을 보면, 이 경의 권12는 대장도감에서 또 권28은 분사도감에서 각각 1장을 판각하는데 불과했을 뿐이다. 이것은 두 도감의 위치가 서로 지근(至近)한 거리에 있었음을 시사해 주고 있다. 다시 말하면 종래의 주장대로 만약 대장도감은 강화경에, 또 분사도감은 남해에 각각 설립되어 있었다면《광홍명집》의 권12와 권28을 분리하여 두 도감을 왕래하면서 판각하지 아니하였을 것으로 믿기 때문이다. 또한 판각자의 자유스런 왕래를 반영해 주고 있는 것이 아닌가 여겨진다.

고종 원년(1214) 4월에 좌간의 대부 박현규(朴玄圭)가 시부(詩賦)로 윤득지 등 25명을 뽑았다[234] 한다. 이 윤득지(尹得之)와 위의 득지(得之)는 서로 어떤 관련이 있는지 현재 분명히 알 수 없으나 동일인으로 추정된다. 단순히 이름만 같을 뿐 아니라 연령상으로도 서로 동일인으로 볼 수 있을 듯 하다. 윤득지가 국자감시에서 시부로 장원급제했을 때 나이가 만약 14~20세였다고 가정한다면, 그가 판각활동을 했던 시기의 나이는 44~50세가 된다. 그리고 국자감시의 장원급제에 따른 그의 자부심과 당시 대장경의 판각사업 종사는 서로 밀접한 관련이 있었을 것이다.

다음 양윤(良允)의 판각조성에 따른 사실을 조사해 보면 대략 아래와 같다.

k.1《대반야바라밀다경》권236 장수(25) 함(藏) 연도(1238)〕 처(대

---

235) 동아대 소장본《대반야바라밀다경》의 제3책과 제49책. 그러나 동국대 영인본과《증상사고려판대장경목록》에는 良允의 이름이 나타나 있지 않다.

　　장도감) 판수(7) 장차(1, 7, 9, 13, 16, 18, 22)
　k. 1《대반야바라밀다경》권406 장수(26) 함(金) 연도(1238) 처(대장
　　　도감) 판수(1) 장차(26)

　양윤(良允)은 k. 1《대반야바라밀다경》의 권236과 권406 등 2권 중에 단지 8장을 1238년에 대장도감에서 조성했을 뿐이다. [235] 그런데 이 2권의 전체 장수는 51장이고, 오직 양윤 1인만이 각인되어 있을 뿐이다. 다시 말하면《대반야바라밀경》의 권236과 권406 등 2권 중에서 총 8장에 각각 양윤의 이름이 각인되어 있는 것을 제외하면 본 권의 전체 중에 다른 각수의 이름이 전혀 나타나 있는 것이 없다.

　강화경판의 각판 전체를 살펴보면, 각 장마다 각수의 이름이 판각되어 있는 경우도 있고, 또는 단지 권말에만 각수의 이름이 새겨져 있는 경우 등이 있다. 특히 후자는 첫째, 그 각수 1인이 한 권 전체를 판각했을 때, 둘째, 그가 한 권의 경전을 보시했을 때 등 두 가지 경우가 있었을 것이다. [236]《대반야바라밀경》의 권236과 권406 등에 등재되어 있는 양윤은 이에 따른 또 하나의 좋은 예가 될 것이다.

　위의 권 236은 전체가 25장으로 나누어져 있는데 이 중 총 7장에 양윤의 이름이 등재되어 있는 것으로 봐서 그가 7장을 판각하였음을 알 수 있고, 또 권406은 전체 26장 중에 다른 각수의 이름이 전혀 없고 단지 권말에 양윤의 이름만 등재되어 있는 것으로 봐서 그가 전체를 판각했거나 혹은 그가 권406을 보시했던 것 등으로 볼 수 있을 듯하다. 다시 말하면 특히 후자에 관해서 양윤은《대반야바라밀경》권406을 전

---

236) 金潤坤, 앞의 논문, 246쪽.
237) 이와 유사한 예들을 들어 판각보시의 가능성에 대한 자세한 논급을 이미 한 바가 있다(金潤坤, 앞의 논문, 246쪽).

체 판각하여 보시하였을 것으로 볼 수 있다는 것이다.[237]

강화경판의 전체 각판 중에서 양윤의 판각은 위에서 열거한 것 외에 현재로서 더 이상 나타나는 것이 없으므로 1238년 1년 동안만 그는 대장경 판각사업에 종사하였던 것으로 파악되며, 그 동안 그의 판각량은 8장 뿐인 셈이다. 다만《대반야경》권406의 1권 전체를 그가 판각하여 보시했을 가능성을 배제할 수 없을 것이다.

국자감시의 급제자 중에서 위의 양윤과 동일인을 찾아 보기로 한다. 고종 12년(1225) 2월에 국자좨주 이규보가 십운시(十韻詩)로 원양윤(元良允) 등 66명을 뽑았다고 하며, 또 그 다음해 3월에 우부승선 최종번이 십운시로 장양윤(張良允) 등 59명을 뽑았다[238]고 했다. 이 두 해 동안에 국자감시에서 십운시로 연달아 장원급제했던 원양윤과 장양윤 등이 있었음을 볼 수 있다. 그러나 대장경의 판각사업에 참여했던 양윤은 성씨가 밝혀져 있지 않으므로 그 두 사람 중에 어느 한쪽과 동일인으로 추정해 볼 수 있을지는 현재로서 판단하기 어려운 상황이다. 그 두 사람 중에 어느 쪽이든 간에 만약 대장경의 판각사업에 참여했던 양윤과 동일인이라고 한다면, 그 사업에 국자감시 출신이 참여했던 사례가 하나 더 증가하는 셈이 되는 것이다. 그리고 국자감시에서 장원급제했던 시기로부터 13년 혹은 14년 뒤에 대장경의 판각사업에 참여했다는 말도 되는 것이다.

다음 양순(陽純)의 판각사업에 참여한 사실에 관해서 살펴본다.

 k.1《대반야바라밀다경》권45 장수(27) 함(字) 연도(1237) 처(대장도감) 판수(12) 장차(1, 10, 12, 13, 14, 19, 20, 22~25, 27)

 k.1《대반야바라밀다경》권112 장수(24) 함(昃) 연도(1238) 처(대장도감) 판수(8) 장차(2, 6, 8, 14, 18〈24)

---

238)《高麗史》卷74, 選擧志 2, 國子試之額.

양순은 1237년에 k.1《대반야바라밀다경》의 권45 중에 12장을, 또 1238년에 같은 경의 권112 중에 8장을 모두 대장도감에서 조성하였던 것[239]으로 나타나 있다. 이 2권의 전체 장수 51장 중에 양순의 판각 수량은 20장에 불과하나 오직 양순 1인만이 각인되어 있을 뿐이다. 다시 말하면《대반야바라밀경》의 권45와 권112 등 2권의 총 51장 중 20장에 각각 양순의 이름이 각인되어 있는 것을 제외하면 본 권의 전체 중에 다른 각수의 이름이 전혀 나타나 있는 것이 없다. 따라서 양순은 1237·1238년 두 해 동안에 모두 20장의 경판을 판각했던 각수임을 알 수 있다. 그의 판각이 현재까지 더 이상 발견되지 않고 있으므로 그는 1237·1238년 두 해 동안만 판각작업에 종사하였으며, 그 동안 그의 판각수량은 모두 20장뿐이었던 것으로 일단 판단할 수밖에 없다.

그러나 위 두 권의 총 51장 중에 양순 외에는 다른 각수의 이름이 전혀 나타나 있지 않고, 또 두 권의 각 권말인 제27장과 제24장에 그의 이름이 판각되어 있는 것으로 보아 그는 단지 20장만을 판각했던 것이 아니라 두 권 전체 51장을 판각하여 이것을 보시하였을 것으로 추정해 볼 수도 있다. 그리고 강화경판의 각판이 처음 산출되기 시작한 해는 1237년이었으므로 양순은 각판사업의 초기 2년 동안만 참여했던 사람이었음도 아울러 파악할 수 있다.

《고려사》와《고려사절요》등의 문헌에 양순과 동일한 이름은 발견할 수 없다. 그런데 고종 16년(1229) 5월에 시부(詩賦)로 김양순(金良

---

239) 동아대 소장본에는 위의 사실이 모두 나타나 있으나, 동국대 영인본《고려대장경》제1책, 954쪽과《대반야경》권122, 제24장에만 陽純, 또《증상사 고려판대장경목록》, 3쪽에 동 경전 권45에 장수 표시 없이 단순히 陽純만이 각각 기록되어 있을 뿐이다.

純) 등 20명을 뽑았다[240]고 하였고, 또 원종 12년(1271) 5월에 대사성 한강(韓康)이 양순(梁淳) 등 53명을 뽑았다[241]고 한 것 등에서 김양순과 양순의 존재를 발견할 수 있다. 경판에 나타나 있는 대부분의 각수들이 자신의 이름을 동음이자로 표기하고 있는 것으로 보아 양순(良純)과 양순(梁淳) 등도 양순(陽純)으로 표기할 수도 있을 듯하다. 따라서 양순(陽純)과 양순(梁淳) 및 김양순(金良純) 등 3인을 동일선상에 올려 놓고 양순(梁淳)과 김양순(金良純)의 두 사람 중에 과연 누가 양순(陽純)과 동일 인물인지를 가려 볼 필요가 있다.

양순(陽純)의 각판이 첫 산출된 1237년을 기준으로 김양순(金良純)과 양순(梁淳)의 두 사람이 국자감시에 합격하였던 때의 시기를 살펴보면, 김양순(金良純)은 그 합격으로부터 8년 뒤이고, 또 다른 양순(梁淳)은 합격하기 34년 앞이 된다. 다시 말하면 김양순(金良純)이 만약 20세 때에 국자감시에 합격했다면, 그는 28세 때 판각사업에 종사했다는 말이 되며, 또 다른 양순(梁淳)은 20세 때 먼저 판각사업에 종사하고 그로부터 34년 뒤인 54세 때 국자감시에 합격했다는 말이 된다. 연령상으로 본다면 김양순(金良純)과 양순(陽純)이 동일인으로 볼 수 있는 가능성이 높다. 그리고 양순(梁淳)의 양(梁)자는 성씨이므로 양순(梁淳)을 양순(陽純)으로 판각했을 가능성보다 양순(良純)을 양순(陽純)으로 판각했을 가능성이 훨씬 높을 것이다.

강화경판에서 양백(楊白)을 양백(良白)[242]으로 또 양수(楊守)를 양

---

240) 《高麗史》卷74, 選擧志 2, 國子試之額.
241) 위와 같음.
242) 《高麗大藏經》 제5책, 82쪽의 《放光般若波羅蜜經》 권7(荼)의 楊白(제21
　　 장)과 良白(제22장).

수(良守)[243]로 각각 판각해 놓은 사례가 있으므로 양순(良純)과 양순(陽純)은 동일인으로 간주하는데 하나의 방증자료가 될 수 있을 듯하다. 만약 이 추정이 용인된다면 김양순(金良純)은 국자감시에 합격하고 그로부터 8년 뒤에 대장경 판각사업에 종사하였으며, 이 때 《대반야바라밀경》의 권45와 권112 등을 판각 보시했다는 말도 성립되는 것이다.

다음으로 이인(李仁)의 판각사업 참여한 시기와 그의 판각량 등은 대략 아래의 표와 같다.

〈표 2-2-54〉李仁의 각성활동

經番	卷次	函名	年代	處	板數	張 次	摘 要
1	486	劒	38	大藏	5	3〉7, 10, 11	제11장의 仁자 불확실
290	上	潔	39	〃	5	2, 3〉7, 11	
388	17	彼	40	〃	10	2, 3, 6〈12, 13, 17〉21	
407	4	欲	42	〃	2	16, 18	
571	12	尺	〃	〃	1	2	
1498	23	城	·	無	1	23	

---

243) 위의 책 제8책, 1295쪽의 《度世品經》 권2(羌)의 楊守(제2장을 비롯한 8장)와 楊秀(제22장)·良守(제31장).

〈표 2-2-54〉에서 조성연대를 알 수 없는 k.1498《일체경음의(一切經音義)》를 제외하고 이인은 1238년부터 1240년까지 3년 간, 그리고 한 해 쉰 뒤에 1242년의 1년을 더 보태어 통틀어 4년 간 경판 조성사업에 참여하였으며, 그의 판각량은 총 24장이었음을 볼 수 있다. 그 4년간이란 기간에 비하여 판각량이 적다는 것을 느낄 수 있고, 이것은 이인이 전문각수가 아닐 가능성을 시사하는 것이 될 수 있다.

강화경판의 산출이 1237년부터 시작되었음을 상기해 볼 때 이인은 판각 사업에 초창기부터 이미 참여하고 있었다는 사실을 알 수 있다. 그리고 조성연대를 알 수 없는 k.1498《일체경음의》를 제외하면, 그의 판각은 모두 내장도감에서 조성되어진 것도 하나의 득싱이다.

《일체경음의》는 이인의 이름이 각인되어 있는 권23만이 간기가 없는 것이 아니라 전체 100권 모두에 간기가 없으므로 조성 연대를 정확히 알 수 없으나, 강화경판의 조성시기에 함께 이루어진 경판임은 틀림없다. 이것은 이 사업에 참여한 각수를 통하여 알 수 있다. 그런데 강화경판의 전체를 일별하면 거의 대부분 판심(版心)이 없는데 비해서《일체경음의》의 총 100권 모두에 판심이 있고 이 판심부분에 세자(細字)로 경명·권차·장차·함명 및 각수의 이름이 판각되어 있는 점이 특이하다. 다시 판심에 각자되어 있는 형식을 이인(李仁)의 경우를 예를 들어 말하면, "일체경음의 권 제23 제13장(城) 이인(李仁)"의 순서로 판각되어 있다.[244] 이 순서만을 놓고 보면 다른 경판의 각수를 각인하는 형식과 차이가 없다. 다만 다른 경판의 경우는 경판의 전후·좌우의 변괘(辺罫) 어느 한쪽에 위치하고 있는데 비해서《일체경음의》의 경우는 판심에 위치해 있는 점이 크게 다른 점이다.《일체경음의》의 총 100권에는 각수로 이인 외에 아래에서 볼 수 있는 각수가 각인되어 있다. 즉,

---

244)《高麗大藏經》제42책, 459쪽.

김승(金昇)의 권1(제29~30장)

필주(必周)의 권2(제5~6장) · 권19(제17~20장)

필주(弼周)의 권2(제7~8장)

지실(之實)의 권10(제38~40장)

이인(李仁)의 권23(제23장)

무동(無同)의 권38(제10장) · 권81(제39~40장)

몽지(夢之)의 권52(제9장)

성로(成老)의 권60(제1장)

공주(公周)의 권60(제2장)

김장(金臟)의 권61(제8장)

혜비(惠庇)의 권61(제12장)

칠보(七寶)의 권62(제45장)

구문(久問)의 권79(제13~15장)

등이다. 여기에 열거해 놓은 각수 중에서 필주(必周)와 필주(弼周)는 동일인이 분명하므로《일체경음의》의 전체 중에서 각수로 나타나 있는 사람은 모두 12명 뿐이고 이들의 이름이 각인되어 있는 곳은 26장 뿐이다.

《일체경음의》의 총 100권은 모두 4,154장으로 구성되어 있는데, 각수 12명의 이름이 26장에만 각인되어 있으므로, 4,154장 중에 만약 12명이 26장만을 판각했던 것으로 가정한다면 그 나머지는 과연 누가 조성한 것일까? 이 보다 더 심한 것은 어떤 경전에는 판각하였던 사람이 전혀 나타나 있지 않은 경우도 있다. 예컨대《속일체경음의》의 총 10권에는 단 1인의 각수도 나타나 있지 않은 것과 같은 것이다. 요컨대 강화경판의 어느 한 경전 전체에 각성자가 전혀 없거나 일부만이 밝혀져 있는 경우가 있다는 사실이다. 이것은 각성자가 자신의 이름의 노출을 꺼렸거나 혹은 각자의 판각 중에 일부만을 밝힌 경우들일 것이다. 그렇다면《일체경음의》총 100권 4,154장 중에 각수 12명이 26장에 만 그 이름이 밝혀져 있는 것도 같은 경우로 간주할 수 있다는 말이 성립될 수 있다. 따라서《일체경음의》권23 전체 52장 중에서 제13장에 만 이인(李仁)의 이름이 나타나 있다고 해서 이인은 단지 그 1장만을 판각했던 것이라고 주장할 수 없다는 말도 된다. 추측컨대 같은 경전 권23의 52장 전체를 이인이 단독으로 판각하고 그의 임의에 따라 1장 에만 자기 자신의 판각임을 표시해 두었던 것일 것이다. 만약 이 추정 이 옳다면 경전의 1권 전체를 단독으로 판각하고 그 판각자의 임의에 따라 어느 1장이라도 그의 이름이 판각되어 있으면 그의 판각으로 볼 수 있다는 말도 성립될 수 있을 것이다. 이것은 종전까지의 견해와 약 간 달라진 것이다. 종전에는 1권 전체에 타인의 각명이 없고 단지 권말 에만 각명이 되어있는 경우에만 각명자의 단독 판각 또는 그의 보시로 인정할 수 있다고 말해 왔던 것이다. 요컨대《일체경음의》의 권23을 이인의 단독판각 또는 그의 판각보시로 볼 수 있는 가능성도 있다는 말 이다.

　여기서《일체경음의》의 내용에 대해서 잠깐 살펴볼 필요가 있다. 그 내용을 간단히 말하면, 경·율·논의 각 경전에 수록되어 있는 숙어에 대하여 각각 반절법(反切法)으로 읽고 또 주해(註解)를 한 것이다. 예 컨대 혜초(惠超)의《왕오천축국전(往五天竺國傳)》에서 "각멸(閣蔑) 에서 뒷글자는 면과 별(眠鼈)의 반 곧 멸자이므로 각멸로 읽으며 곤륜 지방의 말이다. 옛 이름은 임읍국(林邑國)이며, 여러 곤륜국 중에서 이 나라가 가장 크다"[245]고 한 것이 바로 그것이다. 이것의 판각 형식은

---

245)《高麗大藏經》제43책, 988쪽.

'각멸'을 대문자로, 또 그 주해는 소문자로 각각 판각해 놓았다. 요컨 대《일체경음의》총 100권은 난해한 숙어와 또 큰 글자·작은 글자 등 이 서로 엉클어져 있는 것이 전체의 형상이다. 이에 따른 조예가 깊지 않고서는 판각작업을 진행할 수 없었을 듯하다. 따라서《일체경음의》 의 판각작업에 종사한 이인 등은 학문과 기예를 겸비한 식자층일 가능 성이 높다.

그런데 고종 18년(1231) 4월에 임경겸이 십운시(十韻試)로 이인 등 41명을 뽑았다[246]는 것이다. 이 이인(李仁)과 위의 각성자 이인(李 仁)이 바로 동일인이라고 단정할 수는 없지만, 두 사람의 성명이 동일 하고 또 두 사람의 활동시기가 거의 비슷하므로 동일인으로 추정해도 좋을 것이다. 그런데 고종 18년의 국자감시에 급제한 이인 밖에 또 다 른 이인이《고려사》에서 확인되고 있다.

명종 4년(1174)에 소위 조위총(趙位寵, ?~1176)의 난 당시 그 의 막하에 있던 서경비장 이인(李仁)[247]과 또 원종 15년(1274) 2월 에 별장의 신분으로 원에 파견된 것을 비롯하여 충렬왕 7년(1281) 8 월에 장군의 신분으로 원에 파견되기까지 다섯 차례나 원나라를 왕복하 였던 이인(李仁),[248] 그리고 고종 25년(1225)부터 29년(1242)까 지 경판을 각성하였던 이인(李仁) 등이 있었다. 그 중에서 누가 고종 18년(1231)에 국자감시에 급제한 이인과 동일인물인지를 가려보기 위해 급제 당시의 연령을 14~20세로 추정하여 각 이인의 연령을 계 산해 보기로 한다.

---

246)《高麗史》卷74, 選擧志 2, 國子試之額.

247)《高麗史》卷99, 庾應圭傳.

248)《高麗史》卷27, 원종 15년 2월 갑자, 권28의 충렬왕 2년 3월 갑술·4년 1월 임자·6년 1월 기사·7년 8월 임오 등에 李仁을 원나라에 파견하였던 사실이 기록되어 있다.

첫째, 서경비장 이인 등이 처음 거사하였던 고종 4년(1174)은 국자
감시에 급제하기 57년 전이므로 그의 출생 전이다. 그리고 그는 조위
총의 일당으로 이미 처단되었을 가능성이 높다. 둘째, 원종 15년
(1274)부터 충렬왕 7년(1281)에 이르기까지 원나라를 왕래했던 이
인은 급제 당시로부터 원종 15년은 43년 이후가 되고 또 충렬왕 7년
은 50년 이후가 되는 셈이다. 따라서 그의 나이는 처음 원에 파견되었
을 때가 57～63세였다면 마지막 파견되었을 때가 64～70세로 추산
된다. 이같은 고령으로 별장 혹은 장군의 직위에 올랐을 가능성도 희박
하거니와 원으로의 왕래가 불가능하였을 것이다. 설혹 연령상으로 문
제가 되지 않았다고 하더라도 그가 별장에서 장군의 신분으로 원에 파
견되었던 점을 고려할 때 국자감시의 출신이 아니었음은 분명할 것이
다. 끝으로 경판 각성자 이인은 경판이 처음 산출될 때 연령이 21～27
세가 되며 마지막 종결했을 때는 25～31세에 이르게 되는 셈이다. 따
라서 국자감시 급제자 이인(李仁)과 경판 각성자 이인(李仁)이 동일인
이었을 가능성이 가장 높다.

　다음 희보(希甫)는 1243년에 대장도감에서 판각한 k.578《반야
등론석(般若燈論釋)》권4(寸)의 총 32장 중에 제2·5·10·15·
21장의 5장[249]에 그의 이름이 판각되어 있을 뿐, 현재까지 더 이상 발
견되지 않는다. 따라서 희보는 강화경판의 판각사업에 1243년 1년
동안만 참여했으며, 그의 판각수량은 5장뿐이었다고 판단할 수밖에 없
다. 그러나 여기서 고려해 보아야 할 점은《반야등론석》권4의 총 32
장에는 희보 외에 다른 각수가 전혀 판각되어 있지 않다는 사실이다.
이런 경우에 이 권의 전체를 한 사람의 판각으로 볼 수 있을 것이다.
더구나 희보에 관한 위의 판각은 모두 음각이며, 각판의 맨 끝 가장 자

---

249) 동아대 소장본, 《般若燈論釋》참조.

리에 나타나 있다. 그래서 그런지 동국대 영인본《고려대장경》과《증상사고려판대장경목록》 등에 수록되어 있는《반야등론석》총 15권 전체에 희보 뿐만 아니라 어떤 각수도 나타나 있는 것이 없다. 따라서《고려대장경》의 영인본과 증상사 목록 등에 단 1인의 각수도 나타나 있지 않은 것은 원래 판각자가 없었기 때문이 아니라, 그 저본에 각수의 이름이 결락되었기 때문이었음을 동아대의 소장본《반야등론석》과의 비교로써 분명히 파악할 수 있다. 그렇다면 동아대의 소장본《반야등론석》도 각판의 인경 과정에서 결락된 것이 전혀 없었을 것으로 단정할 수 없다. 요컨대 강화경판의 각판을 인경할 때 글자의 결락으로 인하여 각수 1인의 판각 수량과 각수 이름 등이 빠지는 등 잘못이 있을 수 있으므로 희보의 판각량은 반드시 위에서 열거한 5장뿐이라고 단정할 수는 없을 것이다. 이같은 점을 고려하여 희보의 판각수량은《반야등론석》권4의 총 32장 중에 단지 5장만이 아니라 전권 모두를 판각하였을 것으로 가정하더라도, 그의 판각사업 종사 기간은 현재로서는 본권의 판각연대인 1243년 1년뿐임을 부정할 수 있는 근거는 찾을 수 없다. 그가 강화경판의 각성사업에 이렇게 짧게 종사하게 된 원인을 현재로서는 규명할 수 없지만 전문적 각수는 아닌 듯한 감을 느낄 수 있다.

고종 24년(1237) 4월에 태복시사 김창이 십운시로 조희보(曺希甫) 등 81명을 뽑았다[250]고 했다. 이 조희보와 위의 각성자 희보(希甫)는 서로 어떤 관계에 있었는지 현재로서는 분명히 파악할 수 없지만, 만약 동일인으로 가정한다면 조희보는 국자감시에서 십운시로 장원급제하고, 그로부터 6년 뒤에《반야등론석》권4의 판각작업에 참여했다는 말이 성립된다.

---

250)《高麗史》卷74, 選擧志 2, 國子試之額.

이상으로써 고종 때의 국자감시의 급제자 중에서 윤득지(尹得之)·원양윤(元良允) 혹은 장양윤(張良允)·김양순(金良純)·이인(李仁)·조희보(曺希甫)의 5명과 경판 각성자인 득지(得之)·양윤(良允)·양순(陽純)·이인(李仁)·희보(希甫)의 5명을, 그 이름과 활동시기 등을 참조하여 그 해당자들끼리 각각 동일인으로 추정해 보았다. 만약 이 추정이 용인된다면, 이들은 모두 국자감시에 급제한 뒤에 강화경판의 판각사업에 참여했다는 말도 성립하게 된다. 이들과는 반대로 박문정(朴文正)·염수정(廉守貞)·황공석(黃公石)의 3명이 판각사업에 참여했던 것이 만약 사실이라고 한다면 판각사업에 참여한 뒤에 각각 국자감시에 급제하였다는 말이 된다고 서두에서 이미 언급한 바 있는데, 이 사실을 구체적으로 살펴보기로 한다.

먼저 문정(文正)의 경판 각성활동에 대해서 살펴보기로 한다. 각성자 문정의 경우 '국사당시대중급유지비(國師當時大衆及維持費)'에 나오는 '재조관료층' 내시 문정(文正)으로 비정할 수 있음을 살펴본 바 있다.[251] 여기서는 국자감시 출신의 '문인지식인층'으로서의 가능성을 살펴보고자 한다.

〈표 2-2-55〉 文正의 각성활동[252]

經名	卷次	函名	年代	處	板刻	
					板數	張　　次
150	上	方	43	大藏	3	21~23
586	10	父	〃	〃	3	2~4

---

251) 본서 2부 2장 1절 재조관료층의 〈표 2-2-9〉 참조.
252) 이 표는 본서 2부 2장 1절의 〈표 2-2-9〉를 설명의 편의를 위해 다시 한번 제시한 것임.

經名	卷次	函名	年代	處	板刻	
					板數	張　次
590	4	日	43	大藏	2	25,26
	9	日	〃	〃	2	21,22
648	25	夙	〃	〃	3	17,18,20
649	6	似	〃	〃	4	17~20
	38	馨	〃	〃	2	11,12
890	28	從	44	〃	2	14,15
	48	存	〃	〃	2	18,19
	14	下	〃	〃	2	11,12
896	50	唱	〃	〃	2	15,16
939	4	叔	〃	〃	2	5,7
953	19	神	〃	〃	2	2,3
955	2	疲	〃	〃	2	11,12
	14	滿	〃	〃	2	9,10
956	42	意	〃	〃	2	23,24
	50	意	〃	〃	2	9,10
957	24	好	〃	〃	2	13,14
1001	10	驚	〃	〃	1	14,15
1052	5	甲	43	〃	2	16
1053	15	肆	44	分司	1	29,30
1406	9	趙	〃	大藏	1	45
	25	困	〃	分司	2	29,30
	47	途	〃	〃	1	9
	48	〃	〃	〃	2	18,19

經名	卷次	函名	年代	處	板 刻	
					板數	張 次
1406	68	踐	44	分司	1	27
1513	12	務	·	無	2	33,34
	15	〃	45	分司	2	31,32

문정은 1243～1245년에 이르는 3년 동안 경전 17종 29권에 걸쳐 총 61장을 각성하였다. 이를 연도별로 살펴보면, 1243년에 20장, 1244년에 37장, 1245년에 2장, 미상 2장을 각각 판각했던 것으로 계산된다. 매년 판긱 수량이 균일하지 않고 큰 격차가 있는 것은 분정이 제도적 속박 상태에서 판각작업을 진행했던 것이 아니라 그 자신의 재량에 의한 거의 자유스러운 분위기 속에서 그 작업을 진행하였던 사실을 반영해 주고 있는 것이 아닌가 추측된다.

위 〈표 2-2-55〉 중에서 우선 k.1406의 경전에 관한 것을 제외하고 살펴보면, 문정은 k.150～k.1052 등을 대장도감에서, 다음 k.1053, k.1513 등은 분사도감에서 각각 조성하였던 것이다. 비단 문정이 조성하였던 것만이 아니고 전자인 k.150～k.1052의 경전 중에서 k.648의 총 60권 중 권1～권20의 20권과 또 k.1052의 총 20권 중에 권2～권4, 권6, 권8～권20 합 17권 등을 제외하면 모두 대장도감판으로,[253] 그리고 후자인 k.1053, k.1513 등은 모두

---

253) k.890의 권5·권20·권40·권45·권52·권59·권60, 다음 k.896 의 권9·권15·권16·권32·권36·권60, k.939의 권5, 다음 k.953 의 권3·권4·권22, 다음 k.955의 권13·권19, 다음 k.956의 권16· 권27·권32·권37·권40·권49·권56·권65·권67, 다음 k.957의 권3·권18·권21·권26·권30·권34 등등은 모두 간기가 없어 조조처 를 분명히 알 수 없는 것이다.

분사도감판으로 각각 조성된 것이다.[254] 여기서 얼핏 생각하면 판각사업을 시작할 때 경전의 종류별로 분류해 놓고 대장도감 혹은 분사도감 등으로 나누어 보내서 판각을 진행하도록 했을 것으로 추측할 수 있다. 그러나 사실이 그렇지 않다는 것을 경전 k.1406이 단적인 하나의 예가 될 수 있다. 이 경전은 대장과 분사의 두 도감에서 나누어 각각 판각하였음을 〈표 2-2-55〉에서 볼 수 있다. 이 중에서 문정이 두 도감에서 판각을 하였던 k.1406의 전체 판각과정에 대해서 특히 주목되므로 잠깐 살펴보기로 한다. 이 경전의 총 100권은 모두 1244년에 조성되었으나 그 중에서 권8, 권9, 권12, 권13, 권67, 권69, 권72, 권73, 권87, 권90, 권91 등 11권은 대장도감에서, 그 나머지 권1～100까지의 거의 대부분은[255] 분사도감에서 각각 조성하였음을 볼 수 있다. 그 중에서 문정은 권9, 권25, 권47, 권48, 권68 등 5권을 조성하였는데, 대장도감에서 조성된 권9를 제외하고 나머지 모두 분사도감에서 조성한 것임을 위 〈표 2-2-55〉에서 볼 수 있다. 이것은 문정이 k.1406《법원주림(法苑珠林)》의 전체 중에서 단지 권9의 1장만을 대장도감에서 그리고 나머지 모두를 분사도감에서 각각 조성하였다는 말이 된다. 다시 말하면 경전과 각수는 대장·분사의 두 도감 중에 어느 일방에 소속된 것이 없었고, 판각사업의 진행 형편에 따라 두 도감에서 동시에 나누어 조성하였던 것이다.

---

254) k.1053의 총 15권 중에서 권2, 또 k.1513의 총 20권 중에서 권1, 권12, 권3 등등은 모두 간기가 없어 조조처를 분명히 알 수 없으나, 그 나머지 모두 분사도감에서 조성된 것으로 보아서 간기가 없는 4권도 모두 분사도감에서 조성되었을 것으로 추정된다.

255) k.1406《法苑珠林》 총 100권 중에서 권10, 권92, 권54, 권55, 권84 등 5권은 간기가 없거나 혹은 조조처의 부분이 결손되어 어느 도감에서 조성되었는지 알 수 없다.

〈표 2-2-55〉 중에서 k.1513의 권12는 판각연대와 조조처 등이 미상이고 권15는 1245년에 분사도감판으로 조성하였던 것인데, 그 2권 중에 문정이 4장을 조성하였음을 볼 수 있다. 이 경전은 총 20권으로 구성되어 있고, 권1·권12·권14의 3권은 간기 결손으로 판각연대와 조조처 등이 미상이나, 나머지 17권은 모두 1245년에 분사도감판으로 조성하였다. 그런데 이 경전의 권17 제61장의 말에 '서자신고신설서(書者臣高申說書)' 즉 필사자인 신(臣) 고신설(高申說)이 정서(淨書)를 했다 하고, 이 위치와 반대편인 본 장의 첫 머리 내제(內題) 밑에 세자(細字)로 박재(朴才)라고 각인하여 놓았다. 여기 박재는 다른 경전의 일반적 관례에 의해서 본 장의 각성자가 거의 틀림없다. 박재는 본 경전의 권12 뿐만 아니라 권6 그리고 k.1503의 권1 등 2권에도 각성자로 각인되어 있다. 그렇다면 고신설은 각성자와 별도로 오직 본 장의 정서자(淨書者)일 뿐이다. k.1513은 총 20권으로 구성되어 있는데 단지 권12에만 정서자를 밝혀 놓은 까닭은 무엇일까? 추측컨대 k.1513은 총 20권 중에서 19권은 기존의 정서본을 그대로 사용하고 그 나머지 1권인 권17은 새로 정서하였기 때문에 권17의 말에 '서자신고신설서'라고 특별히 밝혀 놓은 듯하다.

위의 문정(文正)은 3년 동안에 총 61장을 각성하였을 뿐이므로 판각량이 많지 않고 또 매년의 판각 수량이 균일하지 않고 큰 격차가 있는 것 등으로 봐서 전문적인 각수로서 대장경의 판각작업에 종사하였던 것이 아닌 듯한 느낌을 주고 있는 것이 사실이다.

고종 32년(1245) 5월에 좌승선 유홍이 십운시(十韻詩)로 박문정(朴文正) 등 58명을 뽑았다[256]고 했다. 이 박문정과 위의 각성자 문정(文正)과의 관계를 파악할 수 있는 확실한 자료는 없지만 동일인으로

---

256)《高麗史》卷74. 選擧志 2. 國子試之額.

추정해 볼 수는 있지 않을까 싶다. 그 이름이 동일할 뿐만이 아니라 박문정의 국자감시 합격 연대와 문정의 판각사업의 참여시기가 거의 같기 때문이다. 만약 박문정과 각성자 문정을 동일인으로 추정할 수 있다면 박문정은 대장경의 판각작업에 2년간 종사하다가 국자감시에 합격하였다는 말이 된다. 여기서 문정이 3년 동안에 경전 17종 29권 중에서 총 61장을 판각하였으며, 또 대장과 분사의 두 도감에서 동시에 각성활동을 하였던 사실을 다시 한번 상기해 볼 필요가 있다. 일반 다른 각수와 비교해 보면, 문정은 3년 동안에 경전 17종 29권에서 총 61장을 각성하였다는 것은 여러 종류를 판각하기는 하였지만 그 판각수량은 많다고 말할 수 없다. 그가 경판의 조성(雕成)을 하면서 국자감시를 치르기 위한 시험준비 관계로 판각량이 상대적으로 적을 수밖에 없었을 것이란 해석도 가능할 듯하다.

그런데 앞의 문정(文正)에 비하여 판각작업에 종사했던 기간은 같으면서 판각 수량은 약 절반 정도밖에 되지 않는 수정〔守貞(丁)〕이란 각성자도 있다.[257] 양자를 비교해 보기 위해서 앞의 문정(文正)과 동일한 형식의 표를 그려보기로 한다.

<표 2-2-56〉 守貞(丁)의 판각

經番	卷次	函名	年代	處	板 刻 量		摘要
					板數	張次	
561	單	聲	43	大藏	3	4.5.9	水貞(眞)

---

257) 守貞(丁)은 본서 2부 2장 3절에서 승려층으로 각성활동을 하였던 것으로 살펴보았다. 즉, 〈표 2-2-46〉(18)번에서 一然碑 陰記에 등장하는 無爲寺의 大禪師 守精으로 추측해 보았다. 여기서는 文正과 마찬가지로 국자감시 출신의 문인지식층의 일원에 포함시켜 살펴보았다.

經番	卷次	函名	年代	處	板刻量		摘要
					板數	張次	
648	47	溫	43	大藏	3	10, 11, 12	守丁
649	36	聲	〃	〃	1	9	〃
	51	如	〃	〃	1	15	守貞
790	單	詞	〃	〃	1	7	守丁
801	18	篤	〃	〃	1	1	〃
	〃	〃	〃	〃	2	3, 4	守貞
802	13	令	〃	〃	3	5. 7. 8	守丁
	51	基	〃	〃	1	10	〃
951	6	投	44	〃	1	1	〃
	12	分	〃	分司	1	9	
952	29	隱	〃	大藏	1	15	〃
	87	節	〃	〃	1	14	〃
1048	上	彩	43	分司	1	11	〃
1052	17	對	〃	無	1	15	〃
1075	15	達	〃	分司	1	19	〃
1137	單	經	45	大藏	1	3	守貞
1423	20	煩	44	〃	1	4	守丁
1443	上	牧	〃	〃	1	6	〃
1445	單	牧	〃	〃	1	5	〃
1466	27	沙	〃	〃	1	9	〃
1488	22	云	〃	〃	1	3	守貞
1495	11	門	〃	〃	1	4	〃

수정(守貞)의 판각에 관한 것을 언급하기 전에 그의 이름을 수정(守丁)으로 표기하였던 사실을 먼저 파악하여 둘 필요성이 있다. 〈표 2-2-56〉의 k.801 《정법염처경(正法念處經)》 권18의 제1장은 수정(守丁)으로 또 제3~4장은 수정(守貞)으로 각각 판각해 놓은 것에서 수정(守丁)과 수정(守貞)은 동일인이요 '정(丁)'자와 '정(貞)'자는 수정의 이름을 표기할 때 동음이자로 쓰였던 글자였음을 알 수 있다. 이것과 유사한 사례를 강화경판의 장경에서 얼마든지 볼 수 있다. 만약 수정(守貞)의 '정(貞)'자를 '정(丁)'자로 표기한 사실을 받아들일 수 있다면 '정(精)'자로 혹은 수정(水貞)으로 각각 다른 이자로 표기할 수도 있었던 점을 용납할 수 있을 것이다.

〈표 2-2-56〉에서 수정〔守貞(丁)〕은 1243년에 19장, 1244년에 10장, 1245년에 1장을 각각 판각하였고, 이 3년 동안 경전 18종 22권 중에서 총 30장을 판각하였음을 계산하여 볼 수 있다. 총 30장의 조조처를 보면 분사도감판인 k.951의 권12, k.1048의 상권, k.1075의 권15 등 3권 중 3장을 제외하면 모두 대장도감판[257]이다. 그가 2년 동안에 분사도감판은 3장을, 대장도감판은 27장(미상 1장 포함)이라는 적은 양을 판각하였다는 것은 전문각수가 아님을 입증하여 주는 것이 될 성싶다.

앞의 문정(文正)은 1244년의 판각량이 1243년에 비하여 약 1.8배 많았던 것에 반하여 수정(守貞)은 1243년의 판각량이 1244년에 비하여 오히려 1.8배로 많다. 단순히 이 두 사람의 판각수량을 비교해 보더라도 사람에 따라 연도마다 현격한 차이가 있고 판각량도 일정하지 않다. 그 일정하지 않은 예를 다시 한번 상기해 보면 1244년 1년 동안에 문정은 37장을 판각하였으나, 같은 기간에 수정은 10장을 판각하

---

258) k.1052의 권17은 조조처 부분의 자획이 결락되어 미상이다.

였을 뿐이었다. 이같은 차이는 두 사람의 능력에 따라 나타난 것이라기
보다 각자의 재량에 의해서 판각작업을 하였기 때문에 나타난 현상일
것으로 생각된다. 만약 그 같은 차이가 각자의 능력에 기인한 것이라고
가정한다면, 문정이 1243년에 20장, 또 1244년에 37장을 각각 판
각하여 약 1.8배 가까이 차이가 있었던 사실을 합리적으로 설명하기
어려울 것이다. 강화경판의 판각작업과 그 수량 결정 등이 완전히 판각
자의 판단과 재량에 맡겨져 있었다고 한 것은 판각사업의 종사 자체가
보시적 성격을 띠고 있었음을 의미하는 것이다.

  위의 각성자 수정〔守貞(丁)〕과 유사한 이름을 갖고 당시 활동한 사
람 중에 무위사(無爲寺)의 대선사(大禪師) 수정(守精)과 고종 34년
(1247) 4월의 국자감시에 급제한 염수정(廉守貞) 등이 있다. 전자
의 행적에 관한 것은 현재 자세히 알 수 없고, 후자는 대복경 최자가
시부(詩賦)로 정순(鄭淳)과 십운시(十韻詩)로 염수정 등 90명을 뽑
았다[259]고 한 것에서 당시 그는 십운시로 장원급제한 인물임을 알 수
있다. 이 염수정과 위의 수정(守貞)이 만약 동일인이라고 한다면 강화
경판의 판각작업에 3년 동안 종사하고, 이로부터 2년 뒤에 국자감시
에서 장원급제했다는 말이 되는 것이다. 그리고 충렬왕 10년(1284)
9월에,

> 염수정(廉守貞)은 왕이 총애하는 신하인 승익(承益)의 형이었으므로
> 빨리 승진하여 소부(감)윤 지제고〔小府(監)尹(종4품) 知制誥〕의 자리에
> 올랐다(《高麗史》卷29, 충렬왕 10년 9월 기해).

고 한 것에서, 염수정은 소부감윤 지제고의 관직에 올라 있었음을 알

---

259)《高麗史》卷74, 選擧志 2, 國子試之額.

수 있다. 염수정과 염승익의 형제는 정당문학 염신약(廉信若)의 자손들이다. 고려 무인정권의 창시자인 정중부(鄭仲夫)가 봉성(峰城) 지방에 있던 염신약의 전지(田地)를 빼앗아 소유하다가 얼마 후에 돌려주었으나, 그 토지를 서로 차지하려고 두 집안의 가노(家奴)들이 다투게 되었으므로 정중부는 염신약의 가노들을 체포하여 죽였다. 그 뒤 염신약이 정당문학 예부상서에까지 오른 것으로 보아서 무신정권과 타협하여 부귀영화를 계속 누릴 수 있었음을 알 수 있다. 그의 자손인 염수정은 3년 동안 경전 18종 22권 중에 총 30장을 판각하였고 또 국자감시 합격과 소부감윤 지제고의 관직에 오르기까지 했던 것으로 보인다. 그리고 그의 동생인 염승익은 대장경의 사경소(寫經所)를 지어 헌납하기도 했다. [260] 여기서 염승익이 대장경에 대한 각별한 관심을 갖고 있었음을 파악할 수 있다.

염승익은 왕이 자주 사냥을 다니므로 부도법(浮屠法) 즉 불교의 교리로서 설득하여 그 횟수를 줄였다고 하며, 또 많은 포민(逋民)을 끌어모았기 때문에 세인으로부터 비난의 대상이 되기도 했다. [261] 염승익뿐만 아니라 당시 귀족 지주층은 대부분 불교의 교리를 독실히 신봉하고 있었던 것으로 생각된다. 봉성 지방에 거대한 경제적 기반을 구축하고 있었던 염신약의 자손이요, 또 염승익의 형인 수정(守貞)이 강화경판의 판각사업에 종사하여 판각보시를 하였던 것은, 당시 보편적인 관습으로 볼 때 당연히 있을 수 있었던 일이었을 것이다.

앞의 문정(文正)과 수정(守貞)의 판각량을 서로 비교해 보면, 3년동안의 같은 기간에 후자는 전자보다 절반밖에 각성하지 못했다. 판각

---

260) 《高麗史》卷123, 廉承益傳. "廉承益 … 嘗私役其人五十 構第 畏公主譴 請獻爲大藏寫經所 許之"
261) 《高麗史》卷123, 廉承益傳. "王數遊田 承益勸以浮屠法 由是 遊田稍疎 … 聚逋民者 廉承益爲首"

량의 이같은 차이가 곧 이들의 판각작업이 제도적으로 제약을 받으면서 작업을 하지 아니하였다는 증거의 하나가 될 수 있을 것이다.

다음에 공석(公石)의 경우를 살펴보기로 한다. 공석은 1244년에 대장도감판 k.952《아비달마대비바사론(阿毗達磨大毗婆沙論)》권30의 제8장을 조성하였던 것으로 각인되어 있다. 이 1장 이외에 공석의 판각은 더 이상 발견되지 않고 있다. 과연 그의 판각이 더 이상 없기 때문인지 혹은 그의 판각이 인출과 판독 등의 잘못으로 공우(公右)의 판각으로 오인하게 된 것인지 현재로서는 분명히 판단하기 어려운 실정이다. 여하간 공우의 판각은 k.896《사분률》권46의 제19~20장과 k.1257《신집장경음의수한록(新集藏經音義隨函錄)》권17의 제61장 등[262]을 포함하여 많이 산견되고 있다.

고종 44년(1257) 윤 4월에 상서우승 최윤개가 십운시로 황공석(黃公石) 등 27명을 뽑았다고 했다.[263] 이 황공석과 위 공석(公石)의 관계는 분명히 알 수 없지만, 두 사람의 이름이 동일하고 또 동시대의 인물로 파악되므로 일단 동일인으로 추정해 보기로 한다. 만약 이 추정이 옳다면 공석은 1244년에 대장도감에서 각판을 조성한 뒤 13년 만에 국자감시에서 십운시로 장원급제하였다는 말이 된다.

공석은 위에서 열거한 문정(文正)·수정(守貞) 등 2인에 비하여 동일 기간 사이에 판각수량과 그가 관여했던 경전 종류 등이 모두 큰 차이가 나도록 적었던 셈이다. 이것이 판각작업의 기간과 국자감시의 합격 그 사이 간격이 가장 많이 멀어지게 작용하였던 하나의 요인이 되었는

---

262)《高麗大藏經》제23책, 486쪽과 제35책, 188쪽 등에 公石의 石자가 희미하게 나타나 있다. 그러나《增上寺高麗板大藏經目錄》에서 모두 公石으로 기록해 놓았다.
263)《高麗史》卷74, 選擧志 2, 國子試之額.

지 알 수 없다.

이상에서 문정·수정·공석 등 3인이 대장경의 판각작업에 관여했던 시기와 경전 종류 및 그 판각량 등에 대해서 살펴보았다. 그리고 이들과 국자감시에 합격한 박문정(朴文正)·염수정(廉守貞)·황공석(黃公石) 등은 서로 같은 인물들이었을 것으로 추정하였다. 우연의 일치였는지 알 수 없지만 3인은 모두 강화경판의 판각사업에 관여한 뒤에 국자감시에 합격하였으며, 또 그 사업에 관여했던 기간은 1~3년에 불과할 뿐이었다. 그러나 이들이 관여했던 경전의 종류와 그 판각수량 등은 큰 차이가 있었다. 그 차이의 격차를 예로 들면, 같은 기간 사이에 문정은 경전 17종 29권 중에서 61장을 조성했으나, 공석은 경전 1종 1권 중에서 단지 1장을 판각했을 뿐이었다. 이같은 격차는 이들의 판각작업 종사가 권력에 의한 강제동원이나 제도적 속박하에 있지 않았음을 반영해 주고 있으며, 또한 각자의 형편에 따라 대장경을 판각하여 보시하였음을 입증하는 것이다.

3. 무인 최씨집권기 국자감시의 시행양태

강화경판의 판각사업에 참여했던 사람들과 국자감시 출신 중에서 그 이름과 활동시기 등이 서로 비슷하거나 또는 동일한 사람들을 골라 상호 해당자끼리 각각 동일인으로 추정해 보았다. 그 인원은 무려 17명[264]이나 된다. 이 밖에도 원종 1년(1260) 5월의 국자감시에서 십운시(十韻

---

264) 金潤坤, 〈《고려대장경》의 각판과 국자감시 출신〉《國史館論叢》46, 1993, 84쪽 및 〈고려대장경 조성의 참여계층과 彫造處〉《人文科學》12, 1998, 103쪽 등에서는 李世卿을 동일인으로 착각하고 잘못 논술해 놓았다. 따라서 여기서는 18명으로 언급했으나, 이세경을 제외함으로써 17명이 되는 셈이다.

詩)로 급제한 김득균(金得鈞), 그리고 동왕 2년 5월에 역시 같은 십운시로 급제한 임기(林杞) 등[265]과 강화경판의 각성자 중에서 그 이름이 동일하거나 또한 비슷한 자들이 있지만, 이들에 대한 논급은 제외하기로 했다. 오직 명종에서 고종까지 국자감시 출신자로 국한하여 이들의 판각사업 참여의 사실만을 규명하기로 한다.

위의 국자감시 출신은 모두《고려사》권74, 선거지(選擧志) 2, 범국자시지액(凡國子試之額) 중에서 뽑은 것이며, 그 밖에 같은 책 선거지 1 등의 자료에서 나타나고 있는 국자감시 출신에 대해서는 취급을 삼가하였다. 오직 위 선거지 2의 국자감시 출신만을 취급하게 된 가장 큰 이유는, 그 시험의 실시 목적과 합격자들의 동향 등을 각 왕대별(王代別)로 파악하기가 용이한 점에 있다.

국자감시에 대한 종전의 견해를 종합해 보면 첫째, 국자감시는 국자감의 입학자격을 부여하기 위한 것, 둘째, 국자감시는 예부시(禮部試)의 예비시험격이었다는 것 등으로 나누어 볼 수 있다.[266] 그러나 국자감 혹은 예부시 등을 전제로 국자감시가 시행되었다고 하는가 하면, 고려시대의 진사시와 국자감시를 동일시하지 않고 별개였다는 견해도 있다. 예컨대《고려사》선거지에서 국자감시를 진사시와 동일시한 것은 고려시대의 국자감시는《고려사》가 편찬될 당시 즉 조선시대의 진사시와 연결된다는 것 뿐이고, 고려시대에도 국자감시를 진사시라 불렀다는 뜻은 아닌 것으로 해석해야 되겠다."[267]고 한 것이다. 이 견해는 "고

---

265)《高麗史》卷74, 選擧志 2, 國子試之額.《生經》卷5(安)에 得鈞(제26 장)과《佛說海八德經》卷1(言)에 任基 등이 각각 판각되어 있으며, 이들과 金得鈞·林杞 등을 상호 동일인으로 추정해 볼 수 있을 듯하다.

266) 柳浩錫,〈高麗時代의 國子監試에 대한 再檢討〉《歷史學報》103, 1984 에서 그 시각의 발표자들에 대해서 잘 정리하여 註釋으로 달아 놓았으므로 여기서는 생략키로 한다.

려시대의 진사시는 예부시와 같은 것"이란 견해에서 비롯된 것이다. 이 견해의 오류는 문정 안축묘지명(文貞 安軸墓誌銘)의 내용을 잘못 해석하는 데서 연유하고 있다. 즉 안축(安軸)에 대해서,[268] "공휘축 자당지…중성균시 탁진사 제조금주사록(公諱軸 字當之 … 中成均試 擢進士 第調金州司錄)"라고 한 것을 인용하고, 그는 "성균시(成均試)에 합격하고 진사시에서 발탁되어 금주사록(金州司錄)을 역임했다"고 해석하고, "그가 성균시에 합격한 다음 진사시에 급제한 것인 만큼, 진사시는 순서상으로나 성균시가 국자감시인 점으로 미루어 예부시인 사실이 확실하다"는 것이다.[269] 그러나 위의 인용문은 안축이 "성균시에 응시하여 진사로 뽑혔으며, 순차대로 금주사록으로 등용되었다"고 해석하는 것이 옳을 것이다.

  여기서 보는 바와 같이, 고려시대의 성균시는 진사를 선발하는 시험 즉 진사시이며, 이는 곧 국자감시인 것이다. 이 개념은《고려사》선거지 2, 범국자시지액 조에 명백히 규정되어 있으며, 또한 이것을 그대로 믿어야 될 것으로 생각한다. 다시 말하면, 여기서 "국자감시는 곧 진사시이다"라는 사실과 이 시험은 덕종 때 처음 시행되기 시작하여 내려오다가 성균시 혹은 남성시(南省試) 등으로 부르기도 했다고 한 언급에 대하여 하등 의심할 필요성이 없다고 본다. 동 선거지 2, 국자시지액 조에서 국자감시 즉 진사시는 처음 덕종 때부터 고려 말인 공양왕 때까지 순차대로 실시했던 연월과 합격자 수 등을 거의 빠짐없이 기록해 놓았다. 따라서 국자감시는 조선시대에 시행했던 진사시와 특별히

---

267) 許興植,〈高麗의 國子監試와 이를 통한 鄕吏의 身分上昇〉《高麗科擧制度史研究》, 一潮閣, 1981.
268)《稼亭集》卷11,〈(前略)諡文貞安公墓誌銘〉《高麗名賢集》3책, 72쪽.
269) 許興植, 위의 논문 참조.

다르다고 주장할 수 있는 근거를 찾아 볼 수 없다. 이 시험의 기본 취지
는 많은 독서인 중에서 영특한 자를 가려 뽑아 나라의 앞날에 동량의 재
목으로 삼으려 했던 것에 있었다.[270] 다만 당시의 정치·사회적 상황에
따라 국자감시의 시행시기와 합격자 수의 증감 등 변화는 있었던 것이
사실이다.

그러면 국자감시를 처음 시행했던 덕종 때부터 고려왕조의 종말을 고
한 공양왕 때까지 각 왕대별로 시행 횟수와 합격자 수 등을 표로 그려보
기로 한다. 아래의 〈표 2-2-57〉에서 각 왕의 재위기간과 국자감시 실
시 횟수 및 평균 비율 그리고 급제자 수 등을 살펴볼 수 있다.[270] 여기
서 제일 먼저 눈에 띄는 것은 국자감시를 정기적으로 일정하게 시행했
던 것이 아니라 비정기적으로 실시했던 점이다. 시험을 가장 많이 실시
했던 때는 고종 때의 27회이고, 또 가장 적을 때는 우선 한번도 실시하
지 않은 왕대를 제외하고 덕종과 선종때 각각 단 1회이다. 이것은 왕의
재위기간을 고려하지 않고 단순히 시험의 실시회수만을 비교한 것이다.

〈표 2-2-57〉 국자감시의 각 王代別 실시회수와 급제자수

時　　代			國子監試		摘　　要
王　名	在位年	回　數	比　率	及第數名	
德宗	3	1	3년	60	

---

270) 고려 인종 17년에 예부시랑 林光이 국자감시의 試官을 사퇴하려 하자 인종
　　의 批答에서 그 사실이 밝혀져 있다. 《高麗史》卷74, 選擧志 2, 國子試之
　　額과 《東文選》卷30, 〈禮部侍郎林光讓監試試官不允〉 등 참조.
271) 〈표 2-2-58, 59, 60, 61〉등은 모두 《高麗史》卷74, 選擧志 2, 凡國
　　子試之額조를 토대로 해서 작성한 것이다.

時 代			國子監試		摘 要
王 名	在位年	回 數	比 率	及第數名	
靖宗	12	0	0	0	무실시
文宗	37	2	18년 6월	114	
順宗	1	0	0	0	무실시
宣宗	11	1	11년	91	
獻宗	1	0	0	0	무실시
肅宗	10	0	0	0	무실시
睿宗	17	3	약 5년 8월	291	
仁宗	24	6	4년	?	급제자 수를 불기재해 놓았음.
毅宗	24	15	약 1년 7월	1,018	
明宗	27	16	약 1년 8월	1,130	
神宗	7	6	약 1년 2월	589	제1년, 제21년, 제22년, 제23년등은 급제자수를 불기재. 그리고 100여 인 등은 단지 100명으로 계산했음.
熙宗	7	4	1년 9월	335	
康宗	2	2	1년	188	
高宗	46	27	약 1년 8월	2,076	
元宗	15	8	약 1년 11월	419	제6년, 제7년 등은 급제자수를 불기재.
忠烈王	34	19	약 1년 9월	1,388	70여 인은 단지 70인으로 계산. 무실시, 국자감시 제도를 일시 폐지.
忠宣王	5	0	0	0	
忠肅王	25	5	5년	278	제4년, 제13년 등은 급제자수를 불기재.
忠惠王	7	4	1년 9월	180	
忠穆王	4	2	2년	197	
忠定王	3	0	0	0	무실시
恭愍王	23	6	약 3년 10월	576	
禑 王	14	7	2년	699	

時　代			國子監試		摘　　要
王名	在位年	回數	比率	及第數名	
昌王	2	2	1년	198	즉위년 포함
恭讓王	4	2	2년	198	

〈표 2-2-57〉에서 먼저 실시 횟수를 보면 고종 때 27회를 실시했는가 하면 정종・순종・헌종・숙종・충선왕・충정왕의 6대는 무실시로 재위의 전기간에 걸쳐 단 1회도 실시하지 아니하였음을 볼 수 있다. 이같은 극단적인 경우를 제외하더라도 균일적 실시가 아닌 19회로부터 1회에 이르기까지 실시 횟수가 다양하였음이 주목된다. 이것은 재위기간의 장단을 고려하지 않고 단순한 횟수만을 지적한 것에 불과하다. 그러면 무실시의 경우는 논리 전개의 편의상 우선 제외하고 재위기간에 따른 실시 비율을 보면 문종은 18년 6월, 선종은 11년, 예종은 약 5년 8월, 충숙왕은 5년, 인종은 4년, 공민왕 약 3년 10월 … 의종 1년 7월, 신종 1년 2월, 강종・창왕의 각 1년 등 꼴로 단지 1회씩 실시했을 정도로 다양한 양상을 보여주고 있다. 예를 들어 말하면 왕의 재위기간이 가장 긴 고종 46년간과 그 다음인 문종 37년간을 서로 비교해 보아도 전자는 평균 약 1년 8개월 만에 1회씩 국자감시를 실시했던 셈이나, 후자는 18년 6개월에 1회씩 실시했던 셈이다. 그리고 왕의 재위 전기간 동안 국자감시를 1회도 실시하지 않은 왕대가 6차례나 된다. 이상으로써 국자감시의 실시가 얼마나 비정기적이었던가를 알 수 있을 것으로 믿는다. 그 시험의 실시 횟수가 비정기적이었다는 사실은 국자감시가 반드시 국자감 혹은 예부시 등을 전제로 하여 시행되었던 것이 아님을 입증해 주고 있는 것이다. 이 점을 좀더 분명히 해 두기 위해서 국자감시를 시행했던 전 기간인, 덕종 1년부터 공양왕 4년까지의 전체 기간을 매 20년을 한 단위로 나누어 다음의 표로 나타내 보기로

한다.

〈표 2-2-58〉은 1032(덕종 1)~1392년(공양 4)의 전체 기간을 ⓐ~ⓡ 등 18기로 나누고 그 각 기(20년)마다 국자감시를 몇 회씩 실시하였던가를 살펴 본 것이다. 그 중에서 ⓙ기는 15회로 가장 많고 ⓑ·ⓒ·ⓓ기는 각 1회로 가장 적다. 이 양극은 제외한다고 하더라도 1기에 단지 2회로부터 13회에 이르기까지 시행회수가 불규칙하게 이루어졌음을 볼 수 있다. 그 불규칙하게 이루어진 원인에 대해서 현재 한마디로 단정할 수 있지만 대략 정치·사회적인 여건의 변화와 불가분의 관계가 있었을 것이다. 1기에 15회로 가장 많이 국자감시를 실시했던 ⓙ기를 예로 들어보기로 한다. ⓙ기의 전체 20년 중에 국자감시를 실시하지 못한 결년은 고종 4년, 5년, 9년, 15년, 17년 등 5년이고 나머지 매년 실시하였던 것이다. 그 5년의 결년 중에서 고종 17년을 제외한 공통점은 거란병의 침입으로 국자감시의 실시가 곤란하였던 점이고 또 최씨 무인정권의 최충헌(崔忠獻)으로부터 아들 최우(瑀)로 정권이 교체된 정치적 혼란이 지속되었던 점 등이다. 특히 최충헌정권의 말기적 현상과 정권세습을 둘러싼 아들형제 사이의 암투 및 쟁탈전 등으로 정치·사회적인 혼란이 지속되고 있었음은 주지의 사실이다. 위 5년의 결년 중에서 고종 17년(1230)는 최우(崔瑀)의 동생인 최향(珦)이 홍주(洪州) 유배지에서 난을 꾀하다가 잡혀 죽임을 당하였는데, 이때에도 국자감시를 실시하지 않았던 점은 시사하는 바가 크다. 이것은 국자감시의 실시와 정치·사회적인 여건의 변화가 상호 불가분의 관계에 있었음을 증언하여 주는 사건이 될 수 있을 것으로 본다.

<표 2-2-58> 국자감시의 매 20년간 실시회수

期　　　　　間	回數	期　　　　　間	回數
ⓐ 1032년 덕종 1년~1051년 문종 5년	2	ⓙ 1212년 강종 1년~1231년 고종18년	15
ⓑ 1052년 문종 6년~1071년 문종25년	1	ⓚ 1232년 고종19년~1251년 고종38년	9
ⓒ 1072년 문종26년~1091년 선종 8년	1	ⓛ 1252년 고종39년~1271년 원종12년	12
ⓓ 1092년 선종 9년~1111년 예종 6년	1	ⓜ 1272년 원종13년~1291년 충열17년	11
ⓔ 1112년 예종 7년~1131년 인종 9년	2	ⓝ 1292년 충열18년~1311년 충선 3년	9
ⓕ 1132년 인종10년~1151년 의종 5년	10	ⓞ 1312년 충선 4년~1331년 충혜 1년	5
ⓖ 1152년 의종 6년~1171년 명종 1년	12	ⓟ 1332년 충혜 2년~1351년 충정 3년	6
ⓗ 1172년 명종 2년~1191년 명종21년	13	ⓠ 1352년 공민 1년~1371년 공민20년	6
ⓘ 1192년 명종22년~1211년 희종 7년	12	ⓡ 1372년 공민21년~1392년 공양 4년	11

　〈표 2-2-58〉에 의하면 1기에 15회로 가장 많이 국자감시를 실시했던 ⓙ기의 바로 다음기인 ⓚ기는 9회를 실시하였으므로 ⓙ기에 비하여 6회나 적게 실시하였던 셈이다. 이것은 국자감시를 균일적이고 정규적으로 시행하지 아니 하였다는 단적인 증거인 것이다. 그것이 얼마나 불규칙적으로 시행되었던가를 일목요연하게 볼 수 있도록 꺾은 선 그림을 그려보기로 한다. 아래 그림표에서 꺾은 선의 그림이 대단히 기복이 심하게 나타나 있는 사실은 그만큼 국자감시가 정기적으로 실시되지 못하였음을 표현하고 있는 것이다. 다시 말하면 최고 15회부터 최하 1회까지 그리고 그 사이 다양한 실시횟수를 선으로 연결하여 놓으니 마치 뱀이 기어가는 것 같은 곡선이 이루어져 있음을 볼 수 있다.

〈표 2-2-59〉국자감시 매 20년간 실시회수 비교도

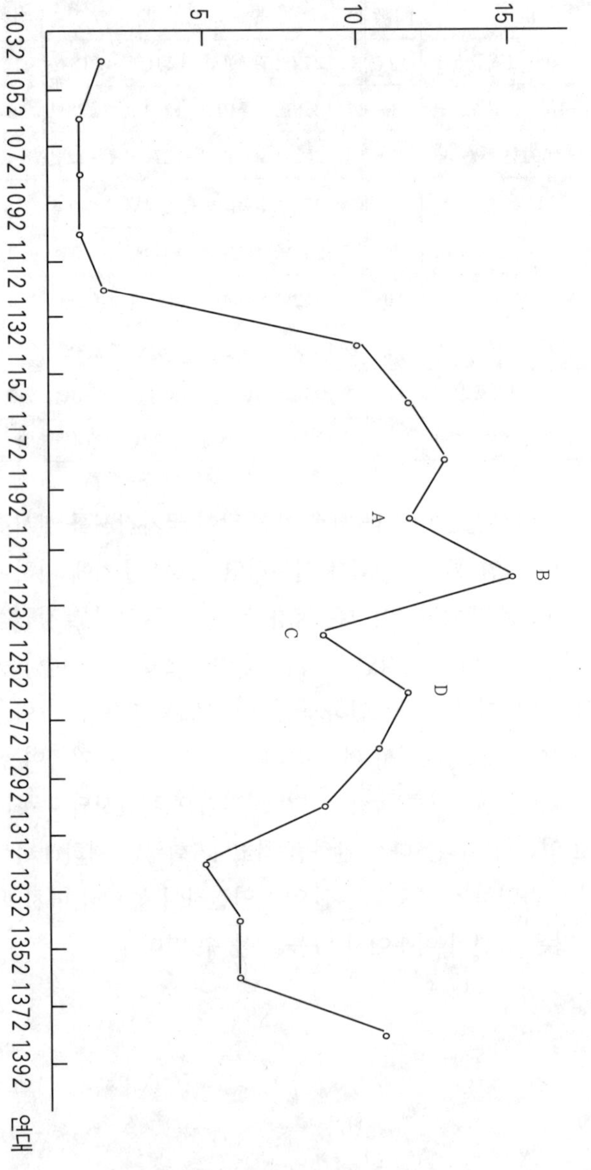

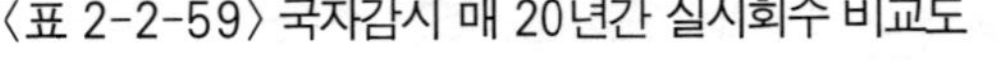

〈표 2-2-59〉는〈표 2-2-58〉의 내용을 꺾은 선의 그림으로 표현한 것이다. 여기서 국자감시의 시행이 얼마나 불규칙적으로 이루어지고 있었던가를 일목요연하게 다시 볼 수 있으나, 이 그림의 특징에 관한 설명을 다시 하기 위해서 편의상 A·B·C·D의 부호를 붙여두었다. 그림의 전체적인 양상은 대략 1122년 경부터 급격히 상승하기 시작하여 (B)의 지점에서 최정점을 이루었다가 하강하기 시작하여 1322년 경에 최저점을 이루고 있음을 볼 수 있다. 이 꺾은 그림의 상승기인 1120~30년대는 소위 이자겸(李資謙)의 난과 묘청(妙淸)의 난 등이 연발하고 있었던 시기이고 또 그 반대로 하강기인 D~최저점의 연대는 무인정권의 말기로부터 '충(忠)'지 왕호기(王號期)로 이어진 시기에 해당한다. 요컨대 꺾은 그림의 전체적 양상은 반월형의 포물선을 이루고 있는데, 그 상승기와 하강기는 모두 정치적 격변 및 사회적 혼돈의 시기였고 특히 정상의 A·B·C·D의 부분이 더더욱 그런 양상을 띠고 있었으나, 아래에선 강화경판의 조성과 관련된 부분만 언급해 보기로 한다. A·B·C·D의 전체는 최씨 무인집권에서 왕정복고까지 그 시기에 국자감시의 시행양상을 표현하고 있는 것이나, 특히 A·B와 B·C는 각각〈표 2-2-58〉의 ⓙ와 ⓚ의 두 시기에 국자감시의 시행 횟수와 그 상황을 살펴보기 위한 것이다.

〈표 2-2-58〉의 ⓚ는 9회로서 그 전기인 ⓙ기의 15회에 비하여 6회나 급격히 감소되고 있으므로 그 원인이 어디에 있었는지 궁금하다. ⓚ기의 전체 20년 중에서 국자감시를 실시한 9회를 제외하면 총 11년이나 실시하지 못했다는 것이 된다. 그 미시행의 연대 중에서 ⓚ기의 첫 출발점인 고종 19년(1232)은 몽병(蒙兵)의 침입과 강화경으로의 천도 등으로 국자감시의 시행이 곤란하였다고 이해될 수 있으나, 그 나머지 중에서 1년 혹은 2년 간 미시행의 결년이 연달아 나타난 경우가 있지만, 오직 동왕 20~24년의 경우는 결년 기간이 3년에 이르고 있다.

주지하다시피, 동왕 24년(1237)에 강화경판의 판각이 처음으로 산출되었고, 그 전년도에 판각을 위한 '고려국 대장도감(高麗國 大藏都監)'의 설치가 이루어졌을 뿐만 아니라 판각작업이 이미 시작되었을 것으로 이해되고 있다. 그렇다면 동왕 20~21년도 그 준비의 일환인 목재의 운반과 제단 등이 이루어진 시기로 추정하더라도 잘못이 없을 것으로 생각된다. 요컨대 동왕 21~23년의 시기에 국자감시를 3년이나 시행하지 못한 요인 중에 강화경판의 판각에 따른 분주한 준비관계도 포함되어 있었을 것으로 믿는다. 다시 말하면 C의 저점(低點)은 판각의 준비기간에 해당한다면 D의 기점(起點)은 고종이 대장경판당(大藏經板堂)에 가서 판각의 완성을 고한 때였던 것이다. 하여튼 고종 때는 강화경판의 판각과 밀접한 관련이 있었고 또한 국자감시의 합격자 양산도 그와 밀접한 관련이 있었을 것으로 생각되므로 그 전체를 조사하여 조망해 볼 필요가 있다. 고종 재위 46년 간에 국자감시를 실시했던 시기와 그 합격자 수 등을 일람표로 그려보면 대략 아래와 같다.

〈표 2-2-60〉 고종대 국자감시의 試取人員

國王 (在位期間)	施行 年月	科目 및 試取人員						合計	摘要
		詩賦	人員	十韻詩	人員	明經	人員		
高宗 (46)	1/4	尹得之	25	張貂	62		10	97	
	2/4	金文老	86				6	92	
	3/4	文昌瑞	58				6	64	△ 不分明
	6/4	金守堅	?	蘇文悅	67		5	72	△ 不分明
	7/5	陳昌德	24	徐子敏	36		1	61	
	8/4	李陽茂	86					86	

國 王 (在位期間)	施 行 年 月	科目 및 試取人員						合計	摘 要
		詩賦	人員	十韻詩	人員	明經	人員		
	10/4	韓景允	60					60	△ 不分明
	11/3	金璨	?	梁龍藏	74		1	75	
	12/2	李惟信	?	元良允	66		3	69	
	13/3	庾松栢	?	張良允	59		2	61	
	14/3	兪亮	?	高宗賚	71		2	73	
	16/5	金良純	20	盧希管	53			73	
	18/4	李且	25	李仁	41			66	
	20/7	康洪正	?	曹伯	70		1	71	
	24/4	吳壽	?	曹希甫	81		4	85	
	27/4	吳恂	?	李石崇	41			41	
	29/3	權玥	?	劉勃忠	74		2	76	
	30/6	韓璟	20	?	60		2	82	
	32/5	閔陽宣	29	朴文正	58		1	89	
	34/4	鄭淳	?	廉守貞	90		5	95	
	36/4	孫昌衍	?	鄭一麟	95		6	101	
	38/4	盧元	39	?	60		?	99	
	40/4	金仲偉	30	金命	60		8	98	60명에는 明經 포함
	41/4	李邵	33	郭洪祚	52		3	88	
	42/5	王胤	34	李受庚	54		4	92	
	44/윤4	林椿壽	17	黃公石	27		1	45	
	45/3	李源	65					65	科目不分

  그 중에서 고종 19년(1232)은 개경에서 강화경으로 천도했던 해이
므로 국자감시를 시행할 수 없었던 형편에 놓여 있었을 것으로 충분히

헤아려 볼 수 있다. 그 결년의 나머지 해들은 대장경의 판각사업과 직접적이든 혹은 간접적이든 간에 깊은 관련이 있었을 것이다. 강화경판의 판각사업은 고종 24년(1237)부터 각판이 산출되기 시작하였으며, 또 동왕 38년(1251) 9월 25일에 왕이 "성(城) 서문(西門) 밖에 있는 대장경판당에 가서 백관을 거느리고 분향을 함으로써, 판각사업을 위해 도감을 설치한 이래로 16년 만에 공역을 끝마쳤다"[272]고 한 것을 다시 한번 상기해 볼 필요가 있다.

위에서 고종 21~23년까지 3년 동안에 국자감시를 한 번도 시행하지 아니하였음을 이미 살펴보았다. 이 3년의 기간 사이에 경주지방을 중심으로 한 농민들의 봉기와 몽병(蒙兵)들의 전주 지방까지의 침략 등 내우외환으로 국자감시를 시행할 수 없었을 것이라고 한다면, 그 이후에도 그와 비슷한 내우외환이 있었으나 국자감시를 시행하였던 사실이 있으므로, 그것은 합리적인 설명이라고 할 수 없을 것이다. 예로 고종 24년에 백적(제)도원수〔百賊(濟)都元帥〕로 자칭하였던 이연년(李延年)이 원율(原栗)·담양(潭陽) 등지의 농민들을 모아서 봉기하였고[273] 또 몽병들의 침략이 경주지방까지 남하해 있던 상황 등의 내우외환이 있었으나, 이 해 4월의 국자감시에서 "오수(吳壽)와 조희보(曺希甫) 등을 비롯하여 85명을 뽑았다"[274]고 하니, 국자감시를 실시하지 아니한 요인을 오로지 내우외환으로 돌릴 수 없다는 말인 것이다.

고종 21~23년까지 3년 동안에 국자감시를 시행하지 아니한 것은 강화경판의 판각작업에 따른 준비, 특히 대장도감의 설치 등과 밀접한 관련이 있었을 것으로 추정된다. 만약 이 추정이 용인된다면, 고종 19

---

272)《高麗史》卷24, 고종 38년 9월 임오.
273)《高麗史節要》卷16, 고종 24년 봄.
274)《高麗史》卷74, 選擧志 2, 國子試之額.

년(1232)~동왕 38년(1251)의 기간에 국자감시의 시행 횟수가 9회로, 바로 그 앞 기간에 최고 많은 15회보다 적게 된 이유가 강화경판의 판각사업과 밀접한 관련이 있다는 주장도 용인될 수 있을 것으로 믿는다. 여기서 당시의 집권자들이 국자감시의 시행을 정략적으로 이용하였음을 간파할 수 있다. 다시 말하면, 고려 일대의 모든 국자감시 시행기간을 기준으로 집권자들이 정략적으로 이용하였기 때문에 빈삭의 차이가 크게 생긴 것이라고 일률적으로 말할 수 없으나, 강화경판의 판각사업을 수행하기 위한 수단으로 그것을 이용하였던 사실은 부정할 수 없을 듯하다.

국자감시의 시행을 당시의 집권자들이 정략적으로 이용하였다는 사실은 그 시험을 시행하였던 시기에서만 나타나고 있는 것이 아니라, 그 급제자 수를 증감하였던 사실을 통해서도 어느 정도 감지할 수 있을 듯하다. 앞의 〈표 2-2-57〉을 보면, 고려왕조에서 국자감시를 시행하였던 전 기간 중에 고종 대의 급제자 2,076명이 가장 많았다는 것을 알 수 있다. 물론 이것은 고종 재위기간이 46년 간으로 가장 길었던 사실과 관련이 있다고 생각할 수도 있을 것이다. 그러나 왕의 재위기간과 국자감시의 급제자 수 등을 단순히 결부시켜 일률적으로 설명할 수는 없는 것으로 생각한다. 만약 왕의 재위기간과 급제자 수 등이 서로 비례하는 것이라고만 한다면, 문종의 37년에 급제자 114명, 예종의 17년에 급제자 291명, 의종의 24년에 1,018명 등으로 나타나고 있는 사실을 합리적으로 설명할 수 없을 것이다.

결론적으로 국자감시의 급제자 수의 증감은 각 시대의 정치·사회적 요구와 특수한 형편에 따라 결정되었을 것으로 믿는다. 그러면 고려 왕조에서 국자감시를 시행하였던 전체 기간을 3기로 나누고 그 각 기마다 급제자의 수가 얼마나 차이가 있었는지를 살펴보기로 한다.

> 제 1기 : 덕종 1년(1032)부터 인종 24년(1146)까지, 114년 동안에
> 국자감시의 급제자 수는 총 556명이다.
> 제 2기 : 의종 1년(1147)부터 고종 46년(1259)까지, 112년 동안
> 국자감시의 급제자 수는 총 5,336명이다.
> 제 3기 : 원종 1년(1260)부터 공양왕 4년(1392)까지, 132년 동안
> 에 국자감시의 급제자 수는 총 4,133명이다.

위의 3기 중에서 제 2기는 기간이 가장 짧으면서 국자감시의 급제자 수는 가장 많다는 사실을 알 수 있다. 그 숫자가 상대적으로 얼마나 많았던가를 파악해 보기 위해서 먼저 제 2기와 제 1기를 서로 비교해 보면 제 2기가 제 1기 보다 무려 4,780명이 많으므로 약 10배가 많은 셈이 된다. 여기서 제 1기는 국자감시 제도의 초창기에 제도적 미비점과 인종 대의 급제자 숫자가 《고려사》에서 결락되어 있어 빠진 점 등을 고려하여 생각하지 않으면 안 될 것이다. 그리고 특히 제 1기는 국자감시를 전혀 시행하지 않았던 왕대 즉 정종·순종·헌종·숙종 등 4대나 포함되어 있어 급제자 수가 적을 수밖에 없다는 것을 충분히 감안 할 수 있다. 그러나 그와 같은 요인만으로 제 1기가 제 2기보다 약 10배나 적었다고 설명한다면, 그 설명은 합리적이라고 하기 어렵다. 또 달리 생각해 보면, 국자감시 제도가 이미 성립되어 있는데 국자감시를 1회도 시행하지 않은 왕이 4명이나 된다고 하는 것은 그것을 정략적으로 이용하였다는 증거의 하나로 볼 수 있을 듯하다. 그리고 제 2기와 3기 등을 비교해 보면, 제 1기의 급제자 수가 그처럼 적게된 요인으로서 위의 예거했던 것만으로 충분하지 못했다는 사실을 느낄 수 있다. 제 2기는 제 3기보다 기간은 20년이나 짧으면서 국자감시의 급제자 수는 오히려 1,203명이 더 많다. 여기서 제 2기는 집권자들이 국자감시의 시행을 얼마나 정략적으로 이용하였던가를 단적으로 파악할 수 있다. 잘

알다시피 제 2기의 출발기인 의종 대는 무신 정중부가 부패한 귀족관료 문신들을 일거에 도태시키는 쿠데타를 일으킨 시기이며, 또 그 끝나는 고종 대는 최씨 무인정권이 4대 60여 년간이나 집권하다가 종말을 고하는 시기이다. 이 기간 사이에 국자감시의 급제자가 무려 5,336명이나 달하였다고 하니, 부패한 귀족문신 관료정권과 무인정권 등이 국자감시의 급제자를 얼마나 양산했는지 헤아려 볼 수 있을 듯하다.

제 2기의 112년 동안에 국자감시의 급제자가 5,336명이나 배출된다고 하지만 그 중에서 고종대에 2,076명이 차지하고 있어, 그 약 절반에 가까운 숫자가 고종 1대에서 배출되어진 것임을 알 수 있다. 그리고 고종 대의 16년은 강화경판의 가판이 산출되었던 시기이며, 또 그 준비기간과 그 사후처리에 따른 이러저러한 기간까지 모두 합쳐 계산해 보면, 고종 일대의 시기는 강화경판의 판각사업이 거의 대부분을 차지하고 있었음을 간파할 수 있을 듯하다. 따라서 고종대에 국자감시 출신의 양산과 강화경판의 판각사업은 상호 밀접한 관련이 있었을 것으로 판단할 수밖에 없다.

고종 때에는 최씨 무인정권이 집권하고 있을 때라는 사실을 누구나 알고 있다. 그 집권자 최우는 강화경판의 판각을 위해서 "새로 도감을 설립하고 사재(私財)를 시납했다"고 하며 또 그의 아들 항(沆)도 그 사업을 위해서 "재물을 시주하고 공역(工役)을 독려하여 완성시켰다"[275]고 한다. 당시 최씨 무인정권은 각 지방의 농민 봉기와 몽병(蒙兵)의 침략 등으로 위기에 봉착해 있었다. 이같은 상황에서 강화경판의 판각사업을 창안하게 되었고, 그 사업이 계속 추진되기에 이르렀던 것이다. 이 강화경판의 판각사업은 고려사회의 난숙한 불교문화 분위기에서 내우외환의 위기에 처해 있는 최씨 무인정권이 그 위기를 극복

---

274)《高麗史》卷129, 崔忠獻 附 沆傳.

하는데 정략적으로 이용할 수 있는 수단이 될 수 있을 것이다.

요컨대 최씨 무인정권은 각 지방의 농민 봉기와 몽병의 침략 등으로 정권유지에 위협을 느끼게 되자, 그 위기 극복의 수단으로 강화경판의 판각사업을 창안 추진하게 되었던 것이다. 이 강화경판의 판각사업도 기실은 문인지식인층을 그의 정권이 주도하고 있는 사업에 계속 긴박해 놓기 위한 수단의 하나로 창안 추진되었을 것으로 생각한다. 이 사업을 본격적으로 착수하기 직전에 최고 많은 횟수의 국자감시를 실시하였다. 이 역시 국자감시 출신 ― 문인지식층을 제도권 안에 묶어 두려는 정책 시행으로 나타난 현상일 것으로 추측된다. 특히 재기 발랄한 젊은 문인 지식층을 재야에 방치해 두는 것보다 국자감시를 통하여 제도권 안에 묶어 두고 또 이들을 강화경판의 판각사업에 긴박시켜 놓는 것 등이 최 씨 무인정권의 존립과 당시 사회의 안정에 큰 도움이 된다는 판단 하에 서 이 당시에 국자감시의 시행과 강화경판의 판각사업 등이 이루어지게 되었을 것이다.

최씨 무인정권은 재기발랄하고 젊은 문인지식층을 제도권 안에 묶어 두려는 정책적 수단으로써 국자감시제도를 이용하고, 또 다른 한편으 로 이들을 '종군' 케 한다는 말로 위협하기도 했던 것 같다. 여기서 그 정책적 수단으로써 국자감시 제도를 이용했다고 한 것은, 최씨 무인정 권이 여타의 통치시기에 비해서 국자감시를 빈번하게 많이 실시했던 점 과 또 국자감시 출신을 상대적으로 많이 배출했던 점 등을 염두에 두고 한 말이다. 다음에 문인지식층을 '종군' 케 한다는 말로 위협했다고 한 것에 따른 예증을 하나 들어보기로 한다.

《고려사》 권74, 선거지 2에서 국자감시에 관한 각종 자료를 열거한 뒤에 바로 이어져 있는 학교조에 생도의 학업수행과 관계 있는 각종 자 료를 열거해 놓고 있다. 그 중에서 아래와 같은 주목할 만한 기록이 있 다. 즉,

　　고종 5년 7월에 중군(中軍)과 재추(宰樞)가 협의하고 생도로서 사판(仕版)에 등록되지 못한 자들에게 시(詩)를 시험쳐서 80명을 뽑고 불합격자는 모두 종군케 했다.

는 것이다. 이 내용과 거의 동일한 기록이 병지(兵志)에도 수록되어 있다.[276] 그런데 병지에서는 생도들의 종군에 관한 안건을 "중군과 재추가 협의했다"고 하지 않고 단지 재추들이 협의했다고 하였다. 이 두 자료가 왜 서로 틀리는지 그 이유를 분명히 알 수 없다. 다만 추측컨대, 생도의 종군에 관한 결정은 중군과 재추가 함께 협의한 것이 아니고 재추회의에서 협의 이첩한 것을 중군에서 단지 실행만 하였기 때문에 병지 오군(五軍)조에서 그 협의했다는 사실이 빠진 것이 아닌가 싶다. 만약 이 추측이 용인된다면, 아래와 같은 가설이 성립될 수 있다. 즉 재추회의에서 협의한 생도의 종군에 관한 안건은 처음부터 군사적 필요에 의해서 제기되었던 것이 아니고, 당시 학교의 생도들이 학업에만 열중하지 않고 정치적·사회적 문제를 제기하자, 이를 막기 위해서 학업성적이 불량한 자를 가려 뽑아 종군케 하자고 결정하여 중군에 이첩 실행했다는 가설을 세울 수 있을 것이다. 이 협의가 이루어지고 있었던 때인 고종 5년(1218) 7월은 생도의 종군이 절실히 요청될 만큼 외적의 군사적 위협이 있지도 아니한 상황이었다. 그 전 해에 거란 유종(遺種)들의 침략이 자행되었으나, 서북면 병마사 조충(趙沖)과 상장군 김취려(金就礪) 등이 거느린 군인들이 침략군을 섬멸시키고 연전연승을 거두어 거의 평온을 되찾아 가는 시기다. 이같은 상황에서 재추회의에서 생도의 종군에 관한 안건을 협의한 것은 군사적 필요에

---

276)《高麗史》卷81, 兵志 1, 五軍, 고종 5년 7월조에서 生從은 生徒의 오기임이 분명하다.

의한 것이 아니고 생도들에 대한 일종의 위협으로 밖에 볼 수 없을 것
이다.

  재추들이 생도의 종군에 관한 안건을 협의하는 과정에서 사판에 등
록되어 있지 않은 생도를 그 협의의 대상으로 삼고 있다. 이와 달리 사
판에 등록되어 있는 생도는 그 협의의 대상에서 제외하고 있음을 발견
할 수 있다. 여기 사판에 등록된 자와 등록되지 못한 자 등의 구분기
준이 무엇이었는지 현재로서는 분명히 파악할 길이 없다. 다만 재추들
이 그 협의에서 사판에 등록되지 못한 생도 중에서 '시'로써 시험쳐 불
합격자는 종군케 하자는 주장에서 그 구분의 기준점을 시사해 주고 있
는 것이 아닌가 싶다. 그 결론부터 먼저 말하면, 사판에 등록된 생도
는 국자감시 출신이요, 그에 등록되지 못한 생도는 비국자감시 출신
등으로 구분했을 것으로 추측된다. 국자감시 출신은 시부(詩賦)로 급
제한 자들인데 이들에게 다시 시를 시험치게 했을 까닭이 없기 때문이
다. 사판에 등록된 사실이 곧 국자감시의 급제를 의미하고 있다는 사
실의 한 예를 들어 설명하기로 한다. 김환(金晅, 1234~1305)은
"20세에 사판에 등록"하고 경신년(1260) 9월에 을과 즉 문과에 급
제했다고 한다.[277] 그의 나이 20세 때인 고종 40년(1253)에 그는
사판 즉 국자감시에서 급제하였음을 파악할 수 있다.[278] 그로부터 그
는 7년 뒤에 문과에서 급제하였던 것으로 보아서, '사판(士版) 즉 사
판(仕版)에 등록'은 국자감시의 급제를 의미하고 있는 것으로 밖에
볼 수 없다.

  사판에 등록된 사람들 즉 국자감시의 급제자들은 재추들이 종군케 하

---

277)《韓國金石文追補》101, 金晅 自撰墓誌.
278) 許興植, 앞의 논문, 1981에서 "士版에 올랐다는 것은 곧 國子監試에 합격
    하여 進士로 파악되었다는 사실일 것이라"고 했다.

겠다는 위협의 대상에서 제외될 수 있는 존재들이요, 군역의 면제를 받는 특전을 누리면서 살아갈 수 있었던 것이다. 국자감시의 급제는 한 가문을 빛낸 영예요, 세인으로부터 부러움의 대상이었다. 이 사실을 간파할 수 있는 두 가지 예만을 들어 두기로 한다. 명종 8년(1178)에 승평군수를 역임했던 오원경(吳元卿)의 묘지명에서 둘째 아들 윤혁은 "성균시(成均試) 즉 국자감시에 응시해서 진사란 명칭을 얻었다"고[279] 했으며, 또 동왕 19년(1189)에 우승선 유공권(柳公權)은 "남성시(南省試) 즉 국자감시를 주관하여 뽑은 자가 모두 당대의 명사였다"고 한다.[280] 여기 오원경의 둘째 아들 윤혁은 국자감시에 급제하여 진사란 칭호를 받게 됨으로써 가문의 자랑이자 크게 빛낸 인물이 되었음을 파악할 수 있으며, 그 다음 유공권은 국자감시를 통하여 그 자신이 직접 뽑은 진사들이 당대 최고의 명사가 되었다는 점에 큰 자부심을 가지고 살아온 인물인 것이다.

국자감시 즉 진사시는 그 급제자의 높은 지적 수준을 나라가 공인해 준 시험이요, 또한 그 명예를 부여하기 위한 제도적 장치였던 것이다. 따라서 진사 칭호의 소지자들은 고도의 자부심과 함께 당시 사회에 대한 일정한 책임의식을 느끼면서 삶을 영위하지 않을 수 없었을 것으로 생각된다. 다시 말하면 진사들은 당시의 집권자들이 국자감시 제도를 어떤 목적을 갖고 운영하였거나 또는 선발했던지 간에 당대의 명사—문인지식층으로서 당대를 책임진 높은 지식의 소유자들이요, 그 각자가 처한 현실적 여건 속에서 자기 스스로의 능동적 활동으로 삶을 영위하였을 것 같다. 강화경판의 판각사업에 자기 스스로 참여하여 판각활동을 전개하였던 것은 그와 같은 주체적 의식의 한 표현에 불과할 것으로

---

279)《韓國金石文追補》69, 吳元卿墓誌銘.
280)《朝鮮金石總覽》上, 145 柳公權墓誌.

믿는다.

몽병들의 야만적 살육과 민족문화의 파괴로 인하여 백척간두의 위기에 처한 조국의 참담한 현실에서 강화경판의 각판은 부처님의 가호를 믿고 있던 당시의 많은 서민 대중들에게 전화(戰禍)의 와중에서 자포자기적 실의를 극복하고 장래에 대한 희망을 고취시켜 준 활력소 역할을 하였을 것이다. 그 앞 시대인 거란 침입 때 대장경의 각판과 외적의 퇴치 등이 서로 일치하였던 역사적 경험을 우리민족은 소유하고 있었기 때문이다. 당시 양심적 문인지식층이 대장경의 판각사업에 스스로 참여하게 된 동인의 하나는 역사적 경험에 그 토대를 두고 있었을 것이 거의 틀림없을 것이다.

〈표 2-2-61〉 명종~고종년간 국자감시 출신자와 강화경판 판각자

| 番號 | 國子監試 | | 大藏經의 板刻關係 | | | 摘 要 |
	施行年月	合格者	刻手名	板刻年代	場所	摘 要
1	명종 2년(1172) 3월	金光祖	光 照	1242~1244	大藏	각판량 총 150장 중 分司 29장, 그 나머지는 대장도감(미상은 대장도감에 포함).
				1243~1244, 1247	分司	
2	〃15년(1185) 5월	丁光祐	光右(又)	1244	大藏	각판량 총 1장.
3	〃16년(1186) 윤7월	梁公俊	公 俊	1237, 1244	〃	각판량 총 8장.
4	신종 1년(1198) 4월	智大成	大 成	1238~1243	〃	각판량 총 103장.
		殷世儒	世 儒	1238	〃	각판량 총 15장.
6	〃 2년(1199) 4월	陸永儀	永義(衣)	1238	〃	각판량 총 31장.
7	희종 5년(1209) 6월	秋永壽	永壽(守)	1238	〃	각판량 총 39장.
		申季伯	戒 白	1243~1244	〃	각판량 총 43장 중 分司 14장, 그 나머지는 대장도감.
				1243~1245	分司	

番號	國子監試		大藏經의 板刻關係			摘要
	施行年月	合格者	刻手名	板刻年代	場所	摘要
9	〃 7년(1211) 3월	鄭宗誧	宗 敍	1239.	大藏	각판량 총 38장 중 分司 13장, 그 나머지는 대장도감.
				1244~1245		
				1244~1245	分司	
10	고종 1년(1214) 4월	尹得之	得 之	1243~1246, 1248	大藏	각판량 총 115장 중 分司 24장, 그 나머지는 대장도감.
				1243~1244	分司	
11	〃 12년(1225) 2월	元良允	良 允	1238	大藏	각판량 총 8장.
	〃 13년(1226) 3월	張良允				
12	〃 16년(1229) 5월	金良純	陽 純	1237~1238	〃	각판량 총 20장.
13	〃 18년(1231) 4월	李 仁	李 仁	1238~1240 1242	〃	각판량 총 24장.
14	〃 24년(1237)	曹希甫	希 甫	1243	〃	각판량 총 5장.
15	〃 32년(1245) 5월	朴文正	文 正	1243~1245	〃	각판량 총 61장 중 分司 9장, 그 나머지 대장도감.
				1244~1245	分司	
16	〃 34년 (1247)	廉守貞	守貞(丁)	1243~1245	大藏	각판량 총 30장 중 分司 3장, 그 나머지 대장도감.
				1243~1244	分司	
17	〃 44년(1257) 윤4월	黃公石	公 石	1244	大藏	각판량 총 1장.

제5절 小 結

무인 최씨정권은 몽병(蒙兵)이 침입하자 수도인 개경을 버리고 강화
경으로 천도할 때 전체 민중들에게 적군이 침입해 오면 해도(海島)나
산성으로 피난가라는 무책임한 말만 남겨두고 떠나 버렸다. 왕족·귀
족·관료층을 비롯한 소수의 지배계급은 강화경으로 들어갈 수 있었으

나, 그 밖의 민중들은 본토 육지에 남아 있으면서 자신과 가족의 생명 및 삶의 터전을 지키기 위해 자체방위에 나서지 않으면 안되었다. 이들은 다기한 자연조건을 이룬 산성에 의지하여 몽고 기병의 예봉을 피하고 적은 병력으로 그들을 기습하는 유격전을 전개하기도 하였으나, 참혹한 전쟁의 참화를 겪지 않으면 안 되었다.

전국의 방방곡곡이 몽병의 방화와 살육장으로 변한 참혹한 현실 속에서 불교를 통하여 소재의 염원을 이루려는 부류도 없지 않았을 것이고, 강화경판의 조성사업이 시작되자 여기에 자발적으로 참여하는 부류도 있었을 것이다. 혹은 왕족·귀족·관료층과 승려 및 문인지식인층 중에는 강화경판의 각판에 그 이름을 남겨 자신의 서원을 표백하고, 이를 매개로 불력을 통한 이민족의 퇴조가 이루어질 것으로 믿기도 했을 것이다.

강화경판의 조성사업에 중추적 역할을 맡았던 계층은 크게 ① 재조관료층(在朝官僚層), ② 재향세력(在鄕勢力), ③ 승려층(僧侶層), ④ 국자감시 출신의 문인지식층 등으로 나누어 볼 수 있다. 이들은 당시의 지배계층으로서 사회의 공론을 주도하고 이끌어 나갔던 세력이었기 때문에, 이들의 적극적 참여는 전란 중임에도 경판의 조성이 가능토록 하는데 크게 기여했을 것이 틀림없다. 이들은 한 장의 경판 보시가 백만 군사보다 오히려 효과적으로 시랑〔豺狼(몽병)〕을 휩쓸어 내주리라고 믿고 이 사업에 서슴없이 참여하기도 했다.

그 중에서 ③ 승려층은 경판을 조성하는데 가장 핵심적이고 중추적인 역할을 수행하였다. 이들은 경판을 직접 조각한 각수로서 신보시(身布施)를, 혹은 사재의 기진으로서 재보시를 각각 실천하였다. 고려시대의 불교계는 교선의 분열·대립이 점철되어 온 시기였다고 해도 과언이 아닐 것이다. 물론 때로는 두 세력 사이에 타협과 화합의 명분을 내걸고 합종(合宗)을 했던 시기가 없었던 것도 아니었다. 그러나 이 합종도

실은 자기 세력를 보호하기 위한 방법의 일종이요, 새로운 투쟁의 준비기였다. 그 대립 투쟁의 명분이야 어떻든 간에 종권(宗權)의 다툼이요 토지 쟁탈을 둘러싼 이권의 싸움이었다. 종권과 이권 등을 둘러싸고 처절한 싸움을 벌여 온 세력은 주로 귀족 승려계층이요, 고려 사원세력의 상층부를 형성해 오고 있던 소위 '고승대덕' — 일종의 '정치승려' 였다. 이들을 제외한 많은 하부 승려계층과 수원승도(隨院僧徒) 및 재가승 등은 종권과 이권을 둘러싼 싸움과는 무관하였다. 이들은 교종계든 혹은 선종계의 사원이든 그 어느 한쪽을 선택할 필요가 없었으며, 오직 자신들의 현실적 고뇌와 소재의 염원을 이루고자 하였을 뿐이었다.

 강화경판의 조성사업에 참여한 많은 승려들은 토지쟁탈을 둘러싼 이권 싸움이나 혹은 종권의 쟁탈전을 처절하게 벌여 온 고승대덕이 아니라, 외적의 침략으로 야기된 민족적 수난을 판각 공덕으로 이겨나가려는 순수하고 양심적인 수도승들이요, 대중의 아픔을 함께 나누는 공동체 사회를 구현하려는 참신한 학승들이었을 것이다. 이들의 의식에는 강화경판은 나라의 대보(大寶) 요 '문명의 구체적 재산' 이란 생각을 떨쳐버릴 수 없었을 것이다. 고려인이 본 몽고는, 조국의 침략자인 동시에 문명의 파괴자였다. 이민족의 침략으로부터 조국을 방위하고, 야만인의 파괴로부터 문명을 수호한다는 것이 고려의 대몽고전쟁의 의식이었다. 강화경판의 조성사업에 재물을 보시하고 판각의 작업을 직접 수행하였던 재조관료층, 재향세력, 승려층, 진사 등 식자층들은 그와 같은 의식의 소유자임이 분명할 것이다.

 한편 ① 재조 관료층, ② 재향세력, ④ 국자감시 출신의 문인지식층 등은 오직 자신의 이익만을 추구하고 민중을 짓밟아서 대중으로부터 원성의 적이 된 부류도 없지 않았을 것이나, 경판 조성의 참여자들은 개인적 영달을 추구하거나 은둔하여 개인의 안일만을 바라고 세상의 모든 일을 치지물문(置之勿問) 하지 않았을 뿐만 아니라, 외적의 침략으로 말미암아 민족적 수난기에 처한 현실을 고뇌하고 이러한 위기상황을 적극적인 현실참여를 통하여 극복하고자 경판의 조성사업에 참여하였다. 이들의 이러한 현실참여는 실의에 빠진 당시의 수많은 민중들에게 희망을 고취시켜 주는 하나의 활력소가 되었을 것이다.

한편 무인 최씨정권의 집정자를 비롯한 왕공 귀족 및 관인층 등 지배층의 '사재 시납'은 그 자체가 경판 조성에 적지 않게 기여했던 면도 없지 않았으나, 그 보다 많은 서민 대중 계층의 보시를 유도하는데 큰 역할을 했을 것이다. 당시 반몽항전의 장기화에 따른 수난과 고통은 고려인 전체가 겪고 있는 현실이지만, 그 중에서도 대토지 소유자로부터 중소토지 소유자에 이르기까지 지주계층일수록 더욱 더 큰 고통을 겪지 않을 수 없었을 것이다. 특히 반몽항전의 장기화에 따른 사회 기강의 해이와 와해의 분위기 속에서 지주층의 현실적 급무는 전호로부터 지대를 원활히 징납하는 것일 것이다. 따라서 지주계층은 다른 계층에 비하여 전쟁의 조기 종결에 대한 희구가 더욱 강렬할 수밖에 없었을 것이며, 각판사업을 요구하고 주체적으로 참여하게 된 까닭이 바로 여기에 있었을 것이다. 즉, 강화경판의 조판 사업은 지배 계층에게 현실 안정이란 일정한 이익을 담보해 주었을 것이다.

이처럼 지배계층의 경우 그들의 현실적 요구에 부응하는 목적이 대장경을 조성하는데 일정정도 기여를 하였다고 할 때, 과연 그들의 이익에 부합하는 현실적 요구만이 대장경 조성사업의 참여 원인이었겠는가 하는 측면에서는 의문의 여지가 있다. 즉, 보다 근원적으로 당시 민중들에게 있어 불심이란 단순히 부처님에 대한 믿음에 국한된 것이 아니라 삶의 지주요, 모든 생활의 지혜, 나아가 삶 그 자체였다고 전제할 때, 당시의 지배계층들은 물론 강화경판의 조성사업에 참여한 모든 민중들의 일차적 참여동기는 이에 기인한다고 여겨진다.

당시의 국가적 운명이 걸린 이 판각사업에는 적지 않은 수의 문인지

식층들이 참여하고 있었다. 이들의 대부분은 사적에서 과거에 응시하
여 장원급제의 사실만 등재되어 있을 뿐이고 관인으로 등용되어 활동하
였던 행적이 전혀 기록되어 있지 않다. 이것은 그들이 관인으로 진출하
여 부귀현달을 꾀하지 않았다는 증거인 동시에 당시의 최씨 무인정권의
시녀로써 구차한 삶을 살지 않았음을 반영해 주는 것이라 생각된다. 결
국 그들의 강화경판 각성사업에 대한 참여는 최씨 무인정권에 대한 영
합과는 무관한 자발적 처사였고, 당시 구심점을 상실한 상황 하에서 벌
어진 몽병의 잔학한 살육행각을 불력의 가호로써 종결짓기를 염원한 많
은 서민 대중들에게는 전화의 위기극복과 장래에 대한 일정한 담보의
역할을 히였을 것이다. 이떻든 이들의 현실침여는 민족직 수난기에 강
화경판의 조성사업이 성공적으로 이루어지는데 일조가 되었음은 분명
한 사실로 생각된다.

제3부

江華京板《高麗大藏經》
조성의 사례분석

제1장 《大般若經》의 각성과 반몽항전

고려시대에는 후삼국의 분단기, 무인집권기의 신라·백제의 부흥을 명분으로 삼은 분파주의적 분열 대립기를 잘 극복해 왔을 뿐만 아니라, 거란·여진·몽고·일본의 침입을 잘 방어하여 왔음은 이미 주지하고 있는 사실이다. 그 혼돈의 대부분은 동아시아의 급변하는 국제정세와 그 기회를 교묘히 이용하려는 할거주의 세력들과 불가분의 관계가 있었던 것이다.

그러나 고려 사람들은 수많은 외침과 정치·사회의 혼돈 등을 슬기롭게 극복해 왔다. 이것은 스스로를 지키려는 뛰어난 극기정신과 또 분파주의를 뛰어넘는 통일정신 등이 더욱 충만해져 왔던 것과 밀접한 관련이 있었을 것이고, 그 정신들은 우리의 고유한 전통적 문화의식을 바탕으로 발전해 왔다.

강화경판《고려대장경》은 우리 민족 최대의 수난기인 13세기 중엽 몽고의 야만적인 침략기에 창출된 문화유산이다. 고려 사람들은 전 국토를 몽병(蒙兵)들이 유린하고 있는 전란 중에 그 방대한 수량의 경판을 조성하였으며, 그 어려운 여건 하에서 사업이 추진되었음에도 불구하고 갖가지 새로운 판각방법을 창출하기도 하였다.

그것은 첫째 경전의 매 권마다 한 명의 '각성인(刻成人)'으로 하여금 조성케 하는 것, 둘째 경전의 매 권마다 두 명 이상 다수의 '각성인'에 의하여 조성케 하는 것, 셋째 한 경전의 전체를 한 단위로 하여 1~2명의 '각성인'의 책임 하에 조성케 하는 것 등으로 나누어 볼 수 있다. 이 세 유형의 조성 방법은 대장·분사 두 도감의 조성 방침에 따라서 상이하게 되었던 것이었을까, 혹은 각 공방(工房)의 조성지도자의 의향에 따라 자유로이 창안된 것이었는지 현재 어느 것 하나 분명히 알 수 없다. 다만 여러 시설과 각수 등의 부족으로 인한 어려운 여건 하에서 효율적 판각작업을 진행하기 위한 수단으로서 당시 새로 창안된 것으로 보면 모두 값진 판각방식인 것이다.

강화경판의 각성은 불력의 가호를 기원하고 몽병을 퇴치하기 위한 것이라고 흔히 필설하고 있다. 불력의 영험이 몽병의 퇴치에 과연 어떤 영향을 미쳤는지 현재 파악할 길은 없지만, 본 사업의 추진과 성과가 몽병의 퇴각 및 퇴치에 실제 어떤 영향을 미쳤던가는 조사해 볼 수 있을 것이다. 다시 말하면 본 경판의 판각사업은 반몽항전의 일환으로 이루어졌음은 주지하고 있는 사실이나, 본 사업이 반몽항전의 활동에 실제로 어떤 영향을 미쳤는지 아직 아무도 정확히 조사한 바가 없는 실정이다. 이를 알아보기 위해 전 기간에 걸쳐 판각사업의 진척과 반몽전선(反蒙戰線)의 움직임 등이 어떻게 상호 작용하고 있었던가를 면밀히 고찰해 봐야만 될 것으로 믿으나, 우선 1237년(고종 24, 丁酉)부터 1240년(동왕 27, 庚子)까지 4년 간의 기간을 한정하여 그 사실을 규명해 보고자 한다.

《대반야바라밀다경》 즉 k.1《대반야경》의 총 600권은 1237년에 첫 경판이 산출되기 시작하여 1240년에 이르러 4년 만에 완성되었던 것이다. 이 4년의 기간은 소위 '몽고의 제3차 침입'이 자행되었던 시기로 이들의 만행이 남단 영·호남 지역까지 미치고 있었다.

제1절《대반야경》의 각성과 그 판각방식

1. 판각의 기간과 그 수량

k.1《대반야경》[1]은 강화경판의 제일 첫 머리에 입장되어 있고, 또 그 총 600권은 1237년에 판각이 산출되기 시작하여 1240년에 이르러 4년 만에 완성되었다. 1237년은 k.1의 판각이 산출되기 시작하였던 해인 동시에 전체 강화경판 중에서 첫 경판이 산출되기 시작한 해이다. 그리고 k.1의 판각이 완성되는 1240년까지의 4년간은 강화경판 조성사업의 초창기인 동시에 몽병의 침략이 남단 영호남지역까지 이르렀던 시기였다.

k.1의 총 600권은 천함(天函)~내함(奈函)의 61함에 나누어져 입장되어 있으며, 그 판면은 총 14,976장(경판 7,488매)이다. 강화경판의 전체 경전 중에서, 반야부(般若部)에 속하는 경전이 "전체 3분의 1을 차지하고 있으며 그 중 4분의 3이 k.1이므로 이 경은 사상적 내용이나 방대한 양에 있어서 실로 중요한 위치를 차지하고 있다"고 하며, 특히 k.1은 "반야부의 제경(諸經)을 집대성한 것으로 반야부의 일대총서(一大叢書)라 할 수 있다"[2]고 한다.

---

1) 경명이 길고 복잡한 것을 약칭하기 위해서 고유번호로 달아 표기하기로 하되, 이 고유번호는 동국대에서 영인본《高麗大藏經》을 출간할 때 달아 놓은 번호를 그대로 따른 것이다(영인본《高麗大藏經》제48책).
2) 〈高麗大藏經解題〉,《高麗大藏經》卷48, 519쪽.

'반야' 란 지혜라는 뜻이다. 이 지혜는 불도 수행의 체험을 통하여 얻은 보살의 지식과 온갖 고통에서 벗어나는 진리를 깨달은 부처의 지혜를 총칭한 것이며, 이것을 반야라고 표현하고 있는 것이다. 그리고 '바라밀' 은 '저쪽 언덕에 이른다' 는 뜻이다. 이것은 온갖 고통의 근원인 번뇌로 가득한 '이 세상' 으로부터 이 번뇌를 완전히 쓸어버린 '저 세상' 에 이른다는 것이다. 즉 마음 속의 번뇌를 완전히 떠난 상태에 도달한 것을 구제 또는 해탈되었다고 말한다. 여기서 '구제' 라고 하는 것은 다른 사람의 힘에 의하여 구제된다는 것과 자기 힘으로 자신을 구제하는 두 가지의 내용을 가지고 있다. 결국 '바라밀' 이란 중생들이 불도를 닦아서 구제되어 가는 과정을 비유한 말이다. 결론적으로 '반야바라밀' 이란 '부처가 되는 길과 중생을 구제하는 길을 밝힌 지혜' 라고 말할 수 있으며, 구제의 불도로서 가장 중심적인 역할을 하는 위치에 있다고 말할 수 있을 것이다.

  k.1의 총 600권은 4처(處) 16회(會) 275분(分)으로 구성되어 있다. 4처는 ① 왕사성 취봉산, ② 사위성 급고독원, ③ 타화자재천왕궁, ④ 왕사성 죽림정사 등이며, 이 곳은 모두 석가모니의 설법장소를 지칭하고 있는 것이다. 특히 여기 ③은 속세인 '욕심세계' 에서 가장 높은 곳에 있다는 환상적인 하늘세계를 말한다. 그리고 위의 '16회' 란 ①~④의 설법장소에서 진행한 '16번의 설법모임' 을 의미한다. 다음 분(分) 또는 품(品)은 설법의 주제에 따라 갈라 놓은 현대의 장(章)과 절(節) 등을 의미하고 있다. 요컨대 k.1의 총 600권의 내용은 '4처 16회 275분' 즉 석가모니가 왕사성 취봉산·사위성 급고독원·타화자재천왕궁·왕사성 죽림정사 등 네 곳에서 16차례의 모임을 갖고 설법한 내용을 275등분의 장·절로 나누어 놓은 것이다.

  위와 같은 사실을 통하여 반야부의 경전이 강화경판의 전체 중에서 얼마나 중요한 위치를 점하고 있었던가를 단적으로 알 수 있다. 이 반

야부의 경전 중에서 k.1의 총 600권의 경판이 조성된 연대별 수량을
먼저 살펴보면 다음 표와 같다.

〈표 3-1-1〉《대반야경》의 각성연대와 그 수량

番　號	年　代	卷　數	板面數
(1)	1237	92	2,361
(2)	1238	418	10,325
(3)	1239	71	1,800
(4)	1240	10	263
(5)	無刊記	9	227
合　計	4年	600卷	14,976張

k.1의 총 600권 판면 14,976장 중에서 위 (1)의 판각 수량을 기
준으로 삼아 각 연대별 판각 수량을 서로 비교해 보면, (5)는 조성연대
를 알 수 없는 것이므로 우선 제외하고, (2)는 (1)보다 많은 셈이지
만, (3)과 (4)는 (1)보다 오히려 적다. 여기서 (1)의 판면수 2,361
장을 기준율 100%로 하여 각 연대별 차이를 환산해 보면, (2)는 약
437%, (3)은 약 76%, (4)는 약 11%가 된다. (2)의 제2차 연도
의 판각량이 (1)의 제1차 연도보다 많은 것은 1년의 기간이 경과함에
따라 판각 기능의 발전과 각종 시설의 완비 등으로 작업속도가 그만큼
빨라졌기 때문이라고 우선 추측해 볼 수는 있을 것이다. 만약 이 추측
이 옳다면, (3) 제3차 연도와 (4) 제4차 연도에서 각각 판각 수량이
오히려 (1)보다 적은 것에 대해 합리적인 설명을 할 수 없게 되는 것이
다. 결국 (3)과 (4)의 판각 수량이 (1)의 수량보다 오히려 적은 원인
은 단순히 판각 기능과 각종 시설 등에 있었던 것이 아니었다는 말이 되
는 것이다.

다음 k.1의 총 600권 중에서 간기(刊記)가 없거나 혹은 탈자 등으
로 그 판각연대를 전연 알 수 없는 경판들이 오직 제1차 연도인 1237
년에 판각되어진 경판들과 인접해 있는 것은 초창기적인 미숙성에서 나
타난 현상인 듯하기도 하다.[3] 하여간에 본 경전의 총 600권은 그로부
터 4년 만에 완성되었다. 그 각 연대별로 판각되어진 경전의 권순을 파
악해 보기 위해 다음과 같은 표를 그려보기로 한다.

〈표 3-1-2〉《대반야경》의 연도별 판각 권순[4]

番號	干支	卷　　順	合計
㉮	丁酉 (1237)	2~3, 5~6, 8~9, 11~26, 28~47, 49~51, 53~89, 91~95, 97~99, 122, 257	92권
㉯	戊戌 (1238)	27, 90, 100~121, 123~139, 141~153, 155~256, 258~422, 424~448, 450~464, 466~479, 481~ 495, 497~498, 500~501, 503~508, 510~514, 516 ~522, 526~529, 535, 585	418권
㉰	己亥 (1239)	423, 449, 480, 496, 499, 502, 515, 523~525, 530 ~534, 536~553, 555, 558~569, 571~572, 574~ 579, 581~584, 586~591, 593~599	71권
㉱	庚子 (1240)	465, 509, 554, 556~557, 570, 573, 580, 592, 600	10권
㉲	無刊記	1, 4, 7, 10, 48, 52, 96, 140, 154	9권

---

3) k.1의 총 600권 중에서 간기가 없는 것은 권1, 권4, 권7, 권10, 권48, 권
  52, 권96, 권140, 권154 등 모두 9권으로 그 판각연대를 알 수 없는 것이
  다. 다만 강화경판의 첫 머리에 본 경전이 입장되어 있고, 또 1237년부터 이
  경판의 산출이 이루어졌으므로 그 권1은 바로 이 해에 판각이 이루어졌을 것으
  로 추정할 수 있을 듯하다. 그리고 권4, 권7, 권10, 권48, 권52, 권96 등
  6권도 모두가 첫해인 丁酉歲에 판각되어진 경판들과 인접해 있음으로 같은 해

〈표 3-1-2〉의 ㉮번 끝 권순인 제257권과 또 ㉯의 끝 권순인 제585권 등은 k.1의 전체 600권 중에서 전자는 약 2분의 1에 또 후자는 거의 최종 말에 각각 해당하는 권순들임을 알 수 있다. 다시 ㉮의 최초 제2권부터 최종 제257권까지 그 사이를 보면, 권순 1, 4, 7, 10, 48, 52, 96, 140, 154 등 9권과 또 권순 27, 90, 100 … 258 등 153권 등 모두 162권이 결번임을 볼 수 있다. 이 결권 중에서 전자 9권은 모두 간기가 없어 판각연대를 현재 알 수 없는 것이며, 후자 153권은 모두 그 다음해의 판각인 ㉯에 포함되어 있는 것임을 볼 수 있다. 여기 전자 9권의 대부분이 간기에서 특히 연대 부분의 탈자로 인하여 그 판가연대를 분명히 알 수 없다.[5]

다만 k.1의 제일 앞에 입장되어 있고, 또 정유년(1237)부터 이 경판의 산출이 이루어졌으므로 바로 이 해에 거의 대부분 판각이 이루어졌을 것으로 추정할 수 있을 듯 하다. 후자는 제1차 연도인 1237년에 판각되어진 경판들과 인접해 있음에도 불구하고 제2차 연도인 1238년에 판각되어진 것이다. 특히 ㉯의 418권 전체 권순을 보면, ㉮의 최종권인 제257권 이전의 권순 153권이 포함되어 있을 뿐만 아니라, 그

에 판각되었을 것으로 추정해 볼 수도 있을 성싶다. 그러나 본 경전의 권27, 권90 등 2권은 정유세에 판각되어진 경판들과 인접해 있음에도 불구하고 다음 해인 戊戌歲(1238)에 판각되었으므로 그 같은 추정은 불가능함을 알 수 있다.

4) 본 표 ㉰번의 권1, 권4, 권7, 권10, 권52, 권140 등 6권은 간기에 "勅雕造"의 3자만이, 또 ㉮번 권13은 "丁 … 勅雕造" 부분만이 각각 남아 있다. 여기 권13의 丁은 丁酉歲로 간주하더라도 어긋남이 없을 것이다.

5) 전자 9권 중에서 k.1의 권순 1, 4, 7, 10, 52, 96, 140 등 7권의 탈자는 간지를 포함하여 11자가 탈자되고 단지 "勅雕造"의 3자만이 남아 있는 상태이며, 또 동 권154는 "勅雕" 부분까지 탈자되고 단지 "造"의 1자만이 남아 있으며, 동 권48은 14자 모두가 탈자되고 한 자도 남아 있지 않은 상태이다.

결권 거의 대부분이 ㉰와 ㉱에 포함되어 있다. ㉰와 ㉱의 권순에 대해서 다시 말하면, ㉰의 총 71권과 ㉱의 총 10권 등 합계 81권 중에 ㉰ 586∼591, 593∼599 등의 합 11권과 ㉱ 권592, 권600 등 2권 등 도합 13권을 제외하면 모두 ㉯의 결번 권순임을 알 수 있다. 즉, ㉰와 ㉱의 연도에 판각된 경전 거의 대부분이 그 전 연도의 판각에서 빠진 결본들인 것이다. 다시 일례를 들어 말하면, ㉰의 제423권의 1권은 ㉯의 258∼422와 424∼448의 총 190권을 판각하였던 것 중에서 그 사이에서 빠진 단 1권의 결본인 것이다. 이 점은 그 전 연도에 판각하지 못한 결본을 보완했던 사실을 반영해 주고 있는 것이다.

요컨대 k.1의 총 600권은 1237∼1240년의 4년 만에 그 판각이 완성되었으나, 그 처음 계획은 2년 만에 완성하려고 하였던 것이 아니었을까 추측된다. 이것은 ㉮의 최종 권이 전체의 약 2분의 1에, 또 ㉯의 최종 권이 거의 끝 부분에 각각 해당하는 권순들이라는 점이며, ㉰와 ㉱의 권순이 거의 모두 ㉮와 ㉯의 결번 권순들이라는 점 등으로 파악할 수 있을 듯하다. 특히 ㉱의 1년 동안에 전체 10권을 판각하였을 뿐인데, 그 10권 중에 k.1 총 600권의 최종 권순인 제600권이 포함되어 있는 것에서, 혹시 4년 만에 완결하려는 어떤 의도가 내포해 있었지 않았을까 하는 의심이 생겨나기도 한다. 다시 말하면 k.1의 총 600권을 원래는 2년 만에 완성하도록 계획이 세워져 있었으나, 이것을 지연시킬 고의적 목적으로 2년을 더 연장하여 제4차 연도에 최종 권순인 제600권을 판각하여 작업을 완료하였던 것이 아닌가 의심스럽기도 하다.

요컨대 k.1 총 600권의 판각작업은 4년 만에 겨우 완성되었다. 이 사업의 당초 계획은 2년 만에 완성시키려고 하였으나 여기에 2년이 더 연장됨으로써 사업상의 차질이 있었을 것으로 추정한 것이 만약 사실이라고 한다면, 당시 무인 최씨정권의 대장경 판각사업은 당초 계획대로 추진되지 못했다는 말도 성립된다.

그렇다면 이와 같은 작업상의 차질이 발생한 이유는 무엇일까? 첫째 몽병의 침략과 깊은 관련이 있었을 것이다. 이에 대한 구체적 언급은 뒤에 다시 하기로 한다. 둘째 무인 최씨정권이 경판사업을 고압적으로 추진했던 것과 깊은 관련이 있었을 듯하다. 당시의 정부는 적의 침입을 받지 않을 안전지대인 강화경에 천도해 있으면서 본토의 각 지방민들에게 적이 오면 산성·해도 등지로 피난하라고 했던 무책임한 명령뿐이었다. 이러한 상황하에서 중앙의 통치력이 전국적으로 미치지 못했을 것은 쉽게 짐작되며, 통치력의 약화는 결국 대장경의 판각사업에 필요한 인적 물적 동원에 장애 요인이 되었을 것이다. 뿐만 아니라 무인 최씨정권에 대한 저항의식이 더욱 큰 영향을 미쳤을 것으로 추정된다. 특히 이 정권은 무인 특유의 고압적 완력으로 사업을 추진하려고 하였을 것이고, 이것이 당초 계획대로 사업을 진척시키지 못한 가장 큰 암적 요소로 작용했을 듯하다. 이러한 요인들이 결국 k.1의 각성계획을 지연시키는데 크게 작용하였을 것이다.

2. 판각작업의 진행방식과 그 유형

k.1의 총 600권을 일별해 보면 매 권마다 거의 모두 한 명의 각수에 의하여 판각되었음을 볼 수 있다. 물론 예외가 없는 것은 아니다. 우선 첫 권1은 숙돈(叔敦), 망승(望升), □□유(□□儒), 동백(東白), 득인(得仁), 자주(子柱) 등 6명의 각수가 판각하였다. 이것은 당시 경판작업의 첫 출발점에서 나타난 것으로서 일정한 원칙에 입각하여 이루어진 것으로 볼 수 없으며, 또 본 경의 총 600권 중에서 유일한 경우이므로 일종의 예외적인 것에 속한다고 볼 수 있을 듯하다. 다음 두 명이 한 권을 판각하였던 경우도 다수 발견되고 있다.[6) 아래에서 우선 제1차 연도에 판각된 전체 92권 중에서 한 권에 두 명 이상의 이름이

나타나 있는 경우를 모두 열거하여 그 모두가 각수(刻手)였던가를 검
토해 보기로 한다.

　(1)제20권-임비(林庇)와 문비(文庇), 또 제37권-보(甫)와 광유(光
　　　儒)

　문비의 '문'자와 또 '보'자 등은 글자 모양이 불분명하여 정확히 판
독할 수 없는 상태이긴 하지만 현재로서는 제20권과 제37권 모두 2명
의 각수가 존재하였던 사실을 부정할 수 없다. 그러나 전체 92권 중에
서 단지 두 권뿐이다.

　(2)제23권-대정허(隊正許)와 허백유(許白儒) 그리고 신녀(信女) 계
　　　환(戒煥) 행위부모(行爲父母) 및 신녀(信女) 만덕(萬德) 행위부
　　　모(行爲父母)

　여기 대정허와 허백유는 동일인이 틀림없으며, 대정은 허백유의 신
분으로 추정된다. 본 권의 각판에 대정 허백유와 신녀 계환 행위부모
및 신녀 만덕 행위부모 등 3인이 나타나고 있으나 신녀들인 계환과 만
덕 등은 각수가 아니고 보시자가 분명하므로 결국 당시 본 권의 판각자
는 허백유 한 사람뿐이었다. 보시자에 대해서는 아래에서 다시 언급하
기로 한다.

---

6) k.1의 총 600권 중에서 두 명이 한 권을 판각하였던 것을 현재 집계해 보면
　　35권이다. 본 조사의 저본으로 삼고 있는 동아대 석당전통문화연구원 소장본
　　의 대장경의 인쇄불량으로 인하여 숫자에 다소 착오가 있을 것 같다.

  (3) 제53권 - 이(李)와 계재(桂材) 및 사미(沙彌) 보호당(甫湖堂) 영
     기(永奇) 복위부모(伏爲父母)

  이(李)와 계재를 2인으로 인정하면 본 권의 전체 판각자는 3인이 되
지만, 이와 계재를 동일인으로 간주하면 2인으로 줄어들게 되는 셈이
다. 대장경의 판각자들이 자신의 성씨와 이름을 분리하여 판각해 놓은
경우를 수없이 볼 수 있으므로 후자 쪽으로 보는 것이 타당할 듯하다.
그리고 사미 보호당 영기는 앞의 신녀들인 계환과 만덕 등과 같이 보시
자이므로 아래에서 다시 언급하기로 한다.

  (4) 제30권 - 동백(東白)과 동백(東伯), 제49권 - 종백(宗白)과 종백
     (宗伯), 제56권 - 경주(倞柱)와 경주(京主), 제82권 - 진세(眞世)
     와 송진세(宋眞世), 제85권 - 손창(孫昌)과 손창(孫憧), 제87권 -
     윤보(允寶)와 윤보(允甫), 제88권 - 응경(應京)·응경(應卿)·응
     경(應景)·응□(應□), 제95권 - 대명(大明)·각대명(刻大明)·
     대명각(大明刻) 등

  여기서는 동명이자(同名異字)와 성 및 이름의 분리 표기의 인명이 각
각 상이한 것〔예: 刻大明·大明刻〕 등의 사례를 많이 볼 수 있다. 즉
전체 92권 중에서 8권이나 되므로, 이같은 사례가 약 9%를 차지하는
셈이다. 이 모두는 비록 동음이자이기는 하나 동일인이 거의 틀림없을
것이다.

  아래 (5)의 ㉠~㉣의 판면은 모두 괘선이 있어 대장경의 다른 경판과
크게 구별되는 점이며 또 그 전후의 다른 경판과 서로 비교해 보면 서체
의 차이가 있는 점 등이 특징으로 지적될 수 있을 듯하다. 이것은 같은

시기에 동일 형식으로 판각된 것이 아니라는 증거일 것이다. 그리고 ㉠～㉣의 4권 모두에 각각 2인 이상이 비록 각인되어 있기는 하나 모두 동일한 각수들이 아니라 보시자를 특별히 각인하여 둔 점을 감안해야 될 것으로 생각한다. 다시 말하면 ㉠·㉡·㉣의 신녀·사미 등은 각기 별세한 부모의 명복을 빌기 위해서 경판을 시납한 보시자들로서 단지 일반 각수와 함께 첨가되어 있을 뿐인 것이다. 그리고 ㉢의 각수 최정균도 각수 지령(知令)과 비록 같은 권에 같이 각인되어 있기는 하나 동시기에 함께 판각작업을 했던 각수는 아닌 듯싶다. 최정균이 각인되어 있는 경판과 그 전후의 다른 경판을 서로 비교해 볼 때 서체가 다르며 또 괘선이 새겨져 있는 점 등이 다르기 때문이다.

(5) ㉠ 제9권 : 신녀 견덕 행위부모(信女 堅德 行爲父母)

㉡ 제23권 : 신녀 계환 행위부모, 신녀 만덕 행위부모(信女 戒煥行 爲父母, 信女 萬德 行爲父母)

㉢ 제38권 : 각수 최정균(刻手 崔丁均)

㉣ 제53권 : 사미 보호당 영기 복위부모(沙彌 甫湖堂 永奇 伏爲父 母)

위 ㉢의 각수 최정균은 조각(雕刻) 계안(戒安)·천허(天墟) 각수(刻手)·각(刻) 김대명(金大明)·충주(忠州) 영수(永守) 각(刻) 등에서 볼 수 있는 조각·각수·각 등의 표현과 동일한 범주로써 자신의 역할을 표기해 놓은 것으로 볼 수 있다. 이들은 대장경의 판각작업에 종사하고 있는 그 자체에 대해서 무한한 자부심과 책임감을 각각 표명하고 있는 것일 것이다. 위와 같은 표현 이외에 경판에 '심작(心作)' 혹은 '수단심공(手段心工)' 등의 글자를 새겨 놓은 각수들도 있다. 이들이 경판의 조각에 심혈을 기울인 정성과 심층에 흐르고 있었던 자부

심의 일부를 여기서 엿볼 수 있다. [7]

　강화경판은 많은 민중들의 헌신적인 보시에 의하여 완성되었을 것으로 생각한다. 이 당시 보시의 형태는 재(財)보시와 몸(身役)보시 등으로 대략 분류해 볼 수 있는데, ㉠·㉡·㉣ 등은 전자로, ㉢은 후자로 각각 볼 수 있을 것이다. 특히 '각수(刻手) 최정균(崔丁均)'은 신역보시로서의 '각수'임을 자기 스스로 밝혀 놓으려고 했던 것이 아닌가 추측되기도 한다. 그러나 강화경판의 전체 판각양태를 살펴 볼 때 재보시와 몸보시의 구별을 확연히 할 수 있도록 구별되어 있지 않다. 위 ㉠·㉡·㉣ 등의 경우는 재보시를 하였던 경우일 것이며, 또 '각수 최정균'도 단순히 몸보시자로만 간주할 수 없을 것이다. 다시 말하면 그는 재보시와 몸보시 등을 동시에 이행하고 남긴 각인으로 볼 수도 있다는 말이 된다. 이와 비슷한 예를 하나 더 들기로 한다.

　《방광반야경》의 제7권은 총 39장으로 편성되어 있다. 그 제5~18장은 요원 수(了源 手), 제19~20장은 계진(桂眞), 제21장은 양백(楊白) … 제37~38장은 원경(元卿) 등 모두 38장에 각각 이름이 각인되어 있다. 이것은 그들이 그 각장을 판각하였다는 것을 증언하여 주고 있는 것이다. 그런데 본 제7권의 끝장인 제39장에 '천태산인(天台山人) 요원수(了源手) 삼십구폭(三十九幅)'이라고 각인하여 놓았다. 제5~18장의 '요원(了源) 수(手)'가 요원이 본 장을 판각하였다는 각수의 뜻이라면, 끝장인 제39장의 '요원 수'는 '천태산인 요원이 총 39폭을 받들어 올립니다'라는 뜻, 즉 요원이 39폭을 기진(奇進)하였다는 뜻으로 해석된다. [8] 이 해석이 가능하다면 '요원 수'의 수(手)는 '각수'

---

7) 金潤坤, 〈高麗大藏經의 彫成機構와 刻手의 成分〉《民族史의 展開와 그 文化》
　　上, 碧史李佑成教授 定年退職紀念論叢, 창작과 비평사, 1990, 251쪽.
8) 金潤坤, 앞의 논문, 1990, 237쪽.

란 뜻과 '손으로 받들어 올립니다' 라고 하는 '기진' 의 뜻을 동시에 갖고 있었다는 말이 성립되는 것이다. [9]

위의 (1)에서 (5)까지 논급한 것을 다시 한 번 요약해 보기로 한다. k.1의 총 600권 중에서 1237년에 경판으로 산출된 수량은 92권이었는데, (1)의 2권에 각각 2명의 각수가 나타나 있을 뿐이었다. 다시 말하면, 92권 중에서 2권을 제외하면 모두 한 명의 각수만이 각인되어 있을 뿐이었다. (2)의 대정허(隊正許)와 허백유(許白儒)는 허백유의 신분이 대정임을 나타내 주고 있는 경우로, 또 (3)의 이(李)와 계재(桂材)는 성과 이름을 분리해 놓은 경우로 각각 이해된다. 그리고 (2)와 (5)의 신녀들인 계환(戒煥)과 만덕(萬德) 및 견덕(堅德), (3)의 사미(沙彌) 보호당(甫湖堂) 영기(永奇) 등은 각기 별세한 부모의 명복을 빌기 위해서 경판을 시납한 보시자들로서 단지 일반 각수와 함께 첨가되어 있을 뿐인 것이다. 그리고 ⓒ의 각수 최정균도 각수 지령(知슈)과 비록 동권에 같이 각인되어 있기는 하나 동시기에 함께 판각작업을 했던 각수는 아닌 듯하며, 또한 그도 보시자의 범주로 간주하는 것이 타당할 것으로 믿는다. (4)의 경우는 전체 92권 중 8권, 약 9%에 이르고 있다.

강화경판의 전체 중에서 '각성인' 들의 성명 중에서 성과 이름의 분리

---

9) 강화경판의 조성과정에 문인지식층 특히 국자감 출신들이 대장경의 판각사업에 직접 관여하였던 경우와 그 가족들에 의한 보시 등이 표면적으로 확연히 구별이 되지 않으므로 이들의 일체의 활동을 '刻成活動'이란 이름으로 부르기로 하였다(金潤坤, 〈高麗大藏經의 刻板과 國子監試 出身〉《國史館論叢》46, 1993, 주76). 그리고 당시의 현실에 고뇌하던 문인지식층과 敎學僧人 등은 무인 최씨정권의 강압적 권력에 의해서가 아니라 백척간두에 처한 민족적 위기의 극복을 위하여 자발적으로 대장경의 조성에 참여하였으며, 심혈을 기울인 정성과 사명감으로 경판의 산출에 자신들의 전 역량을 투여하고 그것에 대한 무한한 자긍심을 품고 있었을 것이다(金潤坤, 앞의 논문, 1990, 251쪽).

와 동명이자의 표기는 흔히 볼 수 있는 현상이다. 요컨대 k.1의 총 600권 중에서 1237년에 경판으로 산출된 수량은 92권이었는데, 각 권 거의 대부분에서 각성인은 단지 한 명만이 나타나 있을 뿐이다. 그 다음의 각 연도에 산출된 경판 즉 1238년에 418권, 1239년에 71권, 1240년에 10권, 무간기의 경판 9권 등 전체를 일별하면 거의 대부분 제1차 연도인 1237년에 경판으로 산출된 것에서 살펴 본 것과 거의 비슷한 양상을 보이고 있다. 여기서 다시 한 번 밝혀 두어야 할 사실은 위의 (1)에서 본 바와 같이 예외적으로 한 권에 2명 이상의 각수가 각인되어 있는 경우도 있으며, 또 본 조사의 대본으로 삼고 있는 대장경[10]의 불분명한 글자로 인하여 판독을 잘못한 경우도 있을 것이다. 그러나 결론적으로 말할 수 있는 것은, k.1의 총 600권은 매권마다 한 명의 각수 책임하에 판각작업을 진행하려 했던 원칙을 세워두고 있었음을 알 수 있다. 그 총 600권에서 현재까지 조사된 각수의 총수는 581명으로 집계되고 있다.

하나의 경전을 판각하였던 각수는 그 전체의 각판작업을 완료 뒤에 또 다른 경전으로 옮겨 판각작업을 시작하는 것이 아니라 자신이 분담하고 있었던 각 권의 판각만 완료되면 또 다른 경전 혹은 다른 권을 담당하여 각판작업을 하였던 것이다. 다시 말하면 경전 위주의 판각 방식이 아니라 권별 분담의 방식을 채택하여 판각작업을 진행하였던 것이다. 그 예로 동백(東白, 東伯)과 허백유(許白儒) 등 두 각수의 판각활동을 통하여 살펴보기로 하되, 먼저 동백(東白, 東伯)의 경우부터 살펴보기로 한다.

---

10) 동아대 석당전통문화연구원의 소장본《대장경》인본에 각인되어 있는 각수를 조사한 자료를 기본으로 삼고, 동국대 영인본《고려대장경》과《增上寺高麗版大藏經目錄》등을 보조자료로 사용하여 자료집을 편성하였다. 여기에서 취급한 자료는 모두 이 자료집에 의존한 것이다.

〈표 3-1-3〉東白 · 東伯 각성활동[11)

經名	卷	函	歲	處	張數	刻手	板數	張次
1	1	天	·	無	26	東白	1	19
	2	天	37	大藏	28	〃	21	3~14, 16~18, 19~20, 23>27, 28
	30	玄	〃	〃	25	〃	17	1~5, 7~10, 12~14, 16, 18, 19, 24, 25
	〃	〃	〃	〃	〃	東伯	3	11, 15, 17
	102	盈	〃	〃	24	〃	13	1~9, 13~15, 19
	102	盈	〃	〃	24	東伯刻	1	24
	216	收	38	〃	23	東伯	5	16, 19~22
	216	收	〃	〃	23	東伯刻	1	23
	307	調	〃	〃	26	東伯	13	1~4, 6, 11>16~20
	307	調	〃	〃	26	東伯刻	1	26
	376	結	〃	〃	25	東伯	5	1, 2, 22~24
	376	結	〃	〃	25	東伯刻	1	25
	531	稱	39	〃	25	東伯	21	1~4, 6~10, 12, 14~24
	579	奈	〃	〃	26	〃	19	1, 3, 5~16, 19~2, 24, 26
287	25	貞	41	〃	25	〃	10	1, 3~7, 10, 13, 18, 19
388	20	彼	39	〃	23	〃	19	2, 3>7~22
	〃	〃	〃	〃	〃	東伯刻	1	23
451	單	讚	41	〃	2	東白	1	2
549	9	作	40	〃	25	〃	4	1, 5, 9, 10
937	6	姑	44	〃	32	東伯	2	3, 4

〈표 3-1-3〉의 이름 글자 중에 백(白)과 백(伯)의 글자가 비록 다르 긴 하지만 동백(東白)과 동백(東伯)은 동일인의 이름이 분명하다. 다시 예컨대 k.1의 제30권은 한 명의 각수에 의하여 판각된 것이므로 동백(東白)과 동백(東伯)은 이자(異字)로 다르게 표현되어 있으나 동일 인임을 알 수 있기 때문이다. 그는 1237년에 k.1의 총 4권 판면 56장을,[12] 1238년에 같은 경전 중에서 총 3권 판면 26장을, 1239년에 같은 경전 중에서 총 2권을 각각 조성하였던 것이다. 그리고 1239년 에는 k.1 이외에 k.388《대법거다라니경》의 1권 등 도합 3권 판면 60장을, 1240년에는 k.549《청정비니방광경》의 1권 판면 4장을, 1241년에는 k.287《불공견삭진변진언경》이 1권과 k.451《육자대 다라니주경》의 1권 등 2권 11장을 1244년에는 k.937《선견율비바 사》권6의 2장 등을 각각 판각하였음을 볼 수 있다. 다시 말하면 그는 6년 동안에 경전 14권 판면 159장을 판각하였던 셈이다.[13] 강화경판 의 전체 판각산출 기간 14년 중에서 거의 절반에 가까운 6년간을 각판 작업에 종사하였으나, 그의 판각 수량을 보면 매년 일정하지 않고

---

11) 본 표의 歲는 모두 1200년대의 뒷 두 자리 숫자만 표시한 것이다. 예컨대 '1237년'을 '37'로 표해 놓은 것이 그것이다. 그리고 경명 1은 k.1을, 處 의 大藏은 대장도감, 分司는 분사도감, 無는 판각처를 알 수 없는 것 등을 표한 것이며, 장수는 각 권의 전체를, 판수는 각수명이 보이는 전장의 합계 를, 장차는 각수명이 보이는 장의 차례를 각각 표시한 것이다. 아래의 〈표 3- 1-4〉를 비롯하여 모든 〈표〉는 이와 동일한 방법으로 표시하였다.

12)《대반야경》제1권의 간기 중에서 간지 부분의 탈자로 인하여 그 판각의 연대 를 분명히 알 수 없으나, 그 판각자인 東白이 1237년에 제2권을 판각하였 으니 순서상 제1권을 먼저 판각하고 제2권을 연이어 판각하였을 것으로 추정 된다. 1237년에 총 4권 56장의 판각 수량은 제1권의 판각연대를 위와 같은 추정을 전제로 계산이 이루어진 것이다.

13) 경판의 판각 수량은 현재 각수의 인명이 나타난 것만을 합산하여 놓은 것이 다. 그러나 만약 각 권에 한 명의 각수만이 나타날 경우 그 권 전체를 한 명의

1239년의 최고 60장으로부터 1241년의 최하 2장에 이르기까지 많은 차이가 있음을 볼 수 있다.

각수들의 경판작업에 종사한 기간이 일정하였던 것이 아니라 장단의 차이가 많으며, 또 매년의 판각 수량에 다과의 큰 격차가 있는 것 등은 이들이 어떤 강압적 통제나 또는 타율적 제약하에서 작업을 하였던 것이 아니라, 각 개인의 능력과 형편에 따라 작업하였고 자율적 의지에 의해서 참여하였기 때문에 그와 같은 천차만별의 차이가 생겼을 것으로 믿는다.[14] 이것은 경판작업이 일종의 몸보시의 형태로 이루어졌기 때문일 것이다.

위에서 볼 수 있는 바와 같이, 동백이 판각하였던 경전 6종의 각 권들은 모두 그의 단독으로 판각을 완료하였던 점이 하나의 특징으로 나타나 있다. 이것은 동백의 경우에 국한된 특수현상이었을까? 우선 동백이 각판작업을 하였던 6종의 경판 중에서 앞에서 k.1의 총 600권은 1권 1명의 원칙하에 판각이 이루어졌음을 이미 언급하였기 때문에 제외하고, 그 나머지 5종의 경전도 모두 1인에 의한 조성이 이루어졌는

각수가 판각하였을 성싶기도 하다. 즉, 각 권 전체에 한 명의 각수를 배정하여 판각한다는 원칙하에 경전의 판각이 이루어졌을 가능성이 있기 때문이다. 이 경우 동백은 1237년에 k.1의 3권 판면 79장을, 1238년에 같은 경전 중에서 4권 판면 98장을, 1239년에 같은 경전 중에서 2권과 k.388 《대법거다라니경》의 1권 등 도합 3권 판면 74장을, 1240년에 k.549 《청정비니방광경》의 1권 판면 25장을, 1241년에 k.287 《불공견삭진변진언경》의 1권과 k.451 《육자대다라니주경》의 1권 등 2권 27장, 1244년에 k.937 《선견율비바사》 권6의 2장 등을 각각 판각하였음을 파악할 수 있다. 다시 말하면 그는 6년 동안에 경전 14권 판면 305장을 판각하였던 셈이다.

그러나 〈표 3-1-4〉의 판수와 장차는 그 정확성을 높이기 위해 해당 각수의 성명을 현재 분명히 파악할 수 있는 것만을 골라 합산한 것과 또 그 장 수이다. 이하의 〈표〉도 같은 기준으로 그려진 것이다.

14) 金潤坤, 앞의 논문, 1990, 252~253쪽.

지를 살펴보기로 한다.

k.287의 총 30권은 1239~1242년의 4년 동안에, 또 k.388의 총 20권은 1239~1240년의 2년 동안에, k.451의 단권은 1241년 1년 동안에, k.549의 총 100권은 1240~1242년의 3년 동안에 모두 각 권 한 명의 각수에 의하여 판각이 이루어졌다. 다만 k.549의 총 100권 중에서 제46권과 제68권의 2권은 약간의 설명과 예외적 존재로 간주할 수 있겠다. 그 중 먼저 제46권은 화상(和尙; 2, 3 등 2장)·화상(化尙; 6, 8, 10 등 3장)과 존장(存長; 12, 15, 17, 22, 23, 26, 28 등 7장)의 세 가지 형태가 나타나 있으나, 각기 다른 사람이 아니라 화상은 존장 자신의 신분을 지칭하고 있는 듯하다.

다시 말하면 화상(승려)인 존장은 자신의 이름과 신분 등으로 나누어 자기의 존재를 각기 달리 표현해 놓은 것이라고 짐작된다. 진사 영의도 진사와 영의를 각기 분리하여 그 자신을 표현해 놓은 바가 있었다.[15] 다음 제68권은 공제(公磾; 2, 8, 12, 15 등 4장)와 진보(眞甫; 17, 21 등 2장)의 두 각수가 함께 판각하였던 것으로 나타나 있으므로 본 경전 총 100권 중에 유일한 예외적 사례가 될 수 있다.

이상에서 동백이 판각을 분담하였던 경판을 중심으로 경전 총 751권을 모두 살펴본 바, 그 중에서 k.1의 제20권과 제37권 그리고 k.549의 제68권 등 도합 3권을 제외하면 모두 각 권마다 한 명의 각수에 의하여 판각이 이루어졌음을 파악할 수 있다.

다음 허백유의 각성활동에 대해서 살펴보기로 한다.

---

15) 金潤坤, 앞의 논문, 1993, 79쪽.

〈표 3-1-4〉隊正 許白儒의 각성활동

番號	經名	卷	函	歲	張數	刻手	板數	張次
㉠	1	23	玄	37	24	隊正許	1	2
㉡	〃	〃	〃	〃	〃	許白儒	13	3~5, 7, 9, 11, 12, 14, 16, 17, 20, 23, 24
㉢	〃	〃	〃	〃	〃	信女萬德行爲父母	1	21
㉣	〃	〃	〃	〃	〃	信女戒煥行爲父母	1	22
㉤	〃	75	荒	〃	〃	許白儒	8	2, 4, 9, 11, 12, 15, 15, 16, 21
㉥	〃	224	冬	38	23	〃	7	2, 12, 14, 15, 18, 21, 23
㉦	〃	299	呂	〃	22	〃	9	1, 4, 7〉13, 16, 17, 22

k.1 권23의 ㉠·㉡·㉢·㉣에 대해서 먼저 주목해 보기로 한다. 그
중에서 ㉢ 제21장의 "신녀만덕행위부모(信女萬德行爲父母)"와 ㉣ 제
22장의 "신녀계환행위부모(信女戒煥行爲父母)" 등은 경판의 판각자가
아니라 보시자를 각각 각인해 놓은 것이다.

다시 말하면 신녀들인 만덕과 계환 등은 각기 부모들의 공덕을 기리
기 위해서 경판을 보시하였음을 표시해 놓은 것이다. 그 판각의 내용이
단순히 각수의 이름을 각인해 놓은 것과 다를 뿐만 아니라, 본 장의 첫
머리 내제하(內題下)에 각각 "신녀만덕행위부모"와 "신녀계환행위부
모" 등으로 각인해 놓은 점도 특이하며, 또 제21~22장만은 다른 장과
달리 괘선이 있고 서체도 차이가 있다. 이것은 권23의 총 24장 중에서
제21~22장은 허백유란 각성자도 없고 또 다른 장과 동일하게 판각되
지 않았다는 증거로 볼 수 있을 것이다. 본 권23의 총 24장 중에서 제

21~22장 등 2장을 제외하고 보면, 괘선은 없고 서체도 여타 장들과 동일하며 또 각수를 각인해 놓은 형식 등이 다른 장과 비교하여 큰 차이가 없다.

본 경 권23의 총 24장 중에서 제1장에 대정허(隊正許)로, 그 밖의 총 13장에 모두 허백유(許白儒)로 각각 판각해 놓았음을 ㉠과 ㉡에서 볼 수 있다. ㉠ 대정허의 대정은 ㉡ 허백유의 신분으로 추측된다. 화상(化尙), 존장(存長)은 화상과 존장으로, 또 진사(進士) 영의(永義)는 진사와 영의로 각각 신분과 이름을 분리하여 판각해 놓은 것이다. 대정 허백유의 경우도 그와 동일한 경우로 볼 수 있을 것이다.

대정 허백유가 판각작업을 하였던 경전은 오직 k.1의 1종뿐이며, 1237년(고종 24년, 丁酉)에 ㉠~㉤의 권23, 권75 등 2권 22장과 1238년에 ㉥ 권224와 ㉦ 권299 등의 2권 16장 등 모두를 합하면 4권 38장을 판각하였을 뿐이다.[16] 강화경판의 판각 기간을 대략 14년으로 볼 때 그가 판각작업에 종사한 기간은 불과 2년뿐이니 다른 사람에 비하여 짧은 편이며, 또 판각수량도 적은 셈이다. 이것은 그가 전문 각수가 아니라 자의에 의하여 '각성활동'을 하였을 것으로 헤아리는데 하나의 참고자료가 될 수 있을 것이다.

위의 동백과 허백유 등 두 각수 중에 전자는 경전 k.1, k.287, k.388, k.451, k.549, k.937 등 6종을 판각하였으나, 후자는 단지 경전 k.1의 1종만 판각했을 뿐이다. 강화경판의 전체 각수들이 판각하였던 상황을 대략 살펴보면, 후자와 같이 각수 1명이 경전 1종만 판각하였던 경우는 많지 않다. 이 두 명과 함께 일명(一明), 숙돈

---

16) 허백유도 앞 동백의 판각과 동일한 방식으로 계산하면 k.1을 1237년에 권 23, 권75 등 2권 48장과 1238년에 권224와 권299 등의 2권 45장 등 모두를 합하면 4권 93장을 판각하였던 것으로 계산된다.

(叔敦) 등 두 명의 각성활동을 더 조사해 보았으나 이들의 활동에 관한 것은 생략하기로 한다. 이들이 판각을 분담하였던 경·권들은 물론이고 그 경전의 전체가 각 권 한 명의 판각을 원칙으로 이루어진 공통점을 발견할 수 있었다. 그리고 이를 통하여 경판의 판각작업은 한 종류의 경전판각을 완료하고 또 다른 경전의 판각을 시작하는 것이 아니라 여러 경전의 판각작업을 동시에 진행해 나갔음을 파악할 수 있다. 이것은 다수의 공방을 동시에 개설해 놓았음을 입증해 주고 있는 것이다.

이상에서 예거하였던 것처럼 모든 경전이 매권 한 명의 각수에 의하여 판각이 이루어지도록 되어 있었던 것은 아니었다. 한 종류의 경전을 각 권마다 두 명 이상 다수의 각수가 각기 분담하여 판각케 하였던 경우도 많이 볼 수 있다. 그 하나의 예로 k.1의 총 600권 중에서 1237년에 판각된 총 92권과 동시에 판각된 k.2《방광반야경》의 매권 판각 실태를 열거해 보기로 한다. k.2는 전체 20권으로 나누어져 있으며, 그 중 권2와 권20 등 2권을 제외한 18권 모두는 1237년에, 나머지 2권은 1238년에 각각 판각되었다. 본 경전 전체 20권의 판면 총 667장을 판각하였던 각수는 현재 약 175명으로 파악되고 있다.[17] 본 경전은 앞에서 논급한 k.1과는 달리 매권마다 두 명 이상의 다수 각수에 의하여 판각된 점이 특징적이다. k.2의 각성과정을 살펴보기 위해 번거롭지만 판각에 참여한 각수를 모두 열거해 보면 대략 다음의 〈표 3-1-5〉와 같다.

---

17) 각수의 이름 두 자 중에 한 자 불명 혹은 두 자 모두 불확실한 것 등을 모두 합계하면 약 180여 명에 이르고 있으나, 우선 자획이 분명한 것만으로 계산한 것이다. 그리고 여기 각수의 숫자는 연인원을 지칭하고 있는 것이다.

〈표 3-1-5〉 k. 2《방광반야경》의 판각연대와 각수

卷次	歲	張數	刻 手
1	37	30	明覺刊, 自環刊
3	〃	31	了元, 印空, 混賢, 德, 仲宣
4	〃	37	惠儞
5	〃	34	泰然, 大然, 云正, 善奇, 鄭洪, 昌祚, 順圭, 永才, 永貞, 允良
6	〃	35	趙禮全, 禮全, 禮全刀, 弘進, 克夫, 金升
7	〃	39	了源, 了源手, 桂眞, 楊白, 良白, 學心, 得寶, 元大, 守和, 金同, 文寶, 呂輝, 元卿
7	〃	39	天台山人 了源手 三十九幅
8	〃	31	孝連, 弘進, 盆予, 敘元, 永貞, 金亮, 行脚
9	〃	33	安同, 禹儞, 姜呂, 金頰, 自在, 智輝, 義賢, 義玄, 義和, 明了, 元卿, 新照, 方佐, 洪允, 禮全, 弘節
10	〃	28	文雅, 居莫, 巨莫, 洪庇, 法棋, 石奇, 姜呂, 世英, 昌著, 希默
11	〃	32	妙長, 仁桀, 則暉, 均訓, 禮全, 孝連, 木保, 允良, 自溫, 自溫刀
12	〃	29	世英, 思京, 禹儞, 元大, 金頰, 保祥, 性光, 智洪
13	〃	30	宗底, 柳宗底, 文弼
14	〃	33	光著, 才保, 守和, 文益, 允莊, 中國, 禮全, 存智, 義和, 洪庇, 崇幹, 山甫, 金頰
15	〃	33	云正, 禮全, 高希, 天一, 大才, 淸曉, 法蘭, 金同, 楊白, 良金, 法祺, 良大, 景淸, 自溫
16	〃	38	金瑩, 迪義, 仲宣, 公俊, 孝習, 崔伯, 信光, 日卿, 屯未, 公甫, 沙彌, 覺珠
17	〃	38	仁銳, 得名, 公瑩, 鄭洪, 弘裕, 金同, 成呂, 惠耳
18	〃	34	佑玄, 才保, 得松, 六空, 希悅, 楊白, 法蘭, 金亮, 含祿, 咸祿, 可勤, 金瑩, 世珍, 保祥, 金頰, 禮全
19	〃	31	世珍, 仁光, 保光, 孝習, 愼暉, 法莊, 弘節, 居莫, 延(廷)守, 金瑩, 禮全, 孝如
2	38	38	自環刊, 自環, 唐京, 了元, 玄回, 光林, 立成, 惠珍, 允良
20	〃	33	洪庇, 覺機, 甚元, 志貞, 宋禧, 沙彌, 三旅, 天圭, 義玄, 堅昌, 得寶, 良金, 冲敘, 玄成

k.2의 전체 20권 중에서 비록 권4가 한 명의 각수에 의하여 판각이 이루어지기는 하였으나 매권을 두 명 이상의 다수 각수가 분담하여 판각작업을 하였음을 앞의 표에서 볼 수 있다. 특히 권9 · 권18의 2권은 각 권에 각성자가 16명에 이르고 있음을 볼 수 있다. 요컨대 k.2는 매권마다 두 명 이상의 다수 각수가 분담하여 판각이 이루어진 경전 중의 하나이다.

k.2의 전체 20권 중에 1238년에 각성된 권2 · 권20의 2권을 제외하고, 그 나머지 18권은 1년 앞인 1237년에 모두 조성되었다. 전체 20권 중에 단지 2권만이 다음해인 1238년에 판각이 이루어진 사연이 궁금하여 권2의 각수 8명과 또 권20의 각수 14명 등 도합 22명의 '각성활동'에 대해서 살펴보았다. 그 22명 중에서 자환(自環), 윤량(允良), 홍비(洪庇), 의현(義玄), 득보(得寶), 양김(良金) 등 6명은 1237년부터 판각활동을 시작한 자들이며, 그 나머지 16명은 모두 1238년에 처음으로 판각작업에 동참한 자들이다.[18] 다시 말하면 전체 22명 중에서 1237년부터 판각작업을 하였던 6명을 제외하고 그 나머지 16명은 다음해인 1238년에 k.2의 판각작업에 처음으로 동참한 신참자들로 파악되고 있다.[19] 말하자면, k.2의 전체 20권 중에서 1237년에 판각된 18권을 제외하고 그 다음해에 판각된 권2, 권20 등 2권에는 이미 판각 경험을 쌓은 숙련공과 1년 늦게 신참한 미숙련공 16명

---

18) 각수의 처음 판각작업 참여시기에 대해서 현재 분명히 파악할 수 있는 자료는 없다. 간기의 연대는 경판의 작업완료 시기일 것이다. 따라서 간기의 연대는 각수가 판각작업을 처음 시작했던 시기와 동일할 수도 있고 또는 그의 경판이 완성되었던 시기와 동일할 수도 있을 것이다. 이 구별이 현재 불가능하므로 편의상 모두 경판의 완성과 작업의 참여시기 등을 동일하게 간주한 것이다.

19) k.2의 제2권의 8명과 제20권의 14명 등 도합 22명의 각수들이 판각하였던 경판을 조사해 보니 6명을 제외한 그 나머지 16명 모두 본 경판의 판각이 시발점으로 나타나고 있다.

이 서로 혼합되어 '각성활동'을 했던 셈이다.

당시 판각사업은 반몽항전의 전란 중에 시작되었으니, 판각에 따른 준비가 불충분하였을 것은 불문가지이다. 특히 각수의 부족은 시급히 해결하지 않으면 안 될 과제 중의 하나였을 것이다. 그 해결책의 하나로 숙련공과 미숙련공을 혼합하여 함께 판각작업을 진행하면서 미숙련공으로 하여금 숙련공으로 성장케 하는 것이 될 수 있을 것이다. k.2의 판각 양태는 그 좋은 예의 하나가 될 수 있을 듯하다.

k.2의 제2권과 제20권의 도합 22명 각수 중에서 1237년부터 판각작업을 시작하였던 6명 즉 자환, 윤량, 홍비, 의현, 득보, 양김 등의 판각활동에 대해서 살펴보기로 한다.

자환은 1237년에 k.2 권1의 전체 30장 중에서 2장만을, 1238년에 같은 경전 권2의 전체 38장 중에 16장을 각각 판각하였다. 그리고 1239~40년, 1242년 등 3년 동안에 k.22《대보적경》의 권10, k.56《대방등대집경》의 권2, k.72《대진경》의 권7 등에서 도합 39장을 판각하였다. 여기서 특히 주목되는 것은 1237년의 1년 동안에 단지 2장만을 판각하였던 사실이다. 이 해에 단지 2장 정도로 소량의 경판을 산출한 것은 비단 자환뿐 아니라 6명 전원이 거의 공통적인 현상임을 아래에서 볼 수 있다. 이것이 k.2의 전체 20권 중에서 권2, 권20 등 2권을 1237년에 판각하지 못하고 1년 늦은 그 다음해에 판각하게 된 가장 큰 원인일 것이다.

다음 윤량은 1237년에 k.2의 권5, 권11 등 2권 중에서 8장을 판각하고 다음해에 같은 경전 권2 중에서 4장, 1239년 k.45《성선주의천자소문경》 중권 2장을 판각하였다.

다음 득보는 1237년에 k.2의 권7 중에서 단지 2장만을 판각하고 다음해에 같은 경전 권20 중의 2장과 k.3《마하반야바라밀경》의 권1 중 4장 등 도합 6장을 판각하였을 뿐이다.

다음 홍비는 1237년에 k.2의 권10, 권14 등 2권 중에서 합 4장을 판각하고 다음해에 같은 경전 권20 중의 단지 1장과 k.3《마하반야바라밀경》의 권10 중 2장 및 k.44《불설여환삼매경》의 권하 중 2장 등 합 5장을 판각하였을 뿐이다.

끝으로 의현과 양김의 경우는 위의 자환, 윤량, 득보, 홍비 등 4명과는 달리 판각 수량이 매우 많은 것이 큰 차이점이다. 다만 이들도 1237년의 첫 해 시작했을 때 판각량이 소량이었던 점은 4명처럼 모두 공통적이다. 구체적으로 보면, 먼저 의현은 1237년에 k.2의 권9 중 4장을, 다음해인 1238년에 같은 경전 권20 중의 2장과 k.3《마하반야바라밀경》의 권21 중 4장을 각각 판각하였으며, 또 양김은 1237년에 k.2의 권15 중 2장을, 다음해에 같은 경전 권20 중의 2장을 각각 판각함으로서 두 사람 모두 판각량이 거의 비슷하게 소량임을 볼 수 있다. 그런데 이 두 사람은 함께 1238년에 k.2의 권20을 판각한 이후에 위의 4명과는 달리 많은 경전의 판각작업에 종사하였던 점이 특이하다.

의현은 1239년에 k.26《불설무량수경》의 상권 중 4장을, 1243년에 k.788《소욕치환경》의 단권 중 1장을 비롯하여 경전 7종 7권 중 8장을, 1244년에 k.896《사분률》의 권2 중 2장을 비롯하여 모두 경전 21종 27권 중에 50장을 각각 판각하였으며, 또 양김은 1241년에 k.100《불설등목보살소문삼매경》의 중권 중에 4장을, 1243년에 k.134《보운경》의 권3 중에 15장을 비롯하여 경전 10종 13권 중에서 합 44장을, 1244년에 k.889《마하승기율》의 권6 중에 1장을 비롯하여 경전 21종 32권 중에 합 49장을, 1245년에 k.984《수행도지경》의 권5 중에 4장을 비롯하여 경전 2종 2권 중에 합 6장을 각각 판각하였던 것이다.

경판산출의 제2년째인 1238년에 k.2의 권2, 권20 등 2권을 판각하였던 도합 22명의 각수 중에서 자환, 윤량, 득보, 홍비, 의현, 양김 등 6명은 그 원년인 1237년부터 사업에 동참하였으나, 윤량, 득보, 홍비 등 3명은 판각사업의 전체 종사기간이 1237~38, 39년의 2, 3년간 뿐이었으며, 또 그들의 전체 판각수량도 8~14장 정도로 소량에 불과하였다. 이것은 그들이 완숙한 숙련 각수로 성장하지 못했다는 증거가 될 성싶다. 그 나머지 3명도 경판산출의 원년인 1237년에 판각수량은 2~4장 정도에 불과할 뿐이었다. 그리고 전체의 각수 22명 중에서 위 6명을 제외하면 다음해인 1238년에 처음 동참한 신입자들이었다.

따라서 각수의 미숙성과 인원 부족 등으로 k.2의 전체 20권 중에서 권2, 권20 등 2권은 1237년에 판각하지 못하고 그 다음해에 이르러 판각이 완성된 것으로 짐작할 수 있다. 이것은 강화경판의 판각사업이 사전에 충분한 인적·물적 준비를 갖춘 뒤에 시작하였던 것이 아니라 정치·사회적 요구에 부득이 사업을 추진할 수 밖에 없었던 다급한 상황을 증언해 주고 있는 것일 것이다.

위 6명 중에서 자환, 의현, 양김 등 3명은 원숙한 숙련공으로 성장하지 못한 것 같은 윤량, 득보, 홍비 등 3명과는 달리 그 이후로 '각성활동'을 계속하였다. 그러나 이들도 제도적 강제의 구속하에서 '각성활동'을 계속하였던 것은 아니라는 사실이 그 작업에 종사한 기간과 수량 등에서 나타나고 있다. 그러면 k.2의 권2, 권20 등 2권의 판각이 이루어진 이후에 이들의 '각성활동'을 논리전개의 편의상 다시 한 번 요약하여 살펴보기로 한다.

먼저 자환은 1239년에 4장, 1240년에 18장, 1242년에 17장 등 3년 동안에 도합 39장의 경전을 판각하였으며, 다음 의현은 1239년에 4장, 1243년에 8장, 1244년에 50장 등을 각각 판각하였으며, 또 양김은 1241년에 4장, 1243년에 44장, 1244년에 49장, 1245년에 6장 등을 각각 판각하였다. 이 3명의 작업에 종사한 기간과 판각수량 등이 모두 각각이다. 이것은 그 '각성활동'이 제도적 강제의 구속하에서 이루어진 것이 아니라 자기 스스로의 편의와 형편에 의해서 이루어진 결과였을 것이다.

k.2의 전체 20권 중에서 권1, 3~19 등 18권은 1237년에, 또 권2, 권20 등 2권은 1238년에 각각 판각되었다. 여기서 먼저 1237년에 판각되었던 경전을 다시 종합해 보면 k.2의 권1~18 등 18권 판면 596장과 또 k.1의 전체 600권 중에 92권 판면 2,361장 등이다. 이 두 경전 중에서 k.2는 각 권 두 명 이상의 다수 각수에 의하여 1237~1238년의 2년 동안에, k.1은 각 권 한 명의 원칙하에서 1237~1240년의 4년 동안에 각각 판각이 이루어졌던 것이다. 이 기간 동안에 위에서 예거한 경전 밖에도 여러 종류의 경전이 판각되었다. 그 경전의 전체 경명을 모두 열거하기는 번거로우므로 우선 그 종류만을 밝혀 보기로 한다. 다시 자세히 말하면, k.1 총 600권의 판면 14,976장을 각성한 1237~1240년의 4년 동안에 다른 경전도 동시에 얼마나 많이 판각하였던가를 파악해 보기 위해서 아래의 표를 통하여 그 종수만을 살펴보기로 한다.

<표 3-1-6> 1237~1240년의 경전 판각 수량[20]

番 號	年 代	經 種	卷 數	刻手數	板面數
1	1237	2	110	258	2,957
2	1238	41	507	577	12,583
3	1239	104	305	267	6,411
4	1240	74	292	235	7,241
合 計	4년	221종	1,214권	1,337명	29,192장

---

20) 1237~1240년의 4년 동안에 판각된 것 중에서 간기의 탈자로 현재 그 연대

앞의 〈표 3-1-6〉에서 볼 수 있는 바와 같이, 강화경판의 첫 판각이 산출된 연도인 1237년에 경전 2종의 각판이 산출되기 시작하였으며, 그 다음 연차순으로 41종, 104종, 74종 등으로 경판 수량의 종류가 증대되어 왔다. 여기서 경전의 종류 수와 판면수 등이 서로 비례로 증감하지 않고 있다는 사실을 우선 파악해 둘 필요가 있을 것이다. 예컨대, (2) 경종 41종 판면수 12,583장과 (3) 경종 104종 판면수 6,411장 등에서 경종은 (2)가 (3)보다 약 40% 적으면서 판면수는 (2)가 (3)보다 오히려 약 196% 더 많은 것이 그것이다. 이것은 경종에 따라 매 권수와 장수 등이 많은 차이가 있기 때문이다. 그 증감의 비례를 파악해 보기 위해서 딘지 판면수를 기준으로 시로 비교해 보기로 한다. (1)의 2,957장을 기준 100%로 산정한다면 (2) 약 426%, (3) 약 217%, (4) 약 251% 등으로 증대되어 왔음을 파악할 수 있다. 여기 (1) 1237년은 강화경판의 첫 경판산출이 이루어지던 연도이기 때문에 판각에 따른 여러 가지 준비의 부족과 여건의 불충분 등으로 (1)~(4) 중에서 가장 적은 수량을 산출했던 것으로 이해할 수도 있을 듯하다. 경판 산출의 증감에 따른 원인을 만약 판각사업 연도의 초창기 또는 시설의 호(好), 불호(不好) 등에 둔다면 (2)보다 (3)과 (4) 등의 수량이 오히려 적은 사실을 합리적으로 설명할 수 없을 것이다. 이 당시는 반몽항전의 시기임을 상기하지 않으면 안 될 것이다.

를 알 수 없는 것은 제외하였으며, 단지 연대를 분명히 알 수 있는 것만을 계산한 숫자이다. 본서 1부 2장 1절의 〈표 1-2-1〉의 경판판각 수량 중에서 설명의 편의를 위해 1237~1240년까지만을 발췌한 것으로 그 중에서 未詳 24장을 제외하고 표를 작성한 것이다.

제2절 蒙兵의 영호남지역 침략과 충주항전

강화경판의 판각사업이 반몽항전의 일환으로 이루어졌음은 주지하고 있는 사실이다. 그러나 경판사업이 반몽항전의 활동에 실제로 어떤 영향을 미쳤는지는 아직까지 아무도 정확히 조사한 바가 없는 실정이다. 여기서는 고종 24년부터 동왕 27년까지 4년간의 기간을 한정하여 그러한 사실을 규명해 보고자 한다. 이 4년의 시기는 k.1의 총 600권을 포함하여 경전 221종 1,214권의 판면 29,192장이 각성되었던 기간이었다.

먼저 《고려사》 권23의 세가에서 그 4년간의 기사 중 몽고와 관련이 있는 자료만을 발췌하면 대략 아래와 같다.

(A) - ① 고종) 24년 봄, 전라도지휘사 김경손(金慶孫)이 초적 이연년 (李延年)을 토벌하여 평정하였다.

(A) - ② (동년) 10월, 강화경에 외성을 축조하였다.

(B) - ① (동왕 25년) 몽병이 동경에 이르러 황룡사탑에 불을 질렀다.

(B) - ② (동년) 12월, 장군 김보정(金寶鼎)과 어사(御史) 송언기(宋 彦琦) 등을 몽고에 파견하였다.

(C) - ① (동왕) 26년 4월, 몽고의 보가아질(甫可阿叱) 등 20명이 조 서를 갖고 와서 우리 임금의 친조를 요구하였다. 임금이 제포관 에서 조서를 받았다.

(C) - ② (동년 동월) 몽병이 귀환하였다.

(C) - ③ (동년) 6월, 기거사인(起居舍人) 노연(盧演)과 첨사부 주부 (詹事府 注簿) 김겸(金謙) 등에게 표문을 주어 몽고에 파견하였다.

(C)-④ (동년) 8월, 몽고에서 보가파하(甫加波下) 등 137명을 파견
　　　　하여 다시 임금의 친조를 요구하였다.

(C)-⑤ (동년) 12월, 신안공(新安公) 전(佺)과 소경(少卿) 송언기
　　　　(宋彦琦) 등을 몽고에 파견하였다.

(D)-① (동왕) 27년 3월, 노연(盧演) 등이 몽고 사신 두만아질(豆滿
　　　　阿叱) 등 7명과 함께 돌아왔다.

(D)-② (동년) 4월, 우간의(右諫議) 조수(趙脩)와 합문지후(閤門祗
　　　　侯)김성보(金成寶) 등을 몽고에 파견하였다.

(D)-③ (동년) 6월, 당후(堂後) 김수정(金守精)을 (적장) 당고(唐
　　　　古)가 주둔하고 있는 곳에 보냈다.

(D)-④ (동년) 9월, 신안공(新安公) 전(佺)이 몽고의 다가파하(多可
　　　　坡下), 도아질(道阿叱) 등 17명과 함께 조서를 갖고 돌아왔는
　　　　데, 다시 임금의 친조를 요구하였다.

(D)-⑤ (동년) 12월, 예빈소경(禮賓少卿) 송언기(宋彦琦)와 어사(御
　　　　史) 권위(權韙) 등을 몽고에 파견하였다.

위 자료 (A)∼(D) 중에서 (A)-①, (A)-②, (B)-①, (C)-② 등
을 제외하면 모두 고려와 몽고의 양국 사신이 왕래하였던 것에 대한 사
실뿐이며, 그 내용 중 특기 사항은 고려왕의 친조를 몽고가 거듭 요구
하고 있는 것 뿐이다. 이 기록으로만 본다면, 당시 쌍방간에 치열한 싸
움은 없었으며, 더구나 우리의 줄기찬 반몽투쟁은 전개되지 않았던 것
처럼 간주될 성싶다. 그리고 단지 양국 사이에 전쟁이 없는 소강 상태
가 유지되면서 양국 쌍방간에 분쟁을 종식시키려는 노력만이 있었던 것
처럼 보일 뿐이다. 위의 (A)∼(D) 중에 위에서 제외시킨 (A)-①,
(A)-②, (B)-①, (C)-② 등의 자료도 비록 여·몽 양국간에 사신의
왕래에 관한 것은 아니지만 그렇다고 당시 불굴의 반몽항전에 관한 사

실을 기록해 놓은 것도 아니다.

《고려사》세가의 고종 24~27년, 이 4년간의 기사 중에서 단지
(B)-① 의 "몽병이 동경에 이르러 황룡사탑에 불을 질렀다"고 한 것을
제외하면 고려의 반몽항전에 관한 자료는 물론이고 심지어 몽병의 침략
에 대한 사실조차 누락되어 있는 실정이다. 그러나 여기에 비록 자료로
현재 남아 있지 않지만 실제의 사실은 몽고의 위협과 침략이 계속 자행
되고 있었으며, 또한 그 반대로 고려의 줄기찬 반몽항쟁도 계속되고 있
었던 것이다. 그 반몽활동의 한 예증을 고종 24년의 유명한 〈대장각판
군신기고문(大藏刻板君臣祈告文)〉에서 찾아 볼 수 있다. 이것은 현종
때 판각되어 부인사(符仁寺)에 소장중인 대장경판이 소실되고 다시 판
각을 시작하면서 발표했던 것으로써, 당시 경판사업의 재개는 반몽항
전의 일환으로 이루어진 것임을 온 천하에 천명한 것이다. 그 기고문에
서 몽고의 잔인 흉포함은 말할 것 없고, 그 미개함이 금수와 다를 바 없
어, 천하가 다 존경하는 바 '불법(佛法)' 이라는 것이 있다는 것도 모르
고, 불상·불경 등을 닥치는 대로 불사르고 파괴한다고 했다. 특히 현
종 때 판각된 대장경판이 당시 소실된 것을 '나라의 큰 보배'를 잃게된
것이라고 안타까워하고 있다. 고려시기에 대장경판의 의미를 이우성
박사는 이렇게 말하고 있다.

> 국지대보(國之大寶)인 대장경판은 '문명' 의 구체적 재산이었다. 고려
> 인이 본 몽고는 조국의 침략자인 동시에 문명의 파괴자였다. 이민족의 침
> 략으로부터 조국을 방위하고, 야만인의 파괴로부터 문명을 수호한다는 것
> 이 고려의 대몽고전쟁의 의식이었다(李佑成, 〈高麗中期의 民族敍事詩〉
> 《韓國中世社會研究》, 一潮閣, 1991, 208쪽).

요컨대 고려인의 대장경판 '각성활동' 은 반몽저항의 일환인 동시에

'나라의 큰 보배'로 숭앙하는 의식의 소산으로 이루어졌던 것이다.

다음 몽고의 '3차 침입'이 1237~38년의 시기에도 지속되고 있었던 사실은 이미 밝혀진 바 있다.[21] 그리고 이규보(1168~1241)의 시에서, 1238년 "9월 6일 노병(虜兵; 蒙兵)이 강화섬 밖에서 둔 치고 있어 국인이 모두 놀라고 있다는 소문을 듣고서 시로써 풀어 본다"[22]라고 한 것과 또 당시 "시호(豺虎: 蒙兵)가 고도(古都; 개경)에 가득차 있다"[23]고 한 것 등으로 봐서 몽병의 침략이 당시에도 계속되고 있었음을 알 수 있다. 다시 말하면《고려사》와《고려사절요》등의 사서에서 비록 침묵하고 있으나, 몽병의 침략은 그 당시에도 계속해서 우리의 강토를 침략 유린하고 있었던 것이다.

몽병의 제3차 침략은 단지 1237~38년의 기간만이 아니라 이미 1235년부터 시작되어 1239년까지 전후 약 5년간에 걸쳐 자행되었다. 이번 침입군의 지휘자는 당고(唐古)[24]였으며, 그는 고려에서 항복해 온 역적 홍복원(洪福源)을 앞장 세워 밀고 내려 왔던 것이다.

무인 최씨정권은 강화천도 뒤에 내외성을 쌓아 방어시설을 더욱 굳건히 하여 강화경만의 안전책을 강구했을 뿐이며, 육지 본토의 전 지역 주민들에 대해서는 단지 산성과 해도로 입보(入保)하라는 명령만 내리는 조치를 취했을 뿐이다. 그리고 전국의 각 군현에 교정수확원(敎定收獲員)을 파견하여 별공(別貢) 등 갖가지 명목을 붙여서 가렴주구를 일삼았다.[25] 그러나 각 지방의 군현민들은 여러 가지 악조건 속에서 더욱이

---

21) 尹龍爀,《高麗對蒙抗爭史硏究》, 一志社, 1991, 74쪽.

22)《高麗名賢集》1책, 493쪽, 成均館大學校大東文化硏究院, 1973;《東國李相國後集》卷5.

23) 李奎報,《東國李相國後集》卷5,〈食俗所號天子梨〉에서, "豺虎滿故都"라 하고, 그 註에 "時虜兵止舊京"이라고 달아 두었다.

24)《元史》本紀, 太宗(오고타이) 7년(1235)에서 "唐古征高麗"라고 한 것에서 알 수 있다.

무장도 제대로 갖추지 못한 채 결사적인 항전활동을 전개하였다. 이들
이 고성(孤城)을 사수하며 적의 예봉을 분쇄한 곳도 상당히 많았다. 예
컨대 개주(价州; 价川)·온수(溫水; 溫陽)·죽천(竹川; 竹山)·대흥
(大興; 禮山) 등 여러 성의 싸움이 바로 그것이었다. 각 지역 여러 성의
싸움에서 심각한 타격을 받았음에도 불구하고 몽병의 일부는 계속 남하
하여 고종 23년 10월에는 전라도의 일부지방을 침략하였다. 전라도 지
휘사(指揮使)인 상장군(上將軍) 전보구(田甫龜)가 보고하기를 몽병이
전주와 고부(古阜)의 경내까지 이르렀다고 한 것에서 그것을 알 수 있
다.[26] 그러나 그의 보고에서 그 밖에 다른 지역에 대한 언급은 전혀 없
다. 그런데 《원고려기사(元高麗紀事)》에서 "태종(太宗) 팔년(八年)
지구년(至九年) 공발귀신성(攻拔歸信城)·금산성(金山城)·금동성
(金洞城)"이라 하고 있다. 즉 원의 태종 8(1236)~9년 사이에 귀신
(歸信)과 금산(金山) 및 금동(金洞) 등 3성을 함락시켰다는 것이다.
여기 3성의 소재지를 현재 정확히 알 수 없으나, 다만 금산성은 현재의
금산지역으로 추정해 볼 수 있으며, 또 귀신과 금동 등 두 성의 소재지
도 그 인근지역 즉 충청·전라 등의 지역으로 추정해 볼 수 있지 않을까
싶다. 이것은 전라도 지휘사인 상장군 전보구가 전주·고부지역에 몽병
의 침략 사실을 보고한 시기 등이 서로 거의 일치하기 때문이다. 요컨대
고종 23~24년의 기간에 전라도의 전주와 고부, 충청도의 금산 및 귀
신·금동 등 지역에 몽병의 침략이 자행되고 있었던 것이다.

　무인 최씨정권은 몽병에 대한 대책보다 지방의 저항세력을 제거하는
데 더욱 급급하였음을, 위 (A)-①번 고종 24년 봄에 "전라도지휘사

---

25) 金潤坤,〈高麗武臣政權時代의 敎定都監〉《文理大學報》11, 영남대,
　　1978.
26)《高麗史》卷23, 고종 23년 10월 갑오.

김경손이 초적 이연년을 토벌하여 평정했다"고 한 것에서 그 단적인 예를 볼 수 있다. 당시 이 지역은 몽병의 침략을 당하고 있었던 곳이었다. 외적의 침략이 자행되고 있는 전시하에서 전라도지휘사 김경손에게 토벌 당한 '초적 이연년'은 어떤 세력이며, 또한 이들이 괴멸되기까지 그 과정이 어떠하였는지? 등의 의문에 대한 것을 풀어 보기로 한다.

초적 이연년 형제는 원률(原栗)·담양(潭陽) 등 여러 고을의 '무뢰지도(無賴之徒)' 즉 짚신을 신은 촌민들을 불러모아 해양〔光州〕 등 주현을 공격하여 장악하고 있었다. 이연년은 나주에 전라도 지휘사 김경손이 온 것을 알고 나주성을 포위하였다. 그는 김경손을 생포하여 '도통(都統)'으로 삼기 위헤서 휘히 장병들에게 활을 쏘지 못하게 했으며, 또한 김경손이 유시(流矢)에 맞게 될까 두려워하여 모두 궁시(弓矢)를 버리고 짧은 병기로 싸우게 하였다. 싸움이 시작되자 그는 직접 맨 앞으로 나아가 김경손의 말 고삐를 잡고 나오려고 하였다. 이 과정에서 그는 도리어 죽임을 당하게 되었다고 한다.[27] 여기서 볼 수 있는 바와 같이, 전라도 지휘사 김경손에게 토벌된 이연년의 휘하장병은 전라도의 원율, 담양 등 여러 고을에서 봉기한 촌민과 '초적' 등이었다. 여기서의 초적이란 "일정한 성곽이나 군현을 행정적으로 지배하면서 그것을 기반으로 하는 반란세력이 아니고 초망(草莽), 즉 풀밭이나 가시덤불 사이로 출몰무상(出沒無常)하면서 게릴라식으로 투쟁하는 집단"이었다. 그러므로 이들을 '산림(山林)'이라고 부르기도 했던 것이다.[28] 특히 이연년은 '자칭 백적도원수(百賊都元帥)'라고 했던 점이 주목된다.[29] 여기서 그는 '초적' 즉 '산림의 우두머리'로써 자기 스스로 군사 통솔을 자임하고

---

27)《高麗史節要》卷16, 고종 24년 봄.

28) 金潤坤,〈抗蒙戰에 參與한 草賊에 對하여〉《東洋文化》19, 영남대, 1979, 75쪽.

있었음을 간파할 수 있다.

그는 자기 세력을 토멸하려고 온 전라도지휘사 김경손을 생포하여 '도통'으로 삼으려고까지 하였다. 그가 김경손을 아끼는 행동을 했던 것에 대해서, "그들의 폭동이 결코 국내의 원수만을 반대하는 것이 아니라 오히려 외래 침략자를 반대하여 궐기하였다는 것을 이로써 알 수 있다"[30]는 견해도 있다. '초적' 이연년의 세력들이 지휘사 김경손을 생포하여 '도통'으로 삼으려고 했던 까닭은 반몽항전의 통수권자로 추대하여 호남지방의 평온을 유지하려는데 그 목적이 있었을 것이다. 지휘사 김경손은 일찍이 정주(靜州)에서 몽병의 침입을 영웅적으로 잘 방어하여 성을 지키는데 큰 공로를 세운 명장이었다. 만약 지휘사 김경손을 반몽항전의 선두에 세웠더라면 적의 침략으로부터 호남지역을 수호하는데 큰 보탬이 되었을 것이다.

이상에서 호남지방에 몽병침략과 반몽항전 등 실상에 관해서 살펴보았다. 다음은 당시 영남지방에 몽병의 침략 사실부터 살펴보기로 한다. k.1의 판각시기(1237~1240년)에 영남지방에 몽병침략의 사실을 전하여 주는 자료는 위의 (B)-①번, 고종 25년(1238)에 "몽병이 동경에 이르러 황룡사탑에 불을 질렀다"고 한 것이 있다. 이 자료는 당시 영남지방에 몽병침략의 사실을 전하여 주는 유일한 자료일 뿐 아니라, 《고려사》와 《고려사절요》 등의 사서에서 그 기간에 몽병침략의 사실을 전하여 주는 유일한 자료이다. 몽병의 중간 침략 사실이 생략된 채 느

---

29) 李延年은 자칭 百賊都元帥라 하였다(《高麗史》卷99, 崔惟淸 附 璘傳)고 했던 것에 대해서, 의문을 제기하는 논자가 많다. 특히 여기 '百賊'은 百濟의 오기일 것이라는 주장이 많은 실정이다. 그러나 일찍이 필자는 '모든 賊 곧 叛民集團의 우두머리'란 뜻으로 볼 수 있을 것이다고 한 바 있다(金潤坤, 앞의 논문, 1979, 68쪽).

30) 김석형, 《봉건지배계급에 반대한 농민들의 투쟁》, 도서출판 열사람, 1989, 224쪽.

닷없이 경상도의 동경〔경주〕에서 그들의 만행이 나타나고 있어 좀 이상한 느낌을 가질 수 있으므로, 이 자료의 신빙성에 대해서 의문이 제기될 수도 있을 듯하다. 따라서 이 사실을 부정한 견해도 있다. 예컨대 이 "사료를 그대로 신빙할 수 없다. 이것은 고종 25년(1237)에 동경〔경주〕지방에는 다른 적정에 대한 기록은 전혀 없다"는 것에서 알 수 있다고 했다. 그리고 "황룡사탑을 소각한 것은 몽고병이 아니라 다른 원인으로 인하여 발생한 사건이라고 추정할 수 있으며 그것이 정당하다면《고려사》의 이 기사는 오기일 것이다"고 하였다.[31] 만약 이 기간에 몽병침략의 사실이 없었다면, 동왕 26년(1238) 4월에 "몽병이 귀환하였다"〔(C)-②〕고 한 사실에 대한 합리적 설명이 곤란해진다. 그런데 앞 자료를 불신한 그는 또 이 몽병의 귀환에 대해서 "서북방에 잔존한 침략군을 철퇴시켰던 것이다"[32]는 견해를 표명하고 있다. 위 자료 (C)-①·② 등을 다시 보면, 몽병은 그들의 사신 보가아질(甫可阿叱) 등 20명이 조서를 갖고 와서 고려왕의 친조를 요구하고, 그들의 군대를 귀환시켰던 것이다. 다시 말하면 고려왕의 친조를 요구하면서 기껏 변방에 잔존하고 있었던 군대를 귀환시키는 정도로 과연 군사적 외교적 조치를 취하는 것으로 끝낼 수 있었을까 의문이다.

그 밖에《삼국유사》의 황룡사구층탑조에서 "서산(西山) 즉 몽고의 병화(兵火)로 탑·사·장육존상·전우 등이 모두 불탔다"고[33] 한 것에서, 몽병들이 동경지방까지 침략하여 만행을 자행하였음을 입증해

---

31)《몽고 침략자를 반대한 고려 민중들의 투쟁》, 과학원출판사, 1960, 78~79쪽.

32) 위의 책, 80쪽.

33)《三國遺事》卷3,〈황룡사구층탑〉에서 "高宗十六年 戊戌冬月 西山兵火 塔寺丈六殿宇 皆災"라고 했다. 여기 고종 16년은 25년의 잘못임을 무술의 간지에서 알 수 있으며, 또《고려사》의 기록에서 뒷받침되고 있기도 하다.

주고 있다. 앞의 자료 (B)-①번에서, 단지 '황룡사탑'이 소실되었다
고 했으나, 여기서는 탑·사와 그 밖에 장육존상·전우 등이 모두 불
탔다고 하여 더욱 실상에 가까운 표현을 해 놓았다. 그런데 하필이면
왜 황룡사의 탑·장육존상 등을 몽병들이 불태웠을까? 이것은 모두
신라 이래로 호국 신앙의 대상으로 존숭되어 오고 있었다. 황룡사의
전우와 탑·장육존상 등을 불태운 것은, 새로운 호국의 상징인 경판
을 건조하고 있는 것을 응징하기 위해서 저질렀던 만행이었을 것이
다.

　다음 이규보('1168~1241)도 우리 남쪽지방에 당시 몽병의 침략 사
실을 시로 남겨 놓고 있는데, 그 중에서 두 수만 예거해 보기로 한다.

(E) 10월 번개
　　　버림받은 망나니의 해독이 가득한데
　　　이 겨울에 천둥 번개라니 또 어찌 되려나.
　　　만일 오랑캐 머리에 분명 벼락을 친다면
　　　비록 때 아니나 알맞은 때라·하겠네(《高麗名賢集》 1책, 496쪽 :
　　　《東國李相國後集》 卷5, 古律詩, 〈十月電〉).

(F) 2월에 노병(虜兵; 蒙兵)이 아직 남쪽에 있다는 소문 듣고서
　　　기러기 벌써 북으로 돌아갔건만
　　　몽병은 아직도 남쪽에 있다네.
　　　남방은 주조(朱鳥)의 소굴인데
　　　어째 쪼아서 섬멸치 않았나(위의 책, 502쪽;《東國李相國後集》
　　　卷5, 古律詩, 〈二月聞虜兵猶在南〉).

　위의 (E)와 (F)를 통하여, 무술년(1238) 10월부터 그 다음해 2

월에 이르기까지 우리 남쪽지방에서 몽병의 노략질이 자행되고 있었음을 볼 수 있다. (F)의 남방은 구체적으로 어느 지역을 말하고 있는 것인지 분명히 알 수 없으나, 오늘날 영남지방을 지칭하였을 것으로 생각된다. 몽병에 의하여 동경의 황룡사탑이 소실된 시기에 대하여《삼국유사》에서 "고종 16년 무술동월(戊戌冬月)"이라고 밝혀 놓고 있다. 여기 고종 16년은 25년을 잘못 기록해 놓은 것이라는 것은, 16년이 무술년이 아니며 무술년은 동왕 25년이기 때문에 알 수 있다. 이 해 '동월(冬月)'에 몽병에 의하여 동경의 황룡사탑이 소실되었으니, 당시 남방에서 노략질하고 있었던 오랑캐들은 바로 그들이라는 말이 성립되는 것이다. 그리고 몽병이 남하하여 당시 그 지방에서 구략을 일삼았다는 것은 이미 상세히 논증된 바 있다.[34] 소위 '몽고의 제3차 침입'의 시기에 영남·호남 등 지역까지 적이 남하하여 방화 등 무차별적 야만행위를 자행했다. 다만 몽병이 영호남의 지역까지 남하한 것은 각각 한 차례에 불과하였으며, 그 피해 지역도 상세하지 않았다. 이로 인하여 영남지역의 동경〔경주〕 황룡사탑 소실은 몽병의 소행이 아닐 것이라는 주장이 나오기도 하였으며, 또 호남지방의 침략 지역 전체를 현재 명확히 파악할 수 없는 형편에 놓여 있게 된 것이다.

몽병의 침략으로부터 삼남지역의 피해 상황을 최소화할 수 있었던 요인의 하나는 '충주항전'의 승리에서 구할 수 있을 것이다. 그들이 우리 강토의 서북지대 혹은 중부지대 등지를 유린하고 충주에 이르기까지 "지나는 곳마다 잔멸하지 않음이 없었다"[35]고 할 정도로, 아무 거리낌 없이 짓밟을 수 있었으나, 충주의 "노군잡류합력(奴軍雜類合力)"[36]에 의해서 처음으로 저지 격퇴되었다고 한다. 이 '충주항전'의 승리에 대

---

34) 尹龍爀, 앞의 책, 64~82쪽.
35)《高麗史節要》卷16, 고종 18년 12월.

해서 "당시 우리의 삼남일대가 무사하였던 것은 바로 이 충주 인민들의
항쟁의 결과였다"[37]라고 높이 평가하기도 한다. 이 밖에도 '충주항전'
의 승전보는 여러 차례 볼 수 있다. 충주산성 방호별감 김윤후(金允侯)
의 승전보도 그 중 하나이다. 즉,

> 몽고병이 와서 주성(州城)을 포위한 지 무릇 70여 일이 되니 식량은 거
> 의 떨어지게 되었다. (김)윤후는 사졸들에게 타일러 말하기를 "만약 힘을
> 다하여 싸워 공을 세운다면 귀천을 구분하지 않고 벼슬을 줄 것이니, 너희
> 들은 믿어주기 바란다" 하고, 마침내 관노(官奴)들의 문서를 불살라 버리
> 고, 또 노획한 우마(牛馬)를 나누어 주었다. 사람들은 모두 죽을 힘을 다
> 하여 적과 싸웠다. 몽고병의 기세가 점차 꺾여 다시 더 남하하지 못하였다
> (《高麗史》 卷103. 金允侯傳).

고 한 것이 그것이다. 이 빛나는 승전을 이끈 방호별감 김윤후는 처인
성(處仁城; 경기도 용인군)의 싸움에서 적장 살례탑을 사살하고 적병을
퇴각케 하였던 바로 그 지휘자였다. 이 싸움이 적에게도 얼마나 중요한
싸움이었던가는 그들의 공격이 70여 일 간이나 계속되었던 점에서 단
적으로 알 수 있으며, 또한 수성군(守城軍)이 결사적으로 항전했음에
도 불구하고 그들의 공격이 그처럼 장기간 계속될 수 있었다는 것은 그
들의 주력부대가 집중 공격하였음을 반증해 주고 있는 것이 될 것이다.
만약 적이 충주성을 함락하지 않고 남하한다면 퇴각할 때는 퇴로가 차
단당할 수 있는 위험이 따르게 되며, 또 그 반대로 충주성이 적에게 함
락이 되면 우리의 삼남일대가 위험에 처하게 되는 것이다. 따라서 충주

---

36) 《高麗史節要》 卷16. 고종 19년 1월.
37) 尹龍爀, 앞의 책, 36쪽.

성 전투는 쌍방간에 일보의 후퇴도 허용될 수 없었던 절박한 상황하에 서의 싸움이었으나, 우리 수성군의 결사적 항전에 의하여 적의 퇴각이 이루어지게 되었던 것이다.

당시 충주성의 공방이 매번 그처럼 치열하게 벌어지게 되었던 사정 은 이 지방의 지리적 조건과 무관하지 않을 것이다. 충주는 개경에서 남경을 지나 동경으로 가는데 중요 경유지이며, 경상도 등지의 조세를 수합 운송하는 덕흥 조창(德興 漕倉)이 존치해 있었던 곳이다. 몽고 침략자들이 군량 조달을 하기 위해서 조창(漕倉)을 탈점하려는 공격을 감행했을 때도 있었을 것 같다. 일찍이 정인지(鄭麟趾, 1396~1478) 는 "충주는 남방의 인후(咽喉)를 가로막은 곳에 자리잡았으며, 지역이 넓고 호구가 많아서 부서(簿書)가 구름처럼 쌓이고 빈객(賓客)이 모여 든다"[38]고 했다. 이 자료는 여말선초의 상황을 말해 주고 있는 것이기 는 하지만, 충주가 반몽고 투쟁의 격전지로 되게 했던 요인 중에 당시 지리적 조건이 포함될 수 있었다는 방증의 하나가 될 수도 있을 것이 다. 당시 충주의 전략적 중요성에 대하여 "수륙 양면에서 내륙교통의 요지이고 경상도 방면으로 연결되는 목구멍에 해당한다는 이러한 충주 의 지리적 조건은 몽고군을 거의 침략 시마다 거치게 하는 요인이 되었 던 것"[39]으로 이미 보기도 했다.

그러나 충주의 지리적 여건은 몽고 침략자에 대한 충주민들의 결사적 항쟁을 유발한 하나의 계기를 제공할 수는 있었겠지만, 반몽항전의 전 기간 중에서 가장 치열한 전투와 승전 등을 획득하게 하였던 요인이 되 지는 못하였을 것이다.

고려시기의 충주는 옛 중원경(中原京)의 전통을 이어 받아 초기부터

---

38) 《新增東國輿地勝覽》卷14, 忠州牧, 樓亭.
39) 尹龍爀, 앞의 책, 250쪽.

12주 절도사 중에서, 또는 8목 중에서 각각 하나로 위치한 거읍(巨邑)으로 존립해 왔으며, 고종 41년(1254)에 충주는 국원경(國原京)으로 승격되었다. 이 승격은 '충주항전'의 승첩과 밀접한 관련이 있을 것이다. 충주를 국원경으로 승격시킨 바로 그 해 9월 14일에 《고려사》에서는 이렇게 말하고 있다.

거라대(車羅大)가 충주산성을 공격하자, 때마침 폭풍우가 갑자기 휘몰아 쳤다. 성중인(城中人)이 정예를 뽑아 달려나가 공격하니, 적이 포위를 풀고 마침내 남쪽으로 내려갔다(《高麗史》 卷24, 고종 41년 9월 계축).

여기서 '충주항전'은 적의 포위 공격에 대하여 단순히 성내에서 방어만 했던 것이 아니라 지세와 자연 조건의 변화 등을 이용하여 성 밖으로 나가 기습을 하기도 했음을 볼 수 있다. 충주가 국원경으로 승격된 그 다음해인 동왕 42년(1255)에 '다인철소(多仁鐵所)의 사람들이 몽병의 침입을 방어한 공로가 있어 철소를 승격시켜 익안현(翼安縣)으로 삼았다"[40]는 것이다. 다인철소의 위치는 "충주 서쪽 30리에 있다"라고 하며, "충주의 서쪽 근교에 해당하는 중원군 이류면(中原郡 利柳面) 일대이다"[41]고 한다. 이 전승도 넓은 의미로 '충주항전'의 범주에 속한 투쟁의 결과로 얻어진 것이요, 그 빛나는 전과의 하나인 것이다.

요컨대 충주가 국원경으로, 또 다인철소가 익안현으로 각각 승격된 것은 모두 '충주승첩'에 따른 보답이며, 그 승리의 보상인 것이다. 여기서 충주지역인들의 자긍심과 높은 문화의식을 발견할 수 있다. 당시 충주민들의 몽고 침략자에 대한 영웅적인 투쟁과 승리는 오랜 전통과

---

40) 《高麗史》 卷56, 地理志 1 忠州牧.
41) 尹龍爀, 앞의 책, 301쪽.

고유문화의 소유자로서 조상전래의 고토를 수호하려는 역사적 향토애
와 또 '남방의 인후(咽喉)를 가로막은 곳'에 자리잡고 있는 이 곳의 지
리적 여건으로 조성되었을 시대적 사명감 등이 큰 요인으로 작용하였을
것이다.

　당시 충주성을 비롯한 중부지방의 빛나는 싸움으로 몽병의 남하를 차
단시키고 전선활동을 둔화시켰던 사실을 파악하기 위해서, 고종 23년
9월 8일부터 몽병의 침공이 시작된 죽주성(竹州城)의 싸움을 한 예로
서 들어 그 양상을 살펴보기로 한다.

　　몽병(蒙兵)이 죽주에 이르러 투항하리고 했다. 성안의 사졸들이 나가
공격하니, 달아났다가 다시 와서 포(砲)로 성의 사방을 공격해 왔다. 성
문이 포에 맞아 무너졌다. 성중에서도 포로써 적을 역으로 공격하니, 몽
병이 감히 가까이 오지 못하였다. 조금 후에 또 적은 사람 기름과 소나무
홰와 마른 짚을 가지고 와서 불을 질러 공격하였다. 우리 성중의 군졸들은
일시에 문을 열고 나가 싸우니 몽병의 죽은 자는 이루 헤아릴 수 없었다.
몽병은 온갖 방법으로 공격하며 무릇 15일 동안이나 공격해도 끝내 함락
시키지 못하자 공성(攻城)의 무기를 불살라 버리고 달아났다. 방호별감
송문주(宋文胄)는 일찍이 귀주(龜州)에 있으면서 몽병의 공성술(攻城術)
을 잘 알고 있었으므로, 적의 계획하는 바를 모두 미리 알아차렸다. 그는
때때로 대중들에게 말하기를 "오늘은 적이 반드시 아무 기계를 쓸 것이니,
우리는 마땅히 아무 방법으로 그에 응해야 한다"하고, 곧 명령을 내려 대
비하여 기다리게 하였다. 적이 이르면 과연 그 말과 같았으므로 성중에서
모두 그를 신명(神明)이라 하였다. 공으로 좌우위장군(左右衛將軍)에 제
수되었다(《高麗史節要》 卷16, 고종 23년 9월).

위 승리는 죽주성에서 이 지방민들의 위대한 항쟁에 의해서 획득된

것이다. 죽주성은 현 동쪽 5리에 있는 태평원(太平院) 북쪽(오늘날의 경기도 안성군 이죽면)에 위치해 있었다고 하며, 돌로 쌓았는데 둘레가 3,874척이었다고 한다.[42] 이같은 성을 쌓아둔 것은 군사적 요충지였기 때문인 것이다. 또한 이 곳은 교통의 요지로서 충주와 영호남 등 지역으로 왕래하는 길목이기도 하다. 이상과 같이 당시 남하하던 적은 중부지방에서 우리 지방민들의 완강한 항전에 부딪쳤던 것이다.

강화경판의 경판을 판각했던 자 — 각수 중에서 자기 스스로 충주인임을 밝혀 놓은 사례를 아래에서 2개를 예거해 보기로 한다.

〈표 3-1-7〉永守(壽)의 각성활동

經名	卷	函	歲	處	張數	刻手	張次	張數
1	185	署	38	大藏	24	永守	2,4,5,7,8,10 ~20,22,24	
〃	〃	〃	〃	〃	〃	永壽	9,21	
〃	〃	〃	〃	〃	〃	忠州永壽刻	23	張을 丈 으로 刻
	373	結	〃	〃	25	永守	1,3,6,8,9, 11,13,14	
	520	闕	〃	〃	27	〃	3,9,15,17,21	
279	單	傷	39	〃	5	〃	2~4	

---

42)《新增東國輿地勝覽》卷8, 竹山縣의 고적조에, '竹州古城'의 위치와 또 몽고와의 싸움에서 승리한 내용을 《高麗史節要》의 것과 거의 동일하게 기술해 놓해 놓았다. 다만 여기서 고종 23년을 13년으로 잘못 기록해 놓았던 점이 다를 뿐이다.

〈표 3-1-8〉天均(鈞)의 각성활동

經名	卷	函	歲	處	張數	刻手	張次	張數
1	176	來	38	大藏	24	天均	5, 20, 22, 23	제22장에 大均으로 刻
〃	〃	〃	〃	〃	〃	忠州天均	24	張을 丈으로 刻
	553	光	〃	〃	26	刻天鈞	26	

　〈표 3-1-7〉의 충주인(忠州人) 영수(永壽)의 경판에 대해서 먼저 언급하기로 한다.[43] k.1의 권185는 총 24장으로 구성되어 있는데, 제9장, 제21장 등 2장에는 영수(永壽), 제23장에는 충주 영수 각으로 각각 각인되어 있으며, 그 나머지 제2장을 비롯하여 전체에는 모두 영수(永守)로 되어 있다. 여기 영수(永壽)와 영수(永守)의 '수'자가 비록 다른 글자이기는 하지만 동일인으로 추정되며, 본 권185의 총 24장은 모두 충주인 영수의 판각임을 표시해 놓은 것이라고 본다. 이것은 본 권185의 전체에 영수를 제외하고는 다른 각수가 전혀 없으며, 또 동일인의 명자(名字)를 이자(異字)로 각인하여 놓은 사례를 경판에서 많이 볼 수 있기 때문이다. 영수는 k.1의 권185, 권373, 권520 등 3권의 합 76장을 1238년에, 또 k.279《불설마가찰두경》의 단권 5장을 1239년 각각 판각하였다. 요컨대 그는 2년 동안에 도합 81장의 경판을 판각하였던 셈이다.[44]

---

43) 영수와 천균의 판각사례를 통한 구체적 참여형태는 2부 2장 2절의 '재향세력'에 상술되어 있으며, 여기서는 《대반야경》을 중심으로 언급한다.

44) 구체적으로 '영수'의 인명이 나타나는 경우만 한정하여 계산해 보면, 1238년에 34장을, 1239년에 3장, 그리고 1244년에 k.891《根本說一切有部

　다음 〈표 3-1-8〉의 충주인 천균(天均)의 경판에 대해서 살펴보기로 한다. k.1의 권176에 천균(天均)과 또 동경 권553에 천균(天鈞)의 '균' 자가 비록 서로 동일하지 않지만 동일인으로 추정하더라도 크게 어긋나지 않을 것으로 믿는다. 천균의 경판은 k.1의 경우 경전 2권 판면 50장인데, 이것을 1238~1239년의 2년 동안에 판각하였다.[45]

　위에서 볼 수 있는 바와 같이, 영수와 천균은 1238년에 76장과 24장을, 또 1238년에 5장과 26장을 각각 판각하였으며, 이들의 작업종사 기간도 다같이 단지 2년이란 짧은 기간에 불과할 뿐이었다. 강화경판의 전체 판각기간이 14년이란 사실과 또 각수의 부족 현상 등을 감안해 볼 때 그들은 전문적인 각수가 아닌 듯하다. 그리고 그들의 매년 판각수량을 보면 최하 5장으로부터 최고 76장에 이르기까지 균일하지 않고 큰 폭의 차이가 있다. 이것도 그들이 전문적인 각수가 아님을 알려주는 사실이 될 수 있을 것이다.

　특히 영수와 천균은 다같이 자기 스스로 충주인임을 밝혀 놓은 사실이 더욱 주목된다. 이것은 강화경판의 전체 중에서도 특이한 점인 것이다. 출신지가 충주란 사실에 그들은 무한한 자부심을 갖고 있었음을 엿볼 수 있다. 따라서 '충주승첩'과 경판각성은 서로 밀접한 관련이 있었음을 알 수 있으며, 나아가서 강화경판의 각성사업은 외적의 퇴치에 단순히 관념적인 차원이 아닌 현실적 기여가 있었음을 간파할 수 있을 것이다.

　毗奈耶》 14권의 4장 등 총 41장으로 나타난다. 위에서는 1238~1239년의 각성량을 해당 권 전체를 판각한 것으로 계산한 것임을 밝혀둔다.

45) 구체적으로 '천균'의 인명이 나타나는 경우만 한정하여 계산해 보면, 1238년에 5장, 1239년에 1장, 그리고 1243년에 k.1081 《廣弘明集》 8권 1장 등 총 7장으로 나타난다. 위에서는 1238~1239년의 각성량을 해당 권 전체를 판각한 것으로 계산한 것임을 밝혀둔다.

　영수와 천균의 '각성활동'은 1238～1239년의 2년 동안 이루어졌다. 그리고 1238년에 몽병에 의하여 비록 동경 황룡사탑이 소실되기는 하였으나, 경판산출이 그 전해인 1237년에 비하여 무려 약 426% 정도 많았음을 앞의 〈표 3-1-6〉에서 살펴 볼 수 있다. 이 해에 경판산출의 수량이 많았던 요인을 단순히 각수들의 자부심 혹은 불심 등에서만 찾을 수 없다고 하더라도, 몽병의 침략에 큰 영향을 받지 않고 경판이 산출되고 있었던 것은 확실한 사실이다. 그리고 경판산출이 몽병의 퇴치에 일정한 기여가 되었음은 확실한 사실로 받아들여질 수 있을 것으로 생각한다.

제3절 小 結

　고려인은 1237～1240년 사이의 4년 동안 k.1의 총 600권 판면 14,976장을 포함하여 경전 221종 1,214권의 판면 총 29,192장을 판각하였다. 다시 각 연도별로 경판이 이루어진 것만을 서로 비교해 보기 위해서, 1237년의 판각수량을 기준으로 삼고 그 수량을 100%로 하여 계산해 보면 1238년에 약 426%, 1239년에 약 217%, 1240년에 약 251% 등으로 증대되어 왔다. 여기서 1238년에 경판의 산출이 가장 많았던 사실을 발견할 수 있다.

　그런데 소위 몽고의 '제3차 침입'은 1235년부터 1239년까지 5년간에 걸쳐 우리 강토의 서북지대와 중부지대는 말할 것도 없고, 영호남 지역까지 남하하여 방화와 살육 등 무차별적 야만행위를 자행하였던 것이다. 다만 몽병이 영호남의 지역까지 남하한 것은 각각 한 차례에 불과하였으며, 그 피해 지역도 상세하지 않을 정도로 미미한 형편이다.

이로 인하여 영남지역의 동경〔경주〕 황룡사탑 소실은 몽병의 소행이 아닐 것이라는 주장이 나오기도 하였으며, 또 호남지역의 침략 범위 전체를 현재 명확히 파악할 수 없는 형편에 있게 된 것이다.

다만 중요한 것은 k.1을 판각하였던 기간에 소위 몽고 '제3차 침략'은 1년 일찍 침입하여 1년 일찍 퇴각하였음을 파악할 수 있는 점이다. 여기서 경판사업의 진척은 몽고 침략의 양태에 일정한 변화를 끼치고 있었음을 간파할 수 있을 듯하다. 1238년에 몽병이 남단의 경주지방까지 유린하고 황룡사탑 등을 불지르는 만행을 자행하였으나, 그 4년 사이에 경판이 가장 많은 수량을 산출할 수 있었던 것은 그 좋은 예의 하나가 될 것이다. 이것은 결코 우연한 현상이 아니라 상호 밀접한 관련성이 있을 것으로 생각한다. 그 원인을 간단히 말할 수 없다고 하더라도 몽병의 침략에 큰 구애를 받지 않고 경판산출이 이루어지고 있었던 점은 대단히 중요한 사실이다. 몽병의 침략행위는 더 이상 계속되지 못하였으며, 곧 퇴각하였던 것이다.

강화경판의 판각사업은 반몽항전의 일환으로 이루어지고 있었음을 몽고도 이미 파악하고 있었을 것이다. 따라서 그들은 판각사업을 저지 방해하기 위해서 남쪽 깊숙이 침입하여 경주의 황룡사탑을 불지르는 등의 만행을 자행하였던 것인지는 지금도 알 수 없다. 그러나 경판의 판각수량은 그 전후년에 비하여 오히려 몇 배나 많이 산출되는 현상이 나타나기까지 했었다. 바로 이해에 산출된 경판에 영수〔永壽(守)〕와 천균〔天均(鈞)〕 등은 각각 자신의 출신지인 '충주(忠州)'를 각인해 놓았다. 영수와 천균 등은 자기들의 출신지인 '충주'에 대해서 무한한 자긍심을 소유하고 있었음을 파악할 수 있다.

당시 충주성의 싸움에서 몽병들은 거의 매번 패배하고 더 이상 남하하려는 야욕을 채우지 못하였다. 따라서 경판의 생산에 필요한 물자와 역역 등을 동원하기는 그만큼 용이하게 되었으며, 그 산출의 공간은 그

만큼 넓어지게 되었던 것이다. 한편 당시 민중들에게는 경판사업의 참여는 보리심의 발로요, 그 산물은 모두 불심의 상징이었던 것이다. 고려인에게 불심은 단순히 부처에 대한 숭앙심에 국한된 것이 아니고, 삶의 방법이요, 모든 생활의 그 자체였다. 이들에게 불심을 떠난 생활은 무의미한 것이며 미래가 보장되지 않고 희망을 상실한 삶이었다.

특히 당시 문인지식층은 외적의 우리 강토 유린으로 민족적 수난기에 처한 현실을 고뇌하고 이러한 위기상황을 적극적인 현실참여를 통하여 극복하고자 경판사업에 참여하였으며, 이러한 문인지식층들의 현실참여는 실의에 빠진 당시의 수많은 민중들에게 희망을 고취시켜 주는 하나의 활력소가 되었을 것이다. 충주인 영수와 천균 등은 바로 이같은 의식의 소유자요 문인지식층 중의 한 사람이었을 것으로 추정된다.

당시 우리의 전술·전략은 주로 청야전과 수성전, 유격전 등으로 적의 침략을 분쇄하고 침략로를 저지 방어하는 것이었다. 판각사업에 많은 민중들의 참여는 청야전에 크게 기여하는 결과가 되었을 것으로 생각한다. 산성이나 해도 등지에 도피하여 장기간의 생활을 영위할 수 없었던 민중들이 보리심을 발휘하여 경판작업에 적극적으로 참여하게 되면 결과적으로 청야전에 일조하게 되는 것이 되었다. 그리고 당시 판각사업의 수행능력은 고려군의 사기를 크게 진작케 하는 요인이 될 수 있었겠지만, 그 반대로 몽병의 사기저하에 큰 영향을 미쳤을 것으로 생각된다. 경판사업의 성공적 진행은 판각에 따른 각종 기구·기술 등의 진보와 운반 수단의 발달을 국내외에 과시하게 되는 것이요, 또한 적에게 큰 위협이 되었을 것으로 보인다.

제2장 《金光明經》과 《大乘大敎王經》의 각성과 海印寺

    강화경판의 조성에 대해서는 지금까지의 연구성과 덕분에 미궁으로 남아 있던 부분이 상당히 해명되기는 하였으나, 아직 밝혀지지 않고 미개척 분야로 남아 있는 것이 더욱 많은 듯하다. '대장도감' 및 '분사도감' 등과 각 지방에 산재하고 있었던 사원 등이 서로 어떤 체계로써 경판을 조성했으며, 또 그것이 강화경판의 조성에 어떤 영향을 미쳤을까? 이 의문은 그 중의 하나이며, 이에 따른 규명작업이 필요할 것으로 생각된다.

    고려시기의 경우 서책 발간과 경판 조성 등의 사업은 대부분 사원과 계수관 막부 등지에서 담당하고 있었다. 강화경판의 조성에 각 지방의 계수관 막부와 함께 많은 사원들이 적극 협조했을 것은 거의 분명한 사실일 것이다. 그 협조 중에는 각 사원이 기왕에 보유하고 있었던 판각시설과 각수 등을 활용하게 한 것도 포함될 것으로 생각된다. 다만 판각시설과 각수 등을 대장도감 혹은 분사도감 등의 소재지로 옮겼는지, 아니면 기왕의 소재지에 그대로 두고서 활용케 하였는지는 분간하기 어렵다. 이것은 일률적으로 단정할 수 없을 듯하나, 본 장에서는 후자의 일례가 될 수 있을 것으로 생각된다.

동아대학교 석당전통문화연구원에서 소장하고 있는《금광명경(金光明經)》과《대승대교왕경(大乘大敎王經)》등은 당시 해인사와 조조처—도감의 관계를 설명해 주는 좋은 자료의 하나가 될 성싶다. [46)《금광명경》은 인도 출신의 학승 담무참(曇無讖)이 414~426년경에 한역한 것이라고 한다. 이 경은 금고(金鼓)에서 울려나오는 법문을 믿고 자기의 죄를 참회하면 자기 자신은 물론 국가와 국왕 모두 호국신으로부터 호위된다고 하며, 특히 이 경의 도량을 열면 기우와 내우외환이 소멸된다고 주장하고 있다.《금광명경》은 '서품(序品)'으로부터 '촉루품(囑累品)'에 이르기까지 모두 19품으로 나누어져 있다. 그 서품에서 "《금광명경》은 모든 경전 중에서 제일 으뜸이다. … 친분이 두터운 자들 사이에 싸워 송사(訟事)가 벌어지고, 왕법(王法)에 연루되어 각각 서로 다투어서 재물을 없애거나, 근심 걱정과 공포, 악독한 형벌과 재앙 이변, 사악한 저주로 변괴가 끊이지 않거나, … 이 경의 위력은 능히 모든 좋지 못한 변괴를 없애 주고 고요하고 기쁜 일을 가져다 줄 것이다"고 주장하고 있다. 여기서 일상생활의 규범으로서 기능하였던 우리 불교의 한 특징을 발견할 수 있으며, 특히 왕실을 비롯한 귀족 관료층이 깊이 존신하고 권장하려 하였던 까닭을 살필 수 있다. 이 경전은 강화경판의 정함(精函)[47)에 입장되어 있고《대장목록(大藏目錄)》에도 들어 있는

---

46)《금광명경》과《대승대교왕경》두 경전의 목판은 모두 현재 해인사의 동서판전에 소장되어 있으며, 또 그 인경본은 동아대 외에도 성균관대의 도서관을 비롯한 여러 곳에 소장되어 있다. 그럼에도 본장에서 '동아대본'이라고 한 것은 오직 제목 설정의 편의에 의한 것이다. 다만 인경의 과정에서 변계의 1줄 혹은 1장 전체 등이 탈락한 경우를 종종 발견할 수 있는데, 본장에서 탈자를 논의함에 있어 자료를 삼았던 것을 특히 강조하고자 하는 뜻이 담겨 있기도 하다.

경전이지만, "당송계(唐宋系)의 어느 불전목록(佛典目錄)에서도 찾아볼 수 없다는 점에서 혹 거란본(契丹本)일 가능성도 배제할 수는 없다"[48]고 하며, 또 "특히 학자의 주목을 끌게된 것은 훨씬 뒤에 된 사계본(思溪本) 및 원본(元本)에는 보이지 않는 불전이다"[49]고 한다.

다음《대승대교왕경》의 원명은《대승유가금강성해만수실리천비천발대교왕경(大乘瑜伽金剛性海曼殊室利千臂千鉢大敎王經)》인데,《문수대교왕경(文殊大敎王經)》,《천비천발대교왕경(千臂千鉢大敎王經)》,《천발경(千鉢經)》 등으로 약칭하기도 하나, 동아대학교 석당전통문화연구원의 소장본은 그 표제에《대승대교왕경》이라고 했다.《대승대교왕경》은 8세기 중엽(746~774)에 인도 출신의 학승 불공(不空)이 한역한 것이라고 하며, 경의 이름은 대승불교의 명상법에 의해서 "불(佛)이 깨달은 바다같이 넓고 깊은 교리를 문수보살이 천 개의 손으로 천 개의 바릿대를 쥐고 설교한 것"을 뜻하고 있다고 한다. 특히 문수보살이 말한 명상법에 의해서 도를 닦아 불교의 이치를 깨닫고 속히 해탈을 얻는 밀교의 의식절차에 대하여 설교하고 있는 점이 주목된다. 이 경은 전체 10권으로 나누어져 있는데, 제1권 첫 머리에서 "당(唐) 개원(開元) 21년 즉, 신라 성덕왕 32년(733) 1월 1일 진시(辰時)에 당나라 장안의 천복사(薦福寺)에서 신라의 혜초(慧超, 704~787)와 인도 출신의 금강지(金剛智) 등이 처음으로 본 경을 받았다"는 것과 그 뒤 이 경전을 번역하는 과정 등이 서문에 나타나 있다.

혜초는 개원 15년(727) 11월에 안서(安西)에 도착하였던 것으로

---

47)《大藏目錄》卷下.

48) 鄭駜謨,《高麗佛典目錄硏究》, 1990, 153쪽.

49) 朴泳洙,〈高麗大藏經의 硏究〉《白性郁博士頌壽記念 佛敎學論文集》, 1957, 452쪽.

《왕오천축국전(往五天竺國傳)》에 기록되어 있다. 개원 21년(733) 즉, 그가 인도에서 돌아온 지 5년째 되는 해에 중국 밀교의 초조인 금강지(金剛智) 삼장(三藏)의 실(室)로 들어가서 《대승대교왕경》을 받아 익히기 시작하였으며, 수법하기 8년째인 개원 28년(740)에는 금강지가 수교한 《대승대교왕경》을 필수번역(筆受飜譯)하였다. 혜초가 780년에 쓴 이 경의 서문에 의하면, 또 그로부터 7년 뒤인 건중(建中) 원년(元年, 740)에 오대산(五臺山) 건원보리사(乾元菩提寺)에서 동사(同寺)에 있던 상기 경의 구한역본(舊漢譯本)을 얻어서 재록하였다는 것을 알 수 있다. 이상으로 《금광명경》과 《대승대교왕경》의 전래 과정과 그 성격 등을 대략 살펴본 셈이다.

《금광명경》의 각기 상이한 판본 2질이 동아대학교 석당전통문화연구원에 현재 소장되어 있다. 그 판식이 매우 이질적이고, 또 내용 면에 있어서도 오·탈자 등으로 각기 상이하게 형성되어 있다. 그 2질 중에서 1질은 판본이 완전하게 조성되지 못한 실패작으로 폐판본이라고 한다면, 또 다른 1질은 폐판본을 수정 보완하여 조성된 판본이다. 전자는 실패작이기 때문에 오늘날 실용화되지 못한 반면에, 후자는 《고려대장경》의 영인본에 편입되어 널리 보급되어 있다. 그 2질을 구분하기 위한 편의상 전자는 '아본(亞本)'으로 또 후자는 '동국본(東國本)'으로 각기 호칭하기로 한다. 전자인 《금광명경》의 '아본'은 불완전한 판본으로 남아 있기 때문에 후자처럼 실용화되지는 못했지만 그로 인하여 강화경판의 조성과정에 얽힌 비밀을 밝혀주는 중요 자료의 하나가 될 수 있을 것이다. 다음 《대승대교왕경》도 위의 《금광명경》과 거의 비슷한 형편에 있기 때문에 마찬가지로 동아대의 소장본을 '아본'으로, 또 《고려대장경》의 영인본에 편입되어 있는 판본을 '동국본'으로 각각 호칭하기로 한다.

제1절 해인사의 조판과 《금광명경》 및 《대승대교왕경》

국보로 지정되어 있는 대장경판을 제외하고 소위 '잡판(雜板)'으로 호칭되는 해인사의 소장판은 현재 158종이라고 하며, 그 중에는 아래 ㉠과 같이 해인사에서 경판을 직접 조성한 것과, ㉡과 같이 해인사에서 조성하지 않은 것, 그리고 《금광명경》의 '아본'처럼 간행장소를 알 수 없는 것도 포함되어 있다고 한다.[50]

㉠ 《불설범석사천다라니경(佛說梵釋四天王陁羅尼經)》 병신년(丙申年, 고종 23년, 1236) 해인사(海印寺) 조조(彫造)

㉡ 《백화도량발원문략해(白花道場發願文略解)》 원통(元統) 2년(충숙왕 3년, 1334) 계림부(鷄林府) 개판(開板)

㉢ 《대반야바라밀다경(大般若波羅蜜多經)》 권 제21, 정유세(丁酉歲, 고종 24년, 1237) 이하 파손(破損)

㉣ 《대승비분다리경(大乘悲分陁利經)》 권 제1, 계묘세(癸卯歲, 고종 30년, 1243) 이하 불명

그러나 《금광명경》의 '아본'은 이제까지 거의 대부분 해인사의 사간본(寺刊本)으로 간주해 오고 있는 실정이다. 그 일례로 해인사의 "대장경전(大藏經殿)에 봉안 중인 경판 중에는 국간(國刊) 장경판과 사간(寺刊) 장경판이 있다"[51]고 한 것에서 현재 국보로 지정되어 있는 대장경판을 제외하고는 모두 사간본으로 간주하고 있는 것을 들 수 있다.

---

50) 朴相國, 〈慶南의 寺刹所藏 經板考〉《文化財》 15, 1982, 66쪽.
51) 徐首生, 〈八萬大藏經板研究〉《韓國學報》 9, 1977, 3쪽.

그리고 '해인사 고려각판'은 (1)금광명경(51판)〜(26) 화엄신중〔華嚴神衆(1판)〕등 26종 110판이라 하고, 이것은 '해인사 사간판고(寺刊板庫)'[52]에 있다고 한다. 또 "해인사는 고려 중기 경부터 국가적으로 추진해 오던 대장경판의 주조사업과는 별도로 많은 장경판본들을 주조하였으며, 그 중에서《금광명경》의 4권은 '수창이전판(壽昌以前板)'이라는 것"[53]이다. 이 판본이 '수창이전판'이라는 주장은 최범술(崔凡述)로부터 비롯된 것 같다. 그는 1937년에 "고려국간 장경을 인경할 때 해인사에 보관되어 있는 국간장경 이외의 모든 판본을 1매도 빠짐없이 인간(印刊)한 후 잡다한 부분을 정리·결책했다"고 한 뒤에《해인사 사간누판목록(海印寺寺刊鏤板目錄)》을 열거하고 그 속에서《금광명경》은 '수창이전판'이라고 밝혀 놓은 것[54]에서 볼 수 있다. 이상의 여러 견해를 종합하면《금광명경》의 '아본'은 해인사의 사간본이며, 또 '수창이전판'이라는 것이다. 여기 '수창이전판'이라는 것을 입증할 수 있는 자료는 현재 발견되지 않고 있으며, 오히려 강화경판의 조성시기 바로 그 무렵에 경판이 이루어졌을 가능성이 높게 나타나고 있다. 위에서 해인사는 국가의 "대장경판 주조사업과는 별도로 많은 장경판본들을

---

52) 韓國文化財保護協會刊,《文化財大觀》8, 1994, 255쪽에 101번, 그리고 168쪽의 상단에 목판 사진이 있으며, 이것은《금광명경》의 '亞本' 중에서 첫 장 판본임을 알 수 있다. '아본'의 첫장 본문 8줄은 "北微妙聲"으로 끝나는 데 비하여, '동국본'은 "北微妙聲 我今當說"로 연결되어 있는 것에서 알 수 있기 때문이다.

53) 金斗鍾,《韓國古印刷技術史》제2편, 中世印刷史(高麗印刷史) (5)海印寺經板, 1970, 102쪽.

54) 崔凡述,《海印寺寺刊樓板目錄》의 (43)금광명경 一之 二 (44)금광명경 三之 四 등이 '壽昌以前板'(《東方學志》11, 1970, 24쪽)이라고 규정한 이후로 모두 따라서 답습하고 있는 실정이다. 예컨대 金斗鍾,《韓國古印刷技術史》, (5)海印寺 經板 '金光明經 壽昌以前板'이라고 한 것에서 볼 수 있다.

주조하였다”고 한 것을 볼 수 있으며, 또 ㉠의 경전은 강화경판을 산출할 당시에 해인사에서 조조된 것임을 볼 수 있다. 그리고 ㉢과 ㉣ 등도 그 당시에 바로 조성되었음을 볼 수 있다.

앞에서 살펴본 주장과는 크게 다르게 등전양책(藤田亮策)은 “두 판본이 같은 시기에 판각되었을 것으로 생각되나, 장경판은 분사도감에서 조조된 남해분사의 것으로 생각되며, 어떤 연고로 양 판이 만들어지게 되었는지 의문이 있다”[55]고 하였다. 그러나 그는 《금광명경》의 ‘아본’은 해인사의 잡판(雜板), 즉 사간본으로 간주하고 있음이 분명하다. 이것은 이 판본이 “대자경(大字經)으로서 자체(字體) 등이 《화엄경소(華嚴經疏)》와 유사하며, 대략 동시에 판각되었을 것으로 추정된다”[56]고 하고, 또 《화엄경소》는 “가야산의 하거사(下鉅寺)에서 고종 28년(1241)에 조조된 것으로 추정된다”[57]고 한 것에서 파악할 수 있기 때문이다. 그리고 그가 《금광명경》의 ‘아본’을 해인사의 《잡판목록(雜板目錄)》에 수록해 놓았음도 볼 수 있다.

요컨대 《금광명경》의 ‘아본’은 ‘수창이전판’으로 간주한 것은 잘못이며 강화경판의 조성시기에 해인사에서 이루어진 판본으로 파악한 견해에는 동의하나, 해인사의 사간본으로 조성된 것이 아닌 것으로 추정된다. 특히 《금광명경》의 ‘아본’은 ‘해인사 사간판고’에 소장되어 있다고 하여 곧 해인사의 사간본이라고 단정할 수는 없을 것이다. 다시 말하면 《금광명경》의 ‘아본’은 비록 해인사에서 판각하였지만 사간본이 아니라 원래 국간본 대장경 조성의 일환으로 이루어졌을 것으로 생각된다. 현재 해인사의 대장경판고에 소장되어 있는 경판 중에 92판이 2중본이며, 또 “이 2중판 중에는 고려 고종 당시에 조조된 경판이 52판이나 된

---

55) 藤田亮策, 〈海印寺雜板攷〉《朝鮮學報》138, 1991, 59쪽.
56) 위의 책, 58쪽.
57) 위의 책, 56쪽.

다"[58]고 하고, 특히 ㉢과 ㉣ 등을 포함하여 47판이 모두 "고종조 원판임이 틀림없다"[59]고 한다. 비록 이 모두를 강화경판의 조성시기에 그 사업의 일환으로 해인사에서 판각된 것이라고 단정하지 못한다고 하더라도, ㉠과 ㉢, ㉣ 및 《금광명경》의 '아본' 등을 통하여 강화경판의 조성시기에 해인사에서도 경판의 판각작업을 했었다는 입증자료로는 충분하다고 본다. 현재 해인사의 대장경판고에 국보 제32호로 지정되어 있는 경판을 제외하고, 그 밖에 "고종조 원판임이 틀림없다"고 한 이 경판은 거의 대부분 일종의 폐판으로 존치하여 왔을 것이다. 이 폐판은 강화경 혹은 여타 지역 등에서 옮겨온 것으로 추측하기보다는, 해인사에서 조조된 것으로 간주하는 편이 더욱 합리적일 것으로 생각된다. 특히 《금광명경》의 '아본'을 사간본으로 볼 수 없는 이유는 사간본의 일반적 판식과 너무나 큰 차이가 있기 때문이다.

《금광명경》의 '아본'에 표시되어 있는 판수제(版首題)·권차(卷次)·장차(張次) 등 형식과 '동국본'의 형식을 서로 비교하면 전자의 자수가 많이 생략되어 있는 것이 가장 큰 차이점으로서 먼저 주목된다. 예를 들어 말하면, 후자는 "금광명경(金光明經) 권제삼(卷第三) 제십칠장(第十七張) 정(精) 인문(仁文)"이라고 판각되어 있으나, 전자는 단지 "광명삼(光明三) 십칠(十七) 온(溫)"이라고 간단히 판각되어 있다. 이를 다시 비교 설명해 보면, 판수제·권차·장차 등을 후자는 강화경판의 일반적 판식 즉 "금광명경 권 제삼 제십칠장"으로 판각되어 있으나, 전자는 "광명삼 십칠" 등으로 생략되어 있다. 그리고 후자는 함호를 정(精), 각수를 인문(仁文) 등으로 각각 판각되어 있으나, 전

---

58) 徐首生, 앞의 논문, 1977, 4쪽.
59) 徐首生, 〈伽倻山 海印寺八萬大藏經硏究〉《慶北大論文集》12, 1968, 173쪽.

자는 '온' 1자만이 판각되어 있기 때문에 이것이 함호와 각수 중 어느 쪽을 지칭한 것인지 구분하기 어렵다. 후자의 '정' 자는 함호, '인문'은 각수로 파악할 수 있는 것은 강화경판의 판각 순차가 전반적으로 그렇게 되어 있기 때문에 쉽게 알 수 있다. 또한 전자의 '온' 자가 각수 이름이라는 사실은 《금광명경》의 '아본' 총 4권 전체에는 함호를 전혀 붙여 놓지 않았기 때문이다.

강화경판의 경판은 총 80,280매(160,560장)에 이르는 방대한 분량이므로 만약 함호를 붙여두지 않았다면 색인·인출 등은 불가능했을 것이다. 따라서 《금광명경》의 '아본' 총 4권 전체에 함호가 붙여져 있지 않아, 강화경판의 경판 조성과 상관없이 판각된 것으로 오인하기 쉬울 듯하다. 그러므로 이 부분의 해명은 《금광명경》의 '아본'에 대한 판각 목적뿐만 아니라 강화경판의 전체 공정을 이해하는데 큰 도움이 될 것이다. 결론부터 먼저 말하면 강화경판의 조성체계에 함호가 없는 경판은 쓸모없는 것이므로 새로이 조판하게 했을 것으로 추정되며, 오늘날 《금광명경》 중에서 전자는 '아본', 즉 사간본으로 후자는 '동국본' 즉 국간본으로 각각 남아 있게 되었을 것이다.

《금광명경》의 '아본'은 총 4권 전체에 함호가 전혀 붙여져 있지 않을 뿐만 아니라 오자·탈자가 많이 발견되고 있다. 이에 대한 것은 뒤에서 상론하기로 하고, 《금광명경》의 '아본'에 판각되어 있는 "광명삼 십칠 온"에 대해서 다시 한 번 주목해 보기로 한다. 이것이 《금광명경》의 권 제3, 제17장과 각수 '온' 등을 약칭했다는 점은 강화경판의 전체를 일별해 볼 때 곧 파악할 수 있다. 그리고 그와 같은 약칭은 특수한 것이 아니어서 유사한 사례도 수없이 볼 수 있다. 예컨대 강화경판에서 《대승유가금강성해만수실리천비발대교왕경(大乘瑜伽金剛性海曼殊室利千臂千鉢大敎王經)》권 제1을 대승대교왕경 제1, 또 《대장일람집(大藏一覽集)》 '권제일(卷第一)'을 '람일(覽一)', 《선문염송집(禪門拈頌

集)》‘권제일(卷第一)’을 ‘염송일(拈頌一)’ 등으로 각인해 놓은 것이
그것이다. 따라서 판수제·권차·장차 등을 “광명삼 십칠 온”으로 약
칭해 놓은 것이《금광명경》의 ‘아본’에서 볼 수 있는 유일한 것이요, 또
한 이것을 큰 결함이라고 단정하지는 못할 듯하다.

다만 각수 ‘온’에 대한 것은 좀더 부연 설명이 필요할 듯하다.《금광
명경》의 ‘아본’에서 ‘온’자는 권 제1의 제3장, 제18장, 또 권 제2의
제3장 및 권 제3의 제17장 등 모두 4장에 판각되어 있으며, 이것은 그
4장을 ‘온’이 조성하였음을 뜻하고 있는 것으로 봐도 좋다. 그러나 각
수 ‘온’은 이 경판을 제외한 다른 강화경판에서 그 이름이 현재 전혀 발
견되지 않고 있다. 이것은 ‘온’자가 이름의 전체가 아니라 일부 야자이
기 때문이 아닌가 생각된다. 강화경판 전체 중에는 그 조성자의 성명
중에 1자만을 혹은 약자 또는 동음이자를 각각 판각해 놓은 사례를 많
이 볼 수 있다. 그 일례를 들면《역대삼보기》권 제5의 총 24장 중에서
송승수(宋承綬)는 단지 8장을 판각하면서 승수(承守)·승수(承綬)·
승(升)·승수(升守)·승(承)·수(綬)·승수도(承綬刀) 등 7가지 형
식[60]으로 각기 달리 판각해 놓았다. 이 사례를 참조해 볼 때 ‘온(溫)’
은 여온(呂溫)의 이름 중에 1자일 가능성이 높을 것으로 믿는다.

강화경판의 전체에서 여온(呂溫), 자온(自溫), 의온(義溫), 성온
(性溫), 온청(溫淸) 등의 각수 이름들이 산견되고 있는데, 이 중에서
유독 여온과 ‘온’을 동일인으로 간주하게 된 까닭은《금광명경》의 ‘동
국본’에도 그가 각수로 등재되어 있기 때문이다. 이 ‘동국본’은 ‘아본’
을 수정 보완하여 새로 조성한 것이며 그 과정에서 동일 각수가 참여했
을 것으로 여겨진다. 다시 말하면《금광명경》의 ‘동국본’에서 권 제3

---

60) 金潤坤,〈《高麗大藏經》의 刻板과 國子監試 出身〉《國史館論叢》46, 1993,
　　82쪽.

제16장에 '□溫'과 또 권 제4 제13장 여온 등을 볼 수 있는데, 여기 '□溫'과 여온은 동일인으로 추정되며 나아가서 '아본'의 '溫'도 동일인으로 추정해 볼 수 있을 듯하다.

<표 3-2-1> 呂溫의 각성활동

年代	經典		彫造處	張數	備 考
	經番號	卷 次			
1244	1056	3	分司	1	
〃	1272	1, 8, 9	〃	3	
1248	1499	59, 69, 74, 84, 87, 91, 99	〃	18	溫
未詳	1465(亞)	1, 2, 3	未詳	4	권3은 □溫, 권4의 彫造處는 未詳
1244	1465(國)	3, 4	分司	2	
合計	4종	13권		24장	(亞)는 합계에서 제외

<표 3-2-1>의 여온은 《금광명경》의 '동국본' 경판을 조성하는데 참여했을 뿐만 아니라 k.1056《중경목록(衆經目錄)》과 또 k.1272《대승대교왕경》 및 k.1499《종경록》 등을 포함한 경전 4종 13권 중에서 약 2년여 동안에 합계 24장을 판각하였음을 볼 수 있다. [61] 그의 각판 작업은 거의 모두 분사도감에서 이루어지고 있는 것이 하나의 특징으로

---

61) 呂溫의 판각 중에서 《금광명경》을 제외한 경전은 대략 아래와 같다. k.1056 《衆經目錄》의 권3의 제15장과 또 k.1272《大乘千臂千鉢大敎王經》의 권1의 제18장, 권8의 제17장, 권9의 제21장 그리고 k.1499《宗鏡錄》의 권59의 제4·5장, 권69의 제2·3, 5~8·10~13·15·16장, 권74의 제12장, 권84의 제7장, 권87의 제9장, 권의91 제8장, 권99의 제5장 등

나타나고 있으며, 이것은《금광명경》의 ‘아본’을 조조하였던 장소와 어 떤 관련이 있음을 시사해 주고 있는 자료가 될 것이다. 요컨대《금광명 경》의 ‘아본’에 표시되어 있는 온은 ‘동국본’의 여온과 동일인이며, 그 는 강화경판의 조성 당시에 분사도감에서 ‘각성활동’을 했던 각수였을 것이다.

《금광명경》의 ‘아본’ 총 4권 중에서 각수로 판단되는 자는 비단 ‘온’ 한 사람뿐만 아니며 아래에서 볼 수 있는 각수도 등재되어 있다. 즉,

현기〔玄己(권 제1의 제4장)〕, 인문〔仁文(권 제1의 제12장, 제21장)〕, 문〔文(권 제2의 제24장)〕

등이 바로 그들이다. 이 중에서 먼저 현기의 ‘각성활동’에 대해서 살펴 보면, 그는 현기(玄基), 현기(玄起) 등 동음이자로 표현하기도 하였 다.[62] 따라서 그는 1244~1245년 등 2년 동안에 ‘각성활동’을 하였 음을 볼 수 있다.[63]

다음 인문과 문은[64] 동일인인 듯 싶다. 앞에서 여온과 온을 동일인으 로 간주할 수 있는 가능성과 같이, 인문과 문도 동일인으로 볼 수 있는

이다.

62) k.952《阿毗達磨大毗婆沙論》의 권 제61, 권 제64, 권 제70 등에서는 모 두 玄己라고 표현해 놓았으나, 권 제81은 玄基로, 또 k.1406《法苑珠林》 의 권 제25와 k.1506《大方廣華嚴經授玄分齊通智方軌》의 권 제2상 등에 서는 玄起로 각각 상이하게 표현해 놓았음을 볼 수 있다. 그러나 모두 동일인 으로 추정된다.

63) 현기는 1244년의 1년간에 경전 13종 22권 중에서 32장을 판각했던 것으로 파악되었으나, 번거로움을 피하기 위해서 출전은 2종만 밝혀둔다. 즉 1244 년에 k.1406《法苑珠林》권 제13의 제1장과 또 1245년에 k.1506《大 方廣華嚴經授玄分齊通智方軌》권 제2 上의 제1장 등이 그것이다.

가능성은 충분히 있다. 나아가 인문은 〈표 3-2-2〉에서 보다시피 원인문(元仁文)과 동일인으로 추정이 가능하리라고 본다.[65]

   그의 전체 '각성활동'을 살펴보기 위해서 다음의 표를 그려본다.

〈표 3-2-2〉元仁文의 각성활동

年 代	經 典		彫造處	張數	備 考
	經番號	卷 次			
1242	110	4	大藏	22	仁文
1243	130	4	〃	6	〃
〃	181	10	〃	1	〃
〃	221	上	〃	1	元仁文
〃	590	6	〃	2	〃
〃	648	17	分司	3	〃
〃	801	31	大藏	2	〃
〃	802	21,54	〃	6	仁文
〃	804	上	分司	2	元仁文
〃	869	單	大藏	2	仁文
〃	1050	7	分司	1	元仁文
〃	1052	6	〃	1	〃
〃	1053	4,10	〃	2	〃
〃	1075	19	〃	1	〃
〃	1081	12,26,28	〃	4	권12의 處는 大藏, 권26은 仁文 권28은 元仁文
〃	1408	3	大藏	1	〃

年代	經 典		彫造處	張數	備 考
	經番號	卷 次			
1244	896	11,34,57	大藏	4	〃
〃	914	4	〃	2	〃
〃	922	下	〃	1	〃
〃	939	7	〃	2	〃
〃	945	12	〃	2	〃
〃	951	14,40	分司	2	〃
〃	952	25,48	大藏	2	〃
〃	956	4,36	〃	3	〃
〃	957	10	〃	2	〃
〃	968	6	分司	2	〃
〃	1055	13	〃	1	〃
〃	1064	상	大藏	1	〃
〃	1065	4	〃	1	〃
〃	1261	1	分司	2	〃
〃	1406	52	〃	1	〃
〃	1424	4	大藏	1	〃
〃	1496	11	〃	1	仁文
1245	1138	1	〃	1	元仁文
未詳	889	30	無	2	〃
〃	890	60	〃	1	〃
〃	1263	29	〃	5	仁文
〃	1465(亞)	1,2	〃	3	〃, 권2는 文
合 計	38종	48권		99장	

〈표 3-2-2〉에서 원인문(元仁文)은 경전 38종 48권 중에서 총 99장을 1242~1245년 및 언제인지 알 수 없는 해(未詳年)에 판각했음을 볼 수 있다. 총 99장은 대장도감판 66장, 분사도감판 22장, 미상 11장 등을 합산한 것이며, 미상년을 제외하면 그것을 4년 동안에 판각하였음을 알 수 있다. 〈표 3-2-2〉에서 '미상'으로 판각의 연대와 조조처— 도감을 알 수 없는 k.889《마하승기율(摩訶僧祇律)》, k.890 《십송율(十誦律)》, k.1263《신화엄경론(新華嚴經論)》, k.1465 《금광명경》의 '아본' 등이 있으나, 인문이 1242~1245년 등 4년 동안에 대장과 분사의 두 도감에서 '각성활동'을 했던 것으로 봐서 같은 범주로 간주하더라도 크게 어긋나지 않을 것이다.

원인문은 각성활동을 하기 전에 어떤 분야에서 무엇을 했으며 그의 현실인식은 어떠했는지는 전혀 알 수 없다. 《고려사》와 《고려사절요》, 합천지방을 포함한 그 인근지방의 읍지 등을 두루 살펴봤으나, 원인문의 행적에 관한 것을 현재 발견하지 못하였다. 그러나 그는 한낱 무명인으로서 무위도식으로 살아온 것 같지는 않다. 그의 각성활동의 기간인 1242~1245년은 충남 예산의 대흥지방민(大興地方民)에게 빛나는 전과를 안겨주고 퇴주한 몽고와 고려 무인정권의 사이에 표면적으로 단지 양국 사신이 왕래하고 있는 소강상태가 유지되고 있었던 것처럼 보이지만 실제로는 양국 모두 전쟁을 준비하고 있었던 시기였다. 예컨대 고종 30년(1243) 2월에 각 도에 순문사와 산성겸권농별감(山城兼勸農別監) 등을 파견했는데, "명분은 권농(勸農)이었으나 실은 방어에

---

64) 文자는 분명하나, 仁文은 印刻體로 표현되어 있기 때문에 仁乂로 판독될 수도 있을 듯하다. 우선 인문으로 판독하기로 한다.
65) k.1437《佛說光明童子因緣經》의 권1, 제6~7장에 河仁文도 있으나, 仁文은 元仁文과 동일인으로 추정된다.

대비하기 위한 것이었다"[66]는 것이 그것이다.

무인 최씨정권의 전쟁준비는 당시로 봐서 단순히 각 도에 순문사와 산성별감 등을 파견하는 조치밖에 다른 방도가 없었을지 모르나, 각 지방민 스스로 외적 침략에 대비한 방어전략은 더욱 각별할 수밖에 없었다. 당시 진사를 비롯한 문인지식층이 반몽항전의 대열에 참여하는 일환으로 자기 스스로 대장경의 각성활동을 하고 있었다.[67] 경판조성으로 말미암아 파생된 효과는 각 지방민에게 반몽항전의 전의를 고취케 했을 뿐만 아니라 청야전술과 군수물자의 조달 운반 및 적의 동태 탐지 등을 들 수 있을 것이다.[68]

요컨대 원인문은 경판의 조성사업을 반몽항전의 일환으로 인시하고 자기 스스로 각성활동에 참여한 문인지식층의 한 사람이었을 것으로 짐작된다.

《금광명경》의 '아본'과 '동국본'은 동일하게 상하단변(上下單邊)과 무판심(無版心)이며, 권자본(卷子本) 형식의 판식으로 각 권의 첫 장은 22행 및 1행 14자, 그 이하의 1장은 23행 1행 14자 등으로 조판되어 있고, 서체도 동일한 소위 전형적인 '대장경체'이다. 이 사실은 특히 '아본'도 강화경판의 경판 조성사업과 그 궤를 같이하여 산출된 판본임을 입증해 주는 좋은 자료가 될 것이다. 따라서 《금광명경》의 '아본'은 강화경판의 경판 조성사업이 시작된 이후부터 '동국본'이 조성된 1244년 이전 사이에 조성되었을 것으로 생각된다. 이 '아본'이 '동국본'보다 먼저 조성되었을 것으로 생각하는 이유는 후자가 전자의

---

66)《高麗史節要》卷16, 고종 30년 2월.
67) 金潤坤,〈高麗大藏經의 彫成機構와 刻手의 性分〉《民族史의 展開와 그 文化》上, 碧史李佑成教授 定年退職紀念論叢, 창작과 비평사, 1990. 그리고 본서 2부 2장 4절 참조.
68) 金潤坤, 앞의 논문, 1995, 166쪽.

오탈자를 수정 보완했던 것에서 알 수 있기 때문이다. 이 부분은 아래의《대승대교왕경》도 유사하므로 그 조성과정을 통하여 보완이 이루어질 수 있을 듯 하다.

　다음《대승대교왕경》의 '아본'과 '동국본'은 조성 연도 및 조조처―도감 등이 각각 상이하므로 이것을 비교해 보기 위해서 먼저 표를 그려보면 아래와 같다.

〈표 3-2-3〉《대승대교왕경》의 조판

卷次	版本	年代	彫造處	函號	張數	刻　　手
1	東亞	1244	分司	雞	30	克夫, 光乂, 得伊, 李文, 元進, 昌茂, 全一, 呂溫, 利才, 惠堅, 惠已, 公晋
	東國	1246	大藏	溪	30	□□
2	東亞	1244	大藏	雞	17	昌茂, 孝貞, 全一, 光進
	東國	1245	大藏	溪	17	□□
3	東亞	1244	分司	雞	19	孝貞, 光乂, 惠之, 利才, 鄭, 惠堅
	東國	1245	大藏	溪	19	□□
4	東亞	1244	分司	雞	32	得林, 光進, 大義, 守圭, 得伊, 全一, 光乂, 金日卿, 應甫, 利才, 金升, 世珪
	東國	1246	大藏	溪	32	□□
5	東亞	1244	分司	雞	30	祖玄, 守默, 惠之, 惠堅, 惠允, 公晋, 元幹, 方哲, 黃龍, 國寶, 金升, 克夫
	東國	1246	大藏	溪	30	云□
6	東亞	1244	分司	雞	22	惠已, 全一, 公晋, 惠之, 黃龍, 應甫, 昌茂

卷次	版本	年代	彫造處	函號	張數	刻　　手
6	東國	1246	大藏	溪	22	□□
7	東亞	1245	大藏	雞	27	惠堅, 克夫, 白和, 李善, 元卿, 之有, 光進, 元幹, 守圭, 光乂
	東國	1247	大藏	溪	27	工衣
8	東亞	1244	分司	雞	20	得伊, 呂溫, 昌茂
	東國	1246	大藏	溪	20	宋連
9	東亞	1244	分司	雞	26	甫龍, 得林, 金升, 子龍, 得伊, 守默, 昌茂, 呂溫, 全一, 惠堅
	東國	1246	大藏	溪	26	□□
10	東亞	1244	分司	溪	15	金升, 朴圭, 惠己, 孝貞, 全一
	東國	1246	大藏	雞	15	□□
						※ 각수합계 (東亞) 48명, (東國) 3명

〈표 3-2-3〉에서《대승대교왕경》의 '아본'은 1244~1245년의 2년 동안에, 또 '동국본'은 1245~1247년의 3년 동안에 각각 조성되었음을 볼 수 있다. 따라서 전자는 후자보다 먼저 조성된 판본임을 알 수 있다. 그런데 이 두 판본은 서로 관계없이 각각 독립적으로 조성된 것이 아니라 밀접한 연관이 있을 듯하다. 그 예로서 두 판본의 권 제7의 조성 연대를 보면, 전자는 전체 10권 중에서 유일하게 가장 늦은 1245년에 조성되었으며, 또 후자도 역시 동일하게 가장 늦은 1247년에 조성되었음을 볼 수 있다. 다시 말하면《대승대교왕경》의 전체 10권 중에서 권 제7의 1권은 '아본'과 '동국본'의 두 판본 모두에서 가장 늦게 조성되었는데, 이것은 우연의 일치로 나타난 현상이 아닐 것이다. 그리고 그 두 판본이 서로 아무런 상관관계도 없이 조성되었던 것이 아니라 상당한 관련이 있었음을 시사해 주고 있는 것이라고 본다.

  추측컨대 '아본'의 권 제7은 처음 조성될 때 어떤 사정에 의하여 가장 늦게 조성되었으며, 또 '동국본'의 권 제7은 그것을 다시 수정 보완하다 보니 더욱 더 늦게 조성되었던 것이 아닌가 싶다. '동국본'은 권 제7의 단 1권만이 아니고 전체가 '아본'의 각 권 보다 1~2년 늦게 조성되었음을 위 〈표 3-2-3〉에서 볼 수 있다. 이것은 '아본'의 오·탈자를 수정 보완하였던 기간과 밀접한 관련이 있었을 것이다. 그리고 '동국본'의 전체 10권은 모두 대장도감에서 조성되었으나, '아본'은 권 제2와 권 제7 등 2권을 대장도감에서 조성된 것을 제외하고 그 나머지는 모두 분사도감에서 조성되었던 사실을 유의해 볼 필요가 있다.

  대장도감과 분사도감은 상호보완적 조직체계로서 경판작업을 분담하고 또 그 작업의 진행을 위한 협의와 연락 등을 취하기도 했을 것으로 생각되며[69] 그 과정에서 사무적인 착오와 판하본의 오류 등으로 잘못 조성된 경판도 산출될 수 있었을 것으로 생각된다. 《대승대교왕경》의 '아본'과 '동국본'은 그 좋은 예의 하나가 될 듯하며, 전자의 오·탈자 등 오류를 후자가 수정 보완하여 새로 조성한 판본일 것으로 추정된다. 이 두 판본 사이에 수정 보완의 실례를 하나 들어보기로 한다.

  《대승대교왕경》의 '아본'은 함호를 모두 '계(雞)'자, 또 '동국본'은 함호를 모두 '계(溪)'자로 각각 상이하게 각해 놓았음을 위 〈표 3-2-3〉에서 볼 수 있다. 강화경판의 함차(函次)는 천자문의 순차에 의한 것이므로, 함차 반(磻)~이(伊)의 사이에 위치하고 있는 《대승대교왕경》의 함호는 당연히 '계(溪)'자가 옳다. 그런데 《대장목록(大藏目錄)》[70]에 의하면 '계(雞)'함은 《속일체경음의(續一切經音義)》의 함호

---

69) 본서 1부 2장 2절 참조.
70) 《大藏目錄》의 卷下에서 '雞'함은 《續一切經音義》로, 또 '溪'함은 《대승대교왕경》으로 각각 밝혀 놓았다.

로 밝혀져 있으므로《대승대교왕경》의 함호가 만약 '계(溪)'자가 아닌 '계(雞)'자라면 중복되는 것이다. 방대한 수량의 대장경판에 함호를 잘못 각해 놓았다면, 이 경판은 색인·인경 등이 어려워 결국 폐기할 수밖에 없을 것이다. 앞에서 살펴본《금광명경》의 '아본'도 함호가 없는 것이 대장경 체제의 판본으로서는 치명적인 결함이었으며, '동국본'으로 다시 판각할 수밖에 없었던 원인이 되었을 것이다. 이것은 처음부터 그 판하본에 오류가 있었거나, 혹은 연락과정의 사무적 착오 등으로 발생한 것인지는 현재 분명히 알 수 없다.

《대승대교왕경》의 두 판본을 서로 비교해 보면〈표 3-2-6〉에서 볼 수 있는 바와 같이 178곳의 상이한 부분을 발견할 수 있으며, 이 178곳의 거의 대부분은 전자의 오·탈자 등 오류를 후자가 수정 보완해 놓은 것이다. 이것은 두 판본의 내용 면에 표현되어 있는 상이점을 지적한 것에 불과하며, 그 밖에 판식과 서체 등도 많은 차이가 있다. 그 중에서 몇 개만 예거하면, 각 면의 양단에 있는 소제(小題)—경명, 권, 장, 함 등을 '아본'은 판면의 오른쪽에, 또 '동국본'은 판면의 왼쪽에 각각 표시해 두었으며, 서체는 전자가 후자에 비해서 고졸하고 약간 조잡한 느낌을 주고 있다. 그리고 특히 전자는 각 권말의 간기 앞 판미제가 일률적으로 통일되어 있지 않고 자수를 무원칙하게 가감하여 복잡다단하다. 유형별로 대략 나누어 보면 아래와 같다.

㉠ 大乘瑜伽金剛性海曼殊室利千臂千鉢大敎王經 권2, 권3, 권4, 권7, 권9 등 5권

㉫ 大乘瑜伽(…)曼殊室利千臂千鉢(…)經 권1 등 1권

㉬ 大乘瑜伽(…)曼殊(…)千臂千鉢(…)經 권5, 권6, 권8, 권10 등 4권

위 ㉤의 판미제를 기준으로 볼 경우에 ㉡은 "금강성해 … 대교왕(金剛性海 … 大敎王)" 등 7자, ㉥은 "금강성해 … 실리 … 대교왕(金剛性海 … 室利 … 大敎王)" 등 9자 등이 각각 탈자되어 있음을 볼 수 있다. 요컨대 《대승대교왕경》의 '아본' 총 10권의 판미제 중에서 모두 5권 즉 50%가 탈자 등으로 불완전한 셈이며, 그 탈자된 경판의 권차를 보면 무원칙하고 혼란스럽다. 이 판미제의 탈자와 조조처 — 도감은 상관성이 별로 없는 듯하다. 이것은 ㉤의 권 제2, 권 제7 등 단지 2권만이 대장도감에서 조성되고, 그 나머지는 모두 분사도감에서 조성되었던 사실을 통하여 알 수 있기 때문이다.

그러나 대장경판의 오자와 탈자 및 1구절 혹은 수행(數行) 결락 등의 현상은, 그 저본으로 삼은 판하본과 깊은 관련이 있을 것으로 생각되며, 조조처 — 도감과 관련성은 일률적으로 단정할 수 없을 듯하다. 강화경판을 일별해 보면, 한 경전의 각 권마다 조조처 — 도감이 상이하여 대장도감과 분사도감 등이 혼재해 있는 경우를 많이 볼 수 있다. 이 경우 도감이 상이하기에 서체에서 큰 차이점이나, 혹은 특별히 구별할 만한 특징이 발견되지 않고 있다. 다만 분사도감의 경판이 처음 산출된 1243년을 기준으로 삼아서 볼 때 그 이전과 이후를 구분하여 경판 산출의 구조와 형태 등을 분류하지 않으면 안 될 것으로 생각된다.

이상의 논급으로서 《대승대교왕경》의 '아본'은 오·탈자 등이 무수히 많은 거의 폐판에 가까운 판본이며, 후자는 총 10권 모두 전자에 비하여 각 권마다 1~2년 늦게 수정 보완하여 조성한 판본임을 파악할 수 있을 것이다. 비단 《대승대교왕경》의 '아본' 뿐만 아니라 《금광명경》의 '아본'도 65곳의 오·탈자와 함호 결각 등으로 대장경 체제의 판본으로서는 거의 쓸모가 없는 폐판에 불과한 판본이었던 것이다.

그렇다면 해인사에 그 판본들이 어떻게 소장될 수 있었을까? 다시 말하면 대장경체제의 판본으로서는 거의 쓸모가 없는 폐판을 강화경과 남해 및 기타 지역에서 판각하여 해인사로 옮겨온 것으로 생각할 수는 없을 것이다. 이 사실은《금광명경》과《대승대교왕경》의 '아본'은 모두 해인사에서 조조했음을 입증하고 있는 자료가 될 것이다. 다만《금광명경》의 '아본'이 해인사의 조조라는 주장에 특별한 이의 제기가 없을 듯하나,《대승대교왕경》의 '아본'은〈표 3-2-3〉에서 볼 수 있는 바와 같이 총 10권 중에서 권 제2, 권 제7 등 2권은 대장도감에서, 그 나머지 8권은 모두 분사도감에서 각각 조조되었던 것으로 표현되어 있기 때문에 그에 상응한 설명이 필요할 듯하다.

  종래에 대장도감은 강화경에, 분사도감은 경남의 남해에만 각각 설치되어 있었다고 믿어 왔다. 만약 이것이 사실이라면《대승대교왕경》의 '아본' 총 10권 중에서 권 제2, 권 제7 등 2권은 강화경의 대장도감에서, 그 나머지 8권은 모두 남해의 분사도감에서 각각 조성되었다는 말이 되는 것이다. 동일의 경전을 대장과 분사의 두 도감에서 동시에 조성한 사례는 비단《대승대교왕경》의 '아본' 뿐만 아니고 대단히 많이 볼 수 있다. 이것은 분사도감이 여러 지방에 설치되어 있었으며 두 도감은 서로 가까운 거리에 위치하고 있었다는 증거라고 주장하기도 했었다.[71] 여기에 첨언해 두고 싶은 것은 경판의 조성기간이 16년의 장기간이었고 또 전쟁 중이었기 때문에 모든 현상을 획일적으로 볼 수 없다는 점이다.

 《대승대교왕경》의 '아본'이 대장과 분사의 두 도감에서 조성되었다고 한 것은 실제로 두 도감에서 나누어 판각하였던 것이 아니라 판하본이 그렇게 되어 있었기 때문이며, 이 경판은 모두 해인사에서 조조했던 것이 거의 틀림없을 듯하다. 또 다른 경판인 해인사의 동판전(東板殿)에 소장되어 있는《불설범석사천왕다라니경(佛說梵釋四天王陀羅尼經)》

---

71) 金潤坤, 앞의 논문, 1990, 233~234쪽 및 본서 1부 2장 참조.

은 "병신육월 일 각수대승 해인사조조(丙申六月 日 刻手大升 海印寺彫造)" 즉 1236년(고종 23)[72]에 각수 대승에 의하여 해인사에서 조성된 것을 봐서 《대승대교왕경》의 '아본'도 해인사에서 판각될 수 있었을 것이다. 이 경판을 판각한 대승은 강화경판의 조성사업에도 참여하였음을 볼 수 있다. 이것은 《마하반야바라밀다경(摩訶般若波羅蜜經)》권 11, 제11~18장에, 또 《마하반야초경(摩訶般若鈔經)》권5, 제2~10장에 각각 대승을 표해 놓은 것을 통하여 볼 수 있다. 여기서 강화경판을 조성할 당시 해인사는 경판을 조성할 수 있는 여건을 충분히 갖추고 있었음을 간파할 수 있다.

《대승대교왕경》의 '아본'은 해인사에서 조조되었을 것이란 추정이 만약 용인될 수만 있다면 '분사도감' 판의 조성장소 중에는 경남 합천의 해인사도 포함되어 있었다는 말도 성립된다. 이제까지 분사도감은 오직 '남해분사'만이 존치했던 것처럼 인식되어 왔다. 그러나 분사도감은 남해뿐만 아니라, 몽고의 침략으로 경판조성이 곤란한 지역을 제외하고 각 계수관에 설치되어 있었을 것이다.[73] 여기서 한 걸음 나아가 해인사를 포함한 전국 유명 사원도 경판의 판각장소로 활용되었을 것으로 추정된다.

고려시대의 서적 출간 및 판각 조성 등은 거의 대부분 각 지방의 계수관 막부와 또 사원 등지에서 이루어져 왔던 것이 사실이다. 그렇다면 국간사업인 강화경판의 조성에는 그 이전인 평화시 기존의 판각시설과 목재 등을 방치해 두지 않고 징발 혹은 보시 형식으로 적극 활용하였을 것으로 생각하는 것이 합리적일 듯하다. 추측컨대 해인사를 포함한 전국 유명 사원과 각 계수관 등지에 목판을 조성하기 위해서 준비된 목재

---

72) 藤田亮策, 앞의 논문, 1991, 63쪽.
73) 金潤坤, 앞의 논문, 1990.

가 상당수 있었을 것 같다.[74] 이와 같이 기왕 형성된 목판을 보시 혹은 징발 등으로 거두어 들여 활용하였을 것으로 추찰할 수 있는 것은 현재 해인사에 소장되어 있는 국보 제32호의 목재에서 뒷받침되는 듯하다. 이 경판의 목재로 사용한 수종은 대략 후박나무·자작나무·돌배나무·산벗나무 등이라고 하며, 그 중에서 산벗나무가 가장 많다고 한다. 산벗나무는 우리 나라 전역에서 자생하고 있으며, 또 경판의 재질로서도 매우 우수하다고 한다.

이로써 종래에 자작나무 혹은 거제수 등이 지리산을 포함한 남해안 일대에만 자생하고 있으므로 '남해분사'를 설치할 수밖에 없었을 것이라는 논리는 설득력을 잃게 되며, 그 반대로 계수관을 중심으로 분사도감의 설치가 이루어졌을 것이라는 주장을 뒷받침할 수 있을 것으로 생각된다. 그것은 《금광명경》의 '아본'이 해인사에서 조성된 것이 거의 확실하기 때문이다.

《금광명경》의 '아본'은 조조처─도감이 표시되어 있지 않으나 서체가 전형적인 소위 대장경체로 각판되어 있다. 동시에 그것은 많은 오·탈자와 함호의 결각 등으로 대장경체제에 포함될 수 없는 경판이라는 사실도 동시에 밝힌 바 있다. 이것은 해인사에 전래되어 오던 판본을 당시 대장경체제로 판하본을 작성하여 새로 조성하기는 했으나, 경판 조성 초창기의 미숙으로 인하여 불완전한 판본을 조성하게 되었을 것으로 생각된다.

이상의 논급으로 알 수 있는 바와 같이, 《금광명경》과 《대승대교왕경》 등 두 편의 '아본'은 오·탈자와 구절 전체 및 함호 등의 결각으로 인하여 대장경체제에 포함시킬 수 없는 경판임을 알 수 있다. 따라서

---

74) 金潤坤, 〈《高麗大藏經》 조성의 참여계층과 雕造處〉《人文科學》 12, 경북대 인문과학연구소, 1998 및 본서 1부 2장 3절 참조.

그 판본은 모두 오늘날 강화경판에 편입되지 못하고 단지 해인사의 판고에 묻혀 있을 뿐이다. 이같은 폐판이 해인사에 보관되어 내려오게 된 경위에 대해서 한 번 생각해 볼 필요가 있다. 만약 이 폐판이 강화경 등 다른 곳에서 조성되었다면 해인사에 폐판을 옮겨왔을 것으로 추정할 수 없다. 특히 《대승대교왕경》의 판본 중에는 대장도감판도 포함되어 있으므로 해인사에 보관된 경위에 대해서 소홀히 생각할 수 없을 것이다. 추측컨대 《대승대교왕경》은 처음에 대장도감과 분사도감 등이 각기 분담하여 판각하게 되어 있었으나, 어떤 사정에 의하여 이것을 모두 해인사 소속의 공방 각수에게 조성을 위임하기에 이르렀으며, 그 판하본의 하자로 인하여 선본(善本)을 산출하지 못하자 다시 대장도감에서 새로 조성한 것이 '동국본'으로 남아 있게 되었을 것으로 생각된다.

제2절 《금광명경》과 《대승대교왕경》의 각 판본과 그 내용

본 절에서는 《금광명경》의 '아본'과 '동국본'을 서로 비교하여 그 내용 면의 차이점에 대해서 살펴보고자 한다. 먼저 외형상으로 큰 상이점은 첫째 '아본'은 각 권수제 아래에 함호가 없으나, '동국본'은 함호가 있다. 둘째 각 권말에 '아본'은 어려운 글자에 음의(音義)를 붙여 두었으나 간기는 없으며, '동국본'은 음의를 모두 삭제하고 권 제3의 말미에 "갑진세고려국분사대장도감봉칙조조(甲辰歲高麗國分司大藏都監奉勅雕造)"의 간기를 붙여 놓았다. 셋째 '아본'과 '동국본'의 권 제4를 서로 비교해 보면 전자는 그 말미에 1행 14자의 21행이 결락되었음을 발견할 수 있으며, 따라서 후자는 전자를 보각하였던 것임을 파악할 수 있다. 넷째 '아본'과 '동국본'의 내용을 서로 비교하면 많은 상이점이 발견되고 있다.

이 두 판본을 서로 비교하여 아래에서 〈표 3-2-4〉의 (1)~(65)는 내용상으로 상이한 부분과 오탈자 등을, 〈표 3-2-5〉는 상이한 각자 등을 각각 표기하기로 한다.

<표 3-2-4〉《금광명경》의 '동아본'과 '동국본'의 비교

番號	卷	張	줄	ⓐ 東 亞 大 本	ⓑ 東 國 大 本
1	1	3	끝,4째	作天伎樂	作天妓樂
2	1	3	끝,2째	受大快樂	受天快樂
3	1	5	마지막	瞻仰尊顔以其夢中	瞻仰尊顔目不暫捨以其夢中
4	1	6	11	貧窮困厄	貧窮困苦
5	1	10	10	我所脩行 身口意善	我所修行 身口意業
6	1	11	11	妙身瑞嚴	妙身莊嚴
7	1	12	8	百千億生	千萬億生
8	1	12	9	聞說微妙 無上之法	所說微妙 無上正法
9	1	13	끝,4째	雨細抹香 及塗身香	雨細末香 及塗身香
10	1	14	15	彌密牢固	彌密堅固
11	1	17	첫째	手足柔頓	手足淨軟
12	1	17	넷째	以好華香	以妙香華
13	1	18	11	行菩提道	行菩薩道
14	1	19	12	我今演說	今我演說
15	2	1	끝,7째	是經能去一切憂惱	是經能除一切憂惱
16	2	2	첫줄	四王及諸天龍	四王及天龍
17	2	2	10	以我等力故	以我力故
18	2	3	9	行大慈心	行大悲心

番號	卷	張	줄	ⓐ 東 亞 大 本	ⓑ 東 國 大 本
19	2	4	끝,8째	討伐我等	討罰我等
20	2	5	13	各於其土…上下和穆	各施其土…上下和睦
21	2	6	10	后妃采女中宮眷屬	后妃婇女中宮眷屬
22	2.	7	5	坐小卑座	坐卑小座
23	2	7	15	執持素帛 微妙上蓋	執持素白 微妙上蓋
24	2	8	6	四王如是	四天王如是
25	2	10	끝,5째	聞是香氣	聞是妙香
26	2	10	끝,4째	諸佛世尊	諸佛世界
27	2	12	9	至是王所止 宮殿講法之處	至是王所至 宮殿講法之處
28	2	13	끝,9째	日月博蝕	日月薄蝕
29	2	16	10	猶如鵝王	猶如鵝正
30	2	18	7	涕淚橫流	涕淚交流
31	2	18	14	金光明經大辯天品第十	金光明經大辯天神品第七
32	2	20	21	灌頂章句를 13절로 나누어 놓고 각 절구 끝에 一~十三 등 숫자 삽입.	灌頂章句의 내용 형식은 동일하나 그 절구 끝의 숫자는 삭제.
33	2	21	15	從此日夜令此居家	從此日夜令此所居
34	2	22	끝,8째	益氣力	益身力
35	2	22	끝,12째	井泉如此等	井泉如是等
36	3	2	8	喜以是之故	喜以是意故
37	3	2	10	衆生閻浮	衆生於閻浮
38	3	4	끝,7째	共相劫奪	共來劫奪
39	3	4	끝,5째	踏蓮華池	踏蓮花池
40	3	5	6	生大愁苦	生大愁惱
41	3	5	끝,9째	偏受恩遇	偏受恩遇

番號	卷	張	줄	ⓐ 東 亞 大 本	ⓑ 東 國 大 本
42	3	5	끝,3째	飢餓疫死	飢餓疫病
43	3	6	6	懶惰懈怠	嬪惰懈怠
44	3	6	끝,9째	捨而不誨	捨而不治
45	3	7	5	怨恨諸大	怨恨諸天
46	3	7	마지막	安止衆生	安上衆生
47	3	9	끝,2째	殊特沫香	殊特末香
48	3	10	10	家寶妙華	家妙寶華
49	3	10	13	結加趺坐	結跏趺坐
50	3	10	끝,4째	涕淚橫流	涕淚交流
51	3	14	끝,3째	晝夜精勤	晝夜精進
52	3	15	끝,2째	薩多琦梨…결락…如是等神	薩多琦梨 多醯波醯 阿伽跋羅 支羅摩伽 央掘摩羅 如是等神
53	3	16	2	微妙典者	微妙經者
54	3	18	10	講誦之處	讀誦之處
55	3	21	1	皆與授記	皆與受記
56	3	24	5	極重病得	極重病直
57	4	11	3	故滅生…惱熱…	故欲滅生…熱惱…
58	4	11	끝,8째	熱淸淨涅槃	熱淸涼涅槃
59	4	12	끝,3째	心大愁怖	心生愁怖
60	4	17	8	生大悲心	深生悲心
61	4	18	2	是最小子	是最小者
62	4	21	11	悉己三昧	悉以三昧
63	4	21	끝,8째	猶如日明	猶如日月
64	4	23	1	願使我身	願賜我身

536 제2장《金光明經》과《大乘大敎王經》의 각성과 海印寺

番號	卷	張	줄	ⓐ 東 亞 大 本	ⓑ 東 國 大 本
65	4	23	3	快說是言… 결락… 金光明經囑累品第十九	快說是言 一切衆生 若聞此 法 皆入甘露 無生法門 金光 明經囑累品第十九

〈표 3-2-5〉《금광명경》 이본의 相異字

	1	2	3	4	5	6	7	8	9	10	11	12	13	14	15	16	17
東亞大	鬪	無	爾	脩	最	麤	彌	密	頓	竪	斷	惡	美	輩	胅	髓	財
東國大	鬪	无	尒	修	冣	鹿	弥	客	軟	竪	断	惡	羙	輩	肢	髓	財

	18	19	20	21	22	23	24	25	26	27	28	29	30	31	32	33	34
東亞大	珍	寶	閻	若	怨	經	來	鄰	災	異	規	哉	穆	宮	屬	莊	善
東國大	珎	寶	閻	若	怨	経	来	隣	災	異	規	哉	睦	宮	属	荘	㑹

	35	36	37	38	39	40	41	42	43	44	45	46	47	48	49	50	51
東亞大	尼	跋	瓔	所	閒	缺	熟	陀	辭	勇	肌	厭	佐	徧	太子	闕	足
東國大	屍	跃	纓	𠩄	間	缺	褻	陁	辝	勇	胅	猒	佉	徧	大子	閦	㔾

	52	53	54	55	56	57	58	59
東亞大	竭	楗	怪	戾	眞	鹹	被	㐲
東國大	渴	捷	佐	戾	臭	鹹	帔	世

위의 〈표 3-2-4〉 중에서 그 내용을 파악함으로써 두 판본의 비교가
용이한 부분과 특기할 사항 등을 발췌하여 열거하면 대략 아래와 같다.

(1) 불세계에 천화(天華: 하늘 꽃)가 비오듯 내리고 천기악(하늘 풍악)

이 흘러 퍼지네.

(2) ⓐ불의 신통력으로서 큰 기쁨을 받았다.

(3) 불존안(佛尊顔)을 우러러보면서 눈을 잠시도 다른 데로 돌리지 않았다는 뜻의 '목불잠사(目不暫捨)'의 4자가 결락되었다.

(4) 가난과 괴로움.

(5) ⓐ내가 닦고 행하여 온 몸·입·뜻의 선업.

(6) ⓐ기묘한 몸매는 단정하고 장엄하다.

(7) 일방은 "백생(百生)과 천생(千生) 및 백천억생(百千億生)"이라고 했으나, 그 타방은 "백생과 천생 및 천만억생(千萬億生)"이라고 표현하고 있다.

(8) 늘 지순한 마음으로 바르게 부처님을 생각하고, 말씀하신 바는 미묘하고 무상(無上)의 바른 법설이다.

(9) ⓐ나무에 향화(香華)요, 늘 삼시(三時)에 가루향 및 몸에 바른 향내음, 중생 중에 받은 자 환희와 쾌락이로다.

(10) 만약 어떤 중생이 삼계의 번뇌 속에서 생과 사의 그물에 얽매이었다면 두루 빽빽하고 견고하리라.

(11) (부처)손과 발은 부드럽고 보들보들, 혹은 깨끗하고 보들보들하여 공경하고 사랑함에 싫지 않네.

(12) 좋은 꽃과 향으로써 혹은 기묘한 향과 꽃으로써.

(17) 만약 이 국토에서 쇠모(衰耗)될 일이 일어나거나, 외적이 국경을 침범하거나, 흉년, 전염병, 온갖 재난이 있을 적에 어떤 비구가 이 경을 받아 가지면 우리 4왕은 당연히 같이 권하여 비구로 하여금 우리들의 힘으로서 그들의 국읍 군현으로 빨리 가서 금광명미묘경전(金光明微妙經典)을 널리 유포케 하여 마땅히 위와 같은 여러 가지 쇠모의 일을 모두 멸진하도록 하겠습니다.

(20) ⓐ각기 그 나라에 대하여 스스로 사랑하고 즐거운 마음이 생기고 상

하간에 화목해진다,

(21) 후비·궁녀·중궁 권속 제 왕자 등.

(22) 영락(瓔珞)으로 자기 스스로를 장엄하게 하고 낮고 조그마한 자리
   에 앉아 자기 스스로를 높고 위대한 양하지 않게 한다.

(23) ⓐ불은 사천왕에게 말하기를, 그 때 임금은 … 흰 비단으로 장식하
   고 미묘한 일산으로 위를 받치다.

(25) 제불세존(諸佛世尊)이 이 묘한 향기를 맡으며, 이 향기로운 일산및
   금색 빛이 시방세계에 갠지스강의 모래알처럼,

(26) 제불세계에서 이러한 신통변화를 짓는 것을 보고 다른 입에서 같은
   소리로 설법자에게 칭찬하느니라.

(27) ⓐ이 임금이 머무는 곳에 이르러 법문을 강설하는 궁전에 거처하게
   하겠나이다.

(28) 일식과 월식이 잦았다.

(29) 발가락 사이마다 붙은 꺼풀은 마치 거위의 발과도 같네.

(31) 동아대본은 "(금광명경대변천품제십(金光明經大辯天品第十)"이라
   고 했으나, 동국대본은 "금광명경대변천품제칠(金光明經大辯天品
   第七)"이라 하여 후자가 바르게 고쳐 놓았다.

(38) 〈정론품(正論品)〉 불은 지신견뢰(地神堅牢)에게 말하기를 "나라임
   금은 정론으로서 중생을 위한 이로운 정치와 온갖 의혹을 단절케 하
   며 … 그 나라 임금이 방종 악행을 다스리지 않으면 나라의 정법은
   파괴되고 간신사기 행각이 성행하리니, 타방으로는 외적이 다투어
   침략해 올 것이며, 자가(自家) 소유의 전재(錢財) … 진보(珍寶)
   를 여러 악한 도적들이 모여 와서 서로 겁탈해 가니, 법대로 세상을
   다스려서 옳은 정사 실행하지 않고 만약 악정만 행한다면 그 나라는
   병들어 멸망하리라.

(39) 비유컨대, 미친 코끼리가 연화지〔蓮花(華)池〕를 짓밟듯이 폭풍은

갑자기 불고 악우(惡雨)는 자주 내릴 것이다. … 임금이 악정만 행하고 간악한 신하를 동반으로 삼아 나쁜 짓만 하면 천진(天瞋) 즉 천재지변을 재촉함이 될 것이며, 천재지변으로써 오래지 않아 나라는 패망할 것이다. '비법병장(非法兵杖)' 즉 쿠데타가 일어나고 간사·사기·싸움·소송하고 전염병은 그 국토에 만연하게 될 것이다.

(40) 하늘은 곧 마땅히 그 임금을 떼어버릴 것이니, 그 나라로 하여금 패망케 하여 큰 근심 고통(번뇌)이 생길 것이다. 형제와 자매, 처 자와 권속이 각각 흩어져 유망하고 그 자신도 또한 멸망할 것이다.

(41) 총애로 녹봉 받는 여러 소임대신 및 군료(群僚)들은 오로지 비법(非法)만 자행하네. 이같은 악행자가 도리어 편애로 우대를 받으나, 선법(善法)을 닦는 쪽은 나날이 쇠멸하네.

(42) 모질고 악한 자를 공경하고 선인을 헐뜯으므로 하늘이 우박을 퍼부으니 굶주림과 전염병으로 죽기만 하네.

(43) 정력과 용맹 있는 자 모두 사라지고 게으르거나 해이한 자들 만이 그 나라에 가득 찼었네.

(45) 비유컨대, 큰 코끼리가 연꽃 못을 파괴하듯이 하늘에 원한을 품으면 그 까닭으로 하늘이 번뇌를 생기게 하리라.

(46) ⓐ마땅히 악인은 멀리하고 정법(正法)으로 닦고 다스려서 중생을 편안케 할 것이며, 여러 선법(善法)으로서 교화와 방호(防護)하여 그들로 하여금 불선(不善)을 별리하게 할지어다.

(52) 동아대본은 살다기리(薩多琦梨) 다음부터, 다혜파혜(多醯波醯) 아가발라(阿伽跋羅) 지라마가(支羅摩伽) 앙굴마라(央掘摩羅) 등 16자가 결락되어 있다.

(65) 〈금광명경촉루품제십팔(金光明經囑累品第十八)〉의 최종 부분인 "쾌설시언(快說是言)" 다음부터 일체중생 약문차법 개입감로 무생

법문(一切衆生 若聞此法 皆入甘露 無生法門: 온갖 중생들이 만약 이 법문을 듣는다면 모두 감로같이 나고 죽지 않는 법문에 들어가리라) 등 16자가 결락되어 있다.

위는 〈표 3-2-4〉의 (1)~(65) 중에서 특히 두 판본의 차이점이 비교되는 것을 선택하여 열거해 놓은 것이다. 두 판본을 비교해 보니, 단지 글자만 상이할 뿐 내용은 거의 동일한 것, 또는 동아대본이 동국대본에 비하여 오히려 적절한 표현과 내용 전달이 잘된 것 등이 없지 않으며, 위 번호 옆에 ⓐ의 표시는 동아대본 중에서 그 표현이 오히려 정당하다고 생각되는 곳을 표시해 놓은 것이다. 이 경우는 동국대본에서 수정 보완할 때 개선이 아닌 개악의 우를 범하게 된 사례들로 간주하면 크게 틀리지 않을 것이다. 그러나 전체적으로 볼 때, 동국대본은 동아대본을 수정 보완하여 발간한 것이며, 또 위 ⓐ의 표시 밖에 다른 모든 사례들이 그것을 뒷받침해 주고 있는 것으로 봐도 좋을 듯하다. 특히 〈표 3-2-4〉의 (31)은 "금광명경 … 제십(金光明經 … 第十)"을 "제칠(第七)"로 수정하고, 또 (3)은 "목불잠사(目不暫捨)"의 4자, (65)는 "일체중생 약문차법 개입감로 무생법문(一切衆生 若聞此法 皆入甘露 無生法門)"의 16자 등 탈자를 각각 보완하고 있다. 동국대본에서 수정 보완해 놓은 것은 〈표 3-2-4〉에 발췌한 것 뿐만이 아니다.

《금광명경》의 동아대본의 권 제2 제20~21장은 《관정장구》의 13장구가 열거되어 있는데, 그 각 장구마다 아래에 번호 숫자를 붙여 두었으나, '동국본'은 그것을 삭제하였다. 각 경전의 개별적 특징을 만약 모두 용인하게 되면 대장경 체제에 무원칙적 혼란이 발생할 가능성이 있으며, 또한 대장경 체제의 체계적 유지가 어렵게 될 것이다. 따라서 '동국본'은 《금광명경》의 재래적 개별적 특징을 제거하고 강화경판의 전체에 일부분으로 편입케하기 위해서 《관정장구》의 13장구에 붙여 놓은 번호 숫자를 모두 삭제했을 것으로 생각된다. 다음《금광명경》의 '아본' 권 제3 제8장에 "이시여래 … 석인연(爾時如來 … 昔因緣)"의 1행은 13자로 형성되어 있고, 그 다음 행은 전체가 "이작게언(而作偈言)"의 4자 뿐이다. 이것을 '동국본'은 "이(而)"자를 앞줄로 옮겨 14자의 행으로 만들고 다음 행은 "작게언(作偈言)"의 3자로 1행이 되게 하였다. 강화경판의 체제는 각 면 23행과 1행 14자 등을 원칙으로 형성되어 있다. 1행 14자의 원칙이 이미 확정되어 있으면 비록 어려운 점이 있다고 하더라도, 그 원칙을 지키려고 노력함이 마땅할 것이다. 그런데 위의 '아본'에서 1행을 단지 4자만 각자하고 그 이하는 여백으로 남겨두면서, 그 바로 앞 1행을 14자로 하지 않고 13자만 각자하게 된 사연을 도저히 이해할 수 없다.

《금광명경》의 '아본'은 위와 같은 오·탈자와 원칙에 반하는 판각 등으로 결국 폐판으로 남겨두고 강화경판 체제에 부합하는 '동국본'을 새로 조성하기에 이르게 되었을 것이다. 그러나《금광명경》의 '아본'은 강화경판의 체제에 비록 수용되지는 못했다고 하더라도 경판 조성의 오랜 비밀의 단초를 열어주는 자료로서 구실을 하기에 이른 것이다. 이것은 외세의 수난을 극복하기 위한 목적과 또 그 과정에서 생성되었기 때문에 오랜 생명력을 보유하게 되었을 것이며, 문화적 전통을 계승 발전케 하려는 우리의 민족적 염원과 밀접한 관련이 있을 성싶다.

다음 아래의 표는《금광명경》과 동일한 형식으로《대승대교왕경》의 '아본'과 '동국본' 등 대조하여 다음처럼 표로 그려 본 것이다.

〈표 3-2-6〉과 같이, 두 판본 사이에 서로 다르게 표현되어 있는 내용이 무려 178곳이나 된다. 그러면 이같은 상이가 왜 발생하였을까를 살펴볼 볼 필요가 있다. 이것은 '아본'의 오류·오자 등을 '동국본'에서 수정 보완했기 때문에 생긴 것일 것으로 추정된다. 다시 구체적으로 예를 들어 언급해 보기로 한다.

〈표 3-2-6〉《대승대교왕경》의 '동아본' 과 '동국본' 등 대조표

番號	卷	張	줄	ⓐ 東 亞 大 本	ⓑ 東 國 大 本
1	1	1	첫째줄 (서문)	大乘瑜伽金剛性海曼殊室利 千臂千鉢大敎王經序	大乘瑜伽金剛性海曼殊室利 千臂千鉢大敎王經卷第一 幷序
2	1	1	끝, 줄	唐大曆 九年 十年	唐大曆 九年 十月
3	1	2	3	唐津中	唐建中
4	1	2	15	跡沆伽聖覺	跡恒沙聖覺
5	1	2	16	其忍土之	期忍土之
6	1	2	18	相人身	相之身
7	1	2	20	都題序目大乘	都題序日大乘
8	1	3	14	寤聖力品	悟聖力品
9	1	4	3	有三品一者	有二品一者
10	1	5		5장 왼쪽 상단부의 글자가 10줄 정도 보이지 않음.	
11	1	7	13	往昔釋迦	往昔千釋迦
12	1	9	끝,3째	主八定	王八定
13	1	10	10	博易世展	博奕世展
14	1	10	14	於我形害	於我刑害
15	1	11	9	盛不生誨	盛不生悔
16	1	11	19	廻向一切	廻向 切
17	1	12	6	劫陪命還	劫倍命還
18	1	12	16	他財言巨	他財拒
19	1	13	10	曼陀羅華 … 同時讚歎	曼陀羅華遍滿虛空其時大會諸家盡見 其華同時讚歎 … 으로 되어 중간에 14자가 추가됨.

番號	卷	張	줄	ⓐ 東 亞 大 本	ⓑ 東 國 大 本
20	1	13	끝,줄	空非虛空曠野	空非天曠野
21	1	14	첫째줄	川原池河	川原泉池河
22	1	14	12	大菩薩	大士菩薩
23	1	15	13	苾芻家	苾芻 家
24	1	15	14	弟子等如曼殊	弟子等如是曼殊
25	1	16	8	二者假	三者假
26	1	16	끝,줄	四者澄靈性	四者澄虛性
27	1	20	끝,2째	被於我今	被於我我今
28	1	21	16	何等字字有	何等字有
29	2	2	끝,줄	舍利佛等	舍利弗等
30	2	3	5	波羅密	波羅蜜
31	2	10	16	願導一切	願爲一切
32	2	12	15	寶幢如	寶憧如
33	2	14	끝,줄	那由陀	那由佗
34	2	16	첫째줄	發大廣	發廣大
35	3	6	3	慈其此	慈具此
36	3	6	5	嚴執身	嚴報身
37	3	8	8	去柅夜	吉柅夜
38	3	8	9	捨你匿	捨匿
39	3	10	16	達跛	達磨跛
40	3	11	6	瓢毘曳反引	瓢毘臾反一引
41	3	11	18	癡宅曳二合	癡咤曳二合
42	3	12	10	賀引一	賀引
43	4	1	7	復爲見在	復爲現在
44	4	3	10	菩薩聖智力	菩薩聖性智力

番號	卷	張	줄	ⓐ 東 亞 大 本	ⓑ 東 國 大 本
45	4	4	15	前爲見在	前爲現在
46	4	4	20	入來大菩堤	入如來大菩堤
47	4	5	첫째줄	先修此	光修此
48	4	5	끝,4째	身消滅殺	身消滅行殺
49	4	5	끝,3째	住三時故	住三昧故
50	4	5	13	見慧諦觀	見慧眼諦觀
51	4	8	끝,3째	喋號吠	喋啤吠
52	4	9	7	如出家僧	如此出家僧
53	4	9	8	第常當	第子常當
54	4	11	4	用及照用	用反照用
55	4	11	끝,5째	剛秘蜜	剛秘密
56	4	12	끝,4째	來心者同於	來四無量心者同於
57	4	14	끝,5째	寂證淨不	寂證靜不
58	4	15	15	佛秘蜜金剛	佛秘密金剛
59	4	15	18	來前稽	來前啓
60	4	17	첫째줄	來輪環	來輪還
61	4	17	6	受法得已	受得法已
62	4	20	끝,7째	願於我	願加被於我
63	4	22	9	密多不	蜜多不
64	4	23	3	秘蜜金剛	秘密金剛
65	5	1	끝,7째	會中踞師子	會中據師子
66	5	2	11	不見耶世尊	不見邪世尊
67	5	8	8	楞三昧	楞嚴三昧
68	5	8	11	名解脫於	名解說於

番號	卷	張	줄	ⓐ 東 亞 大 本	ⓑ 東 國 大 本
69	5	12	2	瑜伽秘蜜三蜜	瑜伽秘密三密
70	6	12	8	三蜜菩提	三密菩提
71	5	12	15	地秘蜜聖	地秘密聖
72	5	13	끝,6째	如來告言大士	如來告大士
73	5	13	끝,2째	時不起	時不赴
74	6	16	끝,7째	三有慧力自	三有聖力自
75	5	21	16	波羅密	波羅蜜
76	5	22	15	如來說演	如來演說
77	5	22	18	得成就正	得成止
78	5	22	20	共啓問	共啓請
79	5	23	6	秘蜜三摩	秘密三摩
80	5	23	9	秘蜜三摩	秘密三摩
81	5	23	끝,6째	蜜門三摩	密門三摩
82	5	24	5	世界當於	世界常於
83	5	25	끝,6째	沙門達立	沙門建立
84	5	29	9	親授教已	親受教已
85	5	30	8	露准當	露唯當
86	5	30	10	則被魔蔽	則被魔着蔽
87	6	2	9	方淨土衆事	方淨土承事
88	6	3	12	安性證寤	安住證寤
89	6	4	끝,4째	如來諮授	如來諮受
90	6	5	첫째줄	入一切	入知一切
91	6	5	9	碍門	碍解脫門
92	6	6	5	菩薩入如來	菩薩摩訶薩入如來

番號	卷	張	줄	ⓐ 東 亞 大 本	ⓑ 東 國 大 本
93	6	6	7	自性海	自性性海
94	6	7	끝,3째	諮授一切	諮受一切
95	6	11	끝,2째	爲十士	爲十大士
96	6	12	4	釋迦踞千世界後就一	釋迦據千世界復就一
97	6	12	6	四百億	百億
98	6	13	12	波羅密多	波羅蜜多
99	6	13	15	法雲意	法雲音
100	6	13	19	得念一念	得入一念
101	6	16	끝,4째	如來足佛神	如來足承佛神
102	6	19	4	燒然	燒香然
103	6	20	11	聞音樂之	聞念佛音樂之
104	6	20	14	味如密或	味如蜜或
105	6	21	6	妄相因緣	妄想因緣
106	6	21	끝,8째	諸天王衆	諸天衆
107	6	22	끝,2째	喜歎如來	喜讚歎如來
108	7	1	끝,4째	凡所爲	凡所謂
109	7	1	끝,2째	波羅密	波羅蜜
110	7	3	2	金剛性	金剛聖性
111	7	3	7	無念念一念	無念一念
112	7	4	3	自空於無生	自於空無生
113	7	5	끝,5째	盧如來	盧遮那如來
114	7	5	끝,3째	則是故釋迦	則是時釋迦
115	7	7	5	生性於	生心性於
116	7	7	13	釋迦踞千世界 … 就葉	釋迦據千世界 … 就一葉

番號	卷	張	줄	ⓐ 東 亞 大 本	ⓑ 東 國 大 本
117	7	7	15	四百億	百億
118	7	9	끝,8째	聖地佛	聖地住佛
119	7	11	11	菩薩初發	菩薩徒初發
120	7	11	끝,2째	惡常愛資	惡常恒資
121	7	12	6	若波羅密	若波羅蜜
122	7	13	끝,7째	入佛界地	入佛地
123	7	16	12	常愛供養	常恒供養
124	7	16	19	資則是	資財是
125	7	18	11	根本性	根本行性
126	7	18	14	念得名耐怨害於	念得耐怨害忍於
127	7	19	첫째줄	悉如性無	悉如如性無
128	7	21	9	得受力而	得定力而
129	7	22	12	開寤淨心	開寤眞淨心
130	7	23	3	八難於生死	八難於主死
131	8	1	5	如來告諸	如來告語
132	8	2	끝,줄	衆生不性	衆生不惱
133	8	3	15	果若若	果苦若若
134	8	3	19	道情捨惡	道性捨惡
135	8	4	12	無諸屬故	無計屬故
136	8	5	끝,8째	名爲相施	名爲無相施
137	8	9	13	大願在	大願恒在
138	8	12	13	布施而常	布施恒常
139	8	13	10	摩池發	摩地發
140	8	15	6	而教化	而教化教化

番號	卷	張	줄	ⓐ 東 亞 大 本	ⓑ 東 國 大 本
141	8	16	10	敎道群生	敎導蒼生
142	8	17	끝,5째	波羅密	波羅蜜
143	8	18	4	說演之	演說之
144	8	18	12	波羅密	波羅蜜
145	8	19	7	三力故	三昧力故
146	8	19	끝,5째	敎道衆生	敎導衆生
147	9	1	둘째줄	無自性性	無性自性
148	9	5	8	菩薩爲菩提	菩薩於菩提
149	9	5	9	正見正授解	正見正受解
150	9	9	끝,3째	法品 足猶	法品滿足猶
151	9	9	끝,2째	曜聖 道品	曜聖性道品
152	9	9	끝,줄	金剛三 佛	金剛三昧佛
153	9	10	2째줄	以聖力加	以聖道力加
154	9	11	끝,7째	菩薩所不能	菩薩所 能
155	9	12	10	敎受諸菩薩	敎授諸菩薩
156	9	13	4	天人明知十方	天人明智十方
157	9	13	7	知以觀知以觀天鮮	知以觀天鮮
158	9	14	3	力以觀天願	力以觀大願
159	9	16	3	而現一切	示現一切
160	9	19	15	薩土垂大摩訶薩	薩土垂摩訶薩
161	9	22	9	聖德足入	聖滿足入
162	9	23	끝,7째	不以盡皆	不已盡皆
163	9	24	4	法門非一	法門彼一
164	9	25	끝,8째	吾今當	吾今當當

番號	卷	張	줄	ⓐ東 亞 大 本	ⓑ東 國 大 本
165	10	5	끝, 5째	著作善不	著作不善不
166	10	5	끝, 3째	劫陪償無	劫倍償無
167	10	6	16	修習午日灸	修習五熱灸
168	10	6	끝, 줄	習自餘忍	習自餓忍
169	10	7	6	意擬求則求	意擬求財求
170	10	8	5	其聲斲破	其聲嘶破
171	10	8	16	好喜拳脚	好喜足卷脚
172	10	9	6	欲取而常	欲取恒常
173	10	9	끝, 줄	雨昏破	雨舌破
174	10	10	첫째줄	賢士說伏短	賢士說他短
175	10	11	4	釋賢良常	擇賢良常
176	10	12	9	地獄出生	地獄未生
177	10	13	끝, 3째	世尊得許	世尊聽許
178	10	15	7	惟有如來	唯有如來

위 〈표 3-2-6〉의 (1)번에서 전자는 단순히 《대승…경(大乘 … 經)》의 "서(序)"라고 했으나, 후자는 《대승 … 경》의 "권제일병서(卷第一幷序)"라고 수정 보완해 놓았다. 그 내용을 일별해 보면 양자는 동일하게 "당(唐) 개원(開元) 21년" 즉 신라 성덕왕 32년(733) 1월 1일 진시(辰時)에 당나라 장안의 천복사(薦福寺)에서 신라의 혜초(慧超, 704~787)와 인도 출신의 금강지(金剛智) 등이 처음으로 본 경을 받았다는 등의 내용이 수록되어 있는 "서(序)", 그리고 권 제일 〈무생문(無生門)〉 등이 아울러 입장되어 있다. 이것은 후자의 "권제일병서(卷第一幷序)"라고 한 표기는 전자를 수정하여 사실과 부합하도록 표현한 것임을 곧 파악할 수 있다. 다음 (2)번에서 전자의 "당 대력(唐 大曆) 9년(九

年) 10년(十年)"은 9년 10월을 잘못 각자하였음이 분명하며, 후자는 이것을 수정하여 바르게 고쳐 두었음을 볼 수 있다. 또 (3)번에서 전자의 "당 진중(唐 津中)"은 후자의 "당 건중(唐 建中)"을 잘못 각자하였음이 분명하다. 당나라의 연호 중에서 진중(津中)이란 연호는 없으며 건중(建中)은 덕종(德宗) 1년(780)부터 4년(785)까지 사용하였던 연호이므로 전자가 잘못임을 알 수 있다.

〈표 3-2-6〉의 (1)~(178) 중에서 (3)까지 그 내용을 검토해 본 결과로 《대승대교왕경》의 '아본'에 나타나 있는 오·탈자 및 오류 등을 '동국본'에서 수정 보완하고 있다는 사실을 파악할 수 있으며, 끝 번인 (178)까지 모두 장황하게 열거할 수 있는 겨를이 없으므로 언급을 삼가하기로 하되, 그 결과만을 요약하면 앞에서 언급한 (1)~(3) 등의 결과와 거의 대동소이한 것으로 간주해도 크게 어긋나지 않을 것이다.

제3절 《금광명경》과 《대승대교왕경》의 각수와 그 성분

《금광명경》의 '아본'에서 현재 판독이 가능한 각수는 여온(呂溫)·현기(玄己)·원인문(元仁文) 등 3명이며, 이들은 '동국본'을 비롯한 다수의 강화경판 조성에 참여했다. 이 '아본'과 '동국본'은 동일하게 총 4권 51매(94장)[75]로 편성되어 있다. 전자는 위의 3명 외에도 더 많은 각수가 있을 것으로 생각되지만 인경 불량 등으로 현재 더 이상의 판독이 불가능하며, 후자는 〈표 3-2-7〉과 같이 19명의 각수가 판각되어 있다.

〈표 3-2-7〉《금광명경》의 조판[76]

卷次	年代	彫造處	函號	張數	刻　　手
1	未詳	未詳	精	21	仁乂, 得水, 盌, 法成, 孝大
2	〃	〃	〃	25	孝大, 金升, 守山, 得水, 元卿, 孝貞, 惠己, 守一
3	1244	分司	〃	24	巴起, 孝大, 惠己, 寶龍, 孝貞, □溫, 仁乂, 子龍, 守山, 昌茂
4	未詳	未詳	〃	24	世珪, 孝大, 子龍, 寶龍, 守圭, 呂溫, 守山, 惠己

《금광명경》의 전체 4권 중에서 '동국본'은 비록 권1, 권2, 권4 등 3권의 조성시기에 대해서 알 수 없으나, 권3은 1244년에 분사도감에서 조성되었다. 따라서 본 판본은 대략 이 무렵에 조성되었을 것으로 간주하더라도 크게 어긋나지 않을 것이다. 이 권3에는 총 10명의 각수가 판각되어 있으나, 그 중에서 '□기(□起)'는 이름이 불분명하며, 또 '□온(□溫)' 즉 여온은 앞에서 언급한 바 있으므로, 이들을 제외한 나머지 8명의 '각성활동'에 대한 것을 〈표 3-2-7〉에 나타나 있는 순서대로 살펴보기로 하되, 그 8명이 판각한 경전 종류·권수·조성시기 등을 조사해 보기로 한다.

(a) 효대(孝大)는 경전 52종 91권 중에서 총 320장을 1238~1248년 중 1240년의 1년을 제외한 10년간, (b) 혜기(惠己)는 경전 40종

---

75) 《금광명경》의 '아본'과 '동국본'을 서로 비교해 보면 권수와 총 장수 등은 4권 51매(94장)로 동일하나, 전자는 후자에 비하여 권 제1은 1장이 많고 권 제4는 1장이 적다. 이것은 권 제1에 '흡義'를 수록해 놓은 1장이 첨가되어 있고, 또 권제4는 종장의 1장이 결락되었기 때문이다.

69권 중에서 총 118장을 1243~1248년 중 1246년의 1년을 제외한 5년간, (c)보룡〔甫(寶)龍〕은 경전 24종 31권 중에서 총 45장을 1243~1247년 중 1246년의 1년을 제외한 4년간, (d)효정〔孝貞(丁)〕은 경전 24종 28권 중에서 총 62장을 1243~1247년의 5년간, (e)자룡(子龍)은 경전 63종 93권 중에서 총 272장을 1238~1248년의 전 기간인 11년간, (f)수산(守山)은 경전 23종 37권 중에서 총 58장을 1243~1245년의 3년간, (g)창무(昌茂)는 경전 4종 8권 중에서 총 9장을 1244년의 1년간, (h)인예〔仁乂(銳)〕는 경전 31종 42권 중에 총 248장을 1237~1245년 중 1242년을 제외한 8년간 248장을 각각 '각성활동'을 하였다.[77] 앞 8명의 판각 중에서 판각 연대와 조조처—도감 등을 알 수 없는 '미상' 판은 설명의 편의상 모두 그 기간에 포함시켜 계산하였으며, 또 8명 모두 대장과 분사의 두 도감판이 있기 때문에 각 도감의 판각 수량을 밝히지 않았다. 8명의 판각 기간과 수량을 다시 비교해 보면 (a)10년—320장, (b)5년—118장, (c)4년—45장, (d)5년—62장, (e)11년—272장, (f)3년—58장 (g)1년—9장 (h)8년—248장 등으로 기간은 최장기 11년~최단기 1년이요, 수량은 최고 320장~최하 9장 등으로 큰 차등이 생겨 있다. 이렇게 큰 격차가 있는 것은 8명의 '각성활동'이 강제적 제도적 동원에 따른 것이 아니라 각 개인의 자유의사에 의하여 자발적 참여로 이루어졌음을 증언해 주고 있는 것이라고 생각된다. 다만 경판의 '각성활동' 기간이 10년 이상이고 또 그 판각의 수량이 200장 이상이면 일단 '전

---

76) 본 표는 '동국대본'에 나타나 있는 각수이다. 그런데, '增上寺本'은 본표의 (3) '□起'를 '巴□'로, '□溫'을 '□是'로 (4) '世珪'를 '正珪'로 각각 기록해 놓았다(《增上寺史料集》別卷 1161쪽, k.1465《금광명경》 참조). 본 표에서는 이를 참조하여 (3) '□起'를 '巴起'로 판독하였으나, 추후 확인해 볼 과제이다.

문각수'로 간주할 수 있을 것으로 보이나[78] 그 중에서 어느 한 쪽의 조건만 충족하면 일단 '전문각수'로 간주하더라도 사실과 큰 어긋남이 없을 듯하다. 위의 8명 중에서 이 범주에 속할 수 있는 각수는 (a)효대, (e)자룡, (h)인예 등 3명이며, 그 나머지 5명은 모두 '비전문각수'로서 일반적 몸보시의 일환으로 '각성활동'을 하였던 것으로 판단된다.

《금광명경》의 '아본' 권 제3의 각수는 □기, 여온, 원인문 등 3명과 위의 8명을 모두 포함하면 총 11명인데, 이 중에서 (a)효대, (e)자룡, (h)인예 등 3명을 제외한 8명 모두를 '비전문각수'로 간주하면, '전문각수'의 참여 비율은 대략 11분의 3에 불과한 셈이다. 강화경판 전체의 조성사업에 참여한 '전문각수'와 '비전문각수'의 비율을 현재로서는 정확히 알 수는 없지만, 전자가 후자에 비하여 소수였을 것으로 추산된다.

위 〈표 3-2-7〉의 전체 중에서 권 제3의 각수를 제외하면 권 제1의 득수(得水), 익(益), 법성(法成), 효대(孝大) 등 4명, 권 제2의 김승(金升), 원경(元卿), 수일(守一) 등 3명, 권 제4의 세규(世珪), 수규(守圭) 등 2명 모두 합계 9명이 되는 셈인데, 이들도 권 제3의 각수들과 대략 거의 비슷하게 각판사업에 종사하여 경판을 산출했을 것으로 추정하더라도 크게 어긋나지 않을 것이다.

앞의 각수들이 어떤 신분의 소유자들이었는지 현재 분명히 알 길은 없으며, 다만 그 중에서 (d)효정(孝貞)은 전 제주부사 노효정(盧孝貞)과 동명이인인지, 혹은 동일인인지 분명치 않다. 노효정은 1244년

---

77) (a)孝大~ (h)仁义(銳) 등 8명의 '각성활동'에 따른 출전은 수량이 방대하여 여기서 모두 밝힐 수 없다. 자세한 내용은 金潤坤, 《高麗大藏經 彫成名錄集》, 2001, 영남대출판부에 수록되어 있다.

78) 金潤坤, 〈江華京板 《高麗大藏經》의 체제에 관한 一考〉 《釜山女大史學》 10·11, 1993, 204쪽.

에 "재임시에 일본의 상선(商船)이 태풍을 만나 제주 근해에서 파선되었을 때 비단과 은주(銀珠) 등을 사유했던 것"이 탄로되어 유사로부터 처벌 요청을 받았다[79]는 것이다. 이 때는 효정의 '각성활동' 시기이므로, 만약 그가 노효정과 동일인이라고 한다면 전죄에 대한 처벌을 받지 않고 경판사업에 계속 종사했다는 말이 되는 것이다.[80] 다음 (c)보룡(甫龍)은 을사(乙巳[81], 고종 32, 1245) 6월에 인복사(仁福寺)에서 주조한 금고(禁鼓)의 발원인 5명 중에 한 사람인 진보룡(陳甫龍)과 동일인으로 추정된다. 발원인 5명 중에 진보룡을 제외한 나머지 4명은 한혁재(韓奕才), 김연(金衍), 민공무(閔共无), 국윤성(鞠允成) 등인데, 이 중에서 김연은 무신집권시기의 집정자의 한 사람이었던 김준(金俊, ?~1268)의 장인이었다[82]고 하며, 그 밖의 다른 발원인들의 행적에 대한 것은 현재 알 수 없으나, 모두 김연과 거의 대등한 위치에 놓여 있었던 자들로 파악하더라도 크게 어긋나지 않을 것이다.

위 금고는 "전쟁이 일어나지 않고, 조야가 태평하고, 불법이 넓게 펼쳐지기를 기원하고자 주조했다"[83]고 한다. 여기서 진보룡이 '각성활동'을 하고 있을 때 동시에 금고를 주조하였으며, 대장경판의 조성과 금고의 주조는 동일의식의 소산임을 파악할 수 있다. 요컨대 단순히 《금광명경》 뿐만 아니고 대장경판의 조성사업에 참여한 동기의 일단이 몽병의 퇴치와 불법의 광포 및 조야의 태평 즉 계층적 갈등의 해소 등에

---

79) 《高麗史節要》 卷16, 고종 31년 2월.
80) 효정에 대해서는 본서 2부 2장 2절 〈표 2-2-19〉에서 將軍 金孝精으로 추정했지만, 여기서는 제주부사 노효정으로 추측해 보았다.
81) 을사년은 고종 32년(1245)의 간지가 분명한 것 같다(尹龍爀, 《高麗對蒙抗爭史硏究》, 一志社, 1991, 88쪽).
82) 尹龍爀, 앞의 책, 88쪽.
83) 黃壽永, 《韓國金石遺文》, 一志社, 1976, 399~400쪽.

있었던 사실을 진보룡을 통하여 다시 한 번 확인할 수 있다.

다음《대승대교왕경》의 '아본'과 '동국본' 등에 표시되어 있는 각수를 보면, '동국본'은 운□(云□), 공의(工衣), 송연(宋連) 등 3명 뿐인데 비하여 '아본'은 38명에 이르고 있음을 앞의 〈표 3-2-3〉에서 살펴 볼 수 있었다. '동국본'에서 3명을 판각해 놓은 위치는《대승대교왕경》의 권 제5 제22장에 운□을, 또 권 제7 제19장에 공의를, 끝으로 권 제8 제1장에 송연을 각각 표해 놓았으며, 특히 운□과 공의 등은 좌변(左邊) 곽외(郭外)에 음각(陰刻)으로, 송연은 우변(右邊) 곽외(郭外)에 양각(陽刻)으로 각해 놓은 것이 특징이다. 그리고 운□은《사미니계경(沙彌尼戒經)》(未詳年, 單卷)과 또《비수반두법사전(婆藪盤豆法師傳)》(1245년 각판, 單卷) 등 각 제5장에 표시되어 있는 것으로 보아 1245년경에 강화경판의 조성사업에 참여했음을 알 수 있으나, 공의(工衣)와 송연(宋連) 등은 다른 경판에 그 모습을 전혀 나타내지 않고 있다. 다만《불본행집경(佛本行集經)》의 권 제13과《성실론(成實論)》의 권제5 등에 공의(公衣)란 각수 이름이 있는데, 공의(工衣)와 동일인으로 간주할 수도 있을 듯하다. 어떻든《대승대교왕경》의 '동국본'에 표시되어 있는 각수 3인은 그 각인의 표시 방법도 특수한 편이고 또 '각성활동'을 활발하게 하지 않았던 것 같으며, 그리고 숫자는 '아본'의 38명에 비하여 약 13분의 1에 불과했던 셈이다. 이것은 그 각인의 표시 방법이 특수하여 그들의 '각성활동'을 모두 파악할 수 없기 때문에 나타난 현상인지도 모른다.

그러면《대승대교왕경》의 '아본'에 표시되어 있는 38명은 각각 강화경판에서 어떤 활동을 했는지 살펴보기로 하되, 다만 그 중에서 '정(鄭)□'과 '극(克)□' 등은 이름이 불명확하므로 제외하기로 하며, 그 나머지 각수는 권차의 순서에 따라 열거해 보면 대략 아래와 같다.

<표 3-2-8> 《대승대교왕경》 '아본'의 각수와 각성활동

番號	刻手	彫造 期間			關與 卷數 중의 板數				異名出典			備考
		始終年代	中間缺年	造成期間	經種	卷數	分司板數	板數	異名	經番	卷次	
1	克夫	1243~1247	46	4年	7種	10卷中	4張	57張				
2	光乂	1243~1250	46~49	4	39	58	20	111	光裔	159	3	
3	得伊	1243~1245	0	3	26	42	18	69				
4	李文	1243~1248	46~47	4	42	59	48	120	李聞	896	57	李文刀 (k.803-1)
5	元進	1239~1246	40~42, 45	4	13	16	7	51	元眞	1	559	
6	昌茂	1244	0	1	4	8	4	9				
7	全一	1243~1248	46~47	4	37	63	33	98				
8	呂溫	1244~1248	45~47	2	4	15	22	26				k.1465 '동국본' 2장 제외
9	利才	1243~1247	45~46	3	39	58	33	108	李才	952	52	
10	惠堅	1243~1245	0	3	15	26	14	48				
11	惠己	1243~1248	46	5	40	69	47	118	惠基	801	5	
12	公晉	1243~1250	45~47, 49	4	7	11	39	82	公進	165	單	
13	孝貞	1243~1247	0	5	24	28	11	62	孝丁	1071	5	
14	光進	1243~1245	0	3	25	38	20	73				
15	惠之	1240~1245	41~42	4	21	30	14	81	惠智	382	4	惠之手(648-5)
16	得林	1243~1248	0	6	32	46	27	65				
17	大義	1243~1244	0	2	5	10	8	59	大意	583	1	
18	守圭	1243~1245	0	3	36	48	26	106	守珪	802	25	
19	金日卿	1237~1245	42	8	27	36	9	181	日卿	3	1	
20	應甫	1238~1248	46~47	9	34	47	10	266	文應甫	79	34	
21	金升	1237~1248	0	12	71	100	64	431	金昇	570	57	

番號	刻手	彫造期間			關與卷數 중의 板數				異名出典			備　考
		始終年代	中間缺年	造期	經種	卷數	分司板數	板數	異名	經番	卷次	
22	世珪	1243~1244	0	2	24	27	7	39	世圭	802	54	
23	祖玄	1243~1245	0	3	8	8	4	30				
24	守默	1244	0	1	1	2	3	3				
25	惠允	1244	0	1	1	1	1	1				
26	元幹	1244~1248	46~47	3	12	14	12	29				
27	方哲	1243~1245	0	3	11	14	8	32	邦哲	952	40	
28	黃龍	1244	0	1	1	2	1	2				
29	國寶	1243~1244	0	2	23	27	11	42	國甫	890	4	
30	白和	1243~1245	0	3	38	51	22	99	白禾	801	27	
31	李善	1245	0	1	1	1	0	1				
32	元卿	1237~1245	0	9	48	55	18	317	元景	3	7	
33	之有	1239~1248	41, 47	8	37	58	30	237	知有	800	20	
34	朴珪	1243~1248	47	5	23	38	50	114	朴圭	1263	32	
35	甫龍	1243~1247	46	4	24	31	19	45	寶龍	1406	39	
36	子龍	1238~1248	0	11	65	95	66	272				子龍手 (k.173-單)

　위〈표 3-2-8〉의 36명은《대승대교왕경》의 '아본'에 등재되어 있는 각수로서, 강화경판의 조성사업에 참여의 시기와 판각량 등을 주로 조사하여 그려 본 것이다. 그 참여의 시기가 가장 빠른 것은 1237년으로 여기 해당하는 자는 (19)김일경, (21)김승, (32)원경 등 3명이며, 또 가장 늦은 것은 1250년으로 여기 해당하는 자는 (2)광예, (12)공진 등 2명이다. 강화경판은 최초로 1237년에《대반야바라밀다경》과《방광반야바라밀경》등 경전 2종 110권 총 2,957장을 산출하기 시작

하여 최후로 1251년에 《석화엄경교분기원통초(釋華嚴經敎分記圓通鈔)》의 총 306장[84]을 판각함으로써 14년간의 판각사업이 완료되었다. 따라서 《대승대교왕경》의 '아본'에 등재되어 있는 각수 중에는 강화경판 조성 초기부터 이 사업이 거의 종료되기까지 참여한 인물들이 있었음을 알 수 있다. 다음으로 (1)·(2)·(3)·(4)·(7)·(9)·(10)·(11)·(12)·(13)·(14)·(16)·(17)·(18)·(22)·(23)·(27)·(29)·(30)·(34)·(35) 등 21명은 1243년에, (6)·(8)·(24)·(25)·(28) 등 5명은 1244년에 각각 경판의 산출이 시작되고 있는 것으로 봐서 그 무렵부터 비로소 조성사업에 참여하였던 것으로 생각되며, 이들이 전체 36명 중 75%에 이르고 있음을 파악할 수 있다. 다시 말하면 《대승대교왕경》의 '아본'에 등재되어 있는 각수 중에서 75%는 강화경판의 산출이 시작된 해로부터 7~8년을 지나서 비로소 조각작업을 시작한 각수요, 이들은 미숙련공이었을 것으로 추측된다.

《대승대교왕경》의 '아본'은 총 10권 중에서 1245년에 조성된 권 제7의 단지 1권을 제외하고 모두 1244에 조성된 반면 '동국본'은 총 10권 중에서 7권이 1246년에 조성됨으로써 2년 늦게 조성되었던 것이다. 또한 10권 모두 '대장도감'에서 조성되었으나, '아본'은 권 제2, 권 제7 등 2권을 제외하면 모두 '분사도감'에서 조성되었음을 앞의 〈표 3-2-3〉에서 볼 수 있다. 전자는 후자에 비하여 2년 앞서 조성됨에 따라 그만큼 미숙련공에 의하여 조성되었다고 한다면 반대로 후자는 숙련

---

84) 均如(923~973)의 法說書인 《釋華嚴經敎分記圓通鈔》의 정확한 조성연도는 파악하지 못하고 있다. 그런데 그 총 10권 중에서 권 제6의 末尾에 "江華京 辛亥 十一月書"이라는 지문이 있다. 이 지문을 근거로 권 제6만을 신해 즉 고종 38년(1251)에 판각된 것으로 추정해 오고 있는 실정이다. 그러나 그 지문은 淨書를 하였다는 뜻이 포함되어 있는 것으로 생각되며, 고종 38년에 앞의 法說書는 淨書와 동시에 총 10권 모두 조성된 것으로 생각된다.

공에 의하여 완성되었다고 말할 수 있을 듯하다. 특히 1243년에 비로소 '분사도감'의 경판이 산출되는데, 이것을 기점으로 경판의 산출구조는 매우 복잡하게 되며,《대승대교왕경》의 '아본'이 조성된 1244∼1245년의 2년동안에 강화경판의 전체 중에서 약 45%의 경판이 산출되었던 것이다. 대량 생산에 따른 부작용을 예상할 수 있는데 이 부분에 관한 것은 아래에서 다시 언급하기로 한다.

위〈표 3-2-8〉에서 경판의 조성에 참여한 기간과 판각량 등이 상대적으로 다수인 경우를 먼저 보면 (19)김일경은 8년동안 181장, (20)응보는 9년동안 266장, (21)김승은 12년동안 431장, (32)원경은 9년동안 317장, (33)지유는 8년동안 237장, (36)자룡은 11년동안 272장을 각각 조성하였다. 이들이 경판을 첫 산출한 시기는 1237∼39년 즉 초창기이며 또한 장기간 판각작업에 종사하였음을 파악할 수 있는데, 이들은 대부분 숙련공이요 전문각수의 범주에 포함시킬 수 있을 듯하다. 그러나 이들은 전체 각수 중에서 약 17%에 불과한 셈이다. 그 나머지는 판각 종사의 기간이 거의 대부분 3∼4년에 불과하며 심지어 1년간 종사자도 5명으로 나타나 있음을 볼 수 있다. 따라서 전문각수로 간주되는 약 17%를 제외하고 그 나머지의 각수는 거의 모두 '미숙련공'으로 간주할 수 있을 것으로 생각된다. 이것은《대승대교왕경》의 '아본'이 부실하게 조성된 배경이 될 수 있는 동시에 각수의 신분 즉 '미숙련공' — 문인지식층 혹은 교학승으로 파악할 수 있는 자료가 될 것 같기도 하다.

앞에서《대승대교왕경》과《금광명경》의 '아본'은 모두 오늘날 경남의 해인사에서 판각되었을 것으로 추정된다고 이미 언급한 바 있다. 강화경판이 조성될 당시에 해인사에서도 경판이 조성되고 있었던 것은 분명한 사실이다. 그 중에서 해인사의 동판전(東板殿)에 소장되어 있는《불설범석사천왕다라니경(佛說梵釋四天王陀羅尼經)》의 조성은 그 좋은

예의 하나이며, 그 말미의 지문에서 "성수무강 인병영식 시화세임 국태
민안지원 병신육월일지 각수대승 해인사조조(聖壽無彊 隣兵永息 時和
歲稔 國泰民安之願 丙申六月日誌 刻手大升 海印寺彫造)" 즉 "임금의
무강 장수와 이웃 나라의 침략 종식 및 시세의 화합 풍년으로, 나라는
태평하고 백성은 안온하기를 기원"하기 위해서 병신년 6월에 각수 대승
(大升)이 해인사에서 조조하였다고 했다. 여기 병신년은 1236년으로
파악되고 있다. [85] 이 해는 강화경판의 산출이 시작되기 1년 전이다. 여
기서 해인사는 경판의 판각시설이 완비되어 있었음을 알 수 있는 동시
에 앞으로 경판의 조성장소로 활용될 수 있을 것임을 짐작할 수 있을 듯
하다. 단순히 장소뿐만 아니라, 각수의 수요가 대량으로 요구되는 시
점에서 그 각수의 활용이 절실했을 것으로 추측된다. 각수 대승이 강화
경판의 조성에 참여했던 사실은 그것을 입증해 주는 좋은 자료이다. 즉
《마하반야바라밀경(摩訶般若波羅蜜經)》권11 제11~18장에, 또 《마
하반야초경(摩訶般若鈔經)》권5 제2~10장에 각각 대승을 각해 놓은
것이 그것이다. 여기 두 경전은 1238년과 1239년의 2년동안에 모두
대장도감에서 산출된 것이다. 이 경판의 조성에 참여한 동기도 해인사
에서 경판을 조성할 때의 기원과 서로 동일했을 것이며, 또한 이것이
강화경판을 조성하게 된 정신이었을 것이다.

　다음 해인사의 동서판전(東西板殿)에 현재 소장되어 있는 대자(大
字) 《금강반야바라밀경(金剛般若波羅密經)》[86]은 이 당시 집권자인 최
우의 '특발홍원(特發弘願)'에 의하여 정유년 즉 고종 24년에 조성되었

---

85) 藤田亮策, 앞의 논문, 1991, 63쪽.
86) 《金剛般若波羅密經》(大字)은 32장(16매)으로 편성되어 있는데, 1행은 11
　　자, 1장은 16행 등 大字板이다. 崔凡述, 〈海印寺寺刊樓板目錄〉의 (58)
　　《大字金剛經》(《東方學志》11, 1970, 30쪽).

다는 것이다. 이 경판에 대해서 "대장경판과 함께 강화로부터 해인사까지 운반된 것 중에서 일부는 아닐 것"이나, "이 경도 최우의 뜻에 따라 정분(안)〔鄭奮(奜)〕이 남해에서 조판한 것인지를 알 수 없다"[87]고 했다. 이 경을 남해에서 조판한 것으로 추측하게 된 것은, 강화 혹은 남해 등 2곳만이 경판 조성의 장소로 이용되고 있었을 것으로 착각하고 있는 것에서 비롯된 듯하다. 그러나 경판 조성의 장소가 그 두 곳만이 아니라는 사실에 대하여 이미 상당한 공감을 하고 있는 듯하며, 위의 경판을 남해에서 조판하였을 것으로 믿을 수 있는 방증마저 전혀 없는 형편이다. 그의 주장과 같이 이 경판을 강화경에서 판각·운반해 온 것으로 볼 수 없는 것처럼 남해에서 운반해 온 것으로 볼 수 없을 것이다. 따라서 앞의 《불설범석사천왕다라니경》을 각수 대승이 해인사에서 조성했던 것처럼 이 경판도 해인사에서 조성된 것으로 추정해 볼 수 있다. 대자 《금강반야바라밀경》은 집권자인 최우의 '특발홍원'에 의하여 조성된 것이라면, 단순히 격식상으로 볼 때도 오히려 남해의 정림사(定林社)보다 합천의 해인사에서 조성되었을 것으로 간주하는 것이 더욱 합리적일 것으로 생각된다.

위의 경전들과 마찬가지로 《대승대교왕경》의 '아본'도 해인사에서 조성하였을 것으로 추측할 수 있다. 그러나 그 총 10권 중에서 권 제2, 권 제7 등 2권은 '대장도감'에서, 나머지 7권 모두는 '분사도감'에서 각각 조성하였다고 간기에서 밝혀 놓고 있다. 그렇다면 이 당시 해인사와 도감의 관계를 파악하는 것이 절실한 문제로 제기된다. 결론부터 먼저 말하면, 경판의 조조처 — 도감과 해인사의 관계는 상보적 관계에 있었을 것으로 추정된다. 다시 구체적으로 말하면 《대승대교왕경》의 '아본' 총 10권의 조조 장소는 해인사였음을 증언해 주는 것으로 생각된

---

87) 藤田亮策, 앞의 논문, 1991, 52쪽.

다. 즉 해인사의 좋은 판각시설과 목재 및 각수 등은 경판 조조의 장소와 물적·인적 자원 등으로 활용되었으며, 《대승대교왕경》의 '아본' 총 10권은 그 산물의 하나로 추정된다.

위 〈표 3-2-8〉의 36명 중에서 (24)수묵(守默), (25)혜윤(惠允) 등 2명은 '분사도감'에서, 또 (31)이선(李善)은 '대장도감'에서 각각 판각을 하였던 것으로 표시되어 있을 뿐이고, 그 나머지는 모두 대장과 분사의 두 도감에서 동시에 판각을 하였던 것으로 표시되어 있다. 이 3인의 경우는 판각 수량이 겨우 3~1장 등으로 표시되어 있는 것으로 보아 특수한 예외적 존재이거나, 혹은 판각 수량의 조사에 잘못이 있지 않았을까 의심된다. 하옇든 36명 거의 대부분 대장과 분사의 두 도감에서 동시에 판각을 하였음을 알 수 있다. 이들이 대장과 분사의 두 도감에서 동시에 판각을 하였던 양태를 모두 살펴보기엔 번잡하므로 《대승대교왕경》의 '아본'으로 국한하여 보면 아래와 같다.

(1) 극부―1244년 분사(권1), 1245년 대장(권7)

(6) 창무―1244년 대장(권2), 분사(권1·권6·권8·권9)

(7) 전일―1244년 대장(권2), 분사(권1·권4·권6·권9·권10)

(13) 효정―1244년 대장(권2), 분사(권3·권10)

(14) 광진―1244년 대장(권2), 분사(권4), 1245년 대장(권7)

(18) 수규―1244년 분사(권4), 1245년 대장(권7)

(26) 원간―1244년 분사(권5), 1245년 대장(권7)

위의 7명은 두 도감에서 동시에 경판을 조성하였음을 볼 수 있으며, 그 요인은 대략 다음과 같다. 즉 만약 대장도감은 강화도에 있고 분사도감은 남해지방에만 있었다면 경전의 권별 ― 권1은 대장도감에서 권2는 분사도감에서 각각 나누어 판각하였을 것으로 추정하기란 어렵다.

이 때문에 두 도감은 서로 가까운 거리에 위치하고 있었을 것으로 생각
되며, 또 분사도감의 소재지는 각 지방의 계수관 혹은 경판의 판각사업
을 수행하기 편리한 지역 등에 설치했을 것으로 생각된다.[88) 여기서 첨
언해 둘 것은 도감은 경판의 조성 기구이고 그 공방 — 판각의 장소는
여러 곳에 분산되어 있었을 것으로 추정되며, 여기에는 각 지방의 관서
와 사원 등이 포함된다는 점이다. 특히 1243년에 분사도감의 경판이
산출되면서 그 구조가 더욱 복잡해 졌을 것이다.

제4절 小 結

　강화경판《고려대장경》은 각성인 약 3,600여 명이 1237~1251년
까지 14년동안의 판각기간을 거쳐 조성한 것이다. 그 중에서 '분사도
감판'은 1243년(고종 30)에 비로소 산출되기 시작하였다. 이전까지
'분사대장판'은 산출되지 않았으며 오직 '대장도감판'만이 산출되었던
것이다. 1243년을 기준으로 그 전후의 산출량을 나누어 계산해 보면,
그 앞은 도합 45,227장으로서 전체의 약 28%를 차지하고 있는데 불
과하지만, 그 뒤는 도합 115,333장으로서 전체의 약 78%를 차지하
고 있다. 앞의 약 28%는 모두 '대장도감'에서 산출된 것이나, 그 뒤
의 약 78%는 '대장'과 '분사'의 두 도감에서 산출된 경판이 섞여 있
다.
　원래는 해마다 각 도감에서 분담하여 경판을 산출하도록 대략 계획이
수립되어 있었고 또 판하본도 작성되어 있었을 것으로 추정된다. 그러

---

88) 金潤坤, 앞의 논문, 1990, 233쪽 및 본서 1부 2장 1절 참조.

나 1243년 이후부터 '대장도감'과 '분사도감' 등지에서 동시에 경판이 대량 생산되면서 종전의 계획은 폐기되고 이미 작성되어 있는 판하본에 따라 경판을 조성하지 못하는 경우도 생겼을 듯하다. 특히 《대승대교왕경》의 '아본'이 조성된 1244~1245년을 중심으로 전후 4년간의 경판 산출량은 총 98,689장으로서 14년간 전체 생산량의 약 62%를 산출하고 있다. 경판의 대량 산출에 따른 졸속으로 1243년 전까지 대장도감판만 생산되던 때처럼 정교하고 온전한 경판이 산출되지 못하고 《대승대교왕경》의 '아본'과 같은 경판이 산출되기에 이르게 된 것이다. 요컨대 경판이 처음 산출된 1237년의 초창기와 《대승대교왕경》의 '아본'이 조성된 1244~1245년경에 이르기까지, 그 사이 경판 산출의 구조와 형태 등은 큰 변천이 있었을 것이다. 이 변화의 한 실례를 《대승대교왕경》과 《금광명경》 '아본'의 대조과정에서 알 수 있다.

《대승대교왕경》의 '아본'과 '동국본' 등에 표현되어 있는 서체를 서로 비교해 보면 전자가 후자에 비해서 고졸하고 약간 조잡한 편이다. 이 두 판본 사이의 서체는 분명한 차이가 있지만, '아본' 내의 대장도감판과 분사도감판의 서체는 거의 구별되지 못할 정도로 비슷하다. 이것은 동일인이 작성한 판하본에 의해서 조성되었기 때문이었을 것이다. 다음 《금광명경》의 '아본'은 조조처 ― 도감이 표시되어 있지 않으나 전형적인 소위 대장경체로 판각되어 있다. 그러나 이것은 많은 오·탈자와 함호의 결각 등으로 대장경 체제에 포함될 수 없는 경판이었다. 이는 해인사에 전래되어 오던 판본을 당시 대장경체제로 판하본을 작성하여 새로 조성하긴 했으나, 경판 조성 초창기의 미숙으로 인하여 불완전한 판본을 조성하게 되었을 것으로 생각된다.

이처럼 《금광명경》과 《대승대교왕경》 등 두 편의 '아본'은 수행 혹은 1장 전체 등에 탈·오자와 함호의 결각 등으로 인하여 대장경 체제에 포함시킬 수 없는 경판임을 알 수 있다. 따라서 그 판본은 모두 오늘날 강화경판에 편입되지 못하고 단지 중복본으로 혹은 해인사의 소위 잡판 속에 묻혀 있을 뿐이다. 이같은 폐판이 해인사에 보관되어 내려오게 된 경위에 대해서 한 번 생각해 볼 필요가 있다. 만약 이 폐판이 강화경 등 다른 곳에서 조성되었다면 해인사에 폐판을 옮겨왔을 것으로 추정할 수는 없다. 특히《대승대교왕경》의 판본 중에는 '대장도감' 판도 포함되어 있으므로 해인사에 보관된 경위에 대해서 소홀히 생각할 수 없을 것이다. 추측컨대《대승대교왕경》은 처음에 대장도감과 분사도감 등이 각기 분담하여 판각하게 되어 있었으나, 어떤 사정에 의하여 이것을 모두 해인사 소속의 공방 각수에게 조성을 위임하기에 이르렀으며, 그 판하본의 결함으로 인하여 신본(善本)을 산출하지 못하자 다시 대장도감에서 새로 조성한 것이 '동국본'으로 남아 있게 되었을 것으로 생각된다. 이처럼《금광명경》과《대승대교왕경》등 두 편의 '아본'이 만약 해인사에서 조성된 것이라면, 그 각성자는 거의 대부분 해인사의 교학승과 문인지식층 등으로 파악한 것도 인정되리라 본다.

結 論

結 論

　고려대장경의 명칭은 종래에 팔만대장경(八萬大藏經)·재조대장경(再雕大藏經)·해인사대장경(海印寺大藏經) 등으로 불러왔고, 또 근래에는 고려고종관판대장경(高麗高宗官版大藏經)으로 부르기를 제의키도 했다. 그 각각의 유래와 관련하여 일면적인 타당성이 없는 것도 아니지만, 또한 그에 따른 문제점이 없는 것도 아니므로, 종전의 명칭에 대한 시비가 있게 된 것이다. 여기서 종전의 명칭에 따른 새로운 시비를 제기하는 것은 삼가키로 하되, 다만 재조대장경에 대한 것만 일언(一言)해 두기로 한다. 이 명칭은 고려 현종 때 각판한 것을 초조대장경이라 명명하고, 그 다음 두번째로 조조했다는 뜻으로 붙인 이름이다. 만약 그 명칭을 용인하게 되면, 현종 2년(1011)에 경판 조성을 착수한 이래, 그 뒤 문종대를 거쳐오면서 지속적으로 조성된 장경과 강화경시대(江華京時代)에 조성한 경판 사이에 단절을 인정하는 결과가 되며, 또한 고려대장경의 지속적인 발전과정에서 소위 속장경을 비롯한 많은 대장경의 조성 사실이 좌표를 잃게 되는 것이다. 사실 강화경시대에 조성된 대장경은 고려 불교의 지속적인 발전의 산물이요, 현종 때

570

대장경판 조성 이래로 판각 조성의 기능적 향상과 대각국사 의천 (1055~1101)의 소위 속장경 조성으로 경판 체계의 발전 등을 계승한 대장경의 결정판인 것이다.

다음 해인사대장경이란 명칭에 대해서도 일언만 덧붙여 두기로 한다. 이것은 현재 해인사에서 경판을 보관하고 있기 때문에 붙인 이름이다. 그렇다면 그 명칭은 수시로 변경될 가능성이 있게 되는 것이다. 주지하고 있다시피, 이 대장경판은 원래 강화·한양 등지를 전전하다가 왜구의 노략질로 인한 피해를 막기 위해 해인사로 옮긴 것이다. 만약 이 곳이 안전하지 못하면 다른 지역으로 옮기는 것이 당연하다. 그 때마다 명칭을 바꾸지 않으면 안 될 것이다.

따라서 최근에 강화경판《고려대장경》으로 부르게 된 것은 유사한 명칭과의 구별을 위한 것이요, 또 강화경(江華京)은 구한말의 외침을 당하기 전까지 우리 민족의 수난을 극복·수호하는 상징성을 내포하고 있기에《고려대장경》의 접속어로 명사화하면 상호 역사성을 보완하게 되어 그 의미를 한층 강조할 수 있을 것으로 생각된다. 그리고 강화경판《고려대장경》이라고 할 때 그 조성 시기와 과정도 동시에 부각되는 효과를 거둘 수 있을 것이다. 그 조성 당시에 수도인 강화경에서 새로운 경판 조성의 계획이 수립되고 판각의 전체 공역이 지휘·감독되었고, 또 외침에 굴하지 않는 민족적 자긍심을 느끼게 할 수 있기 때문이다.

참고로 당시 고려 사람들이 강화경이란 이름을 애칭하여 왔다는 사실을 밝혀 두기로 한다. 먼저 강화경판에 입장(入藏)되어 있는 균여의 《십구장원통기(十句章圓通記)》권 하의 말미에 "고려국강화경십구년경술월일제자등지(高麗國江華京十九年庚戌月日弟子等誌)"라고 하였던 것을 들 수 있다. 여기 강화경 19년은 강화도로 옮겨온 지 19년, 즉 고종 37년(1250) 경술을 지칭한 것이다. 또 역시 균여의《석화엄교분기원통초(釋華嚴敎分圓通鈔)》권 6의 말미에 "강화경신해십일월 서(江華

京辛亥十一月 書)"는 강화경 20년(1251) 신해 11월에 기록하였다는 뜻이다. 고종 19년(1232) 임진의 강화 천도로부터 경술년까지는 19년째, 신해년까지는 20년째가 각각 된다. 금상 즉위년 혹은 금·송의 연호를 사용하지 않고 오직 강화천도를 기년으로 삼았던 것에서, 당시 강화경의 애호에 따른 분위기를 파악할 수 있다. 강화경은 외세의 침략으로부터 조국수호의 보루로 인식되어 왔기 때문이었을 것이다.

그러면 본서에서 살펴본 내용을 간단히 요약하여 결론으로 삼고자 한다. 다만 본서의 서론은 강화경판에 대한 종전의 연구경향과 그 변천과정을 대강 살펴 본 것이므로 제외하고 제1편부터 제3편까지 그 주제별로 대략 요약·정리해 보기로 한다.

제1부에서는 강화경판의 편성체제와 조성기구 등을 서술하였다. 먼저 강화경판의 편성체제는 크게 내·외장으로 나누어져 있는데, 내장은《대장목록》의 경전을, 외장은《보유판목록》의 경전을 각각 편성해 놓고 있다. 종전에는 전자를 원장·정장·정판으로, 후자를 보판·보유판·부장으로 각각 호칭하여 왔으나, 양자의 내용과 출판과정 등을 문제삼으면서 엄격히 분리하였던 점, 특히 후자의 격을 낮게 폄하하였던 점 등을 지적 비판하였다.

강화경판의 편성체제를 다시 구체적으로 말하면, 소위 초조대장경 ― '국본'에 편입되어 있던 경전은 모두《대장목록》에 수록되어 있었는데 이것은 전편 ― 내장으로 편성하고, 또 당시 새로 입장한 경전은 후편 ― 외장의 체제로 삼았는데 이것은 뒷날《보유판목록》에 수록되기에 이르렀던 것이다.

고려의 대장경은 현종 2년(1011)부터 본격적으로 조성되기 시작하여 고종 38년(1251)에 대략 대미를 장식하게 되었다. 약 2세기 반의 기간에 우리는 세계에서 으뜸가는 찬란한 '대장경 문화'를 이루게 되었던 것이다. 우리가 '대장경 문화'를 창조한 과정에서 거란·몽고의 장기간에 걸친 침략과 또 여진족의 침략·내정간섭 등 참으로 견디기 어려운 민족적 수모·수난을 겪어야만 했다. 우리의 '대장경 문화'는 민족적 수난의 극복과정에서 창조된 산물이요 민족적 자긍심의 상징이다.

우리가 참담한 전화의 역경에 처해 있으면서 조성한 대장경은 외침의 수난 중에 거의 대부분 소실되고 오직 강화경판만이 온전히 현재 합천 해인사에 보관되어 있을 뿐이다. 혹시 현존 대장경판에서 소실되고 없어진 옛 대장경의 모습이 아직 남아 있는 것이 없을까. 만약 있다면 어떤 형태로 잔존하고 있는지를 살펴 볼 필요가 있다.

강화경판은 전체가 천~무함의 663함으로 나누어져 입장되어 있는데, 그것을 함순에 따라 흔히 3부로 크게 분류하고 있다. 즉 (A) 천~경함의 571함에는 경전 1,405종 5,938권으로, (B) 패~동함의 68함에는 93종 633권으로, (C) 녹~무함의 24함에는 15종 236권으로 각각 나누어 놓은 것이 그것이다. 여기 (A)와 (B)는 소위 초조대장경으로, 또 (A)·(B)·(C)의 전체는 소위 재조대장경으로 각각 부르고 있다. 이 중에서 재조대장경은 고종 24년(1237)에 경판의 산출이 시작되어 동왕 38년(1251)에 전체의 공정이 일단락된 것으로 이해하고 있으나, (A)·(B)의 초조대장경은 조성기간에 대한 시비가 현금(現今)에 이르기까지 끊이지 않고 있는 실정이다.

소위 재조대장경 즉 강화경판이 조성되기 전에 '국본' 대장경이 존치하고 있었던 것은 이미 주지의 사실이다. 그 '국본' 중에서 국전본과 국후본 등 각기 다른 2본이 있었다는 것은 수기(守其)의 《교정별록》에 의해서 확인되고 있다. (A) 천~경함 중에서 맨끝 경전, 즉 경함에 편입되어 있는 《대장목록》은 (A)·(B)를 나누는 분계선으로 삼고 있으나, 그 내용은 전혀 밝혀져 있지 않고 단지 《대장목록》은 3권이라고 하였을 뿐이다. 이 《대장목록》의 3권이 곧 '국본'의 목록으로 간주되고 있는 구 《대장목록》일 것으로 추정된다. 따라서 그 원형의 규명은 단순히 그 목록의 실상을 파악해 본다는 차원을 넘어서 국본 중에서 구《대장목록》의 내용을 파악하게 되는 것이 된다. 그런데 구《대장목록》은 현재의 강화경판을 새로 조성할 때 약간 수정·첨가하여 새로운 총 목차로 조성하게 되었을 것으로 짐작되기 때문에 만약 새로 수정·첨가한 것만 제외하면 곧 그것이 구《대장목록》의 내용이 될 것이다.

강화경판의 경전인 경순 k.1405《대장목록》—'신 목록'은 구《대장목록》과 동일하게 전체 3권으로 구성되어 있는데, 상권은 천~공함의 총 550종 2,336권을, 중권은 곡~설함의 총 506종 2,490권을, 하권은 석~동함의 총 442종 1,745권을 각각 편성하여 놓았다. 그 중에서 경전 각 권의 권수제(卷首題)·권미제(卷尾題)와 '신 목록'에 편성되어 있는 경전을 서로 비교해 보면 경명(經名)·역자(譯者)·경순(經順)과 권수(卷數) 등이 상호 일치하지 않은 부분이 상당히 많이 발견되는데, 그 원인 규명은 구《대장목록》의 원형을 발견할 수 있는 방안의 하나가 될 것이다.

그 동안 대장경의 함수(函數)·경종(經種)·권수의 합산이 각기 상이하고 일치하지 아니하였던 사정도 바로 이로 말미암은 것이었을 것이다. 그 상치의 원인은 대부분 '신 목록'의 것은 수정하지 않고 거의 원형대로 유지케 하려고 했던 반면에, 강화경판의 입장본은 새로 조성하면서 합편(合編) 혹은 분권(分卷)을 하였기 때문에 생긴 것으로 추정된다.

예컨대 '신 목록'에서는 노함의 《대마리지보살경》 5권, 또 협함의 《대마리지보살경》 2권 등이 각기 따로 편성되어 있으나, 실제 경전의 판본에는 그것이 《불설대마리지보살경》 총 7권으로 경명·권수를 개편하여 놓은 것과 같은 것이 그것이다. 또 다른 예를 들면 '신 목록'에는 "부함(富函) 입십일권(入十一卷) 어제련화심윤회문게송(御製蓮華心輪廻文偈頌) 이십오권(二十五卷) 합십일권(合十一卷)"이라고 했으

574

나, 경전의 판본에는 단지 "어제련화심윤회문게송(御製蓮華心輪廻文偈頌) 이십오권(二十五卷)"이라 했을 뿐이고 "부함(富函) 입십일권(入十一卷)"과 "합십일권(合十一卷)"은 삭제하고 없으며, 또 "제약함(濟弱函) 입이십권(入二十卷) … 근본설일체유부비나야약사 이십권(根本說一切有部毘奈耶藥事 二十卷) 결이권(缺二卷)"은 경전의 판본에서 바로 18권으로 수정하여 놓았다. 이러한 사례에서 '신 목록'의 원형은 그것이 비록 오기·착오였을지라도 거의 수정 보완하지 않으면서, 경판의 입장본에서는 권수(미)제, 권수를 대부분 수정·재편하였던 사실을 발견할 수 있다. 요컨대 '신 목록' 즉 강화경판에 수록된 경순 k.1405《대장목록》은 소위 초조대장경 즉《부인사장 대장경》의 목록을 대부분 수정·재편하지 않고 원형 그대로 두었다고 간주하더라도 크게 어긋나지 않을 듯하다. 여기서 예거한 교감의 사실은 수기의《교정별록》에서는 전혀 찾아 볼 수 없다. 이것은 수기가《대장목록》에 관한 교감은 직접하지 않았거나 혹은 구《대장목록》—《부인사장 대장경》목록의 원형을 가급적 손상케 하지 않고 그대로 두었기 때문이었을 것이다.

강화경판에 수록된 경순 k.1405《대장목록》즉 (A)·(B) 중에서 (B) 패～동함의 93종 633권 등이 곧 '국후본'의 목록에 편입되어 있었던 경전이라고 생각된다. 따라서 (A) 천～경함 중 맨끝 경전, 즉 경함에 편입해 있는《대장목록》은 초조대장경의 전체 목록이 아니라 '국전본'의 목록이었다는 사실을 파악할 수 있다. 그러면 '국후본'은 언제 조성된 것이었을까? 이 문제에 대한 정확한 해답은 현재 기대하기 어려운 실정이나, '국후본'의 범주에 속할 경판은 선종 4년(1087) 이후부터 숙종대에 이르기까지 계속 판각되고 있었으며, 이 당시에 목록도 아마 함께 판각되었을 것으로 추정된다. '국전본'의 목록인 구《대장목록》과 또 '국후본'의 목록 등은 모두 국본—《부인사장 대장경》의 목록으로 존립하여 오다가 강화경판의 조성시에 그 총 목차인 경순 k.1405 《대장목록》으로 편입되기에 이르렀을 것으로 짐작된다.

따라서 '국후본'이 선종 4년(1087)에 완성되었다는 주장은 옳지 않으며, 그 뒤 숙종 대에 이르기까지 경판 조성이 계속되었을 것으로 생각해도 좋을 것이다. 숙종 3년(1098)에 합천의 호장 이필선의 시재로 조성된 경판과 또 담양군 호장 전순미가 조성한 경판 등이 소위 재조대장경 즉 강화경판의 저본으로 사용된 흔적이 현재 분명히 남아있다. 그러므로 소위 초조대장경의 조성 연대의 하한은 선종 4년(1087)으로 단정할 수 없다는 말이 성립되는 동시에 '국후본'의 조성 하한도 자연 하강하기에 이르게 되는 것이다. '국후본'의 경판이 조성된 장소는 현재 분명히 알 수 없으나, 이 경판들도 개국사 및 귀법사 등과 같은 큰 절에서 조성되었을 것으로 짐작된다.

당시 큰 절들은 대부분 경판을 조성할 수 있는 독자적 체제를 갖추고 있었고, 그것을 대량으로 조성할 경우 '도감'을 설치하여 사업을 추진하였을 것이다. 예컨대 흥국사에 교장도감을 설치하여 속장경을 조성한 것과 같은 것이 그것이다. 대각국사 의천은 송에서 귀국한 뒤에 교장도감의 설치를 국왕에게 허락받아 요·송·일본 등지에서 구입해 온 서적 4천여 권을 정리·교감하여 새로운 불서로 간행할 수 있게 되었던 것이다.

속장경을 조성한 교장도감과 강화경판을 조성한 '고려국대장도감(高麗國大藏都監)'〔이하 대장도감〕은 서로 직접적이고 밀접한 관련은 없었다고 하더라도 전자는 후자에 큰 영향을 미쳤던 것은 사실이었을 것이다. 다시 말하면 교장도감이 속장경을 조성하는 과정에서 쌓은 기술과 경험은 '대장도감'의 운영과 경판 조성에 큰 도움이 되었을 것으로 짐작된다.

그러나 국본 곧 국전본·국후본의 조성은 단일한 조직 기구에 의해서

576

이루어졌던 것이 아니라 각 사원 단위로 분산적·복합적으로 이루어졌던 것이다. 국본 중에 복본(複本)과 결본(缺本) 등이 많았던 것은 각 사원 단위로 분산적으로 경판이 조성되었기 때문에 나타난 현상으로 볼 수 있다. 국본 중에서 복본과 결본 등의 하자가 많았음은 수기의 《교정별록》에서 볼 수 있는 바이며, 개국사와 귀법사 등지에서 경판 조성에 따른 경축행사가 있었던 선종 4년(1087) 이후로 경판 조성이 계속될 수밖에 없었던 사정이 바로 여기에 있었을 것이다.

이상에서 강화경판의 편성체제 중에서 (A)·(B) 즉 전편 — 내장으로 편성한 경전에 관한 것만 언급하였으므로, (C) 즉 후편 — 외장에 편성되어 있는 경전에 관해서 언급해 보기로 한다. (C) 녹~무함의 24함에 15종 236권은 (A)·(B)와 달리 대장경의 편제에 처음 입장하게 된 것이요, 이것은 강화경판의 가장 두드러진 특색이라고 말할 수 있다.

《보유목록》즉 '외장'과 또 전편 — 내장에 수록되어 있는 경전을 서로 비교하여 어느 한쪽이 특히 격이 떨어진다거나 하는 차별성은 발견할 수 없다. 단지 《부인사장 대장경》의 목록인 구《대장목록》의 형성을 역사적 산물로 인식하고 이것을 전편 — 내장으로 편성하고 또 '신 목록'의 성립 이후에 추가분을 후편 — 외장으로 편성하였을 뿐이다.

외장 곧 《보유목록》의 경전 15종 중에서 단지 《예념미타참법(禮念彌陀懺法)》과 《대장일람집(大藏一覽集)》등을 제외하면, 그 나머지는 모두 강화경판의 일환으로 조성되었으며, 또 그 조성기구인 '분사(分司)' 및 '대장'의 두 도감에서 이루어진 것이었다. 그리고 15종의 경전은 주로 신라와 고려 및 중국 등지의 고승대덕들의 소초(疏抄)로 편찬되어 있으며 특정 국가의 저작물로 편중되어 있지 않은 것이 특징적이다. 이 경전 15종은 소위 부장(副藏)이라고 부르고 있으나, 그 내용은 정장(正藏)과 비교하여 어떤 손색도 발견할 수 없다. 그리고 소위 부장 즉 외장에 편입하는 경종은 일정 시기의 산물로 제한하지 않고 계속 편입이 가능하도록 개방되어 있는 점도 강화경판의 편제에서 큰 특징의 하나로 간주할 수 있다.

사실이 이러함에도 불구하고 그 대부분의 경판은 판식·서체가 국간본(國刊本)과 상이하기 때문에 일종의 사간(寺刊)으로 볼 수밖에 없다고 주장하는가 하면, 또는 그 형태가 도감판 대장경의 위상을 흐리게 할 수도 있기 때문에 모두 '국보'에 계속 포함시켜 두는 것은 불합리하다고도 한다. 다시 말하면 외장에 편성되어 있는 경판은 주로 국간이 아닌 사간(私刊) 또는 사간(寺刊)이고 또 판각의 시기가 강화경판의 조성과 궤를 달리하였거나 후대의 산물이란 점을 들고 있는 것이다. 여기 경판의 판각시기에 대한 것은 상당부분 오해로 인한 것이고, 대부분 강화경판의 조성과 궤를 같이하고 있음을 알 수 있다. 국간·사간(私刊)·사간(寺刊)의 구분은 판식의 유형으로 나눈 것에 불과할 뿐이고 깊은 의미를 부여한 주장이 아닌 것으로 이해된다. 또 강화경판 중에서 소위 정장[正藏 정판(正板)]이라고 하는 경판을 조조한 곳이 해인사와 단속사 등과 같은 큰 절에서 산출된 것이 많은 부분 차지하고 있는 것으로 판명되고 있으며, 그 비용도 대부분 국비에 의존한 것이 아니라 위로는 왕족·귀족으로부터 아래로는 각 지역 군현민에 이르기까지 각계각층의 보시에 의해서 조성되었던 것으로 밝혀지고 있다. 따라서 경판의 조조처 및 경비 등을 기준으로 한 사간과 국간의 구분은 불가능할 것으로 믿으며, 또한 그 구분은 무의미할 수밖에 없을 것으로 생각한다.

또 후편 — 외장의 15종 중 하나인《대방광불화엄경수현분제통지방궤(大方廣佛華嚴經搜玄分齊通智方軌)》는 전체 10권 중 권 제1의 상·하를 비롯한 5권이 '분사대장도감개판(分司大藏都監開板)'으로, 또 권 제3의 하권이 '대장도감개판(大藏都監開板)'으로 각각 조성된 것으로 나타나 있다. 여기 '분사대장도감' 판과 '대장도감' 판은 단지 조조처의 구별일 뿐이며, 조조처의 상이로 인하여 판격의 높낮이나 내용상으로 어떤 변화도 발생하지 아니하였다. 특히 대장경의 소위 부장 중에도 '대장도감' 판이 실재하고 있었음을 확인함으로서 부장은 마치 격이 떨어지는 '분사도감'의 판만으로 형성되어 있었던 것처럼 주장하지 못하게 되었다. 요컨대 외장, 즉《보유목록》에 편성된 15종의 경전이 거의 모두 사간(私刊)·사간(寺刊)이 아니라 '도감' 판이었던 것이다. 설령 그 모두가 사간(私刊)·사간(寺刊)이었다고 하더라도 강화경판의 일부로서 이미 좌정하고 있으며, 반몽항전의 산물로 자리매김하고 있는 것이 사실이다.

강화경판의 교감기(校勘記)인《고려국신조대장교정별록(高麗國新雕大藏校正別錄)》30권은 방대한 분량인데, 이것은 강화경판을 새로 조성하기 이전에 이미 장기간 판본에 관한 준비를 하여 왔다는 증거이며, 만약 이같은 오랜 사전 준비가 없었다면 강화경판은 이루어지기 어려웠을 것이다. 이것은 소위 초조대장경 즉 '국본'의 결함을 개선하고 그 편성체제를 발전적으로 개편하려는 준비가 이미 있었음을 반영하여 주고 있는 것이라고 본다.

강화경판의 조성시기에 이르기까지 정치·경제·사회분야의 모순 극복과 외세의 퇴치 그리고 독자문화의 형성을 위한 이론 개발 및 실천 방안을 창안하기 위한 노력이 부단히 계속되어 왔을 것이다. 그 진보의 한 형태가 화엄종과 천태종 등 보수 불교세력의 퇴조와 조계종단의 성장 웅비로 나타나게 된 것이라고 생각된다. 이같은 변화와 발전을 종전의 대장경 편제하에서는 모두 수용할 수 없다는 생각을 하기에 이르렀을 것이다.

강화경판의 편제는 이제까지 불교계의 진보로 축적된 역량을 모두 흡수할 수 있고 또 미래 지향적인 변화와 정진을 유도할 수 있으며, 나아가 그 산물을 늘 흡수할 수 있도록 창안하게 된 것이다. 현존 강화경판의 편제가 바로 그것을 증언해 주고 있다. 다시 구체적으로 말하면, '국본' 즉《부인사장 대장경》에 입장된 경전은 제1편 — 내장으로 편성하고, 또 강화경판을 조성하면서 새로 입장한 경전은 제2편 — 외장으로 편성하게 된 것이 그것이다. 이 외장에는 강화경판을 조성할 때까지 생성된 경전 뿐 아니라 조선왕조의 연산군 9년(1503)에 조성된 경판도 편성되어 있다. 따라서 앞으로 산출되는 논장·율장도 제3편, 제4편 등으로 계속 편성하여 나갈 수 있도록 편제하여 놓았음을 알 수 있다. 이것은 강화경판의 최대 특징인 동시에 하나의 생명체로서 영구적으로 존속할 수 있는 편제인 것이다.

강화경판의 총 1,513종 6,807권 160,560징은 고종 24년(1237)부터 첫 판각이 산출되기 시작하였으나, 그 대부분의 판각은 동왕 30(1243)~31년(1244)의 두 해 사이에 이루어졌으며, 동왕 38년(1251)에 판각사업은 대략 끝을 맺기에 이르렀던 것이다.

그러나 '대장도감'은 첫 판각이 산출되기 1년 전에 신설되어서 판각사업이 추진되었고, 동왕 38년(1250) 9월 25일에 국왕이 문무 백관을 거느리고 강화경의 서문 밖에 있는 대장경판당(大藏經板堂)에 나아가서 분향을 하기까지 16년 동안 계속되었던 것이다. 이같이 장기간에 걸쳐 판각사업은 진행되었고 또 많은 소요경비는 대부분 광범한 보시와 사재의 희사 등으로 충당되지 않으면 안 되었던 것이다. 이 사업의 추진은 강화천도와 몽고침입 등으로 빚어진 혼돈과 해이한 민심을 수습하기 위한 하나의 정책적 수단이 될 수도 있었을 것이다.

강화경판을 조성하기 위해서 설치한 '대장도감'은 고려시대의 전체 58개 '도감' 처럼 설치 당시에 새로 기구를 구성하고 관원을 차임(差任)하였던 것이 아니라, 그 신설 당시 무인 최씨정권의 통치조직 전체를 경판의 조성기구로 전환하여 겸임으로 그 직책을 수행하였을 것으로 추정된다. 따라서 당시 통치 조직의 핵심이 판각사업의 정책적 기능을

580

담당하고, 그 하부에 실무적 기능을 담당할 부서를 설치하여 강화경에
있던 대장경판당에서 모든 조판 실무를 지휘 감독하였을 것이다. 다시
말하면 '대장도감'의 정책적 기능은 무인 최씨정권이 직접 담당함으로
써 새로운 기구를 설치하지 않았으나, 그 실무적 기능은 이를 담당할
별도의 요원을 새로 두어서 집행하도록 하였을 것이다. 이같은 양상은
'분사도감'의 조직체계를 통해서 미루어 짐작할 수 있기 때문이다.

　'분사도감'의 상부조직은 안찰사(按察使)와 계수관(界首官) 등으로
하여금 겸임케 하였으나, 그 하부조직은 기존의 지방행정 관원이 아닌
새로운 전담 요원으로 충원하였다. 곧 '장사랑군기주부동정' 및 '장사
랑양온령' 등 초임의 음사자(蔭仕者)들이 바로 그들이다. 이것은 '진
주목(晋州牧) 분사도감'의 조직체계에서 살펴 본 것이다. 그리고 경상
도의 안찰사 전광재가 '겸임대장분사(兼任大藏分司)'하였던 것도 또
하나의 사례이다. 안찰사가 분사도감의 직책을 겸임하였다고 한 것은
일부 지역이 아닌 전국의 지방 통치조직과 '분사도감'을 하나의 통일체
로 운영하였던 것을 반영해 주고 있는 것으로 생각된다. 다만 몽고의
침략으로 경전 조판의 작업을 계속할 수 없는 지역에는 '분사도감'을
설치하지 못하였을 것이다.

　당시 3경·4도호부·8목과 큰 절 등에서는 독자적으로 서적·불경
을 간행하고 있었기 때문에 각기 일정한 각수와 종이 등을 비롯한 인쇄
시설을 확보하고 있었던 것이다. 그렇기 때문에 강화경판은 '대장도
감'만이 아니라 전국의 군현조직을 단위로 조직된 '분사도감'에서도 조
성됨으로써 그 효율을 높일 수 있었을 것이다. 고종 30~31년의 두 해
동안에 전체 판각의 약 2분의 1이 조성될 수 있었던 것은 이 때 '분사
도감'의 경판이 처음으로 산출되기 시작한 것과 무관하지 않다.

　불법을 참용하여 체제의 내적 통합을 기하기 위해서 그간 강화경의
대장도감에서만 판각되던 경판을 전국에 산재한 분사도감에서도 조성

토록 하였을 것이다. 이를 위해 재조관료들을 사심관으로 있는 지역, 즉 그들의 본향·처향·외향에 내려보내 전쟁에 대한 위기의식을 고취시키고 강화경판의 조성을 직접 시연해 보였을 것이다. 그리고 이를 통하여 지방민들의 적극적 참여를 유도하고 전체 민중에게 보시를 이끌어내고 원활한 조세수입원을 확보하고자 하였을 것이다. 이러한 무인 최씨정권의 의도는 귀족·관료를 비롯한 지주층의 입장과도 부합하는 것이었다. 그들은 자신의 본향·처향·외향 등지에 지주로서의 일정한 기반을 가지고 있었다. 그러나 몽고의 침략으로 인해 도읍을 강화로 옮기게 되면서 그들은 지주로서의 지대 징수가 그만큼 어려워지게 되었을 것이다. 이런 상황 하에서 '분사도감'에서도 대장경판 조성이 이루어지게 되자 이를 명분으로 합법적으로 강화경을 벗어나 자신의 본향·처향·외향으로 내려가 경제적 기반 유지에 관심을 가질 수 있게 되었을 것이다.

종전에 '분사도감'의 조조처는 오직 '분사남해(分司南海)'만이었을 것으로 오인하여 왔으나, 최근에 이르러 해인사와 단속사에서도 각판이 이루어졌음이 밝혀지고 있다. 그리고 고종 35년(1248)에 경상도의 안찰사인 전광재는 '분사도감'의 직을 겸임하고 금성 즉 경주(강화경판의 조성처 중의 한 곳으로 추정되며, 훗날 별고로 상론할 예정이다)에서 비로소 《남명전화상송증도가사실(南明泉和尙頌證道歌事實)》의 초본(草本)을 새로 정리하여 판각할 수 있었고, 또 그 뒤 《동국이상국집(東國李相國集)》을 간행할 때 진주 계수관이 '분사도감'을 관할하고 있었던 것은 그 조조처가 분산되어 있었음을 증언하고 있는 것이다.

경판을 조성하기 위해서는 많은 목재의 벌채와 운반, 각수(刻手)의 동원, 조각도(彫刻刀)의 제조, 소요 식량의 조달 등이 필요하였을 것이다. 나아가 고려인 거의 전부를 동원해야 하는 체제가 구축되어 있지 않고서는 대장경판의 조성이란 어려운 사업이었을 것이다. 이것은 '분사도감'이 각 도의 안찰사와 계수관의 직을 겸임하지 않고서는 그 직분을 수행할 수 없었을 것이란 사실을 뒷받침하고 있는 것이다. 또 경판의 판각도 적군의 침략이 자행되고 있는 와중에 한 곳에서 집중적으로 이루어지는 것보다 여러 지역에 분산하여 조성하는 것이 훨씬 위험부담을 감소케 했을 것이고 동시에 일의 효율성도 기할 수 있었을 것이다.

'분사도감'의 간기(刊記) 유형을 보면 ① 분사대장도감(分司大藏都監) 개판(開板), ② 분사대장도감(分司大藏都監) 조조(雕造), ③ 고려국(高麗國) 분사대장도감(分司大藏都監) 봉칙조조(奉勅雕造) 등 3종으로 대략 나누어지고 있다. 이것은 경전을 조판한 '분사도감'이 각각 상이하였기 때문이었거나, 혹은 최소한 공방 등이 각각 달랐기 때문에 나타난 현상일 것으로 짐작된다. 이것은 '분사도감' 혹은 각판의 작업장인 공방 등이 여러 곳에 분산 설치되어 있었을 것이라는 말인 것이다. 그 중 ①의 '개판' 형은 남해에 설치되어 있었음을《종경록》의 권 제27에서 '분사남해대장도감(分司南海大藏都監)' 개판(開板)이라 한 것에서 알 수 있다. 다음 ②의 '조조' 형은 그 설치 장소를 현재 파악할 길이 없으며, ③의 '봉칙조조' 형은 진주목에 설치되어 있었음을 이규보의 시문집인《동국이상국집》을 발간하면서 '고려국 분사대장도감 봉칙조조'라고 밝혀 놓은 것에서 알 수 있다. 그러나 ①·②·③의 3형 모두 어느 특정 지역 한 곳에만 설치되어 있었던 것이 아니라 몇 개 지역에 분산 설치되어 있었을 가능성도 배제할 수 없을 듯하다.

제2부에서는 강화경판의 조성과정에서 신역·재물보시의 표현방식과 또 당시 재조관료층, 재향세력, 승려층 및 국자감시 출신의 문인지식층 등의 '각성(刻成) 활동'에 관해서 살펴보았다.

각 경판의 변계선 안팎 여백에서 우리는 강화경판의 조성시기에 살았던 3,600여 명의 사람과 만날 수 있다. 그리고 여기에 각인된 인명의 상당수는 성씨와 또 그 앞에 진사·비구·대정·호장 등과 같은 신분을 명기하여 놓았음을 발견할 수 있다. 그 인명과 《고려사》·문집·비문의 문헌 등을 서로 비교해 보면, 당시 ① 재조관료층, ② 재향세력, ③ 승려층, ④ 국자감시 출신의 문인지식층 등과 유사한 이름을 많이 볼 수 있다. 그 밖에 3,600여 명 중에는 문헌에 인명을 남기지 못한 계층 — 광범위한 서민대중도 틀림없이 포함되어 있었을 것으로 추정된다. 이는 강화경판의 조성기간에 농민봉기, 즉 중외 저항세력의 활동이 거의 표면화하고 있지 않다는 점이 뒷받침하여 주고 있다. 중외의 저항세력을 포함한 각 지역 군현민의 몸보시와 재보시 등이 광범위하게 이루어졌을 것은 틀림없는 사실이다. 그러나 현재 그들이 강화경판의 조성에 기여하였던 사실에 대한 물증을 찾아내기란 어려운 실정이다. 우선 그들을 제외하고 ① 재조관료층, ② 재향세력, ③ 승려층, ④ 국자감시 출신의 문인지식층 등을 연구대상으로 삼을 수밖에 없는 사정이 여기에 있는 것이다.

전체 강화경판에서 인명을 각인하여 놓은 형식을 일별하면, 판면(板面) 변계선의 안팎에 각인하여 놓은 것과 또 각 경·권의 전체에 인명을 전혀 각인하여 놓지 않은 두 형태로 나누어진다. 그 중에서 전자의 경우도 매 권마다 1명, 혹은 2~10여 명 등으로 다양한 형식으로 각인되어 있고, 또 매권 1명의 경우도 권수 첫면에만, 혹은 권말 끝 면에만 각각 인명을 각인하여 놓기도 하였다. 왜 그같이 다양한 형식으로 판각하여 놓게 되었는지, 그 사정에 대해서 현재 파악할 길은 없지만 종래에 시재로 경판을 조성한 뒤에 그 사실을 명기하여 놓는 형식과는 다른 일보 전진한 형식임이 분명하다. 우리의 전 국토를 몽병(蒙兵)들이 유린하고 있는 전란 중에서 그 방대한 수량의 경판을 조성하고 있었기 때문에, 인쇄에 따른 제반시설과 각수 등의 부족, 간고한 여건 하에서 효율적 판각작업을 진행하기 위한 한갓 수단으로서 당시 새로 창안된 것으로 이해한다면 모두 값진 판각방식인 것이다.

강화경판 조성의 참여활동은 '시재(施財)'와 '노역(勞役)'의 두 보시형태로 대별된다. 그러나 전체 경판에서 '시재'에 관한 기록을 전혀 남겨 놓지 아니하였다. 이것은 강화경판이 종전의 경판과 크게 다른 특징 중의 하나이다. 다음 '노역' 즉 목재의 운반·마름질, 목판·조각도·숫돌의 제작, 인쇄시설·공방의 설치 등에 따른 역역, 또는 경판 판하본(板下本)과 간기의 필사·교열 및 보시자의 성명·기원문 등과 같은 대장경판의 조성을 위한 문필 활동, 또는 각수로서의 활동 등이 반드시 있었겠지만, 이 역시 세분하여 기록을 남겨 놓지 아니하였다. 위에서 적시한 어느 것 하나 비록 기록이나 확실한 물증은 남아 있지 않으나, 그 한 부분이라도 만약 결여하게 되면 경판이 조성될 수 없었을 것이다. 따라서 강화경판의 존재는 위의 모든 사실을 입증하여 주고 있다고 믿어도 좋을 것이다.

경판에서 명확히 파악할 수 있도록 기록을 남겨 놓지 아니하였을 뿐만 아니라, 그 자신이 직접 조각하였던 것인가, 혹은 재보시만으로 이름을 남겨 놓은 것인가 등의 의문점을 외형상 뚜렷하게 구분할 수 있도록 표현하여 놓지 않았기 때문에, 그들의 활동 일체를 '각성활동'으로 불러오고 있다. 다시 말하면 강화경판의 전체 편성 체제가 각수와 기진의 양자를 외견상으로 확연하게 구분할 수 있도록 되어 있지 않다. 이것은 강화경판의 판각형식이 각수=몸[身]보시와 기진=재보시의 구분을 분명하게 구획하여 놓지 않았다는 뜻이며, 심지어 보시인의 성명과 재물의 희사 내용 등을 일체 밝히지 않은 경판이 오히려 더 많은 형편이다. 그러나 그들이 '각성활동'을 했던 시기와 각판에 남아있는 형태 등을 분석하는 과정에서 어느 정도 구분이 이루어지게 되었다.

강화경판의 '각성활동'을 하였던 각 계층 중에서 특히 전직관료를 위시한 품관층과 진사, 동정직 소유자, 향리 등의 재향세력, 학승을 위시한 승려층 등은 당시 각 지역사회를 이끌어 나가던 주도세력으로 간주하더라도 크게 어긋나지 않을 것이다. 이들은 외적의 침략으로 말미암아 민족적 최대 수난기에 처한 현실을 고뇌하고 위기상황을 적극적인 현실참여를 통하여 극복하고자 경판의 조성사업에 참여하였다. 이들의 현실참여는 실의에 빠진 당시의 수많은 민중들에게 희망을 고취시켜 주는 하나의 활력소가 되었던 것으로 파악하였다.

한편 무인 최씨정권의 집정자를 비롯한 왕공 귀족 및 관인층 등 지배층의 '사재 시납'은 그 자체가 경판 조성에 적지 않게 기여했던 면도 없지 않았으나, 그 보다 많은 서민 대중 계층의 보시를 유도하는데 큰 역할을 했을 것이다. 당시 반몽항전의 장기화에 따른 수난과 고통은 고려인 전체가 겪고 있었던 것이 현실이었지만, 그 중에서도 대토지 소유자로부터 중소토지 소유자에 이르기까지 지주층일수록 더욱 더 큰 고통을 겪지 않을 수 없었을 것이다. 특히 반몽항전의 장기화에 따른 사회 기강의 해이와 와해적 분위기 속에서, 지주층의 현실적 급무는 전호(佃戶)로부터 지대를 원활히 징납받는 것일 것이다. 따라서 지주층은 다른 계층에 비하여 전쟁의 조기 종결에 대한 희구가 더욱 강렬할 수밖에 없었을 것이며, 각판사업을 요구하고 주체적으로 참여하게 된 까닭이 바로 여기에 있었을 것이다. 다시 말하면 대장경의 조판 사업은 지배계층에게 현실 안정이란 일정한 이익을 담보해 주었을 것이다.

이처럼 지배계층의 경우 그들의 현실적 요구에 부응하는 목적이 대장경을 조성하는데 일정정도 기여를 하였다고 할 때, 하층민들의 참여에는 어떤 이해관계가 성립될 수 있는 것이었을까? 다시 말하면 그들의 이익에 부합하는 현실적 요구만이 대장경 조성사업의 참여 동기의 모두였겠는가 하는 측면에서는 의문의 여지가 있다. 당시 각계각층이 대장경 조성의 대열에 참여하게 된 것은 불심도 크게 작용하였을 것으로 짐작된다. 부처는 삶의 의지처인 동시에 재앙과 잡귀를 물리쳐 주는 보호자로 숭앙되었던 것이다.

제3부에서는 강화경판의 조성사업이 무인 최씨정권의 무절제적 간섭과 시행착오 등으로 그 작업의 지연·중단의 어려움을 겪었던 사실을 논급하였고, 종래의 판각장소에 따른 견해를 비판하고 새로운 장소를 지목하여 그 근거를 밝혔다. 그 중에서 논술의 편의상 경판의 판각장소에 대한 언급부터 먼저 하기로 한다.

이제까지 '대장도감'은 강화에, 또 '분사도감'은 남해에 각각 설치되어 있었다는 것이 거의 정설처럼 되어 있다. '대장도감'에 대한 언급은 우선 자제하고 '분사도감'의 조조처는 남해의 한 곳에만 설치되어 있었던 것이 아니라는 사실부터 밝혀 두기로 한다.

'분사도감'은 군읍의 단위로 설치되는 것이 아니라 최소한 도(道) 혹은 계수관을 관할구역으로 설치되었을 것이다. 전광재가 경상도 안찰사 겸 분사대장도감의 별감으로써 활동하였던 것은 그 좋은 예증의 하나가 될 수 있다. '대장도감' 혹은 '분사도감' 등은 경판의 조성기구이고, 그 공방—판각 장소는 여러 곳에 분산되어 있었을 것이다. 예를 든다면 진주목의 고려국분사대장도감, 즉 진주목 분사도감의 관할하에 합천군의 해인사, 산청군의 단속사, 남해군의 사원 등과 같이 각 지역의 큰 사찰과 기존의 관서공방(官署工房) 등지에 강화경판의 조성을 위한 새로운 공방을 설치한 것이 그것이다. 특히 1243년부터 분사도감의 경판이 산출되고 더 많은 증산을 위한 기구의 증설로 그 구조가 더욱 복잡해 졌을 것이다.

진주목 분사도감의 조조처로 지목한 위의 3곳 중에서 '분사남해(分司南海)'의 공방은 그 동안 이미 많이 거론되어 왔기 때문에 생략하고 나머지 두 곳에 대해서 언급하기로 한다. 먼저 해인사 장경각에서 소장하고 있는《대승대교왕경》과《금광명경》의 두 경전을 예증으로 들어 해인사가 조조처의 한 곳이었음을 밝혀 보기로 한다.

위의 두 경전은 현재 해인사에서 각각 2질을 소장하고 있는데, 그 중

에서 각각 《고려대장경》 영인본(동국대학교 고려대장경간행위원회 간행)
의 저본으로 채택된 판본과 또 단지 경판으로 소장하고 있는 경판본이
있다. 그 두 판본을 서로 비교해 보면 후자의 《대승대교왕경》은 178곳
의 오자·탈자를, 또 후자의 《금광명경》은 65곳의 오자·탈자와 함호
결각 등을 각각 발견할 수 있으며, 전자는 모두 후자의 오자·탈자 및
오류를 수정 보완하여 조성한 판본임을 파악할 수 있다. 다시 말하면,
그 두 후자는 대장경체제의 판본으로서는 거의 쓸모가 없는 폐판(廢板)
에 불과한 경판본이다. 그렇다면 해인사에 그 폐판본들이 어떻게 소장
될 수 있었을까? 대장경체제의 판본으로서는 거의 쓸모가 없는 폐판을
강화경과 남해 및 기타 지역에서 판가하여 해인사로 옮겨 온 것으로 생
각할 수 없기 때문이다. 따라서 그 두 폐판본 모두 해인사에서 조조했
음을 입증하는 자료가 될 수 있을 것으로 생각된다.

현재 해인사의 장경각에 소장되어 있는 경판 중에 92판이 2중본이
며, 또 "이 2중판 중에는 고려 고종 당시에 조조된 경판이 52판이나 된
다"고 하며, 그 중에서 특히 47판은 모두 "고종조 원판임이 틀림없다"
고 한다. 이 모두를 강화경판 조판사업의 일환으로 해인사에서 판각된
것이라고 비록 단정하지 못한다고 하더라도, 위 후자의 《대승대교왕
경》·《금광명경》을 통하여 강화경판의 조성시기에 해인사에서도 경판
의 판각작업을 했었다는 입증자료로서는 충분하다고 본다. 현재 해인
사의 장경각에 국보 제32호로 지정되어 있는 경판을 제외하고, 그 밖
에 "고종조 원판임이 틀림없다"고 한 이 경판은 결국 폐판, 혹은 그에
준하는 판본들일 것으로 짐작된다. 그 폐판은 강화경 혹은 여타 지역
등에서 옮겨온 것으로 추측하기보다는, 해인사에서 조조된 것으로 간
주하는 편이 더욱 합리적일 것으로 생각된다.

또 다른 하나의 강화경판의 조성 장소는 오늘날 경남 산청군 단성면
의 단속사로 밝혀지고 있다. 《동국이상국집》의 "전·후집 총 53권과

연보 1축 등은 신해년(1251)에 분사도감에서 해장(海藏) 곧 대장경
의 조조를 마친 여가에 조판하였다”고 한다. 이 시문집을 조판하였던
곳이 곧 대장경판을 조성한 곳임을 알 수 있다. 그런데《세종실록》지
리지의 진주목조에서는 단속사에 ‘한창려집(韓昌黎集)과 고려 이상국
집판(李相國集板)’이 소장되어 있다고 했다. 이 두 시문집의 각판이
단속사에 소장되어 있게 된 사정은 이 곳에서 각판이 조성되어서《세종
실록》지리지의 편찬이 이루어지기까지 보관되어 왔기 때문이었을 것으
로 추정된다.

  만약 단속사에서《동국이상국집》판을 조성하였다는 것을 사실로 받
아 들인다면, 신해년(1251)에 대장경을 조성한 여가에 그 시문집판을
판각하였다고 했으므로 단속사에서 대장경판을 조성한 것도 동시에 사
실로 인정하는 결과가 되는 것이다. 단속사는 지리산의 동쪽 입구에 자
리잡고 있으므로 경판 목재의 채취·운반이 용이하였고, 또 경호강과
덕천강이 합류하여 남강으로 유입되고 있어 수량이 풍부하고 수운하기
가 편리하였기 때문에 대장경판을 조성하기에 좋은 조건을 갖추고 있었
던 셈이다.

  그렇다면《동국이상국집》판을 조성하기 이전에 단속사에서 조성된
대장경판 중에는 어떤 것이 있었을까?《선문염송집》은 그 좋은 일례가
될 것이다.《선문염송집》은 강화경으로 천도할 때 가져오지 못하고 없
어지게 되었는데, 이것을 단속사의 주지인 만종(萬宗)이 다시 출간하
게 되었다고 한다. 그 발문에서 정안(鄭晏, ?~1251)은 당시 단속사
주지였던 만종이 “수회우해장분사 모공조루(輸賄于海藏分司 募工彫
鏤)” 즉 해장분사 —‘분사도감’에 폐백을 보냈으며, (사원에서) 공장
(工匠)을 모집하여 조각하였다는 것이다. 이것은 만종의 작용과 공로
로 ‘분사도감’이 단속사에서 공장 — 목수·각수 등을 모집하여 경판을
조성할 수 있도록 허용했다는 의미인 것이다. 여기서 그것이 단속사의

각판임을 확인할 수 있는 동시에 '분사도감'은 진주목의 관아에, 또 판각처는 단속사에 각각 설치되어 있었음을 파악할 수 있다. 다만 만종이 '분사도감'에 폐백을 보내고 공장을 모집하여 단속사에서《선문염송집》을 각판할 수 있게 된 것처럼 주장한 것은 정안이 만종의 공적을 찬미하기 위한 수사적인 표현에 불과한 것이거나, 혹은 당시 '분사도감'의 경판 조성에 따른 준비가 아직 완비되지 못한 단계에서 나타난 일시적 현상이었거나 둘 중의 하나일 것이다. 하여간에 '대장'과 '분사'의 두 도감에서 경판의 조성은 전체 프로그램에 의해서 판각의 장소와 경차(經次) 및 함호 등이 결정되었을 뿐이며, 어느 개인의 요구 또는 작용에 의해서 그 프로그램이 크게 변동되지 않았을 것으로 생각된다.

참고로《선문염송집》판이 조성된 고종 30년(1243)은 '분사도감'의 경판이 산출되기 시작하였던 첫 해였으며, 이 해에 '분사도감'의 경판으로 산출된 6,095장 중에《선문염송집》판도 포함되어 있다. 다시 말하면, 이 해에 '분사도감'에서《선문염송집》이 판각된 것은 강화경판의 전체 조성계획안에 의해서 이루어진 것이다. 단속사의 주지 만종이 '분사도감'에 폐백이나 재물을 시납함으로써 비로소 각판이 이루어진 것처럼 정안이 그의 발문에서 기술하여 놓았으나 이것은 만종의 공적을 찬미한 수사적 표현에 불과할 것으로 생각된다.

이상에서 본서의 내용을 대략적으로 요약·정리하여 보았다. 이러한 내용을 토대로 삼아 앞으로 필자가 강화경판 연구에서 해결코자 하는 연구과제를 제시해 보고자 한다. 지금까지의 강화경판에 관한 연구는 주로 뛰어난 교감작업으로 인해 오탈자가 거의 없다는 점과 경판 자체의 우수성과 아름다움을 강조하거나, 무인 최씨정권의 정치적 작용으로 인해 완성될 수 있었다는 등 서지학적 연구성과와 정치적 논리를 앞세워 연구가 진행되어 왔다. 그 결과 강화경판에 대한 이해가 실제적이고 사실적으로 이루어지지 않고 지나치게 신비화되어 있고, 또 무인 최씨정권의 역할이 과도하게 강조되어 정치적 논리에 치우치고 획일화되어 있다. 그러나 강화경판은 세계 대제국인 몽고의 침략이라는 대외적 모순과 정통성이 결여된 무인 최씨정권의 집권기라는 대내적 모순이 중첩된 시기에 완성된 역사적 산물이었다. 이러한 대내외적 모순이 중첩된 민족사의 수난기를 살았던 당시인들은 자신이 살고 있었던 현실을 고뇌하고 적극적인 현실참여를 통해 민족적 수난을 극복코자 하였던 것이며, 그 결과물이 바로 강화경판이었던 것이다. 따라서 앞으로의 연구는 강화경판에 대한 지나친 신비화와 획일성을 극복하고, 당시인들의 시대적 고민과 현실인식, 그를 바탕으로 하는 다양한 참여양상을 밝혀 현실성과 다양성을 구명하는 방향으로 진행되어야 할 것이다.

또한 강화경판의 조성은 재조관료층, 재향세력, 문인지식층, 불교세력 등의 주도층을 중심으로 위로는 국왕 및 왕공 귀족에서부터 아래로는 일반 군현민에 이르기까지 전 고려인의 적극적인 현실 참여로 이루어진 산물이었다. 따라서 이들 각성활동에 참여한 다양한 참여층에 대한 심도 깊은 연구가 진행되어야 할 것이다. 특히 강화경판의 조성이 성공적으로 이루어질 수 있었던 것은 조성 당시 불교세력의 적극적인 참여가 필수적이었을 것이다. 이 점은 현재 확인되는 3,600여명의 각성활동자 중 거의 40~50% 이상이 법명이나 승명을 소지한 불교계의 인물일 것으로 추측되는 것에서도 확인된다. 따라서 앞으로 이들 승려층을 위시한 불교세력의 각성활동 참여 사실을 보다 세밀히 분석·종합하고, 그들이 어떠한 제도적 장치를 통해 조직적으로 참여하였는가를 구명해야 할 것이다. 나아가 강화경판의 조성과 12~13세기 이후 나타나는 불교계의 변화양상이 어떠한 관련성을 가지며, 고려 불교사의 전개라는 전체적인 틀 속에서 대장경 조성의 역사적 의의를 자리매김시켜야 할 것으로 생각된다.

한편 16년이라는 장구한 기간 동안 방대한 인적·물적 자원이 투여되어 조성된 강화경판과 관련된 제반 사실들이, 그 후 원(元)의 정치적 간섭이 가중되는 '원간섭기'가 되면서 철저하게 침묵하고 있는 사실에 대한 해명이 필요하다. 우선 몽고침략이라는 민족적 수난기를 극복하기 위한 반몽항전의 일환으로 조성된 강화경판이 원간섭기가 되면서 그것이 가지는 상징적 의미로 인해 침묵을 강요당할 수 밖에 없었을 것이다. 특히 강화경판의 조성에 참여하였던 광범위한 '각성활동' 세력에게는 자신들의 참여 사실이 자랑스러운 전력이 아니라 위험분자의 낙인이 되었을 것이다. 아울러 원간섭이 본격화되면서 강화경판의 각성활동 참여층 중의 상당수는 원의 정치적 간섭을 반대하는 적극적인 반몽항전의 전선으로 참여하였기 때문에, 그에 따른 징치적 박해외 숙청이 뒤따랐을 것으로 추측된다. 현재 강화경판의 각성자 중 몇몇 인물이 삼별초정부의 주도층에서도 발견된다는 점에서 그들 중 상당수는 강화경판이 완성된 지 약 20여 년 후, 반개경정부·반몽항전의 기치를 내걸고 진도와 제주도를 거점으로 항쟁을 계속한 삼별초정부에도 적극 가담하였던 것으로 추측된다. 이는 강화경판의 조성세력과 삼별초정부의 주도세력이 몽고침략기와 원간섭기로 이어지는 고려후기 정치사의 흐름 속에 '반몽항전세력'으로 연결될 수 있음을 시사하는 것이라 할 수 있다.

앞으로의 강화경판에 대한 연구는 신비화와 정치성이 강조된 일원적이고 단선적인 이해에서 탈피하여, 현실성을 토대로 한 다양성이 밝혀져야 할 것이다. 아울러 고려 불교사의 전개과정에서 차지하는 대장경 조성의 역사적 의미를 되새겨 보고, 몽고의 침략과 원간섭기라는 민족적 수난기에 '반몽항전세력'이 어떻게 대응하고 있었던가를 종합적으로 구명해야 할 것이다. 이러한 연구가 보다 심도 깊게 진행될 때 강화경판이 가지는 현재적 의미가 점차 되살아 날 것이다.

餘言

餘言

12, 13세기는 고려사회에 있어 격동의 시기였다. 무인정권의 성립은 문벌귀족에서 무인으로 정치적 지배세력의 변화를 가져왔으며, 사회적으로는 신분제의 동요와 함께 전국적으로 광범위한 농민항쟁이 전개되었다. 아울러 불교계도 그 주도권이 교종에서 선종으로 옮겨졌으며, 고려 전기의 보수적·귀족적인 불교계에 대한 비판운동이 보조국사 지눌(知訥)과 원묘국사 요세(了世)에 의한 수선사(修禪社)와 백련사(白蓮社)의 신앙결사(信仰結社) 형태로 전개되었다. 그 주도세력역시 문벌귀족과 왕족에서 향리층, 독서층(讀書層)으로 대체되었으며, 불교계의 중심도 지방사회로 확산되었다. 그리고 대외적으로 30여년 간 몽고의 침략이 자행되었고, 반몽항전의 일환으로 강화경판《고려대장경》이 조성되기에 이르렀다. 강화경판은 외세침략이라는 민족적수난기에 전고려인을 분열과 대립이 아닌 통일과 화합으로 결집시킬 수있는 매개체가 되었으며, 그 '각성활동'에는 위로는 국왕 및 무인 최씨정권을 비롯한 문무관료에서부터 일반 군현민에 이르기까지 전 고려인이 '재보시'와 '신(身)보시'를 통해 적극적으로 참여하고 있었다.

특히 강화경판은 정통성이 결여된 무인 최씨정권기라는 대내적 모순과 몽고침략이라는 대외적 모순이 중첩되었던 시기에 이루어진 역사적 산물이었다. 몽고의 침략이라는 외적 충격 속에서 반몽항전의 기치를 선명히 표방하고, 한편 이전 시기 고려 불교계의 전통을 재정리하고 불교계의 새로운 방향을 모색하는 일련의 과정 속에서 이루어졌던 것이다. 그러나 강화경판의 조성에 담긴 반몽항전의 정신과 불교계의 방향 모색은 삼별초정부의 패망과 함께 본격화된 원간섭기 이후 계승되지 못한 채 불교계의 보수화와 관념화로 이어지게 되었으며, 결국 성리학의 도입과 유불 교체라는 사상사적 전환이 이루어졌던 것으로 생각된다.

이처럼 고려시대 불교사의 흐름 속에서 강화경판의 조성이 차지하는 사상사적 의미는 지대한 것이었다. 그러나 지금까지의 강화경판 연구에서는 그에 대해서 크게 주목하지 못한 듯하다. 더구나 불교사 연구에 있어서도 고려 후기의 신앙결사와 원간섭기 이후 성리학의 도입이라는 사상사의 흐름을 계기적인 전환으로 이해하지 않고, 서로 단절적인 것으로 파악하고 있는 형편이다. 하지만 결사불교의 주도층이 지방사회의 향리층·독서층이었으며, 무신란 이후 유자(儒者) 출신 승려층의 등장과 유불일치론(儒佛一致論), 불교의 심성론(心性論)을 토대로 한 유학의 심성화 경향 등의 유불교섭은 성리학 수용의 중요한 기반이 되었다. 그런데 이러한 유불교섭의 경향은 강화경판의 조성과정에서도 찾아볼 수 있다. 즉, 각성활동의 한 축을 담당하였던 진사 — 문인지식층과 불교세력 — 학승 등의 존재는 이러한 사실을 시사해 주고 있는 것이다.

이처럼 강화경판의 조성은 고려 후기 사상사의 흐름 속에서 커다란 의미를 지닌 것이었다. 그러나 본서에서는 '책머리'에서 언급한 바와 같이 강화경판 조성사업의 중심축이었던 불교계의 구체적 참여형태와 그 역할 등에 대해 지면관계상 본문에서 충분히 다루지 못한 채 탈고를 서두른 아쉬움이 많았다. 이에 미진했던 부분인 진사 ─ 문인 지식층과 불교세력의 각성활동 참여와 그것이 가지는 의미, 각성자의 활동양상을 중심으로 하는 앞으로의 연구방향 등에 대해 '여언'의 형식을 빌어 간략하게 살펴보기로 한다. 이는 향후 필자와 동학들의 '강화경판' 연구에 대한 지속적인 관심의 환기라는 측면과 함께 앞으로의 연구방향 제시의 한 형태로서 사족을 덧붙이게 된 것이다.

1. 강화경판의 조성에 참여한 진사 ─ 문인지식층과 불교세력

강화경판의 조성사업을 주도한 세력 및 기관은 크게 ①무인 최씨정권과 재조관료층—고려국대장도감(高麗國大藏都監)·분사대장도감(分司大藏都監), ②문인지식층 및 재향세력—단월(檀越)·향도조직(香徒組織), ③불교세력—전국의 사원과 교단조직 등으로 나누어 볼 수 있다. 이들은 당시의 지배계층으로서 사회의 공론을 주도하고 이끌어 나갔던 세력이었기 때문에, 이들의 적극적 참여는 반몽항전의 전란 중임에도 경판의 조성이 가능토록 하는데 크게 기여했을 것이 틀림없다.

그러나 경판의 조성작업이 당초의 계획대로 순조롭게 진행되었던 것은 아닌 듯 싶다. 그 일례를 들어보기로 한다. 《대반야바라밀다경》의 총 600권 중에서 ㉮제 1차년인 정유년(1237)에 권순(卷順) 제 257권을, ㉯제 2차년인 무술년에 권순 제 585권을 각각 각판하였던 것이 간기에 나타나 있다. ㉮의 제 257권은 전체의 약 2분의 1, 또 ㉯의 제 585권은 전체 600권 중에서 거의 맨 마지막에 각각 해당하는 권순들임을 알 수 있다. 이것은 당초 사업계획이 1년에 약 절반씩 판각하여 2

598

년 만에 종결되도록 계획되어 있었음을 뜻하고 있는 것으로 본다. 그러나 제 3차년인 기해년(1239)에 총 71권, 또 제 4차년인 경자년에 총 10권 등 모두 81권이 판각되어 제 1~2차 년도 결권을 보충하고 있다. 이것은 그 사업이 당초 2년 완료계획에 차질이 생겨 4년 만에 겨우 완성할 수 있었음을 보여주고 있는 것이다.

위의 생각이 만약 옳다면 그 이유는 무엇일까? 첫째, 몽병(蒙兵)의 침략과 관련이 있을 것으로 추측하기 쉬우나, ㉯년도(1238)에 각판의 생산량은 계묘년(1243)에 '분사도감' 판의 산출이 있기 이전까지 가장 많은 것으로 봐서 큰 영향을 받지 않았던 것으로 봐도 좋을 듯하다. 둘째 무인 최씨정권이 경판사업을 추진했던 정책과 관련이 있었던 것인 듯싶다. 그들은 적의 침입을 받지 않는 안전지대인 강화경에 있으면서 현지 사정은 고려하지 않고 인적·물적 동원을 강행하려고 시도했거나, 혹은 관리들의 지나친 간섭으로 자유스러운 작업장의 분위기를 망쳐 놓았다면 각판작업은 순조롭게 진행되지 못했을 것이다. 특히 무인 최씨정권은 무인 특유의 고압적 완력으로서 사업을 추진하려고 했을 것이고, 이것이 당초 계획대로 사업을 진척시키지 못한 가장 큰 암적 요소로 작용했을 듯하다. 이러한 요인들이 결국 각판작업을 지연시키게 하였을 것으로 짐작된다.

강화경판의 조판과정에서 무인 최씨정권과 마찰을 일으켰던 사건을 예로 들어보기로 한다. 이 정권의 집권자인 최항은 국학직강(國學直講)으로 있던 김구(金坵, 1211~1278)에게 "새로 조각한 《원각경(圓覺經)》에 발문을 짓게 하였는데, 도리어 그는 시를 지어 비아냥거리었다"고 하며, 이 시를 본 최항은 노하여 말하기를 "내가 입을 다물고 있으라는 말이냐"하고 김구를 좌천시켰다고 한다. 《원각경》은 강화경판에 편제되어 있는 《대방광원각수다라요의경》의 이칭(異稱)이며, 고종 28년(1241)에 조판되었음을 간기에서 볼 수 있다. 이 경판의 조성이 이루어지고 6년 뒤에 최항이 김구에게 발문을 짓도록 명한 것이었다. 김구는 최항정권의 조판정책에 따른 비판을 했을 뿐이지, 경판조성 자체에 대해 비판한 것은 아니었다. 도리어 그는 "한 장의 장경(藏經)이 오로지 백만 군사보다 나을 것이다"라고 찬미하였다. 강화경판의 조성이 몽병의 퇴치에 실제적으로 기여하고 있었기에 그같이 찬미하게 되었을 것이다. 요컨대 그는 강화경판의 조성은 반몽항전의 수단으로서 그 기능을 충분히 발휘하고 있는 것으로 판단하고 있었음을 알 수 있다.

무인 최씨정권은 스스로 민심으로부터 유리되어 있다는 것을 모를 리 없었고, 조판사업의 주체가 되면 사업진행이 순조롭지 못할 것이란 것을 파악하고 있었을 것이다. 강화경판의 각 권말의 간기에 '고려국 … 봉칙조조(奉勅雕造)' 즉 고려국 황제의 칙명을 받들어 경판을 조조한다는 뜻을 표백하게 된 사정이 바로 여기에 있었을 것이다. 그러한 뜻의 표명은 비록 대장경판의 조성사업이 무인 최씨정권에 의해서 계획·주도되었다고 할지라도 고려국 황제의 명령임을 표명함으로서 무인정권의 비정통성을 비판하고 왕정복고를 원하는 세력들이 동참할 수 있는 명분을 만들어 준 것이 되었을 것이다. 무인 최씨집권기에 집권무신을 타도하고 왕정복구를 갈구하는 세력이 존재하였음은 주지의 사실이다.

1) 강화경판의 조성에 참여한 진사 — 문인지식층

우선 강화경판의 조성사업에 진사들이 참여했던 사실을 자기 스스로 밝혀 놓은 사례부터 살펴보기로 한다. 먼저 진사(進士) 임대절(林大節)의 경우를 보면, 《마하반야경》 권 13의 총 31장 중에서 제9장에 '대절(大節) 도(刀)'로, 제10장에 '대절(大節)'로, 제13장에 '진사 임대절 간(刊)'으로, 제14장에 '임대절'로 각각 판각해 놓았다. 여기서 그가 스스로 간(刊), 도(刀) 등으로 밝혀 놓은 것으로 봐서 직접 손

600

수 출판작업을 했다는 것을 알 수 있다. 그가 출판작업에 종사했던 전체를 조사해 보니, 무술년(1238)부터 갑진년(1244)까지 7년 동안에 총 199장의 각판을 완성하였던 사실이 밝혀지게 되었다. 그 7년 동안 판각한 수량 중에서 최고는 1240년의 40장이고, 최하는 1238년의 5장이다. 최고의 40장을 최하의 5장에 대비해 보면 무려 8배나 많다. 각 1년간의 판각 수량 면에서 그렇게 심한 차이가 있다는 것은 어떤 강압적 통제 하에서 작업을 하지 않았다는 반증일 것이다.

다음 진사 영의(永義)도 또 하나의 예이다. 그런데 영의(永義), 즉 영의(永衣)는 '진사 임대절 간'의 형식처럼 판각하지 않고, 그의 신분과 이름을 따로 분리하여 각해 놓았다. 예컨대《대반야경》권 405의 전체 24장 중에서 제5장에는 영의(永衣)로, 또 제6장을 비롯해서 7장에는 각각 진사로 표현하는 등 따로 분리하여 각해 놓은 것이 그것이다. 여기 진사와 영의(永衣)로 판각되어 있는 것을 제외하면 전체 24장 중에 다른 각수의 이름은 전혀 나타나 있지 않다. 이로 보아서, 그 7장에 각각 새겨져 있는 진사는 영의 자신을 상징할 수 있는 신분으로 밖에 달리 볼 수 없을 것이다. 그의 판각을 조사해 보면, 진사와 영의(永衣) 그리고 영의(永義) 등의 명칭을 혼용하고 있는 사실을 발견할 수 있다. 요컨대 진사 영의〔永義(衣)〕는 무술년(1238) 1년 동안 대장도감에서 총 31장의 대장경판을 각성하였던 각수로 파악된다.

신종 2년(1199) 4월의 국자감시에서 비서감 이계장(李桂長)은 시부(詩賦)로 육영의(陸永儀) 등 20명을 뽑았다고 했다. 국자감시의 급제, 즉 진사인 육영의와 각수인 영의는 신분이 진사란 점에서 서로 동일하지만, 후자의 성씨를 알 수 없는 점과 또 이름 중에 의(儀)자와 의(義)자 등이 서로 동일하지 않기 때문에 동일인으로 간주하는 데 언뜻 수긍하기 어려운 점이 있을 것이다. 그러나 먼저 여기서 지적해 두고자 하는 것은, 의(儀)와 의(義)는 서로 다른 글자이긴 하나 동일인으로 간주하는데 큰 문제가 될 수 없다는 점이다. 강화경판에서 의(儀)자와 의(義)자를 상호 혼용하고 있는 사례를 수없이 볼 수 있다. 진의(陳儀)와 진의(陳義), 의일(儀一)과 의일(義一) 등은 각각 동명이자의 동일인이라는 사실이 그 좋은 사례가 될 수 있을 것이다.

요컨대 진사 육영의와 무술년(1238)에 판각작업에 종사했던 영의(永義)는 신분이 진사란 점에서 서로 동일하고, 또 이름의 한 자는 비록 상이하지만 동일인으로 간주할 수 있다는 점 등을 들어서 동일인으로 추정하였다. 육영의는 신종 2년에 국자감시에서 급제하였으므로, 대장경판의 각성작업에 종사했던 무술년은 그 급제시기로부터 39년 뒤가 되는 셈이다. 그 급제 당시의 나이가 만약 14～20세였디고 한다면, 54～60세의 나이에 이르고 있었던 셈이다. 그는 이 나이에 이르러 진사 즉 문인지식층으로서의 지나온 삶을 고뇌하고 외침으로 빚어진 참담한 조국의 현실에서, 한갓 나약한 지식인이 아닌 적극적인 현실 참여의 일환으로 강화경판의 각성작업에 직접 참여하게 되었던 것이 아닌가 싶다. 이 같은 의식의 소유자는 비단 영의뿐만 아닐 것이다.

강화경판에 당시 문인지식층이 얼마나 많이 참여하고 있었던가를 살펴보기 위해서 고려 명종(1171～1197)부터 고종(1214～1259)까지, 이 기간 사이에 국자감시 급제자 즉 진사와 강화경판의 조판에 나타나 있는 각성자를 서로 견주어 보니, 그 이름이 상호 유사한 사람이 17명이나 된다.[1] 이들은 그 당대의 지성을 대변하고 있던 문인지식층이었다고 단정하더라도 크게 어긋나지 않을 것으로 믿는다. 이들의 영향력을 생각해 볼 때 17명의 숫자는 결코 적은 수가 아니다. 그러나 문인 지식층 — 국자감시 출신자들이 대장경판의 각성사업에 참여한 실제 숫자는 17명보다 훨씬 더 많았을 것이 거의 틀림없다. 이렇게 생각하

---

1) 본서 2부 2장 4절의 내용과 특히 〈표 2-2-61〉을 참조 바람.

는 까닭은 고려시대 국자감시의 전체 급제자에 대한 명단을 현재 파악하고 있지 못하므로, 그 각판사업에의 참여 사실을 확인할 길이 없기 때문이다. 국자감시 급제자의 명단에 관해서 예를 들어 말하면, "시부(詩賦)로 육영의 등 20명을 뽑았다"고 했을 때, 여기서 개개인의 20명 명단을 현재 파악할 길이 전혀 없는 것이다. 다만 장원급제자 육영의가 강화경판의 각성사업에 참여했다면, 그를 포함한 20명 중에서도 조판사업에 참여했던 자들이 있을 수 있는 것이다.

위의 17명은 모두 국자감시에서 장원 급제한 인물들이다. 다시 말하면 17명은 고려 명종대부터 고종대까지 시행된 국자감시에서 시부와 십운시(十韻詩) 등으로 장원 급제했던 자 전체 93명 중에 포함되어 있는 인물이다. 이 기간 사이의 전체 급제자 수는 4,318명이므로 그 93명은 전체의 약 2% 이내에 속하는 수재들임을 파악할 수 있다. 우리들의 관심은 대장경판의 각성사업에 그 수재들이 얼마나 참여했던가를 파악하려 하는데 있지 않고, 국자감시의 전체 급제자 중에서 얼마나 참여했던가의 파악에 있는 것이다. 그러나 전체 4,318명 중에서, 약 2%에 불과한 93명에 대한 명단 밖에 현재 파악할 길이 없으므로 전체 인원의 파악은 불가능한 일이다.

강화경판의 각성사업에 국자감시의 장원 급제자 밖에 일반 급제자도 참여하고 있었다는 사실은 진사 임대절의 경우를 통하여 확신할 수 있다. 그는 《고려사》를 비롯한 각종 문헌에 등재되어 있지 아니한 진사였기 때문이다. 요컨대 국자감시의 장원 급제자 93명 중에서 17명의 '각성활동자'가 발견됨으로써 그 전체의 급제자 4,318명 중에 반드시 그 숫자의 비례 만큼 '각성활동자'가 있었다고 주장할 수는 없다고 하더라도, 단지 17명만이 '각성활동'을 했던 것이라고 주장할 수도 없을 것으로 믿는다

위 17명의 진사 즉 국자감시 출신 중에 염승익(廉承益)의 형인 염수

정(廉守貞)을 제외하면《고려사》에서 국자감시의 급제 사실 밖에 다른 행적이 전혀 나타나 있지 않으며, 기타 다른 문헌자료에서도 그들에 대한 행적을 찾아 볼 수 없다. 이것은 국자감시 출신이었지만 관인으로 진출하여 부귀 현달을 꾀하지 아니하였다는 증거요, 또한 무인 최씨정권의 시녀로서 그들의 삶을 영위하지 않았다는 사실을 반영해 주는 것이라고 여겨진다.

대장경판의 각성사업에 그들의 참여는, 불력에 의한 외적의 침략이 종결되기를 기대하고 있는 많은 서민 대중들에게 전화의 위기감 극복과 또 일반대중 자기자신들의 장래를 담보해 주는 행위로 보였을 것이다.

2) 강화경판과 불교세력

(1) 오교도승통(五敎都僧統) 수기(守其)의 역할

강화경판의 조성에 대해서 당시 불교계는 주관자와 방관자의 두 가지 자세 중 어느 쪽이었을까? 만약 경판의 조성에 주관자적 자세로 임하였다면 승인(僧人)들의 개별적 참여였을까? 혹은 불교계 전체의 조직적 참여였을까? 이같은 문제는 진작에 제기되어야 했고, 또 벌써 그에 따른 해답을 갖고 있어야 마땅할 것이다. 대장경의 조성에 전체 불교계의 참여는 당연히 있었을 것이다. 그러나 이제까지 그에 따른 문제의식 마저 결여된 채 경판조성은 주로 무인 최씨정권의 통치적 차원의 필요성 때문이라거나, 혹은 몽병(蒙兵)의 침략을 저지하기 위한 국론의 통합에 따른 필요성에 기인하는 것이라고, 각자의 입각점에 따라 주장하여 왔을 뿐이다. 우선 강화경판의 조성에 당시 불교계가 참여하고 있었던 사실확인마저 중요하게 느껴지는 실정이다.

〈표-1〉에서 볼 수 있는 바와 같이, 약목군의 정도사 오층석탑 조성에 관내 불교세력 거의 모두가 동참하였던 것처럼 강화경판의 조성에는

604

전국의 도 혹은 군현 단위로 불교세력들이 집단적이고 조직적인 체계를 통해 참여하였을 것으로 추정된다. 그 밖에 승려층의 개별적 참여도 많았음이 틀림없다.[2] 강화경판에 편성되어 있는 《고려국신조대장교정별록(高麗國新雕大藏校正別錄)》(이하 《교정별록(校正別錄)》으로 약칭)의 30권의 각 권에는 '사문수기등 봉칙교감(沙門守其等 奉勅校勘)'이라 하여 수기 등이, 또 《십구장원통기(十句章圓通記)》권 하, 《석화엄지귀장원통초(釋華嚴旨歸章圓通鈔)》권 하 말 등에는 천기(天其) 및 그의 제자 등이, 그리고 《남명전화상송증도가사실(南明泉和尙頌證道歌事實)》권 3 권말에는 간사비구 천단(幹事比丘 天旦)과 선백 거상인(禪伯 擧上人) 등이 바로 그들이다.

강화경판에는 《교정별록》 30권이 준(俊)·예(乂)·밀(密)의 3함에 나누어 입장(入藏)되어 있고, 각 권 첫 머리에 《교정별록》이란 권수제(卷首題) 아래에 세자(細字)로 '사문수기등 봉칙교감(沙門守其等 奉勅校勘)'이라고 각하여 놓았다. 이것은 《교정별록》 30권을 모두 수기 등이 임금의 칙명을 받들어 교감하였다는 뜻이다. 최자(崔滋, 1188~1260)의 《보한집(補閑集)》에서 "개태사의 승통 수진(守眞)은 배운 것이 넓고 아는 것이 정밀하였는데, 대장경의 착오를 교정하라는 칙명을 받았다. 마치 자기가 본래부터 친히 번역하였던 것처럼 착오를 교정하였다. … (그는) 현재 오교도승통(五敎都僧統)이다"고 하였다.[3] 여기서 수진은 수기의 다른 이름임이 분명하다. 앞의 《교정별록》을 통해서도 알 수 있지만 강화경판에 입장되어 있는 《대장목록》에서 "고려국신조대장교정별록 30권은 해동사문(海東沙門) 수기(守其) 편(編)"[4]이

---

2) 鄭東樂, 〈《江華京板 高麗大藏經》 조성의 參與僧侶層과 對蒙抗爭〉 《嶠南史學》 7, 1996.
3) 《補閑集》 卷下.
4) K.1405 更函 《大藏目錄》 下卷(《高麗大藏經》 제39책의 212쪽).

라고 명기하여 놓은 것에서 확인할 수 있기 때문이다.

그는 대장경의 착오를 교정하고 《교정별록》의 30권을 편찬할 당시에 오교도승통의 직임을 띠고 있었던 사실이 특히 주목된다. 이것은 오교 양종 중에서 오교를 총괄한 최고 승관의 직임을 뜻하고 있을 것이다. 그러면 수기 이전에 어떤 고승들이 그 직임을 띠었던가를 하나의 예만 들어보기로 한다.

숙종의 아들인 원명국사 징엄(圓明國師 澄儼, 1090~1141)은 1105년(예종 즉위)에 승통이 되어 여러 명찰을 전전하다가 17년 뒤인 1122년(인종 즉위)에 오교도승통이 되었다[5]고 한다. 징엄은 대각국사 의천으로부터 특별히 애호를 받았던 제자이기도 하였다. 징엄이 왕자의 신분과 대각국사의 후광을 받으면서 승통이 된 지 17년 만에 오교도 승통의 자리에 올랐으나, 수기의 발신은 징엄처럼 왕자나 대각국사와 같은 고승의 후광을 받았다는 증좌는 전혀 찾아 볼 수 없으며, 오직 그는 의상 → 균여를 계승한 화엄종 계통의 승려였다고만 알려져 있다. 무인 최씨정권은 적대관계에 있던 교종과 선종의 일부세력을 척결하는 한편, 수선사 계통과 문벌귀족 체제에서 소외된 교종의 분파세력을 중심으로 새로운 교단체제의 정비를 획책하였으며, 특히 천도 이후는 강화경에 선원사(禪源寺)의 창건 등 선종 편향의 불교시책을 강화하였던 사실은 주지하고 있는 바와 같다. 이같은 정세 하에서 균여를 계승한 화엄종 계통의 승려였던 수기는 대장경 조성에 있어서 교감의 중임을 수행하게 되었던 것이다. 이 방면에 그의 탁월한 능력을 인정받고 있었기 때문이라고 생각할 수도 있겠으나, 오교도승통의 수기가 경판을 조성하기 전에 교감을 통하여 단순히 착오의 수정뿐 아니라, 새로운 대장

---

5) 〈興王寺圓明國師墓誌〉 《韓國金石全文》 中世上, 아세아문화사, 631~633 쪽.

경에 입장(入藏)할 내용을 취사 선택케 하는 것이 당시 불교계의 융합을 위해서 도움이 되겠다는 공감이 형성되었기 때문에 임금의 칙명이 있었을 것이란 추측이 더욱 설득력이 있을 성싶다.

그러면 수기가 대장경에 입장할 경전을 취사 선택할 때 어떤 기준에 따른 것인지 《불명경(佛名經)》[5]을 예로 들어 살펴보기로 한다. 종전 대장경 즉 강화경판을 조성하기 이전 대장경의 회(廻)·한함(漢函)에는 '불명경 18권'이 입장되어 있었으나, 수기는 "그 18권의 것은 제거하고 대신에 회함에는 《마하연론(摩訶衍論)》10권을, 한함에는 《현문론(玄文論)》20권을 각각 편입해 놓았다"고 했다. 그러나 현 《대장목록》에는 그것이 앞뒤로 바뀌어 회함에는 《대종지현문론(大宗地玄文論)》20권을, 한함에는 《석마하연론(釋摩訶衍論)》10권을 각각 편입하여 놓았다. 그리고 수기는 "영(寧)·진(晉)·초(楚)의 3함에 《불명경》30권을 입장시켰다"하고, 세주(細註)로서 "송(宋)·단본(丹本)에 모두 이 경은 없다 … 국본(國本)도 … 18권의 것이 들어 있을 뿐이다"는 것이다. 수기는 18권의 본을 제거하고 30권본 만을 남겨 놓게 된 사정에 대해서 대략 아래와 같이 말하였다.

금번에 삭제·교정으로 저 18권본은 곧 보달(寶達)의 위경(僞經)이므로 삭제하게 되었으니 조금 바르게 보존되게 되었다. 그러나 30권본도 본조〔本朝(고려)〕에서 성행한 지가 오래되었고, 국속(國俗)이 여기에 의지해서 복을 짓는 사람도 많이 있으니, 지금 갑작스럽게 삭제해 버린다면 저 민중들은 반드시 노할 것이다. 만약 모두 남겨 둔다면 이치로도 또한 옳지 않다. 다만 인정에 따라서 이것(30권본)은 존속케 하되 저것(18권본)은

---

6) 《高麗國新雕大藏校正別錄》30권(《高麗大藏經》제38책, 724쪽). 이하에서 《佛名經》에 관한 인용은 모두 여기에 의존하였다.

삭제하게 되었다(《校正別錄》卷30, 佛名經).

요컨대 《불명경》은 '위망난진록(僞妄亂眞錄)'에 편입된 것이긴 하나, 그 30권본은 고려에서 오랜 기간에 걸쳐 민중들이 믿고 의지하고, 또는 복을 빌어 왔으므로 삭제하지 않고 그대로 둔다는 것이다.

'교감(校勘)' 과정에서 경전 편입의 취사선택에 따른 일례를 더 들어 두기로 한다. 원래 준·예·밀의 3함에는 "종범(從梵)의 찬(撰)인《일체경원품차록(一切經源品次錄)》30권이 입장되어 있었는데, 이 30권본은 여러 경의 첫머리와 말미의 말을 들어서 표시해 놓았을 뿐 대장경을 보는 사람에게 이익되는 것이 거의 없는 책이기에 이번에 그것을 삭제하고 새로 지은《교정별록》30권으로 그 함에 편입시켰다"[7]는 것이 그것이다. 이 밖에《교정별록》에서 재래 경전을 삭제하고 새로 편입시킨 경우를 많이 볼 수 있다. 《교정별록》의 사용 자료를 분석하면 강화경판의 편찬에 이용된 저본의 비율이 '고려판본' 60%·'송국판본(宋國版本)' 10%·'거란판본(契丹版本)' 30% 등으로 나타난다[8]고 한다. '고려판본' 60%라고 한 것은 강화경판의 '교감(校勘)' 과정에서 그 판본에 의한 삭제·교정이 그만큼 많았음을 반영하고 있는 것이다.

강화경판 조성과정에서 수기 등의 '교감'은 단순히 자구·문장의 수정이나, 경전내의 착오를 교정하는 수준이 아니라 새로운 대장경 체제의 형성이 주된 임무였음을 파악할 수 있다. 당시 오교도승통은 구체적으로 어떤 사명을 띠고 있었는지 현재 분명히 알 수 있으나, 새로운 대장경 체제의 형성을 위해서 전체 불교계의 화합을 도모하는데, 수기가 핵심적 위치에 좌정하고 있었기 때문에 그에게 '교감'의 직임을 띠게

---

7) 위의 책.
8) 윤용태, 〈고려국 신조대장 교정별록에 대하여〉《역사과학》133, 1990.

608

하였을 것으로 짐작된다.

당시 오교도승통은 오교양종 중에서 오교의 최고 승관임이 분명할 것이다. 오교도승통의 수기는 당시 중앙관료계의 핵심 관료층과도 폭넓은 교류를 하고 있었던 것 같다. 그 몇 사례만 예거해 본다.

무인 최씨정권의 문객(門客)이요, 당시 문명을 날리고 있던 이규보(1168~1241)는 수기와 각별한 관계에 있었다. 이규보는 나이가 어릴 적에 그의 장인의 집에서 수기를 만난 이래, 한 집에서 직접 배우며 긴밀한 사이였다고 술회한 바가 있고,[9] 또 경을 읽다가 의문이 있으면 수시로 묻기도 하였으며,[10] 수기를 대신하여 지인의 제문을 대신 써주기도 하였다.[11] 이 사실들은 두 사람의 관계를 잘 반영하여 주는 동시에, 그러한 두터운 관계가 전제되어 결정적으로는 대장경의 판각을 착수하는 시점에 자연스럽게 〈대장각판군신기고문(大藏刻板君臣祈告文)〉을 작성하게[12] 하였을 것이다.

다음 당시 국왕의 사부요, 강화천도를 강행하려는 집권자 최우의 위압적 태도로 국왕마저 함구하고 있는 형편이었는데[13] 그 부당성을 주장하였던 유승단(兪升旦, 1168~1232)은 수기를 승선과(僧選科)에서 으뜸〔巍品〕으로 뽑아 자식같이 보살펴 주었고, 그가 죽기 전에 수기에게 뒷 일을 부탁할 정도의 관계였다고 한다. 그리고 이규보가 수기를 대신하여 유승단의 제문을 지어 주었다는 것은, 위 3인의 관계를 일정하게 시사해 준다. 유승단은 당대의 문인으로 경(經)·사(史)에 밝았을 뿐만 아니라, 불교 경전에도 통달한 인물이었으며 한때는 승선과를

---

9)《東國李相國集》後集 卷5, 古律詩,〈次韻其公見和〉.
10) 같은 책, 後集 卷5, 古律詩,〈誦楞嚴經初卷偶得詩寄示其僧統〉.
11) 같은 책, 卷37, 哀詞祭文,〈祭兪丞相文〉.
12) 같은 책, 卷25,〈大藏刻板君臣祈告文〉.
13)《高麗史節要》卷16, 고종 19년 6월.

주관하기도 한 인물이었다.[14]

　수기는 대선사 지소(志素), 선사 담기(湛其) 등과도 관계가 있었던
것[15]으로 봐서, 선승들과도 폭넓은 교류를 하였던 것으로 짐작된다. 이
같은 수기의 면면은 당시 무인 최씨정권의 입장에서 볼 때 불교세력 내
부의 대립양상을 해소하고, 천도 후 야기된 민심의 이반 현상을 극복하
려는 정책적 과제에 그 일원으로 참여케 하였을 것이다. 그리고 오교도
승통인 수기에게 경전 교감의 중임을 맡긴 것은 대장경 조성에 참여한
제종단(諸宗團)의 통괄적인 지휘와도 무관하지 않을 것이다. 이것은
대장경 조성의 참여가 특정 종파에만 국한되지 않는데 도움을 주는 요
소로도 작용하였을 것이기 때문이다.

　강화경에서 강화경판을 조성함에 있어 가장 먼저 해결되어야 할 과제
는 입장(入藏)할 문헌의 목록을 작성하고, 그것을 정확히 교감해내는
일이었다. 그런데 이 일은 무엇보다 전문성이 요구되는 작업이었고,
따라서 이 시기 불교계의 참여는 필수적이었다. 대장경의 조성사업에
'교감'이 얼마나 중요한 비중을 차지하고 있었던가를 당시 경판조성의
과정을 예로 들어보기로 한다.

　먼저《선문염송집(禪門拈頌集)》[16] 등의 판각을 조성한 여가에《동국
이상국집》을 조판하였던 진주지역의 '고려국분사대장도감(高麗國分司
大藏都監)'에는 부사 전광재(全光宰)와 하동군의 감무 이익배(李益
培) 등이 참여하고 있었음을 볼 수 있는데[17] 이때 감무 이익배가 교감

───────────────

14)《高麗史》卷102, 兪升旦傳.
15)《東國李相國集》後集 卷6,〈二十九日又邀僧統守其大禪師志素禪師湛其及
　　雙 住老金員外設酒卽席得詩一首贈之〉.
16)《禪門拈頌集》과《東國李相國集》의 조성장소는 斷俗寺였음을 밝힌 바 있다
　　(金潤坤,〈高麗大藏經 조성의 참여계층과 雕造處〉《人文科學》12, 1998,
　　124~128쪽, 경북대 인문과학연구소 및 본서 1부 2장 참조).

하였던 것은 이규보의 손자로서 해당분야의 전문성을 인정받은 경우라고 할 수 있을 것이다.

다음 현재 해인사 장경각 내의 서판고(西板庫)에 소장되어 있는《대방광불화엄경소(大方廣佛華嚴經疏)》권3 지문(誌文)에서

龍壽寺社堂比丘 玄揆 主張, 下鉅寺道人 天章 戒湛 勸緣, 道人 聞契 校勘, 辛丑五月 日 伽耶山下鉅寺 彫造[18]

즉 용수사(龍壽寺) 사당(社堂)의 비구 현규(玄揆)는 주장(主張)을, 하거사(下鉅寺)의 도인 천장(天章)과 계담(戒湛)은 권연(勸緣)을, 도인 문계(聞契)는 교감을 각각 맡아서 신축 오월 일에 가야산 하거사에서 조조하였다는 것이다. 이것은 신축 즉 고종 28년(1241) 5월에 가야산의 하거사에서《대방광불화엄경소》를 조조하였다는 말이다. 그 조성을 위해서 주장(主張)·권연(勸緣)·교감(校勘)의 3직임을 두었음을 볼 수 있다. 여기 3직임의 순서가 반드시 상하의 서열순이라고 단정할 수 없지만, 설혹 그렇더라도 '교감'은 경판을 조성하는데 제3위를 점하고 있었던 직위임을 볼 수 있다. 그리고 '교감'은 단순히 경전의 정오를 담당하는 것만이 아니라, 경판조성기구의 서열 3위 내에 들어가는 임원이었음을 파악할 수 있다.

---

17)《東國李相國集》後集 卷終 跋尾.
18)《大方廣佛華嚴經疏》제3권, 32장의 誌文에 대해서는 崔凡述(〈海印寺寺刊鏤板目錄〉《東方學志》11, 1970, 31쪽)과 藤田亮策(〈海印寺雜板攷〉《朝鮮學報》138, 1991)이 각각 소개하고 있는데, 판독 과정에서 차이를 보이고 있다. 藤田亮策은 본 지문의 1행 '揆'자를 '機'자로, 4행의 '鉅'자를 '鋸'자로 각각 오독하였으며, 崔凡述은 소개 과정에서 원문의 자구와 행의 배열 형태를 임의로 하여 놓은 것을 崔永好(《한국중세사연구》2, 1995, 34쪽)가 바로잡아 놓았다.

위에서 가야산의 하거사에서 경판을 조성하는데, 용수사 사당의 비구 현규가 주장의 직임을 띠고 있는 것이 주목된다. 이와 유사한 예를 다시 들어보기로 한다. 오늘날 경북 칠곡군 약목면 복성리의 정도사에 현종 22년(1031) 5층 석탑을 건립하고 형지기(形止記)를 남겨 놓았음은 이미 주지의 사실이다. 그 형지기에는 5층 석탑을 건립하기 위해서 각계 각층이 보시하였던 사실을 기록하여 놓았다. 그 중에서 사원과 승려층 즉 불교세력의 보시만을 발췌해 보면 대략 아래 표와 같다.

〈표-1〉정도사탑 조성 때 승려층의 보시일람표

番號	布　施　者		布施의 品種과 數量	寺院所在地
	身分·地位	姓　名		
1	郡禪院僧	智渙	穀食 13石 · 米 54石	若木, 僧本貫은 本郡
2	禪院	依止僧 連育	米 1石	〃
3	般若寺	光猷(由)	穀食 3石	京山府
4	碓寺主人	幸某	麻 1邊	
5	般若寺主	光由(猷)	〃, 齋米 1度	京山府
6	智奉寺主	大師 是光	布 15尺	
7	天原寺主	大師 靑允	穀食 1石, 齋米 1度	京山府
8	金剛寺主	大德 釋令	〃	〃
9	道俗寺主	賢朗	〃	〃
10	禪院主人	懷闡	〃	〃
11	蓮長寺主	智善	〃	〃
12	普沙寺主	讓賢	穀食 1石	〃
13	大乘寺主	彦融	〃	〃

番號	布　施　者		布施의 品種과 數量	寺院所在地
	身分・地位	姓　名		
14	金莫寺主	元慶	〃	〃
15	芳允寺主	重職 遍作	〃	〃
16	金安寺主	法眞	〃	〃
17	碃川寺主	貞宏	齋米 1度	公山
18	新房主	賢宋	〃	
19	婦倦寺主	神憶	〃	
20	妙興寺主	覺由	〃	본관은 壽城郡, 公山新房의 依止僧
21	仙石寺主	寺主未詳	齋米 2度	
22	普沙寺, 忠寺	寺主未詳	幷 齋米 1度	
23	玉滿寺主	莫質 (副正 處忠과 같이)	幷 酒 3香	
24	汁大寺主人	賢宗	茶・酒・茱・炙	
25	玉滿寺主	元京	〃	
26	陽岳寺主	智黃	〃	
	정도사의 5층석탑을 건립한 뒤에 塔造成形止記의 末尾			
27	(郡禪)院主僧	惠元		본관 善州
28	骨迥寺	福光		본관 善州
29	史	沙彌 眞行		본관 若木郡
30	史	沙彌 成密		본관 善州

〈표-1〉의 끝 부분인 (27)∼(30)에 대해서 먼저 주목해 보기로 한다. (27)원주승 혜원(院主僧 惠元)은 군선원(郡禪院)의 주승(主僧)이란 뜻이고, 그는 (28)골형사 복광(骨迥寺 福光)과 함께 본 5층 석

탑의 건립에 있어, 앞 《대방광불화엄경소》를 조성할 때 용수사 사당의 비구 현규의 직임인 주장과 같은 역할을 하였을 것으로 믿어도 좋을 것이다. (27)원주승 혜원과 (1)군선원승 지환(智澳), (2)선원 의지승(依止僧) 연육(連育) 등은 모두 동일 사원의 승려로 추정하더라도 크게 어긋나지 않을 것이다. 만약 추정이 용납된다면 '군선원'은 약목군에 소재하고 있는 선원이란 뜻인 동시에 같은 군(郡)의 전체 사원을 주관하는 즉 간사격(幹事格)의 사원이었다는 주장도 용납될 수 있을 것이다. 다시 한번 본 형지기에서 '군선원'의 관련기록부터 살펴보기로 한다. (1)군선원승인 지환이 곡식 13석·쌀 54석을 시납하였는데, 그는 현재 약목군에 거주해 있고 또 본관도 본군(本郡)이다. (2)선원의 의지승인 연육은 쌀 1석을 시납했다. (27)원주승인 혜원과 골형사의 복광은 본관이 선주(善州)이고, 사(史) 2인 중에서 (29)진행(眞行) 사미(沙彌)는 본관이 약목군이고 다음 (30)성밀(成密) 사미는 본관이 선주 등이다. 이 중에서 (1)과 (2)는 위에서 볼 수 있는 바와 같이 다른 사주의 시납액에 비하여 많을 뿐 아니라, 특히 (1)군선원승 지환이 시납한 곡식 13석·쌀 54석은 약목군의 '백성' 광현(光賢)이 시납한 102석에는 미치지 못하지만 (2)선원의 의지승인 연육의 쌀 1석과 비교하더라도 곡식 13석은 제외하고 쌀만 54배이다. 지환이 시납하였던 곡식·쌀은 단월로부터 시주를 받았던 것이 아니고, 그의 개인 재산이었을 것이다. 만약 단월로부터 시주를 받았던 것이라면 원주승을 배제하고 그의 이름으로 시납할 수 없을 것이기 때문이다.

다음 (2)쌀 1석을 시주한 연육은 선원의 의지승이라고 했다. 본 형지기에서 의지승은 연육 외에 공산신방(公山新房)의 의지승인 각유(覺由)도 있었다. 각유는 묘흥사주(妙興寺主)이고 또 약목군의 '백성' 광현이 유언으로서 석탑조성의 서원과 곡식 102석을 위임하였던 것을 실현하여 석탑이 실제로 이루어지게 하였던 선지식이었다. 그리고 그는 정도사 석탑의 건립에 '재미(齋米) 1도(度)'를 직접 시주한 장본이기도 하였다. 여기서 의지승은 의지할 곳이 없어 다른 사원으로 거처를 옮겨 다니는 탁발승과 같은 존재가 아니고, 불상·석탑·경전조성의 서원을 발현케 하는 특별한 수선승(修善僧)이었음을 알 수 있다.

끝으로 (27)원주승 혜원과 골형사의 복광은 정도사의 석탑건립을 주도하였던 주장이었고, 또 사미 두 명은 원주인 혜원을 보좌하고 종무를 담당하였던 보좌승이었을 것이다. 여기 원주승의 혜원은 '군선원'에 원주를 지칭하고 있음이 분명하므로 골형사의 복광과 함께 정도사의 석탑건립을 주도하고 있었던 사실을 파악할 수 있다. 그렇다면 정도사의 석탑건립에 정도사가 주관하지 않고 '군선원'의 원주가 왜 주관하였을까? 이 의문에 현재 분명한 답을 하기는 어렵지만 '군선원' 즉 약목군 선원이 본군의 관내 사원과 석탑 등의 건립과 중수 등을 총괄적으로 주도하는 위치에 있었기 때문에 나타난 현상일 것이다. 위의 약목군의 '군선원'은 각 군현의 자복사(資福寺)의 일종이었을 것으로 판단된다.

조선왕조는 건국 초기부터 억불정책의 일환으로 전국의 사찰을 대대적으로 혁파·훼철하였던 사실은 누구나 알고 있다. 특히 태종 6년(1406)에 기존의 12종파를 7개로 통합하고 사원의 수를 총 242사만을 남겨 놓았던 것이다. 그 혁파과정에서 잘못 혁파한 것이 많았기 때문에 그 이듬 해인 동왕 7년 12월 2일에 "제주(諸州)의 자복사를 모두 명찰로 대신케 한다"[19]는 명령을 내리게 되었던 것이다. 이 때 대체한 명찰이 모두 88사이기 때문에 혁파된 자복사가 최소한 그 숫자만큼 있었음을 파악할 수 있고, 이 절들은 모두 고려시기에 존립하였던 것이 분명하다.

고려시기 각 '고을'에 자복사를 설치하여 놓고 여러 지역에서 파견되

---

19)《太宗實錄》卷14, 태종 7년 12월 신사.

어 온 승인(僧人)을 주지로 선임하였던 것인데, 조선조 태종대에 이르면 이미 자복사의 기능이 거의 마비되어 그 주지가 타사에서 우거하고 있다거나, 또는 '간각(間閣)' 즉 자복사의 독립공간 — 불우(佛宇)가 없었던 경우도 생겨나기에 이르렀던 것이다. 요컨대 고려 때 자복사는 계수관을 비롯한 각 군현의 읍내(邑內)·읍외(邑外)에 설치되어 있었으며, 각지에서 파견되어 온 승인 중에 주지로 선임되기도 하고 또 각기 교학·교화·의료·풍수지리·외빈접대와 진병법석(鎭兵法席), 중앙·지방관을 위한 행사 등을 개최하였을 것[20]으로 짐작된다.

자복사는 주현의 비보사사(裨補寺社) 중의 하나였다. 고려시기의 비보사사 즉 대읍 중심 군현체계의 주현 사사가 3경·4도호부·8목의 대읍·영읍과 소읍·속읍 등 순으로 각각 안배 설치되어 있었다. 다시 말하면 고려시기 대읍·영읍의 지역에 다수의 사원을, 또 소읍·속읍 혹은 향·소·부곡 등의 지역에 소수의 사원을 각각 안배 설치하여 두었기 때문에 조선 왕조의 초기 사원정책도 이를 토대로 정비될 수 있었을 것이다.

고려시기 주현의 비보사사, 즉 ㉠조종시 개창 비보사사(祖宗時 開創 裨補寺社), ㉡고래정행법석사원(古來定行法席寺院), ㉢별기은사사(別祈恩寺社) 등은 국가로부터 재정지원을 비롯한 특별한 보호를 받았던 사원이었다. 이 3종의 사원은 각기 설립 유래와 기능이 약간씩 차이가 있었다. ㉠은 태조 왕건 때부터 역대로 내려오면서 비보사사로 개창된 것이지만, ㉡·㉢은 기능이 각각 다른 사원이 아니라 국가나 주현의 재앙을 물리치고 복을 기원하는 도량이란 점에서 동일하였을 것이다. 다만 ㉡과 ㉢의 차이점은 전자가 '진병법석'과 같은 법석을 정기적으로

---

20) 金潤坤, 〈고려시대 慶尙道 지역의 사원과 불교문화〉《한국중세사연구》9, 2000, 267쪽.

616

열었던 신라·고구려·백제의 옛사원이었다면 후자는 고려시기에 처음으로 각 군읍마다 '기은(祈恩)'을 하기 위해서 자복사로 지정된 사사였을 것이다.

공양왕 2년 9월에 왕이 내시를 3사에 보내서 재(齋)를 설하여 기복(祈福)하였고 또 매년 4계절마다 반드시 13소에서 기은을 하였는데, 그 곳을 기은도량, 기은법석, 별기은 등으로 부르기도 했다는 것이다. 여기서 '기은' 하였던 절에 붙은 여러 이름은 은복을 기원하던 곳의 별칭임을 알 수 있고 ㉡·㉢은 기능이 각각 다른 사원이 아니라 국가나 주현의 재앙을 물리치고 복을 기원하는 도량이란 점에서 동일하였음을 확인할 수 있다.

자복사는 임금의 장수와 외침의 종식 등을 기원하기도 하고, 또는 그 지방을 방문한 외빈에게 접대도 하였던 '주현 비보'의 성격을 띤 사사였을 것으로 짐작된다. 그 경비의 대부분은 국고 혹은 외관 등지에서 지급하였을 것이다. 고려에서 조선으로 왕조가 바뀌고 사원을 혁파할 때 전국의 자복사를 일차적으로 정비의 대상으로 삼게 되었고, 태종 7년(1407)에 자복사의 대체 사원으로 소위 명찰이 88개로 책정되기에 이르렀던 것이다. '제주(諸州)의 자복사'는 고려 지방조직의 근간인 3경·4도호·8목의 계수관을 중심으로 하여 각 군읍에 설치되어 있었고, 그 해당 읍사와 유기적 관계하에서 절일(節日) 등의 행사를 거행할 수 있었을 것이다.

〈표-1〉에서 보시의 내용과 수량을 보면, '군선원'을 비롯한 26의 사원과 사주·의지승 등이 최고 곡식 13석·쌀 54석부터 최하 차(茶)·주(酒)·채(菜)·자(炙)의 보시까지 다양하였음을 볼 수 있다. 여기서 약목군의 5층 석탑은 상주목 경산부(성주) 관내의 여러 사원의 보시와 협력으로 이루어졌던 사실을 알 수 있다. 이 경우는 일개 군단위의 불사였으나, 《고려대장경》의 조성에 있어서 오교도승통에게 '교감'의 직임을 위임한 까닭이 교감 그 자체뿐만 아니라, 전국의 불교세력이 지원과 협력을 하도록 하기 위한 것에 있었을 것이다.

(2) 불교세력—학승

강화경판의 각성인 중에는 승려 자신의 참여사실을 직접 기록해 놓았다. 이를 통해 천태산인(天台山人) 요원(了源), 사미 영기(永奇), 비구 동고(東皐), 사미 백우(白藕), 비구 효겸(孝兼), 도인 녹상(祿祥) 등 승려층이 참여하였음을 알 수 있다. 특히 천태산인 요원은 요원지(了源誌), 천태산인 요원수 삼십구폭(天台山人 了源手 三十九幅) 등에서 볼 수 있는 바와 같이, 직접 각수로 참여하면서 39폭의 경판을 기진하였던 것이다. 또 '효겸 각(孝兼 刻)'·'녹상 도(祿祥 刀)' 등에서 이들은 직접 경판을 판각하기도 하였던 것으로 보인다. 이처럼 조성사업에 참여한 승려층들은 직접 각수로서 신(身: 몸)보시를, 혹은 사재의 기진 즉 재보시를 각기 행하기도 하였던 것이다.

아래에서 살펴 볼 〈표-4〉의 (68)은 그 자신의 신분이 승려임을 표시해 놓은 것인데, ①은 축융산인(祝融山人)으로 ②는 도인으로, ③은 화상으로 각각 상이하게 표시하여 놓았다. 특히 ③에서 '화(化)'의 한 자로 자신이 승려 신분임을 표시한 경우가 있으므로 경판의 전체에서 승려층을 모두 파악하기란 무척 곤란하다는 것을 알 수 있다. 우선 강화경판의 각성인과 당시 각종 불사나, 비문 및 문집 등에 나타난 승려층을 서로 대조하여 그들의 참여 사실을 확인해 보기로 한다.[21]

---

21) 본서 2부 2장 3절의 〈표 2-2-43〉~〈표 2-2-45〉 등을 참조하여 몇몇 내용들을 더 부기했다.

〈표-2〉 승려층의 각성활동 사례

番號	佛事(經典·碑文·文集)					江華京板					備考
	法名·人名	僧階·身分	寺院	役割	活動時期	刻成者	刻成時期 年度	期間	刻成量 總量	分司無	
1	惠成	住持	古靈山高嶺寺	功德者同願	1213	惠成	46	1	3	0 0	㉖ 경기 楊州 高嶺寺飯子 鑄成. ㉗ k.570, 권20.
2	大公	大師	奉日鄉資福寺	造成功德者	1207	大公	44~45	2	47	15 4	㉖ 경기도 陽根, 法相宗, 玄化寺大師인 大公이 本寺에 施主. ㉗ K.941, 권7 등.
3	戒安	道人	月岳山德周寺	棟梁	1206	戒安	38,40~41,43~44	5	68	19 10	㉖ 충북 제천, 法相宗. ㉗ 彫刻 戒安, 刻者 戒安.K.1, 권454 등.
4	僧印	工匠?	大興郡北禪院寺	助役	1218	承(升)印	43~44	2	26	11 2	㉖ 충남 홍성, 飯子鑄成때 大匠(元淸)助役(孝文·孝貞·僧印). ㉗ K.1050, 권34 등.
5	玄智	寺主人	古阜郡卯寺	棟梁	1214	玄知	45	1	1	1 0	㉖ 전북 고부군, 丁丑銘般子. ㉗ K.1513, 권9.
6	大升	工匠?	伽倻山海印寺	刻手	1236	大升	38~39	2	17	0 0	㉖ 佛說梵釋四天王陀羅尼經의 각수(海印寺彫造). ㉗ K.3, 권11과 K.5, 권5 등.
7	天章	道人	伽倻山下鉅寺	勸緣	1241	千丈,千伏,天長,天莊	38~39,40~41,43~44	6	99	20 9	㉖ 大方廣佛華嚴經疏 卷3. ㉗ K.1, 권429 등.
8	宗一	〃	智異山安養寺	棟梁	1252	宗一(日)	43~45	3	47	12 4	㉖ 華嚴宗, 壬子銘安養社飯子. ㉗ K.802, 권7 등.
9	長存	工匠?	智異山安養寺	使用	1252	長存	43~45	3	70	24 3	㉖ 飯子의 鑄成. ㉗ K.1075, 권15.
10	釋琦	大師	含月山?月峯寺	知事	1249	石奇	37	1	2	0 0	㉖ 경남 울산, 月峯寺金鼓. ㉗ K.2, 권10.

番號	佛事(經典·碑文·文集)					江華京板					備考
	法名·人名	僧階·身分	寺院	役割	活動時期	刻成者	刻成時期 年度	期間	刻成量 總量	分司/無	
11	明覺	山人	未詳	刻手	1236	明覺, 名各, 名角	37, 39~41, 43	5	126	0 / 0	㉮ 妙法蓮華經의 鄭晏 誌. ㉯ K.2, 권1 등.
12	志閑	"	"	筆寫	1250~52	志閑	44	1	2	0 / 0	㉮ 大方廣佛華嚴經世主妙嚴經品第1. ㉯ k.930, 單.
13	了源	"	"	未詳	未詳	了源(元)	37~41, 43	6	84	0 / 0	㉮ 天台宗: 天台山人. ㉯ K.22, 권90.
14	宗然	道人	修禪社	刻手	1250	宗衍	43~45	3	26	9 / 3	㉮ 慧諶碑陰記(1250년 건립), 혜심비의 刻字者. ㉯ k.1048, 상권.
15	宗禮	"	"	刻手	1250	宗銳, 乂	43~44	2	55	19 / 6	㉮ 慧諶碑陰記(1250년 건립), 《湖山錄》卷4의 '雲住寺大師 宗銳'와 동일인으로 추정됨. ㉯ k.802, 권47.
16	天眞	大禪師	"	未詳	1223	天眞	44	1	6	2 / 2	㉮ 慧諶《語錄》上堂, 迦智大禪師 天眞이 亡母를 위해 上堂. ㉯ k.1002, 상권. ㉰ 慧諶(1178~1234).
17	慧修	未詳	"	棟樑	1223	惠守	44	1	1	0 / 0	㉮ 慧諶《語錄》上堂, 1223.7 修禪社에서 鎭兵法會를 열다. ㉯ k.890, 권61. ㉰ 慧諶(1178~1234).
18	定慧	長老	"	未詳	未詳	正惠	38~39, 42~44	5	66	0 / 0	㉮ 慧諶《語錄》答書, 조정에 보낼 疏文을 지어달라고 함. ㉯ 正惠刻., k.1, 권303 ㉰ 慧諶(1178~1234).
19	元其	上人	"	"	"	元器(己, 奇, 起)	37~39, 43~45	6	91	19 / 9	㉮ 慧諶《詩集》上元其上人에 대한 시를 쓰면서 幷序함. ㉯ 元器刻, k.1, 권33. ㉰ 慧諶(1178~1234).
20	守精	大禪師	無爲寺	"	"	守貞(丁)	43~45	3	30	3 / 1	㉮ 국자감시 합격자인 廉守貞과 동일인으로 추정되기도 함. ㉯ 一然碑陰記(1295년 건립). ㉰ k.649, 권51. ㉭ 전남 강진(?).
21	金藏	"	白蓮社	"	"	金藏	38, 44	2	7	0 / 1	㉮《湖山錄》卷3, 慧諶 계승, 沖止와도 교류, 無極에게 道를 전함. ㉯ k.1, 권248. ㉰ 天頙(1206~1290년대 중반?).

番號	佛事(經典·碑文·文集)					刻成者	江華京板				備考
	法名·人名	僧階·身分	寺院	役割	活動時期		刻成時期		刻成量		
							年度	期間	總量	分司無	
22	道閑	大師	白蓮社	未詳	未詳	道閑	43~45	3	67	13 / 2	㉮《湖山錄》卷4, 金字華嚴法華經 慶讚시 慶讚 安居法會를 개최함. ㉯ k.802, 권14. ㉰ 天頎(1206~1290년대 중반?)
23	歸一	山人	普濟寺	匠人?	〃	歸一	44~45	2	63	10 / 3	㉮《東國李相國集》卷16 및 19, 普濟寺 住持 老規公이 山人 歸一에게 廳事의 벽에 老松을 그리게 함. ㉯ k.957, 권16. ㉰ 보제사는 개경 사원.

※ 각성량은 대장·분사·무간기의 전체를 총칭한 것인데, 총량은 세 부분의 총합
  계를, 분사는 분사도감에서의 판각을, 무간기는 간기가 없어 어디서 조성한 것
  인지 알 수 없는 것이다.

위 〈표-2〉의 (1)~(23)은 각종 불사과정에서 나타난 승려 중 강화
경판에 각인되어 있는 이름과 유사하거나, 혹은 음이 동일한 경우를 발
췌하여 놓은 것이다. 이 모두를 동일인이었다고 확신할 수 없으나, 성
명 표기형식의 다양성과 불사에서의 행적 등을 통하여 동일인으로 간주
하더라도 크게 틀리지는 않을 성싶다. 만약 동일인으로 간주한 것을 용
인한다면 (1)·(2)는 경기도, (3)·(4)는 충청도, (5)·(14)~
(23)은 전라도, (6)·(7)·(8)·(9)는 경상도 등지의 불교세력이
강화경판의 조성에 참여하였다는 말이 성립하게 된다. 따라서 당시 전
국의 각 지방사원이 거의 대부분 강화경판의 조성에 참여하였을 것으로
믿어도 좋을 것이다.

〈표-2〉의 (2)조각(彫刻) 계안(戒安), 각자(刻者) 계안(戒安),·
(18)정혜각(正惠刻), (19)원기각(元器刻) 등은 모두 자신이 직접 각
수로 참여하였던 사실을 밝혀 놓은 것으로 본다. 특히 (14)의 종연(宗
然)은 혜심비(慧諶碑)의 각자자(刻字者)로, (21)의 김장 대선사(金

藏 大禪師)는 글씨를 잘 썼다고 하며, (22)의 도한(道閑)은 사경(寫經)에 참여하였고, (23)의 귀일(歸一)은 그림을 잘 그린 인물이었다. 이러한 경험들이 강화경판 조성과정에서 필사 등의 작업에도 참여하여 직접적으로 많은 도움을 주었을 것이다.

승려층은 위와 같이 직접 각수로서, 혹은 앞에서 살펴 본 천태산인 요원처럼 각판 기진자(寄進者)로서 각각 참여하기도 하였다. 그들의 승계(僧階) 및 신분을 보면, (1)주지, (5)사주인(寺主人), (16)·(20)·(21)대선사 등은 높은 승계의 고승층으로 간주될 수 있으나, 그 나머지는 대사 이하와 도인·산인 및 공장 등이다. 다시 말하면 (1)~(23) 중에서 소수의 고승층을 제외하고 거의 대부분은 도인·산인 및 공장 즉 승계가 없는 하급승려층이었음을 볼 수 있다. 이것은 강화경판의 조성에 참여한 승려층 중에서 비록 극히 일부분에 불과한 현상이기는 하나, 전체적 양상을 파악하는데 하나의 척도 구실은 할 수 있을 것으로 생각된다. 요컨대 강화경판의 조성에 참여한 승려층은 승계마저 없었던 하급승려층이 대부분을 차지하고 있었을 것으로 짐작된다.

12세기 후반에 정중부(鄭仲夫) 등의 무신정변을 계기로 기존의 귀족문벌체제와 연결된 부패·타락한 불교세력을 정화하기 위한 자각 반성운동으로서 신앙결사가 대두하기 시작하였다. 지눌(知訥, 1158~1210)이 개창하여 뒤에 수선사(修禪社)로 사액되었던 정혜결사(定慧結社)와 요세(了世, 1163~1245)의 백련결사(白蓮結社)가 그 대표적인 것이라 할 수 있다. 우선 지눌에 의해 결성된 수선사의 정혜결사는 〈권수정혜결사문(勤修定慧結社文)〉에서와 같이 이전의 불교계에 대한 반성에서 출발하고 있으며, 주로 최소한의 지혜력을 갖고 발심할 수 있는 사람, 즉 지식대중·사회주도층들을 대상으로 하고 있다. 요세의 백련결사는 수선사보다 더 대중적인 성격을 가지고 있으며 지식인 층 뿐만 아니라 기층사회의 백성·범부들을 널리 포용하려는 면을 가지

622

고 있었다. 이들 결사는 개경 중심의 불교계의 타락과 모순에 대한 비
판운동이라는 공동과제를 갖고 출발하였으며, 이러한 의미에서 이들로
부터 지방 불교적인 경향성과 불교개혁운동이라는 성격을 찾을 수 있
다. 특히 수선사의 결사운동은 당시 사회의 광범위한 지지와 호응을 받
았으며, 결국 최우가 그의 무인정권을 유지하기 위해 불교계의 개편을
시도하는 과정에서 지눌과 그를 계승한 혜심(慧諶)을 선택하는 요인으
로 작용하였을 것이다. 백련결사 또한 1230년대 이후 무인정권의 최
우를 비롯한 문무관료들을 단월로 두는 등 중앙의 지원 속에 그 지지기
반을 확대해 나갔다.[22] 이처럼 무인정권기의 결사운동은 귀족불교적인
전기 불교계에 대한 반성에서 일어난 것으로 그 주도세력이 지방의 향
리층·독서층이었으며, 개경이 아니라 각 지방으로 확산이 있었던 것
으로 보인다. 이러한 결사운동을 통해 고려불교는 새로이 대중에게로
접근하고 있었으며, 또한 대중의 지지와 지원에 의해 성장하고 있었다.
　한편 문신·유자(儒者)들이 정중부 등의 무신정변 때 화망을 탈출한
뒤에 유관(儒冠)을 벗어 던진 후 머리를 깎고 중이 되어 유학을 버리고
불교를 배워 한 곳에 정주하면서 문도들을 양성하고 있었는데, 세상이
다소 달라진 후에도 끝내 환속하지 않고 일생을 마친 사람들이 많았다.
신준(神駿) 오정석(吳廷碩)은 그 중의 한 사람인데, 그는 공주에서 이
곳 군수의 아들을 교수(敎授)한 지 몇 해가 되어 개경으로 보내어 과거
에 응시케 하였다.[23] 또 불화(不華) 권돈례(權敦禮)는 어사를 지낸 관
인으로서 역시 무신변란의 화망을 벗어나 원주에 은거하여 다시 세상에
나오지 않고 문도들을 양성하였다. 그는 "항상 문을 닫고 교수하니 제
자들은 날로 성하여 외우고 익히는 소리가 수사(洙泗)에 비유할 만하

---

22) 蔡尙植, 《高麗後期佛敎史硏究》, 一潮閣, 1991.
23) 《破閑集》卷下.

다"[24]고 하였다.

이처럼 무신변란 이후 문신 · 유자들의 출가와 환속이 잦아지면서 이들과 승려층과의 교류가 빈번해지게 되었다. 그 과정에서 유자출신 승려층의 등장과 불교를 중심으로 하는 유불일치론(儒佛一致論)의 등장, 불교의 심성론을 토대로 유자와의 교류를 통해 유학의 심성화 경향을 촉발시켰으며, 이러한 유불교섭은 이후 원간섭기 성리학 수용의 중요한 기반이 되었다고 한다.[25] 요컨대 무인정권기 이후의 유불교섭은 원간섭기 성리학 수용의 단계를 계기적으로 이해할 수 있는 토대를 마련하였던 것이다.

득히 이세현(李齊賢, 1287~1367)의 《역옹패설(櫟翁稗說)》에서 충선왕과의 대화 중에 왕이 "우리나라 선비들이 사원에서 중에게 글을 배우는 관습이 언제부터 생기게 되었는가"라고 했을 때, "무신변란 후 화란을 피해 산문으로 들어간 선비들이 비록 학문을 원하는 뜻이 있으나 쫓아 배울 만한 곳이 없었으니, 부득이 가사를 입고 깊은 산중에 도망가 있는 이를 찾아가 배우지 않을 수 없었습니다"라고 했다는 것이다. 이것은 사원에서 문신 · 유자들에 대한 교육이 성행하게 된 과정을 말한 것이지, 사원의 교육기능에 따른 시원과 배경 등에 관한 설명은 아닌 것이다.

사원은 그 자체가 교육적 기능을 가지고 있었는데, 그에 대한 일례로 사원에서 참학(參學) 승도(僧徒)를 양성한 것을 들 수 있다. 선종 원년(1054) 정월, 사원에서 "9산문의 참학 승도를 진사의 예에 의하여

---

24) 《西河集》 卷4, 〈答權御史書〉.
25) 邊東明, 《高麗後期 性理學受容研究》, 一潮閣, 1995.
　　　　, 〈高麗 崔氏武人政權時期의 儒者 出身 僧侶〉 《全南史學》 11, 1997.
　　李源明, 《高麗時代 性理學 受容研究》, 國學資料院, 1997.

3년에 1번씩 뽑아주기를 요청하자 왕이 허락했다”[26]고 한다. 진사의 예에 의하여 참학 승도를 선발해 줄 것을 요청한 것은 참학 승도의 양성 이 이미 오래 전부터 이루어져 많이 배출되어 있었음을 뜻하고 있는 것이다. 특히 여기서 주목되는 것은 참학 승도의 선발을 진사의 예에 의 하도록 요청한 점이다. 이것은 참학 승도와 진사를 제도적으로 동격화, 혹은 대등한 수준의 대우 등을 요구한 처사로 볼 수 있을 것이다. 참학 에 대한 사회적·제도적 대우가 어떻든 간에 사원에서의 대우는 상당히 높은 수준에 이르러 있었다. 원응(圓應) 이학일(李學一, 1052~ 1144)의 비문에서, 그의 문도 중에 ‘비직원(批職員) 24’부터 ‘참학 40명직(職)’까지를 구록(具錄)해 놓았음을 볼 수 있고,[27] 또 대지(大 智) 한찬영(韓粲英, 1328~1390)의 비문에서 그의 문도 중에 대선사 에서 참학까지, 그 다음에 속문도(俗門徒)―판문하(判門下) 홍수통 (洪水通)·문하시중(門下侍中) 이색(李穡) … 진사 한고(韓皐) 등 23 명을 구록해 놓았음을 볼 수 있다.[28] 여기서 특히 찬영의 비문을 주목 해 보면, 그의 문도 중에서 승려는 대선사에서 참학까지, 또 속문도는 판문하부터 진사까지로 제한되어 있다. 여기서 참학과 진사는 비록 반 드시 동급은 아니었다고 하더라도 비슷한 수준으로 취급하고 있는 것을 볼 수 있는데, 이것은 우연의 일치로 볼 수 없을 것이다. 참학과 진사 를 동급 수준으로 간주한 것이 설혹 어긋난다고 해도 학일의 비문에서 볼 수 있다시피 ‘비직’부터 ‘참학’까지 제한한 국사·고승의 문도로 인 정받을 수 있을 정도로 서열이 높은 승려계층이었던 것은 확실하다.

---

26) 普濟寺僧貞雙等奏 九山門參學僧徒 請依進士例 三年一選 從之(《高麗史》 卷10, 선종 원년 정월 을사).
27) 〈雲門寺圓應國師碑〉(《韓國金石全文》中世上, 273번, 665~668쪽).
28) 〈億政寺大智國師智鑑圓明塔碑〉(《朝鮮金石總覽》下, 201번, 715~716 쪽).

고승의 문하에서 단순히 불전만을 배우기 위한 것이 아니라 유불(儒佛)을 동시에 익히기 위해서도 많은 문생들이 모여들었다. 이것은 무인정권의 성립 이후로 문신·유자들의 불문 귀의가 증대하였던 것과 불가분의 관계가 있었을 것이다. 사원에 학승들이 모여들었던 현상은 무인정권기를 지나서 원간섭기에도 이어지고 있었다. 혜감 박만항(慧鑑 朴萬恒, 1259~1319)은 진사 경승(景升)의 아들이요 웅진군인(熊津郡人)이다. 그는 유가(儒家)에서 성장하여 승려가 되었고, 충열왕의 명으로 삼장사(三藏寺)에서 주석하였는데, "무릇 경학 가르치기를 마치 귀머거리가 트이듯이 하고 취한 사람이 깨듯하니, 제자가 7백 명에 이르게 되고 시대부로서 제지가 되어 입사(入社)한 사람을 이루 헤아릴 수 없었다"[29]고 한다.

무인정권의 성립이후 사원에는 많은 학승들이 배출되고 있었음을 이상의 논술에서 짐작할 수 있을 듯하다. 요컨대 강화경판의 조성에 학승들의 참여는 필연적이었을 것이다. 이들은 토지쟁탈을 둘러싼 이권 싸움이나 혹은 종권의 쟁탈전을 처절하게 벌여 온 고승대덕이 아니라 양심적인 수도승들이요, 외적의 침략으로 야기된 민족적 최대의 수난을 극복하려는 참 불교세력임이 분명할 것이다.

강화경판의 조성에 참여한 학승을 비롯한 불교세력과 문신·유자의 문인지식층 등의 의식에는 대장경판은 나라의 대보(大寶)인 동시에 문명의 산물이란 생각을 지워버릴 수 없었을 것이다. 그들이 본 몽고는 조국의 침략자요 문명의 파괴자였다. 외세의 압박·침략으로부터 나라를 지키고, 야만인의 파괴로부터 문명을 수호한다는 것이, 고려 사람들이 치른 반몽항전의 의식이었을 것이다. 다시 말하면 강화경판의 조성사업에 참여하여 재물을 보시하고 각수로서의 활동은 외세의 압박·

---

29) 《益齋亂藁》卷7, 〈海東曹溪山 … 慧鑑國師碑銘〉.

침략으로부터 조국을 지키고, 야만인의 파괴로부터 문명을 수호하려는
반몽항전의 또 다른 갈래의 표현이었던 것이다.

2. 앞으로의 연구방향

　강화경판은 고려국대장도감 즉 대장도감을 설치하였던 것으로부터
무려 16년이란 장구한 기간에 걸쳐 조성되었는데, 그 전체는 경전
1,513종 6,807권의 160,560장이고, 각 장의 변계선(邊界線) 내외
에 각인하여 놓은 인명을 대략 추출하면 약 3,600여 명[30]에 이르고 있
다. 그 인명과《고려사》·문집·비문 등을 서로 비교해 보면, 당시 ①
재조관료층, ②재향세력, ③승려층, ④국자감시 출신의 문인지식층 등
과 유사한 이름을 많이 볼 수 있다. 그 밖에 3,600여 명 중에는 문헌
에 인명을 남기지 못한 계층—광범위한 서민대중도 틀림없이 포함되어
있었을 것으로 추정된다. 여기에는 강화경판의 조성기간에 중외(中外)
의 저항세력 즉 농민봉기가 거의 표면화하고 있지 않다는 점이 뒷받침
하여 주고 있다. 중외의 저항세력을 포함한 각 지역의 군현민의 몸보시
와 재보시 등이 광범위하게 이루어졌을 것은 틀림없는 사실이다. 그러
나 현재 그들이 강화경판의 조성에 기여하였던 사실에 대한 물증을 찾
아내기란 어려운 실정이다. 우선 그들을 제외하고 ①재조관료층, ②재
향세력, ③승려층, ④국자감시 출신의 문인지식층 등을 연구대상으로
삼을 수밖에 없는 사정이 여기에 있는 것이다.

---

30) 金潤坤,〈大般若經의 刻成과 反蒙抗戰〉《한국중세사연구》2, 1995, 162
　　~165쪽.

<표-3>《대반야바라밀다경》에서 적출한 각수와 보시자

番號	刻手와 普施者	所在地	番號	刻手와 布施者	所在地
①	刻手 崔丁均	권38 제8장	⑧	信女 金氏爲父母	권144 제19장
②	東伯 刻	권102 제24장	⑨	信女 戒煥行爲父母	권23 제22장
③	忠州 天均 刻	권176 제24장	⑩	信女 萬德行爲父母	권23 제21장
④	忠州 永守 刻	권185 제23장	⑪	信女 堅德行爲父母	권9 제3장
⑤	雕刻 戒安	권507 제24장	⑫	沙彌 甫湖堂 永奇 伏爲父母	권53 제1장
⑥	孫璋 刻	권507 제27장	⑬	沙彌 白藕爲父母	권162 제2장
⑦	金大明 刻	권95 제23장 (제9장 刻大明)	⑭	比丘 大雲堂 東皐	권162 제1장

　강화경판의 첫 머리에 입장(入藏)되어 있는《대반야바라밀다경》에서 추출한 보시・각수 중에 아래 표의 인명을 먼저 주목해 보기로 한다.
　먼저 ①각수(刻手) 최정균(崔丁均), ②동백(東伯) 각(刻), ⑤조각(雕刻) 계안(戒安), ⑥손장(孫璋) 각(刻), ⑦김대명(金大明) 각(刻) 등을 주목해 보기로 한다. 이들은 해당 경판을 조각하였다는 것을 자기 스스로 밝혀 놓은 것이므로, 곧 이들은 경판을 조각하였던 각수들이다. 그러나 강화경판의 판면(板面)에 각인되어 있는 모든 인명을 단순히 몸〔身〕보시만 하였던 각수로 간주할 수 없는 실정이다. ③충주 천균(天均) 각(刻), ④충주 영수(永守) 각(刻) 등을 예로 들어보기로 한다. 이들이 판각 작업에 종사하였던 시기가 모두 동일하게 1238~1239년의 2년 동안이었다.[31] 이들의 판각작업 시기만 보더라도 단순히 기능

628

적인 각수였을 것으로 볼 수 없다는 것을 느끼게 한다.

1238년은 경주의 황룡사탑(皇龍寺塔)이 불타는 등 몽고침략 이래 최대로 우리의 전 강토가 유린되고 있었으나, 경판의 산출량은 그 전년인 1237년에 비하여 약 5배 정도가 오히려 많았다.[32] 이것은 반몽의식의 고조와 전략·전술의 발전 등으로 나타난 현상일 것으로 생각된다. 당시 충주성의 반몽항전은 전쟁의 전 기간에 걸쳐 가장 값지고 다대한 전과를 거두었던 것이다. 이같은 당시 상황과 천균·영수 등 두 사람 모두 그들의 출신지인 충주와 또 경판에 자기 스스로 도각(刀刻)의 사실을 밝혀 놓은 것이 서로 무관하지 않다는 것은 자명한 사실이다. 비단 천균과 영수의 두 사람뿐 아니라, 당시 충주의 모든 민중들은 그들의 출신지인 '충주'에 대해서 무한한 자긍심을 가지고 있었을 것이다. 위에서 각, 각수, 조각 등으로 예거된 인물들인 최정균, 동백, 계안, 손장, 김대명 등은 당시 경판 조성 사업에 참여하고 있었다는 자료밖에 다른 어떤 자료도 현재 갖고 있지 못하기 때문에 아무 것도 단정적으로 말할 수는 없지만, 그 조성 사업의 참여 의식 자체가 전국 도처에서 외적의 침략을 분쇄하기 위한 결사 항전의 전열에 동참하려는 저항 정신의 발로요, 현실 참여의 한 방편이었던 것이다. 따라서 그들도 충주의 천균·영수 등과 같은 외세에 대한 저항 정신의 소유자로서 조판 활동을 수행하였을 것으로 추정할 수 있다.

당시 경판의 조성 사업에 참여하였던 자 중에는 위에서 볼 수 있었던 것처럼 자기를 각수로, 또는 조각자 등으로 표현하였을 뿐만 아니라, 경판에 수단심(手段心), 수단심공(手段心工), 심작(心作) 등의 글자를 새겨 놓은 자들도 있다.[33] 여기서 경판의 조성에 참여했던 각수의

---

31) 본서 3부 1장 참조.
32) 다음의 〈표-4〉의 (17)번 참조.
33) 金潤坤, 앞의 논문, 251쪽.

자세를 발견할 수 있을 것이다. 즉 이들은 '불심으로 경판을 조성하였다'는 것, 또는 그들이 '평소 닦은 모든 솜씨와 심혈을 기울여 조판하였다'는 뜻이 여기에 함축되어 있을 것이다. 이것은 경판의 조성에 대한 책임과 긍지의 발로에 기인하였을 것으로 생각된다.

당시 현실에 고뇌하던 유자·문신 즉 문인지식인과 학승 등은 무인 최씨정권의 강압적 권력에 의해서가 아니라 백척간두의 위기에 처한 민족적 현실을 극복하기 위하여 자발적으로 대장경의 조성에 참여하였으며, 심혈을 기울인 정성과 사명감으로 경판의 산출에 자신들의 전 역량을 투여하고 그것에 대한 무한한 자긍심을 품고 있었음이 틀림없다. 요컨대 강화경판은 우리 강토의 방방곡곡에서 야만적인 살륙과 방화를 자행하고 있던 외적에 대한 적개심과 항몽의식의 소산이요, 당시의 현실을 고뇌하며 삶을 영위하였던 그들이 남긴 값진 유산이다.

위의 〈표-3〉에서 예거한 각수와 유사한 형태로 각인되어 있으나 '재물'과 '신역(身役)' 등을 동시에 보시하였던 사실을 파악할 수 있는 실례를 하나 들어보기로 한다. 《방광반야바라밀경(放光般若波羅蜜經)》의 권 제7은 총 39장으로 편성되어 있다. 그 제5장~제18장은 요원(了源) 수, 제19장~제20장은 계진(桂眞), 제21장은 양백(楊白) … 제37장~제38장은 원경(元卿) 등으로 38장 각각에 각수의 이름이 새겨져 있다. 이것은 그들이 그 각 장을 판각하였다는 것을 증언하여 주고 있는 것이다. 그런데 본 권 제7의 끝장인 제39장에는 그 앞의 제1장~제38장과 달리 "천태산인(天台山人) 요원수(了源手) 삼십구폭(三十九幅)"이라고 새겨져 있다. 제5장~제18장의 '요원 수'는 요원이 본장(本張)을 판각하였다는 각수의 뜻이라면, 끝장인 제39장의 '요원 수'는 "천태산인 요원이 39폭을 받들어 올립니다"의 뜻 즉 요원이 총 39장을 기진(寄進)한다의 뜻으로 해석된다.[34] 이 해석이 가능하다면 '요원 수'의 수(手)는 '각수'란 뜻과 또 "손수 받들어 올립니다"는

630

‘기진’의 뜻을 동시에 갖고 있었다는 말이 성립되는 것이다. 강화경판의 전체 경판 중에서 이와 유사한 사례를 찾는 것은 어렵지 않다.

그러나 강화경판의 전체 편성 체제가 각수와 기진의 양자를 외견상으로 확연하게 구분할 수 있도록 되어 있지 않다. 이것은 강화경판의 판각형식이 각수=신보시와 기진=재보시의 구분을 분명하게 구획하여 놓지 않았다는 뜻이며, 심지어 보시인의 성명과 재물의 희사 내용 등을 일체 밝히지 않은 경판이 오히려 더 많은 형편이다. 강화경판은 보시의 내역을 가능한 명기하지 아니하려고 하였던 사정과 관련이 있었는지 알 수 없으나 재물보시로 표현된 것은 많지 않은 형편이다.

다만 〈표-3〉의 ⑧신녀(信女) 김씨위부모(金氏爲父母)부터 ⑭ 비구 대운당(大雲堂) 동고(東皐)까지는 재물보시의 사례로 간주해도 크게 어긋나지 않을 것이다. 여기 신녀 김씨를 비롯하여 계환(戒煥), 만덕(萬德), 견덕(堅德) 등은 모두 여자로서 몸보시=각수가 아니라 그의 부모 명복을 빌기 위해서 재물을 시주하고 남긴 기록이 틀림없다. 비단 그 여인들만이 아니라 사미 보호당 영기(甫湖堂 永奇)와 백우(白藕)도 그들의 부모를 위해서 재물을 시납한 사례로 봐도 좋을 듯하다. 그러나 강화경판의 전체에서 재물 기진의 사례로 형식상 인정이 가능할 수 있는 것은 앞에서 예거한 것 외에 3~4개 더 보텔 정도에 불과할 뿐이다. 따라서 강화경판의 판각형식으로 각수와 재물 기진자를 모두 확연히 구분할 수 없기 때문에, 우리는 진작부터 그들을 모두 합하여 각판을 조성한 사람이란 뜻인 ‘각성인’으로 불러 오고 있다.

‘각성인’들은 거의 대부분 자신의 신분은 밝히지 않고 단지 인명·법명만을 남겨 놓았다. 그렇기 때문에 그들의 신분을 파악하기 위해서 《고려사》의 선거지를 비롯하여 각종 불전·비문·문집 등과 대조하는

---

34) 다음의 〈표-4〉의 (49)번과 金潤坤, 앞의 논문, 1995, 237쪽.

작업이 진작부터 이루어져 오고 있다. 그러나 이 작업도 용이하지 않다. 그들의 성명마저 온전하게 각인하여 놓은 것이 아니라, 경판의 변계선내(邊界線內)가 아닌 밖의 모퉁이에 음각 혹은 양각으로, 심지어 음각 거꾸로 각인하여 놓은 경우도 있다. 아래 〈표-4〉의 (38) 송승수는 자신의 성명을 각인하여 놓은 형식이 24종이나 상이하게 판각하여 놓았음을 볼 수 있다. 다음에서 강화경판의 조성에 참여한 인물들의 성명판각 형식부터 살펴보기로 한다.

〈표-4〉의 (1)에서 (75)까지는 1인의 각성자가 성명을 2종 이상 여러 형식으로 바꾸어 판각하여 놓은 복합형이라고 한다면, (76)부터 (85)까지는 성명을 오직 하나의 형식으로 판각하여 놓은 단일형이다. 각각 첫시작의 번호로 예를 들어 비교한다면, (1)가홍(可洪)은 홍자를 홍(鴻), 홍(弘), 홍(紅) 등으로 4차례나 변형시킨 복합형이고, 다음 (76)김려(金呂)는 일체 변형없이 단일형으로 판각하여 놓았을 뿐이다. 이 상이는 판각종사의 기간·수량과 어떤 상관도 없었음을 알 수 있다. 다시 예를 들어 말하면 (1)가홍은 3년간 62장을, (76)김려는 4년간 88장을 각각 조성하였으나, 전자는 자신의 이름을 4차례 변형하였고 후자는 변형하지 않은 것에서 그것을 알 수 있기 때문이다. 전자의 (50)우신은 3년간 78장을 조성하면서 우신(又身)·우신(雨臣)·우신(又臣)·우신(禹臣)·우신(右臣)·우(又) 등으로 6차례 변형하였으나, 후자의 (78)당문은 10년간 288장을 조성하였지만 단 한 차례도 변형이 없었음을 볼 수 있다.

〈표-4〉刻成者의 성명표기 형식과 그들의 활동양상

番號	刻成人		參與期間		機構	刻量	摘要
	姓名	板刻形式	年度	間			
1	가홍	可洪 / 可鴻 / 可弘 / 可紅	無, 43~45	3	대·분	62	
2	계안	戒安 / 刻者 戒安 / 雕刻 戒安	無, 38, 40, 41, 43, 44	5	대·분	68	刻者, 雕刻
3	공수	公秀 / 公守	38, 40, 42~44	5	대·분	86	
4	공식	公植 / 公式 / 公	無, 37, 38, 40, 43~45	6	대·분	119	
5	광려	光呂 / 光如 / 呂	無, 38, 39, 41, 43~45	6	대·분	104	
6	김구	金求 / 金頹	37~40	4	대	84	
7	김대명	金大明 / 大明 / 刻金大明 / 大明刻 / 刻大明 / 金	37~43	7	대	70	刻金大明
8	김근정	金斤貞 / 斤貞 / 斤丁	無	?	미상	4	無刊記
9	김득초	金得貂 / 得貂 / 得超 / 金貂 / 淂貂	無, 38~45	8	대·분	184	
10	김련	金鍊 / 金練 / 戶長中尹 金練 / 戶長金□□	無, 43~45	3	대·분	74	戶長中尹 金練
11	김일경	金日卿 / 日卿 / 日京	無, 37~41, 43~45	8	대·분	181	
12	남보	南宝 / 南保 / 南寶刀 / 南甫	無, 43, 44, 46	3	대·분	47	南寶刀
13	남보중	南保中 / 南 / 保中 / 寶中 / 甫中 / 保仲	無, 40~44	5	대·분	98	
14	득승	得升 / 得 / 淂升刻	37~39, 41, 42, 44	6	대·분	43	淂升刻

番號	刻成人		參與期間		機構	刻量	摘要
	姓名	板刻形式	年度	間			
15	득현	得賢／得玄	無, 45, 46	2	대	8	
16	량지	良之／良智／良	43, 44	2	대·분	47	
17	명각	明覺刊／明覺手段心／明覺手段心工／明覺心／明覺心作／明覺／名却／名却刀／明覺刀／明覺手／名却手／明覺刊／名却／名各／明覺／名角／名却刻手／名各刀／名却刀／名各手	37, 39~43	6	대	126	刊, 手, 刀, 心, 心作, 手段心, 手段心工
18	문응보	文應甫／應甫／刻應寶／應／甫／保／宝／寶	38~45, 48	9	대·분	275	刻應寶
19	문비	文庇／文比	37~39, 42~44	6	대	101	金, 朴, 林 등 3인의 文庇가 實存하고 있었음.
20	박숭보	朴崇寶／崇寶／崇甫／崇保	38, 39	2	대	11	
21	박유	朴由／朴有／朴宥	38, 39, 43, 46	4	대	30	
22	박원분	朴元賁／元賁	38, 43	2	대	5	
23	방좌	方佐／方左	37~40	4	대	42	
24	배공작	裴公綽／公綽／戶長 裵公緯	無, 43, 44	2	대·분	138	戶長 裵公緯
25	법기	法祺／法基／法己／法其／法奇	無, 43~45	3	대·분	99	
26	보간	寶干／保干／保幹／甫干／寶幹／寶干刀	無, 43~45	3	대·분	130	寶干刀
27	보수	甫守／寶秀／宝守／寶守	無, 43~45	3	대·분	106	
28	보승	寶升／保升／寶	無, 43, 44	2	대·분	65	
29	사경	士景／思景／思京	37, 38, 41~44	6	대·분	103	
30	산동	山同／山童	無, 43, 44	2	대·분	32	

番號	刻成人		參與期間		機構	刻量	摘要
	姓名	板刻形式	年度	間			
31	서문필	徐文弼／文弼／文／弼／文必	無, 37～40, 43～45	7	대·분	174	
32	성윤	成允／成尹／成	43～46	4	대·분	78	
33	세경	世卿／世景／世京	無, 37～39, 42～45	7	대·분	71	
34	세중	世仲／世中／世沖／世冲	37～40	3	대	98	
35	세진	世珍／世／珍	無, 37～40, 42～44, 46	8	대·분	328	
36	송비	松卑／松庇／松比	無, 39, 40, 43, 44,	4	대·분	58	
37	소칠보	小七甫／七甫／七寶／七宝／七	無, 37～47	11	대·분	247	
38	송승수	宋承綬／承綏／丞綏／丞守／承綏／承守／升佼／丞／承／綏／宋受／升秀／承綏／升受／丞綏／丞守／承守／升守／丞綏／升手／承交／承綏刀／承／升	無, 43～45	3	대·분	129	承綏 刀
39	송원간	宋元侃刻／宋元侃	37, 38, 40, 43	4	대	57	宋元侃 刻
40	송절	松節／松／節	無, 43, 44	2	대·분	61	
41	송진세	宋眞世／眞世／眞／世	37, 40, 41	3	대	13	
42	수장	守長／守莊	無, 43～45,	3	대·분	51	
43	수정	守丁／守貞／水貞	43～45	3	대·분	33	
44	수지	守知／守／知	無, 43, 44	2	대·분	35	
45	영수	永守／永壽／忠州永壽刻	38, 39, 44	3	대	38	忠州永壽刻

番號	刻成人		參與期間		機構	刻量	摘要
	姓名	板刻形式	年度	間			
46	영의	永義／永衣／進士	38, 40, 44	3	대	29	進士 永義
47	영정	永貞／永丁	無, 37, 38, 43, 44	4	대·분	52	
48	요원	了源／了源手／了元／了元／天台山人了源手39幅／了源誌	37～41, 43	6	대	84	天台山人了源手39幅
49	용희	用熙／用希	無, 43, 44	2	대·분	22	
50	우신	又身／雨臣／又臣／禹臣／右臣／又	無, 43～45	3	대	78	
51	우종경	于宗慶／宗慶／宗景	無, 38, 40, 42～44	5	대·분	54	
52	① 원인문	元仁文	無, 43～45	3	대·분	53	文·乂·又등 曖昧
	② 원인예	元仁乂	無, 43, 44	2	대·분	7	K.649 권3
	③ 원인우	元仁又	無	미상	미상	2	K.1504 권2
53	원기	元器／元己／元奇／元起／元器刻	無, 37, 39, 40, 43～45	6	대·분	91	元器刻, K.1 권33, 권395, 권438
54	유종저	柳宗底／宗底	無, 37～40, 43, 45	5	대·분	90	
55	유무	惟戊／惟茂	無, 43～45, 48	4	대·분	39	林惟茂(?～1270)?
56	윤공	尹公／允公／允恭	無, 43～45	3	대·분	70	
57	윤보	尹甫／允寶／允甫／允寶造	無, 37～40, 44	5	대·분	41	尹甫造
58	윤홍	尹弘／尹洪／尹弘刀／弘	無, 41～44,	4	대·분	196	尹弘刀, 戶長?
59	응경	應卿／應景／應京	37, 38, 40	3	대	16	

番號	刻成人		參與期間		機構	刻量	摘要
	姓名	板刻形式	年度	間			
60	이문	李文/李文刀/李/文/李閈/利文/里文	無,43~45,48	4	대·분	121	李文刀
61	임대절	林大節/大節/大節刀/林大節刀/進士林大節刊/大切	無,38~44	7	대·분	200	進士 林大節 刊
62	임문아	任文雅/文雅/文牙	37~39,42,43	5	대	107	
63	정안	正安	38,39,41,42	4	대	17	남해의 定林社主 鄭晏?
64	정홍	鄭洪/鄭弘/鄭/洪	無,37~45,47,48	11	대·분	203	
65	조례전	趙禮全/禮全/禮全刀/全	無,37~40,42~44	7	대·분	173	趙禮全 刀
66	조수	曺守/曹守/祖守/守	無,43,44,48	3	대·분	43	
67	최동	崔同/崔童/崔/同	無,43~48	6	대·분	130	同=童(총각)
68	① 신성	信成/信成手	38~40,42,44,45	6	대·분	71	祝融山人 信成手
	② 녹상	祿祥/道人 祿祥	無,38,41~46	7	대·분	138	道人 祿祥
	③ 화상	和尙/化尙/化	無,37,38,40,43,44	5	대·분	64	和尙
69	허백유	許白儒/隊正許	37,38	2	대	37	隊正 許
70	홍유	洪有/弘有/弘裕/有	無,37~40,42~44,47	8	대·분	160	

番號	刻 成 人		參 與 期 間		機構	刻量	摘要
	姓 名	板 刻 形 式	年 度	間			
71	① 홍윤	洪允	37	1	대	2	
	② 홍윤성	洪允成	44	1	대	1	
	③ 윤성	允成 / 允誠	無, 44	1	대·분	26	
72	효윤	孝允 / 孝允令	43, 45	2	대·분	2	
73	황수	黃守 / 黃琇 / 黃 / 守	無, 43, 44	2	대	53	
74	효겸	孝謙 / 孝兼 / 比丘孝兼 / 比丘孝兼刻	無, 38~40, 43~46	7	대·분	151	比丘孝兼刻
75	효정	孝丁 / 孝貞	無, 43~47	5	대·분	62	
			單一의 姓名				
76	김려	金呂	無, 43~45, 48	4	대·분	88	
77	김연	金延	無, 44, 45, 47	3	대·분	72	
78	당문	唐文	無, 38~40, 42~48	10	대·분	288	
79	방수	方守	無, 38~46	9	대	183	
80	성대	成大	無, 43~46	4	대·분	134	
81	수산	守山	無, 43~45	3	대·분	58	
82	안창	安昌	無, 39~48	10	대·분	179	
83	중국	中國	無, 37, 38, 40~46	9	대·분	217	

番號	刻 成 人		參 與 期 間		機構	刻量	摘要
	姓 名	板 刻 形 式	年 度	間			
84	허돈	許敦	無, 43~46, 48	5	대·분	153	
85	효인	孝印	39~43	5	대	105	

〈표-4〉는 복합형이 많고 단일형이 적지만, 강화경판 전체로 보면 그 반대이다. 그러나 그 비율을 현재 분명히 밝히지 못하는 사유는 저본으로 사용하고 있는 인판본(印版本)의 자양(字樣)이 불분명하여 판독을 정확히 하지 못하기 때문이다. (52)-① 원인문(元仁文)의 문(文)자가 ② 예(乂), 혹은 ③ 우(又) 등 중에서 어느 글자인지 현재 정확히 알지 못하고 3자 모두 발췌해 놓게 된 것은 그 일례에 불과하며, 그와 유사한 경우는 아직 많이 남아 있는 형편이다.

강화경판에서 각성자의 성명을 복합형 혹은 단일형 등으로 상이하게, 특히 전자의 복잡한 형태로 판각하여 놓은 사유를 현재 알지 못하고 있다. 따라서 (1)~(75)는 그 경향을 일별해 보기 위한 것이므로 우선 성명의 (가)행에서 (하)행까지 대략 발췌하여 하나의 범례로 삼기 위한 것이다. 여기서 자기 자신의 성명을 최소 2종(3번 등)부터 최고 24종(38번)까지 형식을 상이하게 판각하여 놓았음을 볼 수 있다. 이들의 신분은 호장(10, 24), 진사(46, 61), 대정(69), 산인·도인·화상(48, 68), 비구(74) 등을 통하여 일부분 알 수 있으나, 강화경판에 각인된 인명 거의 대부분은 알 수 없기 때문에 부득이《고려사》를 비롯한 비문·문집 등의 문헌과 대조하여 파악해 보려고 한다.

그러나 〈표-4〉에서 볼 수 있듯이 성명을 각양각색으로 판각하여 놓았기 때문에 그마저 용이하지 않다. 예컨대 (7)김대명(金大明)은 김

(金)으로, 김득초(金得貂)는 김초(金貂)로, (17)명각(明覺)은 명각(名却)·명각(名各)·명각(名角)으로, (60)이문(李文)은 이(李)·문(文)·이문(李聞)·이문(利文)·이문(里文)으로, (38)송승수(宋承綬)는 승수(丞綏)·승수(丞守)·승수(承守)·승(丞)·승(承)·수(綬)·송수(宋受)·승수(升秀)·승수(升受)·승수(升守)·승수(升手)·승(升)·송(宋)으로 (71)홍윤성(洪允成)은 홍윤(洪允)·윤성(允成)으로 각각 조판하여 놓은 것이 그것이다. 그러나 이런 사례를 역이용함으로서 도리어 새로운 사실을 규명할 수도 있을 것이다. 예컨대 (63)정안(正安)은 강화경판 사업의 일환으로 남해에서 경판을 조성하였던 정안(鄭晏)과 농일인으로 간주할 수 있는 자료로 활용히는 것이 그것이다. 일례를 더 들면 (55)유무(惟戊)·유무(惟茂)는 성씨를 알 수 없으나, 뒷날 무인정권의 집권자 중의 한 사람으로 부상하는 임연(林衍)의 아들 임유무(林惟茂)로 한번 가정해 보면 경판조성이 갖는 정치성과 사회성을 새롭게 이해할 수 있는 여지가 생길 수 있을 듯하다. 하여튼 당시 재조관인층, 승려층, 전직관료를 위시한 품관층 및 진사, 동정직 소유자, 향리 등의 재향세력—문헌과 경판의 '각성인'을 서로 대조하여 강화경판의 조성과정 뿐만 아니라, 반몽항전의 실상이 더 한 층 밝혀지기를 기대해 본다.

　근래에 들어와 강화경판에 대한 새로운 관심과 연구의 진척으로 이해의 폭을 더욱 넓힐 수 있게 되었고, 그 연구 방법도 크게 달라졌다. 종전의 연구는 대부분 서지학적 관심과 자료 접근으로 우리 대장경의 올바른 가치를 평가하는데 한계를 보여 주었다. 그러나 요즘은 대장경판의 조성과정에서 당시 필요에 의하여 판각해 놓은 사실을 발췌하여 분석함으로써, 각판 당시의 시대적 현실과 '각성활동자'들의 계층적 이해 등을 연구의 대상으로 삼을 수 있게 되었고 또 연구의 수준을 한 단계 높일 수 있게 하였던 것이다.

따라서 국보 제32호로 지정되어 있는 대장경판은 우리 민족의 귀중한 문화 유산 중의 하나로만 단순히 평가되고 있는 것이 아니라, 세계의 문화유산으로 또는 표준대장경으로 그 가치를 높이 평가받기에 이르게 되었다. 여기서 한 걸음 나아가 오늘의 연구자들은 대장경을 조성할 때의 문인지식층과 분단 조국의 현실극복이란 과제를 두고 고뇌하는 계층을 동일 범주로 인식하면서 연구의 깊이를 더해가고 있는 것이 사실이다. 물론 대장경판을 조성할 당시 몽병(蒙兵)의 전 강토 유린으로 야기된 참담했던 현실과 분단 민족의 오늘날 현실 등이 동일할 수는 없으나, 민족적 수난과 외세 침략의 극복을 지상과제로 삼고 있는 것이 현실이란 점에서 동일하다고 말할 수도 있을 것이다. 요컨대 우리 대장경의 조성은 외세의 침입·지배에 대응하였던 수단으로 활용되었고, 또 그 산물은 민족적 정신이 응결되어 있는 에너지 원이 되었다. 따라서 오늘의 현실에서 새로운 시각으로 《고려대장경》을 연구함으로서 우리의 전통문화에 대한 인식을 더 한층 깊게 할 수 있을 뿐만 아니라, 민족문화의 창조적 발전과 분단 조국의 통일과정에 에너지 원으로 활용할 수도 있을 것으로 생각한다.

표 목차

색 인

표 목차

색 인

고려대장경의 새로운 이해

2002년 5월 20일 초판 발행

지은이/김 윤 곤
펴낸이/김 병 무
펴낸곳/불교시대사
출판등록일 1991년 3월 20일, 제 1-1188호
(우)110-718 서울 종로구 관훈동 197-28
백상빌딩 13층
전화/(02)730-2500
팩스/(02)723-5961

값 30,000원

※잘못된 책은 바꾸어 드립니다.
ISBN 89-8002-077-5 03220

ⓒ 불교시대사 2002